Geschichte der Neuzeit

recherchieren, analysieren, beurteilen

LMVZ

Über Geschichtsbewusstsein, Geschichtslernen und dieses Buch

«Es ist ja nicht so, dass der Mensch sich in jedem Augenblick seines Lebens darüber Rechenschaft gibt, wie wichtig oder belanglos die Dinge sind, die er so treibt, während die Zeit vergeht. Jeder rührt seinen Teig, schleppt seinen Stein, striegelt sein Pferd. Man hat Zahnschmerzen und macht Pläne, isst Suppe und geht sonntags spazieren; und ehe man es sich versieht, ist eine Pyramide gebaut, eine Millionenstadt mit Brot versorgt, ein Zarenreich gestürzt.» [1] ALEX CAPUS

Alex Capus denkt am Anfang seines Buches «Eine Frage der Zeit» darüber nach, wie unmerklich der Übergang vom bedeutungslosen Vergehen der Zeit zum Werden von bedeutungsvoller Geschichte ist. Capus hält dabei etwas ganz Offensichtliches fest: Vergangenheit ist nicht das Gleiche wie Geschichte. Vergangenheit ergibt sich durch das Fortschreiten der Zeit. Geschichte hingegen ist ein Produkt menschlichen Denkens, das stattfindet, wenn wir uns mit Vergangenheit beschäftigen. Die Gründe für die Beschäftigung mit Vergangenheit können ebenso vielfältig sein wie die Ergebnisse daraus. Ganz allgemein formuliert: Geschichte ist das, was wir aus der Vergangenheit in Erfahrung bringen, weil wir es für die Gegenwart und Zukunft für bedeutend halten. Und das ist nicht nur eine Angelegenheit von Profis aus der Geschichtswissenschaft, sondern von jeder und jedem von uns.

Geschichtliches Denken ist ein wesentlicher Bestandteil unseres alltäglichen menschlichen Daseins. Jeder und jede von uns befasst sich mit Geschichte, mit der eigenen, aber auch mit jener der Familie, der Kultur, der Nation, zu der wir uns zählen. Die Auseinandersetzung mit Geschichte kann und muss jede und jeder von uns eigenständig leisten. Das wird nicht von allen immer gleich gern getan, sei es im Alltag oder im Geschichtsunterricht, wo das vorliegende Buch wohl seine häufigste Verwendung finden wird. Der Geschichtsunterricht bietet allerdings die besondere Gelegenheit, sich bewusst mit der Art und Weise auseinanderzusetzen, wie geschichtliche Erkenntnis entsteht, und sich darüber mit anderen auszutauschen.

Zu dieser Auseinandersetzung und zu diesem Austausch möchte das vorliegende Buch anregen, wozu diese Einleitung einige einführende Erläuterungen voranstellt. Dabei behandelt der folgende Text zunächst die Bedeutung unserer je eigenen, persönlichen Geschichte und nimmt dann in den Blick, auf welche Art und Weise wir uns mit der Geschichte befassen, die nicht unsere persönliche ist. Dies leitet über zur Darstellung der Überlegungen, die zur Konzeption und Gestaltung dieses Buch geführt haben. In einem zweiten Beitrag am Ende des Buches (S. 234) steht die Frage im Mittelpunkt, welche Rolle die Geschichte für die Gesellschaft spielt, mit welchem Vorgehen die Geschichtswissenschaft zu möglichst gültigen Erkenntnissen gelangt und wie wir im Alltag Geschichtsdarstellungen und Quellen finden und beurteilen können.

Die eigene Geschichte
Jeder Mensch, jedes Individuum hat seine eigene Geschichte. Das heisst nicht, dass Menschen nur eine Spur von Vergangenheit hinter sich zurücklassen: von Handlungen und Äusserungen, die einer Person zugeordnet werden können wie ein Kondensstreifen eines Linienflugzeugs am Himmel, der zeigt, woher das Flugzeug kommt und in welche Richtung es fliegt. Menschen sind nicht einfach die «Summe ihrer Vergangenheit». Menschen haben eine Geschichte, weil sie über ihre Vergangenheit nachdenken und dabei ihre Geschichte *machen*.

Unsere persönliche Geschichte ist weniger eine feststehende Erklärung von uns selbst. Sie ist eher ein andauernder Vorgang des Nachdenkens; sie ist der Versuch, uns selbst zu verstehen, indem wir unser Werden und Wandeln im Lauf der Zeit betrachten. Der Stoff unserer Geschichte sind unsere Erinnerungen an Ereignisse, Gefühle, Erkenntnisse, Begegnungen, Handlungen in unserer Vergangenheit. Diese Erinnerungen formen wir beim Akt des Erinnerns zu Vorstellungen über unsere Vergangenheit und damit zu unserer Geschichte. Wie fragmentarisch sie jeweils sein mögen, Erinnerungen sind im Kern Erzählungen: Sie sind gekennzeichnet durch einen Anfang und ein Ende und durch den Umstand, dass sie uns etwas bedeuten. Erzähle ich meine Geschichte, erkläre ich mich. [2]

Abbildung eines fiktiven Eintrags zum 26. September 2008 aus dem Tagebuch von Birgit Schmid. Die Verfasserin illustrierte damit ihren Artikel über Tagebücher, wollte dazu, wie sie unten rechts schreibt, aber nicht eine «echte» Seite ihres Tagebuchs abbilden (Schmid, Birgit: Heute nichts Besonders, in: Magazin 41/2008). Das Tagebuch ist ein Beispiel persönlicher Geschichte. Nicht alle schreiben Tagebücher. Die es tun, halten darin Momente und Gedanken fest, die sie im Moment des Schreibens für bedeutsam halten. Im Moment der Erstellung ist das Tagebuch noch keine Geschichte, dazu wird es erst beim Lesen zu einem späteren Zeitpunkt, wenn die Verfasserinnen und Verfasser die geschilderten Gedanken, Ereignisse, Zusammenhänge neu bedenken.

Doch unsere Erinnerungen sind nicht wirklich verlässlich. Zum einen sind sie nicht die Vergangenheit selbst – denn diese ist unwiederbringlich vergangen. Sie sind Verweise auf etwas Vergangenes. Erinnerungen sind Repräsentationen, also Vergegenwärtigungen von Vergangenem, die beim Vorgang des «Erinnerns» entstehen. Daher sind Erinnerungen nichts «Festes», sie können schwinden und sie verändern sich. Aus diesem Grund verbinden wir die Erinnerungen gerne mit Aufzeichnungen (in Briefen, Tagebüchern, Fotos oder Videos) oder mit Gegenständen: der kitschige Miniatur-Eiffelturm vom Ausflug nach Paris, der erste Füllfederhalter oder das Fahrrad, das man von den Grosseltern geschenkt bekommen hat.

Objekte und Aufzeichnungen verbinden uns nicht nur mit der eigenen Geschichte, sondern auch mit jener unserer Angehörigen: Familie, Freunde oder Bekannte. Christoph Hamann hat anhand eines Sessels gezeigt, wie sich bei einem Objekt die eigene Geschichte mit jener der Familie und schliesslich mit der allgemeinen Geschichte vermengen kann. Den besagten Sessel hatte sein Grossvater Ende der 1930er-Jahre aus Beständen «arisierter» (also jüdischen Deutschen geraubter) Wertgegenstände ersteigert.[3] Anhand eines Möbelstücks kann er sehr konkret veranschaulichen, wie selbstverständlich Deutsche in der damaligen Zeit sich an einem Jahrhundertverbrechen beteiligten – auch wenn diese Beteiligung nur sehr indirekt gewesen sein mag. Deutlich wird auch, dass dieses Geschehnis zwar vergangen sein mag, dass es aber durchaus in die Gegenwart hineinwirkt – und sei es nur als Frage, was man mit einem solchen Möbelstück tun soll, wenn man es mit dem Wissen um seine Herkunft vererbt bekommt. Zurückgeben? Verkaufen? Behalten? Die Geschichte des Sessels veröffentlichen?

Geschichte, so könnte man aus dem Beispiel mit dem Sessel folgern, ist immer dann interessant, wenn ein Bezug zum eigenen Leben vorhanden ist, wenn eigene Irritationen und Fragen an die Vergangenheit auftauchen, wenn wir eine für uns bedeutsame Verbindung herstellen können. Allerdings gehört es zum Wesen der Geschichte, dass sich viele Bezüge zur Vergangenheit herstellen lassen. Überdies führt der Bezug, den ein Vorgang oder ein Geschehnis aus der Vergangenheit mit dem eigenen Leben möglicherweise hat, nicht zwangsweise zu einem Interesse für Geschichte. Oft sind uns die Bezüge, durch die uns Themen und Fragen in der Geschichte interessant erscheinen, selbst nicht klar. So interessieren uns manchmal jene Bereiche der Geschichte, die uns fern zu liegen scheinen. Sie wecken unser Interesse, weil sie uns beispielsweise in ihrer Fremdheit faszinieren. Das Reich der Parther und Ägypter, die Lebens- und Vorstellungswelt von Rittern und Hexen scheinen einigen von uns interessanter als die Philosophien der Aufklärung, die Klassengegensätze der Industrialisierung oder die Entstehung des Nationalsozialismus. So hat jede und jeder von uns ein eigenes und eigenständiges, sich auch veränderndes geschichtliches Interesse, das ganz unterschiedlich ausgeprägt sein oder sich auf verschiedene Sachverhalte oder Zeitabschnitte beziehen mag.

Geschichtsbewusstsein: Ergebnis eines Denkprozesses

Auch wenn wir unsere Aufmerksamkeit jenen Teilen der Vergangenheit zuwenden, die nicht unmittelbar mit uns selbst zu tun haben, resultiert daraus Geschichte: die Geschichte einer Gesellschaft, einer Idee, eines Gegenstands, eines Landstrichs. Zuweilen treffen wir auf Überreste aus der Vergangenheit, auf Quellen, die *aus* der Zeit stammen, die wir untersuchen wollen. Viel öfter beschäftigen wir uns aber mit Geschichte, also mit Darstellungen und Berichten *über* eine bestimmte Zeit, in der die vergangenen Geschehnisse bereits nach bestimmten Kriterien ausgewählt und aus einer bestimmten Perspektive betrachtet und erklärt werden. Auch wenn wir meistens die Deutungen anderer als gegeben übernehmen: Es liegt in unserer Macht und damit auch in unserer Verantwortung, wie wir Vergangenes erkennen und deuten und damit für uns zu Geschichte werden lassen.

Geschichte ist das Ergebnis eines Denkprozesses, bei dem wir uns mit vergangenem Geschehen beschäftigen, sei es mittels Quellen oder Darstellungen. Das Ergebnis dieses Denkens formt unser *Geschichtsbewusstsein*, dem umgekehrt auch der Anstoss zum Nachdenken über Vergangenheit und Geschichte entspringt. Dieser Prozess historischen Denkens, den man auch als Prozess historischen Lernens bezeichnen kann, lässt sich in vier Schritte gliedern[4]:
- Beim *Wahrnehmen* klären wir zunächst, welches vergangene Geschehen aus welchen Gründen und mit welchen Mitteln genauer untersucht werden soll.
- Beim *Erschliessen* analysieren wir sorgfältig, was uns an Informationen über das gefragte Stück Vergangenheit vorliegt, seien dies Texte, Bilder, Zahlen.
- Beim *Interpretieren* versuchen wir, diese Informationen in die richtigen Zusammenhänge zu stellen, sodass wir die Bedeutung der Geschehnisse zu erklären und zu beurteilen vermögen.
- Beim *Orientieren* schliesslich prüfen wir diese Erkenntnisse über die Vergangenheit auf ihre Bedeutung für unsere gegenwärtigen und zukünftigen Haltungen, Entscheidungen und Handlungen.

Wenn uns ein Ereignis oder ein Vorgang in der Vergangenheit interessiert (aber auch, wenn es uns aus beruflichen oder schulischen Gründen interessieren muss), dann lesen wir in einem Geschichtsbuch oder im Internet nach und suchen selten nach Quellen aus der betreffenden Zeit. Vergangenheit begegnet uns fast immer als Geschichte: aus der unendlichen Fülle möglicher Themen ausgewählt, aus unterschiedlichen Perspektiven betrachtet, mit unterschiedlichen Erklärungen gedeutet – sei dies in Filmen, in Reden, in Schulbüchern oder in Wikipedia. Nur machen wir uns dies kaum je bewusst.

Die Fragen, die sich uns dabei stellen, sind diese: Sind wir dazu im Stande, geschichtliche Darstellungen und Vorstellungen zu hinterfragen? Sind wir in der Lage, die Deutungen in Geschichtsdarstellungen zu erkennen, also die Art und Weise, wie Fakten ausgewählt und in Zusammenhang gebracht werden, dass daraus Erklärungen entstehen? Kann ich überprüfen, ob die Angaben zur Generalmobilmachung (Datum, Ablauf) zutreffen, die ich in Wikipedia finde? Kann ich klären, inwiefern die Handlungen und Ereignisse im Film «1492» von Ridley Scott sich mit Quellen belegen lassen? Kann ich abschätzen, ob das Filmchen in YouTube, das die nationalsozialistische Bücherverbrennung zeigt, wirklich von einer Originalaufnahme stammt oder bearbeitet und verändert wurde? Hat der Politiker recht, der behauptet, die Schweiz sei seit jeher berühmt für ihre humanitäre Asylpolitik? Und vor allem, warum könnte das Beantworten dieser Fragen für mich von Bedeutung sein?

«The Parisians», Fotografie von Alfred Eisenstaedt (1898 – 1995), Paris, 1963. Der bekannte Fotograf Alfred Eisenstaedt beobachtet 1963 im Pariser Parc Montsouris, wie Kinder eine Kasperlitheater-Aufführung verfolgen. Im Moment, als der Held der Geschichte den bösen Drachen erschlägt, drückt er auf den Auslöser. Ein zeitloses Kunstwerk, möchte man zunächst meinen, das zugleich Schreck und Freude von Kindern dokumentiert. Doch gibt es heute vergleichbare Anlässe? Und worin würden sich die Fotos von damals und heute gleichen, worin unterscheiden? Ist der abgelichtete Moment in die Erinnerung und in die persönliche Geschichte der abgebildeten Kinder eingegangen? Hätten sie sich träumen lassen, dass dieser Moment über vierzig Jahre später in einem Geschichtsbuch abgebildet würde?

Zu diesem Buch

Das vorliegende Buch ist an der Pädagogischen Hochschule der Fachhochschule Nordwestschweiz von einer Gruppe mit Historikerinnen, Historikern und Geschichtslehrpersonen mit der Absicht entwickelt worden, die Lernenden zum eigenständigen historischen Denken anzuregen. Das Buch soll die Leserinnen und Leser dazu auffordern, Fragen an Vergangenheit und Geschichte zu stellen und sich zu überlegen, was uns an der Vergangenheit aus welchen Gründen interessiert und wie wir uns Wissen über die Vergangenheit beschaffen – kurz: was Geschichte für uns bedeutet.

Das Buch will dazu beitragen, Orientierung in der Geschichte zu gewinnen, und anschaulich und beispielhaft in verschiedene Bereiche der Geschichte einführen. Es versteht sich jedoch nicht als kompakter Zusammenzug von allem, «was man über Geschichte wissen muss». Es ist, wie jedes Geschichtsbuch, das Ergebnis einer Auswahl von vergangenen Geschehnissen, die die Herausgeberinnen und Herausgeber und die Autorinnen und Autoren für berichtenswert halten. Wie immer führt eine solche Auswahl zu Lücken und Auslassungen. Durch die verschiedenen Textformen und die dezidiert exemplarische Auswahl der behandelten Themen werden die Lücken sichtbar gemacht. Wenn die Leserinnen und Leser diese Lücken als Anlass zum kritischen Nachfragen nutzen und als Chance für eigene Entdeckungen wahrnehmen, hat das Buch ein wichtiges Ziel erreicht.

Das Buch möchte die Vielfalt der Geschichte veranschaulichen. Dies äussert sich nicht nur in den verschiedenen ausgewählten Themen und den unterschiedlichen Perspektiven (vgl. die Einführung zum Teil Panorama, S. 12), sondern in den unterschiedlichen Textformen, die in diesem Buch für die Darstellung von Geschichte zur Anwendung kommen: Im Teil Panorama sind dies kurz gehaltene Texte, die zur Schaffung von Orientierung in der Geschichte beitragen, aber auch einen Einstieg in verschiedene Zeitabschnitte ermöglichen (S. 16 ff.). Es folgen Fallbeispiele, in denen geschichtlich bedeutsame Vorgänge vertieft behandelt werden, um die Zusammenhänge deutlicher herauszuarbeiten und zugleich Verbindungen zu weiteren bedeutsamen Vorgängen der gleichen Epoche zu eröffnen (S. 116 ff.). Eine Reihe von Längsschnitten beenden das Buch: Sie widmen sich der Entwicklung scheinbar nebensächlicher Themen der Geschichte über einen längeren Zeitraum und behandeln einen zentralen Aspekt der Geschichte – den Wandel (S. 216 ff.).

Dieses Buch stellt damit verschiedene Möglichkeiten vor, wie Geschichte dargestellt werden kann. Aus diesem Grund sind die Texte von verschiedenen Autorinnen und Autoren. Sie belegen Zitate mit Fussnoten und weisen auf zugrunde liegende oder weiterführende Literatur hin. Damit eröffnen sie die Möglichkeit, dass die Leserschaft selbst die Sachverhalte und ihre Deutung überprüfen oder zusätzliche Informationen recherchieren kann. Auch die Quellen (vor allem Bilder) sind mit möglichst präzisen Angaben zu ihrem Urheber oder ihrer Urheberin und zum Zeitpunkt und zum Ort ihrer Entstehung versehen worden. Sie sollen die Texte nicht einfach illustrieren, sondern auch zum Gegenstand von genauer und kritischer Analyse und Interpretation werden können. Dies gilt auch für die doppelseitigen Bilder, die zwischen den Buchteilen eingefügt worden sind (S. 10, 112, 212, 232). Zu ihnen finden sich Erläuterungen am Ende des Buches (S. 235).

Die Autorinnen und Autoren verfügen über einen sehr unterschiedlichen Erfahrungshintergrund. Dazu gehören Wissenschaftlerinnen und Wissenschaftler, Lehrpersonen kurz nach der Ausbildung oder kurz vor der Pensionierung sowie Angehörige der schreibenden Zunft. Genauere Angaben über die Autorinnen und Autoren sowie zusätzliche Informationen zu den Texten sind auf der Website www.geschichtederneuzeit.ch zu finden.

Alles dient dem wichtigsten Ziel dieses Buches: Lust auf Geschichte zu machen.

JAN HODEL

1 Capus, Alex: Eine Frage der Zeit. München 2007. S. 10.
2 Wer sich vertiefter mit Fragen der Erzählung als Form der historischen Selbstvergewisserung auseinandersetzen mag, sei verwiesen auf Straub, Jürgen: «Geschichten erzählen, Geschichte bilden. Grundzüge einer narrativen Psychologie historischer Sinnbildung», in: Straub, Jürgen (Hg.), Erzählung, Identität und historisches Bewusstsein. Die psychologische Konstruktion von Zeit und Geschichte. Frankfurt am Main 1998. S. 81–169.
3 Hamann, Christoph: «Der Sessel. Eine familienbiografische Selbstvergewisserung», in: Martin, Judith (Hg.), Geschichte – Friedensgeschichte – Lebensgeschichte. Herbolzheim 2007. S. 63–78.
4 Es gibt verschiedene Modelle und Theorien des Geschichtslernens, die folgenden Äusserungen beziehen sich auf ein Modell des historischen Lernens in Gautschi, Peter: Guter Geschichtsunterricht. Schwalbach (erscheint 2009).

Panorama

Um einzelne historische Vorgänge, die wir untersuchen, in die passenden zeitlichen und räumlichen Zusammenhänge einzubetten, benötigen wir einen ausreichenden Überblick über Zeit und Raum. Sich einen Überblick zu verschaffen, bedeutet, die Informationsmenge in einer geschichtlichen Darstellung auf eine überschaubare Grösse zu reduzieren. Die Konzentration auf das Wesentliche soll dazu beitragen, die Informationen zu gliedern und zu ordnen. Diese Konzentration ist das Ergebnis von Vorannahmen und Vorentscheidungen – auch wenn diese nicht immer deutlich werden.

Chronologie: Gerüst der Geschichte

Das zentrale Element der Geschichte ist die Zeit. Ein wichtiger Ansatz zur Ordnung der Geschichte richtet sich an einem Zeitsystem aus, das uns ermöglicht, Ereignissen einen eindeutigen Ort zuzuweisen und die Dauer von Vorgängen zu bestimmen. Die Jahre sind in ihrer Struktur zwar immer gleich – aber sie sind durch eine genaue Bezeichnung einzigartig. Sie werden gekennzeichnet mit einer Zahl, die auf einen Bezugspunkt verweist: Regierungszeiten von Herrschern oder ein wichtiges Ereignis. Im christlich geprägten Europa hat sich seit dem 11. Jahrhundert mit der Zählung der Jahre von Christi Geburt an eine einheitliche, lineare Chronologie durchgesetzt.

Zur Chronologie gehört auch, dass der Zeitverlauf nach inhaltlichen Kriterien eingeteilt wird. Dazu gehören etwa die Epocheneinteilungen Antike, Mittelalter und Neuzeit, ebenso die Bezeichnungen von wichtigen Zeitabschnitten, die wesentliche Vorgänge in einem Begriff zusammenfassen: Reformation, Industrialisierung, Imperialismus, Kalter Krieg. Ihre inhaltliche Dimension macht die Abgrenzung bereits schwierig. Wann genau begann die Industrialisierung: mit der Erfindung der Dampfmaschine oder mit ihrem ersten industriellen Einsatz? Oder mit dem Aufkommen von gesellschaftlichen Rahmenbedingungen, die Entwicklung und Einsatz der Dampfmaschine erst ermöglichten? Ist die Industrialisierung beendet? Wenn ja, seit wann? Jede Einteilung der Chronologie in inhaltliche Abschnitte gibt Anlass zur Diskussion und zur Reflexion.

Zeitliche Gliederung

Im vorliegenden Kapitel «Panorama» folgt die Gliederung bis zum Ersten Weltkrieg im Wesentlichen den etablierten Konventionen der europäischen Geschichtsschreibung und orientiert sich an verschiedenen, unterschiedlich langen Prozessen, die in chronologischer Reihenfolge angeordnet werden.

Die Beiträge zum 20. Jahrhundert wurden dagegen nach Jahrzehnten gegliedert, um die Texte von verschiedenen Autorinnen und Autoren mit ihren verschiedenen Perspektiven zu verschiedenen Themen in eine übersichtliche, zeitliche Ordnung zu bringen. Dies geschah im Bewusstsein, dass sich geschichtliche Vorgänge nicht an eine schematische Einteilung nach Jahreszahlen halten. Mit der Themenwahl ging es vielmehr darum, die prägenden Merkmale eines Jahrzehnts herauszuarbeiten.

Um den Leserinnen und Lesern die Orientierung zu erleichtern, sind die Textpaare in fünf Einheiten zusammengefasst. Diesen vorangestellt ist jeweils eine Doppelseite, die eine kurze Zusammenfassung der folgenden Textpaare, ausgewählte Daten und geografische Verweise anbietet.

Beispielhaftigkeit und Perspektivität

Die Texte im Teil «Panorama» sind sehr kurz gehalten. Anstelle einer Darstellung, die möglichst alle wichtigen Ereignisse und Prozesse, wenn auch nur oberflächlich, erwähnt, bieten die Texte eine Einführung in zentrale Fragen des behandelten Zeitabschnitts. Sie offerieren dabei Anknüpfungspunkte für weiterführende Recherchen und werfen folglich ebenso sehr Fragen auf, wie sie Fragen beantworten.

Jedem Zeitabschnitt sind zwei Texte gewidmet, in denen zwei Autorinnen oder Autoren aus unterschiedlicher Perspektive einen Blick auf die fragliche Zeit werfen.

Die Auswahl der Themen der jeweiligen Zeitabschnitte und die Perspektiven, aus welchen sie betrachtet werden, beziehen sich auf ein geschichtliches Grundwissen, das bei den Leserinnen und Lesern vorausgesetzt wird. Mit den ausgewählten Themen soll dieses Grundwissen entweder variiert, ergänzt oder kontrastiert werden. Angestrebt wird eine Balance zwischen politik-, wirtschafts- und kulturgeschichtlichen Ansätzen, zwischen europäischen, aussereuropäischen oder schweizerischen Perspektiven und zwischen eher umfassend angelegten oder stärker beispielhaft zugespitzten Zugängen.

Zwei konkrete Beispiele sollen illustrieren, welche Überlegungen bei der Zusammenstellung der Texte angestellt wurden. Im Abschnitt zum Ersten Weltkrieg wird eine politikgeschichtliche Perspektive einer sozialgeschichtlichen gegenübergestellt. MARIO KÖNIG konzentriert sich auf die Stimmungslage und die Überzeugungen, die in der deutschen Elite in den Monaten vor dem Kriegsausbruch vorherrschten. SIMONE STEPPACHER stellt die unterschiedlichen Auswirkungen des Krieges bei den Soldaten an der Front und den daheimgebliebenen Frauen, Männern und Kindern am Beispiel Deutschlands einander gegenüber. Diese Paarung stellt die Frage nach den Ursachen jener nach den Auswirkungen gegenüber und kontrastiert die strategisch-politische Perspektive der Elite mit jener der einfachen Bevölkerung. Andere Aspekte bleiben unbehandelt, und die sich dadurch eröffnenden Fragen bieten sich für eine weitergehende, selbstständige Vertiefung mittels geeigneter Lektüre an: Wie verlief der Krieg, wie waren die Menschen in anderen Ländern vom Krieg betroffen (Frankreich, Russland, Italien, USA, Afrika), was passierte damals in der Schweiz und was waren die langfristigen Auswirkungen des Krieges?

Bei den Texten zum Zeitalter der Reformation lagen andere Überlegungen dem Auswahlentscheid zugrunde: Der Text von ROBERT LABHARDT zeigt die Reformation als moralisches Aufbegehren gegen einen wirtschaftlich motivierten, aber von vielen als missbräuchlich betrachteten Umgang mit religiösen Praktiken. Demgegenüber blickt SERAINA GARTMANN in ihrem Text aus einer mediengeschichtlichen Perspektive auf die fragliche Zeit und schildert die Entstehung des Buchdrucks. Sie zeigt darin unter anderem die Bedeutung der neuen Medientechnologie auf die Verbreitung und Wirkung der neuen Glaubenslehre von Luther, Zwingli und Calvin. Diese selber treten in den Texten nur am Rande in Erscheinung. Zu ihrem Leben und Wirken, sofern sie nicht bereits bekannt sind, können mit Leichtigkeit in anderen Publikationen ausführliche Informationen gefunden werden.

Was die Leserinnen und Leser bereits über Geschichte wissen, war bei der Zusammenstellung der Panorama-Texte nicht bekannt. Es musste davon ausgegangen werden, dass dieses Vorwissen sehr unterschiedlich ausgeprägt ist – wie auch die persönlichen Interessen und Vorlieben. Die hier vorgestellte Auswahl kann weder alle Wissenslücken schliessen noch alle Interessen befriedigen und Ansprüche erfüllen. Sie fordert die Leserinnen und Leser im Gegenteil dazu auf, Lücken, Interessen und Ansprüche zu erkennen und sich für eine selbstständige Auseinandersetzung mit der Geschichte anregen zu lassen.

JAN HODEL

Glaube, Entdeckungen, Staat

Europas «Frühe Neuzeit» umfasst den vielgestaltigen Übergang von der Feudalgesellschaft des Mittelalters zur modernen Industriegesellschaft des 19. Jahrhunderts. Könige und Fürsten zentralisieren und repräsentieren ihre staatliche Macht, die kirchlichen Konfessionen legitimieren den Beherrschten gegenüber die geltende Ordnung. Kolonien in den neu entdeckten Gebieten und der Fernhandel schaffen Grundlagen für Europas Reichtum. Der Buchdruck begünstigt Entwicklungen in Bildung und Forschung, die zur Aufklärung führen.

1350 – 1550 Entdeckung der Welt

Aufteilung der Einflussgebiete zwischen Spanien und Portugal

Zur Epochendefinition der Frühen Neuzeit gehört der Beginn der europäischen Expansion, als wagemutige Entdecker unbekannte Gebiete der Welt erkundeten und deren Kolonialisierung den Weg bereiteten. Die Expansion Europas umfasste auch die Weltmeere, die fortan zum Kampfplatz für die Vormachtstellung der europäischen Staaten wurden. Doch die Seefahrer waren nicht die ersten Weltentdecker. Menschen anderer Kulturen hatten schon zuvor weite Reisen in fremde Länder unternommen.

1325 Beginn von Ibn Battutas Reisen durch Afrika und Asien
1405 – 1433 Chinesische Flotten unter Zeng He fahren bis Indien und Ostafrika
1481 Portugiesen bauen befestigten Handelsstützpunkt an Goldküste Ghanas
1492 Kolumbus segelt in die Karibik und «entdeckt» Amerika
1494 Vertrag von Tordesillas zwischen Spanien und Portugal
1518 Beginn der Einfuhr afrikanischer Sklaven in die Karibik
1519 – 1522 Magalhães (Magellan) umrundet die Welt
1531 Spanien erobert das Inkareich
1538 Erste afrikanische Sklaven in Brasilien
1607 Spanien verliert Vormacht zur See an die Niederlande
1621 Gründung der holländischen Westindien-Kompanie
1807 England verbietet den Sklavenhandel

1500 – 1550 Zeitalter der Reformation

Humanismus, Buchdruck und städtischer Frühkapitalismus sind wichtige Voraussetzungen für die Reformation. Die Reformatoren profitierten von einer gründlichen Schulung beim Studium der originalen Bibeltexte und empörten sich über die Bereicherungspolitik der kirchlichen Würdenträger. Auch nutzten sie die Möglichkeiten des neu erfundenen Buchdrucks, der wesentlich für die Verbreitung der neuen Lehre war.

um 1450 Gutenberg entwickelt in Mainz eine neue Drucktechnik
ab 1465 Basel wird zu europäischem Zentrum des Buchdrucks
1470 Beromünster: erstes datiertes Buch der Schweiz erscheint («Mammotrectus», eine Anleitung zum Bibelstudium)
1506 Baubeginn des Petersdoms in Rom
1517 Erasmus von Rotterdam: «Klage des Friedens»
1517 Martin Luther: 95 Thesen gegen den Ablasshandel
1523 Huldrich Zwingli bringt Reformation nach Zürich
1524 – 1526 Deutscher Bauernkrieg (partiell auch Schweizer Bauernkrieg)
1528 – 1529 Reformation in Bern, Basel und Schaffhausen
1531 Zweiter Landfrieden von Kappel
1534 Johannes Calvin wird Reformator in Genf
1555 Augsburger Religionsfrieden

1550 – 1650 Konfessionelle Konflikte

Im Zeitraum zwischen Reformation und Aufklärung durchdringen die Glaubenswelten der Konfessionen zunehmend das öffentliche und private Leben. Im Wettbewerb um Einflussgebiete versucht die katholische wie auch die reformierte Kirche die Bevölkerung mittels kirchlich-staatlicher Vorschriften zu treuen Untertanen zu erziehen. Gleichzeitig nutzen die theologischen Autoritäten sowie Gelehrte den in der Kultur der «kleinen Leute» fest verankerten Glauben an Hexen und Schadenszauber zur Inszenierung systematischer Hexenverfolgungen in fast ganz Europa.

ab 1430 Erste Hexenverfolgungen in der Westschweiz und Frankreich
1487 Heinrich Institoris: «Hexenhammer»
1539 Gründung des Jesuitenordens durch Ignatius von Loyola
1545 – 1563 Konzil von Trient: katholische Gegenreformation
1555 Augsburger Religionsfrieden
ab 1570 Starke Zunahme der Hexenverfolgung in ganz Europa
1572 Bartholomäusnacht in Paris und ganz Frankreich
1581 Niederlande wird als calvinistischer Staat unabhängig von Spanien
1598 Heinrich IV.: Toleranzedikt von Nantes
1618 Fenstersturz in Prag: Beginn des Dreissigjährigen Krieges
ab 1650 Rückgang der Hexenverfolgung

1650 – 1750 Europa des Ancien Régime

In den absolutistischen Fürstenstaaten des 16. bis 18. Jahrhunderts bildet die Residenz des Monarchen die Regierungszentrale des Staates. Prunkvolle Schlossanlagen dienen als Kulisse für Herrschaftsrituale, mit denen der Monarch seine Macht gegenüber den Untertanen und dem Ausland darstellt. Als Folge dieser Konzentration auf den königlichen Hof nehmen immer weniger Angehörige der gehobenen sozialen Schichten an der Kultur und den Ritualen der «kleinen Leute» teil. Fasziniert vom höfischen Ideal verwerfen sie Kultur und Glauben des «Volks» zunehmend als rückständig und abergläubisch. Die Kluft zwischen «Volk» und Eliten vertieft sich.

1576 Jean Bodin: «Les six livres de la République» (Staatstheorie)
1648 Westfälischer Friede: Ende des Dreissigjährigen Krieges; Eidgenossenschaft wird rechtlich unabhängig vom Deutschen Reich
1661 Ludwig XIV. tritt die Herrschaft als König Frankreichs an
ab 1661 Hof von Versailles wird zu prunkvollem Barockschloss
1683 Zweite Wiener Türkenbelagerung: Österreich wird europäische Grossmacht
1685 Ludwig XIV. hebt Toleranzedikt von Nantes auf
1688 «Glorious Revolution»: England wird eine konstitutionelle Monarchie
1701 Christian Thomasius: «De crimine magiae» (Hexenprozesskritik)
1701 – 1714 Spanischer Erbfolgekrieg
1715 Tod Ludwigs XIV.

1680 – 1800 Aufklärung

Die Aufklärung bildet das Fundament, auf dem noch heute unsere Gesellschaft basiert. Im Laufe des 17. Jahrhunderts verbreitet sich in Europa und Nordamerika eine neue Art des Denkens, welche auf vernunftgeleiteten Überlegungen beruht und sich nicht mehr der Theologie unterwirft. Als neue Form der Geselligkeit entstehen vielfältige gesellschaftliche Vereinigungen, deren Mitglieder wissenschaftliche, soziale und politische Ideen frei debattieren und austauschen.

1689 John Locke: «Briefe über Toleranz»
1717 Gründung der ersten Grossloge der Freimaurer in London
1746 Gründung der Naturforschenden Gesellschaft in Zürich
ab 1750 Lesegesellschaften fördern allgemeine Bildung
1751 – 1772 Denis Diderot und Jean-Baptiste le Rond d'Alembert publizieren in Frankreich die «Encyclopédie»
1752 Benjamin Franklin experimentiert mit Blitzen
1759 Gründung der Ökonomischen Gesellschaft in Bern
1761 – 1798 Helvetische Gesellschaft als wichtiges Forum der Schweizer Aufklärung
1776 Zweiter Kontinentalkongress verabschiedet in Philadelphia die Amerikanische Unabhängigkeitserklärung
1781 Immanuel Kant: «Kritik der reinen Vernunft»
1789 Ausbruch der Französischen Revolution in Paris

Der muslimische Reisende Ibn Battuta und der Orient des 14. Jahrhunderts

In Geschichtsbüchern beginnt die «Neuzeit» mit den Entdeckungen. Gemeint ist der Beginn der europäischen Expansion um 1500 und die Entstehung eines nach westlichen Bedürfnissen ausgerichteten weltweiten Wirtschaftssystems. Allerdings begannen sich bereits vor 1500 die Geflechte wechselseitiger Beziehungen zwischen den Kulturzonen und Zivilisationen zu verdichten. An dieser Entwicklung hatte die Ausbreitung des Islam grossen Anteil. Arabisch sprechende Reisende wie der Rechtsgelehrte Ibn Battuta hinterliessen der Nachwelt Dokumente, welche die Intensivierung des Handels und des Kulturaustauschs im Orient des 14. Jahrhunderts belegen.

Um 1325 verliess der 21-jährige Ibn Battuta seine Heimatstadt Tanger in Marokko. Es war die Pflicht zum *Hadsch*, zur Pilgerfahrt nach Mekka, die den jungen Mann dazu veranlasste, sich auf die weite Reise von der marokkanischen Atlantikküste entlang der alten Karawanenwege Nordafrikas und über das Rote Meer zu den heiligen Stätten des Islam im Innern Zentralarabiens zu begeben. In Mekka erfüllte er die Pflichten des *Hadsch* und vertiefte sich in das Studium des islamischen Rechts. Angesichts der politischen Zersplitterung der muslimischen Welt beschäftigte den jungen Mann die Frage, inwiefern diese noch eine religiöse Einheit bildete. Er beschloss, alle muslimischen Gebiete kennenzulernen und so eine Antwort auf seine Frage zu finden.

Ein «Reisender des Islam»

Ibn Battuta sollte nahezu dreissig Jahre unterwegs sein. Über Persien, Anatolien und die Krim begab er sich nach Konstantinopel. Von hier brach er nach Zentralasien und Indien auf und stand einige Jahre als Rechtsgelehrter in den Diensten des Sultans von Delhi. Über Südindien und die Malediven reiste er nach China, das damals von der mongolischen Yuan-Dynastie beherrscht wurde. Nach einem Aufenthalt in Sumatra kehrte er schliesslich 1349 als wohlhabender Mann ins heimatliche Marokko zurück. Drei Jahre später durchquerte er die Sahara und gelangte bis zu dem im westlichen Sudan gelegenen Königreich Mali. Zurück in Fes, der Hauptstadt des Merinidischen Sultanats von Marokko, diktierte Ibn Battuta seine Reiseerlebnisse dem Hofdichter Ibn Juzay. Seine unermüdliche Reisetätigkeit trug ihm den Titel eines «Reisenden des Islam» ein.

Ibn Battutas Werk «Rihla» («Reise») war 1355 vollendet. Es stellt eine faszinierende Beschreibung der damals den Muslimen bekannten Welt dar und steht in einer langen Tradition arabischer Reiseberichte, die von Gelehrten und Kaufleuten verfasst wurden. Anreiz zu Reisen boten solchen Männern nicht nur Handels- oder Missionsinteressen, sondern auch die Freizügigkeit, die allgemein in der muslimischen Welt und insbesondere zwischen den verschiedenen Hochschulen herrschte. Die internationale Geltung der arabischen Hochsprache eröffnete ihrerseits vielfältige Kommunikationsmöglichkeiten. Ibn Battuta war einer der wenigen Arabisch sprechenden Reisenden, die einen Grossteil jener Gebiete besuchten, die unter muslimischer Herrschaft standen. «Rihla» ist letztlich nicht bloss ein Erlebnisbericht, sondern zugleich auch ein Zeugnis muslimischer Anschauung aus jener Zeit. Denn stets beschrieb Ibn Battuta seine Umgebung aus der Perspektive des rechtgläubigen Muslims.

Die Reise nach Mali

Ibn Battutas Reise nach Mali im Jahre 1352 stand in Verbindung mit Plänen des Sultans von Marokko, Abu Inan, den zentralen und östlichen Maghreb zu erobern und so die Kontrolle über die Handelswege in den westlichen Sudan zu erringen. Ibn Battuta nahm die Taghaza-Walata-Route und erkundete so einen wenig bekannten Handelsweg durch die Sahara in die Sahelzone. Ausserdem sollte er als Botschafter Abu Inans zur Verbesserung der Beziehungen zwischen beiden Reichen beitragen und Informationen über die politischen und gesellschaftlichen Verhältnisse im Malireich beibringen. Das multiethnische Reich von Mali umfasste weite Teile des westlichen Sudan, zählte ungefähr 400 Städte und war berühmt für seinen Goldreichtum. Zur Zeit Ibn Battutas wurde es von *Mansa* («Herrscher») Suleiman (1341–1360) regiert. Die Herrscher von Mali gehörten der Ethnie der Malinke an. Seit dem 13. Jahrhundert war der Islam zumindest in der gesellschaftlichen Elite fest etabliert.

Getreu seinem Auftrag zeichnete Ibn Battuta eine Vielzahl von Eindrücken auf. Er lobte die Rechtssicherheit in den Gebieten des *Mansa*, da dieser die malikitische Rechtsschule fördere und ohne Nachsicht gegen Diebe und Räuber vorgehe. Das Vermögen arabischer oder berberischer Händler sei somit im Malireich sicher. Ausserdem betonte er den Eifer und die Beflissenheit, mit der sich die Menschen in der Hauptstadt Malis dem Gemeinschaftsgebet in den Moscheen hingäben. Was Ibn Battuta hingegen irritierte, waren Beobachtungen, die nicht ins Bild einer islamisierten Gesellschaft passten, sondern vielmehr auf einen verbreiteten Synkretismus (Vermischung von Religionen) hinwiesen. So kritisierte er, dass die Malierinnen und Malier das «unreine» Fleisch von Hunden und Eseln assen und offenbar nichts dabei fänden, wenn Dienerinnen und junge Mädchen selbst im Ramadan und im Beisein von Männern «nackt» (d. h. unverschleiert) herumgingen. Er beobachtete bei Hofe *Griots* (Sänger und Geschichtenerzähler) mit Vogelmasken, die offensichtlich Riten gemäss lokalen religiösen Vorstellungen ausübten, und er bemerkte in der Nähe des Throns gar zwei Widder, die den «bösen Blick» vom Herrscher abwenden sollten. Ibn Battuta missbilligte das Ausmass an Demut, mit

Marokkanische Briefmarke mit dem Motiv Ibn Battuta, Datum unbekannt. In der arabischen Welt geniesst Ibn Battuta eine ähnliche Wertschätzung wie Marco Polo oder Christoph Kolumbus im Westen. Diese marokkanische Briefmarke zeigt ein Porträt des arabischen Weltreisenden, so wie es sich ein heutiger Betrachter vorstellt. Denn über Ibn Battutas Aussehen ist nichts bekannt. Mit Sicherheit kann bloss gesagt werden, dass er als gläubiger Muslim einen Bart trug.

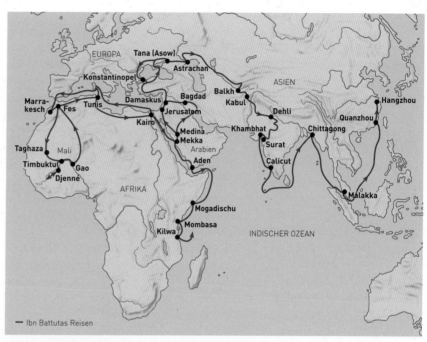

Karte zur Veranschaulichung von Ibn Battutas Reisen. In Anbetracht des zurückgelegten Weges hat man Ibn Battuta nicht zu Unrecht den «Marco Polo Arabiens» genannt. Grösstenteils bereiste Ibn Battuta Gebiete, die unter muslimischer Herrschaft standen.

der die Menschen in Mali ihrem König begegneten: Diese schlugen vor dem Herrscher mit den Ellenbogen kräftig auf den Boden und warfen sich Staub über Kopf und Rücken. In der Tat nahm der Herrscher in Mali entgegen islamischen Rechtsvorstellungen eine sakrale Position ein.

Ein ethnografisches Werk

Es sind die verschiedenen Landessitten, die Kleidung und Speisen, die Verarbeitung fremdartiger Produkte, das Zeremoniell an fremden Höfen sowie religiöse Institutionen, die Ibn Battuta interessierten. Somit verfasste der Autor ein ethnografisches Werk über die orientalischen Völker des 14. Jahrhunderts, in dem er zugleich deren kulturelle Verflechtungen aufzeigte. Nicht immer sind seine Schilderungen glaubhaft, beispielsweise haben Kritiker wiederholt auf Übertreibungen oder chronologische Unsicherheiten in seinem Text hingewiesen. Vorsicht ist auch bei jenen Passagen geboten, wo sich Ibn Battuta auf Hörensagen oder die Erläuterungen von Dolmetschern verlässt. Im Westen wurde ein Teil von Ibn Battutas Reiseberichten erstmals 1829 veröffentlicht. Es war dies eine englische Übersetzung von drei in arabischer Sprache verfassten Manuskripten, die der Basler Orientalist und Reisende Johann Ludwig Burckhardt («Scheich Ibrahim») im Nahen Osten entdeckt und nach England gebracht hatte. PETER HAENGER

Empfohlene Literatur

- Battuta, Ibn: Die Reisen des Ibn Battuta. Herausgegeben und übersetzt von Horst Jürgen Grün. München 2007.
- Wolf, Eric R.: Die Völker ohne Geschichte. Europa und die andere Welt seit 1400. Frankfurt am Main 1991.

Europas Handel über den Atlantik im 16. Jahrhundert

Seit ihren «Entdeckungen» in Süd- und Mittelamerika besassen Spanien und Portugal das Monopol über den Atlantikhandel. Ihre reichen Gewinne aus den neuen Kolonien weckten die Begehrlichkeiten anderer europäischer Mächte. Deshalb wurde der Atlantik im 16. Jahrhundert ein neuer konfliktreicher Geschichtsraum, auf dem sich Waren-, Menschen- und Kulturaustausch vollzog, begleitet von Schlachten, Piraterie und mannigfachen Risiken. Während sich die Europäer im pazifischen Raum auf ein bereits vorhandenes Netz arabischer und asiatischer Handelsschifffahrt stützen konnten und den Handel auf Luxuswaren konzentrierten, fanden sie den Atlantik unerschlossen und frei zugänglich, aber auch ungeschützt. Hier entstand ein Netz von Stützpunkten zwischen Afrika und der Karibik, das Europa den Zugang zu kolonialen Massengütern öffnete.

Das spanische Kolonialreich umfasste um 1550 fast ganz Mittel- und Südamerika. Gold und Silber in Milliardenwert und neue Nahrungsmittel (Kartoffeln, Mais, Tomaten, Kakao) wurden aus der Neuen Welt nach Spanien gebracht. Diese Überseetransporte waren eine riskante Sache. Praktisch jedes Schiff, das im 16. Jahrhundert nach Amerika fuhr, hatte Sevilla als Ausgangs- oder Endhafen. Die Stadt war völlig vom Seefahrerglück abhängig, und die Kaufleute lebten beständig in Sorge um ihre Frachten.

Risikoreiche Geschäfte

Francisco de Escobar, Kaufmann in Sevilla, berichtete seinem Junior-Partner Diego de Rivera am 16. Oktober 1553 nach Lima (Peru)[1], er wolle den baldigen Aufbruch einer Karavelle nach Kap Verde nutzen, um den Brief, den er eben schreibe, mitzugeben. Aber die Ankunft in Kap Verde sei äusserst unsicher, weil viele französische Kaperschiffe zurzeit Überfälle auf spanische Schiffe ausführten. Kaperschiffe waren damals staatlich lizenzierte Piratenunternehmen, die zur wirtschaftlichen Schädigung anderer Länder und zum Gewinn des eigenen Staates im Einsatz waren. Sie beschlagnahmten Schiff und Fracht und führten es in den nächsten befreundeten Hafen, wo die Raubware auf einem extra angekündigten Markt an interessierte Kaufleute verhökert wurde.

Escobar schilderte in seinem Schreiben weiter, dass man in Sevilla seit fast einem Jahr vergeblich auf Schiffe aus Mexiko oder Hispaniola (Haiti/Dominikanische Republik) warte. Am 4. November des Vorjahres sei eine ganze Flotte abgefahren und seither sei man ohne Nachricht. Die meisten Kaufleute hätten unterdessen Bankrott gemacht. Erst wenn die sehnlich erwartete Handelsflotte zurück sei, könne man die nächste starten. – Die spanischen Handelsschiffe steuerten jeweils entweder die karibischen Inseln oder Nombre de Dios auf der Landenge von Panama an. Die Reisedauer von San Lucar nach Panama dauerte je nach Reiseglück 43 bis 175 Tage. In Nombre de Dios wurde die Ware auf Maultiere, später auch auf zu Kolonnen zusammengefügte Trägersklaven umgeladen, die sie – militärisch begleitet – durch sumpfiges Tiefland unter mühseligsten Bedingungen auf die andere Seite des Isthmus transportierten. Dann übernahmen Schiffe den Weitertransport Richtung Peru oder Chile.

Escobar scheint neben Rivera in Lima eine weitere Vertrauensperson in Nombre de Dios oder Panama gehabt zu haben; alle drei zusammen bildeten eine kleine Handelsgesellschaft. Die Partner in Übersee empfingen aus Europa vor allem Waffen, Pferde, Mehl, Öl und Wein, auch Saatgut und Zuchtvieh. Der Erlös aus deren Verkauf wurde für neue Fracht nach Europa verwendet: Farbstoffe, Arzneien, Leder und Häute, Zucker und Perlen, vor allem aber Silber. Forscherinnen und Forscher schätzen, dass Silber im spanischen Kolonialhandel über 90 Prozent des rücktransportierten Warenwerts ausmachte. Zwischen 1500 und 1800 gelangten nach offiziellen Statistiken 85 000 bis 90 000 Tonnen Silber von Amerika nach Spanien! Deshalb waren solche Rückfrachten besonders gefährdet, nicht nur wegen Kaperern, sondern insbesondere auch wegen der sich rasch ausbreitenden internationalen Piraterie im karibischen Raum, wo die zahlreichen zerklüfteten Inseln den Seeräubern gute Verstecke für Angriff und Rückzug boten. Um die Sicherheit auf See zu erhöhen, schlossen sich deshalb ab 1543 stets mehrere Schiffe zu Fahrverbänden, Konvois, zusammen und erhielten Begleitschutz durch Schlachtschiffe.

Im Laufe des 17. Jahrhunderts knackten zuerst die Holländer, dann Franzosen und Engländer das spanische Kolonialmonopol. Es entstanden nun grosse Handelsgesellschaften mit entsprechenden Warenflotten, die Westindischen Kompanien. Diese sollten Europa mit Zucker, Kaffee, Kakao, Tabak und Baumwolle von den nord- und mittelamerikanischen Sklavenplantagen beliefern – alles Güter, welche die Konsumgewohnheiten in Europa veränderten.

Sklavenhandel

Die portugiesischen Seefahrer erkundeten im 15. Jahrhundert die westafrikanische Küste und begannen auf vorgelagerten Inseln wie Madeira oder den Kapverden mit dem Anbau von Zuckerrohr unter Einsatz afrikanischer, aber auch europäischer Sklavinnen und Sklaven. Dasselbe taten die Spanier auf den Kanaren. Diese Inseln waren gewissermassen Versuchslabore für die sklavengestützte Plantagenwirtschaft, die nach 1520 von den Portugiesen im Nordosten Brasiliens und von den Spaniern in der Karibik aufgebaut wurde. Die rasant zunehmende Nachfrage Europas nach Zucker wurde nun entscheidend für die Entwicklung des transatlantischen Sklavenhandels. In ganz Europa investier-

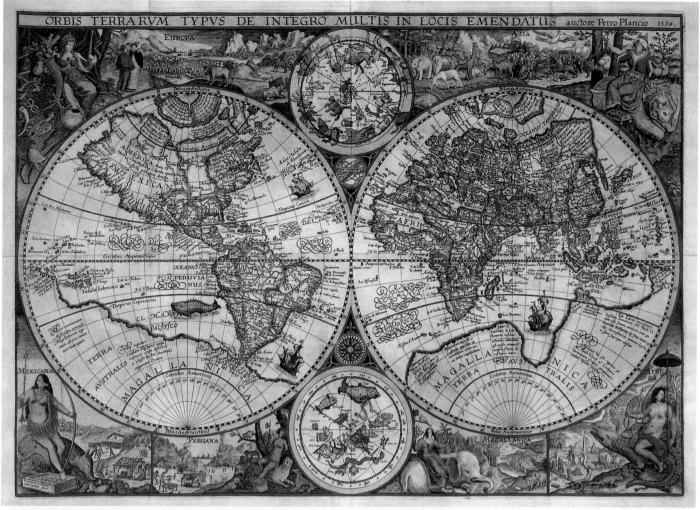

Weltkarte vom niederländischen Kartografen Peter Plancius (1552–1622), Amsterdam 1594.
Die prachtvolle, detailgenaue Weltkarte mit allegorischen Darstellungen der vier Weltteile
ist der Prototyp für zahlreiche Weltkarten des 17. Jahrhunderts geworden. Sie bringt das Selbstbewusstsein der erfolgreichen holländischen Seefahrernation zum Ausdruck.

ten Staaten und Private in den Dreieckshandel, in dessen
Rahmen europäische Waren, vor allem Textilien und Waffen,
nach Afrika exportiert, von dort Sklavinnen und Sklaven den
Plantagen des amerikanischen Kontinents zugeführt und
von dort Kolonialerzeugnisse zurück nach Europa gebracht
wurden. Dabei stiegen England und Frankreich zu den führenden Sklavenhandelsnationen auf. Man schätzt heute,
dass gut 11 Millionen afrikanische Sklaven bis ins 19. Jahrhundert über den Atlantik geschifft wurden. 15 Prozent von
ihnen starben unter den schrecklichen Transportbedingun-
gen während der durchschnittlich zweimonatigen Über-
fahrt. Enorm freilich waren auch die Verluste, die schon im
Innern Afrikas entstanden, wo einheimische Chiefs in Kriegen und Raubzügen erbeutete Sklavinnen und Sklaven zur
Küste transportieren und von ihren Zwischenhändlern an
europäische Kapitäne verkaufen liessen. – 2001 verurteilte
die UNO den Sklavenhandel in Geschichte und Gegenwart
als «Verbrechen gegen die Menschlichkeit».

ROBERT LABHARDT

1 Nach: Schmitt, Eberhard (Hg.): Dokumente zur Geschichte der
europäischen Expansion. Band 4: Wirtschaft und Handel der
Kolonialreiche. München 1988. S. 52 ff. Der Brief befindet sich im
Archivo General de Indias in Sevilla.

Empfohlene Literatur
· Bohn, Robert: Die Piraten. München 2003.
· Meissner, Joachim; Mücke, Ulrich; Weber, Klaus: Schwarzes Ame-
rika. Eine Geschichte der Sklaverei. München 2008.
· Schmitt, Eberhard (Hg.): Dokumente zur Geschichte der europä-
ischen Expansion. Band 4: Wirtschaft und Handel der Kolonial-
reiche. München 1988.
· Stettler, Niklaus; Haenger, Peter; Labhardt, Robert: Baumwolle,
Sklaven und Kredite. Die Basler Welthandelsfirma Christoph
Burckhardt & Cie. in revolutionärer Zeit (1789–1815). Basel 2004.
· Wendt, Reinhard: Vom Kolonialismus zur Globalisierung. Europa
und die Welt seit 1500. Paderborn/München/Wien/Zürich 2007.

Geld und Geist –
der Ausbruch der Reformation

Die Reformation steht als einschneidendes Ereignis am Beginn der Frühen Neuzeit: Sie hat die bisher einheitliche Glaubenswelt Europas gespalten und führte bis Mitte des 17. Jahrhunderts zu kriegerischen Konflikten, in denen Religion, sozialer Protest und fürstliche Machtpolitik eng miteinander verflochten waren.

Das deutsche Kaiserreich umfasste zur Zeit der Reformation ganz Mitteleuropa samt den Niederlanden, Burgund, Savoyen, der Schweiz und norditalienischen Gebieten. Aber zu einer einheitlichen Politik war es kaum noch fähig. Seine zahlreichen Fürstentümer und Landesherrschaften waren weitgehend souverän und strebten nach Vergrösserung der eigenen Herrschaft. Einer der mächtigsten Reichsfürsten war Albrecht von Brandenburg (1490 – 1545). Seit 1514 herrschte er über die Erzbistümer Magdeburg und Mainz sowie das Bistum Halberstadt. Er war Erzkanzler des Kaisers, besass als Mainzer Erzbischof die Kurwürde und war Bruder eines weiteren Kurfürsten, Joachim von Brandenburg.

Auf dem Altarbildnis von Aschaffenburg (Abbildung S. 21) sehen wir Albrecht von Brandenburg in üppigem Bischofsornat als heiligen Martin, der einem Bettler ein Scherflein gibt. Ihm beigesellt ist seine Mätresse Ursula Rediger in der Rolle der heiligen Ursula. Aus heutiger Sicht erzählen diese zwei Altarflügel schon viel über den Hintergrund der Reformation von 1517. Sie zeigen uns die Machtarroganz kirchlicher Würdenträger, einen ungehemmt zur Schau gestellten Reichtum, herablassende Wohltätigkeit, die in den Wappen angedeutete Akkumulation weltlicher und geistlicher Herrschaften und eine für den adligen Kirchenfürsten offenbar völlig selbstverständliche Hinwegsetzung über das kirchliche Zölibat. Und dies alles noch im Gewand von Heiligenfiguren, von denen die eine – Ursula – das Martyrium erlitten hat, weil sie ihre Christus geweihte Jungfräulichkeit bewahren wollte, und der andere – Martin – sich als demütiger, asketischer Gottessoldat verstanden hatte.

Man kann das Bild als Zeugnis für die sogenannte «Fiskalisierung» der Kirche lesen (lat. fiscus: Steuer, Geldabgabe): Seit dem späten Mittelalter hatte die Kirche im Wettstreit mit den weltlichen Fürsten eine beispiellose Pracht- und Machtentfaltung eingeleitet. Die päpstliche Kurie hatte aus ständiger Geldnot den Ablasshandel und den Verkauf kirchlicher Ämter (Pfründen) forciert. Der Ablass – ursprünglich eine kirchliche Reuehandlung zur Vergebung der Sünden – hatte sich zu einem käuflichen Papier gewandelt, welches dem Gläubigen Erlösung aus dem Fegefeuer versprach. So wurden Ablassbriefe oder eben die Angst vor dem Fegefeuer zur unerschöpflichen Einnahmequelle einer unersättlichen Kirche.

Der Deal der Mächtigen

1506 wurde in Rom der Grundstein für den glanzvollen, erweiterten Neubau des Petersdoms gelegt. Der Papst erliess hierfür im Zusammenhang mit dem kirchlichen Jubiläumsjahr 1500 einen «Jubelablass», der die benötigten Riesensummen einbringen sollte. Das nun bot den Anknüpfungspunkt für einen Deal, von dem die Zeitgenossen nichts ahnten: Auch Albrecht von Brandenburg brauchte Geld. Er hatte entgegen den kirchlichen Vorschriften mehrere Bistümer erworben und musste deshalb beim Papst nicht nur das Mainzer Episkopat als solches erkaufen, sondern auch eine Ausnahmebewilligung für dessen Erwerb. In einem Geheimabkommen erhielt Albrecht 1514 von Papst Leo X. das Privileg, während acht Jahren in seinen Hoheitsgebieten und in Brandenburg einen Ablasshandel zugunsten der Peterskirche zu betreiben. Vom Erlös sollten stattliche 29 000 Gulden an Rom gehen und die andere Hälfte an Albrecht zur Tilgung der Schulden und Schuldzinsen, die er bei seinem Mittelsmann und Kreditgeber aufgehäuft hatte: bei Jakob Fugger, dem reichen Financier in Augsburg.

Jakob Fugger: der Mann im Hintergrund

Dem Handelshaus Fugger war 1485 der grosse Durchbruch gelungen, als es mit den Habsburgern ins Geschäft kam und sich seine Kredite durch regelmässige Silberzahlungen aus den Tiroler Bergwerken entgelten liess. Es sicherte sich alsbald weitere ausgedehnte Rechte im Abbau von Edelmetallen in der Slowakei und in Ungarn und transferierte Silber und Kupfer zentnerweise nach Venedig. Gleichzeitig übermittelte es dem päpstlichen Finanzzentrum in Rom aus deutschen, skandinavischen und französischen Bistümern die Zahlungen für kirchliche Ämter und Pfründen, Kreuzzugssteuern und Ablasserlöse.

Jakob Fugger organisierte auch das Geschäft zwischen Albrecht und dem Papst, und er organisierte den Ablasshandel in Albrechts Landen. Zwei berittene Fugger-Beamte mit je einem Schlüssel für den Geldkasten begleiteten den Dominikaner Tetzel, der den Gläubigen seine Ablassbriefe aufschwatzte: «Wenn das Geld im Kasten klingt, die Seele in den Himmel springt.» Albrechts Ehrgeiz sollte auf diese Weise der fuggerschen Bank die enorme Summe von 48 000 Gulden in die Tasche spülen.

Martin Luthers Paukenschlag: die 95 Thesen

Über Tetzels Ablasskrämerei platzte dem Augustinermönch und Theologieprofessor Martin Luther der Kragen. Am 31. Oktober 1517 veröffentlichte er in Wittenberg 95 Thesen, die den Ablasshandel «samt seinen Lehrmeistern» scharf verurteilten und den Auftakt zur Reformation bildeten. Er sandte sie gleichentags auch an Albrecht von Brandenburg

Albrecht von Brandenburg und Ursula Rediger, zwei Altarflügel von Simon Franck, 1524, (Aschaffenburg, Stiftsmuseum).

mit dem unmissverständlichen Kommentar: «[...] der Mensch wird durch keines Bischofs Geschenk der Seligkeit gewiss [...]»[1]. Schon im Dezember wurden die Thesen in Basel gedruckt und verbreiteten sich innerhalb von 14 Tagen in Deutschland.

In Luthers Thesen ist der Kern seiner Lehre bereits enthalten: Kirche und Klerus können nicht den Anspruch erheben, Heilsvermittler zu sein und für die Gläubigen den «Gnadenschatz» zu hüten. Die Gläubigen stünden direkt zu Gott und seien auf dessen Gnade angewiesen. Luther liess als oberste Glaubensautorität nur noch die Heilige Schrift, nicht mehr die päpstliche Kirche gelten. Das war sozialpolitischer Zündstoff, der radikale Konsequenzen haben konnte: Weg mit den Hierarchien! Weg mit Dienstleistungen und Abgaben an Kirche und Obrigkeit! Die Täuferbewegung unter Thomas Müntzer und von Handwerkern angeführte Bauernaufstände machten sich diese Grundhaltung zu eigen. Aber diese radikalen Bewegungen wurden – mit Luthers Einverständnis – niedergeschlagen, weil sie die gesellschaftliche Ordnung, aber auch die Reformation selber in Frage stellten.

Ihren dauerhaften Erfolg verdankte die reformatorische Bewegung verschiedenen Faktoren: zunächst dem Buchdruck und der breiten Ablehnung des kirchlichen Materialismus beim «Volk». Es waren vor allem die städtischen Handwerker, die in der Reformation die Chance erkannten, sich von ungeliebten kirchlichen Abgaben und Dienstleistungen an die Kirche zu befreien und die Herrschaft bischöflicher Stadtherren abzuschütteln. Das gilt für deutsche Reichsstädte wie auch für die Schweizer Städte Zürich, Basel, Bern und – etwas später – für das Genf Calvins. Aber auch manchen Landesfürsten, wie dem Kurfürsten von Sachsen, kam die Reformation entgegen. Denn die Reformation entzog nicht nur der Kirche, sondern auch dem Kaiser Legitimation und politischen Aktionsraum, sie stärkte die fürstliche Territorialgewalt und deren Autonomie. Sichtbar wurde das 1555, als der Augsburger Religionsfriede jedem Landesfürsten das Recht zusprach, in seinem Gebiet die gültige Konfession und Kirchenordnung festzulegen.

ROBERT LABHARDT

1 Brief an Albrecht von Brandenburg, 31.10.1517. Zitiert nach: Materialien für den Geschichtsunterricht, Band 4, Die Neuzeit. Frankfurt am Main 1978. S.42.

Empfohlene Literatur

· Dupeux, Cécile et al. (Hg.): Bildersturm. Wahnsinn oder Gottes Wille? Zürich 2000.
· Ogger, Günther: Kauf dir einen Kaiser. Die Geschichte der Fugger. München 1978.
· Schnabel-Schüle, Helga: Die Reformation 1495–1555. Stuttgart 2006.

Der Buchdruck – Hightech im 15. Jahrhundert

Der Buchdruck ist die Schlüsseltechnologie der Gesellschaft im 15. und 16. Jahrhundert. Er ermöglicht in einem hochgradig technisierten Verfahren eine massenhafte Produktion von Informationen. Kommunikationsnetze, die bisher durch eine Kette mündlicher Mitteilungen von Angesicht zu Angesicht funktionierten, werden mit den Mitteln des Buchdrucks umgestaltet. Das Ergebnis ist die Auflösung des traditionellen Monopols auf Wissen und Autorenschaft von Kirche und Obrigkeit und die Verbreitung und Vermarktung eines neuen Typus von Informationen: «wahres Wissen».

Die Frühe Neuzeit war in Europa durch das Nebeneinander zweier Informationstechnologien bestimmt: der Schreibkunst und der Druckkunst. Während Erstere ein Produkt manueller Fertigkeiten und ästhetischer Ansprüche des schreibenden Menschen war, erforderte Letztere nebst zahlreichen menschlichen Fähigkeiten und Arbeitsprozessen weit mehr technische Hilfsmittel als die Schreibstube und weit mehr Kenntnisse aus den verschiedensten Handwerken als andere Manufakturen. Dass sie überdies schon vor Beginn der Arbeit Unsummen von Geld verschlang, bekam auch der zwischen 1394 und 1399 geborene Johannes Gensfleisch zum Gutenberg zu spüren. Um seine Druckexperimente finanzieren zu können, musste er riesige Beträge ausleihen.

Neue Technik, neuer Markt

Der Buchdruck ist ein Musterbeispiel für eine «Verbunderfindung»: Grundsätzlich neu war keiner der Teile. Die eigentliche Erfindungsleistung lag in der Kombination der einzelnen Teile miteinander und der Abstimmung von Tinte auf Lettern und Papier. Da der Druck nur bei massenhafter Erzeugung gleicher Exemplare rentierte, brach das neue Gewerbe durch Einführung des Verlagswesens mit den herkömmlichen Verkaufs- und Vertriebsformen. Die ratternden Druckmaschinen produzierten nicht für das Mäzenatentum, sondern für die anonyme Kundschaft eines freien Marktes. Dies setzte nebst der Vorinvestition für die teure Produktion eine kostspielige Lagerhaltung und erhöhte Transportkosten voraus. Viel Zeit verstrich, bis dieses Geschäft Gewinn abwarf. Gutenberg, einst ein vermögender Bürger, landete auf der Anklagebank in einem Prozess, der wegen Zahlungsunfähigkeit gegen ihn angestrengt worden war, und starb schliesslich 1468 als armer Schlucker.

Medienrevolution in der Stadt

Wie ein Lauffeuer verbreitete sich Gutenbergs Erfindung in ganz Europa. Gegen Ende des 15. Jahrhunderts wurde an mehr als 250 Orten gedruckt. Die Zahl der in diesem Jahrhundert gedruckten Bücher, der sogenannten «Wiegendrucke» (lat. Inkunabeln), ist kaum überschaubar. Es dürften

etwa 27 000 Werke in 20 Millionen Exemplaren erschienen sein, davon ungefähr ein Drittel im Heiligen Römischen Reich Deutscher Nation. 77 Prozent der Drucke waren in der Kirchen- und Gelehrtensprache Latein abgefasst, 7 Prozent in Italienisch, 6 Prozent in Deutsch und der Rest in Französisch, Spanisch, Niederländisch, Englisch, Hebräisch, Griechisch und Kirchenslawisch. Gedrucktes gehörte bald zur alltäglichen Umwelt der Stadtbevölkerung, bei der sich die Lesefähigkeit der Menschen steigerte. Schnell entwickelte sich ein riesiges Netz von Autoren, Druckern, Verlegern und Buchhändlern. Nach Einführung der neuen Informations- und Kommunikationstechnologie wurden nicht nur die bisher in den antiken und mittelalterlichen Skriptorien kopierten Texte in viel grösserer Zahl gedruckt. Vielmehr wurden auch Informationen mit der Absicht der technischen Vervielfältigung «verschriftet», die früher niemals aufgeschrieben worden wären: Wissen, das zuvor nur im Gedächtnis gespeichert und höchstens mündlich weitergegeben wurde, kam nun in die Druckerpresse.

Der Holzschnitt von Matthias Huss aus einem «Totentanz» Ende des 15. Jahrhunderts (Abbildung S. 23) ist die erste erhaltene Darstellung einer Druckerwerkstatt. Der Bilderzyklus nimmt die neuen Berufe des Buchdruckers und Buchhändlers in die weitverbreitete Tradition der Totentanzmotive auf.

Analphabetismus auf dem Land

Trotz des enormen Erfolgs der Druckerpresse blieben zu Beginn des 16. Jahrhunderts die meisten Menschen in Europa weiterhin Analphabetinnen und Analphabeten. Zwar gab es regionale Unterschiede. Doch Kommunikation war und blieb im Wesentlichen mündliche Kommunikation. Dies sollen einige Zahlen belegen: Im deutschsprachigen Raum konnten schätzungsweise 3 bis 4 Prozent der Bevölkerung lesen, wobei der Anteil der Frauen unter einem Prozent lag. Für die ländliche Gemeinschaft im 16. Jahrhundert hielten sich die Folgen des Buchdrucks also in Grenzen. Die mündliche Kultur war noch immer beherrschend, auch wenn einige gedruckte Bücher aus den Städten den Weg zu den Bewohnerinnen und Bewohnern auf dem Land gefunden hatten und einzelne von ihnen lesen und schreiben konnten.

«Wahres Wissen selber lesen»

Die neue Informations- und Nachrichtentechnologie führte eine Wende in der Wissensvermittlung herbei. Bisher waren die traditionellen Eliten der irdischen und kirchlichen Obrigkeit und der Universitäten zuständig. Gedruckte Bücher verbreiteten sich mehr und mehr auch in jenen gesellschaftlichen Gruppen, welche bisher keinen eigenen Zugang zum «wahren Wissen» hatten. Wer des Lesens kundig war und

Französischer Holzschnitt aus der von Matthias Huss in Lyon gedruckten «Danse macabre», Lyon, 18. Februar 1499 oder 1500. Das Grundelement spätmittelalterlicher Totentänze bildet der Reigen sterbender Menschen mit dem Tode, der als Spielmann Menschen jeden Alters und aus jedem Beruf zum Tanz auffordert und zu einer gottgefälligen Lebensführung mahnt. Wie in Totentänzen üblich, sind dieser Abbildung in Volkssprache abgefasste und somit auch für Laien verständliche Verse beigefügt. Darin versuchen die Druckergesellen vergeblich, sich dem Tod zu entziehen, indem sie argumentieren, dass durch ihre Kunst viele Leute grosse Gelehrte geworden seien.

sich Gedrucktes leisten konnte, hatte nun zum Beispiel die Möglichkeit, die Bibel in deutscher Übersetzung zu lesen. Die Flugschriften der Reformatoren in den zwanziger und dreissiger Jahren des 16. Jahrhunderts wurden zu wahren Massenmedien. Die reformatorischen Bewegungen gingen von der zentralen Bedeutung der Informationspolitik aus: «Wahres Wissen selber lesen» sicherte in Anlehnung an die humanistischen Strömungen eigenes Urteilen, und erst dieses versprach eine Befreiung aus der Vormundschaft der traditionellen Eliten in Gedanke und Tat. Martin Luthers berühmte Flugschrift «An den christlichen Adel deutscher Nation», mit einer ersten Auflage von insgesamt viertausend Exemplaren am 18. August 1520 erschienen, war in fünf Tagen vergriffen und erlebte insgesamt fünfzehn Auflagen. So stand die Drucktechnologie in Europa von ihrer Geburts-

stunde an im Brennpunkt der Aufmerksamkeit von politischen, religiösen und ideologischen Gruppierungen. Sie war Ziel und zugleich Mittel sozialer Bewegungen. Und nur diese Aufmerksamkeit macht die ungemein rasche Aufnahme der Drucktechnik durch die Gesellschaft der Frühen Neuzeit in Europa verständlich. SERAINA GARTMANN

Empfohlene Literatur

- Giesecke, Michael: Der Buchdruck in der frühen Neuzeit. Eine historische Fallstudie über die Durchsetzung neuer Informations- und Kommunikationstechnologien. Frankfurt am Main 2006.
- Griep, Hans-Joachim: Geschichte des Lesens. Von den Anfängen bis Gutenberg. Darmstadt 2005.
- Zemon Davis, Natalie: Humanismus, Narrenherrschaft und die Riten der Gewalt. Gesellschaft und Kultur im frühneuzeitlichen Frankreich. Frankfurt am Main 1987.

Konfessionalisierung – Kirchen als Integrationskraft

Auf die Reformation reagiert die katholische Kirche mit einer Gegenreformation: Zwei Konfessionen konkurrieren im 16./17. Jahrhundert um Einflussgebiete und steigern ihren Wettbewerb so, dass christliche Religiosität wie nie zuvor eine das öffentliche und private Leben durchdringende Kraft wird. Mit den Kirchen verbinden sich die weltlichen Obrigkeiten. Ihre Herrschaft wird nicht nur von Gott her legitimiert, sondern bedient sich des Glaubens zur Einbindung ihrer Untertanen. Deshalb spricht man heute von der «Konfessionalisierung» im Zeitraum zwischen Reformation und Aufklärung.

Kirchenräume lassen sich bis heute als Zeugnisse der Konfessionalisierung lesen:

Das Grossmünster Zürich – Wirkungsstätte des Reformators Zwingli – präsentiert sich als mächtiger, aber fast leerer Bau. 1524 liess der Zürcher Stadtrat Altäre, Bilder, Kreuze und Kirchengeräte als Symbole des alten Glaubens beseitigen. *Sola scriptura,* nur das Wort Gottes, sollte nach reformiertem Bekenntnis die Grundlage des Glaubens bilden. Nur Kanzel, Taufstein und Abendmahlstisch möblieren deshalb den reformierten Kirchenraum: Von der Kanzel wird Gottes Wort gepredigt. Taufstein und Abendmahlstisch erinnern daran, dass die reformierten Kirchen von den sieben Sakramenten der katholischen nur noch zwei gelten liessen. Beim Abendmahl allerdings gab es Streit darüber, ob beim Genuss von Brot und Wein die Gläubigen die Präsenz Christi real oder nur symbolisch erlebten. Die Kargheit des reformierten Kirchenraums fasst die Lehre der Reformation zusammen: Die Kirche selber ist nicht Heilsbringerin, sie ist Versammlungs- und Andachtsraum der gläubigen Gemeinschaft. *Sola fide, sola gratia* – nur durch Glauben und Gnade gewinnen die Reformierten Erlösung, nicht durch Glaubenshandlungen und gute Werke.

Ganz anders die katholische Kirche. Die Jesuitenkirche in Solothurn (17. Jahrhundert) beispielsweise präsentiert einen Raum der Fülle, des bildhaft-überquellenden Barocks. Von allen Wänden, von Säulen, Gewölben und Altären verkünden Engel, Heilige, Bilder und Symbole vom Heilsgeschehen. Die Architektur wird von Stuckornamenten, Malerei und Lichtführung so überspielt, dass sie sich illusionistisch entgrenzt zu einem vielgestaltigen religiösen Kosmos. Die Kirche demonstriert den Gläubigen ihre gottverliehene Macht, aktiviert Glaubenserlebnisse in Heiligengeschichten, Gebetsnischen und Kulthandlungen.

Konfessionell-staatliche Erziehung

Beide Konfessionen entwickelten im 16./17. Jahrhundert ein gewaltiges gesellschaftliches Erziehungsprogramm: Der wahre Glaube musste im Alltagsleben bezeugt werden durch eine glaubensgemässe Lebensführung, durch aktive Teilnahme am kirchlichen Leben. «Kirchenzucht» und «Sittenzucht» waren die zentralen Begriffe, in welchen die reformierte Kirche ihre Vorschriften zusammenfasste und im Bündnis mit den Obrigkeiten durchsetzte. Die Basler Bannordnung von 1530 beispielsweise verbot bei abgestuften Strafen unter anderem folgende Handlungen: Götzen- und Bilderanbeten, Wallfahrten, päpstliche Bräuche üben, Wahrsagen, Zaubern; Fluchen und Schwören, Fischen, Jagen und Arbeiten am Sonntag, die Predigt versäumen, die Eltern verachten oder bedrohen, die Kinder schlecht erziehen, Totschlag, offener Neid und Hass, Aufwiegelung, Hurerei und Ehebruch; Diebstahl, Wucher, Glücksspiel, Betrug; Lügen zum Nachteil des Nächsten.[1] – Solche Erlasse reglementierten das Sozialverhalten der Untertanen bis ins Privatleben hinein. Historikerinnen und Historiker sprechen von einem Prozess der «Sozialdisziplinierung», mit der im frühneuzeitlichen Europa eine wachsende Bevölkerung mittels kirchlich-staatlicher Vorschriften zu treuen Untertanen erzogen werden sollte. Sie sehen in diesem Vorgang eine Grundlegung jener staatsbürgerlichen Tugenden, die der moderne Mensch – im Allgemeinen – als Verhaltensnormen verinnerlicht hat: Fleiss, Ernsthaftigkeit, Ordnungssinn, Sparsamkeit ...

Die disziplinierende Wirkung der katholischen Gegenreformation ist umstrittener. Der «Barockkatholizismus» integrierte seine Gläubigen in ein sinnenfreudiges, vielseitig präsentes Kirchenleben mittels üppig inszenierter Gottesdienste, Feiertage, Prozessionen, geistlicher Spiele, lokaler Zeremonien und Wallfahrten, vor allem zu Ehren Marias, der Mutter von Jesus. Anderseits aber gab das Konzil von Trient den Anstoss zu einer nachhaltigen inneren Reform der katholischen Kirche. Das Konzil klärte nicht nur theologische Fragen, sondern reformierte die bischöfliche Amts- und Lebensführung, die Ausbildung der Priester und das kirchlich geleitete Schulwesen, alles wesentliche Faktoren zur Verbesserung der kirchlichen Moral und geeignet, jene Missstände zu beseitigen, an denen sich die Reformation entzündet hatte.

Der Jesuitenorden als Streitmacht der Gegenreformation

Eine besondere Bedeutung innerhalb der katholischen Reform erhielt der Jesuitenorden. Als «Soldaten Christi» nutzte der Papst die intellektuell und spirituell streng geschulten Mitglieder der «Gesellschaft Jesu» zur Stärkung des katholischen Glaubens mittels Seelsorge, Bildung und weltweiter Mission. Die Jesuiten lebten nicht in Klöstern, sondern engagierten sich ausgesprochen mobil überall auf der Welt, wohin sie berufen wurden. In der Schweiz entstanden nacheinander zwischen 1574 und 1646 in Luzern, Fribourg, Porrentruy und Solothurn jesuitische Niederlassungen. Jesuiten

Grossmünster Zürich, Fotografie von Hans R. Schläpfer, 1978.

Jesuitenkirche Solothurn, Fotografie von Ernst Zappa, 1967.

waren damals führende Bildungsreformer: Sie erneuerten den Religionsunterricht, entwickelten klare Methoden für den Fachunterricht, legten Wert auf eine positive Lehrer-Schüler-Beziehung. Einige Auszüge aus der «Haus- und Tag-Ordnung» des Jesuitengymnasiums in Solothurn zeigen auch die «sozialdisziplinierenden» Züge jesuitischer Erziehung:

«Um 5. oder 6. Uhr stehet man züchtig auf, leget sich behend an, kämplet das Haar, waschet sich, verrichtet das Morgen-Gebätt vor einem Altärlein, oder sonst andächtigen Bild, und machet eine gute Meinung für den gantzen Tag.» Als «Zucht-Regul» für die Schule werden festgelegt: «Nicht schwäzen; andere nit bey dem Haar ziehen; nit mahlen; die Bänck nit verschnitzeln; nit märgtlen; nit zwacken; die Dinten nit verschütten; die Bücher nit verreissen, noch auf dem boden lassen umfahren; sondern auffmercken auf den Professorem, und ihm ohne Stitz und Murren gehorsamen.»[2]

Die Ordnung reglementierte auf diese Weise das ganze Leben der Schüler, auch seine Freizeit. Eine wichtige gesellschaftlich-kulturelle Funktion hatten an den Jesuitenschulen jährliche Aufführungen von geistlich-moralischen Theaterstücken, die meist von Jesuiten selber verfasst wurden. Auch

die Jesuitenkirche zeigt in ihrer barocken Ausgestaltung eine theatralische Gestik: Vorhang auf für das Heilsgeschehen!

Als patriarchale Ordnungsmacht wurden beide Kirchen schliesslich wirksam in der konsequenten Verkirchlichung der Ehe. Erst in der frühen Neuzeit wird die kirchliche Eheschliessung Vorschrift und dabei die Unterordnung der Frau unter den männlichen Hausvorstand kirchlich geweiht und festgeschrieben. Die dabei geführten Eheregister sind frühe Formen statistischer Bevölkerungskontrolle.

ROBERT LABHARDT

1 Nach von Greyerz, Kaspar: Religion und Kultur. Europa 1500–1800. Göttingen 2000. S. 50.
2 Schubiger, Benno: Die Jesuitenkirche in Solothurn. Solothurn 1987. S. 17. Die «Hausordnung für die Studenten des Jesuitenkollegiums Solothurn» (Druck 1742) befindet sich in der Zentralbibliothek Solothurn.

Empfohlene Literatur

· Beyer, Franz-Heinrich: Geheiligte Räume. Theologie, Geschichte und Symbolik des Kirchengebäudes. Darmstadt 2008.
· von Greyerz, Kaspar: Religion und Kultur. Europa 1500–1800. Göttingen 2000.
· Haub, Rita: Die Geschichte der Jesuiten. Darmstadt 2007.

Systematische Hexenverfolgung in Europa

Wer heute einen «Hexenschuss» erleidet, denkt kaum daran, dass die Menschen in der Frühen Neuzeit darin ein Leiden sahen, verursacht durch bösen Schadenszauber. Auch die Vorstellung, dass es sich bei einem Schmetterling um eine Hexe handelt, die diese Gestalt annimmt, um Milch und Rahm zu stehlen (butterfly – «Rahmdieb»), mag heutzutage abwegig erscheinen. Für die Menschen in der Frühen Neuzeit hingegen war der Glaube an übernatürliche Kräfte, Hexen, Zauberer, Unholde und Geister als Elemente des Weltbildes und Erfahrungshorizontes gegenwärtig – und dies nicht nur als Teil der Kultur der Unterprivilegierten, sondern auch der Privilegierten, etwa der theologischen Autoritäten. Doch was passiert, wenn die Furcht vor schädigendem Hexenzauber überhandnimmt?

Seit Ende des 15. Jahrhunderts wurden vor allem Personen weiblichen Geschlechts als Hexen bezeichnet. Sie wurden beschuldigt, mit dem Teufel zu paktieren und mit seiner Hilfe ihren Mitmenschen durch Schadenszauber Leid zuzufügen. Weiter warf man den Hexen vor, untereinander eine ketzerische Sekte unter dem Vorsitz des Teufels zu bilden und mit diesem auch geschlechtliche Unzucht zu treiben. Um sich beim nächtlichen Hexensabbat zu treffen, flögen die Hexen auf Besen durch die Lüfte oder ritten auf bocksartigen Tieren.

Gefährliches «Werkzeug»: Der Hexenhammer

Für die systematische Hexenverfolgung massgeblich verantwortlich gemacht wird ein Buch, das von Anfang an im Druck erschien und als das «unheilvollste Buch der Weltliteratur»[1] bezeichnet wurde: «Der Hexenhammer» (lat. Malleus maleficarum) aus dem Jahr 1487. Im ersten Teil wird versucht, das Hexenverbrechen zu definieren und den Nachweis zu erbringen, dass die Untaten der Hexen real seien. Im zweiten Teil wird beschrieben, wie Hexenschaden entstehe und wie die Hexerei zu beheben sei. Der dritte und letzte Teil dient schliesslich als Leitfaden für Prozessführung, Verhör, Folter und Strafe. Ausgangspunkt der Erörterungen ist die angebliche Neigung des weiblichen Geschlechts zu sexuellen Ausschweifungen.

Die Täter: professionelle Hexenjäger

Beim Autor des «Hexenhammers» handelt es sich um den Elsässer Dominikanermönch und Inquisitor Heinrich Kramer, auch Institoris genannt. Die Inquisition wurde vor allem dem Dominikanerorden übertragen, der in erster Linie im Seelsorgebereich tätig war. Die Hexenverfolgung, die sich zunächst mit der Ketzerverfolgung vermischte, richtete sich nicht – wie Schadenszauberprozesse – gegen ein Individuum, sondern in volksmissionarischen Hetzkampagnen gegen eine grosse Verschwörung mit manchmal Hunderten von beteiligten Personen. Die Kirche selbst hingegen machte sich die Hände nicht blutig, denn dafür hatte sie einen «irdischen Arm»: den nach weltlichen Gesetzen richtenden Scharfrichter. Bei der Anklage stellte jedoch das römische Recht, nach welchem die Schuld der Angeklagten zuerst bewiesen werden muss, für die Inquisitoren in jenen Fällen ein Problem dar, bei denen es keine Augenzeugen gab – und gerade dies war ja bei den Hexereiverbrechen die Regel. Deshalb waren die Richter auf das Geständnis der Angeklagten angewiesen, das nötigenfalls unter Folter (durch Flaschenzug, Streckfolter, Pressfolter, Abschnürung von Gliedmassen und Schlafentzug) erzwungen wurde.

Die Opfer: randständige Frauen und Männer

Mindestens 80 Prozent der als Hexen verdächtigten und verurteilten Personen waren weiblichen Geschlechts. Einerseits behaupteten die Inquisitoren, dass Frauen generell gefährdeter seien, den Verlockungen des Teufels anheimzufallen als Männer. Anderseits gab es schon von alters her in der christlich-europäischen Kulturtradition ein Misstrauen gegenüber dem weiblichen Geschlecht mit seinen besonderen Fähigkeiten und Kenntnissen, beispielsweise der Geburt und Krankenpflege, der Schwangerschaftsverhütung und Abtreibung, aber auch der Konservierung von Milchprodukten und Feldfrüchten. Unter Verdacht gerieten Frauen, wenn plötzlich Lebensmittel verschwanden, eine Kuh keine Milch mehr gab oder Kleinkinder keine Nahrung mehr zu sich nahmen oder auf unerklärliche Weise starben. In ihrer Mehrzahl waren die als Hexen verurteilten Frauen aber nicht «weise Frauen», Heilerinnen oder Hebammen. Überdurchschnittlich häufig landeten ältere Frauen auf der Anklagebank und auf dem Scheiterhaufen: Witwen, Kupplerinnen und andere Randständige, die sozial nur wenig oder keinen Rückhalt in der Gemeinschaft hatten.

Männer waren vor allem dann Opfer von Verfolgung, wenn sie sozial randständig waren oder aber Berufsgruppen angehörten, deren Tätigkeiten unter Umständen Heilkünste und Magie tangierten: Schäfern, Hirten und Pferdeknechten, aber auch Abdeckern und Totengräbern wurden Kontakte zum Teufel offenbar eher zugetraut als anderen Personen. Oft wurde auch Kriminellen (Säufern, Betrügern, Dieben, Ehebrechern), Angehörigen der jüdischen Minderheit sowie Knaben und Jugendlichen der Prozess gemacht. Nur selten kam es zu Beschuldigungen gegenüber untypischen «Opfern»: reichen, ständisch gehobenen und sozial integrierten Männern. Doch häufig endeten die Prozesse, sobald die Beschuldigungswellen zu den Oberschichten überschwappten und die Hexenjäger in Schwierigkeiten gerieten, ihr Treiben zu rechtfertigen.

Abbildung eines «Alt unrein Wib» aus der Luzerner Chronik des Diebold Schilling, 1513. Ein Beispiel für die Verzweiflung und Ausweglosigkeit einer der Hexerei beschuldigten Frau gibt uns der Chronikmaler Diebold Schilling. Hier hat sich – wie die Quelle berichtet – ein «Alt unrein Wib» bei Wohlen an einem Baum erhängt. Die Vermutung liegt nahe, dass sich die Frau durch Selbstmord der Folter und der Hinrichtung entziehen wollte. Zwei fliegende teuflische Wesen sind schon bereit, die der Hölle verfallene Seele der Frau in Empfang zu nehmen.

Hexenverfolgung: Anfang und Ende

In der Zeit zwischen 1450 und 1650 kam es in Europa zu einer systematischen Jagd auf Hexen und Zauberer. Nach ersten Prozessen im südfranzösischen Raum, der Provence und in Savoyen, breitete sich der «Hexenwahn» vom Alpenraum ausgehend bis nach Norddeutschland, den Niederlanden, Skandinavien und Grossbritannien aus. Von Mitteldeutschland aus kam es zu Hexenjagden in Preussen, Polen und in den Habsburger Territorien. Schliesslich setzten sich die Verfolgungen bis nach Ungarn und Rumänien fort, wo anstelle von Hexen und Zauberern Werwölfe und Vampire verfolgt wurden.

Die Intensität der Verfolgungen variierte regional sehr stark: Auf dem Gebiet des heutigen Frankreich und der heutigen Schweiz zählt man über 7500 Hinrichtungen. Im westdeutschen Raum waren es gerade doppelt so viele. England, Skandinavien, Süditalien und Spanien weisen unter 1000, Portugal, Russland und Irland sogar unter 100 Hinrichtungen auf. Insgesamt sind in Europa mehrere 10 000 Menschen dem Hexenwahn zum Opfer gefallen. Am schärfsten waren die Verfolgungen in den katholischen Territorien gewesen, wo weltliche und geistliche Macht in einer Hand verschmolzen.

Ab Mitte des 17. Jahrhunderts wuchs bei den Gebildeten die Skepsis gegenüber dem angeblichen Treiben von Hexen und Zauberern, und nach und nach versiegten die Verfolgungen. Trotzdem kam es bis zum Ende des 18. Jahrhunderts zu vereinzelten Prozessen: In Graubünden starb noch 1779 eine der Hexerei angeklagte Frau unter der Folter. In Glarus wurde 1782 die «letzte Hexe» hingerichtet.

SERAINA GARTMANN

1 Behringer, Wolfgang; Jerouschek, Günter: «Das unheilvollste Buch der Weltliteratur»? Zur Entstehungs- und Wirkungsgeschichte des Malleus Maleficarum und zu den Anfängen der Hexenverfolgung. In: Dies. (Hg., Übers.); Tschacher, Werner (Übers.): Der Hexenhammer. Malleus maleficarum. München 2007 (EA 2000). S. 9–98.

Empfohlene Literatur

· Behringer, Wolfgang (Hg.): Hexen und Hexenprozesse. München 2000.
· van Dülmen, Richard (Hg.): Hexenwelten. Magie und Imagination vom 16.–20. Jahrhundert. Frankfurt am Main 1987.
· Institoris, Heinrich: Der Hexenhammer. Kommentierte Neuübersetzung. Hg. und eingeleitet von Behringer, Wolfgang; Jerouschek, Günter. München 2000.
· Opitz, Claudia: «Hexen und Zauberer». In: Magie. Die geheime Macht der Zeichen. Basel 2002. S. 52–57.
· www.historicum.net/themen/hexenforschung/ [Aufruf vom 11. 3. 2009]

Höfische Kultur – Herrschaftskulisse des frühmodernen Staates

Der Hof, die Residenz des Monarchen, bildete im 16. bis 18. Jahrhundert die Regierungszentrale des Staates. Zugleich hatte er die Funktion, den Hochadel, der immer wieder die Macht des Königs herausgefordert hatte, einzubinden und zu neutralisieren. Aufwendige Schlossanlagen bildeten die Kulisse für Herrschaftsrituale, mit denen der Monarch seine Macht und Herrlichkeit gegenüber den Untertanen und dem Ausland zur Schau stellte.

Ein über dreissigjähriger Krieg zwischen den Konfessionen hatte den französischen Königsstaat in der zweiten Hälfte des 16. Jahrhunderts existenziell bedroht. Zeitweise herrschten Chaos und Anarchie. Erst als Heinrich IV. 1594 den französischen Thron bestieg, konnte die Königsmacht erneut gefestigt werden.

Eine neue Staatsauffassung

Als Folge des Bürgerkrieges wurden die Aufgaben und das Amtsverständnis des Königs neu überdacht. Der Rechtsgelehrte Jean Bodin forderte für den Staat eine absolute, unteilbare Souveränität, die ausschliesslich dem König zustehen sollte. Durch diese Machtkonzentration sollte der Staat vor weiteren ruinösen Bürgerkriegen und den Partikularinteressen rivalisierender Adelshäuser geschützt werden. Souveränität des Herrschers sollte aber nicht Schrankenlosigkeit oder Willkür bedeuten. Vielmehr blieb der König eingebunden in göttliches Recht und Naturrecht.

In Frankreich war es den Kardinälen Richelieu und Mazarin vorbehalten, diese Staatsauffassung gegen den Widerstand der Stände, vor allem des Adels, durchzusetzen. Als leitender Minister hatte Mazarin für Ludwig XIV., der als Fünfjähriger König geworden war, die Regierungsgeschäfte geführt. Mazarin hatte in der Mitte des 17. Jahrhunderts aussenpolitisch die Vormachtstellung Frankreichs in Europa befestigt. 1653 hatte der Kardinal auch den mehrjährigen Frondeaufstand des Adels und der Pariser Volksmassen gegen die Königsmacht niedergeschlagen. Es war dies der letzte Versuch der Stände gewesen, Einfluss auf die Staatsleitung zu gewinnen. Für den jungen Ludwig mag es ein traumatisches Erlebnis gewesen sein, als die königliche Familie während des Aufstands die Hauptstadt fluchtartig verlassen musste. Nach dem Tode seines Ersten Ministers Mazarin versuchte der junge König, die Herrschaftsbefugnisse über «seinen» Staat in der eigenen Hand zu konzentrieren.

Ein Meister der Selbstinszenierung

Der Hof von Versailles, ein grandioses Barockschloss etwa zwanzig Kilometer von Paris entfernt, demonstrierte den Machtwillen des Herrschers. Die Gesamtanlage kostete 440 000 kg Feingold, ihr Bau dauerte über dreissig Jahre und beschäftigte etwa 35 000 Menschen. Ludwig rief den Hochadel nach Versailles, wo er ihn beobachten und überwachen konnte. Zeitweise lebten am Hof und in der unmittelbaren Umgebung über 12 000 Menschen. Im Vergleich zu den früheren Renaissanceschlössern mit ihren geschlossenen Innenhöfen wies Versailles eine beträchtliche Quererstreckung auf. In der Zentralachse der Schlossfassade lag als architektonisches Zentrum das Schlafgemach des Königs. Dieses stellte den Raum für die zeremoniellen Hauptaktionen des Hofes dar: Das Aufstehen und Schlafengehen des Monarchen bildeten wichtige Staatsaktionen, an denen sich der Kurswert der einzelnen Höflinge ablesen liess. Wer dem

---

«Höfliche» Umgangsformen als Massstab für «zivilisiertes» Verhalten

Über zwanzig Jahre verbrachte der Hochadelige Louis de Rouvroy, Duc de Saint-Simon, am Hofe von Versailles. Als Angehöriger des Hochadels gehörte er jener Gesellschaftsschicht an, die durch die absolutistische Entwicklung des Königtums um ihre frühere grosse Machtstellung gebracht worden war. Entsprechend kritisch und frustriert verfasste er seine Erinnerungen, in denen er das Alltagsleben und die Rivalität der Höflinge um die Gunst des Königs schilderte. Rouvroys Erinnerungen zeigen, dass vollendete Umgangsformen zentraler Bestandteil der höfischen Etikette bildeten. Später dienten jene als Vorbild für zivilisiertes und gesellschaftsfähiges Verhalten auch in bürgerlichen Schichten. Über Ludwig XIV. schrieb der Herzog:

«Nie hat ein Mensch mit so vollendeter Anmut beschenkt. Gerade dadurch erschienen seine Wohltaten besonders kostbar. Nie hat jemand seine Worte, sein Lächeln, sogar seine Blicke sparsamer, besser abgewogen. Nie entschlüpfte ihm eine verletzende Bemerkung, und wenn er etwas auszusetzen, zu tadeln, ja sogar wenn er einen Verweis zu erteilen hatte, was äusserst selten vorkam, geschah es immer mit einer gewissen Güte, kaum je unfreundlich, nie im Zorn. Nie war ein Mensch von Natur höflicher, nie auch wusste jemand seine Höflichkeit besser abzustufen. Vor jeder Frau lüftete er den Hut, auch wenn es nur eine Kammerzofe war. Bei Damen nahm er ihn ganz ab, bei Leuten von Rang und Titel hielt er ihn einige Augenblicke in halber Höhe. Bei Herren von Adel – und zwar echtem Adel – begnügte er sich damit, die Finger an den Hutrand zu legen. Den Prinzen von Geblüt erwies er die gleiche Ehre wie den Damen, mit welchen er nie sprach, ohne den Hut während der ganzen Dauer des Gesprächs in der Hand zu behalten. Seine Art zu grüssen war ohne jede Schwerfälligkeit, von unvergleichlicher Anmut und zugleich Majestät.»

Zitiert nach: Guggenbühl, Gottfried; Huber, Hans C.: Quellen zur Geschichte der Neueren Zeit. 3. Auflage. Zürich 1965. S. 270.

Rex. Ludovicus. Ludovicus Rex.

NO. I.—AN HISTORICAL STUDY.

Ludwig XIV., Karikatur des englischen Romanciers und Zeichners William M. Thackeray, London 1840. «Man sieht sofort, dass die Majestät aus der Perücke gemacht ist, den hochhackigen Schuhen und dem Mantel … So stellen Barbiere und Flickschuster die Götter her, die wir anbeten» (Thackeray, William: The Paris Sketch Book, Vol. II. London 1840). Mit dieser Karikatur verspottete William Makepeace Thackeray (1811–1863) Hyacinthe Rigauds berühmtes Repräsentationsgemälde des Königs und entlarvte die königliche Selbstdarstellung als Verkleidung. Die Karikatur ist in drei Abschnitte gegliedert: Links sieht man die prächtige Ausstattung Ludwigs XIV., in der Mitte steht Ludwig gleichsam «nackt» im Untergewand, während rechts die Vereinigung von König und Ausstattung stattfindet.

König das Hemd oder den Hut reichte, durfte sich auch in dessen Gunst wähnen.

In diesem Sinne bildete der Hof die Arena für den Konkurrenzkampf um ökonomische und soziale Chancen, die der König zu vergeben hatte: Die potenziellen Konkurrenten des Königs befanden sich somit in einer institutionell gesicherten Abhängigkeit von ihm. Im Zuge zunehmender Monetarisierung der Wirtschaft war der König als Monopolherr über die Steuerabgaben zu einem Geld besitzenden Monarchen geworden. Es war allein der König, der ökonomische (Geldrenten) und soziale Chancen (Rang- und Titelverleihungen) verteilte. Das Prestige der Adligen beruhte auf solchen Chancen, und ihre Rivalitäten um steigendes Prestige bei Hofe bildeten wiederum eine sichere Basis der königlichen Machtausübung. Als politisches Gegengewicht zum Adel verliess sich der Herrscher zudem beim Regieren auf Minister aus dem bürgerlichen Stand.

Bei Hofe herrschten ein Zeremoniell und eine Etikette, welche die Handlungen und Verhaltensweisen der Menschen bei den verschiedenen höfischen Anlässen streng reglementierten. Alle Beteiligten waren diesen Regeln des höfischen Spiels unterworfen. Dabei wurden sie diszipliniert, d.h., sie betrugen sich «höflich». Aus mittelalterlichen Kriegern waren «zivilisierte» Höflinge geworden, die ihre Affekte streng unter Kontrolle hatten, und ihr «zivilisiertes» Benehmen sollte später Massstäbe für das Verhalten in den bürgerlichen Schichten der Gesellschaft setzen.

Da die adeligen Männer bei Hofe ihre alten ritterlichen und kriegerischen Funktionen verloren hatten, war ihre Position gegenüber den Frauen geschwächt. Die höfischen Damen besassen daher einen weit grösseren Handlungsspielraum als ihre Geschlechtsgenossinnen in irgendeiner anderen gesellschaftlichen Formation jener Zeit.[1] Sie beteiligten sich eigenständig am höfischen Kampf um Ehren und Einfluss. Insbesondere die Mätressen des Königs, die geradezu eine höfische Institution darstellten, übten grossen politischen Einfluss aus. Über die damalige Favoritin Ludwigs XIV., Madame de Maintenon, schrieb die aus der Pfalz stammende und am Hof von Versailles lebende Herzogin Charlotte von Orléans («Liselotte von der Pfalz») im Jahre 1709: «Der gantze hoff ist voller intriguen, etliche, umb sich bey der mächtigen damen in gnaden

zu setzen … Das ist ein possierlich spielwerck durch einander … Die alte hetzt alle die unter einander, umb desto besser zu regiren.»[2] Liselottes wenig schmeichelhafte Einschätzung der Madame de Maintenon ist durchaus typisch zu bewerten, denn bevor man seit den 1980er-Jahren einen feministischen Blick auf das Thema warf, wurde von den fürstlichen Mätressen zumeist ein negatives Bild gezeichnet.

Als geradezu sakrales Zentrum des Hofes gab sich der König einer sorgfältigen Selbstinszenierung hin: Ludwig XIV. stilisierte sich selbst zum Gesamtkunstwerk und schuf sich seinen eigenen Herrschermythos. Der Historiker Wolfgang Reinhard schreibt: Ludwig «war nur ca. 1,60 m gross und seit 1659 kahlköpfig, aber hohe Absätze und eine hohe Perücke glichen das aus. Zur Wahl des Sonnenemblems (der Sonnenkönig) kamen immer neue Bezüge auf die verschiedensten Götter und Heroen, so dass der König gewissermassen allegorisch ‹überladen› wurde, mit der Folge, dass er und sein Zeitalter als ‹klassischer› Höhepunkt der Geschichte und sogar dem Altertum überlegen galten»[3].

PETER HAENGER

1 Elias, Norbert: Die höfische Gesellschaft. Untersuchungen zur Soziologie des Königtums und der höfischen Aristokratie. Frankfurt am Main 1983. S. 292 und 361.
2 Zitiert nach: Guggenbühl, Gottfried; Huber, Hans C.: Quellen zur Geschichte der Neueren Zeit. 3. Auflage. Zürich 1965. S. 274.
3 Reinhard, Wolfgang: Geschichte der Staatsgewalt. Eine vergleichende Verfassungsgeschichte Europas von den Anfängen bis zur Gegenwart. München 1999. S. 99.

Empfohlene Literatur
· Elias, Norbert: Die höfische Gesellschaft. Untersuchungen zur Soziologie des Königtums und der höfischen Aristokratie. Frankfurt am Main 1983.
· Reinhard, Wolfgang: Geschichte der Staatsgewalt. Eine vergleichende Verfassungsgeschichte Europas von den Anfängen bis zur Gegenwart. München 1999.

«Volkskultur» – die Kultur der anderen?

Über die täglichen Abläufe einer der bekanntesten Figuren der Frühen Neuzeit, des als «Sonnenkönig» bezeichneten französischen Königs Ludwig XIV., wissen wir dank der ausgezeichneten Quellenlage mit verblüffender Genauigkeit Bescheid. Und wir wissen viel über die Kultur der sozial dominierenden und politisch herrschenden Schichten: der Fürstinnen und Grafen, der Gelehrten und Gebildeten. Was aber wissen wir über die Kultur des Volkes? Wer überhaupt ist «das Volk»? Sind das die Angehörigen des dritten Standes, die weder an der politischen Herrschaft noch an der gelehrten Bildung ihrer Zeit teilhaben konnten oder sollten?

Eine Provinzstadt im 17. Jahrhundert: Auf den Strassen und Plätzen wird ein Fest gefeiert. Maskierte schlängeln sich von heulender Katzenmusik begleitet durch die engen und verstopften Gassen. Da hört man das Klirren eines zerbrochenen Bierkrugs. Seiltänzer erscheinen am Himmel und Wandertruppen produzieren sich auf einer Jahrmarktbühne. An Strassenkreuzungen und auf dem Markt musizieren Balladensänger. Es riecht nach köstlichem Festtagsbackwerk. Von herumziehenden Schaustellern werden seltene Tiere vorgeführt. Überall herrscht Gelächter und Frohsinn – oder fast überall, denn dieses bunte und ausgelassene Treiben des Volkes war den städtischen Magistraten im Bunde mit der Kirche in zunehmendem Masse ein Dorn im Auge. Im Laufe des 16. und 17. Jahrhunderts versuchten sie, ihre Untertanen immer stärker unter das Joch administrativer Kontrollen und staatlicher Einschränkungen zu zwingen. Die Tradition der alten, populären und allen Bevölkerungsschichten zugänglichen Strassen- und Boulevardtheater zum Beispiel musste per Obrigkeitsdekret von den öffentlichen Plätzen in geschlossene Räume verschwinden. Dadurch entzog sie sich grossen Teilen des Volkes. Nunmehr war das Theater vor allem den Exponenten und Exponentinnen der «culture de politesse» vorbehalten. Den unteren sozialen Schichten blieb die Welt des Theaters verwehrt.

Doch nicht nur obrigkeitliche Verbote führten zu einer stärkeren sozialen Differenzierung zwischen der Kultur der Herrschenden und der Kultur der Beherrschten, sondern auch der Versuch fürstenstaatlicher Herrschaftsintensivierung mit seiner Konzentration auf den königlichen Hof.

Kultur des Brauchtums

Zur «Volkskultur» zählte nicht nur die dörflich geprägte Jugend- und Gesellenkultur samt ihren Ritualen, Umzügen und ihrer Katzenmusik, die städtische Fasnacht und die jahreszeitlichen Feste, sondern auch die Volksfrömmigkeit, Formen des Familienlebens und kollektiv-rituelle Formen der Gewaltanwendung in Aufständen.

Die insbesondere auf dem Land teilweise stark an den agrarischen Kalender gebundenen Festbräuche nahmen einen zentralen Platz im kulturellen Leben der «kleinen Leute» ein. Die Maifeste etwa waren Fruchtbarkeits- und Sexualriten. Die männlichen Jugendlichen feierten die Wiederkehr des Frühlings und stellten symbolisch ihre Vorrechte auf die Mädchen des Dorfes dar, indem sie vor dem Haus eines Mädchens oder auf dem Dachgiebel einen Maibaum aufstellten.

Ein weiterer Festbrauch wurde in der Johannisnacht (vom 24. auf den 25. Juni) begangen. Dieser Brauch hatte die Funktion, die sozialen Bindungen innerhalb eines bestimmten Territoriums zu erneuern. Auf dem Höhepunkt des Festes wurde in jedem Dorf ein Holzfeuer entzündet, das alle im Kreis umtanzten und übersprangen. Das Zugehörigkeitsgefühl der Dorfbewohnerinnen und Dorfbewohner zu einem «Land» wurde dadurch bestärkt. Der Kreis, den die Dorfgemeinschaft um das Feuer bildete, stellte symbolisch die familiären und freundschaftlichen Beziehungen dar, an denen alle teilhatten, und festigte so den Gruppenzusammenhalt. Durch den Zauber dieser besonderen Nacht sollten vermutlich alle Energien auf die bevorstehende Ernte konzentriert, Gefahren gebannt und die Fruchtbarkeit des Bodens und der Menschen beschworen werden. Daher galt die Johannisnacht als besonders günstig zum Sammeln von Zauberkräutern.

Allerheiligen und der Totensonntag waren in der Frühen Neuzeit nicht Anlass zu Trauer und Einkehr, sondern zu einem ausgelassenen Fest. Der 1. November war der Höhepunkt des Totenkultes. Auf den Friedhöfen wurde getanzt, Handel getrieben, gegessen und getrunken. Die Riten bestätigten symbolisch den Zusammenhalt der Gemeinschaft, zu der auch die Toten gehörten. Die Lebenden besuchten die Gräber ihrer Verwandten, denn die ihnen nahestehenden Verstorbenen schützten das Dorf vor der Übermacht der zahllosen fremden Toten, die als unsichtbare Kräfte die Welt bevölkerten.

Das Zusammenleben der Menschen spielte sich grösstenteils im öffentlichen Raum ab, in den Dorfgassen, auf den Marktplätzen, auf den Feldern. Die Männer trafen sich im Wirtshaus zum Trinken, Kartenspiel und zum Reden, während die Lichtstuben bzw. Spinnstuben den Frauen vorbehalten waren. Dort trafen sie sich zur gemeinsamen Arbeit und zum geselligen Beisammensein.

Kultur der Knappheit

In der engen und knappen Welt des Dorfes und der Kleinstadt lebten die Menschen in unterschiedlichen Beziehungen zueinander: als Nachbarn, als Arbeitnehmerin oder Arbeitgeber, als Gläubiger oder Schuldnerin, als Familienangehörige oder Verwandte. Die Familie konstituierte sich nicht in erster Linie durch emotionale Beziehungen, sondern als Produktions- und Konsumgemeinschaft, die ihren

«Der Bauerntanz», Gemälde (Öl auf Leinwand 114 × 164 cm) von Pieter Bruegel dem Älteren, um 1567 (Wien, Kunsthistorisches Museum). In seinem Gemälde hat der niederländische Maler Pieter Bruegel der Ältere (1525/1530–1569) wesentliche Merkmale der «Volkskultur» ins Bild gefasst: Brauchtum, Öffentlichkeit und Knappheit. Es dürfte sich aber nicht um ein reines Genrebild handeln, sondern moralisierende Absichten verfolgen. Der Anlass der dargestellten Lustbarkeit unter freiem Himmel ist vermutlich das Fest eines Heiligen. Aber die Tanzenden wenden der Kirche den Rücken zu und haben keinen Blick übrig für das Marienbild, das im Baum rechts hängt. Eher passt das Wirtshausschild zu ihrem ausgelassenen Treiben.

Mitgliedern das Überleben in einer Welt erleichterte, in der es vom Allernötigsten (Essen, Kleidung, Raum) oft zu wenig gab. Nicht Liebe bestimmte das Verhältnis zwischen den Ehepartnern oder zwischen Eltern und Kindern, sondern gegenseitiger Nutzen. Wehe den Unverheirateten, den Witwen, Waisen, ausgesetzten Kindern, denen das Schicksal eine Familie vorenthalten hatte! Ihnen begegnete man mit Misstrauen, Gleichgültigkeit und Aggressivität, sie waren aus der Gemeinschaft ausgeschlossen. Durch das Erstgeburtsrecht oder durch andere Erbfolgeregelungen sollte die Zersplitterung des meist ohnehin kleinen Erbes verhindert werden. Die von den Eltern untereinander nach langen Geschäftsverhandlungen beschlossene Heirat der Kinder scheint die Regel gewesen zu sein. Überzählige Töchter aus den reicheren Familien erwartete die Einweisung ins Kloster, die Mädchen aus den ärmeren Schichten verdingten sich als Mägde, während ihre Brüder als Taglöhner auf der Suche nach Arbeit durchs Land streiften.

... und die Kultur der Elite?

Die kulturelle Frontstellung des Hofes gegenüber allem Nichthöfischen akzentuierte sich seit den Tagen Ludwigs XIV. Eine Polarisierung verschiedener kultureller Lager innerhalb der Gesellschaft brachte aber nicht erst die Frühe Neuzeit hervor. Unterschiedliche Ebenen kultureller Handlungen hatte es auch schon im Mittelalter gegeben. Aber viel weniger Angehörige der gehobenen sozialen Schichten nah-

men weiterhin Anteil an der Kultur der «kleinen Leute» und an den Ritualen ihrer Zeit, als dies bisher der Fall gewesen war. Und es blieb nicht bloss bei der Abwesenheit der Elite bei Anlässen der «Volkskultur» und ihrer gleichzeitigen Abgrenzung gegenüber der «einfachen Bevölkerung», wie das Verschwinden des Boulevardtheaters von öffentlichen Plätzen in geschlossene Räume gezeigt hat. Hinter den handfesten Verboten und der gebildeten Kritik an überlieferten Formen der «Volkskultur» verbarg sich auch der Anspruch der Obrigkeit auf kulturelle Vereinheitlichung und Disziplinierung.

SERAINA GARTMANN

Empfohlene Literatur
· Burke, Peter: Helden, Schurken und Narren. Europäische Volkskultur in der frühen Neuzeit. Stuttgart 1981.
· van Dülmen, Richard; Schindler, Norbert (Hg.): Volkskultur. Zur Wiederentdeckung des vergessenen Alltags (16.–20. Jahrhundert). Frankfurt am Main 1984.
· von Greyerz, Kaspar: Religion und Kultur. Europa 1500–1800. Göttingen 2000.
· Kurmann, Fridolin: Das Zusammenleben im Dorf. In: Fridrich, Anna C.; Kurmann, Fridolin; Schnyder, Albert: Nah dran, weit weg. Geschichte des Kantons Basel-Landschaft. Dorf und Herrschaft. 16. bis 18. Jahrhundert (Band 4). Liestal 2001. S. 115–132.
· Muchembled, Robert: Kultur des Volks – Kultur der Eliten. Die Geschichte einer erfolgreichen Verdrängung. Stuttgart 1982.

Die Entstehung einer bürgerlichen Öffentlichkeit

Traditionell waren die Menschen des Mittelalters und der Frühen Neuzeit in ständisch geprägte Lebenswelten eingebunden, denen sie von Geburt an zugehörten. Die Gesellschaft bildete noch keine Einheit rechtsgleicher Individuen, sondern zerfiel in verschiedene, voneinander getrennte Milieus mit je eigenen Traditionen, Werten und Regeln. Diese vorgegebenen sozialen Bindungen und Abgrenzungen begannen im 18. Jahrhundert aufzubrechen, indem die Aufklärung neue Formen der Geselligkeit entwickelte. Es entstanden vielfältige «Sozietäten», gesellschaftliche Vereinigungen, deren Mitglieder einen zwanglosen, an Gegenwartsfragen interessierten Umgang pflegten. Sie übten damit noch in der Epoche des fürstlichen Absolutismus eine «bürgerliche Öffentlichkeit» ein, in der wissenschaftliche, soziale und politische Ideen frei debattiert und ausgetauscht werden konnten.

Dass das gesellschaftliche Zusammenleben aktiv von den Menschen gestaltet und entwickelt werden kann, ist eine der grossen Entdeckungen des Jahrhunderts der Aufklärung. Die vorangegangene Epoche der konfessionellen Auseinandersetzungen hatte die Religion als Wertefundament der gesellschaftlichen Ordnung in Misskredit gebracht. Sieben Hugenottenkriege in Frankreich, der Dreissigjährige Krieg in Mitteleuropa, Bürgerkriege in Grossbritannien hatten Europa erschöpft und der Verwahrlosung preisgegeben. Die Aufklärung erwuchs nicht zuletzt aus der Erfahrung religiös motivierter Gewalt: Ein anderes Zusammenleben auf anderer ethischer Grundlage wurde zum Epochenthema.

Die Entdeckung der Freundschaft

«Eine Reaktion der durch Bürgerkriege untereinander zerstrittenen Elite, eine Reaktion auf die tiefen Risse, die durch Familien, Städte und Regionen ging, war die Wiederentdeckung, eigentlich vielmehr die zeitgenössisch aktualisierte Neuerfindung der Männerfreundschaft. [...] Die Freundschaft zwischen zwei Männern wird gerade in der extremen Situation der Bürgerkriege als ein besonderes Verhältnis gepflegt. Betont werden die Seelenverwandtschaft, Harmonie und Kommunikation der Gefühle, eine absolute Offenheit und Ehrlichkeit.»[1] Die Aufklärung kultivierte Freundschaft hauptsächlich als Ausdruck der Geistesverwandtschaft und als Anlass zu gedanklichem Austausch. Im späten 18. Jahrhundert wurde Freundschaft zum Medium individueller Seelenerforschung und Selbstoffenbarung. Ein berühmtes Zeugnis dafür bietet Goethes Bestseller «Die Leiden des jungen Werthers» (1774), in welchem der Romanheld in Briefen seinem Freund den ganzen seelischen Überschwang und Schmerz seiner unerfüllbaren Liebe anvertraut.

Überhaupt wurden Briefe, persönliche und literarische, im 18. Jahrhundert zur bevorzugten Form der intellektuellen Auseinandersetzung. Die intensive Pflege von Korrespondenzen im 18. Jahrhundert öffnete gewissermassen einen freien kulturellen Raum für die Aufklärung, vorbei an Standesschranken und absolutistischer Herrschaft, auch wenn die Fürsten den Postverkehr immer wieder zu kontrollieren versuchten. Im freundschaftlichen Briefverkehr verfeinerte sich die Intellektualität der Bildungselite; hier fand sie auch den Ausgleich zur steifen, formellen Etikette ihrer höfischen oder amtlich-obrigkeitlichen Tätigkeit. Es entstanden weit verzweigte Privatkorrespondenzen von oft enormem Umfang.

Die gesellige Aufklärung

«Grossmütige Fürsten und wohlgesinnte Bürger errichteten in allen Ländern, und fast in allen ansehnlichen Städten von Europa, Akademien und gelehrte Gesellschaften. Vortreffliche Stiftungen, welche zwischen den bessern Geistern aller Nationen und aller Stände eine kostbare Brüderschaft erzeugten, den Stand der Gelehrten gleichsam als durch einen bessern Adel erhuben, und den Ehrgeiz Edler und Unedler, Grosser und Kleiner anfeuerten, desselben würdig zu werden, oder zu scheinen. So munterte die Eitelkeit sowohl als die wahre Liebe des Guten und des Schönen, an unzähligen Orten die Talente und die Tugenden auf; und so entflammte die eine sowohl als die andere oft auch die trägsten Geister mit einem edeln und gemeinnützigen Feuer. Wenn wir die gelehrten Gesellschaften in diesem ihrem wahren Gesichtspunkt betrachten, so müssen wir billig allen, von der parisischen Akademie der Wissenschaften an, bis auf die letzte deutsche Gesellschaft, einen hohen Wert beilegen.»[2]

So beschreibt der Basler Aufklärer und Publizist, Ratsschreiber Isaak Iselin, in seiner 1768 veröffentlichten «Geschichte der Menschheit» die optimistische Aufbruchsstimmung seiner Zeit. Die Gesellschaften des 18. Jahrhunderts bildeten verschiedene Grundformen aus, die man im Rückblick gewissermassen als «Zukunftswerkstätten» für eine auf «Freiheit, Gleichheit und Brüderlichkeit» beruhende bürgerliche Gesellschaft verstehen kann. Allerdings waren diese Vereinigungen gebildeten Kreisen vorbehalten – und insbesondere im deutschen Sprachraum meistens Männern: Adligen, Geistlichen, Amtsträgern, Offizieren, Kaufleuten, Unternehmern, Ärzten und Professoren. Aus Freundschaftszirkeln entstanden Lesegesellschaften, in denen man sich neue Literatur und moralische Zeitschriften vorlas oder auslieh, aber auch Clubs, die sich politischen Debatten widmeten. Frauen waren anfangs bei geselligen Anlässen der Sozietäten noch präsent, wurden aber aus den aufklärerischen Debatten zunehmend ausgeschlossen und auf ihre bürgerliche Rolle der Reproduktion als Hausfrau, Gattin und Mutter festgelegt. Sie ermöglichten so erst die oft erstaunlichen publizistischen Leistungen ihrer Männer.

Logenpatent der Zürcher Loge «La discrétion», Stich von C.G. Geissler, 1771. Eine Sonderform der Sozietätenbewegung bildeten die Geheimgesellschaften, vor allem die im 18. Jahrhundert stark verbreitete, ursprünglich von England ausgehende Freimaurerei. Sie leitet sich von den «freien Maurern» des mittelalterlichen Kathedralbaus ab und bezweckt die Vereinigung von spirituell orientierten, auf sittliche Vervollkommnung ausgerichteten Männern. Neulinge durchlaufen entsprechend eine Prüfungszeit bis zu ihrer Aufnahme. In den Freimaurerlogen wird republikanische Gleichheit gepflegt, Bildung mit Geselligkeit verbunden und das Ganze von einem anregenden symbolischen Kosmos getragen, dessen Zentrum die Dreieinigkeit von Bibel, Zirkel und Lineal bildet. Die in der einzelnen Loge gepflegten Rituale und Inhalte bleiben vor der Öffentlichkeit geheim. Das Bild, ein Stich von C. G. Geissler aus dem 18. Jahrhundert, zeigt das Logenpatent, das die Grossloge von Genf 1771 der Zürcher Loge «La discrétion» erteilte. Der Adler der Freiheit bringt unter Gottes Auge den Logenschlüssel mit Zirkel und Winkelmass. Eingerahmt ist das Schriftdokument von Tempelsäulen, zurückgehend auf den Tempel des weisen Salomo, als einem Symbol für das göttliche Universum. Links Justitia mit der Waage, am Boden Maurerwerkzeuge und Freimaurersymbole.

Naturwissenschaftliche und «patriotische» oder gemeinnützige Gesellschaften wollten Theorie und Praxis verbinden und entwickelten Reformideen zur Verbesserung der Landwirtschaft und Bekämpfung der Armut. So wurde 1759 in Bern von einigen Patriziern die «Ökonomische Gesellschaft» gegründet. Ihr Ziel war es, den Ertrag, die Verarbeitung und den Vertrieb von Agrarprodukten zu verbessern. Man vereinbarte Fragestellungen, die zur Beantwortung ausgeschrieben wurden, und publizierte die eintreffenden Abhandlungen auf Deutsch und Französisch. Die Veröffentlichungen der Berner Gesellschaft fanden europaweite Beachtung. Sie boten wichtige Impulse für die Agrarreformen des 18. Jahrhunderts, vor allem durch Erfahrungsberichte aus einzelnen bäuerlichen Musterbetrieben. – 1777 gründete Isaak Iselin mit Freunden die Basler «Gesellschaft zur Aufmunterung und Beförderung des Guten und Gemeinnützigen» (GGG). Diese Gesellschaft finanzierte neue Schulen für sozial Benachteiligte, darunter auch eine «Töchterschule» (1780), und entwickelte frühe Formen der Sozialversicherung. Sie ist bis heute eine wichtige Sozialinstitution in Basel.

Als einzige gesamtschweizerische Vereinigung wirkte von 1761–1798 die «Helvetische Gesellschaft». Sie bildete das wichtigste Forum der Schweizer Aufklärung. Die Mitglieder trafen sich jährlich für drei Tage in Schinznach, später Olten, verbrachten mit langen, angeregten Frühstücksstunden, oft noch in Schlafmützen und Nachtröcken den Morgen und etwas formeller den Nachmittag mit Vorträgen und Konferenzen. Die Gesellschaft hatte, wegen der föderalistischen Struktur der alten Eidgenossenschaft, wenig praktische Erfolge, sie spielte aber eine Pionierrolle in der Verbreitung eines schweizerischen Nationalbewusstseins, das die Enge kantonaler Kleinstaaterei überwinden wollte.

ROBERT LABHARDT

1 Schrader, Fred E.: Die Formierung der bürgerlichen Gesellschaft. Frankfurt am Main 1996. S. 30.
2 Zitiert nach: Im Hof, Ulrich: Das gesellige Jahrhundert. München 1982. S. 110.

Empfohlene Literatur
· Im Hof, Ulrich: Aufklärung in der Schweiz. Bern 1970.
· Im Hof, Ulrich: Das gesellige Jahrhundert. Gesellschaft und Gesellschaften im Zeitalter der Aufklärung. München 1982.
· Schrader, Fred E.: Die Formierung der bürgerlichen Gesellschaft 1550–1850. Frankfurt am Main 1996.
· Stollberger-Rilinger, Barbara: Europa im Jahrhundert der Aufklärung. Stuttgart 2000.
· Valmy, Marcel: Die Freimaurer. Arbeit am Rauhen Stein mit Hammer, Zirkel und Winkelmass. München 1988/Köln 1998.

Aufklärung – Vernunft gegen Theologie

Im Laufe des 17. Jahrhunderts verbreitete sich eine neue Art des Denkens, die als «Aufklärung» bezeichnet wird. An die Stelle dogmatisch bestimmter Theologie trat die Überzeugung, dass allein die menschliche Vernunft über Wahrheit und Irrtum zu befinden habe. Sämtliche Erkenntnisse mussten sich rationaler Kritik unterziehen.

In den 1770er-Jahren begann sich die 1746 gegründete Naturforschende Gesellschaft in Zürich mit einer Erfindung zu beschäftigen, die 1752 in Amerika von Benjamin Franklin (1706–1790) gemacht worden war: Mit einer vom Hausdach zum Boden führenden metallischen Schnur konnte die Energie des Blitzes so abgeleitet werden, dass ein Gebäude nicht mehr in Brand geriet. 1788 erreichte die Gesellschaft, dass in Zürich die Türme mit einem solchen Blitzableiter gesichert wurden. In der Bevölkerung stiess die Neuerung jedoch auf Skepsis. Seit Jahrhunderten hatten Blitze als Strafe Gottes gegolten. Der Blitz war Teil des von Gott gesteuerten Universums. Als der Kanton Zürich 1816/17 von einer schlimmen Hungersnot heimgesucht wurde, deuteten viele Menschen dies als Folge des Eingriffs in Gottes Allmacht. Die Blitzableiter, so ihre Vermutung, hätten das Wetter aus dem Gleichgewicht gebracht.[1]

Die Mitglieder der Naturforschenden Gesellschaft liessen sich von solchen Vorwürfen nicht beirren. Für sie, wie für viele andere Menschen, die sich in ganz Europa zu naturforschenden Gesellschaften zusammengeschlossen hatten, zählten in erster Linie die Erkenntnisse, zu denen sie aufgrund ihrer Beobachtungen und vernunftgeleiteter Überlegungen gekommen waren. Das aufgeklärte Denken, das sich nicht mehr der Theologie unterwarf, sondern auf der Vernunft basierte, setzte sich jedoch erst in der Folge eines längeren Prozesses durch.

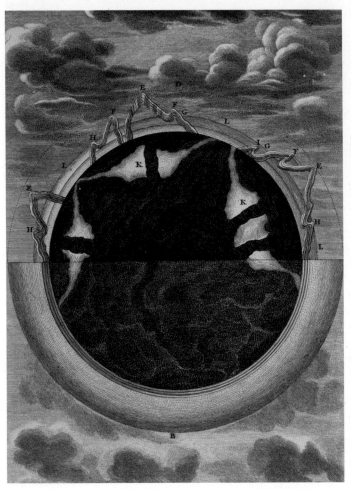

«Physica Sacra» vom Schweizer Arzt und Naturforscher Johann Jacob Scheuchzer (1672–1733), Kupferstich von Johann Melchior Füssli (1677–1736), Zürich 1731. Erklärung der Entstehung der Berge durch die Sintflut.

Wissenschaft im Mittelpunkt

Der Wandel lässt sich anhand von zwei Bildern zeigen: einer Illustration aus der «Physica Sacra» aus dem Jahr 1731 und einem Deckengemälde im Sitzungszimmer der Naturforschenden Gesellschaft im Zunfthaus zur Meisen in Zürich von 1765.

Der Zürcher Johann Jacob Scheuchzer (1672–1733), der sein Leben mit der Erforschung der Natur verbracht hatte, brachte seine Resultate, die er in der «Physica Sacra» (Abbildung rechts) publizierte, noch in Einklang mit der Bibel. In den Alpen waren ihm die Versteinerungen von Meerestieren aufgefallen. Ihr Vorhandensein erklärte er folglich mit der Sintflut (1. Moses Kapitel 7 und 8). Als das Wasser der Sintflut abgelaufen war, waren die Berge mit den Versteinerungen hervorgekommen.

Die Naturforschende Gesellschaft dagegen stellte im Deckengemälde ihres Sitzungszimmers (Abbildung S. 35) die Wissenschaft in den Mittelpunkt. Gott existiert auf dem Bild zwar noch, er steht aber nicht mehr im Zentrum. Seine Allmacht ist nur noch in der Person der *Providenzia* (Voraussicht) enthalten, die in Gesellschaft von zwei Putten mit Rudern über der Wissenschaft thront. Es lag sozusagen noch in Gottes Hand, dass die Entwicklung nicht «aus dem Ruder lief». Massgebend für den Fortschritt war jedoch die Wissenschaft, die durch die Frau in der Mitte des Bildes verkörpert wird, die in der einen Hand einen Zirkel und in der anderen ein Buch mit geometrischen Figuren hält. Der Maler Johann Balthasar Bullinger (1713–1793) schrieb im Werkverzeichnis dazu: «Die Providenzia vertreibt durch die Zeit die Unwissenheit und den Fanatismus, und hilft den Wissenschaften empor, Gerechtigkeit und Frieden küssen einander.»[2] Chronos, der an der Sense erkennbar ist und für die Zeit steht, trennt die helle Sphäre der Wissenschaft gegen die Dunkelheit ab, aus der die Unwissenheit und der Fanatismus fliehen. Am unteren Bildrand finden sich die personifizierten Jahreszeiten, ein damals sehr beliebtes Motiv, das hier wohl den Segen illustriert, den man sich von der Wissenschaft erhoffte. Ungewöhnlich ist, dass der Winter auf dem Bild fehlt. Die Beschränkung auf die ertragreichen Jahreszeiten könnte ein Hinweis auf die Arbeit der Ökono-

Deckengemälde im Zunfthaus zur Meisen in Zürich von Johann Balthasar Bullinger (1713–1793),
Zürich 1765.

mischen Kommission sein, die sich innerhalb der Naturforschenden Gesellschaft ganz besonders um die Verbesserung der Landwirtschaft kümmerte. Der Maler beliess es aber nicht bei der Darstellung der materiellen Seiten des wissenschaftlichen Fortschritts. Auf der rechten Seite des Bildes brachte er mit zwei Putten auch die ideellen Werte zum Ausdruck, die er in seinem Werkverzeichnis mit «Frieden und Gerechtigkeit küssen einander» umschrieb. Die eine Putte mit der Waage und den verbundenen Augen steht für die Gerechtigkeit, die andere mit dem Palmwedel für den Frieden.[3]

Auswirkungen auf die Herrschaft

Die Wissenschaft war nicht der einzige Bereich, auf den sich die Aufklärung auswirkte. Die Daten, welche die Ökonomische Kommission über den Zustand des Kantons Zürich sammelte, stellten auch das bestehende Herrschaftssystem und die Vorherrschaft der Stadt über die Landschaft in Frage. Die Kommission fand heraus, dass beispielsweise der Zehnt und andere Feudalabgaben den Fortschritt der Landwirtschaft behinderten. Die Mitglieder der Ökonomischen Kommission, die als privilegierte Zürcher Bürger ebenfalls von dieser Ungleichheit profitierten, waren sich der Brisanz ihrer Erkenntnis bewusst. Sie vereinbarten deshalb, dass die Dokumente nur in vertraute Hände gelangen sollten. Trotzdem kam es zu einem tragischen Zwischenfall. Dem Zürcher Pfarrer Johann Heinrich Waser (1742–1780) kosteten seine Forschungen den Kopf. Er machte sich als erster Statistiker der Schweiz einen Namen. Für seine Arbeit erhielt er jedoch nicht die gewünschte Anerkennung. Auch konnte er seine Forschungsresultate wegen der Zensur nicht in Zürich publizieren. Nachdem er eine Schrift im Ausland in Druck gegeben hatte, wurde ihm wegen des Diebstahls von staatlichen Dokumenten der Prozess gemacht. Am 27. Mai 1780 wurde er in Zürich hingerichtet.

Langfristig trug die Arbeit der Naturforschenden Gesellschaft, deren Mitglieder mit gleich Gesinnten der Nachbarländer gut vernetzt waren, doch zur Erneuerung des Staates bei. Als sich 1798 auch in der Schweiz die Ideale der Französischen Revolution – «Egalité, Liberté, Fraternité» – durchsetzten, arbeiteten einzelne Mitglieder beim Aufbau des neuen Staates mit. Einer von ihnen war Hans Conrad Escher (1767–1823), dessen Name heute vor allem mit der Linthkorrektion (1807–1823) verbunden ist. Die Entwässerung der Linthebene zwischen dem Walen- und Zürichsee wurde zum nationalen Symbol für den politischen und wissenschaftlichen Fortschritt in der Schweiz.

MARKUS BRÜHLMEIER

1 Rothenbühler, Verena: 200 Jahre sichern und versichern. Die Gebäudeversicherung Kanton Zürich, 1808–2008. Zürich 2008.
2 Bullinger, Johann Balthasar: Werkverzeichnis. Staatsarchiv Zürich, Familienarchiv Schulthess, W I 33.170a. S. 57.
3 Abegg, Regine; Barraud Wiener, Christine: Die Kunstdenkmäler des Kantons Zürich, Neue Ausgabe Band 2.2: Die Stadt Zürich 2.2. Basel 2003. S. 74 f.

Empfohlene Literatur
· Im Hof, Ulrich: Das Europa der Aufklärung. München 1993.
· Outram, Dorinda: Aufbruch in die Moderne. Die Epoche der Aufklärung. Zürich 2006.
· Schneiders, Werner: Lexikon der Aufklärung. München 1995.

Revolution, Mitbestimmung, Imperialismus

Das «lange 19. Jahrhundert» beginnt mit der Französischen Revolution von 1789 und endet mit dem Beginn des Ersten Weltkrieges im Jahr 1914. Infolge der Industrialisierung in Europa und Nordamerika verändern sich die Lebensbedingungen – insbesondere der neu entstehenden Arbeiterbevölkerung – teilweise dramatisch. Während Adel und Landbevölkerung immer mehr an Bedeutung verlieren, entwickeln sich Bürgertum und Arbeiterschaft zu gesellschaftlich prägenden Schichten. Der Wunsch nach Mitbestimmung der Einzelnen an politischen Prozessen setzt in Europa eine erste Demokratisierungswelle in Gang. Mit dem Imperialismus erreicht Europas Dominanz in der Welt ihren Höhepunkt.

1770 – 1814 Revolution und Umbruch

Gegen Ende des 18. Jahrhunderts kommt es in Europa sowie in Nordamerika zu tief greifenden gesellschaftlichen Umwälzungen, die zu einem modernen Demokratiebewusstsein führen. Die Amerikanische Unabhängigkeitsbewegung hat die Loslösung der nordamerikanischen Kolonien vom englischen Mutterland zur Folge. Die Französische Revolution bewirkt die Abschaffung des feudalen und absolutistischen Ständestaates in Frankreich. Die Grundlage der neuen Herrschaftsordnung bilden Propagierung und Umsetzung von Ideen der Aufklärung: Freiheit, Gleichheit und Einigkeit. Auf dem Gebiet der alten Eidgenossenschaft entsteht mit der Helvetik für kurze Zeit ein modern organisiertes, an Prinzipien wie Rechtsgleichheit und Volkssouveränität orientiertes Staatswesen. Die Helvetik bildet damit einen wichtigen Schritt zur Entstehung der modernen Schweiz.

1776 Teilnehmer des Zweiten Kontinentalkongresses verabschieden in Philadelphia die Unabhängigkeitserklärung der Vereinigten Staaten von Amerika
1789 Bastille-Sturm: Ausbruch der Französischen Revolution in Paris
1790 – 1798 Unruhen in Untertanengebieten der alten Eidgenossenschaft
1793 Hinrichtung Ludwigs XVI. mit der Guillotine
1793 – 1794 Schreckensherrschaft der Jakobiner in Frankreich
1797 Letzte eidgenössische Tagsatzung
1798 Ausrufung der Helvetischen Republik in Aarau
1799 Beginn der Napoleonischen Ära
1803 Auflösung der Helvetischen Republik: alte Ordnung wird teilweise wiederhergestellt (Mediation)
1815 Wiener Kongress: politische Neuordnung Europas (Restauration)

1780 – 1850 Beginnende Industrialisierung

Das Zusammentreffen günstiger technischer, wirtschaftlicher und sozialer Voraussetzungen führt um 1780 in Grossbritannien zu einer Entwicklung, die später als «industrielle Revolution» bezeichnet wird. Dem englischen Beispiel eifern bald auch andere europäische Länder und die Vereinigten Staaten nach. Doch die Industrialisierung geht mit sozialen Missständen einher, die in der Ausbeutung der Arbeiterschicht und der Verelendung weiter Teile der Bevölkerung zum Ausdruck kommen. Gleichzeitig fordern demokratische Bewegungen Volksrechte und Volksbildung, was zur Entstehung allgemeiner öffentlicher Volksschulen führt.

1764 Grossbritannien: James Hargreaves erfindet mechanische Spinnmaschine «Spinning Jenny»
1771 Gross angelegte Umfragen über den Stand der Schule auf der Zürcher Landschaft
1775 James Watt lässt Dampfmaschine patentieren
1798 Zürich: Kirche verliert Oberaufsicht über Schulwesen
1801 St. Gallen: erste mechanische Spinnerei nimmt Betrieb auf
1807 Preussen: Oktoberedikt erlaubt freie Berufswahl und freien Erwerb von Eigentum
1825 Grossbritannien: erste Eisenbahnlinie befördert Passagiere
1832 Kanton Zürich erhält liberales Volksschulgesetz
1837 Zürich: Verbot von Fabrikarbeit für Kinder unter 12 Jahren
1845 Friedrich Engels: «Die Lage der arbeitenden Klasse in England»
1850 Kanton Zürich: regelmässiger Schulbesuch hat sich an allen Schulen durchgesetzt

1830 – 1880 Bürgergesellschaft und Demokratisierung

Universitätsgründungen in Deutschland und der Schweiz zwischen 1800 und 1880
Allgemeines Wahlrecht für Männer vor 1880 nach 1880
Europa 1871

Gegen Mitte des 19. Jahrhunderts steht Europa am Beginn eines «bürgerlichen Zeitalters», das vom Siegeszug einer neuen gesellschaftlichen Schicht bestimmt ist. Bürgerliche Ideale wie Fleiss, Disziplin und Sparsamkeit werden gesellschaftlich anerkannte Normen. Als wirtschaftlich führende Schicht strebt das «neue» Bürgertum zusammen mit den Kräften der Bildung und Wissenschaft nach politischer Macht. In der Schweiz gelingt es der «Demokratischen Bewegung», die bestehende repräsentative durch eine direkte Demokratie zu ersetzen, indem sie das Referendum und später die Volksinitiative in der Verfassung verankert.

1830 – 1831 Regeneration: liberale Verfassungen in einzelnen Kantonen (u. a. Zürich, Bern, Waadt)
1833 – 1834 Gründung neuer Universitäten in Zürich und Bern
1848 Gründung des Schweizer Bundesstaates
1851 Erste Weltausstellung in London demonstriert bürgerlichen Fortschrittsglauben
1867 Massendemonstrationen der «Demokratischen Bewegung» in der Schweiz
1874 Bundesverfassungsrevision: Einführung des Referendums
1888 Schweizerischer Gemeinnütziger Frauenverein: erste landesweite Interessenvertretung bürgerlicher Frauen
1891 Bundesverfassungsrevision: Einführung der Verfassungsinitiative
1912 Erstes gesamtschweizerisches Zivilgesetzbuch tritt in Kraft
1971 Einführung des Frauenstimmrechts auf Bundesebene

1850 – 1914 Arbeitskampf, Sozialismus und Sozialreform

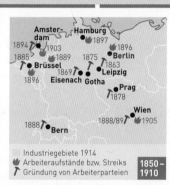

Industriegebiete 1914
Arbeiteraufstände bzw. Streiks
Gründung von Arbeiterparteien
1850 – 1910

Mit der «industriellen Revolution» entsteht ab 1830 in vielen Ländern Europas eine wachsende Schicht von Fabrikarbeitern und -arbeiterinnen. Ihre Arbeitsverhältnisse und Lebensbedingungen tragen Züge der Verelendung und stehen in krassem Gegensatz zu den Versprechungen der bürgerlichen Gesellschaft auf Demokratie und Menschenrechte. Durch organisatorische Zusammenschlüsse (Gewerkschaften und Arbeiterparteien) und kollektives Handeln (Streiks) fördert die Arbeiterschaft ihre ökonomische, soziale, politische und kulturelle Emanzipation. Ab Mitte der 1860er-Jahren beginnt die Arbeiterbewegung auch international zusammenzuwirken.

1848 Karl Marx/Friedrich Engels: Kommunistisches Manifest
1848 Revolution in mehreren europäischen Staaten
ab 1855 Boom des schweizerischen Eisenbahnbaus
1864 Papst wendet sich mit «Syllabus Errorum» gegen Rationalismus, Sozialismus, Liberalismus
1864 – 1876 Erste Internationale verbindet Arbeiterorganisationen in Europa und USA
1869 Gründung der Sozialdemokratischen Arbeiterpartei Deutschlands
1877 Erstes eidgenössisches Fabrikgesetz bringt 11-Stunden-Tag
1888 Gründung der Sozialdemokratischen Partei der Schweiz
1889 – 1914 Zweite Internationale vernetzt sozialdemokratische Parteien und Organisationen
1890 Erste internationale 1.-Mai-Feier
1900 Gründung der britischen Labour Party
1905 Erste Russische Revolution
1911 Erster internationaler Frauentag

1880 – 1914 Imperialismus

Kolonialmächte 1914
Kolonien
Britische Dominien
Länder ohne Kolonien
1914

In der Zeit von 1870 bis 1914 treiben wirtschaftliche Interessen sowie kulturelles und zivilisatorisches Überlegenheitsgefühl die europäischen Grossmächte, die USA und Japan dazu, ihre Einflussbereiche auszudehnen. Oft gewaltsam nehmen sie grosse Gebiete in Asien und in Afrika in ihren Besitz. Auf die koloniale Herrschaft reagieren die Kolonisierten entweder mit Assimilation an die Kultur des Fremdherrschers oder mit Revolten gegen die Kolonialherrschaft. Die Folgen der kolonialen Expansion wirken in Form von wirtschaftlicher Abhängigkeit der ehemaligen Kolonien von den Industrienationen bis heute nach.

1859 Charles Darwin veröffentlicht Evolutionstheorie
1869 Eröffnung des Suezkanals: kürzerer Seeweg nach Indien
1871 Gründung des Deutschen Reichs
1879 Basel: erste Völkerschau im Basler Zoo
1882 Besetzung Ägyptens durch Grossbritannien
1884 – 1885 Berliner Kongokonferenz: Übertragung des Kongos an den belgischen König
1898 – 1902 Philippinen: Revolution gegen die spanische Fremdherrschaft; Ablösung durch die USA
1899 – 1900 «Boxeraufstand» in China
1900 Aufstand der Asante an der Goldküste (heute Ghana)
1904 – 1907 Deutsch-Südwestafrika: Aufstand der Herero und Nama
1911 Zweite Marokkokrise verschärft aussenpolitische Isolation des Deutschen Reichs in Europa
1914 Beginn des Ersten Weltkrieges

Helvetische Revolution – Unterstützung und Widerstand

Die Helvetik war eine Zeit wirtschaftlicher und politischer Modernisierung. Nicht alle gewannen, es gab auch Verlierer. Dies führte zu heftigen Widerständen. Diese waren allerdings nicht nur gegen das Modernisierungsprojekt gerichtet, sondern die Menschen suchten einen anderen, weniger brutalen Weg in die Moderne.

Die Helvetische Revolution von 1798 und die danach entstandene Helvetische Republik von 1798 bis 1803 können als verspätete und teilweise fremdbestimmte Durchsetzung der Errungenschaften der Französischen Revolution auf dem Gebiet der dreizehnörtigen alten Eidgenossenschaft gesehen werden. Die Helvetik hatte ein modern organisiertes, an Prinzipien wie Rechtsgleichheit und Volkssouveränität orientiertes Staatswesen geschaffen und damit die Schweiz als Bürgernation konstituiert. Durch die Einführung eines zentralstaatlich organisierten, aus zwei Kammern bestehenden Parlaments wurde eine repräsentative Demokratie verwirklicht. Zudem entstand erstmals eine politische Öffentlichkeit, an der nicht nur eine kleine Minderheit partizipierte, sondern in die auch Bevölkerungsgruppen einbezogen waren, die bis anhin vom politischen Diskurs ausgeschlossen wurden. Damit ermöglichte die Helvetik wichtige Lernprozesse und trug zur politischen Emanzipation der männlichen Bevölkerung bei.

Die Helvetik war auch eine Zäsur in der ökonomischen Entwicklung, indem sie die Freisetzung des Privateigentums und die Entfesselung der Produktivkräfte unter liberalkapitalistischen Bedingungen begünstigte. Dies aus verschiedenen Gründen: Die Aufhebung der zünftigen Regulierungen führte zur Realisierung der Handels- und Gewerbefreiheit, und die Errichtung der ersten mechanisierten Spinnereien markierte den Übergang vom dezentral organisierten Verlagssystem zur Fabrikindustrie. In der Landwirtschaft verbesserten sich die Durchsetzungschancen für die schon im Ancien Régime postulierten Agrarreformen, denn die Handlungsspielräume der Produzenten wurden erheblich erweitert.

Die Helvetik kann deshalb als Projekt der Moderne gesehen werden. Nicht alle Menschen gewannen jedoch bei dieser Modernisierung, es gab auch Verlierer in politischer und wirtschaftlicher Hinsicht. Diese Ausgangslage bestimmte die Haltung der verschiedenen Bevölkerungsgruppen zum neuen Staat.

Fundamentalopposition in der Innerschweiz

Schon kurz nach der Einführung der Helvetischen Einheitsverfassung kam es in Schwyz zu Widerständen, und im Herbst 1798 brach in Nidwalden ein Volksaufstand aus. Die Bevölkerung dieser Gebiete lehnte die Integration in den Einheitsstaat ab. Die freien Landleute sahen sich als Verlierer, einerseits weil die Institution der Landsgemeinde gefährdet war, anderseits weil die freien Landleute ihre Freiheit als Privileg betrachteten, das sie mit niemandem teilen wollten. Nach diesem Freiheitsverständnis war es kein Widerspruch, dass die Landsgemeindeorte selbst Untertanengebiete besassen, wie etwa die Urner das Livinental oder die Schwyzer die March. Ebenfalls bedroht sahen sie die Religion. «Das Kreuz ist unser Freiheitsbaum» lautete ihre Parole. Allerdings ging es bei dieser Verteidigung der althergebrachten Religion auch um die Bewahrung lokaler Autonomie.

Erweiterte Partizipationsforderungen: direkte statt repräsentative Demokratie

Neben den Landsgemeindeorten bestand die alte Eidgenossenschaft auch aus Gemeinen Herrschaften wie etwa dem Rheintal. Diese Gebiete hatten im Frühjahr 1798 infolge der Bedrohung durch Frankreich die rechtliche Gleichstellung erwirkt und sich neu organisiert. Das Rheintal hatte sich nach dem Vorbild des benachbarten Appenzell eine Landsgemeindeordnung gegeben und bereits neue Behörden gewählt. Allein auf dem Boden des heutigen Kantons St. Gallen entstanden acht neue Staatswesen, alle mit eigenständiger politischer Organisation. Als diesen Gebieten die helvetische Verfassung aufgezwungen wurde, kam es zu Widerständen. Die helvetische Verfassung sah lediglich eine repräsentative Staatsform vor. Die Bevölkerung verteidigte deshalb die eben erkämpften Möglichkeiten der direkten Demokratie: «Die demokratischen Kantone sind seit Jahrhunderten gewohnt, alle Staatsämter unter freiem Himmel, mit freier Hand zu vergeben, und diese Weise und Art der Regierung haben die neuen und freigelassenen Kantone Toggenburg, St. Gallen, alte Landschaft, Rheintal Sargans etc. auch schon adoptiert und Landammann und Rat gewählt. Dieser Landammann und Rat, den das Volk alle Jahre bestätiget oder absetzet, je nachdem es mit ihnen zufrieden oder unzufrieden ist, ist schon eine repräsentative Republik des Volkes»[1] schrieb Karl Heinrich Gschwend, der neu gewählte Landammann des Rheintals an Peter Ochs, den Schöpfer der Helvetischen Einheitsverfassung.

Verlierer der wirtschaftlichen Deregulierung und Modernisierung

Mit nicht erfüllten Hoffnungen hat auch eine weitere Kategorie von Widerständen zu tun. Akteure bei diesen Widerständen waren die plebejischen Unterschichten. Dazu gehörten ärmere Handwerker wie Schuster, Schneider oder Tischler sowie Heimarbeiter und Tauner. Für die Vertreter der ländlichen Massenhandwerke wurde der Konkurrenzdruck durch Aufhebung der zünftigen Regulierungen und die Liberalisierung des Handels noch grösser. Die Heim-

«Der Landsturm von Anno 1798» – in der Gegend von Solothurn, nach der Natur entworfen, nun ausgeführt und lithographiert von Franz Niklaus König (1765–1832), um 1825 (Zentralbibliothek Luzern). Die Darstellung zeigt einen Landsturm aus der Zeit der Helvetischen Revolution. Diese spontanen Aufbrüche von Männern, Frauen und Kindern sind typisch für die Revolutionszeit. Durch martialisches Auftreten und durch archaische Bewaffnung, die eher als Drohgebärde zu verstehen sind, versuchten sie ihre Forderungen nach sozialer Gerechtigkeit durchzusetzen. Ein Beispiel sind die im Text geschilderten Prügelzüge in die städtischen Zentren, die eine Umverteilung des Reichtums intendierten.

arbeiter und Heimarbeiterinnen fühlten sich durch produktionstechnische Neuerungen wie die Einführung von Spinnmaschinen in ihrer Existenz bedroht. Die wirtschaftliche Modernisierung machte diese Gesellschaftsgruppen zu Verlierern. Dabei hatten sie hohe Erwartungen an die neue Ordnung, in ihren Vorstellungen war die Helvetik eine Zeit des Teilens. Gleichheit war für sie nicht nur Rechtsgleichheit, sondern auch soziale Gleichheit. In Zürich wollten die Armen im Frühjahr 1798, in alte Schweizertrachten gehüllt und mit Prügeln bewaffnet, in die Stadt ziehen, um «Schatz und Zeughaus (zu) teilen». Viele zahlten ihre Schulden nicht mehr mit der Begründung, «es sei jetzt Freiheit und Gleichheit». Ihre Wut richtete sich vor allem gegen die reichen Unternehmer, wie etwa den helvetischen Politiker und Staatsmann Johann Rudolf Dolder (1753–1807), dessen Fabrik übel zugerichtet wurde. In diesen symbolischen Aktionen

und Selbstinszenierungen kamen die Hoffnungen der plebejischen Schichten zum Ausdruck. Erfüllt wurden sie allerdings nicht, die Unterschichten blieben die Opfer des Modernisierungsprojekts Helvetik. ROLF GRABER

1 Aktensammlung aus der Zeit der helvetischen Republik (1798–1803). Bearbeitet von Johannes Strickler, Band 1. Bern 1886. S. 530.

Empfohlene Literatur
· Böning, Holger: Der Traum von Freiheit und Gleichheit. Helvetische Revolution und Republik (1798–1803) – Die Schweiz auf dem Weg zur bürgerlichen Demokratie. Zürich 1998.
· Graber, Rolf: Zeit des Teilens. Volksbewegungen und Volksunruhen auf der Zürcher Landschaft 1794–1804. Zürich 2003.
· Vogel, Lukas: Gegen Herren, Ketzer und Franzosen. Der Menzinger «Hirtenhemmli»-Aufstand vom April 1799. Eine Fallstudie (Clio Lucernensis 9). Zürich 2004.

Inszenierung neuer Ideale – Rituale und Symbole für den neuen Staat

Die Zeit der Helvetischen Republik von 1798 bis 1803 ist eine kurze Phase, für die spätere Entwicklung der modernen Schweiz aber eine umso wichtigere. Sie bricht radikal mit den alten politischen Strukturen und beseitigt die herrschende Ungleichheit zwischen Stadt und Land, Bauern und Adligen, Untertanen und Herren. Auf den Territorien der Schweiz entsteht ein zentral regierter Einheitsstaat mit einer Hauptstadt. Die Inszenierung der neuen Ideale Freiheit, Gleichheit und Einigkeit durch Rituale und Symbole trägt zur Verankerung der neuen Ordnung bei.

Am 12. April 1798 wurde in Aarau – der neuen provisorischen Hauptstadt – der versammelten Bevölkerung die Gründung der Helvetischen Republik verkündet. Unter allgemeinem Jubelgeschrei und unter Kanonendonner wurde die erste schweizerische Verfassung verlesen. Diese beruhte auf den durch die Französische Revolution errungenen Idealen Freiheit, Gleichheit und Einigkeit. Jetzt galt es, diese Ideale zu verbreiten und zu verankern. Dazu dienten Rituale, Symbole, Farben und Feste, die den neuen Staat legitimieren und die Gemeinschaft und Einheit der Bürger und Bürgerinnen festigen sollten. Zu diesen Ritualen und Symbolen zählten Bruderkuss und einfache «bürgerliche» Kleidung, Freiheitsbäume, Ansteckknöpfe und Bürgereid. Die Machthaber griffen bei der Gestaltung auf althergebrachte Formen und Zeichen zurück und bedienten sich im symbolischen Arsenal der Französischen Revolution. Die Helvetische Revolution war auch eine Revolution der Zeichen.

Viele dieser Symbole waren in der Eidgenossenschaft schon vor Ausbruch der Revolution aufgetaucht. Zum Symbol für den neuen Einheitsstaat wurden Wilhelm Tell und sein Sohn Walter ernannt. In Tell, dem Urvater der alten Schweizerfreiheit, sahen die neuen Machthaber ihre Ideale verkörpert. Tell und sein Sohn zierten fortan Fahnen, Siegel und den offiziellen Briefkopf der Helvetischen Regierung. Obwohl die revolutionären Symbole mit der Zeit eine spezifisch helvetische Prägung erhielten, stiessen sie von Anfang an auf Widerstand. Mit der neuen Ordnung wurden auch ihre Symbole abgelehnt.

Symbol der Freiheit: der Freiheitsbaum
«Unten auf dem Rathausplatz stand eine grosse Menge Zuschauer, Bürger der Stadt und Landleute, mit verschiedenen Gefühlen, die einen von lebhaftester Freude begeistert – die anderen von inneren Grimmes … Hundert Bürger standen unter den Waffen, und nun ward der Baum, eine sehr hohe Tanne, herbey gebracht; voraus gieng unsere militärische Musik; und ein allgemeines Freudengeschrey begrüsste das Symbol der heiligen Freiheit. […].»[1]

Schon vor der Revolution waren als Ausdruck der Unzufriedenheit mancherorts Freiheitsbäume aufgestellt worden. Diesen war immer eine rote Mütze aufgesetzt, welche ursprünglich die Kopfbedeckung der französischen Unterschicht war. Anstelle der «Blutmütze» – wie sie von Antirevolutionären genannt wurde – verbreitete sich aber überall der Schweizerhut. Es war dies ein federgeschmückter zylindrischer Rundhut, der auch «Freyheits Hut» oder «Tellenhut» genannt wurde. Dieser war ganz der Kopfbedeckung des vorrevolutionären Bürgertums nachempfunden.

Beim Freiheitsbaum handelte es sich um einen Maibaum, welcher mit Mütze oder Hut, farbigen Bändern, Inschriften oder Freiheitszeichen geschmückt war. Der Maibaum war in ländlichen Gebieten traditionelles Zeichen für die bäuerlichen Abgaben, welche zu einem festen Termin geleistet werden mussten. Der aufgerichtete Maibaum zeigte für eine kurze Zeit Abgabenfreiheit an. Geschmückt mit einem bürgerlichen Freiheitshut wurde der Maibaum zum politischen Symbol der Freiheit.

Die Aufrichtung des Maibaums wie des Freiheitsbaums war unzertrennlich mit einem Fest verbunden. Die erstmalige Aufrichtung des Freiheitsbaums folgte immer demselben Grundmuster: Der Baum wurde eingeholt und im Festzug mit Musik an seinen Standort gebracht. Auf patriotische Reden über die wieder gewonnene Freiheit folgte ein gemeinsamer Tanz um den Freiheitsbaum. Damit wurden Einheit und Gleichheit als grundlegende Werte der neu entstandenen Ordnung inszeniert.

Äusseres Zeichen der Gesinnung: die Kokarde
Nach französischem Vorbild erklärten die neuen helvetischen Gesetzgeber das Tragen einer Nationalkokarde für die Bürger zur Pflicht. Mit dem Anheften eines «brüderlichen Vereinigungszeichens», in der Form einer rosettenförmigen Masche, wurde die Steigerung des Zusammengehörigkeitsgefühls der Bürger bezweckt. Von jedem Einzelnen wurde ein öffentliches, für alle sichtbares Bekenntnis zur Revolution und ihren Idealen abverlangt.

Die Kokarde war nach dem Vorbild der französischen Trikolore (Prinzip der Dreifarbigkeit) gestaltet. Am 14. April 1798 wurden die Farben Grün, Rot und Strohgelb als Nationalfarben festgelegt. Sie sollten die Helvetische Republik repräsentieren.

Von Anfang an regte sich hartnäckiger Widerstand gegen das obligatorische Tragen einer Nationalkokarde. Die Gegner äusserten ihr Missfallen auf verschiedene Arten: Sie weigerten sich, das revolutionäre Symbol zu tragen, beschimpften jene, die es trugen, oder verunglimpften es, indem sie es an Hunde- und Kuhschwänze steckten, oder schufen eigene, antirevolutionäre Symbole. Schliesslich verschwanden die Kokarden bereits im zweiten Jahr der Helvetischen Republik wieder.

Die Aufrichtung des Freiheitsbaumes, den 10. März 1798.

«Ein Fest für die Freiheit» – Aufrichtung des Freiheitsbaumes am 10. März 1798, Darstellung aus Karl Howalds Stadtbrunnenchronik, 1841–1862 (Bern, Burgerbibliothek). Die Aufrichtung des Freiheitsbaumes ist in Anknüpfung an die Maibaumtradition immer mit einem Fest verbunden. Mit Musik, Tanz und Gesang wird die Revolution durch die Bürger und Bürgerinnen gefeiert.

Freiheit und Gleichheit – das schwören wir

Am 8. Mai 1798 forderte das Direktorium in einer Eingabe an den Grossen Rat, dringlich darüber zu beraten, wie und wann der in der Verfassung vorgeschriebene Bürgereid geschworen werden solle. Das Direktorium reagierte damit auf die «gegenwärtigen Umstände von conterrevolutionären Bewegungen»[2]. Dahinter stand die Vorstellung, dass ein auf die Verfassung vereidigter Bürger schliesslich auch die darauf basierende politische Ordnung anerkennen würde. Der Bürgereid war keine Erfindung der Helvetischen Republik, sondern ging auf ein Ritual der alten Eidgenossenschaft zurück. So hatten die Untertanen während des Ancien Régime jeweils bei der Einsetzung eines neuen Landvogts einen Treue- und Gehorsamseid zu schwören. An die Stelle des Untertaneneides trat nun der Bürgereid, den alle Bürger auf die helvetische Einheitsverfassung abzulegen hatten. Der Akt des Schwörens war in ein Zeremoniell mit einer genau festgelegten Abfolge von Handlungen eingebettet. Kern der Handlungen bildete die feierliche Vereidigung der Männer. Frauen und Kinder waren als Zuschauende anwesend. Dadurch sollte das Fest für alle zu einem verbindenden Erlebnis werden. Die geplante Festfreude kam jedoch dann nicht auf, wenn ein Grossteil der Bevölkerung den alten Machtverhältnissen nachtrauerte, wie dies vielerorts der Fall war. Entsprechend teilnahmslos dürfte das Fest der Bürgervereidigung gefeiert worden sein.

JEANNETTE RAUSCHERT

1 Beschreibung der Aufrichtung des Freiheitsbaumes in Aarau durch den Stadtpfarrer Johann Georg Fisch. Zitiert nach: Fisch, Johann Georg: Denkschrift über die letzten Begebenheiten in der Bernischen Munizipalstadt Aarau im Aargau. Basel 1798. S. 42 f.
2 Eingabe des Direktoriums an den Grossen Rat vom 8. Mai 1798. Schweizerisches Bundesarchiv, Bern, Zentralarchiv der Helvetischen Republik, 534, 7.

Empfohlene Literatur
· Gamboni, Dario; Germann, Georg (Hg.) unter Mitwirkung von de Capitani, François: Zeichen der Freiheit: Das Bild der Republik in der Kunst des 16. bis 20. Jahrhunderts. Bern 1991.
· Hunt, Lynn: Symbole der Macht, Macht der Symbole. Die Französische Revolution und der Entwurf einer politischen Kultur. Frankfurt am Main 1989.
· Rauschert, Jeannette: Revolution der Zeichen: Die Inszenierung des neuen Staates. In: Meier, Bruno; Sauerländer, Dominik et al. (Hg.): Revolution im Aargau, Umsturz – Aufbruch – Widerstand 1798–1803. Aarau 1997. S. 95–125.

Die erste industrielle Revolution und ihre Folgen

Um 1780 begann in Grossbritannien ein wirtschaftlicher Umbruch, der seither die Welt verändert hat: die industrielle Revolution. Neue Maschinen und Fabriken brachten einen nie gesehenen Reichtum an Waren hervor und überschwemmten die Märkte der Welt. Bald einmal begannen andere Länder den englischen Erfolg zu imitieren.

Etwas Vergleichbares hatte der Mann aus Schaffhausen noch nie gesehen. Der Handwerker und Erfinder Conrad Fischer (1773–1854) war 1814 unterwegs in das grosse englische Industrierevier von Manchester und machte einen Umweg, um sich einen «durch Dampfmaschinen gezogenen Wagen für Kohlentransporte» anzuschauen. «Der Wagen», so notierte er in seinem Tagebuch, «auf dem die Dampfmaschine ist, und der in Grösse und Form einem kleinen Weinwagen mit einem einzelnen Fuhrfass gleichkommt, hat auch vier niedere ganz eiserne Räder, wie die hinten angehängten Kohlewagen. [...] Das Fortschreiten der Maschine ist so, dass ein Mann im starken Schritt kaum folgen kann.» Fischer fuhr ein Stück mit und der Führer des seltsamen Gefährts steigerte die Geschwindigkeit. «Ich war aber froh, als er wieder nachliess, wegen der augenscheinlichen Gefahr einer Explosion; denn der Dampf pfiff, als wenn ein halbes Dutzend asthmatische Rosse ausser Athem getrieben vorgespannt gewesen wären.» Das Fahrzeug – es war eine Vorform der Eisenbahn – erschien dem Schweizer wie ein «Triumphwagen des menschlichen Geistes».[1]

«König Baumwolle»

Fischer war nicht der Einzige, der damals nach Grossbritannien kam, um die berühmte englische Industrie zu besichtigen. Das Land war Schauplatz einer wirtschaftlichen und gesellschaftlichen Umwälzung, die als «industrielle Revolution» in die Geschichte eingegangen ist. Genau genommen war es die kleine Grafschaft Lancashire, in der um 1780 eine wirtschaftliche Dynamik einsetzte, die den Zeitgenossen schon bald als so bemerkenswert erschien, dass sie von einer «Revolution» zu sprechen begannen. Den Begriff entlehnten sie den Ereignissen in Frankreich, das ab 1789 durch eine politische Revolution erschüttert wurde.

Der Wandel begann im Baumwollgewerbe, das schon seit Jahrzehnten in Lancashire blühte, ähnlich wie in vielen ländlichen Regionen Europas, so auch im Zürcher Oberland. Die Baumwolle kam aus den Kolonien. In unzähligen dörflichen Haushalten sassen Frauen und Kinder am Spinnrad und Männer am Webstuhl. Färber und Drucker machten aus den Stoffen begehrte Konsum- und Exportgüter. Baumwolle war weniger haltbar als Leinen oder Wolle, dafür aber billiger und angenehm zu tragen. Die Entwicklung vollzog sich fortan als eine Art Wettstreit zwischen spinnen und weben. Die Erfindung des Weberschiffchens hatte ab 1733 die Leistungsfähigkeit der Weber auf einen Schlag verdoppelt; plötzlich herrschte Mangel an Garn. Seither bastelten Mechaniker und Tüftler an einem verbesserten Spinnverfahren. Ab 1764 war es so weit: Der Erfolg einer noch ganz simplen, aus Holz gebauten mechanischen Spinnmaschine war durchschlagend – eine Person konnte nun sechs Spindeln auf einmal bedienen. Verbesserte Modelle folgten und setzten sich durch, obwohl die Spinner und Weber immer wieder Maschinen zerstörten und Gebäude niederbrannten, da sie um ihren Erwerb fürchteten.

Die Maschinen erweiterten die Leistungsfähigkeit und Geschicklichkeit der menschlichen Hand. Bald einmal konnten sie nicht mehr mit menschlicher Kraft betrieben werden, sondern benötigten einen leistungsfähigeren Antrieb, anfänglich Wasserräder, dann aber neue, mit Steinkohle beheizte Dampfmaschinen. Solche Anlagen standen nicht mehr in kleinen Bauernhütten wie zuvor die Spinnräder. Sie konzentrierten sich in Fabriken, deren Bau erhebliches Kapital erforderte. Das erste mehrstöckige Fabrikgebäude entstand 1788; eine Dampfmaschine von 30 PS stand dabei zur Verfügung. Erfolgreiche Fabrikanten wurden schnell reich. Eine enorme soziale Kluft trennte sie von ihren Arbeitern, deren Grossteil aus Frauen und Kindern bestand. Waisenhäuser belieferten die Fabrikdistrikte mit billigen Arbeitskräften, die oftmals wie Sklaven gehalten wurden. Beissender Rauch umhüllte die wachsenden Städte.

«Workshop of the World»

Neu waren nicht nur die Maschinen und Produktionsverfahren; neu war auch das dadurch ausgelöste wirtschaftliche Wachstum. Grossbritannien wurde zum *Workshop of the World*: Um 1830 kam die Mehrheit aller industriell produzierten Güter der Welt von dort; englische Bergleute erbrachten rund 80 Prozent der Weltsteinkohleproduktion. Dieses Wachstum unterschied sich deutlich von früheren Perioden wirtschaftlicher Blüte, die nie über längere Zeiträume angehalten hatten. Warum erfolgte dieser Umbruch gerade in Grossbritannien? Und weshalb zu dieser Zeit? Diese Fragen sind nicht einfach theoretischer Natur. In anderen Teilen der Welt wollte man das Geheimnis des englischen Erfolgs begreifen. Auch Historikerinnen und Historiker befassen sich seit über hundert Jahren damit. Lange Zeit glaubte man, das Wirken einiger genialer Erfinder sei ausschlaggebend gewesen. Inzwischen ist eines klar: Es gibt keine einfachen Antworten, selbst die Experten sind sich nicht durchweg einig. Grossbritannien war immerhin ein sehr geeigneter Ort für diesen Start ins Industriezeitalter. Manche Teile des Landes waren wirtschaftlich schon hoch entwickelt, reich an Gewerbe und Kapital; England war die führende Seemacht mit einem gewaltigen Kolonialreich, das billige Rohstoffe lieferte. Ein bürgerliches Unternehmertum

«The Collier», Radierung von Robert und Daniel Havell nach einer Zeichnung von George Walker, 1812.
Ein Bergarbeiter von 1812 und im Hintergrund die primitive Kohlenförderbahn, die der Schweizer Reisende
J. C. Fischer zwei Jahre später bestaunte. Der englische Amateurmaler George Walker (1781–1856) hielt
die Folgen der Industrialisierung in Nordengland in seinen Zeichnungen anschaulich fest.

war im Entstehen, das seine Profite immer wieder investierte und nicht einfach in luxuriösem Lebensstil und präch-
tigen Landhäusern verausgabte.

Aufholjagd der Nachzügler

In anderen europäischen Ländern und in den jungen Vereinigten Staaten beobachtete man diese Entwicklung aufmerksam. Der Anreiz war gross, die Reichtum versprechen-
den Produktionsverfahren zu imitieren. Belgien war dabei
führend. Auch in der Schweiz entstand schon 1801 die erste
mechanische Spinnerei. Um 1830 begann dann die grosse
Aufholjagd: in Frankreich, Deutschland, den USA – und in
der Schweiz. Die Industriespionage blühte. Englische Mechaniker waren überaus begehrte Leute und wurden dem-
entsprechend teuer eingekauft. Manche erfüllten allerdings
die in sie gesetzten Erwartungen nicht.

Blicken wir von heute aus zurück, so erscheint die industrielle Revolution in England als vergleichsweise ge-
mächlicher Vorgang, der sich über viele Jahrzehnte hinzog.
Das Wachstum erreichte zu keinem Zeitpunkt Dimensionen
wie zum Beispiel im heutigen China. Dies kann jedoch nicht
überraschen. England war das Pionierland; alles musste
zum ersten Mal erprobt werden. Bei den Nachfolgern ging
vieles schneller, sie imitierten gezielt und bauten auf den Erfahrungen der Pioniere auf. Die lange Zeit führende erste
Industrienation aber erschien neben den dynamischen
Nachzüglern mit der Zeit altmodisch und schwerfällig.

MARIO KÖNIG

1 Fischer, Johann Conrad: Tagebücher. Schaffhausen 1951.
  S. 146–148.

Empfohlene Literatur
· Bergier, Jean-François: Wirtschaftsgeschichte der Schweiz.
  Von den Anfängen bis zur Gegenwart. Zürich 1990.
· Pierenkemper, Toni: Umstrittene Revolutionen. Die Industriali-
  sierung im 19. Jahrhundert. Frankfurt am Main 1996.
· Siegenthaler, Hansjörg: Die Schweiz: 1850–1914 in Handbuch
  der europäischen Wirtschafts- und Sozialgeschichte. Band 5:
  Europäische Wirtschafts- und Sozialgeschichte von der Mitte des
  19. Jahrhunderts bis zum Ersten Weltkrieg. Stuttgart 1985.

Bildung wird ein gefragtes Gut

In der ersten Hälfte des 19. Jahrhunderts veränderten sich in Europa Qualität und Funktion der seit der Reformation bestehenden Landschulen. Getragen wurde der Wandel wesentlich von einer wachsenden Bildungsnachfrage der Bevölkerung im Zuge von politischer Emanzipation und Aufklärung. Säkulare Unterrichtsinhalte, striktes Zeitmanagement und weiterführende, öffentliche Schulen förderten selbstständiges Denken, politische Integration und soziale Mobilität.

Ein Schulinspektor berichtete 1836 über die Schule im «prachtvoll reichen Flecken Uster» im Zürcher Oberland: «Das Schulhaus war von Aussen nicht übel zuschauen, aber die innere Einrichtung wie zur Kinderqual besonders ausgedacht. In einem engen, dunkeln Raume, in welchem die Schulbänke zu beiden Seiten an die Bretterwand stiessen, sassen wie eingekeilt die 6- bis 9-jährigen Kinder. Die Zimmerdecke so niedrig, dass man sie mit der Hand erreichen konnte, in der Ecke ein eiserner Ofen, dessen Zugrohr mannshoch über das Zimmer ging. Mit Wehmut weilte mein Auge auf den Kindern, und bald sah ich, dass mehrere schlafend auf die Schulbänke niedergesunken waren. ‹Sehen Sie›, sagte der Lehrer, ‹das sind arme Kinder, welche heute Nacht von 12 Uhr bis morgens 6 Uhr in der Fabrik gearbeitet haben. Was soll ich mit den geschwächten Geschöpfen machen?› Hättest du Betten und Raum, so solltest du ihnen Stätte und Zeit zum Schlafen geben, sagte ich. Mein Gemüth war empört.»[1]

Kinderarbeit in der Fabrik wird verboten

Am gleichen Ort waren wenige Jahre zuvor Tausende von Männern aus allen Gegenden des Kantons Zürich zusammengekommen und hatten mit gewaltlosem Protest bewirkt, dass der Kanton eine liberale Verfassung erhielt. Nicht nur politische und wirtschaftliche Rechte trotzte die Landbevölkerung der regierenden Stadt ab, sondern auch einen besseren Schulunterricht. Damit bewirkte sie, dass die Schule in Uster inspiziert wurde. Das Engagement des Schulinspektors führte im Jahre 1837 schliesslich zum Verbot der Fabrikarbeit für Kinder unter 12 Jahren. Zwar war der Anteil von Fabrikarbeiterkindern im Kanton Zürich nie sehr gross. Das Verbot der Beschäftigung von Kindern in Fabriken durch das Fabrikgesetz von 1837 trug aber dazu bei, dass die Kindheit im Verlauf des 19. Jahrhunderts zunehmend als ein Zeitraum des Lernens und der persönlichen Entfaltung verstanden wurde. Bedeutsam waren dabei ebenso der Einfluss der Aufklärung, die Bildung als Emanzipation begriff, wie auch die schnelle technische Entwicklung, die innert weniger Jahre die Kinderarbeit ökonomisch uninteressant werden liess.

Die Landschule zwischen Kirche und Staat

Bürger und Adlige verfügten bereits im Mittelalter über eigene Schulen und Hauslehrer. Der weitaus grösste Teil der europäischen Bevölkerung, welche auf dem Lande wohnhaft und zumeist in der Landwirtschaft tätig war, verdankte seine Bildung der Kirche, die auf eine religiöse Erziehung der Menschen drang. So ist auch das Zürcher Landschulwesen auf die Reformation zurückzuführen: Nur wenn die Kinder wichtige biblische Textstellen kannten und auswendig rezitieren konnten, wurden sie zum Abendmahl zugelassen und damit zum vollwertigen Mitglied der Gemeinde. Um 1770 waren auf der Zürcher Landschaft mehr als drei Viertel der Bevölkerung auf diese Weise des Lesens fähig. Hingegen vermochten nur wenige ihnen unbekannte Texte zu lesen; auch Schreiben und Rechnen konnte nur eine Minderheit.

Im ausgehenden 18. Jahrhundert setzte ein Wandel ein, der zum bewussten Lesen und Schreiben führte und bis ins 19. Jahrhundert andauerte. Zum einen waren dafür die Pfarrer verantwortlich, die unter dem Einfluss der Aufklärung auf eine gelebte Umsetzung der religiösen Texte drangen. Lesen sollte zum Verständnis führen und nicht mehr als eine Art religiöser Ritus zelebriert werden. Zum anderen stieg die Nachfrage nach Bildung im Zuge der industriellen und politischen Revolutionen.

An der religiösen Zielsetzung der Landschule wurde bis 1830 nicht gerüttelt, seit der Helvetik führte aber der Staat die Oberaufsicht über alle Schulen. In den Schulen setzte parallel zur beginnenden Industrialisierung und der Gründung der ersten Fabriken – in Zürich ab 1805 – ein strengeres Zeit- und Raummanagement ein: Eine präzisere Stundeneinteilung, eine genauere Absenzenkontrolle, eine frontale Sitzordnung wurden eingeführt. Die Bildung wurde wie die Warenproduktion effizienter organisiert. Gemeinsam mit der wachsenden Bildungsnachfrage durch die Bevölkerung trug das schulische Engagement der Gemeinden zum Erfolg der liberalen Revolutionen in der Schweiz bei. Dabei gründete das Engagement der Gemeinden auf der Tradition kommunaler Selbstverwaltung in der Eidgenossenschaft. In Ländern, die wie Deutschland diese Tradition kaum kannten, folgten auf einen ähnlich verlaufenden Schulausbau an der Basis keine erfolgreichen liberalen Revolutionen.

Ein sozial durchlässigeres Bildungssystem

Die Liberalen vollzogen den Bruch mit der Kirche, führten säkulare Unterrichtsfächer ein, regelten Schulorganisation, Aufsicht, Schulpflicht und Lehrerausbildung neu. Das Unterrichtsziel war nun die Erziehung und Bildung zu «geistig tätigen, bürgerlich brauchbaren und sittlich religiösen Menschen.»[2] Das Schreiben lernen erfolgte parallel zum Lesen lernen, wobei selbstständiges Denken im Vordergrund stand: Die Schule förderte die politische Emanzipation und Integration. Mädchen erhielten dabei bis weit ins 20. Jahrhundert hinein eine geringere Bildung.

Das Bildungswesen wurde in Zürich (wie in anderen liberalen Kantonen auch) als zusammenhängendes System

«Das neue Verhältnis des Herrn Schullehrers zum Pfarrer: Der Herr Schullehrer ist ein grosser Mann bey dem der Pfarrer selbst noch lernen kann», Aquarell des Zürcher Schriftstellers und Karikaturisten David Hess, um 1830 (Kunsthaus Zürich). Im neuen staatlichen Schulsystem lehrten junge, seminaristisch ausgebildete Lehrer Lesen, Schreiben und Rechnen und vermittelten säkulare Unterrichtsinhalte. Sie übernahmen damit nicht nur Arbeitsbereiche des Dorfpfarrers, sondern führten diese aufgrund ihres methodischen Vorgehens effizienter und erfolgreicher aus. Viele Pfarrer litten unter dem Verlust von Autorität und Aufgabenbereich.

konzipiert, an dessen Spitze die 1833 gegründete Universität stand. Auf die Alltags- folgte die Repetierschule oder die neu gegründete Sekundarschule, welche den Zugang zum Lehrerseminar und der Industrieschule ermöglichte. Diese Einrichtungen eröffneten einigen wenigen begabten Männern den Zugang zur Universität. Damit trug die Sekundarschule in langfristiger Perspektive zur Entstehung einer sozialen Mittelschicht bei und eröffnete über Bildung soziale Aufstiegschancen. Das Schweizer Bildungssystem war ab 1830 im Gegensatz zu anderen europäischen Ländern sozial relativ durchlässig, der Schulbesuch erfolgte aber noch lange schicht- und geschlechtsspezifisch. Für die Unterschicht wurde ein achtjähriger Schulbesuch in Zürich und anderen Kantonen erst seit der Wende zum 20. Jahrhundert verpflichtend, und das Gymnasium blieb bis nach 1950 eine städtische Einrichtung, wobei konfessionelle Internate eine Ausnahme bildeten. Für breite Bevölkerungsschichten wurde ein Universitätsstudium erst mit der Bildungsrevolution der 1960er-Jahre möglich und vorstellbar. Auch Frauen studierten bis zu diesem Zeitpunkt viel seltener als Männer. Zwar wurden in etlichen Städten in den 1860er-Jahren höhere Töchterschulen geschaffen. Viele bürgerliche Familien bevorzugten aber noch lange private Institutionen, die vielfach eine beschränktere Auswahl an Lehrstoff vermittelten. Da Schweizer Universitäten bereits im 19. Jahrhundert Frauen zum Studium zuliessen, schrieben sich dort Frauen aus zahlreichen anderen Ländern Europas ein.

ALEXANDRA BLOCH PFISTER

1 Scherr, Ignaz Thomas: Meine Beobachtungen, Bestrebungen und Schicksale während meines Aufenthaltes im Kanton Zürich vom Jahr 1825–1839. Band 2. Zürich 1840. S. 68 f.
2 Zürcher Unterrichtsgesetz von 1832. Gesetz über die Organisation des Volksschulwesens im Kanton Zürich vom 28.9.1832. In: *Officielle Sammlung* der seit Annahme der Verfassung vom Jahre 1831 erlassenen Gesetze, Beschlüsse und Verordnungen des eidgenössischen Standes Zürich. Zürich 1831 ff.

Empfohlene Literatur
· Bildungsdirektion des Kantons Zürich (Hg.): Schule Macht Geschichte. 175 Jahre Volksschule im Kanton Zürich 1832–2007. Zürich 2007.
· Scandola, Pietro: Von der Standesschule zur Staatsschule. Die Entwicklung des Schulwesens in der Schweizerischen Eidgenossenschaft 1750–1830 am Beispiel der Kantone Bern und Zürich. In: Schmale, Wolfgang; Dodde, Nan L. (Hg.): Revolution des Wissens? Europa und seine Schulen im Zeitalter der Aufklärung (1750–1825). Ein Handbuch zur europäischen Schulgeschichte. Bochum 1991. S. 581–625.

Das bürgerliche Zeitalter – Siegeszug einer neuen Gesellschaft

Um die Mitte des 19. Jahrhunderts stand Europa am Beginn eines «bürgerlichen Zeitalters», das vom unaufhaltsamen Siegeszug einer neuen gesellschaftlichen Schicht bestimmt war. In wenigen Ländern war deren Erfolg so umfassend wie in der Schweiz. Die Folgen reichen bis in unsere Gegenwart.

«Bürgerlich» ist heute vieles. Besonders in der Schweiz ist der Begriff zur Allerweltsfloskel geworden, die alles Mögliche bezeichnet. Am häufigsten begegnet uns der Begriff in der Politik, wo es bürgerliche Parteien und bürgerliche Strategien gibt. Was genau darunter zu verstehen sei, darüber sind sich nicht einmal deren Anhänger restlos einig. Sicher zählt dazu eine Wertschätzung für private Initiative und gesichertes Eigentum, vielleicht auch bestimmte Lebensformen und eine Art, die Welt zu betrachten. Von der Tendenz her schwingt in dem Begriff heute eher konservativ Bewahrendes mit; wer das Experiment sucht, wird es kaum unter diesem Vorzeichen tun.

Erfolgreiches Bürgertum

Der Begriff der Bürgerlichkeit führt zurück in die Zeit um 1830, als das moderne Bürgertum beinahe überall in Europa einen fast unaufhaltbaren Aufstieg begonnen hatte. Dieses «neue» Bürgertum unterschied sich in seiner Dynamik von dem alten Stadtbürgertum, das seit dem Mittelalter in den von Mauern umringten Städten entstanden war. Auch die «neuen Bürger» lebten eher in den Städten als auf dem Land. Sie stellten eine in sich vielfältig gegliederte soziale Schicht dar, im Vergleich zur Mehrheit der Bevölkerung deutlich privilegiert bezüglich Besitz und Bildung. Im Kern gehörten zu dieser Schicht die Wirtschaftsbürger: die Fabrikanten, Grosskaufleute und wohlhabenden Gewerbetreibenden. An ihrer Seite die Bildungsbürger: Ärzte, Rechtsanwälte, Professoren, Lehrer und Journalisten. Ferner die Vermögenden, die ohne eigene Erwerbsarbeit vom Ertrag ihrer Kapitalien lebten (eine mit der Zeit abnehmende Gruppe). Sodann die zunächst noch sehr kleine, seit dem Ende des 19. Jahrhunderts aber wachsende Zahl der Direktoren, leitenden Angestellten und höheren Beamten. Um 1888 umfasste dieses Bürgertum in der Schweiz rund 16 Prozent aller Erwerbstätigen; hundert Jahre später war der Anteil mit 18 Prozent nur wenig grösser.

«Bürgertum» ist aber mehr als nur die Bezeichnung einer Sozialgruppe, deren Angehörige über eine gesicherte Lebenslage verfügten und frei waren von der Notwendigkeit harter körperlicher Arbeit. Der Begriff verbindet sich auch mit bestimmten Werten, einer Lebensweise und Mentalität. Dazu zählen die Wertschätzung von Leistung und Erfolg, von Beruf und Arbeit, von Individualität und Selbstverantwortung. Im Wohnen und in der Kleidung, in ihrem Freizeitvergnügen und dem Familienleben grenzten sich Bürger und Bürgerin von anderen sozialen Schichten ab: einerseits von den einstigen «Herren», den bis 1798 in der Eidgenossenschaft herrschenden Familien, vor allem aber von den «niederen Ständen», den Besitzlosen und Ungebildeten. Frauen konnten dem Bürgertum nur über ihren Vater oder Ehemann angehören.

Materiell gesehen war das Bürgertum eine nach aussen klar abgegrenzte soziale Formation. Angesichts der verbreiteten Armut hatte die grosse Mehrheit wenig Aussicht, in diesen Kreis aufzusteigen. An den bürgerlichen Werten aber konnten viele ein Stück weit teilhaben: mit dem einsetzenden Massenwohlstand seit der Mitte des 20. Jahrhunderts sogar die besser gestellten Arbeiter. Aus Initiative und Selbstverantwortung, die der Unternehmer als stolze Tugenden beschwor, wurden dann – bescheidener – Fleiss und Pflichterfüllung. In der Gestalt von Arbeitsamkeit, Disziplin und Sparsamkeit durchdrangen manche Ideale der Bürgerlichkeit allmählich weite Teile der Gesellschaft.

«Dem Mann das Öffentliche, dem Weibe das Häusliche»

Wirtschaftlich und politisch höchst erfolgreich, brachte das Bürgertum zugleich ein Familienmodell hervor, das bis in die Gegenwart Anziehungskraft bewahrte. Es beruhte auf einer strikten Arbeitsteilung zwischen den Geschlechtern, wie ein in St. Gallen publizierter Ratgeber für junge Männer 1866 festhielt: «In der bürgerlichen Gesellschaft ist dem Mann das Öffentliche angewiesen, dem Weibe das Häusliche ..., dem Manne das Erwerben, dem Weibe das Verwenden, dem Manne das Weltgeschäft, dem Weibe die Angelegenheit der Familie.»[1] Es verstand sich von selbst, dass die Ehefrau und Mutter keiner Erwerbsarbeit nachging, sondern eine gepflegte Häuslichkeit unterhielt – standesgemäss unterstützt von Dienstpersonal. Die Ehe sollte auf individueller Zuneigung der Gatten – ja auf «Liebe» – beruhen und stützte sich in der Praxis doch häufig auf materielle Interessen. Die Partnerwahl begründete mehr als nur einen Hausstand, sie schuf auch geschäftliche und familiäre Allianzen. Die Eltern redeten entsprechend ein entscheidendes Wort mit.

Das Ideal der «Liebesheirat», von dem Bürgerin und Bürger des 19. Jahrhunderts oft weit entfernt waren, wenn sie es auch in Worten priesen und mit Wohlbehagen entsprechende Romane lasen, hat sich seither in der ganzen Gesellschaft durchgesetzt. Auch in der Wertschätzung von Familie und Wohnen, in der Sorge um die Bildung der Kinder, in der Unterhaltung einer gepflegten Privatsphäre haben sich ursprünglich bürgerliche Interessen verallgemeinert. Die meisten Menschen des 19. Jahrhunderts waren von solchen Möglichkeiten noch ausgeschlossen; harte Arbeit und bescheidenes Auskommen – vielfach sogar bittere Not – bestimmten ihr Leben.

«Gerichtspräsident Victor Munzinger mit Familie», Gemälde (Öl auf Leinwand 69×83,5 cm) von Sebastian Gutzwiller, 1841 (Kunstmuseum Olten). In der repräsentativen Wohnstube in Olten lässt sich Gerichtspräsident Victor Munzinger (1809–1853) 1841 vom Elsässer Künstler Sebastian Gutzwiller (1798–1872) im Kreis seiner Lieben porträtieren. Die Munzingers waren über Generationen als Handwerker im kleinen Landstädtchen tätig, das dem Kantonshauptort Solothurn untertänig war. Seit dem späten 18. Jahrhundert begann ihr sozialer Aufstieg. Sie wurden überzeugte Freisinnige und halfen, die alte Ordnung umzustürzen. Die bescheiden zur Seite blickende Ehefrau Elisabeth (1814–1895), die ihrem Mann acht Söhne gebar (die drei ältesten im Bild), war eine Tochter des Oltner Stadtammanns und Nichte von Josef Munzinger, der dem ersten Bundesrat von 1848 angehörte. An der Wand ein Bild von Napoleon, der 1798 die alte Eidgenossenschaft zerstört und damit diesen erfolgreichen Vertretern des neuen Bürgertums den Weg nach oben geöffnet hatte.

Der Griff nach der Macht

Getragen von der wirtschaftlichen Dynamik, die von der industriellen Revolution ausging, und im Bündnis mit den Kräften der Bildung und Wissenschaft strebten die Bürger des 19. Jahrhunderts nach politischer Macht. Der Ruf nach «Volkssouveränität» war der mächtige Hebel, mit dem sie Mehrheiten hinter sich sammelten und die alte Ordnung umstürzten. Handwerker, Bauern, Arbeiter fühlten sich angesprochen und hofften auf Erfüllung eigener Wünsche in der neuen, «bürgerlichen» Welt. In keinem anderen Land – ausser in den Vereinigten Staaten – setzte sich das Bürgertum so früh und so restlos durch wie in der Schweiz. Allein die Unterstützung der «kleinen Leute» hätte dafür nicht gereicht. Es fehlte ein starker Gegner: Es gab keinen alten Adel, keine Monarchie, kein stehendes Heer, keine allmächtige staatliche Bürokratie. So rückten die Bürger der Schweiz in alle Führungspositionen auf: Sie regierten den Staat, kommandierten die Armee, leiteten Schulen und Universitäten, Verwaltung und Kirchen. Einzig in der katholischen Geistlichkeit erhielt sich an den Spitzen der Gesellschaft eine Bastion vorbürgerlicher Lebensform.

In den meisten Ländern Europas – fast ausnahmslos Monarchien – lebte dagegen die Macht des Adels noch lange fort. Die erfolgreichsten Bürger passten sich dem an – und strebten teilweise selber nach dem Erwerb von Adelstiteln und vornehmen Landgütern. Umgekehrt verband sich der Adel mit dem Bürgertum, oftmals über Heirat, so dass mit der Zeit eine neue Oberschicht entstand, die sich auch vom gewöhnlichen Bürgertum deutlich abgrenzte. Der Macht der bürgerlichen Werte konnte sich auch diese Oberschicht auf die Länge nicht entziehen: Selbst das Familienleben europäischer Königshäuser muss heute den aus dem 19. Jahrhundert stammenden Idealen genügen. Zu Beginn des 21. Jahrhunderts ist ausgerechnet der europäische Hochadel – der einst ganz anderen Werten folgte – dazu bestimmt, die intakte «bürgerliche» Familie zu repräsentieren.

MARIO KÖNIG

1 Tanner, Albert: Arbeitsame Patrioten – wohlanständige Damen. Bürgertum und Bürgerlichkeit in der Schweiz 1830–1914. Zürich 1995. S. 204.

Empfohlene Literatur
· Blosser, Ursi; Gerster, Franziska: Töchter der guten Gesellschaft. Frauenrolle und Mädchenerziehung im schweizerischen Grossbürgertum um 1900. Zürich 1985.
· Hobsbawm, Eric: Die Blütezeit des Kapitals. Eine Kulturgeschichte der Jahre 1848–1875. Frankfurt 1980.
· Tanner, Albert: Arbeitsame Patrioten – wohlanständige Damen. Bürgertum und Bürgerlichkeit in der Schweiz 1830–1914. Zürich 1995.

Bewegung für mehr Demokratie in der Schweiz

Die direkten Volksrechte Initiative und Referendum gelten heute als selbstverständlicher Teil des schweizerischen Staatssystems. Ihre Entstehungsgeschichte zeigt jedoch, wie umstritten und hart umkämpft sie einst waren.

Wie weit soll in einer Gruppe die Mitbestimmung der Einzelnen gehen? Welche Eigenschaften brauchen jene, die entscheiden? Diese Fragen werden immer wieder diskutiert: in Schulklassen und Familien, in Gemeinden und Staaten. Im 19. Jahrhundert, als viele europäische Nationen in ihrer heutigen Form entstanden, war die Diskussion zentral, wer auf welche Weise an politischen Entscheidungsprozessen teilhaben dürfe. In der Schweiz, die 1848 Bundesstaat und damit eine moderne Nation geworden war, setzten sich in den folgenden Jahren umfassendere Beteiligungsrechte durch als in den umliegenden Staaten.

Proteste und Massendemonstrationen

In den 1860er-Jahren durchzog eine Welle von Protesten die Schweiz. Die «Demokratische Bewegung», wie sie sich selbst nannte, organisierte Volksversammlungen, sammelte Unterschriften und wandte sich mit Eingaben und Bittschriften an die Kantonsregierungen. In Bern wurde gegen die Eisenbahnpolitik demonstriert, im Aargau gab es Proteste gegen ein Gesetz, welches zwei jüdische Gemeinden den anderen rechtlich gleichstellte. In Genf kam es gar zu Strassenkämpfen. Die Bewegung verfolgte ihre Ziele jedoch grösstenteils mit verbaler Polemik – blutige Auseinandersetzungen wie in Genf blieben die Ausnahme. Ein Höhepunkt der Proteste waren vier Massendemonstrationen am 15. Dezember 1867 im Kanton Zürich.

Die Proteste waren unterschiedlich motiviert, allen gemeinsam war jedoch die Forderung, die bestehende repräsentative Demokratie durch eine «direkte» zu ersetzen. Die Wahlberechtigten sollten nicht nur Vertreter wählen dürfen, die im Parlament Gesetze beraten und verabschieden. Vielmehr forderte die «Demokratische Bewegung» die Möglichkeit, mit einer bestimmten Zahl von Unterschriften einen Entscheid aller Stimmberechtigten über Verfassungs- oder Gesetzesänderungen herbeizuführen (Initiative) und Abstimmungen über die vom Parlament verabschiedeten Gesetze zu verlangen (Referendum). Diese Staatsform, die wir heute direkte Demokratie nennen, wurde im 19. Jahrhundert auch «reine Demokratie» genannt.

Bereits um 1830 hatte es massive Proteste gegeben. Damals forderten aufgebrachte Demonstrierende die Entmachtung der bestehenden Oligarchien. Sie erreichten die Einführung liberaler repräsentativ-demokratischer Verfassungen in elf Kantonen, darunter Baselland und Zürich. Das grosse politische Engagement weiter Teile der Bevölkerung war zu dieser Zeit im europäischen Vergleich einzigartig.

Aufgrund wirtschaftlicher Entwicklungen hatte sich auch auf dem Land eine Bevölkerungsschicht herausgebildet, die grundlegende Fähigkeiten zum politischen Handeln besass: Lesen und Schreiben, Geschichts- und Staatskenntnisse waren in ländlichen Lesegesellschaften gefördert worden. Bereits damals gingen einige der geäusserten Anliegen über die Idee der repräsentativen Demokratie hinaus. In den 1860er-Jahren nahm die «Demokratische Bewegung» diese Forderungen erneut auf, diesmal mit Erfolg.

«Alles durch das Volk»

Die Voraussetzungen für politische Beteiligung wurden im 19. Jahrhundert heftig debattiert. Ein Teil der liberalen bürgerlichen Elite hielt Besitz und hinreichende Bildung für unerlässlich. Dagegen hiess es in einem Aufruf der «Demokratischen Bewegung» an die Zürcher Stimmbürger (Dezember 1867), es sei Zeit, den im repräsentativen System anerkannten Grundsatz «Alles für das Volk» durch das Prinzip «Alles durch das Volk»[1] zu ergänzen. Das allgemeine Bildungsniveau, so die Meinung der Demokraten, sei inzwischen genügend.

Die Anhänger der «Demokratischen Bewegung» gehörten verschiedenen politischen Richtungen und Bevölkerungsgruppen an. Treibende Kraft waren Unzufriedene: Bauern, Gewerbetreibende und Industriearbeiter, die in der direkten Demokratie eine Möglichkeit sahen, sich gegen Modernisierungsprozesse zu wehren. Viele fürchteten um ihre Existenzgrundlagen und fühlten sich bedroht durch die Neuerungen in Wirtschaft und Recht. Angeführt wurde die Bewegung von einer ländlichen Elite: von Journalisten, Lehrern, Ärzten und anderen. Die Forderungen nach mehr politischen Rechten waren verknüpft mit materiellen Postulaten. Die Schaffung einer Kantonalbank und die Gewährung von günstigeren Krediten war ebenso im Forderungskatalog zu finden wie der Wunsch nach einer Wahl der Regierungsräte – der Exekutive – durch das Volk.

Die Bewegung war erfolgreich. Nach 1870 hatten nur noch die vier Kantone Basel, Freiburg, Tessin und Genf rein repräsentativ-demokratische Verfassungen. Auf Bundesebene wurde 1874 das Referendum eingeführt, 1891 die Volksinitiative zur Teil- oder Totalrevision der Verfassung (die Gesetzesinitiative erst 2003).

Die Schweiz als politisches Experimentierfeld

Ein wichtiger Grund für die Sonderentwicklung der Schweiz zu mehr politischen Rechten liegt in der Vielfalt der Demokratieformen, die bis in die 1860er-Jahre nebeneinander bestanden: Neben den Kantonen mit liberalen repräsentativen Demokratien existierten in sieben Kantonen Landsgemeindedemokratien. Dort ging die Mitsprachemöglichkeit relativ weit – allerdings nur für diejenigen, welche eingesessenen Geschlechtern angehörten.

(Entwurf)

Bundesgesez

betreffend

Volksabstimmung über Bundesgeseze und Bundesbeschlüsse.

———

Die Bundesversammlung
der schweizerischen Eidgenossenschaft,

nach Einsicht einer Botschaft des Bundesrathes vom 29. Mai 1874;

in Vollziehung der Artikel 89 und 90 der Bundesverfassung vom 29. Mai 1874;

beschließt:

Art. 1. Bundesgeseze, sowie allgemein verbindliche Bundesbeschlüsse, die nicht dringlicher Natur sind, sollen dem Volke zur Annahme oder Verwerfung vorgelegt werden, wenn 30,000 stimmberechtigte Schweizerbürger oder 8 Kantone dies verlangen. (Bundesverfassung Art. 89.)

Art. 2. Alle Bundesgeseze, sowie solche Bundesbeschlüsse, welche nicht als dringlich oder als nicht allgemein verbindlich erklärt werden (Art. 16 und 17) sind unmittelbar nach ihrem Erlaß zu veröffentlichen und den Kantonsregierungen in einer angemessenen Anzahl von Exemplaren zuzustellen.

Art. 3. Das Verlangen der Volksabstimmung, sei es, daß es von Bürgern oder von Kantonen ausgeht, muß innerhalb 90 Tagen, vom Tage der Veröffentlichung des fraglichen Gesezes oder Bundesbeschlusses im Bundesblatte an gerechnet, gestellt werden.

Art. 4. Das Verlangen wird auf dem Wege der schriftlichen Eingabe an den Bundesrath gerichtet.

Auszug aus der Botschaft des Bundesrates an die hohe Bundesversammlung, betreffend die Volksabstimmung über Bundesgesetze und Bundesbeschlüsse, 29. Mai 1874.

Das Nebeneinander verschiedener Staatsformen hatte eine rege Debatte über die direkte Demokratie zur Folge: Kosten, Mündigkeit der Bürger und Dauer der Entscheidungsverfahren wurden kontrovers diskutiert. Die damals verwendeten Argumente für und wider die direkte Demokratie wurden seither wiederholt aufgegriffen. Während der Debatte zum EWR-Beitritt in den 1990er-Jahren beispielsweise wurde – ähnlich wie im 19. Jahrhundert – über die Frage gestritten, ob die direkte Demokratie den gesellschaftlichen Fortschritt fördere oder verhindere und welches Modell aus wirtschaftlicher Sicht das effizientere sei. Die Entstehungsgeschichte der direkten Demokratie zeigt, dass Mitbestimmungsrechte immer wieder hart erkämpft werden mussten. Waren sie einmal eingeführt, trugen sie zur Stabilität der gesellschaftlichen Verhältnisse bei.

In den Demokratiedebatten des 19. Jahrhunderts war der Begriff «Volk» zentral. Aufgrund des heutigen Verständnisses könnte man meinen, er umfasse alle Bewohnerinnen und Bewohner eines Landes. Die Forderungen der «Demokratischen Bewegung» galten jedoch ausschliesslich den politischen Rechten von Schweizern männlichen Geschlechts, obschon auch einzelne Frauen Ansprüche auf Beteiligungsrechte erhoben. Noch heute wird in der Politik vom «Volkswillen» gesprochen, obwohl erst in wenigen Gemeinden und Kantonen auch Jugendliche unter 18 Jahren und Ausländerinnen und Ausländer eine direkte politische Stimme haben.

MICHAELA FRIEMEL

1 Aufruf an die Zürcher Stimmbürger vom 8.12.1867. Abgedruckt in: Scheuchzer, Fridolin: Salomon Bleuler. Bülach 1887. S.136.

Empfohlene Literatur
- Auer, Andreas: Les origines de la démocratie directe en Suisse. Basel/Genf 1996.
- Moeckli, Silvano: Das politische System der Schweiz verstehen. Wie es funktioniert – wer partizipiert – was resultiert. Altstätten 2008.
- Schaffner, Martin: Direkte Demokratie. «Alles für das Volk – alles durch das Volk». In Hettling, Manfred et al. (Hg.): Eine kleine Geschichte der Schweiz. Der Bundesstaat und seine Traditionen. Frankfurt am Main 1998. S.189–226.

Ein «fabrikarbeitendes Proletariat» – Alltagsnot und Klassengegensätze

Mit der industriellen Revolution entstand ab 1830 in vielen Ländern Europas eine wachsende Schicht von Fabrikarbeitern. Ihre Existenzbedingungen waren denkbar hart und standen in krassem Gegensatz zu den Versprechungen der bürgerlichen Gesellschaft auf Demokratie und Menschenrecht. Nur allmählich milderten soziale Reformen die aufbrechenden Gegensätze.

Niemand ging freiwillig in die Fabrik. Zu schlecht angesehen, zu schlecht entlöhnt, zu gefährlich war die Arbeit. «Gibt es in der Schweiz ein Proletariat?», fragte 1846 der Zürcher Redaktor Johann Jakob Treichler (1822–1906) in einer öffentlichen Vorlesung. «Für uns ist die Frage nicht die: gibt es Leute in der Schweiz, die vor Hunger und Kälte sterben? Für uns ist die Frage die: gibt es nicht eine Menschenklasse, die von der Hand in den Mund lebt? Die, um mich populär auszudrücken, ihre Sache auf nichts gestellt hat? Gibt es mit einem Worte nicht eine Menschenklasse ohne Bildung, ohne Vermögen, ohne Besitz?»[1] Treichler hatte ins Schwarze getroffen: Die Regierung unterband prompt weitere Vorträge. Das sogenannte Maulkrattengesetz von 1846 verbot unter Strafandrohung, «wegen der Ungleichheit des Besitzes eine Klasse von Bürgern gegen eine andere zum Hasse aufzureizen».[2]

«Nomadenleben des fabrikarbeitenden Proletariats»

In weiten Teilen West- und Mitteleuropas nahm die Fabrikindustrie nach 1850 einen kräftigen Aufschwung. Und überall sorgte sich die Minderheit der Besitzenden und der Gebildeten wegen der gesellschaftspolitischen Konsequenzen. Armut war an sich kein neues Phänomen. Taglöhner, Dienstpersonal, Handwerksgesellen, Heimarbeiterinnen und Heimarbeiter lebten alle in bescheidensten Verhältnissen. Immer öfter aber rückte nun, wenn man von den «arbeitenden Klassen» sprach, die Fabrikarbeiterschaft ins Blickfeld. Über die «fremden, verkommenen Arbeiterfamilien» klagte 1852 ein konservativer Pfarrherr in Uster (Zürcher Oberland). Bedrohlich erschien ihm das «Nomadenleben des fabrikarbeitenden Proletariats», das «von Fabrik zu Fabrik im Land umherziehe».[3] Diese «Fremden» kamen nicht aus dem Ausland, sie waren zugezogen aus katholisch-ländlichen Regionen der Schweiz. In den wachsenden Fabrikdörfern lebten sie als diskriminierte Aussenseiter. Ihre Mobilität war unvertraut zu einer Zeit, als die meisten Menschen ihr ganzes Leben im Kanton ihrer Geburt verbrachten. In der Wahrnehmung der Besitzenden entstand hier eine schwer kontrollierbare Unterschicht: ein potenzieller Unruheherd, dessen Gefährlichkeit die blutig unterdrückten Volkserhebungen von 1848 oder 1871 im fernen Paris – und an anderen Orten – veranschaulichten.

Im Textilgewerbe breitete sich die Fabrikproduktion als Erstes aus. Es waren vor allem junge Frauen und Kinder, die in den Spinnereien tätig waren. Ihre Fügsamkeit machte sie für die Fabrikanten attraktiv. Die «Fabrikler» konnten nur im Familienverband überleben; alle mussten von früh an zum Erwerb beitragen. Besass die Familie noch ein kleines Stück Land, so erzeugte sie einen Teil der Nahrungsmittel selber. Verbissen kämpften Eltern mit Schul- und Gemeindebehörden, um ihre Kinder möglichst früh in die Fabrik schicken zu können – statt in die Schule. Ein ehemaliger Textilarbeiter erinnert sich an sein erstes Fabrikjahr, das er 1883 sogleich nach dem 14. Geburtstag antrat. «Mein Stundenplan für den Sommer 1883 war: 6 bis halb 8 Uhr Fabrikarbeit, 8 bis 11 Uhr Schule, halb 12 bis 12 Uhr Fabrikarbeit und nachmittags 1 bis 6 Uhr Fabrik. […] Der Weg von der Spinnerei bis zur Schule beträgt eine Viertelstunde.»[4]

In der Fabrik herrschte eiserne Disziplin. Die Fabrikordnungen erinnern an ein Gefängnis. Am Fabriktor endeten alle bürgerlichen Freiheitsrechte, kleinste Unbotmässigkeiten wurden streng bestraft. Der Lärm der Maschinen, Baumwollstaub, ölige, stinkende Böden und schlechte Beleuchtung bestimmten das Tagwerk. An den Maschinen fehlte anfänglich jegliche Schutzvorrichtung; die offenen Antriebsriemen und Schwungräder waren Ursache schwerster Unfälle. Die Bemühungen um eine Unfallversicherung blieben lange vergeblich. In der Schweiz trat erst 1918 eine solche in Kraft. Erbärmlich waren auch die Wohnverhältnisse. Selbst dort, wo die Fabrikanten eigene Häuser für ihre Arbeiterschaft nahe der Fabrik errichten liessen, lagen diese oft im schattigen Talgrund, waren kaum zu heizen und mit Menschen überfüllt. Noch Ende des 19. Jahrhunderts starb jedes vierte Arbeiterkind – aber nur jedes siebte Kind wohlhabender Eltern – vor dem ersten Geburtstag.[5]

Zögerliche Reformen

Die Beschäftigten in den Fabriken waren eine Minderheit, doch wuchs ihr Anteil stetig. Mit dem Aufkommen neuer Branchen nach 1880 verlor die Textilindustrie der ländlichen Gebiete an Dominanz. Die in den Städten entstehende Metall- und Maschinenindustrie beschäftigte vor allem Männer mit guter beruflicher Qualifikation. Diese Arbeiter liessen sich nicht mehr alles gefallen. Ein Teil der Fabrikanten stellte sich darauf ein und bemühte sich um kleine Verbesserungen im Betriebsalltag. Der Ruf nach Sozialreform wurde laut. Andernfalls, so warnten einsichtige Bürger, standen harte gesellschaftliche Konflikte an.

Im Kanton Zürich beschränkte 1859 ein erstes Fabrikgesetz die Arbeitszeit für Kinder ab 12 Jahren auf 13 Stunden täglich. Kontrollen fanden kaum statt. Das erste eidgenössische Fabrikgesetz folgte 1877. Es verbot Kinderarbeit unter 14 Jahren und begrenzte die tägliche Arbeitszeit, auch

Spinnerei Zangger in Uster 1895. Ein Teil der Belegschaft posiert für den Fabrikanten Julius Gujer (1855–1940), der ein eifriger Amateurfotograf war.

Ganze Familien gesucht. Stelleninserate im «Anzeiger von Uster» aus dem Zeitraum von 1859 bis 1891

für Erwachsene, auf 11, samstags auf 10 Stunden. In den Fabrikbezirken stiess das Gesetz vielfach auf Ablehnung, da viele Eltern meinten, mit der Einschränkung der Kinderarbeit werde ihr Einkommen beschnitten. Manche Unternehmer fanden Wege, das Gesetz zu umgehen – und willfährige Behörden halfen dabei. So bewilligte der Bundesrat, dass die Fabrikanten der Baumwollspinnerei das tägliche Putzen und Ölen der Maschinen auf die Zeit nach Arbeitsschluss verlegen durften. Das Putzen erfolgte nun unbezahlt; es lag ja ausserhalb der Arbeitszeit.

Demütigende Abhängigkeit, schlechte Bezahlung, Unfallgefahr und überlange Arbeitszeiten blieben noch über Jahrzehnte ein Merkmal der Industriearbeit. Bis zum Ersten Weltkrieg schafften es nur kleine Minderheiten der Arbeitenden, ihre Lage zu verbessern. Der Arbeit ihre verlorene Würde zurückzugeben war ein langer Weg, auf dem heftige Widerstände zu überwinden waren. Der zähe Kampf darum dauert bis heute weltweit an – und gewinnt im Zeichen der Globalisierung neue Schärfe.

MARIO KÖNIG

1 Zitiert nach: Arbeitsgruppe für Geschichte der Arbeiterbewegung Zürich (Hg.): Schweizerische Arbeiterbewegung. Dokumente zu Lage, Organisation und Kämpfen der Arbeiter von der Frühindustrialisierung bis zur Gegenwart. Zürich 1975. S. 35.
2 Schweizerische Arbeiterbewegung, a.a.O., S. 55.
3 Pfarrer Otto Anton Werdmüller (1790–1862) zitiert nach: Jäger, Reto et al.: Baumwollgarn als Schicksalsfaden. Wirtschaftliche und gesellschaftliche Entwicklungen in einem ländlichen Industriegebiet (Zürcher Oberland) 1750–1920. Zürich 1986. S. 59 und 58.
4 Schweizerische Arbeiterbewegung, a.a.O., S. 110.
5 Jäger, a.a.O., S. 128.

Empfohlene Literatur

· Balthasar, Andreas; Gruner, Erich: Soziale Spannungen – Wirtschaftlicher Wandel. Dokumente zur Schweiz zwischen 1880 und 1914. Bern 1989.
· Jäger, Reto et. al.: Baumwollgarn als Schicksalsfaden. Wirtschaftliche und gesellschaftliche Entwicklungen in einem ländlichen Industriegebiet (Zürcher Oberland) 1750–1920. Zürich 1986.
· Tanner, Albert: Das Schiffchen fliegt, die Maschine rauscht. Weber, Sticker und Unternehmer in der Ostschweiz. Zürich 1985.

«Proletarier aller Länder, vereinigt euch!»

Seit dem frühen 19. Jahrhundert begannen die Arbeiter durch organisatorische Zusammenschlüsse und kollektives Handeln, ihre ökonomische, soziale, politische und kulturelle Emanzipation zu fördern. Diese Bestrebung wurde seit den 1840er-Jahren unter dem Begriff Arbeiterbewegung zusammengefasst. Fortan nahmen Beteiligte und Gegner diese soziale Bewegung, die in der Folge die Entwicklung von Gesellschaft und Wirtschaft massgebend mitprägen sollte, als zusammenhängende Kraft wahr.

Um die Mitte des 19. Jahrhunderts waren die Aktivitäten der Arbeiterbewegung in den industrialisierten Regionen Europas unübersehbar. In ihrem bekanntesten Dokument, dem «Manifest der Kommunistischen Partei», fassten Karl Marx und Friedrich Engels die Vorgeschichte prägnant zusammen: «Aber mit der Entwicklung der Industrie vermehrt sich nicht nur das Proletariat; es wird in grösseren Massen zusammengedrängt, seine Kraft wächst, und es fühlt sie mehr. [...] Die Arbeiter beginnen damit, Koalitionen gegen die Bourgeois zu bilden; sie treten zusammen zur Behauptung ihres Arbeitslohns. Sie stiften selbst dauernde Assoziationen, um sich für die gelegentlichen Empörungen zu verproviantieren. Stellenweise bricht der Kampf in Emeuten aus.»[1] Das Kommunistische Manifest endete mit dem Aufruf: «Proletarier aller Länder, vereinigt euch!» Angesprochen fühlten sich von solchen Worten nicht die untersten Schichten der Arbeiterschaft, die Textilarbeiterinnen und -arbeiter der Heim- und Fabrikindustrie, die Taglöhner oder die Dienstbotinnen. Als klassenbewusstes Proletariat verstanden sich vielmehr die qualifiziertesten Arbeiter: Buchdrucker, Schneider, Schuhmacher, Schreiner und andere Handwerksgesellen. Sie führten die meisten Kämpfe für bessere Arbeitsbedingungen und gründeten den Grossteil der Organisationen. Sozialistische Theorien, welche die bestehende Ungerechtigkeit verurteilten und Wege in eine bessere Zukunft wiesen, sprachen vor allem sie an. Marx und Engels standen dabei lange in Konkurrenz mit andern Autoren, so mit dem Briten Robert Owen, mit den Franzosen Claude Henri de Saint-Simon, Charles Fourier und Pierre-Josephe Proudhon oder mit dem Russen Michail Aleksandrovič Bakunin. Auch katholische, evangelische oder gar liberale Weltanschauungen prägten Teile der Arbeiterbewegung. Die meisten Arbeiterinnen und Arbeiter schlossen sich ihr ohnehin nicht aufgrund theoretischer Überlegungen, sondern wegen der praktischen Aktivitäten an.

Durchsetzung eigener Interessen

Um die Mitte des 19. Jahrhunderts standen zwei kollektive Handlungsformen im Vordergrund: die auf Verhandlungen setzende Lohnbewegung und der offene Arbeitskampf, der Streik. Die Lohnbewegung machte den Hauptteil der Aktivi-

täten aus. Die Arbeiterschaft formulierte ihre Forderungen. Wenn der Arbeitgeber sie ernst nahm, zeigte er meist Kompromissbereitschaft, sei es – vor allem im 19. Jahrhundert – durch eine einseitige Verfügung oder nach Verhandlungen. Falls der Arbeitgeber den Druck der Arbeiterschaft nicht fürchtete, was oft vorkam, reagierte er nicht auf ihre Forderungen. Die Arbeiterschaft konnte dann entweder resignieren oder versuchen, ihre Anliegen mit einer Arbeitsniederlegung durchzusetzen. Diese Kampfform verbreitete sich zuerst in Grossbritannien, so dass im deutschen Sprachraum bis Ende des 19. Jahrhunderts das englische Wort *Strike* Verwendung fand. In den Jahren 1868/69 kam es zur ersten grossen internationalen Streikwelle, unter anderem in Grossbritannien, Frankreich, Deutschland, Belgien und der Schweiz (Genf und Basel). Seit den 1880er-Jahren wurden Streiks in industrialisierten Regionen zu regelmässigen Ereignissen des Arbeitsalltags. Die Hauptforderungen betrafen höhere Löhne und kürzere Arbeitszeiten. Dabei stand bis in die 1870er-Jahre der 10-Stunden-Tag im Vordergrund, ab den 1890er-Jahren der 8-Stunden-Tag, zu dessen Propagierung ab 1890 der Erste Mai als Kampf- und Feiertag diente.

Entstehung von Gewerkschaften und Parteien

Mit der Zeit gelang es Teilen der Arbeiterschaft, Gewerkschaften – die im Kommunistischen Manifest genannten «dauernden Assoziationen» – zu gründen. Anfänglich handelte es sich um äusserst zerbrechliche Gebilde, die nach einer missglückten Aktion oder nach der Abreise eines begabten Organisators nicht selten zerfielen. So gefährdete die bis zum Ersten Weltkrieg übliche Wanderschaft der Handwerksgesellen zwar die Stabilität lokaler Organisationen, sie trug aber anderseits viel zur internationalen Vernetzung der Arbeiterbewegung bei. Als erste stabile moderne Gewerkschaft, die in der Folge in ganz Europa als Vorbild diente, entstand 1851 die *Amalgamated Society of Engineers* der britischen Handwerker im Maschinenbau. Bis zum Ersten Weltkrieg prägten qualifizierte Handwerker die Gewerkschaftsbewegung. Dies gilt auch für die Schweiz, wo 1858 der Schweizerische Typographenbund – der Verband der Schriftsetzer und Buchdrucker – als erster landesweiter Fachverein entstand. Frauen und Ungelernte organisierten sich zwar ebenfalls in eigenen Gewerkschaften, erreichten aber nie annähernd die Bedeutung der Handwerker.

Zu den Gewerkschaften gesellten sich mit der Zeit weitere Arbeiterorganisationen. Frühe politische Vereine tauchten bereits in der ersten Hälfte des 19. Jahrhunderts auf. Ideologische und organisatorische Probleme behinderten aber lange das Entstehen von nationalen Parteien. Die erste wichtige Gründung war die der Sozialdemokratischen Arbeiterpartei in Deutschland im Jahr 1869. Andere Länder folgten später, so die Schweiz 1888, Grossbritannien 1900 oder Frank-

Delegierte des Basler Kongresses der Internationalen Arbeiter-Assoziation, Fotografie von Unbekannt, Basel 1869. Von 1864 bis 1876 versuchte die Internationale Arbeiter-Assoziation – auch Erste Internationale genannt – die Organisationen und Streiks der Arbeiterschaft in mehreren Ländern zu vernetzen. Eines ihrer Zentren war die Schweiz, wo sie drei ihrer ersten vier Kongresse abhielt: 1866 in Genf, 1867 in Lausanne und 1869 in Basel. Das Bild zeigt die Delegierten des Basler Kongresses vor dem heutigen Café Spitz (am Kleinbasler Ufer der Mittleren Brücke), in dessen Tanzsaal der Kongress tagte.

reich 1905. Ihr Interesse galt vorwiegend der demokratischeren Gestaltung des Wahlrechts, der Bekämpfung des Militarismus und zunehmend der Entwicklung der Sozialpolitik. Seit 1889 verfügten die sozialdemokratischen Parteien über eine lose Koordination im Rahmen der Zweiten Internationalen, die aber zu Beginn des Ersten Weltkrieges zusammenbrach.

Die Arbeiterbewegung versuchte auch weitere Bedürfnisse der Arbeiterschaft abzudecken. Grosse Bedeutung erlangten dabei die Konsumgenossenschaften, die nicht selten nach den 1844 von den «Redlichen Pionieren von Rochdale» für ihren Laden aufgestellten Prinzipien wirtschafteten. Sie wandten sich allerdings in vielen Fällen – so auch in der Schweiz – nicht allein an die Arbeiterschaft. In der Arbeiterbewegung entstanden zudem viele Vereine, die besonderes Gewicht auf Bildung und Kultur legten, beispielsweise durch die Einrichtung von Arbeiterbibliotheken und die Durchführung von Bildungsabenden. Aber auch die Geselligkeit kam nicht zu kurz, was der in Städten oft überbefrachtete Festkalender dokumentiert. BERNARD DEGEN

1 Marx, Karl; Engels, Friedrich: Manifest der Kommunistischen Partei. Berlin 1967 [1848]. S. 52–53.

Empfohlene Literatur

- Abendroth, Wolfgang: Einführung in die Geschichte der Arbeiterbewegung. Band 1. Von den Anfängen bis 1933. Heilbronn 1985.
- Boillat, Valérie; Degen, Bernard; Joris, Elisabeth; Keller, Stefan; Tanner, Albert; Zimmermann, Rolf: Vom Wert der Arbeit. Schweizer Gewerkschaften – Geschichte und Geschichten. Zürich 2006.
- Degen, Bernard: Arbeiterbewegung. In: Historisches Lexikon der Schweiz. Band 1. Basel 2002. S. 440–445.

Kolonisatoren und Kolonisierte – eine Kritik europäischer Fremdherrschaft

In der Zeit von 1870 bis 1914 wurde die aussereuropäische Welt zwischen den imperialistischen Industriestaaten des Westens aufgeteilt. Ökonomische Interessen, kulturelles und zivilisatorisches Überlegenheitsgefühl sowie sozial-darwinistisches Gedankengut bildeten die Triebkräfte der imperialistischen Bewegung. Der Prozess der Inbesitznahme Afrikas und Asiens verlief oftmals gewaltsam. Wie wirkte sich die koloniale Herrschaft, die bis in die zweite Hälfte des 20. Jahrhunderts andauerte, auf die psychischen Strukturen der Beteiligten aus? Diese Frage beschäftigte vor rund 50 Jahren den tunesischen Soziologen Albert Memmi.

Mit der Schrift «Portrait du colonisé précédé du portrait du colonisateur» (1957) erwies sich der tunesische Soziologe Albert Memmi als einer der führenden Denker innerhalb der Dekolonisierungsdebatte. 1920 als Sohn einer jüdischen Handwerkerfamilie in Tunis geboren, später Soziologieprofessor in Paris, stand Memmi im Schnittpunkt der jüdischen, arabischen und christlich geprägten westlichen Kulturen. Aufgewachsen unter dem Regime der französischen Kolonialherren, interessierte er sich als Wissenschaftler und Literat schon früh für die Mechanismen der kolonialen Machtausübung. In seiner Schrift bot Memmi keine historische Analyse des Kolonialismus. Vielmehr legte er eine zugespitzte Deutung des kolonialen Herrschaftsverhältnisses vor, das er als Drama zweier voneinander abhängiger Akteure darstellte.

Dekonstruktion kolonialer Bilder

In seinem Werk nahm Memmi, wie viele Kritiker des Kolonialismus, eine marxistische Perspektive ein und setzte die Bedeutung der Ökonomie innerhalb des kolonialen Unterdrückungsverhältnisses ins Zentrum der Betrachtung. Memmi dekonstruierte zugleich aber auch das Selbstbild des Kolonisators, wie es damals in zahllosen Propagandafilmen verbreitet wurde: Ein hochgewachsener Europäer in Stiefeln, gestützt auf eine Schaufel, den Blick visionär in die Weite der Landschaft gerichtet, im Schweisse seines Angesichts für den Fortschritt und die Zivilisation in den Kolonien schuftend. Dem Kolonisator ging es aber weniger um eine kulturelle und moralische Mission, als vielmehr darum, von den wirtschaftlichen Privilegien der Kolonialherrschaft zu profitieren: Denn schliesslich, so Memmi, verdiente man in den Kolonien mehr und gab weniger aus. Man begab sich dorthin, weil die Gehälter höher, die Karrieren steiler und die Geschäfte einträglicher waren und dem initiativen Geschäftsmann überdies zahllose billige Arbeitskräfte zur Verfügung standen.[1]

Koloniale Schulbücher

Das koloniale Schulsystem diente laut Memmi letztlich bloss dem Machterhalt der Kolonialherren: Es verfestigte die Bilder europäischer Überlegenheit und stand den Bedürfnissen der Kolonisierten völlig fern.

«Nun sind die weitaus meisten kolonisierten Kinder Kinder der Strasse. Und wer das seltene Glück hat, in eine Schule aufgenommen zu werden, wird dadurch nicht für die eigene Nation gerettet: das Gedächtnis, das andere ihm hier einpflanzen, ist sicherlich nicht das seines eigenen Volkes; die Geschichte, die man ihm beibringt, ist nicht die seinige. Er weiss, wer Colbert oder Cromwell war, aber nicht wer Khaznadar war; er kennt zwar Jeanne d'Arc, aber nicht die Kahena. Alles scheint sich ausserhalb seiner Heimat abgespielt zu haben; sein Land und er selbst befinden sich in der Luft oder existieren ausschliesslich im Hinblick auf die Gallier, auf die Franken, auf die Marne; im Hinblick auf das, was er nicht ist, auf das Christentum, obgleich er kein Christ ist, auf den Okzident, der vor seiner Nase aufhört, auf einer Linie, die desto unüberwindlicher je imaginärer sie ist. Die Bücher sprechen zu ihm von einer Welt, die ihn in nichts an die eigene erinnert; in ihnen heisst der kleine Junge Toto und das kleine Mädchen Marie, und an den Winterabenden bleiben Marie und Toto auf dem Heimweg über schneebedeckte Wege vor dem Maronenverkäufer stehen...»

Memmi, Albert: Der Kolonisator und der Kolonisierte. Zwei Porträts. Frankfurt am Main 1980. S. 100.

Erläuterung

Khaznadar: Tunesischer Reformminister des 19. Jahrhunderts
Kahena: legendäre Berberfürstin des 7. Jahrhunderts, die die Berberstämme gegen die arabischen Eindringlinge angeführt haben soll

Es waren aber nicht bloss ökonomische Privilegien, die laut Memmi den Europäer in die Kolonien lockten. In der Heimat unbedeutend und klein, feierte er als Vertreter der Macht in Afrika oder Asien einen «permanenten Triumph»[2]: Er konnte sich gegenüber den Kolonisierten für etwas Höheres halten, denn zur Dialektik des Kolonialismus gehörte die Selbsterhöhung des Kolonisators bei gleichzeitiger Abwertung der Kolonisierten. Der Machterhalt des kolonialen Regimes verlangte nach einem ausschliesslich negativ definierten Bild der Beherrschten: zahllos denn auch die Reden und Schriften der Kolonialherren über die vermeintliche Kultur- und Geschichtslosigkeit der Kolonisierten, deren widernatürliche Rückständigkeit, fehlendes zivilisiertes

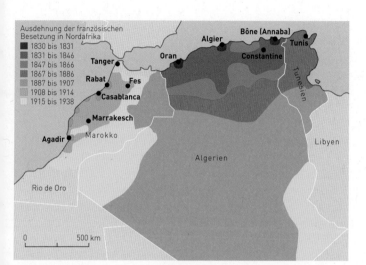

Antikolonialer Widerstand im Maghreb. Aus arabischer Sicht liegen die Länder des Maghreb (arab.: Westen) Marokko, Algerien und Tunesien im äussersten Westen der muslimischen Welt. Die Karte zeigt, dass die koloniale Eroberung der Region durch Frankreich mehr als hundert Jahre dauerte. Die Inbesitznahme verlief gewaltsam. Ins kollektive Gedächtnis der Menschen im Maghreb hat sich der antikoloniale Widerstand unter Abd al-Qadir im 19. und Abd al-Karim zu Beginn des 20. Jahrhunderts eingeschrieben. Die kleine Bildungselite des Maghreb lebte während der Kolonialzeit im Spannungsfeld von Assimilation und Revolte. Allerdings verprellte der Kolonialstaat assimilationswillige Muslime und Musliminnen, indem er diesen trotz sozialer und kultureller Annäherung an europäische Gewohnheiten die französischen Bürgerrechte vorenthielt. Die verweigerte Akzeptanz der muslimischen Bildungselite führte in den 1930er-Jahren zur Entstehung einer nationalistischen Widerstandsbewegung. Während die Protektorate («Schutzgebiete») Marokko und Tunesien 1956 die Unabhängigkeit erlangten, gestaltete sich die Situation in Algerien ungleich komplizierter: Als Siedlungskolonie zum integralen Bestandteil des französischen Mutterlandes erklärt, erkämpfte sich Algerien erst nach einem blutigen und grausamen Befreiungskrieg (1954–1962) die staatliche Unabhängigkeit.

diesem Fall nichts anderes als die Identifikation mit dem Aggressor: Die Kolonisierten wollten sein wie der mächtige und scheinbar überlegene Kolonialherr. Sie kopierten dessen Sitten und Verhalten, übernahmen dessen Kleidung, Nahrung und Architektur und drückten sich in dessen Sprache aus. Eine solche Assimilation an die Kultur des Fremdherrschers bedingte die Verleugnung der eigenen Traditionen, der eigenen Vergangenheit und der eigenen kulturellen Wurzeln. Doch die Anpassung musste scheitern, weil sie den Hohn und Spott des Kolonisators auf sich zog. Kurz, die Kolonisatoren verweigerten den Kolonisierten die Assimilation.

Was den Kolonisierten blieb, war die Auflehnung, die Revolte. Dies war zunächst ein Akt der Selbstbehauptung und Emanzipation: Die Kolonisierten entdeckten über die Ablehnung durch die Kolonisatoren das eigene Selbst, die eigenen Traditionen, die eigene Geschichte. Sie fanden zurück zur eigenen Religion und zur eigenen Sprache, bedienten sich gleichzeitig aber der Kampfmethoden der Unterdrücker, indem sie nationalistische Parteien und Gewerkschaften nach westlichem Muster gründeten. Dem negativen, von den Kolonisatoren aufgezwungenen Mythos setzten sie nach Memmi eine positive Gegenmythologie entgegen, welche die eigene Geschichte und Kultur verklärte und letztlich als Vehikel der aufkeimenden nationalistischen Befreiungsbewegungen diente.

PETER HAENGER

Verhalten und triebhafte Neigung zu Diebstahl und Sadismus. Solche Bilder legitimierten den Einsatz des kolonialen Zwangsapparats, denn «gegen die gefährlichen Narreteien eines Unzurechnungsfähigen»[3] musste man sich schliesslich zur Wehr setzen. Dieser Dialektik des Kolonialismus lag letztlich ein ausgeprägter Rassismus zugrunde: Zum Vorteil der kolonialen Herrschaft wurden vermeintliche negative Charakterzüge des Kolonisierten zu dessen unveränderlichen Natur erklärt.

Reaktionen der Kolonisierten

Den Kolonisierten blieben gemäss Memmi zwei Reaktionsmuster: Assimilation und Revolte. Assimilation bedeutete in

1   Memmi, Albert: Der Kolonisator und der Kolonisierte. Zwei Porträts. Frankfurt am Main 1980. S. 23/24.
2   Memmi, a.a.O., S. 81.
3   Memmi, a.a.O., S. 83.

Empfohlene Literatur
·   Marx, Christoph: Geschichte Afrikas. Von 1800 bis zur Gegenwart. Paderborn 2004.
·   Memmi, Albert: Der Kolonisator und der Kolonisierte. Zwei Porträts. Frankfurt am Main 1980.

«Mordgeheul» im Zoo – Imperialismus im Alltag

Imperialismus bezeichnet die Bestrebungen eines Staates, seinen ökonomischen, politischen und kulturellen Einfluss auf andere Länder oder Völker auszudehnen. Heute brüstet sich kaum ein Land damit, eine imperialistische Politik zu verfolgen: Der Begriff wird vor allem verwendet, um das politische Verhalten anderer zu kritisieren. Um 1900 hingegen sahen es die Machtträger der europäischen Grossmächte, der USA und Japans als notwendige Pflicht, ihr Reich – ihr Imperium – zu vergrössern. Begründet wurde die Inbesitznahme anderer Länder unter anderem mit einer kulturellen Überlegenheit, die es in die Welt zu tragen gelte. Dieses Selbstverständnis spiegelte sich auch in sogenannten Völkerschauen in den Schweizer Zoos.

Mit dem Fortschreiten der westlichen Zivilisation seien die «wilden» Völker zum Aussterben verurteilt, schrieb die Basler Nationalzeitung am 21. Mai 1899. Deshalb gelte es, die Gelegenheit zu nutzen, «Schwarze aus Afrika oder Braune vom australischen Inselland, oder Rothäute aus Amerika» im Zoo zu besuchen, wo sie noch ihre «langen Schwerter» schwingen würden, sich tanzend bedrohten und mit «Mordgeheul» sängen.[1]

Zwischen 1879 und 1935 fanden im Zoologischen Garten Basel 21 Ausstellungen meist aussereuropäischer Völker statt. Die bis zu hundert Menschen, die sich hinter den Abzäunungen scharten, waren ein Publikumsmagnet. Ihre «Lebensweise» im Zoo wurde als reales Abbild ihres Alltags präsentiert, war jedoch inszeniert und entsprach vielmehr den in den europäischen Ländern verbreiteten Klischees. Mit den Schauen verfestigten sich rassistische Vorstellungen einer überlegenen europäischen Kultur. Die Selbstverständlichkeit, mit der die Aussteller die westliche Zivilisation als höher und damit zur Expansion berechtigt darstellten, ist aus heutiger Sicht verblüffend und in einem gesamteuropäischen Kontext zu betrachten.

Europäische Spielregeln zur Verteilung der Welt

Das Streben nach Weltmacht wiederholt sich in der Geschichte immer wieder – berühmt ist etwa das römische Reich, das *Imperium Romanum*. Es gab später dem Imperialismus seinen Namen. Auch heute verfolgen verschiedene Staaten eine Politik, die auf Machterweiterung ausgerichtet ist. Besonders stark geprägt vom Konkurrenzkampf und der Expansion der europäischen Kolonialmächte waren die Jahre von 1880 bis zum Ersten Weltkrieg. Sie werden deshalb auch «Zeitalter des Imperialismus» genannt.

Seit dem Wiener Kongress 1815 bestand zwischen den europäischen Grossmächten England, Russland, Frankreich, Österreich-Ungarn und Preussen ein Gleichgewicht. Dieses Gleichgewicht wurde durch die Gründung des Deutschen Reichs gestört. Die wirtschaftliche und territoriale Machtausdehnung einer Nation ging zu Lasten der anderen. Als in Europa keine Machtverschiebung mehr möglich war, trugen die Staaten ihre Rivalität auf aussereuropäischen Gebieten aus. Das Interesse an Kolonien, insbesondere an Afrika, nahm daher um 1880 stetig zu. Hatten sich zuvor vor allem Kaufleute und Missionsgesellschaften für den Erwerb von Kolonien eingesetzt, unterstützten ihn nun auch zahlreiche Politiker und weite Teile der Bevölkerung. Neben nationalistischen spielten vor allem ökonomische Interessen eine wichtige Rolle. Der Bedarf an Rohstoffen und an Absatzmärkten war durch die Industrialisierung gestiegen.

Bald begannen auch die jungen Nationalstaaten Belgien, Italien und Deutschland Ansprüche auf kolonialen Besitz zu stellen. Als Folge drängten die bisherigen Kolonialmächte auf die Festlegung von Regeln, um ihre Vorrechte zu sichern. Deshalb lud der deutsche Reichskanzler Otto von Bismarck die europäischen Grossmächte sowie Vertreter aus den USA und Japan 1884/85 zur Berliner Kongo-Konferenz ein. Die Schlussakte der Konferenz legte fest, dass das Recht auf den Erwerb von Kolonien haben solle, wer ein Land politisch und militärisch in Besitz nehmen könne. Daraufhin verschärfte sich der Wettlauf um Afrika. Bis Ende 1885 hatten die Europäer mit Ausnahme weniger Gebiete den ganzen afrikanischen Kontinent unter sich verteilt.

Kolonialherrschaft und Widerstand

Die Herrschaft über die eroberten Gebiete hatte verschiedene Ausprägungen. Grossbritannien verfolgte in den meisten Kolonien eine Politik, die heute als «indirekte Herrschaft» bezeichnet wird: Die einheimischen Machthaber regierten weiter, wurden jedoch durch englische Beamte kontrolliert. Hier stand die wirtschaftliche Abhängigkeit im Zentrum, während etwa Frankreich versuchte, seine Kolonien auch rechtlich und kulturell dem Mutterland anzugleichen. Auch in formell unabhängigen Ländern wie China versuchten die Kolonialmächte, ihre Macht durch eine Politik der Einschüchterung zu erweitern.

Vor dem Zeitalter des Imperialismus übten die am Handel interessierten Kolonialmächte ihre Macht vor allem entlang der Küsten aus. Nur wenige Europäer, vor allem Forscher und Missionare, drangen ins Landesinnere vor. Im Laufe des 19. Jahrhunderts verstärkte sich die wirtschaftliche und kulturelle Durchdringung der bereits eroberten Gebiete. Die Kolonialverwaltung griff massiv in den Alltag der einheimischen Bevölkerung ein und setzte die eigenen Regeln oft gewaltsam durch. So tötete die deutsche Kolonialmacht im heutigen Namibia schätzungsweise 40 bis 60 Prozent des Volkes der Herero, als dieses sich – durch die Wegnahme von Weidegebieten in seiner Existenz bedroht – 1904 gegen die Kolonialherrschaft auflehnte.[2]

ZOOLOGISCHER GARTEN BASEL

Völkerschau

vom 28. April bis 10. Mai

Aussterbende

Lippennegerinnen

aus Zentral-Afrika

Eintritt zur Völkerschau: Erwachsene Fr. 1.—, Kinder 50 Cts.

Werbeplakat für Völkerschau im Zoologischen Garten Basel, April 1932 (Archiv des Zoologischen Gartens). Dieses Plakat warb 1932 für eine der letzten Völkerschauen im Basler Zoo. Mit ihren Lippentellern waren die zentralafrikanischen Frauen eine Attraktion. Verharmlosend bezeichneten die Organisatoren sie als «aussterbend». Die Zerstörung und Vernichtung ihrer Kultur durch die Kolonialisierung wurde damit als natürlicher Prozess hingestellt.

Die Folgen der europäischen Expansion sind bis heute sichtbar: Die angestammte Kultur vieler Völker ist zerstört und wirtschaftliche Abhängigkeit prägt das Verhältnis zwischen den Industrienationen und den ehemaligen Kolonien.

Erziehung zur Kultur

Wenn die im Basler Zoo ausgestellten Völker als «aussterbend» bezeichnet wurden, spiegelt sich darin das imperialistische Selbstverständnis: Einige sahen in der europäischen Expansion den Beweis, dass die «weisse Rasse» den «Farbigen» überlegen sei. Die biologische Entwicklungstheorie Charles Darwins wurde auf menschliche Gesellschaften übertragen. Aus dieser sogenannten sozialdarwinistischen Sichtweise war selbst die Vernichtung anderer Kulturen eine Selbstverständlichkeit. Andere waren überzeugt, die Fremden zur Kultur erziehen zu müssen: So verbot die französische Kolonialregierung 1911 den Brauch der Lippenteller und verursachte damit das «Aussterben» dieser Kultur.[3]

Die Haltung gegenüber den unterworfenen Völkern war – aus heutiger Sicht – höchst widersprüchlich. Besonders deutlich wird dies in einem berühmt gewordenen Gedicht von Rudyard Kipling, Autor des «Dschungelbuchs». Er bezeichnet darin die Fremden als «halb Kind», «halb Teufel» und sieht es als «Bürde des Weissen Mannes», ihnen zu helfen.[4] Auch die Zoobesucherinnen und -besucher standen den Ausgestellten in einer Mischung aus Faszination und Mitleid gegenüber – stets aber in der Überzeugung, selbst einer überlegenen Kultur anzugehören. MICHAELA FRIEMEL

1 Basler Nationalzeitung vom 21.5.1899, Nr. 118.
2 Vgl. Bridgman, Jon: The Revolt of the Hereros. Berkley 1981. S.164f.
3 Staehelin, Balthasar: Völkerschauen im Zoologischen Garten Basel. 1879–1935. Basel 1993. S.148.
4 Kipling, Rudyard: Die Ballade von Ost und West. Ausgewählte Gedichte. Übersetzt von Gisbert Haefs. Zürich 1992. S.126f.

Empfohlene Literatur
· Mommsen, Wolfgang J.: Das Zeitalter des Imperialismus. Frankfurt am Main 1969.
· Staehelin, Balthasar: Völkerschauen im Zoologischen Garten Basel 1879–1935. Basel 1993.

Krisen, Kriege, Diktaturen

Als «Urkatastrophe des 20. Jahrhunderts» eröffnet der Erste Weltkrieg ein Zeitalter grenzenloser Gewalt, das von Massentötungen, Vertreibungen und Völkermord gekennzeichnet ist. Nach einer Phase wirtschaftlichen Aufschwungs in den «Goldenen Zwanziger Jahren» begünstigt die Weltwirtschaftskrise die Entstehung totalitärer Diktaturen und stürzt Europa in eine tiefe politische Krise. Der Zweite Weltkrieg fordert weltweit zwischen 50 und 60 Millionen Menschenleben. Rund sechs Millionen Jüdinnen und Juden, Sinti und Roma und andere ausgegrenzte Minderheiten fallen dem Holocaust zum Opfer. Der Abwurf amerikanischer Atombomben auf Hiroshima und Nagasaki im Jahr 1945 markiert nicht nur das Ende des Zweiten Weltkrieges, sondern auch den Beginn des Kalten Krieges.

1914 – 1918 Der Erste Weltkrieg

Von wenigen Machthabern geplant und entfesselt, verändert der Erste Weltkrieg den Alltag von Millionen von Menschen. Die Zerstörungskraft moderner Waffen richtet an der Kriegsfront ein nie vorher gesehenes Blutbad an. Dramatische Versorgungsengpässe an der «Heimatfront» lösen Streiks und Demonstrationen aus. In den besiegten Staaten (Deutschland, Österreich-Ungarn und Russland) erschüttern Revolutionen die Gesellschaft. Zu den schwerwiegendsten Folgen des Krieges zählt, dass die Vertreter der Kriegsparteien keinen allseits akzeptierten Friedensschluss finden können.

Juni 1914 Ermordung des österreichischen Thronfolgers in Sarajevo: Auslöser des Ersten Weltkrieges
Winter 1914 Beginn der Kriegszieldiskussion in Deutschland
Sommer 1916 Kampf um Verdun fordert eine halbe Million Opfer auf französischer und deutscher Seite
Winter 1916/17 Mehrheit der deutschen Bevölkerung hungert und friert im «Steckrübenwinter»
Februar 1917 Russland: Februarrevolution führt zum Sturz der Zarenherrschaft
April 1917 Kriegserklärung der USA an Deutschland
November 1917 Russland: Staatsstreich der Bolschewiki
Sommer 1918 Deutsche Armeen an der Westfront werden zum Rückzug gezwungen
Oktober 1918 Auflösung Österreich-Ungarns durch die Gründung nationaler Staaten
November 1918 Ende des Ersten Weltkrieges; Schweizer Landesstreik; Ausrufung der Republik in Deutschland

1920 – 1930 Moderne Zeiten

Das widersprüchliche Jahrzehnt der 1920er-Jahre ist geprägt von Modernität und kultureller Blüte auf der einen und Wirtschaftsproblemen und totalitären Ideologien auf der anderen Seite. Nach der tiefreichenden Erschütterung Europas durch den Ersten Weltkrieg folgt im Westen eine Phase wirtschaftlichen Aufschwungs und politischer Stabilisierung. Im Osten erkämpft sich die Kommunistische Partei im Bürgerkrieg die Staatsherrschaft und forciert den Aufbau des Sozialismus in einem isolierten Land anstelle der Weltrevolution. Die Weltwirtschaftskrise (1929–1933) begünstigt durch grosse Arbeitslosigkeit und Verarmung den Aufstieg faschistischer Bewegungen.

1917 Russland: Oktoberrevolution bringt kommunistische Bolschewiki an die Macht
1918 Einführung des Frauenstimmrechts in mehreren Ländern (u. a. in Deutschland und Grossbritannien)
1918–1921 Bürgerkrieg in Russland
1919 Frieden von Versailles begründet politische Ordnung nach dem Ersten Weltkrieg
1921/22 Nachkriegsrezession in vielen Ländern Europas
1922 Gründung der Union der Sozialistischen Sowjetrepubliken (UdSSR)
1922 Italien: Mussolini kommt an die Macht
1923 Hyperinflation in Deutschland
1924 «Dawes-Plan» leitet «Goldene Zwanziger» ein
1929–1933 Weltwirtschaftskrise führt zu hoher Arbeitslosigkeit
1933 Hitler wird deutscher Reichskanzler und führt Deutschland in die Einparteiendiktatur
1933 Franklin D. Roosevelt wird US-Präsident und lanciert den «New Deal»

1930 – 1940 Diktatur versus Demokratie

Wesentlich für die Krisen nach dem Ersten Weltkrieg ist der Gegensatz zwischen Diktatur und Demokratie. Mit dem Sowjetkommunismus in Russland (ab 1917), dem Faschismus in Italien (ab 1922) und dem Nationalsozialismus in Deutschland (ab 1933) entwickeln sich totalitäre Herrschaftsformen, die nicht nur das äussere Handeln, sondern auch das Denken und Fühlen der Untertanen beeinflussen. Im Spanischen Bürgerkrieg (1936 – 1939) wird stellvertretend für Europa der Konflikt zwischen «Kommunismus» und «Faschismus», «Demokratie» und «Diktatur» ausgetragen. Trotz enormem Widerstand auf Seiten der demokratisch gewählten republikanischen Regierung setzt sich in Spanien die Militärdiktatur unter General Francisco Franco durch.

1928 Übergang zum Stalinismus: Zwangskollektivierung der Landwirtschaft, Liquidierung des «Kulakentums»
1931 Ausrufung der Zweiten Spanischen Republik: Regierung verspricht mehr Demokratie und (Land-)Reformen
1931 – 1932 Japan annektiert die zu China gehörende Mandschurei
1932 – 1933 Ukraine: organisierte Hungersnot (Holodomor)
1933 Machtübernahme Hitlers in Deutschland
1933 Wahlsieg der Rechtsparteien in Spanien: Zusammenschluss der linken Parteien zur «Volksfront»
1933 «Frontenfrühling» in der Schweiz: Aufschwung rechtsextremer Kräfte
1934 – 1939 Stalins «Grosse Säuberung»: systematischer Terror gegen «Abweichler» in Partei- und Staatsführung
1936 Bündnisse Deutschland-Italien, Deutschland-Japan
1936 Wahlsieg der «Volksfront» in Spanien: Franco bereitet Putsch in Marokko vor
1936 – 1938 Volksfrontregierung in Frankreich
1936 – 1939 Spanischer Bürgerkrieg: Sieg Francos
1938 «Novemberpogrome»
1939 Beginn des Zweiten Weltkrieges

1940 – 1950 Krieg und Vernichtung

Der Zweite Weltkrieg stellt mit 50 bis 60 Millionen Toten den bislang grössten und verlustreichsten kriegerischen Konflikt der Welt dar. In nationalsozialistischen Vernichtungslagern werden rund sechs Millionen Jüdinnen und Juden, Sinti und Roma, Homosexuelle, Behinderte und Andersdenkende systematisch getötet. Unter den Opfern sind auch zahlreiche Kinder. Dank Einfallsreichtum, Überlebenswille, Glück und der Hilfe anderer Menschen können einige Verfolgte ihr Leben retten. Zur Beantwortung der Frage, unter welchen Umständen das Verbrechen des Holocaust überhaupt möglich war, entwickeln Historikerinnen und Historiker verschiedene Theorien. Das Ende des Zweiten Weltkrieges stellt die Weichen für die Themen und Konflikte der zweiten Hälfte des 20. Jahrhunderts: Die Hegemonie der USA, der Kalte Krieg, die Teilung Deutschlands, die Gründung des Staates Israel, der Nahostkonflikt.

1933 Boykott jüdischer Geschäfte, Ärzte und Rechtsanwälte in Deutschland
1935 Nürnberger Gesetze verbieten Eheschliessung zwischen Jüdinnen und Juden und Staatsangehörigen «deutschen oder artverwandten Blutes»
November 1938 «Novemberpogrome» und «Reichskristallnacht»: Synagogen werden angezündet, jüdische Geschäfte zerstört und jüdische Menschen getötet
1939 – 1945 Zweiter Weltkrieg
1941 (wahrscheinlich) Hitlers Geheimbefehl für «Endlösung»
1941 «Operation Barbarossa»: Hitler beginnt Kriegszug gegen die Sowjetunion
Januar 1942 Wannsee-Konferenz in Berlin: «Endlösung der Judenfrage» wird organisiert
1942 Nationalsozialisten beginnen systematische Ermordung jüdischer Opfer im grossen, industriellen Stil
1943 Warschauer Ghetto: Aufstand der Jüdinnen und Juden gegen ihre Deportation
Januar 1945 Sowjetische Truppen befreien das Lager Auschwitz-Birkenau
Mai 1945 Kapitulation Deutschlands: Ende des Zweiten Weltkrieges in Europa
August 1945 Abwurf der ersten amerikanischen Atombomben über Hiroshima: Kapitulation Japans
1946 Nürnberger Prozesse gegen Hauptkriegsverbrecher (u. a. Hermann Göring, Rudolf Hess)

Alltag im Ersten Weltkrieg

Geplant von einer Minderheit, veränderte der Erste Weltkrieg den Alltag von Millionen von Menschen. An der Kriegsfront gab es während vier Jahren trotz massiver Verluste kein militärisches Vorwärtskommen. Revolutionäre Umstürze ereigneten sich in Krieg führenden Staaten wie Österreich-Ungarn und Russland. Auch in Deutschland verlor der Staat an der «Heimatfront» seine Legitimität, weil er die Lebensgrundlage seiner Bevölkerung nicht mehr garantieren konnte. Unzufriedenheit mit den Lebensbedingungen, die in Streiks und Demonstrationen mündeten, und Friedenssehnsucht nach langen Kriegsjahren führten 1918 zum Sturz des Kaiserreichs.

«Das ist kein Krieg mehr, sondern Menschenmetzelei»[1], schrieb 1916 ein deutscher Soldat aus der Schlacht von Verdun nach Hause. Vielleicht war er mit einer patriotischen Begeisterung in den Krieg gezogen, weil er (wie fast alle Zeitgenossen der Krieg führenden Länder) daran glaubte, dass sein Heimatland sich verteidigen müsse. Der Alltag an der Kriegsfront war ernüchternd. Mit grossen Offensiven versuchten die Armeen, die in Schützengräben erstarrten Fronten aufzubrechen. Jedem Angriff der Infanterie ging tagelanger Artilleriebeschuss voraus, doch die Verteidigung nutzte die neu entwickelten, wirkungsvollen Abwehrwaffen wie das Maschinengewehr oder das Giftgas. In diesen Materialschlachten verloren innerhalb weniger Monate Hunderttausende von Soldaten ihr Leben, ohne dass sich der Verlauf der Front um mehr als einige Meter verändert hätte.

Ständiges Trommelfeuer, der Anblick toter und verstümmelter Menschen, Schlamm, Dreck und Hunger zermürbten die Widerstandskraft der Soldaten. Die Lazarette füllten sich nicht nur mit physisch verletzten, sondern auch mit psychisch traumatisierten Männern. Auch in Deutschland wurden die «Kriegskrüppel» aufgefordert, sich mit «eisernem Willen» und verbesserter Prothesentechnik wieder in die Gesellschaft und Arbeitswelt zu integrieren. Die Kriegspsychiatrie versuchte, die «Kriegszitterer» (in England entstand der Begriff «shell shock») mit den damals bekannten Methoden – Elektroschocks oder Exerzieren – wieder für den Kriegsdienst tauglich zu machen. Trotz der immensen Belastungen kam es selten vor, dass Soldaten eine Krankheit vortäuschten, sich selbst verletzten oder desertierten, um der Front zu entgehen. Eine grössere Meuterei ereignete sich nur einmal, als 1917 in der französischen Armee ganze Einheiten gegen die Sturmangriffe und die Lebensbedingungen an und hinter der Front protestierten.

Die Motivation der Soldaten gründete auf der Überzeugung, einen Verteidigungskrieg zu führen, und nährte sich aus der Hoffnung auf einen baldigen Verständigungsfrieden. Als in deutschen Schützengräben aber bekannt wurde, dass Politiker, Unternehmer und Generäle einen Siegfrieden anstrebten und öffentlich weitreichende Kriegsziele diskutierten, fühlten sich die Soldaten hintergangen. Zusätzlich schürten die sozialen Ungleichheiten im deutschen Heer den Widerwillen gegen den Krieg. Offiziere erhielten bis zu zwanzig Mal mehr Lohn, besseres Essen und erlaubten sich, ihre Untergebenen zu beschimpfen, zur Strafe festzubinden oder zu schlagen. Der Hass auf die Offiziere entstand nicht zuletzt, weil die Mannschaften in ihrer Ruhezeit in endlosem Drill exerzieren mussten. Die Soldaten beschwerten sich in Feldpostbriefen und auf Urlaub über die Missstände im Heer.

Die zweite Front: produzieren und hungern für den Krieg

An der «Heimatfront» wurden Wirtschaft und Volk für den Krieg mobilisiert. Die Industrie wurde auf die Bedürfnisse des Krieges ausgerichtet und konzentrierte sich auf die Produktion der für die Materialschlachten benötigten Waffen. Die vollständige Handelsblockade durch die englische Marine führte in Deutschland und Österreich-Ungarn in allen wirtschaftlichen Bereichen zu grossen Engpässen. In Berlin beschäftigte sich die «Kriegsrohstoffabteilung» mit der Frage, wie die nicht mehr importierbaren Rohstoffe ersetzt werden konnten. Der Chemiker Fritz Haber forschte wie viele andere Wissenschaftler im Dienst der Armee. Der Krieg wäre rasch zu Ende gewesen, wenn es ihm nicht gelungen wäre, ein Verfahren zu erfinden, wie Stickstoff aus der Luft gewonnen werden konnte. Der bei der Munitionsherstellung unentbehrliche Salpeter konnte so ersetzt und die fehlenden Düngemittel in der Landwirtschaft kompensiert werden. Trotz dieser Anstrengungen führten die Blockade und ein Rückgang in der landwirtschaftlichen Produktion bei den Mittelmächten zu dramatischen Versorgungsengpässen. Im Gegensatz zu England und Frankreich wurde in Deutschland und Österreich-Ungarn der Mangel an Nahrungsmitteln und ihre Verteilung zum dominierenden Thema an der «Heimatfront».

«[…] solst kochen alles hat Hunger und man hat nichts […]»[2], klagte eine deutsche Frau im März 1917. Im «Steckrübenwinter» 1916/17 stand pro Person nur noch die Hälfte der Kalorien zur Verfügung, die als Existenzminimum zum Überleben nötig sind. Gekochte Steckrüben, eigentlich Tierfutter, bildeten das tägliche Hauptnahrungsmittel. Die staatliche Unterstützung von Familien, deren Männer im Krieg waren, reichte zum Leben nicht aus. Suchte die Frau Arbeit, um ihr Einkommen aufzubessern, so verdiente sie oft nur die Hälfte eines Männerlohns und musste unterschreiben, dass sie den Arbeitsplatz nach dem Krieg wieder aufgeben würde. Weite Bevölkerungskreise in Deutschland waren verbittert über den Mangel an Lebensmitteln und deren Verteilung durch den Staat. Bei den Bauern machte sich der Staat verhasst, weil er Produktion und Verkaufspreise reglementierte. Aus Not griffen die Menschen zu illegalen Mitteln. Sie hamsterten, das heisst, sie tauschten auf dem Land Lebensmittel gegen Wertsachen, erpressten staatliche Stellen zur Herausgabe von Nahrungsmitteln oder plünderten Geschäfte. Währenddessen konnten die allgemein verhass-

Kriegsfront, Fotografie von Unbekannt, 1914 – 1918.
Zwei deutsche Soldaten nach 1916 (beide tragen
den 1916 eingeführten Stahlhelm) in einem nicht ausgebauten Schützengraben. Der eine bedient ein
Maschinengewehr, die bei Sturmangriffen gefürch-
tete Verteidigungswaffe. Mit einer Gasmaske aus-
gerüstet, macht sich der andere bereit, eine Stielhand-
granate über den Graben zu werfen. Das genaue
Datum, der genaue Ort und der Fotograf dieser
Aufnahme sind nicht bekannt, vielleicht handelt es
sich um eine gestellte Fotografie.

**Heimatfront, Fotografie von Unbekannt, Deutschland
1916.** Zwei deutsche Polizisten kontrollieren 1916
Rucksäcke und Taschen einer Gruppe von Menschen,
die sehr wahrscheinlich auf dem Land illegal Ess-
waren gehamstert, d. h. bei Bauern im Tauschhandel
Lebensmittel erworben haben. Das genaue Datum,
der genaue Ort und der Fotograf dieser Aufnahme
sind nicht bekannt; auch über den Entstehungszusam-
menhang lässt sich nichts Näheres in Erfahrung
bringen.

ten «Kriegsgewinnler» auf dem blühenden Schwarzmarkt alles kaufen. Hungerkrawalle gab es in deutschen Städten bereits im Winter 1915. Als die Rationen der Schwerarbeiter gekürzt wurden, folgte im April 1917 eine erste grosse Streikwelle. Schliesslich forderten die Menschen in immer häufigeren Streiks und Demonstrationen eine bessere Versorgung und ein Ende des Krieges. Gleichzeitig wurden die Stimmen lauter, die das politische System verändern wollten.

Kriegsfront und «Heimatfront» waren 1918 im Wunsch nach einem sofortigen Ende des Krieges vereint. Als die Kieler Matrosen sich Anfang November weigerten, mit der Flotte zu einem «letzten Gefecht» auszulaufen, breitete sich die Revolution über Deutschland aus. Die militärische Niederlage an der Kriegsfront war im Herbst 1918 offensichtlich. Trotzdem entstand das Gerücht, die «Heimatfront» sei mit ihren Streiks dem Heer in den Rücken gefallen. Diese sogenannte Dolchstosslegende, die den Mythos eines im Felde unbesiegten Heers in die nächste Generation weitertrug, unterstützte die Entstehung antidemokratischer Strömungen in der Weimarer Republik.   SIMONE STEPPACHER

1 Lt. H. Henckel in einem Brief vom 24.3.1916 von der Front bei Verdun. Zitiert nach: Knoch, Peter: Erleben und Nacherleben. Das Kriegserlebnis im Augenzeugenbericht und im Geschichtsunterricht. In: Hirschfeld, Gerhard et al. (Hg.): Keiner fühlt sich hier mehr als Mensch ... Erlebnis und Wirkung des Ersten Weltkriegs. Essen 1993. S. 205.
2 Daniel, Ute: Der Krieg der Frauen 1914 – 1918. Zur Innenansicht des Ersten Weltkriegs in Deutschland. In: Hirschfeld, a.a.O., S. 145.

Empfohlene Literatur
· Hirschfeld, Gerhard et al. (Hg.): Kriegserfahrungen. Studien zur Sozial- und Mentalitätsgeschichte des Ersten Weltkriegs. Essen 1997.
· Hirschfeld, Gerhard et al. (Hg.): Keiner fühlt sich hier mehr als Mensch ... Erlebnis und Wirkung des Ersten Weltkriegs. Essen 1993.
· Hirschfeld, Gerhard; Krumeich, Gerd; Renz, Irina (Hg.): Enzyklopädie Erster Weltkrieg. Zürich 2003.
· Ulrich, Bernd: Die Augenzeugen. Deutsche Feldpostbriefe in Kriegs- und Nachkriegszeit 1914 – 1933. Essen 1997.

Der grosse Krieg – Europa im Sommer 1914

Der Erste Weltkrieg als Ereignis der europäischen Geschichte hatte verheerende Folgen. Untersucht man, weshalb die Machthaber diesen Krieg entfesselten, macht man eine eigenartige Entdeckung: Die primär verantwortliche Führung von Militär und Staat in Deutschland ahnte die kommende Katastrophe – und wendete sie dennoch nicht ab.

Man schrieb den 28. Juli 1914. Eben hatte Österreich-Ungarn Serbien den Krieg erklärt. Der Generalstabschef des mit Österreich verbündeten Deutschen Reichs, Helmuth von Moltke (1848–1916), hatte lange auf diesen Schritt gedrängt. Nun aber, als der gewünschte Krieg vor der Tür stand, packte ihn einen Moment lang das Entsetzen über die Konsequenzen: Er sah die unmittelbar drohende Ausweitung des lokalen Konflikts zum Weltkrieg. Mit diesem aber drohte, wie er schrieb, «die gegenseitige Selbstzerfleischung» der Völker. Damit werde «die Kultur fast des gesamten Europas auf Jahrzehnte hinaus» vernichtet.[1]

Das war keine schlechte Vorhersage. Wenn aber der Generalstabschef so dachte, weshalb um alles in der Welt verfolgte er den eingeschlagenen Weg in den Krieg weiter? Moltke gehört zu den zentralen Verantwortlichen, die im Juli 1914 den grossen europäischen Krieg entfesselten. Gemeinsam mit einer kleinen Zahl hoher Militärs und adliger Entscheidungsträger in den beiden autoritär regierten Monarchien von Deutschland und Österreich-Ungarn spielte er seit Jahren mit dem Gedanken eines «Präventivkrieges». Noch im Mai 1914 hatte er davon gesprochen: Warte man noch lange zu, so lautete sein Argument, werde die Macht der Gegner Deutschlands – Frankreich, Russland, England – so gross werden, dass an den Erfolg kaum mehr zu denken sei. «Der Generalstabschef stellte mir demgemäss anheim, unsere Politik auf die baldige Herbeiführung eines Krieges einzustellen.»[2] So notierte ein deutscher Staatssekretär im Mai 1914. Was für die gewünschte Entfesselung eines Krieges fehlte, war der passende Anlass.

Wenige Wochen später, am 28. Juni 1914, ermordete ein serbischer Nationalist in Sarajevo den österreichischen Thronfolger, Franz-Ferdinand, und seine Frau. Eine direkte Verantwortung der serbischen Regierung ist bis heute nicht nachzuweisen. Dennoch machte man in Wien – und in Berlin – Serbien für die Tat verantwortlich. Das Attentat diente als willkommener Vorwand zum gewaltsamen Vorgehen. Das enorme Risiko dieser Politik war den Verantwortlichen voll bewusst. So auch dem deutschen Reichskanzler, dessen Ansicht ein Diplomat zehn Tage nach dem Attentat in Stichworten festhielt: «Eine Aktion gegen Serbien kann zum Weltkrieg führen. Der Kanzler erwartet von einem Krieg, wie er auch ausgeht, eine Umwälzung alles Bestehenden. Das Bestehende sehr überlebt, ideenlos. Alles so sehr alt geworden.»[3]

Der vorhergesehene Krieg

Kaum ein anderer Krieg ist so intensiv erwartet, gefürchtet und sogar erhofft worden wie der Erste Weltkrieg. Populäre Schriften, die Presse, Dichter und Denker: Fast alle glaubten an seine Unausweichlichkeit, in Deutschland mehr als in den anderen Ländern. Der Krieg zählte zu den legitimen Mitteln der Politik. Er war unter Umständen eine ehrenvolle Angelegenheit, aber keinesfalls eine Katastrophe. Das breite Publikum orientierte sich an den Erfahrungen der Vergangenheit: Der nächste Krieg würde so aussehen wie der letzte – zwei grosse Armeen, die aufeinanderstossen, einige Schlachten, dann der Sieg. So sah die Erinnerung an den Deutsch-Französischen Krieg von 1870/71 aus.

Seither allerdings hatte die industrielle Revolution die Welt verändert. Angesichts der technischen Fortschritte und der Zerstörungskraft moderner Waffen hielten manche Spezialisten den Krieg überhaupt für unmöglich, da die drohenden Verluste jeden möglichen Gewinn übertreffen mussten. Die militärischen Spezialisten im hochgerüsteten Deutschland fürchteten nichts so sehr wie den lang sich hinziehenden industrialisierten Massenkrieg, in dem es letztlich keinen Sieger geben würde. Und weil sie dies fürchteten, planten sie einen kurzen Krieg, der überfallartig beginnen sollte. Ihre grösste Sorge im Sommer 1914 ging dahin, vor den Augen der Öffentlichkeit im eigenen Land nicht als Angreifer dazustehen. Denn die breite Bevölkerung, vor allem die industrielle Arbeiterschaft, würde nur einen Verteidigungskrieg mittragen, darin war man sich sicher. Diese Irreführung gelang. Am 1. August schrieb der deutsche Marinekabinettschef in sein Tagebuch: «Stimmung glänzend. Die Regierung hat eine glückliche Hand gehabt, uns als die Angegriffenen hinzustellen.»[4]

Flucht nach vorn

Viele Gründe lassen sich anführen, weshalb es zum Krieg kam. Das von Deutschland eingeleitete Wettrüsten hatte seit Jahren die internationalen Spannungen angeheizt. Auch die anderen Mächte spielten im Sommer 1914 mit. Bis zur eigentlichen Kriegserklärung hätte jede von ihnen aus der Eskalation der Drohungen und Gegendrohungen aussteigen können. Das hätte allerdings einen entschiedenen Willen zum Frieden vorausgesetzt, der nirgends vorhanden war.

Hinzu kam, vor allem unter den Mächtigen und Gebildeten, ein eigentümlich fatalistisches Gefühl der Ausweglosigkeit. Das zurückliegende 19. Jahrhundert hatte mit der Entwicklung von Industrie und Wissenschaft Voraussetzungen für den Wohlstand der ganzen Bevölkerung geschaffen. Vorerst hatte nur eine Minderheit aus Adel und Bürgertum daran Anteil. Und diese wenigen waren kaum bereit, auf ihre Privilegien zu verzichten. Je undemokratischer die Staaten, desto härter war diese Abwehrhaltung gegen das herauf-

«Der Kriegsausbruch», Radierung (20 × 24,9 cm) von Max Beckmann, Deutschland 1914. Nicht alle jubelten im August 1914. Der deutsche Künstler Max Beckmann (1884–1950), damals in Berlin, zeichnet ein Bild von abgrundtiefer Skepsis. Menschen lesen und hören die Nachricht von der Mobilmachung. Zentral, den dunklen, vorausahnenden Blick auf die Betrachterin und den Betrachter gerichtet, eine weibliche Figur, der Prophetin Kassandra gleichend, die einst den Untergang von Troja voraussah. Unten rechts, mit geschlossenen Augen, Beckmann im Selbstporträt. Er meldete sich freiwillig als Sanitäter.

ziehende Zeitalter des demokratischen Massenkonsums. Dies galt vor allem für Deutschland, das zur industriellen und militärischen Grossmacht aufgestiegen war, ohne eine Demokratisierung der Gesellschaft zuzulassen. Der «Sprung ins Dunkle», von dem der deutsche Kanzler angesichts des drohenden Krieges am 11. Juli 1914 sprach[5], kam für die Angehörigen dieser herrschenden Schicht einer verzweifelten und schon beinahe selbstmörderischen Flucht nach vorn gleich. Sie hatten kein Vertrauen mehr in die Zukunft. Vielleicht aber konnte ein Krieg alles wenden! So waren es denn vor allem die jungen Männer des Bürgertums und des Adels, besonders die Studenten, die in blinder Begeisterung den Kriegsausbruch bejubelten. Die Mehrheit der «kleinen Leute» sah sorgenvoll in die Zukunft.

Eine Katastrophe mit Langzeitfolgen

Der Erste Weltkrieg eröffnete ein Zeitalter grenzenloser Gewalt. Was die Europäer bis dahin in den überseeischen Kolonialkriegen praktiziert hatten, schlug nun auf sie zurück: Massentötungen, Vertreibungen, Völkermord. Nach mehr als vier Jahren Krieg waren ganze Landstriche in Wüsteneien verwandelt. Revolution und Umsturz erschütterten in den besiegten Ländern – in Deutschland, Österreich-Un-

garn und Russland – die Gesellschaft. Die Menschen waren verarmt und verbittert; ein Meer von Hass trennte die europäischen Nationen. Es zählt zu den schlimmsten Folgen dieses Krieges, dass danach kein wirklicher Friedensschluss gelang, der allseits akzeptiert worden wäre. Es brauchte einen zweiten Krieg mit noch schrecklicheren Folgen, bevor in Europa die Selbstbesinnung einsetzte.

MARIO KÖNIG

1 Berghahn, Volker: Sarajewo, 28. Juni 1914. Der Untergang des alten Europa. München 1997. S. 107.
2 Gottlieb von Jagow, Ende Mai 1914. Zitiert nach: Berghahn, a. a. O, S. 102.
3 Vortragender Rat in der Reichskanzlei Kurt Riezler, 7. Juli 1914. Zitiert nach: Hölscher, Lucian: Die Entdeckung der Zukunft. Frankfurt am Main 1999. S. 206.
4 Admiral Alexander von Müller, 1. August 1914. Zitiert nach: Berghahn, Volker: Der Erste Weltkrieg. München 2003. S. 37.
5 Erdmann, Karl-Dietrich (Hg.); Riezler, Kurt: Tagebücher, Aufsätze, Dokumente. Göttingen 1972. S. 185.

Empfohlene Literatur
· Berghahn, Volker: Sarajewo, 28. Juni 1914. Der Untergang des alten Europa. München 1997.
· Berghahn, Volker: Europa im Zeitalter der Weltkriege. Die Entfesselung und Entgrenzung der Gewalt. Frankfurt am Main 2002.
· Ferro, Marc: Der grosse Krieg 1914–1918. Frankfurt am Main 1988.

Die Russische Revolution und die Utopie vom neuen Menschen

«He, du! Himmel! Lüfte den Hut! Ich komme!»[1] – Die Fotografien vom 8. November 1918, von einem windigen Herbsttag, lassen Aufbruchstimmung, Stolz und vor allem grosse Offenheit erahnen. Die Menschen in Petrograd feierten den ersten Jahrestag der Oktoberrevolution. Begeistert schauten sie in die Zukunft, die gerecht, und das hiess aus ihrer Sicht, sozialistisch sein sollte – ihre rote Zukunft.

Die sozialistischen Utopien vom neuen Menschen, von einer neuen Gesellschaft teilten die Menschen in Petrograd mit vielen anderen Russinnen und Russen und wollten dieses Lebensgefühl auch öffentlich sichtbar machen. Die Stadt war mit Girlanden geschmückt, Schiffe waren festlich beflaggt und namhafte russische Künstlerinnen und Künstler hatten in fieberhafter gemeinsamer Geschäftigkeit revolutionäre Arbeiten für diesen Tag geschaffen.

Unter ihnen waren auch Iwan Puni und seine Frau Xana Boguslawskaja. Sie gehörten einer Generation von Künstlerinnen und Künstlern an, die sich als Avantgarde verstanden. Ihre künstlerische Überzeugung war zugleich auch eine politische, die sie darin bestärkte, eine gänzlich neue Formensprache zu entwickeln. Revolution hiess Erneuerung auf allen Ebenen, und so malten, dichteten, komponierten, schrieben sie mit völlig neuer Perspektive. Sie glaubten an die Verflechtung von Kunst und Alltag, von Leben und Politik und schufen daher Werke, die sich unmittelbar auf die Menschen der sozialistischen Moderne auswirken sollten. Sie sollten keine Übermenschen werden, sondern solidarisch sein.[2] Beflügelt von der Dynamik der politischen Ereignisse wollten die Künstlerinnen und Künstler von damals zeigen, wie das neue Russland einmal aussehen könnte.

Xana Boguslawskaja verkleidete Gebäude mit riesigen, nicht gegenständlich bemalten Bretterwänden und veränderte so die Silhouette der Stadt. Iwan Puni malte Plakate mit leicht einprägsamen Symbolen und Farben aus dem revolutionären Repertoire: Arbeiter, Soldaten, Fabriken, Gewehre, Autos. Ihre Mittel waren provisorisch, die Werke flüchtig, alles drückte Offenheit aus, vieles schien möglich.

Die Zukunft planen

1918 träumten nicht nur die Menschen in den Strassen von Petrograd. Auch die Anführer der Revolution beschäftigten sich mit der Zukunft des Landes, diskutierten, planten. Wie musste eine Revolution organisiert werden? Wie konnten die Ideen weitere Verbreitung finden? Was musste verändert werden – und was zuerst? Noch im Februar des vorangehenden Jahres waren die Petrograderinnen verzweifelt und vergeblich in langen Schlangen um Lebensmittel angestanden. Die russische Bevölkerung musste das Engagement des Zaren im Ersten Weltkrieg teuer bezahlen. Es herrschte Hunger in weiten Teilen des Landes, besonders in den Städten. Schon seit Monaten waren Nachrichten über Streiks und Unruhen von überall her eingetroffen. Die Verzweiflung der Frauen war in Protest umgeschlagen, und nachdem sie sich den streikenden Arbeitern der Putilov-Werke[3] angeschlossen hatten, war es in Petrograd, später in Moskau zum Generalstreik gekommen. Als immer mehr Soldaten zu den Streikenden überliefen, gewann die Bewegung plötzlich solche Macht, dass der Zar am 2. März abdanken musste. Das jahrhundertealte feudalistische Gesellschaftssystem war am Ende. Doch die provisorisch gebildete neue Regierung ging die drängenden Probleme zu zögerlich an. Sie hätte umgehend die prekäre Lebensmittelversorgung in den Städten und zugleich die äusserst schlechten Lebensumstände der Menschen auf dem Land verbessern müssen. Es fehlte an einigenden Ideen und an Entschlossenheit.

Genau darüber verfügte aber Wladimir Iljitsch Uljanow, genannt Lenin, der Revolutionär und Wortführer einer sozialistischen Splitterpartei, die sich Bolschewiki nannte. Im April 1917 formulierte er vierzehn programmatische Thesen, die den Hoffnungen der Protestierenden entsprachen: «Brot, Land und Frieden!» «Alle Macht den Sowjets (Räten)!» «Arbeiterkontrolle!». Ihre Nähe zu den Protestierenden verschaffte den radikalen Bolschewiki immer mehr Zustimmung, auch wenn ihr Programm noch sehr viel weiter ging als die Umverteilung von Ressourcen: Sie forderten die Aufhebung der Klassenunterschiede, den Ausgleich zwischen Stadt und Land, Selbstbestimmung bei der Arbeit und in der Politik. Überdies waren sie davon überzeugt, dass sich der Staat selbst aufheben müsse, damit die Menschen letztlich ohne Unterordnung oder Gewalt zusammenleben könnten. Als die Bolschewiki im Oktober 1917 die Regierungsmacht übernahmen, geschah dies quasi widerstandslos. Lenin und seine Mitstreiterinnen und Mitstreiter waren am Ziel und begannen, die sozialistischen Ideen umzusetzen.

Die Elektrifizierung der Seelen

Und tatsächlich: 1918 konnte die revolutionäre Regierung bereits erste Erfolge feiern. Zu Beginn des Jahres 1918 hatte die neue Sowjetregierung ein staatliches Programm zur Getreideversorgung in den Stadt- und Industriegebieten beschlossen, das Teil des kommunistischen Umverteilungsplans war. Ausdruck der Aufbruchstimmung sollte auch wenig später, 1920, die «Staatliche Kommission zur Elektrifizierung Russlands» sein. Sie setzte die politischen Diskussionen auf greifbare Weise um: Die Kommission entwickelte einen sogenannten Perspektivplan zur wirtschaftlichen Entwicklung des ganzen Landes, das umfassend technisiert und vor allem auch elektrifiziert werden sollte. Indem auch «das kleine Bäuerlein» in seiner Stube auf Knopfdruck staatlich verordnetes Licht zur Verfügung haben würde, sollte der rie-

«Auf dem Urizki-Platz», Fotografie von Viktor K. Bulla, St. Petersburg, 8. November 1918. Das Bild vom ersten Jahrestag der Russischen Revolution zeigt eine Gesellschaft im Aufbruch. Unser heutiges Bild der Revolution ist von späteren Aufnahmen aus der stalinistischen Zeit geprägt, auf denen inszenierte, kontrollierte Massen zu sehen sind. Sie beeinflussen unsere Wahrnehmung der Sowjetzeit bis heute.

sige kulturelle und wirtschaftliche Gegensatz zwischen Stadt und Land kleiner werden. Gleichzeitig machte das Aufleuchten Tausender Glühbirnen in den entlegensten Gegenden die Macht des neuen Staates sichtbar. Elektrisches Licht war eine handfeste Errungenschaft und zugleich Symbol für Modernität und politische Aufklärung. Wer diesen Hintergrund kennt, versteht auch, was Michail Gerasimov meinte, als er in einem Gedicht schrieb, die «Elektrifizierung der Seelen / Wird die Landleute mit Flügeln versehen».[4]

Doch hinter den frisch gestalteten Kulissen dieser neuen Gesellschaft brodelte es. Seit Mai 1918 standen sich in einem Bürgerkrieg Bolschewiki in der Roten Armee und die Gegner der Oktoberrevolution in den international unterstützten Weissen Armeen gegenüber. Mit dem Sieg der Roten Armee gegen Ende des Jahres 1920 begann sich die damals noch starke demokratische Aufbruchstimmung langsam in ihr Gegenteil zu verkehren.

Dies spürten auch Iwan Puni und Xana Boguslawskaja. Sie flohen 1919 über Polen nach Berlin und weiter nach Paris. Im Exil beobachteten sie in den kommenden Jahren, wie das Experiment der Freiheit scheiterte und Russland zur autoritären Diktatur wurde. Doch die Kunst blieb ein Ort revolutionärer Gedanken. Als gegen Ende der 1980er-Jahre der 1988 zum Staatsoberhaupt gewählte Michail Gorbatschow «Glasnost» und «Perestroika» (Durchsichtigkeit/

Transparenz und Umbau) zu seinen zentralen politischen Losungen machte, spielten Künstlerinnen und Künstler wiederum eine wichtige Rolle.   ALEXANDRA BINNENKADE

1 Majakowski, Wladimir: Wolke in Hosen. In: Ders.: Wolke in Hosen (Deutsch von A. E. Thoss). Berlin 1949. S. 50, geschrieben 1915.
2 Trotzki, Leo (Trockij, Lev): Literatur und Revolution. Essen 1994. S. 252. Zitiert nach dem Vorwort des Verlags, S. 14. Der Text ist ursprünglich 1923 in der Zeitung «Prawda» und später als Buch in der Sowjetunion erschienen. Trotzki wurde danach von Stalin aus der Kommunistischen Partei ausgeschlossen und ermordet.
3 Das bedeutendste Rüstungsunternehmen im Russischen Reich.
4 Michail P. Gerasimov (1889–1939), ein Dichter der Bewegung «Proletarische Kultur» (Proletkul't). In: Lorenz, Richard (Hg.): Proletarische Kulturrevolution in Sowjetrussland (1917–1921), Dokumente des «Proletkult». München 1969. S. 98–103. Zitiert nach: Haumann, Heiko: Geschichte Russlands. Zürich 2003. S. 360.

Empfohlene Literatur
· Haumann, Heiko: Geschichte Russlands. Zürich 2003.
· Haumann, Heiko (Hg.): Die Russische Revolution 1917. Köln 2007.
· Klingler, Nina: 24 Stunden aus dem Leben einer Moskauer Arbeiterfamilie: die Fotoreportage als historische Quelle. Lizentiatsarbeit Basel 2002.
· von Soden, Kristine (Hg.): Lust und Last: sowjetische Frauen von Alexandra Kollontai bis heute. Berlin 1990.

«The Roaring Twenties» – Licht und Schatten eines Jahrzehnts

Modernität, teilweise Emanzipation und kulturelle Blüte auf der einen Seite, Arbeitslosigkeit, Hyperinflation und der aufsteigende Faschismus auf der anderen: Wohl keine andere Epoche der modernen Geschichte löst derart widersprüchliche Assoziationen aus wie die 1920er-Jahre.

Auf eindrückliche Weise vereinigt der gesellschaftskritische Berliner Künstler George Grosz (1893–1959) auf einem seiner berühmtesten Bilder (Abbildung S. 67) die Altlasten der deutschen Gesellschaft nach dem Ersten Weltkrieg. Die «Stützen der Gesellschaft», die Grosz so zynisch demaskierte, waren adlige Gutsbesitzer mit nationalsozialistischen Neigungen, gegen den Versailler Friedensvertrag hetzende Journalisten, die Republik verratende Parlamentarier sowie heuchlerische Priester, die sich vor der politischen Gewalt abwandten, wie sie sich im Bildhintergrund manifestiert. Denn die frühen Weimarer Jahre waren geprägt von revolutionären Aufständen nach russischem Vorbild, die blutig unterdrückt wurden, einer Arbeitslosenrate von kurzfristig bis zu 28 Prozent (Dezember 1923), rechtsradikalen Putschversuchen und einer Mordwelle an hochrangigen Politikern. Im Januar 1923 besetzten französische und belgische Truppen das Ruhrgebiet, um Druck bezüglich der Begleichung der deutschen Reparationszahlungen zu machen. Die deutsche Regierung liess den streikenden Ruhrarbeitern massive finanzielle Unterstützung zukommen, was eine galoppierende Entwertung der Reichsmark auslöste und einen starken Anstieg der Preise bei sinkenden Löhnen zur Folge hatte – die Hyperinflation. Die Geldnoten mit den fantastischen Beträgen in Milliarden und Billionen Mark waren das Papier nicht wert, auf dem sie in immer schnellerer Folge gedruckt wurden. Die Ersparnisse der Menschen lösten sich in nichts auf.

Die Situation besserte sich erst, als eine neue Regierung eine Währungsreform durchführte und sich an der Neuverhandlung über die Begleichung der deutschen Kriegsschuld beteiligte. Diese mündete in dem Dawes-Plan (1924), welcher der deutschen Wirtschaft den Zugang zu amerikanischen Krediten ermöglichte. Nun brach auch in Deutschland die Ära der «Goldenen Zwanzigerjahre» an: Die Wirtschaft boomte, die Löhne stiegen und der Nachholbedarf machte sich in einer hektischen Lebenslust bemerkbar. Doch auch diese lichten Jahre warfen ihren Schatten: Die Arbeitslosigkeit hielt sich hartnäckig über dem Vorkriegsniveau. Und die faschistische Bewegung, die in Italien bereits 1922 an die Macht gekommen war, verstand sich als radikale Alternative zu zeitgenössischen Entwicklungen: sowohl zu kommunistischen Ideen wie zum liberalen Zeitgeist in Kultur und Gesellschaft. Dazu zählte auch die Emanzipation der Frau.

Die «neue Frau» zwischen Wunschbild und Wirklichkeit

Coole Schönheit, weibliche Emanzipation, automobiler Geschwindigkeitsrausch – all dies bringt das Selbstporträt der Künstlerin Tamara de Lempicka (1898–1980), das sie 1925 für das Titelbild des deutschen Modemagazins «Die Dame» kreierte, zum Ausdruck. Damit steht dieses Bild für vieles, was mit den *Roaring Twenties* oder den *années folles* in Verbindung gebracht wird – mit der «neuen Frau» im Mittelpunkt. Seit der Jahrhundertwende fand die Forderung nach dem Frauenwahlrecht, vorgebracht durch sozialistische Gewerkschafterinnen und bürgerliche Frauenrechtlerinnen – die Suffragetten –, immer stärkeren Widerhall. Doch bis 1915 wurde das Frauenwahlrecht lediglich in Neuseeland, Australien, Finnland, Norwegen und Dänemark sowie in einigen US-Bundesstaaten eingeführt. Das änderte sich ab 1917. Denn im Ersten Weltkrieg ersetzten die Frauen die auf die Schlachtfelder abkommandierten Männer in Wirtschaft und Gesellschaft. In den durch den Krieg geschaffenen neuen Verhältnissen fand der Ruf nach einer Erweiterung der Demokratie endlich Gehör: in Russland und in Deutschland, wo sich Revolutionen ereigneten, ebenso wie etwa in Holland, Polen, den USA, Ungarn, der neuen Türkei oder – bis 1927 beschränkt auf Frauen ab 30 Jahren – in Grossbritannien. In der Schweiz war das Frauenwahlrecht eine zentrale Forderung des Landesgeneralstreiks von 1918. Entsprechende kantonale Abstimmungen endeten zwischen 1919 und 1921 jedoch in vernichtenden Niederlagen. Direkte Demokratie und Kriegsverschonung wirkten sich hierzulande ungünstig auf die Emanzipation aus.

Die 1920er-Jahre waren auch das Jahrzehnt der weiblichen Angestellten: Frauen arbeiteten in noch nie gesehener Zahl als Verkäuferinnen und Sekretärinnen. Als Resultat von technischem Fortschritt, Rationalisierung und gewerkschaftlichem Druck sank die tägliche Arbeitszeit. Vor allem in den Städten verfügten Arbeiterinnen und Angestellte über mehr Freizeit. Dank steigenden Löhnen konnten sie sich auch etwa einmal einen Warenhausbummel oder den Kinobesuch leisten. Modezeitschriften vermittelten neue Bilder der Weiblichkeit, die allerdings erst eine Minderheit der Frauen im urbanen Kontext auch täglich umsetzte: An die Stelle des alten Zopfs trat der kurz geschnittene Bubikopf, auf Französisch: *à la garçonne*. Und das bequeme Hängekleid mit der tiefen Taille liess in jeder Hinsicht Beinfreiheit: beim Sport ebenso wie beim Charleston, einem dieser neuen, verrückten Tänze, die mit dem Jazz aus den USA nach Europa hinüberschwappten. Diesem neuen Frauentyp hatte der französische Schriftsteller Victor Margueritte in seinem Erfolgsroman «La garçonne» bereits 1922 ein Denkmal gesetzt. Ob in Technik, Gesellschaft oder Kunst: Die Experimentierlust schien unermesslich, aber sie stiess auch an

«Die Stützen der Gesellschaft», Gemälde
(Öl auf Leinwand 200 × 108 cm) von George Grosz
(1893–1959), 1926 (Berlin, Neue National-
galerie). Die Weimarer Republik: Altlasten, Krisen
und goldene Jahre.

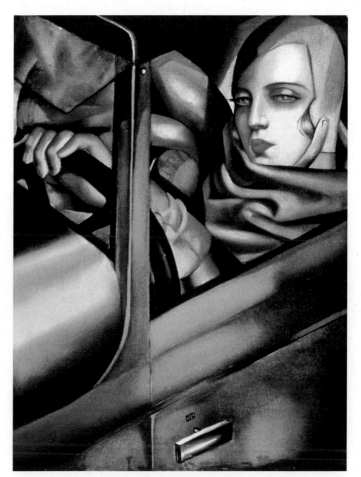

«Selbstportrait im grünen Bugatti», Gemälde (Öl auf Holz 35 × 26 cm)
von Tamara de Lempicka (1898–1980), Paris um 1925 (in Privatbesitz). Die «neue Frau» zwischen Wunschbild und Wirklichkeit.

Grenzen. Ein Beispiel für die Ambivalenz der Goldenen Zwanziger zeigt sich im Bereich der Beziehungen zwischen den Geschlechtern. Einerseits gab man sich in intellektuellen Kreisen aufgeschlossen gegenüber Homosexualität und interessiert an einer Reform traditioneller Rollenbilder. Virginia Woolf, Mitglied der *Bloomsbury Group*, einer progressiven Gruppe von Schriftstellern und Künstlerinnen in London, hat in ihren Romanen und Essays jedoch eindrücklich beschrieben, wie halbherzig die Emanzipation von Frauen ihrer Zeit verlief. In ihrer berühmten Schrift «A Room of One's Own» (1929) forderte Woolf für jede wissbegierige junge Frau «fünfhundert (Pfund) im Jahr und ein Zimmer» für sich allein, nebst Mut und dem Verzicht auf Kinderreichtum. Gerade das aber war für viele Frauen aus der Unterschicht nicht möglich. Sexualreformerinnen und fortschrittliche Ärzte engagierten sich zwar für einen günstigen Zugang zu Verhütungsmitteln. Doch allzu viele Frauen, ledige und verheiratete, erlebten noch immer eine unerwünschte, weil materiell, sozial oder gesundheitlich bedrohliche Schwangerschaft. Ausser in der Sowjetunion wurde der Schwangerschaftsabbruch in den 1920er-Jahren in keinem anderen Land vollständig legalisiert. Es blieb der modernen Frauenbewegung ab 1968 vorbehalten, das Recht auf den eigenen Bauch zu erkämpfen. Die «Goldenen Zwanzigerjah-

re» waren ein Jahrzehnt voller Widersprüche. An ihrem Ende steht der Börsencrash von 1929, der die Weltwirtschaftskrise einläutet und den Nazis den Aufstieg ebnet.

Doch allen nachfolgenden Katastrophen zum Trotz gilt die Liedzeile von Marlene Dietrich alias «Lola» aus dem Film «Der Blaue Engel» (1929/30) noch heute als Motto der *Roaring Twenties*:

*«Ich bin von Kopf bis Fuss auf Liebe eingestellt
ja, das ist meine Welt –
und sonst gar nichts.»*
GISELA HÜRLIMANN

Empfohlene Literatur
· Gerhard, Ute (Hg.): Feminismus und Demokratie. Europäische Frauenbewegungen der 1920er-Jahre. Königstein im Taunus 2001.
· Gosteli, Marthe (Hg.): Vergessene Geschichte. Illustrierte Chronik der Frauenbewegung 1914–1963, Band 2. Worblaufen 2000.
· Schrader, Bärbel; Scherbera, Jürgen: Die «Goldenen» Zwanziger Jahre. Kunst und Kultur der Weimarer Republik. Wien/Köln/Graz 1987.
· Wehler, Hans-Ulrich: Deutsche Gesellschaftsgeschichte. Band 4: Vom Beginn des Ersten Weltkriegs bis zur Gründung der beiden deutschen Staaten 1914–1949. München 2003.

Der totalitäre Staat und seine Gesellschaft

Tyrannis, Diktatur und Absolutismus hatten die Geschichte begleitet. Ein Tyrann, ein Diktator oder auch ein absoluter Monarch hatte von seinen Untertanen Gehorsam und Leistungen verlangt; wenn sie beides erbrachten, hatten sie ihr Privatleben führen können. Die Staatsform war stabil geblieben, die Herrschenden hatten möglichst nichts ändern wollen. Mit dem Sowjetkommunismus in Russland (ab 1917), dem Faschismus in Italien (ab 1922) und dem Nationalsozialismus in Deutschland (ab 1933) – auf den wir uns hier konzentrieren – entwickelten sich Herrschaftsformen, die zugleich Lebensformen waren: Die Untertanen mussten sich nicht nur unterwerfen und Leistungen erbringen, sondern auch ihr Privatleben, ja sogar ihre Gedanken und Gefühle gleichschalten lassen.

Ein totalitärer Staat manipuliert den Charakter jedes einzelnen Untertanen: mit Hilfe einer Vision, mit staatlichem Terror, einer gelenkten Wirtschaft, einer gleichgeschalteten Gesellschaft und einem Feindbild. Und er manipuliert ihn dauerhaft: Denn die Machthaber verändern sowohl ihre Herrschaft als auch Staat, Wirtschaft und Gesellschaft nach der Machtübernahme weiter. Dabei berufen sie sich auf ihre Vision einer «idealen» Gesellschaft.

Hitlers Vision ...

Am Anfang und am Ende – im letzten Satz von Hitlers politischem Testament – stand der nationalsozialistische Rassegedanke, die Überzeugung, dass verschwommen definierte «Arier» die Weltherrschaft übernähmen, sobald sie die Verschwörung ihrer Gegner niedergekämpft hätten. Diesen Kampf für ein «Tausendjähriges Reich» gewännen sie durch bedingungslosen Gehorsam gegenüber dem «Führer» Adolf Hitler und seiner NSDAP (Nationalsozialistische Deutsche Arbeiterpartei).

Staatlicher Terror ...

Der Kampf um die «Reinheit der Rasse» müsse nicht nur gegen aussen, sondern auch in der deutschen Bevölkerung geführt werden – je näher der «Feind», desto gefährlicher sei er. Hitler stilisierte seine Berufung zum Reichskanzler am 30. Januar 1933 zu einer «Machtergreifung» empor, ernannte die SA (Sturmabteilung) zur Hilfspolizei und stützte den Terror auf die SS (Schutzstaffel) und den Sicherheitsdienst ausserhalb staatlichen Rechts. Niemand konnte davor sicher sein oder sich schützen – das macht das Wesen des Terrors aus.

Gelenkte Wirtschaft ...

Reichsbankpräsident Hjalmar Schacht führte neben der Reichsmark eine zweite Währung für Unternehmen ein, den sogenannten «Mefo-Wechsel». Es handelte sich um Schuldanerkennungsscheine der Firma «Metallurgische For-schungsgesellschaft mbH». Mit diesen wie Geld handelbaren Wechseln konnte Hitlers Regierung mit den gleichen Währungsreserven mehr Schulden aufhäufen und durch Aufrüstung und Staatsaufträge die (ohnehin schon sinkende) Arbeitslosigkeit reduzieren. 1935 verbot Hitler die Veröffentlichung der Staatsrechnung. Als die ersten Schuldenrückzahlungen 1939 fällig wurden, löste er den Krieg aus und liess die überfallenen Staaten ausplündern. Im Frieden hätte sich die NSDAP nicht länger halten können.

Gleichgeschaltete Gesellschaft ...

Auch die einzelnen Menschen raubte das nationalsozialistische Regime systematisch aus: zuerst die vertriebenen, dann die eingesperrten und zuletzt die ermordeten. Während Demokratien wie die USA oder Grossbritannien die Kriegskosten durch Steuererhöhungen und Wehranleihen decken mussten, presste das nationalsozialistische Regime aus den besetzten Gebieten doppelt so viele Einnahmen zur Deckung der Kriegskosten heraus, wie das Deutsche Reich selbst aufbrachte.[1] Durch die Förderung der «rassisch» genehmen Familien, der (Hitler-)Jugend, der nationalsozialistischen Gewerkschaftsorganisation, der Kultur, der Unterhaltung und durch massive Propaganda verschaffte sich das Regime den Anstrich eines Wohlfahrtsstaates. Dies liess die Bevölkerung durchhalten, bis der Krieg in Deutschland selbst tobte. Und nun realisierte sie, dass sie sich auch den Befreiern von dieser Diktatur, den alliierten Mächten Sowjetunion, USA und Grossbritannien, bedingungslos unterwerfen musste.

... und ein «Feind»

Der Kampf gegen einen Feind war nicht nur aus wirtschaftlichen Gründen unabdingbar, sondern schweisste die (noch) nicht Verfolgten zusammen. Weil das Regime immer neue «Feinde» fand, trauten sich nur wenige, gegen die Verfolgungen zu protestieren. Kommunistisch, sozialdemokratisch, konservativ und liberal eingestellte Menschen, 1935 mit den Nürnberger Gesetzen definitiv auch Deutsche jüdischen Glaubens, Menschen ohne festen Wohnsitz, homosexuelle Menschen, unabhängig religiöse Menschen und Menschen mit einer Behinderung stempelte die nationalsozialistische Führung zu Feinden. Dabei liess sie ihren Opfern gar keine Möglichkeit, durch ihr Verhalten der Verfolgung zu entgehen; «Jude» oder «Jüdin» war man sogar, wenn man nicht jüdischen Glaubens war – die Abstammung gemäss nationalsozialistischen Regeln genügte. Und mit einer einzigartig fürchterlichen, nämlich industriell organisierten Methode vernichteten die Nationalsozialisten ihre Opfer. Diese Methode unterscheidet den Holocaust bzw. die Shoah von den andern Massenmorden, wie etwa Stalins Verhungernlassen von 3,5 Millionen Menschen in der Ukraine 1932/1933.

Ausgegrenzt ...

Öffentliche Demütigung wegen «Rassenschande», Fotografie von Unbekannt, Stetten (Deutschland), 19. August 1941. Wegen «Rassenschande» (einer Freundschaft) mit einem Polen wurden am 19. August 1941 der 33-jährigen Franziska Sch. auf dem Marktplatz von Stetten die Haare abgeschnitten. Da der Coiffeur Wilhelm Müller sich weigerte, musste dies sein Lehrling übernehmen. Anschliessend wurde Sch. mit dem Plakat «Ich bin eine Polendirne» durch den Ort geführt und für dreieinhalb Jahre im Konstanzer Gestapo-Gefängnis und im Konzentrationslager Ravensbrück inhaftiert. Ihr Mann, NSDAP-Mitglied und Soldat, liess sich von ihr scheiden. Am 20. Februar 1945 kehrte sie nach Stetten zurück. Ihre Kinder erhielt Sch. nur unter Schwierigkeiten zurück. Der Pole S. überlebte das Konzentrationslager und wollte Sch. 1945 heiraten. Sie lehnte jedoch ab.

... und eingeschlossen

Zuschauende Menschenmenge, Fotografie von Unbekannt, Ulm (Deutschland), Ende August 1941. Der 19-jährigen E. R. aus dem Landkreis Göppingen wurden auf dem Ulmer Marktplatz Ende August 1940 wegen ihrer Beziehung zu einem französischen Kriegsgefangenen öffentlich die Haare abgeschnitten. Das Foto der zuschauenden Menschenmenge erschien am 28. September 1940 im «Ulmer Sturm/ Ulmer Tagblatt» mit der Bildunterschrift «Spott und Verachtung standen in den Mienen der Tausenden geschrieben». Diese Veröffentlichung – zusammen mit dem Artikel «Dummes Geschwätz um eine Ehrlose» – war offensichtlich eine Reaktion auf kritische Stimmen aus der Bevölkerung.

Fotos und Informationen: Hesse, Klaus; Springer, Philipp: Vor aller Augen. Fotodokumente des nationalsozialistischen Terrors in der Provinz. Essen 2002. S. 128 (links) und S. 120 (rechts).

Eine Bilanz des Totalitarismus?

Im Jahr 2007 machte die Fernsehmoderatorin Eva Herman Schlagzeilen mit der oft vertretenen Behauptung, nicht alles am Dritten Reich sei schlecht gewesen – etwa die Autobahnen oder die Sorge für die kinderreichen Familien. Abgesehen davon, dass es sich bei diesen Aussagen um Mythen handelt (Autobahnen gab es in Deutschland schon vor dem Dritten Reich und die gebauten waren wegen Fahrzeugmangel gar nicht ausgelastet; nicht alle, sondern nur «rassisch» genehme Familien wurden unterstützt), stellen sich zwei grundsätzliche Fragen:

Kann man bei einem totalitären Regime die guten und schlechten Seiten gegeneinander abwägen? Kann man Hitlers Regime ohne Krieg und Gaskammern positiv beurteilen, wo es doch ohne Krieg und Verfolgung gar nicht zu finanzieren gewesen wäre? Und: Sind Techniken totalitärer Staaten nicht auch heute, nicht sogar auch in Demokratien möglich?   HANS UTZ

1   Nach Berechnungen von Götz, Aly: Hitlers Volksstaat. Frankfurt am Main 2005. S. 326.

Empfohlene Literatur
- Aly, Götz: Hitlers Volksstaat. Frankfurt am Main 2005.
- Besier, Gerhard: Das Europa der Diktaturen. München 2006.
- Roberts, David D.: The Totalitarian Experiment in Twentieth-Century Europe. Understanding the poverty of great politics. New York 2006.
- Wildt, Michael: Geschichte des Nationalsozialismus. Göttingen 2008.

Widerstand!
Der Spanische Bürgerkrieg

Der Spanische Bürgerkrieg dauerte von 1936 bis 1939. Er begann am 17. Juli 1936 mit einem Putsch nationalistischer Militärs gegen die am 16. Februar 1936 gewählte Regierung, die sich aus Mitgliedern republikanischer, sozialistischer und kommunistischer Gruppierungen zusammensetzte. Er endete mit dem Sieg des Generals Francisco Franco (1892– 1975), der in Spanien eine Diktatur errichtete. Erst 1977, zwei Jahre nach seinem Tod, fanden in Spanien wieder freie Wahlen statt. Die frankistische Diktatur konnte sich von den faschistischen Diktaturen des 20. Jahrhunderts (Italien, Portugal, Spanien, Deutschland) am längsten halten. Hatte sich dieser Entwicklung denn niemand entgegengestellt?

Widerstand gegen ein politisches System kann viele Formen annehmen. Er kann mit politischen Mitteln angegangen oder mit Waffengewalt geführt werden, er kann sich in aktivem Tun oder durch gezielte Passivität bzw. Verweigerung zeigen, es gibt Opposition innerhalb des Systems und Widerstand, der von aussen unterstützt wird, und schliesslich manifestiert er sich sowohl in individuellen wie auch in gemeinsamen Aktionen. In Lexika wird Widerstand mit unterschiedlichen Akzenten definiert, was darauf hindeutet, dass die Definition vom Kontext abhängt, in dem Menschen Widerstand leisten. Das Spektrum von Opposition, Resistenz, Kritik und Dissidenz ist sehr breit und entwickelt sich nach wie vor.

Solche Definitionen können helfen, soziale Phänomene zu beschreiben und zu erforschen. Gelegentlich mögen aus diesem theoretischen Wissen um Widerstandsformen auch tatsächliche politische Aktionen erwachsen. Wer jedoch wissen möchte, wie Frauen und Männer sich konkret gegen politische Verhältnisse gewehrt haben, aus welchen Motiven sie das taten und welche Konsequenzen das für sie hatte, erfährt am meisten aus den Lebensgeschichten einzelner Menschen.

Bürgerkrieg und internationaler Konflikt zugleich
Schon 1936 nahmen zahlreiche Menschen den spanischen Bürgerkrieg als einen Stellvertreterkrieg wahr. Sie waren überzeugt davon, dass es nicht allein um die Regierungsform Spaniens ging, sondern darum, ob sich in Europa «Kommunismus» oder «Faschismus», «Demokratie» oder «Diktatur» durchsetzen würde. Diese Wahrnehmung liess sich auch mit Fakten belegen: Hitler und Mussolini halfen den ihnen ideologisch nahe stehenden Frankisten mit Truppen und Kriegsmaterial. Im Gegenzug unterstützte die Sowjetunion diejenigen, die auf Seiten der Republik kämpften.

Die Vorstellung, dass es im Bürgerkrieg nicht ausschliesslich um spanische Interessen ging, sondern dass sich hier gleichzeitig auch ganz grundsätzlich zwei Ideologien gegenüberstanden, war und ist etwas sehr Abstraktes.

Denn eigentlich nahmen die Menschen aus konkreten persönlichen Interessen Partei in diesem Konflikt. Aber gerade weil diese Formulierung so abstrakt ist, ist sie auch so enorm mächtig. Denn auf diese Weise konnten sich die Frauen und Männer auf beiden Seiten vorstellen, sie kämpften für einen höheren Zweck. Und es ist genau diese Idee, die mobilisierend wirkt und es Menschen zugleich erlaubt, ihr Handeln zu rechtfertigen, so zweifelhaft es ihnen bei individueller Betrachtung vielleicht auch vorkäme.

Der Revolutionär: Bonaventura Durutti
Bonaventura Durutti (1896–1936) war ein anarchistischer Revolutionär. Durutti kämpfte auf der Seite der Republik gegen soziale und politische Verhältnisse, die er als Folgen des Kapitalismus identifizierte.[1] Wie zahlreiche andere Anarchistinnen und Anarchisten wollte auch er eine neue, gerechtere Gesellschaft. Verehrt und gefürchtet starb er 1936 als Anführer einer Kolonne von andalusischen Anarchisten, die Madrid gegen den Einmarsch von Francos Truppen verteidigten.

Nach wie vor wird darüber spekuliert, ob er von einem gegnerischen Soldaten erschossen wurde, den tödlichen Schuss versehentlich selbst abfeuerte oder einer sogenannten Säuberungsaktion innerhalb der Linken zum Opfer fiel. Gerade weil die Umstände seines Todes geheimnisvoll blieben, konnte Durutti zum Helden und zum Symbol werden: für den anarchistischen Gedanken, für die Hoffnung auf eine neue Gesellschaft und für den ideologischen Konflikt zwischen Bakunins Anarchismus und Marx' Kommunismus.

Der Interbrigadist: Hans Hutter
Solidarität war ein Wort, das dem Winterthurer Automechaniker und Maschinenschlosser Hans Hutter sehr wichtig war. Im Alter von 23 Jahren reiste er 1936 in mehreren Etappen heimlich über die Pyrenäengrenze nach Spanien. Wie viele spätere Interbrigadisten wollte auch er etwas gegen den Faschismus in Europa unternehmen, und er glaubte, dass eine starke Solidaritätsbewegung in Spanien den drohenden Weltkrieg verhindern könne.[2] Der überzeugte Pazifist war einer von 40 000 Freiwilligen aus aller Welt: Sie kamen aus Frankreich, Deutschland, Österreich, der Schweiz, Grossbritannien, Irland, Skandinavien, Ungarn, Bulgarien, Jugoslawien, Polen, der Sowjetunion, Kanada und den USA. Nur die wenigsten hatten eine militärische Ausbildung. Frauen engagierten sich meist hinter der Front, Männer beteiligten sich mehrheitlich am bewaffneten Guerillakampf. Während sich Franco auf italienische und deutsche Eliteeinheiten mit modernstem Material stützen konnte, mussten die Interbrigadisten mit veralteten Gewehren aus sowjetischen Beständen und viel Fantasie, vor allem aber Mut für ihre Sache einstehen. Hans Hutter war ein typischer Interbrigadist: jung, männlich, Arbeiter und voller Ideale und Hoffnungen.

Verletzter der Volksfrontarmee, Fotografie von Paul Senn, Spanien 1937.

«The Falling Soldier», Fotografie von Robert Capa, Cerro Muriano (Spanien), 5. September 1936.

Der Spanische Bürgerkrieg gilt auch als Medienkrieg. Zahlreiche Illustrierte, ein damals noch junges Medium, druckten Fotografien aus Spanien ab. Unter ihnen auch die wohl berühmteste Aufnahme: Robert Capas (1913–1954) fallender Spanienkämpfer, aufgenommen in Cerro Muriano, am 5. September 1936 für die Agentur Magnum. Auch der Schweizer Fotograf Paul Senn (1901–1953) fotografierte in Spanien, und auch er zeigte einen Interbrigadisten. Während jedoch Capas Bild zu einer Ikone wurde, blieb Senns Aufnahme weitgehend unbekannt, obwohl doch beide Fotografen dasselbe Sujet abbilden wollten.

Künstler: Picasso, Casals, Semprún

Es gab auch Widerstand gegen die Frankisten, der nicht mit Waffengewalt geführt wurde: Pablo Picasso (1881–1973) malte 1937, schockiert durch den verheerenden deutschen Luftangriff auf die baskische Stadt Guernica, ein 3,51 × 7,82 Meter grosses Bild, in dem er dieses Massaker künstlerisch verarbeitete. Er wollte damit politisch Stellung beziehen – auf der Leinwand und darüber hinaus. Picasso bestimmte, dass sein Werk in Spanien erst gezeigt werden dürfe, wenn dort demokratische Verhältnisse herrschten.

Der katalanische Cellist Pau Casals (1876–1973) weigerte sich, in Ländern aufzutreten, deren Regierung die Spanische Diktatur politisch anerkannte, und spielte am Ende seiner Konzerte immer dasselbe Lied: *El cant dels ocells* (Das Lied der Vögel), ein katalanisches Weihnachtslied, das jedoch durch Casals' politisch motiviertes Zeichen zum Symbol für den Widerstand gegen die Diktatur wurde.

Jorge Semprún, geboren 1923, kämpfte ab 1941 auf der Seite des kommunistischen Widerstands gegen die Frankisten. Zwei Jahre später verhaftete ihn die Deutsche Gestapo und Semprún wurde ins Konzentrationslager Buchenwald deportiert. Ab 1953 koordinierte er als Mitglied der kommu-nistischen Exilpartei Spaniens den Widerstand gegen die Diktatur Francos, wurde jedoch 1964 aus der Partei ausge-schlossen. Von 1988 bis 1991 war Semprún Spanischer Kul-turminister. Semprún hat mit seinem literarischen Werk viel zur Erinnerung an den Spanischen Bürgerkrieg beigetragen. Ihm und anderen Kulturschaffenden ist es zu verdanken, dass die Geschichtsschreibung nicht zur Siegergeschichte wurde. Widerstand kann auch heissen, Vergessen zu verhin-dern, Alternativen sichtbar zu erhalten, Verantwortung für die Erinnerung zu übernehmen.

ALEXANDRA BINNENKADE

1 Enzensberger, Hans Magnus: Der kurze Sommer der Anarchie. Buenaventura Durrutis Leben und Tod. Roman. Frankfurt am Main 1972. Zweite Glosse, S. 27–37.
2 Hutter, Hans: Spanien im Herzen. Ein Schweizer im Spanischen Bürgerkrieg. Zürich 1996. S. 14.

Empfohlene Literatur
· Bernecker, Walther L. (Hg.): Der Spanische Bürgerkrieg. Materialien und Quellen, 2. Auflage, Frankfurt am Main 1986.
· Enzensberger, Hans Magnus: Der kurze Sommer der Anarchie. Buenaventura Durrutis Leben und Tod. Roman. Frankfurt am Main 1972.

Die Täter im Holocaust und in den Genoziden des 20. Jahrhunderts

«Das Jahrhundert der Barbarei» überschrieb Karlheinz Deschner 1966 ein Buch über die Gräueltaten des 20. Jahrhunderts. Warum sind im 20. Jahrhundert wohl mehr Menschen umgebracht worden als in der Geschichte zuvor? Diese Frage treibt Forschende sowie Laien um – hier ihre Gedanken in geraffter chronologischer Reihenfolge.

Erste, allgemeine Erklärung Täter und Opfer wurden füreinander unsichtbar. Seit ungefähr 1900 ermöglichten Waffen das Töten auf Distanz: Kanonen schossen nun weiter, als die Kanoniere sahen. Die Ziele wurden ihnen von Artilleriebeobachtern übermittelt, die ihrerseits nicht für die Geschosse verantwortlich waren. Die im Ersten Weltkrieg eingesetzte Mine wurde vom Opfer gleich selbst ausgelöst. Giftgas, Handgranate, Maschinengewehrfeuer und Stacheldrahtverhau hoben ebenfalls den direkten Kontakt zwischen Täter und Opfer auf.

Während des Ersten Weltkrieges beschränkte sich dieses unpersönliche Töten auf das Schlachtfeld. Im Zweiten Weltkrieg trafen die Bombardements aus der Luft auch die Zivilbevölkerung der kriegführenden Staaten; und unter den Atomwaffen, die sogar durch Computerprogramme ausgelöst werden könnten, hätten heute alle Menschen zu leiden. Die Kriegsmaschinerie hat im 20. Jahrhundert stufenweise «Fortschritte» gemacht: Die Täter können ohne Kontakt zum Opfer effizienter töten. Die Opfer werden umgebracht, aber niemand ist sichtbar, der sie umbringt. So liess im ersten Genozid des 20. Jahrhunderts der Kommandeur Lothar von Trotha in Deutsch-Südwestafrika 1904 die in die Wüste getriebenen Herero verdursten und Stalin in der Ukraine 1932/33 rund 3,5 Millionen Menschen im «Holodomor» (ukrainisch für Massensterben durch Hunger) verhungern. Sogar der Holocaust, die Vernichtung[1] von rund sechs Millionen Jüdinnen und Juden, Sinti und Roma sowie anderen ausgegrenzten Minderheiten, wurde mit unpersönlichen Tötungsmethoden erklärt: In den Nürnberger Rassegesetzen von 1935 wurden Juden und Jüdinnen als eine «Rasse», ein «Volk» ausgegrenzt und besonders seit den Novemberpogromen 1938 verfolgt und enteignet. Nach dem Kriegseintritt der USA gab Hitler am 12. Dezember 1941 den Geheimbefehl zu ihrer Vernichtung aus, und in der Wannseekonferenz vom 20. Januar 1942 organisierten die Schreibtischtäter das industrialisierte Töten. Diese Schreibtischtäter brauchte es, denn der Holocaust ist der einzige Völkermord, bei dem ein «Volk» willkürlich definiert wurde.

Erster Einwand Aber die «Todesmühlen» der Vernichtungslager liefen nicht ohne Personal; von den im Holocaust Verfolgten wurde über die Hälfte nicht auf «industrielle» Art, sondern von Menschen eigenhändig umgebracht.

Zweite Erklärung Nach dem Zweiten Weltkrieg hielt man unter dem Eindruck der von den Alliierten veröffentlichten Fotos aus nationalsozialistischen Vernichtungslagern diese Täter für Monster, sadistisch veranlagte Menschen, die ihre Perversität im Holocaust auslebten. Ein Beispiel war der Arzt Josef Mengele (1911–1979), der seine Opfer erniedrigte, quälte und tötete – und sich 1949 unerkannt nach Lateinamerika absetzte.

Zweiter Einwand Aus Argentinien entführte der israelische Geheimdienst mit Adolf Eichmann (1906–1962) einen durchaus «normalen» Menschen. Vor israelischem Gericht verteidigte er sich mit der Begründung, dass er nur Befehle ausgeführt, dass er persönlich nie getötet, sondern nur Jüdinnen und Juden in die Vernichtungslager habe transportieren lassen.

Dritte Erklärung Die den Prozess beobachtende Gelehrte Hannah Arendt bezeichnete Eichmann als Verkörperung der «Banalität des Bösen». Totalitäre Regimes, so ihre Erklärung, könnten Menschen dazu bringen, ihre persönliche Verantwortung abzugeben und wie Maschinen zu handeln. Erleichtert werde ihnen dies durch den Befehl, der einzig die Wahl lasse, sich selbst oder aber andern zu schaden.

Dritter Einwand In den letzten zwanzig Jahren hat die Forschung noch genauer auf die Täterinnen und Täter geschaut. Neben perversen Menschen und willigen Befehlsempfängern hat sie «ganz normale Menschen» entdeckt, welche jüdische Menschen erschossen. Sie sahen ihre Opfer von Nahem, waren sich ihrer Handlungen bewusst – und begingen sie trotzdem. Aufgeschreckt hat die Erkenntnis, dass diese Menschen die Möglichkeit hatten, sich von solchen Erschiessungsaktionen freistellen zu lassen – und es trotzdem nicht taten.

Versuch einer vierten Erklärung Der 1938 aus Österreich geflohene Raul Hilberg (1926–2007) hat seit 1948 über den Holocaust geforscht. Er formuliert eine heute weitgehend akzeptierte Erklärung: Der Holocaust wurde von grösstenteils normalen Menschen in einer organisierten Zusammenarbeit vollzogen; die gemeinsame Überzeugung und Arbeits-teilung liess sie das Fürchterliche vollbringen. Die Organisation schränkt Informationen ein, bindet die beteiligten Menschen im Verbrechen aneinander *(blood kit)*, vermeidet Kritik und verbrämt das Verbrechen mit verschleiernden Ausdrücken («Endlösung»). Sie stellt Rechtfertigungen zur Verfügung: Man sei nur ein kleines Rädchen, das nicht den entscheidenden Schritt vollziehe, man leiste einen Beitrag zur Verteidigung der Nation und man

Öffentliche Hinrichtung der Jüdin Masha Bruskina, Fotografie von Unbekannt, Minsk, 26. Oktober 1941. Der Abwehroffizier der 707. Infanteriedivision der deutschen Wehrmacht liess am 26. Oktober 1941 zwei Männer und eine Frau in der weissrussischen Stadt Minsk in einer Fabrikeinfahrt öffentlich hängen, weil sie russischen Kriegsgefangenen zur Flucht aus dem Lazarett verholfen hatten. Um die Ermordung von Zivilpersonen plausibel zu machen, übernahmen Offiziere, wie auf dem Bild, gleich selbst die Hinrichtung als sogenannten «Ehrendienst». Die Frau trug ein Plakat vorgehängt, auf dem die Gruppe in russischer und deutscher Sprache als zum Tod verurteilte Partisanen bezeichnet wurde. Die Täter auf der Fotografie wurden nicht identifiziert, die Soldaten im Hintergrund sind litauische Hilfstruppen. Die siebzehnjährige Frau heisst Masha Bruskina und war Jüdin. Im Gegensatz zu den beiden nichtjüdischen Männern wird sie noch heute in Weissrussland nicht mit Namen genannt und nicht als Heldin anerkannt.

Die häufig seitenverkehrt abgebildete Fotografie stammt aus einer Serie, welche den Ablauf von der Vorführung der Opfer bis zu ihrem Tod zeigt. Obwohl die übernächste Fotografie mit der Gehängten sehr berührt, wird sie hier nicht gezeigt – aus Respekt vor Frau Bruskina. Denn sie drehte sich noch unter dem Galgen immer wieder vom Publikum weg und sogar ihrem Henker zu, was sehr ungewöhnlich ist und auch den Soldaten links zu irritieren scheint. Sie wollte also nicht angestarrt werden – wohl auch nicht von uns. Da das Fotografieren für Wehrmachtsangehörige verboten war und die Fotoserie nicht heimlich aufgenommen worden zu sein scheint, ist anzunehmen, dass der (unbekannte) Fotograf im Auftrag von Wehrmachtsoffizieren tätig war.

Nach Hamburger Institut für Sozialforschung (Hg.): Vernichtungskrieg. Verbrechen der Wehrmacht 1941 bis 1944. Hamburg 1996. S. 144.

wehre sich bloss gegen ein «Weltjudentum». Für Hilberg ist also nicht die Frage wichtig, welche Art von Menschen zu dieser Tat fähig war, sondern mit welchen Methoden Organisationen Menschen dazu verführen, ihre persönliche Mitverantwortung abzutreten für Verbrechen, die das 20. Jahrhundert zu einem «Jahrhundert der Barbarei» gemacht haben. Er meint, wir alle könnten dazu fähig sein.

HANS UTZ

1 «Vernichtung» steht hier für die nationalsozialistische Absicht, die Jüdinnen und Juden nicht «nur» zu ermorden, sondern auch die Erinnerung an sie zu tilgen.

Empfohlene Literatur

· Gerlach, Christian: Krieg, Ernährung, Völkermord. Deutsche Vernichtungspolitik im Zweiten Weltkrieg. Zürich 2001.
· Hilberg, Raul: The destruction of the European Jews. 3. Auflage. New Haven 2003 (1. Auflage 1961).
· Longerich, Peter: Politik der Vernichtung. Eine Gesamtdarstellung der nationalsozialistischen Judenvernichtung. München 1998.
· Paul, Gerhard (Hg.): Die Täter der Shoah. Fanatische Nationalsozialisten oder ganz normale Deutsche? Göttingen 2002. Insbesondere der Aufsatz von Gerhard Paul: Die Täter der Shoah im Spiegel der Forschung. S. 13–90.

Jüdische Kinder als Opfer des Nationalsozialismus

Das nationalsozialistische Regime hielt die jüdische Bevölkerung, ebenso wie Sinti und Roma, Homosexuelle oder Behinderte, für «minderwertig». Antisemitismus, also gegen Jüdinnen und Juden gerichtetes Gedankengut, war schon seit der Antike verbreitet. Als Ende des 19. Jahrhunderts gezielt Verschwörungstheorien in die Welt gesetzt wurden, wonach das Judentum die Weltherrschaft anstrebe, erhielt der Antisemitismus eine politische Dimension. Dies machte sich der Nationalsozialismus zunutze. Die Konzentrationslager des Deutschen Reichs und die systematische Tötung in den Gaskammern waren in erster Linie gegen das Judentum gerichtet.

Bereits mit der Machtübernahme 1933 begann das nationalsozialistische Regime die jüdische Bevölkerung systematisch auszugrenzen und zu diskriminieren. Zunächst riefen die Nationalsozialisten zum Boykott jüdischer Geschäfte auf, dann verbot die Regierung den jüdischen Menschen die Ausübung bestimmter Berufe. Mit den Nürnberger Rassengesetzen erklärte das Regime 1935 Jüdinnen und Juden zu Menschen zweiter Klasse, und als anlässlich der Novemberpogrome 1938 die Synagogen in Brand gesteckt wurden, kam es zu körperlicher Gewalt. Nun durften zudem jüdische Menschen keine öffentliche Schule absolvieren, nicht ins Schwimmbad gehen, kein Haustier besitzen, keine Konzerte und Kinos mehr besuchen, sich nicht auf eine Parkbank setzen und so weiter. Ab 1941 mussten die jüdischen Menschen den gelben «Judenstern» an der Kleidung aufgenäht tragen.

Bis 1941 förderte das Regime zunächst die Auswanderung der jüdischen Bevölkerung, bereicherte sich aber auch daran: Wer ausreiste, durfte nur wenig Bargeld und Gegenstände mit sich führen und musste eine hohe «Reichsfluchtsteuer» entrichten. Die Flucht der europäischen Jüdinnen und Juden vor dem Terror der Nationalsozialisten wurde zusätzlich dadurch erschwert, dass sie in den meisten Ländern unerwünscht waren, weil auch hier antisemitisches Gedankengut vorhanden war.

Die nationalsozialistische Verfolgung liess jedoch viele Menschen nicht unberührt. Es bildeten sich Hilfswerke und Organisationen, die sich der Verfolgten annahmen. Vor allem das Schicksal der Kinder rüttelte auf. England nahm 10 000, die Schweiz 300 jüdische Kinder auf, um ihnen für die Zeit des Krieges Asyl zu gewähren. Dies bedeutete aber die Trennung dieser Kinder von ihren Eltern. Viele Eltern waren verständlicherweise nicht bereit, sich in dieser Not von den eigenen Kindern zu trennen – in der dunklen Ahnung, sie nie wieder zu sehen.

Überleben durch Emigration und Untertauchen

Werner Rindsberg rettete sein Leben durch Emigration. Nach der Reichskristallnacht 1938 war er als 14-Jähriger für drei Tage im Gefängnis gewesen, während sein Vater einige Wochen in Dachau inhaftiert worden war. Rindsbergs Eltern hatten gehört, dass Belgien 500 deutsche und österreichische Kinder aufzunehmen bereit war. Im Juni 1939 konnte der 15-jährige Rindsberg nach Brüssel ausreisen. Seine beiden jüngeren Brüder, 11 und 13 Jahre alt, blieben bei den Eltern in Deutschland. In Brüssel lebte Rindsberg in einem Heim mit etwa 50 Jungen im Alter von 6 bis 16 Jahren. Als im Mai 1940 Belgien und Nordfrankreich von den Deutschen besetzt wurden, flüchteten diese Kinder nach Südfrankreich in ein Heim, das von einer schweizerischen Hilfsorganisation geleitet wurde. Mit der Hilfe von Verwandten konnte Rindsberg 1941 nach New York ausreisen. Er wurde 1943 amerikanischer Soldat, erlangte dadurch die amerikanische Staatsbürgerschaft und lebt heute in den USA. Seine Eltern und Geschwister hingegen wurden von den Nationalsozialisten deportiert und ermordet.

Anderen gelang es, ihr Leben durch Untertauchen zu retten. Allein in Berlin versteckten sich etwa 5000 Jüdinnen und Juden, 1400 von ihnen überlebten so den nationalsozialistischen Terror. Da es gefährlicher war, eine ganze Familie zu verstecken, trennten sich die Familienmitglieder oft. So nahmen «arische» Familien gefährdete jüdische Kinder unter einer falschen Identität auf. Es ist schwer zu ermessen, was es für ein Kind bedeutet, wenn es seinen richtigen Namen vergessen muss und die bange Frage nach dem Schicksal seiner leiblichen Eltern nie beantwortet wird. Ein solches Kind ist die 1937 geborene polnische Schriftstellerin Hanna Krall. Sie überlebte versteckt im deutsch besetzten Polen und hat ihre Lebensgeschichte beispielsweise im Roman «Die Untermieterin» (1986) literarisch verarbeitet.

Kinder in deutschen Konzentrationslagern

Wer nicht emigrieren oder untertauchen konnte, war als jüdischer Mensch in Deutschland und in den deutsch besetzten Gebieten von der Deportation in ein Konzentrationslager (KZ) bedroht. 1941 wurde die Ausreise für Jüdinnen und Juden verboten. Die Absicht des Regimes war nun nicht mehr die Abschiebung der jüdischen Bevölkerung, sondern deren physische Auslöschung. Die Lager waren nicht nur ein Instrument des politischen Terrors, sondern dienten der deutschen Wirtschaft auch als Reservoir für unbezahlte Arbeitskräfte. Vor ihrem Tod in der Gaskammer wurden die Deportierten noch zur Sklavenarbeit ausgenutzt. 1944 gab es insgesamt 22 Hauptlager und über 1200 Nebenlager und Aussenkommandos.

Über die Kinder in diesen Lagern gibt es keine verlässlichen statistischen Angaben, da Kinder bis zum dritten Lebensjahr keine eigene Nummer[1] erhielten. Kleine Kinder blieben bei ihren Müttern oder lebten in Kindergruppen. Ab 12 Jahren galten sie als Arbeitskräfte und mussten wie die

Puppe aus Auschwitz, Fotografie von Unbekannt (Sammlung Yad Vashem, Jerusalem 1997).
Die nationalsozialistische Rassenpolitik verschuldete den Tod von rund sechs Millionen jüdischen Menschen. 1,2 Millionen davon, also fast ein Viertel, waren Kinder. Wie die Erwachsenen waren sie der Flucht und Verfolgung, der Deportation, der Ausbeutung und dem Tod in den Gaskammern ausgeliefert. Ihr Spielzeug reflektiert ihre schreckliche Lebenswelt. Eine Überlebende aus Auschwitz erinnerte sich: «Sie spielten [...] ‹Appell› mit ‹Mützen ab!›, sie spielten die Kranken, die beim Appell ohnmächtig wurden und dafür Schläge bezogen [...]. Einmal spielten sie auch ‹Gaskammer›.»
Bamberger, Edgar; Ehmann, Annegret (Hg.): Kinder und Jugendliche als Opfer des Holocaust. Berlin 1995. S. 65.

Erwachsenen bis zur völligen Erschöpfung arbeiten. Hunger, Kälte, Ungeziefer und Krankheit, stundenlange Zählappelle und körperliche Gewalt gehörten zum Alltag. Im Lager geborene Kinder überlebten selten die ersten Tage; jüdische Neugeborene wurden von der SS in der Regel sofort ermordet. Nur wenige Kinder überlebten die Deportation in ein Konzentrationslager.

Zu ihnen gehört die 1931 in Wien geborene Ruth Klüger. Als 11-Jährige wurde sie deportiert, zuerst nach Theresienstadt, dann nach Auschwitz. Bereits die Fahrt im Viehwaggon erlebte sie als Albtraum: «Noch jetzt, wenn ich Güterwagen sehe, überläuft es mich. [...] Die Türen waren hermetisch geschlossen, Luft kam durch ein kleines Viereck von einem Fenster. Es kann sein, dass es am anderen Ende des Waggons ein zweites solches Fenster gab, aber dort war Gepäck angehäuft. [...] Panik. Ausdünstung der Körper, die es nicht mehr aushielten in der Hitze und in einer Luft, die mit jeder Minute zum Atmen ungeeigneter wurde.»[2] Und so erinnert sich Ruth Klüger an das Lager selbst: «Die physische Erinnerung an Auschwitz sind Hitze (beim Appell), Gestank (der Rauch überm Lager) und vor allem der Durst.»[3] Die im Lager befindlichen Kinder wurden noch nicht als Arbeitskräfte eingesetzt: «‹Was habt ihr Kinder in Auschwitz gemacht?› hat mich neulich jemand gefragt. ‹Habt ihr gespielt?› Gespielt! Appell gestanden sind wir. In Birkenau bin ich Appell gestanden und hab Durst und Todesangst gehabt. Das war alles, das war es schon.»[4] Weil sich die 12-Jährige

als 15-Jährige ausgab, kam sie für einen Arbeitseinsatz in ein anderes Lager, nach Christiansstadt. Dort musste sie Schwerstarbeit verrichten: Holz hacken, Schienen tragen, im Steinbruch arbeiten. Sie konnte jedoch zusammen mit ihrer Mutter flüchten und überlebte.

Der nationalsozialistische Plan, die jüdische Bevölkerung auszulöschen, ging nicht auf: Menschen wie Werner Rindsberg, Hanna Krall und Ruth Klüger überlebten. Ihr Schicksal zeigt, dass Jüdinnen und Juden nicht passive Opfer waren, sondern dank Überlebensstrategien und der Hilfe anderer ihr Leben retten konnten.   ANTONIA SCHMIDLIN

1 Alle KZ-Häftlinge, die nicht sogleich nach ihrer Ankunft im Lager in der Gaskammer umgebracht wurden, weil sie nicht als Arbeitskräfte hätten dienen können, erhielten eine Nummer, die ihnen eintätowiert wurde. Dies galt auch für Kinder.
2 Klüger, Ruth: Weiter leben: eine Jugend. Göttingen 1992. S. 107–108.
3 Klüger, a.a.O., S. 120.
4 Klüger, a.a.O., S. 118.

Empfohlene Literatur
· Friedländer, Vera: Die Kinder von La Hille. Flucht und Rettung vor der Deportation. Berlin 2004.
· Klüger, Ruth: Weiter leben: eine Jugend. Göttingen 1992.
· Krall, Hanna: Die Untermieterin. Frankfurt am Main 1986.
· Stern, Carola; Brodersen, Ingke (Hg.): Eine Erdbeere für Hitler. Frankfurt am Main 2005.

Konsum, Wettrüsten, Unabhängigkeit

Dem Katastrophenzeitalter von 1914 bis zum Ende des Zweiten Weltkrieges folgt vor allem im westlichen Europa eine Phase aussergewöhnlichen Wirtschaftswachstums und gesellschaftlichen Wandels. Europäische Mächte, die sich seit Jahrhunderten um die Vorherrschaft in der Welt bekämpft haben, werden zu Partnern. Die zweite Hälfte des «Kurzen 20. Jahrhunderts» wird beherrscht durch die permanente atomare Bedrohung des Kalten Krieges, der vier Jahrzehnte zwischen dem kapitalistischen Lager unter der Führung der USA und dem kommunistischen Lager unter der Führung der Sowjetunion geführt wird. Im Zuge der Dekolonisation brechen die riesigen Kolonialreiche auseinander, die vor und während des imperialistischen Zeitalters aufgebaut worden waren. Der israelisch-arabische Juni-Krieg von 1967 verschärft den seit 1948 andauernden Nahostkonflikt. Der Zerfall der Sowjetunion 1991 markiert das Ende des Kalten Krieges.

1950 – 1960 Wirtschaftswunder Westeuropa

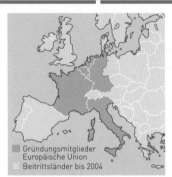

Gründungsmitglieder Europäische Union
Beitrittsländer bis 2004

In den 1950er-Jahren setzt in Westeuropa eine wirtschaftliche Wachstumsphase ein, die das Leben der gesamten Gesellschaft verändert. Die Menschen werden zu «Konsumentinnen und Konsumenten», die sich immer mehr Dinge leisten können, um ihren Alltag zu erleichtern. Bei der Gestaltung ihres Lebens orientieren sie sich am Vorbild des «American Way of Life». Auch auf politischer Ebene vollzieht sich nach dem Zweiten Weltkrieg ein Wandel: Um für gemeinsame Probleme gemeinsame Lösungen zu finden, gründen die europäischen Mächte neue Institutionen, aus denen unter anderem die heutige Europäische Union (EU) hervorgeht, und verwandeln den Kontinent der Kriege in einen Kontinent der Kooperation.

1946 Schweiz nimmt diplomatische Beziehungen zur UdSSR auf
1947 Marshallplan: wirtschaftliches Wiederaufbauprogramm der USA für Westeuropa
1948 Gründung der Organisation für wirtschaftliche Zusammenarbeit und Entwicklung (OECD)
1948 Erster Selbstbedienungsladen in der Schweiz (Migros)
1949 Proklamation der Volksrepublik China
1949 Gründung der «North Atlantic Treaty Organization» (NATO)
1950 «Schwarze Listen» von US-Senator McCarthy
1950 Besetzung Tibets durch die Volksrepublik China
1953 Beginn der europäischen Einigung: Gründung der europäischen Wirtschaftsgemeinschaft (EWG)
1956 Ungarischer Volksaufstand gegen sowjetische Unterdrückung
1959 Kubanische Revolution
1959 «Zauberformel» regelt Zusammensetzung des Schweizer Bundesrats

1960 – 1970 Eine geteilte Welt

Unabhängigkeitserklärungen
■ vor 1945
■ 1945 bis 1959   ■ 1970 bis 1989
■ 1960 bis 1969   1990 bis 2008

Der Kalte Krieg, ein zwischen dem kapitalistischen «Westen» und dem kommunistischen «Osten» ausgetragener Systemkonflikt, wandelt sich in den 1960er-Jahren: Die Supermächte USA und Sowjetunion vermeiden die direkte Konfrontation und suchen ihren Einflussbereich zu erweitern. Atomares Wettrüsten und die Doktrin der gegenseitig zugesicherten Vernichtung lassen zwischen ihnen ein «Gleichgewicht des Schreckens» entstehen. Zur gleichen Zeit erringen über 50 Länder in Afrika ihre Unabhängigkeit und beenden somit formell die Fremdherrschaft der europäischen Kolonialmächte. Trotz politischer Unabhängigkeit bleibt die wirtschaftliche Abhängigkeit der afrikanischen Länder von den Industriestaaten bestehen.

1931 Gründung des «Commonwealth of Nations»
1950 – 1953 Koreakrieg: Stellvertreterkrieg USA – China
1954 – 1962 Unabhängigkeitskrieg in Algerien
ab 1960 Dekolonisation Afrikas
1961 Bau der Berliner Mauer
1961 Sowjetischer Kosmonaut Juri Gagarin reist als erster Mensch ins Weltall
1962 Kubakrise: USA und Sowjetunion stehen kurz vor einer nuklearen Eskalation
1963 Einrichtung des «heissen Drahtes» zwischen der Sowjetunion und den USA
1964 – 1975 Vietnamkrieg: Stellvertreterkrieg USA – Sowjetunion / China
1966 Kulturrevolution in China
1968 Abschluss des Atomwaffensperrvertrags
1968 Tschechoslowakei: Truppen der kommunistischen Staaten Osteuropas unterdrücken den «Prager Frühling»
1969 Grenzkonflikt zwischen der Sowjetunion und China

1960 – 1970 Gesellschaft im Wandel

Einführung des Frauenstimmrechts
- bis 1960
- bis 1969
- 1970
- 1971
- 1972
- 1989/90

Wie im restlichen Westeuropa vollzieht sich in der Schweiz in den 1960er-Jahren ein grundlegender gesellschaftlicher Wandel. Mehrere Kantone führen ab 1959 das kantonale und kommunale Frauenstimm- und -wahlrecht ein; die Einführung des eidgenössischen Frauenstimmrechts folgt 1971. Neben politischer Mitbestimmung fordert die neue Frauenbewegung gleiche Ausbildungsmöglichkeiten, Aufstiegschancen und Löhne für Frauen wie für Männer. 1964 verbessert das «Italienerabkommen» die Lebensbedingungen der italienischen Saisonniers. Die zunehmende Einwanderung löst eine fremdenfeindliche Bewegung aus.

1959 Frauenstimmrecht auf eidgenössischer Ebene abgelehnt
1960 Antibabypille kommt auf den Markt
1960 Gründung der Europäischen Freihandelszone (EFTA)
1963 Ermordung von US-Präsident John F. Kennedy
1964 Lancierung der ersten eidgenössischen Überfremdungsinitiative als Reaktion auf das «Italienerabkommen»
1968 Entstehung der Neuen Frauenbewegung
1968 Weltweite Studenten- und Jugendunruhen: Niederschlagung des «Prager Frühlings»
1968 Ermordung von Martin Luther King
1969 Marsch nach Bern: Radikalisierung des Frauenstimmrechtskampfes
1970 Schweiz: «Schwarzenbach-Initiative» gegen «Überfremdung» wird nur knapp abgelehnt
1971 Schweizer Frauen erhalten Stimm- und Wahlrecht auf eidgenössischer Ebene

1970 – 1980 Blickpunkt Naher Osten

Israel seit 1949
von Israel 1967 besetzte Gebiete
Libanon, Golan, Syrien, Westjordanland, Gaza-Streifen, Israel, Jordanien, Sinai, Ägypten, Saudi-Arabien
1967

Der Juni-Krieg 1967 verändert die geopolitischen Realitäten im Nahen Osten wie auch das Selbstverständnis der beteiligten Staaten: Nachdem Israel seinen arabischen Nachbarn militärisch eine klare Niederlage zugefügt hat, kontrolliert es ein Territorium, das um ein Vielfaches grösser ist als sein ursprüngliches Staatsgebiet. Die Besatzungspolitik Israels stösst bei den arabischen Staaten sowie bei der UNO auf grossen Widerstand. 1973 verhängen die arabischen Ölförderstaaten gegen die israelfreundlichen Staaten des Westens ein Ölembargo und führen den Industrienationen deren Abhängigkeit vom Erdöl vor Augen. Trotz verschiedener Vermittlungsbemühungen bleibt der Nahostkonflikt bis heute ungelöst.

1948 Gründung Israels: 1. arabisch-israelischer Krieg
1956 Suezkrise und 2. arabisch-israelischer Krieg
1960 Gründung der Organisation Erdöl exportierender Länder (OPEC)
1967 Arabisch-israelischer «Sechstagekrieg»: Niederlage Ägyptens, Syriens und Jordaniens
1967 UNO fordert Israels Rückzug aus besetzten Gebieten
1973 Arabisch-israelischer Jom-Kippur-Krieg: Überraschungsangriff auf von Israel besetzte Gebiete
1973 Ölkrise: Inflation und wirtschaftliche Rezession in westlichen Industriestaaten
1974 PLO-Chef Arafat fordert vor UNO Palästinenserstaat
1974 Gründung der Internationalen Energieagentur (IAEA)
ab 1975 Nordseepipeline fördert Nordseeöl nach Grossbritannien
1979 Unterzeichnung des ägyptisch-israelischen Separatfriedensvertrages in Washington
1979 Ayatollah Khomeini ruft «Islamische Republik Iran» aus

1980 – 1990 Atomare Bedrohung

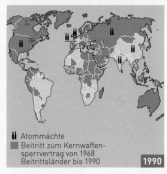

Atommächte
Beitritt zum Kernwaffensperrvertrag von 1968
Beitrittsländer bis 1990
1990

Infolge der Entwicklung von zielgenaueren Raketen und Marschflugkörpern scheint Anfang der 1980er-Jahre ein Atomwaffenkrieg zwischen den Supermächten wieder möglich. Auf Initiative der Sowjetunion einigen sich die Supermächte jedoch auf eine schrittweise Abrüstung der Atomwaffen. Damit beginnt das Ende des Kalten Krieges, das durch den Zerfall der Sowjetunion endgültig besiegelt wird. Die atomare Bedrohung äussert sich auch in der Reaktorkatastrophe in Tschernobyl, deren radioaktive Strahlung weite Teile Europas erreicht und viele Menschen in der Schweiz zu umweltpolitischem Handeln mobilisiert.

1979 NATO-Beschluss über eventuelle Stationierung neuer Mittelstreckenraketen in Europa
1979 Einmarsch sowjetischer Truppen in Afghanistan
1983 Präsident Reagans «Star-War»-Doktrin
1984 «Waldsterben» bewegt die Schweizer Gesellschaft
1985 Gorbatschow wird Generalsekretär der KPdSU
1986 Super-GAU im KKW Tschernobyl
1986 Chemiekatastrophe in Schweizerhalle bei Basel
1987 Vertrag über die Abrüstung von Mittelstreckenraketen in Europa
1989 Fall der Berliner Mauer
1990 Annahme der eidgenössischen Atomenergieinitiative
1990 Wiedervereinigung Deutschlands
1991 Auflösung der Sowjetunion

Die Wirtschaftwunderzeit –
Leben im Konjunktur-Cha-Cha-Cha

Wer Menschen, die die 1950er-Jahre erlebt haben, danach befragt, was typisch für diese Zeit sei, bekäme wohl ganz unterschiedliche Antworten. Jemand aus Deutschland würde sich an andere Dinge erinnern als jemand aus der Schweiz oder aus Italien, Frauen etwas anderes in den Vordergrund stellen als Männer. Doch so unterschiedlich die erzählten Details auch wären, so würde sich doch – zumindest in Westeuropa – ein Begriff als roter Faden durch alle Gespräche ziehen: Konsum. Dieser Begriff ist ein Schlüssel zum Verständnis jener Zeit und der damaligen Gesellschaft.

Die damalige Konsumkultur prägt auch unser heutiges Bild von den 1950er-Jahren. Wir kennen diese Zeit vor allem von den vielen bunten Werbeplakaten, den Schallplattenhüllen, Schlagern, Kinofilmen und Illustriertenreportagen. Frauen und Männer, Jung und Alt träumten davon, sich eines Tages Dinge leisten zu können, die ihren Alltag bereicherten: ein Auto, einen Plattenspieler oder eine Waschmaschine. Voraussetzung für die Konsumträume der meisten Menschen in Europa waren die stabilen politischen Verhältnisse, die unter den Vorzeichen des Kalten Krieges dies- und jenseits des Atlantiks herrschten. Die politische Konkurrenz zwischen den zwei Blöcken wurde auch zum Argument für verstärkten wirtschaftlichen Austausch im jeweils eigenen Lager, wobei der Wiederaufbau in ganz Europa für Aufträge sorgte. Insbesondere die Schweizer Unternehmen konnten davon profitieren, dass ihre Produktionsanlagen nicht zerstört worden waren und sie gleich nach Kriegsende mit voller Kraft ins Exportgeschäft einsteigen konnten.

Politische Harmonie in der Schweiz

Auch innenpolitische Veränderungen trugen massgeblich zum Aufschwung bei: Noch bis Anfang der 1950er-Jahre war die Schweiz mit umfassenden bundesrätlichen Vollmachten regiert worden. Nun aber fand die Schweiz zur Demokratie zurück und entwickelte nach und nach das Konkordanzsystem, bei dem alle grossen Lager und Interessengruppen in den politischen Entscheidfindungsprozess einbezogen wurden. Überdies banden die bürgerlichen Parteien 1959 die bislang oppositionelle Sozialdemokratie mit einem zweiten Bundesratssitz endgültig in die Regierungsverantwortung ein.[1] Arbeitgeber- und Arbeitnehmerverbände betrachteten sich gegenseitig nicht mehr als «Klassenfeinde», sondern als «Sozialpartner», die sich politisch und wirtschaftlich in wesentlichen Punkten einig waren. Diese innenpolitische Harmonie ermöglichte weitere folgenreiche Veränderungen, welche die Schweizer Gesellschaft bis heute prägen: In den 1950er-Jahren legte die Schweiz wie die meisten europäischen Staaten den Grundstein zum Aufbau des Sozialstaates und schuf damit das notwendige Fundament für den folgenden wirtschaftlichen Aufschwung.[2]

Konjunktur-Cha-Cha-Cha
Musik: Paul Durand / Text: Kurt Feltz (1960)

Gehn' Sie mit der Konjunktur,
gehn' Sie mit auf diese Tour,
nehm' Sie sich Ihr Teil, sonst schäm' Sie sich
und später gehn' Sie nicht
zum grossen Festbankett.
Gehn' Sie mit der Konjunktur,
gehn' Sie mit auf diese Tour,
sehn' Sie doch, die andern steh'n schon dort
und nehm' die Creme schon fort
beim grossen Festbankett.

Man ist, was man is(s)t nicht durch den inneren Wert,
den kriegt man gratis, wenn man Strassenkreuzer fährt
man tut, was man tut nur aus dem Selbsterhaltungstrieb,
denn man hat sich nur selber lieb.

Drum: gehen' Sie mit der Konjunktur,
Gehn' Sie mit auf diese Tour
Holen Sie sich ihre Kohlen wie der Krupp von Bohlen aus
dem grossen Weltgeschäft.
ho joho ho joho ho c'est la vie
oh joho ho joho ho und ich singe oh jo ho joho ho joho ho…
[…]

American Way of Life

Die wirtschaftliche Wachstumsphase, die in den 1950er-Jahren einsetzte und bis Anfang der 1970er-Jahre dauerte, veränderte sowohl das Leben einzelner Männer, Frauen und Familien wie auch die gesamte Gesellschaft. Konsumentinnen und Konsumenten waren immer mehr in der Lage, lang erträumte Gegenstände zu kaufen. Das Wohlstandsgefühl drückte sich in Schlagern, Kinofilmen, Illustriertenreportagen aus. Menschen dies- und jenseits des Atlantiks, die sich zum «Westen» zählten, hörten Elvis Presley und tanzten Rock'n'Roll, schauten rührselige Heimatfilme und nervenaufreibende Western oder fotografierten eifrig für ihr Familienalbum. Sie teilten nicht nur eine politische Grundüberzeugung – die einer pluralistischen, kapitalistischen Demokratie – und eine mehrheitsfähige Unterhaltungskultur, sie gestalteten auch ihren Alltag in ähnlicher Weise. Immer mehr Menschen kauften in Selbstbedienungsläden ein, unternahmen Ferienreisen, richteten in ihren Häusern Badezimmer mit Duschen ein oder bereiteten Gerichte wie zum Beispiel «Toast Hawaii» zu. Bei der Gestaltung ihres Lebens waren sie von einer Vorstellung geleitet, die sie als den *American Way of Life* bezeichneten.

Werbebild für die Autofirma Citroën, Fotografie von Yvan Dalain, 1958 oder 1959. Yvan Dalain (1927–2007) war ein preisgekrönter Waadtländer Fotojournalist, Fernsehmoderator und Regisseur, der nicht nur den Alltag, sondern auch Träume seiner Zeit ins Bild setzte. Diese Aufnahme hat im Original keinen Untertitel, es handelt sich um ein Werbebild für die Autofirma Citroën von 1958 oder 1959. Wir haben uns daran gewöhnt, dass mit Frauen für Motorfahrzeuge geworben wird, doch wird uns dort häufig ein ganz anderes Frauenbild vermittelt. Die Aufnahme ist eine zeitgenössisch-moderne Fotografie, ein werbewirksames Versprechen und ein scharfsinniger Kommentar zugleich. Alles ist bis ins kleinste Detail inszeniert: Kleidung, Körperhaltung, Blickkontakt, die beiden Fahrzeuge, die Perspektive. Dalains Aufnahme ist ebenso «typisch» für die Zeit des Wirtschaftswunders wie seine Biografie.

Kritik und Vorbehalte

Was damit genau gemeint war, war damals vermutlich genauso vieldeutig wie heute. Die USA waren ein viel versprechendes Vorbild, ein Ort persönlicher und gemeinsamer Hoffnungen und Sehnsüchte, das Land der Moderne, des Fortschritts, der Freiheit und der Zukunft. Zahlreiche Neuerungen stammten von dort, zum Beispiel der Selbstbedienungsladen, der seit 1948 auch in der Schweiz immer alltäglicher wurde, oder das wirtschaftlich enorm erfolgreiche Konzept der Fliessbandproduktion, das dem Hersteller billigere Produktion und den Käuferinnen und Käufern erschwinglichere Preise ermöglichte. Zugleich war die amerikanische Gesellschaft auch Spiegel vieler Ängste: Die Menschen dort schienen auf ungesunde Weise in einem immer stärker beschleunigten Alltag zu leben, sie galten als materialistisch, also nur auf den Besitz und Konsum von Gütern ausgerichtet. Nicht wenige Europäerinnen und Europäer fürchteten, in einer amerikanisierten Gesellschaft werde der einzelne Mensch in der Masse verschwinden – oder gerade im Gegenteil: Wenn jede und jeder nur auf den eigenen Profit bedacht war, würde jegliches Solidaritätsgefühl verschwinden.

Diese widersprüchliche Gleichzeitigkeit brachte der Schweizer Musiker Hazy Osterwald witzig und kritisch auf den Punkt. Sein «Konjunktur-Cha-Cha-Cha» stammt aus dem Jahr 1960 und ist zum Schlager des Wirtschaftswunders geworden. «Gehn' Sie mit der Konjunktur» empfahl der

Sänger seinem Publikum, das anfänglich noch entspannt mitwippte, dem jedoch nach und nach das Lachen im Hals steckenblieb.　ALEXANDRA BINNENKADE

1　Vgl. Morandi, Pietro: Konkordanz-Demokratie, in: Historisches Lexikon der Schweiz (HLS). Version vom 28. 8. 2007 verfügbar unter: www.hls-dhs-dss.ch/textes/d/D10095.php [Aufruf vom 2. 4. 2009]; und: Ineichen, Andreas: Zauberformel, in: Historisches Lexikon der Schweiz (HLS). Version vom 29. 8. 2005 verfügbar unter: www.hls-dhs-dss.ch/textes/d/D10097.php [Aufruf vom 2. 4. 2009].

2　Vgl. Degen, Bernard: Sozialstaat, in: Historisches Lexikon der Schweiz (HLS). Version vom 11. 2. 2005 verfügbar unter: www.hls-dhs-dss.ch/textes/d/D9932.php [Aufruf vom 2. 4. 2009].

Empfohlene Literatur
· Andersen, Arne (Hg.): Perlon, Petticoats und Pestizide: Mensch-Umwelt-Beziehung in der Region Basel der 50er Jahre. Ausstellungskatalog. Basel 1994.
· Brändli, Sibylle: Der Supermarkt im Kopf, Konsumkultur und Wohlstand in der Schweiz nach 1945. Wien 2000.
· Menschen in Zeit und Raum, Band 9: Viele Wege – eine Welt. Buchs 2008.
· Tanner, Jakob et al. (Hg.): Geschichte der Konsumgesellschaft. Märkte, Kultur und Identität (15.–20. Jahrhundert). Zürich 1998.

Europa: vom Krieg zur Kooperation – wie kam es dazu?

Nach dem Zweiten Weltkrieg setzte in Europa ein bemerkenswerter Wandel ein: Die europäischen Mächte, die sich seit Jahrhunderten um die Vorherrschaft in der Welt bekämpften, wurden zu Partnern. Um für gemeinsame Probleme gemeinsame Lösungen zu finden, gründeten sie neue Institutionen, aus denen schliesslich die Europäische Union (EU) hervorging. In einem Prozess, den man als «europäische Integration» bezeichnet, verwandelte sich der Kontinent der Kriege in einen Kontinent der Kooperation. Wie kam es dazu? Politikerinnen und Politiker sowie Forschende haben in den letzten Jahrzehnten darauf unterschiedliche Antworten formuliert.

«Wenn es ‹Europa› gibt, dann nur weil es die Amerikaner wollen.»[1] Der britische Historiker Norman Stone erinnert mit dieser These an die Zeit unmittelbar nach dem Zweiten Weltkrieg: Deutschland war durch die alliierten Siegermächte USA, Grossbritannien, Frankreich und die Sowjetunion besetzt. Der Kontinent war verwüstet, die Menschen von Krieg und Vernichtung erschöpft. Frankreich und Grossbritannien fehlten die Mittel, um den Wiederaufbau des Kontinents und die Friedenssicherung alleine voranzutreiben. Dass es in dieser Situation nicht erneut zu Konflikten, sondern – im Gegenteil – zu einer neuen Form der Kooperation zwischen europäischen Regierungen kam, sei der Initiative des US-amerikanischen Aussenministers George C. Marshall zu verdanken gewesen. Die amerikanische Regierung stellte umfangreiche finanzielle Hilfe in Aussicht – unter einer Bedingung: Die Europäer sollten eine gemeinsame, unabhängige Organisation gründen, die die Auszahlung der Gelder koordinierte und überwachte. Diese Aktion ging als Marshallplan in die Geschichte ein. Am 16. April 1948 gründeten 16 westeuropäische Staaten, darunter auch die Schweiz, die *Organization for European Economic Cooperation OEEC* (ab 1961: OECD), die bis 1952 rund 13 Milliarden Dollar an ihre Mitgliedsländer verteilte.

Aus der guten Erfahrung mit der OEEC sowie unter amerikanischem Druck lernten die westeuropäischen Regierungen – so die Erklärung – den Wert der Kooperation schätzen und gründeten weitere Institutionen. Dazu zählt namentlich der Europarat, der seit 1949 seine Mitgliedstaaten zur Einhaltung der Menschen- und Grundrechte verpflichtet. Am wichtigsten war zweifellos die Gründung der Europäischen Gemeinschaft für Kohle und Stahl EGKS 1952. Diese löste die französische und deutsche Kohle- und Stahlindustrie aus der Kontrolle der beiden Staaten. Sie unterstellte sie einer neuen Organisation, der nicht nur Frankreich und Deutschland, sondern auch Italien, Belgien, Luxemburg und Holland angehörten. Wichtig war die EGKS, weil sie von Beginn an nicht als rein wirtschaftliches Projekt geplant war, sondern vielmehr als politisches. Das heisst:

Aus dem wirtschaftlichen Zusammenwachsen der verschiedenen Volkswirtschaften sollte auch eine politische Integration erwachsen, in der die europäischen Nationalstaaten Teile ihrer Macht zugunsten einer neuen supranationalen Organisation abgaben. Tatsächlich folgten nach der EGKS weitere wichtige Integrationsschritte, namentlich die Gründung der europäischen Wirtschaftsgemeinschaft EWG 1957. EGKS, EWG und die europäische Atombehörde Euratom wurden 1967 in die europäische Gemeinschaft EG, der Vorläuferin der heutigen EU, überführt.

Während unbestritten ist, dass der Marshallplan einen wichtigen Impuls gab für den Beginn des Integrationsprozesses, sind die Ansichten in der Frage geteilt, aus welchen Gründen die USA den europäischen Staaten unter die Arme griffen. Eine idealistische Sicht besagt, dass die USA als neue Supermacht allen Ländern zu «Freiheit und Demokratie» habe verhelfen wollen. Diese Sicht entspricht dem Selbstbild vieler (amerikanischer) Politiker nach dem Zweiten Weltkrieg. Eine andere Sicht betont die amerikanischen Eigeninteressen. Vom Wiederaufbau mit Hilfe des Geldes aus dem Marshallplan profitierte die amerikanische Industrie. Die US-Dollars festigten das Modell der Marktwirtschaft in Westeuropa, das zu einem wichtigen Absatzmarkt für nordamerikanische Produkte wurde. Und schliesslich machte die US-amerikanische Hilfe Westeuropa zu einem Bollwerk gegen den Kommunismus: Über kurz oder lang entschieden sich alle westeuropäischen Regierungen für Demokratie und Kapitalismus.

Europa als Projekt der Europäer

Nach dem Zweiten Weltkrieg war unter vielen Politikern in Europa die Überzeugung stark, dass der Nationalismus – vor allem der deutsche – dem Kontinent genug Krieg, Vernichtung und Elend eingebracht habe. Es sei an der Zeit, die Macht der Nationalstaaten zugunsten eines gemeinsamen europäischen Staates einzuschränken. In diesem Sinn rief beispielsweise der englische Premierminister Winston Churchill 1946 in Zürich zur Gründung der «Vereinigten Staaten von Europa» auf – allerdings ohne Beteiligung Grossbritanniens. Er dachte vor allem an die beiden Erzrivalen Frankreich und Deutschland. Obwohl der Idealismus der Gründergeneration unbestritten ist, wird er in der Forschung als Erklärung für den Integrationsprozess kaum mehr vertreten.

Europa als Rettung des Nationalstaats

Der Politikwissenschaftler Alan Milward vertritt sogar die gegenteilige Auffassung: Europäische Regierungen hätten sich nicht aus dem Grund, die Nationalstaaten zu schwächen, auf den Integrationsprozess eingelassen. Die Integrationsentscheidungen hätten vielmehr zur «Rettung des eu-

Werbeplakate für den Marshallplan/das European Recovery Program (ERP) zum wirtschaftlichen Wiederaufbau Europas, Hohe Alliierte Kommission, 1950 (Haus der Geschichte der Bundesrepublik Deutschland, Bonn).

ropäischen Nationalstaats»[2] gedient. Milward erklärt dies mit dem Umstand, dass sich europäische Regierungen seit dem Ende des Zweiten Weltkrieges nicht mehr vornehmlich um Machtpolitik kümmern konnten. Um sich die Loyalität ihrer Bevölkerungen zu sichern, mussten sie ihre soziale Sicherheit garantieren, was ein hohes und kontinuierliches Wirtschaftswachstum voraussetzte. Hierzu hätten Regierungen ihre Wirtschaftspolitik und die wirtschaftlichen Rahmenbedingungen modernisieren müssen. Dazu seien sie alleine nicht im Stand gewesen. Um den Kollaps zu verhindern, hätten europäische Nationalstaaten miteinander kooperieren müssen, ob sie dies nun wollten oder nicht. Milwards These erklärt nicht nur die raschen Integrationsschritte in den 1950er-Jahren. Sie erklärt auch, weshalb Länder, die dem europäischen Integrationsprozess skeptisch gegenüberstanden, so auch Grossbritannien, schliesslich dennoch der EG bzw. der EU beitraten.

Europa als Produkt eines Bewusstseinswandels

In jüngerer Zeit etabliert sich ein kulturwissenschaftlicher Erklärungsversuch. Er verweist auf die Wirkung der pro-europäischen Propaganda. Diese setzte bereits in den 1940er-Jahren mit der Werbung für den Marshallplan ein (vgl. Abbildungen oben). Seither sind eine europäische Hymne, europäische Symbole auf dem Münzgeld, die Gründung von Europaplätzen in verschiedenen Städten sowie die Förderung von Wissen über Europa in den Schulen hinzugekommen. Nebst diesem von den europäischen Institutionen geförderten Prozess der Bildung eines europäischen

Bewusstseins werde «Europa» auch in den Massenmedien, wenn auch kontrovers, regelmässig thematisiert. All dies erzeuge, jenseits der nationalstaatlichen Zugehörigkeit, bei den Bürgerinnen und Bürgern verschiedener Länder ein gemeinsames europäisches Bewusstsein, auf dem auch eine gemeinsame europäische Politik aufbauen könne.

Und die Schweiz? Der Historiker Thomas Gees betont, dass sie kurz nach dem Zweiten Weltkrieg begann, am Prozess der Europäisierung mitzuwirken, ohne dies explizit zu thematisieren. Während sie hintergründig ihre wirtschaftlichen und gesellschaftlichen Strukturen sukzessive an die europäischen Normen angepasst habe, hätten Politiker vordergründig diese Anpassungen stets als «unpolitisch» heruntergespielt, um den Schein von Unabhängigkeit und Neutralität und damit den Sonderfall hochzuhalten. Laut Gees ist die Schweiz jedoch kein Sonderfall, sondern lediglich eine spezifische Variante des europäischen Integrationsprozesses.

BERNHARD C. SCHÄR

1 Zitiert nach: Brunn, Gerhard: Die Europäische Einigung. Stuttgart 2002. S. 38.
2 Milward, Alan: The European Rescue of the Nation State. Berkeley 1992.

Empfohlene Literatur
· Gees, Thomas: Die Schweiz im Europäisierungsprozess. Wirtschafts- und gesellschaftspolitische Konzepte am Beispiel der Arbeitsmigrations-, Agrar- und Wissenschaftspolitik, 1947–1974. Zürich 2006.
· Loth, Wilfried: Der Weg nach Europa. Göttingen 1991.
· Schmale, Wolfgang: Geschichte Europas. Wien 2001.

Das Gleichgewicht des Schreckens

Besorgt über die atomare Bedrohung publizieren die Atomwissenschaftlerinnen und -wissenschaftler seit 1947 auf der Titelseite ihres Bulletins eine «Weltuntergangsuhr» (doomsday clock), welche nur die letzte Viertelstunde vor 12 Uhr anzeigt. Als 1953 die Wasserstoffbombe getestet wurde, war dieser Zeiger auf 2 Minuten vor 12 vorgerückt. 1960 stand er wie heute auf 5 vor 12.

Zu Beginn der 1960-Jahre sah auch der Laie die Welt am Rande eines Atomkrieges: 1961 errichtete die DDR-Führung quer durch Berlin eine Mauer. 1962 stationierte die Sowjetunion Mittelstreckenraketen auf Kuba und zog sie erst im letzten Augenblick zurück – sie erzwang damit den Abbau amerikanischer Mittelstreckenraketen in der Türkei (Kubakrise). Doch nun kündigte sich eine Phase der Verständigung im Kalten Krieg an: 1963 wurde eine erste direkte Fernschreiberverbindung zwischen den Spitzen der Supermächte eingerichtet («heisser Draht») und das erste Abkommen zum Verzicht auf oberirdische Atomwaffentests unterzeichnet. Die Weltuntergangsuhr sprang auf 13 Minuten vor 12 zurück.

Gegenwärtiger Stand (seit 2007): Es ist 5 vor 12!
(www.thebulletin.org/content/doomsday-clock/timeline)

Von der Konfrontation der Supermächte zur Repression im eigenen Lager

Dies bedeutete jedoch nur die (vorläufige) Entspannung auf der spektakulärsten Ebene des Kalten Krieges, nämlich der direkten Konfrontation der Supermächte USA und Sowjetunion. Nun verlagerte sich dieser Krieg auf eine zweite Ebene: Jede Supermacht band ihr Lager möglichst eng an sich und versuchte es zu erweitern. Die USA unterstützten die südvietnamesische Regierung gegen das kommunistische Nordvietnam im blutigen Vietnamkrieg (bis 1975), und die Sowjetunion kommandierte eine Invasion der Warschauer-Pakt-Truppen in die Tschechoslowakei, um den «Prager Frühling» zu unterdrücken. Aber auch der Konflikt zwischen der Sowjetunion und der Volksrepublik China, der 1969 sogar zu einer bewaffneten Auseinandersetzung am Ussuri-Fluss führte, ging zurück auf das sowjetische Bestreben, das östliche Lager geschlossen zu halten.

Am erbittertsten entbrannte der Kalte Krieg seit den 1960-Jahren in Afrika. In den unabhängig gewordenen rohstoffreichen Staaten Kongo und Angola wüteten durch die beiden Supermächte geschürte Bürgerkriege, aber auch in anderen Regionen wie Äthiopien und Somalia bekämpften sich die beiden Lager indirekt und auf Kosten der Bevölkerung: Von 170 während des ganzen Kalten Krieges gezählten Konflikten spielten sich 47 in Afrika ab. Unter den 22 Millionen Menschen, die im Kalten Krieg ihr Leben verloren, waren 6 Millionen Afrikanerinnen und Afrikaner.[1]

Die Sackgasse im Wettrüsten

Dass sich der Kalte Krieg in den 1960-Jahren von der direkten Konfrontation der Supermächte zur Unterdrückung im eigenen Lager wandelte, ging in erster Linie auf die Sack-

gasse zurück, in die ihr atomares Wettrüsten sie geführt hatte. Seit dem Einsatz der Atomwaffe 1945 hatten die Supermächte in einer ersten Phase möglichst viel Zerstörungskraft aufgebaut. Ihr Ziel hatte nicht nur darin bestanden, den Gegner zu vernichten, sondern – weil die Waffen nur ungenau trafen – gleich mehrfach zu vernichten: *to overkill*, wie das speziell dafür entwickelte Verb hiess. In den 1960er-Jahren stand schliesslich für jeden Menschen auf der Erde eine Energiemenge von drei TNT-Äquivalent bereit, die ihn mehrfach hätte töten können …[2]

Die *Overkill*-Doktrin erwies sich als sehr riskant: Wenn eine Supermacht die andere ganz vernichten kann, sollte sie eigentlich nicht zuwarten, denn sonst könnte ihr die andere zuvorkommen. Der «Erstschlag», wie ein atomarer Angriff euphemistisch umschrieben wurde, konnte sich lohnen, ihn zu verpassen verheerend sein. Die USA mit dem kleineren Landgebiet, der höheren Bevölkerungsdichte und dem technologischen Vorsprung entwickelten zuerst den Gedanken, Waffen zu konstruieren, die auch dann noch gestartet werden können, wenn ihr Land selbst schon zerstört wäre. Ihre Fachleute entwickelten die auf Unterseebooten dank Atomantrieb über alle Weltmeere verteilten SLBM-Raketen («seegestützte» Raketen), die durch die Wasseroberfläche aufsteigen und die Sowjetunion im Gegenschlag vernichten könnten. Gegenseitig zugesicherte Vernichtung, *mutual assured destruction* oder abgekürzt MAD, nannten die Supermächte 1964 diese zweite Doktrin des Kalten Krieges: Wer als Erster angreift, stirbt garantiert als Zweiter. Mitte der 1960-Jahre waren beide Supermächte technisch so weit – und jetzt realisierten sie, dass sie sich gegenseitig gelähmt hatten: Keine konnte ihr Atomwaffenarsenal noch gegen die andere einsetzen. Ein «Gleichgewicht des Schreckens» war entstanden, die *Overkill*-Waffen hatten durch die Möglichkeit, einen Vergeltungsschlag zu führen (*second strike capability*), ihren Wert verloren.

«There's a rumor going round that we won ...», Karikatur des Karikaturisten Ron Cobb, USA 1967.
Der amerikanische, heute in Australien lebende Karikaturist und Filmproduzent Ronald Cobb (geb. 1937)
malte sich mit schwarzem Humor die möglichen Folgen der MAD-Doktrin aus.

Rüstungsbegrenzung und Nichtweiterverbreitung von Atomwaffen

So konnten sich die Supermächte auf deren Begrenzung einigen. In den SALT-Verträgen handelten sie 1969 bis 1979 eine Obergrenze von Interkontinental- und Mittelstreckenraketen aus, und 1972 unterzeichneten sie den ABM-Vertrag, der die Aufstellung von Abwehrraketen auf den Schutz der Hauptstadt und einer einzigen Raketenbasis in den beiden Staaten beschränkte – die Abschreckung sollte aufrecht erhalten werden. Die Rüstung ging aber weiter – im Weltraum.

Damit nicht andere Staaten das «Gleichgewicht des Schreckens» stören konnten, drängten die USA und die Sowjetunion gemeinsam auf eine Begrenzung der Anzahl Staaten mit Atomwaffen. Grossbritannien, China, Frankreich, Israel, Indien und seit 1987 Pakistan verfügten nämlich auch darüber. (Übrigens hatte auch der Schweizerische Bundesrat 1958 deren Anschaffung ins Auge gefasst, aber nach einem Unfall im Versuchsreaktor Lucens 1967 stillschweigend darauf verzichtet, weil die Schweiz sonst kein Material für die Kernkraftwerke erhalten hätte.) 1968 schlossen die USA, die Sowjetunion, China, Grossbritannien und Frankreich einen Vertrag über die Nichtweiterverbreitung von Atomwaffen (Atomwaffensperrvertrag, Nonproliferationsvertrag), dem sich bis heute 184 Staaten ohne Atomwaffen angeschlossen haben.

HANS UTZ

1 Stöver, Bernd: Der Kalte Krieg 1947–1991. Geschichte eines radikalen Zeitalters. München 2007. S. 356.
2 Welti, Manfred: Die 1960er Jahre. Versuch einer mentalitätsgeschichtlichen Gesamtschau. Basel 1999. S. 14.

Empfohlene Literatur

- Freedman, Lawrence: The Evolution of Nuclear Strategy. 3. Auflage. New York 2003.
- Gantzel, Klaus Jürgen: Die Kriege nach dem Zweiten Weltkrieg 1945 bis 1992. Münster 1995.
- LaFeber, Walter: America, Russia and the Cold War, 1945–2006. Boston 2008.
- Stöver, Bernd: Der Kalte Krieg 1947–1991. Geschichte eines radikalen Zeitalters. München 2007.

Afrika – von Kolonien zur «Dritten Welt»

Frantz Fanon, einer der bedeutendsten Befreiungstheoretiker Afrikas, schrieb 1961: «Verlassen wir dieses Europa, das nicht aufhört, vom Menschen zu reden, und ihn dabei niedermetzelt, wo es ihn trifft, an allen Ecken seiner eigenen Strassen, an allen Ecken der Welt. ... Los Genossen, Europa hat endgültig ausgespielt, es muss etwas anderes gefunden werden.»[1]

Diese Hoffnung, etwas anderes zu finden, teilte Fanon mit Millionen von Afrikanerinnen und Afrikanern. Sie wollten die Ausbeutung und Fremdherrschaft durch europäische Kolonialmächte abstreifen. Tatsächlich errangen in den 1960er- und 1970er-Jahren über 50 afrikanische Länder ihre politische Unabhängigkeit. Wirtschaftlich blieb die Abhängigkeit von Europa jedoch bestehen, was auch die gesellschaftliche Entwicklung Afrikas beeinflusste.

Afrikanischer Widerstand bis zur Unabhängigkeit

Nach Generationen der Kolonialherrschaft war es vor allem der Zweite Weltkrieg, der die Machtverhältnisse zwischen Europa und Afrika verschob. Grossbritannien und Frankreich verloren ihre globalen Führungsrollen an die USA und die UdSSR. Die beiden neuen Supermächte setzten auf das «Selbstbestimmungsrecht der Völker». Die europäischen Kolonialmächte mussten ihren Kolonialbesitz daher neu rechtfertigen. Kolonialismus diene nicht der Ausbeutung, argumentierten sie, sondern der «Entwicklung» des «rückständigen» Afrikas. Mit Know-how und Technologie aus Europa solle der Kontinent unter europäischer Führung modernisiert werden. Als Gegenleistung sollte Afrika weiterhin günstige Rohstoffe nach Europa liefern.

In Afrika wurden die Widersprüche dieser Vorstellung schnell durchschaut. Intellektuelle erinnerten daran, dass afrikanische Soldaten in britischen und französischen Uniformen für die Befreiung Europas von der nationalsozialistischen Diktatur gekämpft hatten. Afrika sei aber noch immer von Europäern besetzt und verlange seine eigene Freiheit.

Afrikanische Arbeiterinnen und Arbeiter intensivierten ihre Streiks und Proteste, mit denen sie bereits seit den 1930er-Jahren gleiche Rechte wie die europäische Arbeiterschaft forderten. Darauf reagierten die Kolonialmächte auf zweifache Weise: Sie begünstigten «gemässigte» afrikanische Aktivisten, denen sie in unbestimmter Zukunft die Übergabe der politischen Macht in Aussicht stellten, und schlugen Proteste radikaler Gruppen gewaltsam nieder. Auf afrikanischer Seite begannen sich darauf Unabhängigkeitsbewegungen zu formieren, die ihr Ziel auf verschiedene Weise verfolgten. Die von Kwame Nkrumah (1909–1972) angeführte Bewegung in der britischen Kolonie Goldküste versuchte mit «positiven Aktionen», die sich an Mahatma Ghandis Befreiungskampf in Indien orientierten, die Unabhängigkeit auf friedlichem Weg zu erreichen. Andernorts kam es zu Befreiungskriegen, die von beiden Seiten mit äusserster Brutalität geführt wurden. Der Mau-Mau-Aufstand im britischen Kenia (1952–1960) forderte auf afrikanischer Seite mindestens 20 000 Opfer. Auch im Algerienkrieg mit Frankreich (1954–1962), wo sich Frantz Fanon auf Seiten der Berber und Araber engagierte, starben Zehntausende.

Mitte der 1950er-Jahre mussten die Regierungen in Frankreich und England erkennen, dass die Zeit der Kolonien abgelaufen war. Die europäische Herrschaft in Afrika war nur noch mit militärischer Gewalt aufrechtzuerhalten, moralisch war sie vor der Weltöffentlichkeit nicht mehr zu rechtfertigen und wirtschaftlich lohnte sie sich nicht mehr. Die beiden Mächte verabschiedeten sich allmählich vom Konzept des «Entwicklungskolonialismus». Sie versuchten, ihre Herrschaft an gemässigte Afrikaner abzutreten, die die wirtschaftlichen Interessen der europäischen Unternehmungen in Afrika respektieren würden.

Das Tempo des Wandels wurde jedoch nicht mehr in Paris oder London diktiert. In Accra in der britischen Kolonie Goldküste errang die Unabhängigkeitsbewegung unter Kwame Nkrumah 1957 für Ghana als erstem afrikanischen Staat die Unabhängigkeit. Das Ereignis hatte Signalwirkung. Aus den ehemaligen Kolonien Grossbritanniens und Frankreichs entstanden in den folgenden Jahren zahlreiche neue unabhängige afrikanische Staaten.

Damit verschob sich auch die Wahrnehmung der verbleibenden afrikanischen Kolonien. Nicht mehr die Afrikanerinnen und Afrikaner galten als «rückständig», sondern Portugal sowie die weissen Siedlerkolonien Südafrikas und Rhodesiens. Indem diese bis in die 1970er-Jahre – oder wie im Fall Südafrikas bis in die 1990er-Jahre – an der kolonialen Herrschaft festhielten und damit den Schwarzen das Recht auf Selbstbestimmung vorenthielten, gerieten sie in Widerspruch zur neuen Weltordnung.

Politische Freiheit und neue Ungleichheiten

Trotz formeller politischer Unabhängigkeit blieb das Verhältnis der afrikanischen Länder zu den reichen Industriestaaten geprägt von Abhängigkeit und Ungleichheit. Und Ungleichheiten prägten auch die gesellschaftliche Entwicklung innerhalb Afrikas.

Zwar versuchten die jungen afrikanischen Staaten ihre Abhängigkeit vom Landwirtschaftssektor abzubauen, indem sie die Industrialisierung förderten. Zudem trieben sie den Ausbau des Gesundheits- und Bildungswesens voran, das von den europäischen Mächten so lange vernachlässigt worden war. Und tatsächlich stiegen Lebenserwartung und Bildungsstand in einer ersten Phase rasant an. Diese Entwicklung wurde jedoch gebremst oder sogar rückgängig gemacht

Patrice Lumumba (Mitte, mit weissem Anzug) im kongolesischen Parlament, Fotografie von Unbekannt, Leopoldville (Belgisch Kongo), 21. Juni 1960. Als erster demokratisch gewählter Regierungschef der demokratischen Republik Kongo kommt Patrice Lumumba im Juni 1960 an die Macht. Ein halbes Jahr später ist er bereits tot: zerrieben zwischen den Fronten des Kalten Krieges, verlassen von ehemaligen Weggefährten, gefangen genommen von einer militärischen Junta, die sich unter der Leitung eines gewissen Mobutu an die Macht geputscht hat, und später mit Unterstützung der CIA und belgischer Truppen ermordet.

durch die Ölkrise der 1970er-Jahre. Der Anstieg des Ölpreises verteuerte die Produktionskosten der Landwirtschaft und damit die Wettbewerbsfähigkeit auf dem Weltmarkt. Afrikanische Staaten verschuldeten sich und gerieten nach der Ölkrise in die Abhängigkeit des Internationalen Währungsfonds (IMF) und anderer Kreditgeber in Europa und den USA.

Unter diesen Bedingungen mutierten viele afrikanische Länder zu *Gate-Keeper*-Staaten, wie Afrikahistoriker Frederick Cooper sie nennt. In diese Staaten fliessen grosse Mengen an Entwicklungsgeldern, Krediten und Exportgewinnen. Jene Gruppen, die die «Eingangspforten» dieser Gelder kontrollieren, leiten das Geld in ihre Patronagenetzwerke um, wo sie unproduktiv versickern oder nicht selten sogar wieder auf Bankkonten in Europa zurückfliessen. Die wirtschaftliche Abhängigkeit von aussen verband sich mit steigender Repression gegen innen. Viele afrikanische Regierungen verboten oder unterdrückten Gewerkschaften, Oppositionsparteien und ethnische Minderheiten, da diese die nationale Unabhängigkeit bedrohen würden.

Ungleichheiten prägten auch die Entwicklung der Geschlechterbeziehungen: Die europäischen Kolonialmächte hatten – dem bürgerlichen Geschlechtermodell folgend – Männer zu Arbeitskräften ausgebildet, die in den Küsten- oder Minenstädten lebten. Frauen sollten auf dem Land verbleiben. Zwar beteiligten sich Frauen aktiv an den Unabhängigkeits- und Freiheitskämpfen – als Spioninnen, Guerillakämpferinnen oder indem sie den Nachschub an Nahrung, Medizin und Waffen organisierten. Da die politischen Organisationen Afrikas aber grösstenteils aus den rein männlichen Gewerkschaften hervorgingen, blieb die Macht nach der Unabhängigkeit fast ausschliesslich in Männerhand. Frauenrechtlerinnen sahen und sehen ihre Forderungen vor Gerichten abgeblockt, wenn sie sich gegen Polygamie oder für gleiche Erbrechte einsetzen oder dafür, dass Männer Verantwortung für ausserehelich gezeugte Kinder übernehmen. Mit Ausnahme Südafrikas, das die Gleichheit der Geschlechter proklamiert, müssen Frauenrechte bis heute oft hinter einer vermeintlichen «Integrität der afrikanischen Kultur» zurückstehen. BERNHARD C. SCHÄR

1 Fanon, Frantz: Die Verdammten dieser Erde. Frankfurt am Main 1981. S. 263.

Empfohlene Literatur
· Cooper, Frederick: Africa since 1940. The past of the present. Cambridge 2002.
· Fanon, Frantz: Die Verdammten dieser Erde. Frankfurt am Main 1981.
· Harding, Leonard: Geschichte Afrikas im 19. und 20. Jahrhundert. München 1999.

Wandel in den Rollenbildern

1959 wird in der Schweiz zum ersten Mal auf eidgenössischer Ebene über das Frauenstimmrecht abgestimmt. Zwei Drittel der Schweizer lehnen es ab. 1971 führt die Schweiz als letzte Demokratie Europas das Frauenstimm- und Wahlrecht ein, die Schweizer Männer stimmen nun mit einer Zweidrittelmehrheit zu. In den 1960er-Jahren, die zwischen diesen beiden Ereignissen liegen, findet ein Wandel in den Rollenbildern und den Lebensformen statt.

Im Zuge der Französischen Revolution kam die männliche Bevölkerung nach und nach in den Genuss politischer Rechte. Im 19. Jahrhundert war man der Ansicht, dass Männer und Frauen «von Natur aus» andere Aufgaben hätten: Während die Öffentlichkeit (also die Politik) den Männern zugeordnet wurde, sollten die Frauen sich ausschliesslich um das Private (also um die Familie) kümmern. Das Frauenwahlrecht setzte sich deshalb erst spät durch, zum ersten Mal 1893 in Neuseeland. Es wurde oft zusammen mit einer neuen Staatsform eingeführt (beispielsweise 1918 in Deutschland oder 1946 in Italien). Anders als in der Schweiz waren es nicht die Stimmbürger, sondern die Parlamente, welche diese Wahlrechtsreformen beschlossen.

«Von Natur aus weiblich»

In der Schweiz wurde 1909 der Schweizerische Verband für Frauenstimmrecht SVF gegründet, ein Zusammenschluss zahlreicher bereits bestehender Komitees. Eine tragende Gruppe dieser ersten Generation der Frauenstimmrechtsaktivistinnen waren die Lehrerinnen. Neben Ärztin war Lehrerin einer der Berufe, in denen eine höhere Ausbildung und die Berufstätigkeit von Frauen schon im 19. Jahrhundert akzeptiert wurden, denn hier waren Fähigkeiten gefragt, die man als «von Natur aus weiblich» bezeichnete: Erziehen, Pflegen, Heilen. Ausserdem konnten die Frauen das erlernte Wissen bei einer späteren Heirat in den Dienst der Familie stellen. Die Tätigkeit als Mutter und Hausfrau blieb denn auch das eigentliche Ziel: Sobald eine Lehrerin heiratete, musste sie wegen der Zölibatsklausel[1] ihre feste Stelle aufgeben, womit sie vor die Wahl gestellt wurde: Heirat oder Beruf. Diejenigen, die sich für den Beruf entschieden, mussten alleine leben – es war Unverheirateten nämlich verboten, als Paar zusammenzuleben (Konkubinatsverbot). Diese Vorschriften schränkten für die Frauen die freie Gestaltung ihres Lebens massiv ein.

1959 protestierten Lehrerinnen besonders heftig gegen die Ablehnung des Frauenstimmrechtes: Die Lehrerinnen des Basler Mädchengymnasiums traten einen Tag lang in den Streik. Dies war eine politische (und damit in der damaligen Sicht «männliche») Protestform, die grosses Aufsehen erregte. Eine Zeitung kommentierte: «Politische Streiks sind nicht fraulicher Art.»[2]

Wandel in den Rollenbildern

Nach und nach veränderten sich die gesellschaftlichen Spielregeln. Die Zölibatsklausel für Lehrerinnen fiel in Zürich 1962, in Basel-Stadt 1965, und bald konnten Paare in vielen Kantonen auch ohne Trauschein zusammenleben.[3] Knaben und Mädchen gingen in die gleiche Primarschulklasse (in Basel-Stadt zum ersten Mal 1959) und wurden auch am Gymnasium gemeinsam unterrichtet (in Zürich ab 1976). Diese Entwicklung ging mit wirtschaftlichen Veränderungen einher. Der Wirtschaftsboom hatte viele neue Arbeitsplätze geschaffen; auch Frauen waren nun gefragte Arbeitskräfte. Die Argumente gegen das Frauenstimmrecht überzeugten immer weniger.

In mehreren Kantonen wurde ab 1959 schrittweise das kantonale und kommunale Stimm- und Wahlrecht für Frauen eingeführt. Die Gewährung der politischen Rechte an Frauen auf eidgenössischer Ebene liess jedoch weiter auf sich warten. Die Ungeduld der jungen Generation – auch der Männer – wuchs. War es noch zeitgemäss, dass die «älteste Demokratie der Welt» der Hälfte ihrer Bevölkerung das politische Mitspracherecht verwehrte, seit der Französischen Revolution ein Bestandteil des Menschenrechtskataloges? Es war die Debatte über eben diese Menschenrechte, die den Stein ins Rollen brachte: 1968 sollte die Schweiz die Europäische Menschenrechtskonvention EMRK unterzeichnen, dies aber «mit Vorbehalt», denn mit dem fehlenden Frauenstimmrecht erfüllte sie ein wichtiges Kriterium nicht. Gegen diesen Vorbehalt wuchs nun Widerstand. Als im selben Jahr die Jugendlichen und Studierenden in zahlreichen Ländern auf die Barrikaden stiegen und massive Kritik an den herrschenden Normen übten, geriet auch in der Schweiz einiges in Bewegung. 1969 begaben sich Hunderte von Frauen und Männern auf den «Marsch nach Bern» und forderten die Einführung des Frauenstimmrechtes und damit die Ratifizierung der EMRK ohne Vorbehalt.

Forderungen jenseits des Stimmrechts

Die neue Frauenbewegung, die sich in Anlehnung an den antikolonialen Freiheitskampf «Frauenbefreiungsbewegung» (FBB) nannte, trat nun lauter, fordernder, radikaler auf. Sie thematisierte die Ungleichheiten unter den Geschlechtern und stellte, nebst dem Stimmrecht, weitere Forderungen: Frauen sollten selbst über ihren Körper bestimmen können (mittels freiem Zugang zu Verhütungsmitteln und straflosem Schwangerschaftsabbruch), sie sollten gleiche Ausbildungsmöglichkeiten und Aufstiegschancen haben und vor allem gleichen Lohn für gleichwertige Arbeit erhalten wie die Männer.

Ein Umdenken hatte auch bei den Männern stattgefunden: 1971 wurde das eidgenössische Frauenstimmrecht angenommen. 1990 musste Appenzell Innerrhoden nach einem Bundesgerichtsentscheid als letzter Kanton das kantonale Stimm- und Wahlrecht für Frauen einführen. Damit waren aber noch nicht alle Ungleichheiten aufgehoben. Bis zur Einführung des neuen Eherechtes im Jahre 1988 war der Ehemann das alleinige Familienoberhaupt. Und obwohl Diskriminierung im Bereich der Erwerbstätigkeit seit dem

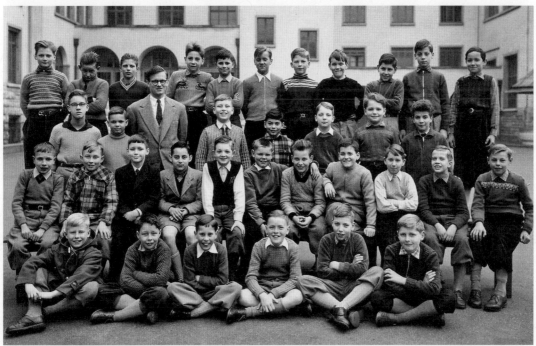

Mädchenprimarschulklasse im Sevogelschulhaus, Fotografie von Unbekannt, Basel 1957/ 58 (oberes Bild), Knabenprimarschulklasse im Thiersteinerschulhaus, Fotografie von Unbekannt, Basel 1956 (unteres Bild).
Mädchen und Knaben gehen in vielen Kantonen getrennt zur Schule und werden nach einem anderen Lehrplan unterrichtet (z. B. Handarbeit für Mädchen, Algebra und Geometrie für Knaben). Mädchen dürfen nicht in Hosen erscheinen, für Knaben sind kurze Haare Pflicht. So werden bereits früh bestimmte Rollenbilder gefestigt. Auch bei den Erwachsenen gibt es Unterschiede: Die Lehrerin verdient weniger als ihr Kollege und hat im Gegensatz zu ihm auch kein Stimmrecht.

Gleichstellungsgesetz von 1996 verboten war, lag zu Beginn des 21. Jahrhunderts der durchschnittliche Männerlohn immer noch rund 20 Prozent über dem durchschnittlichen Frauenlohn (bei gleicher Ausbildung und gleicher beruflicher Stellung).   ANTONIA SCHMIDLIN

1 Die Zölibatsklausel verbot den Beamtenstatus für verheiratete Frauen.
2 Basler Nachrichten, 7./8. 2. 1959.
3 Als letzter Kanton erlaubte das Wallis das Konkubinat offiziell erst 1995.

Empfohlene Literatur
· Mesmer, Beatrix: Staatsbürgerinnen ohne Stimmrecht. Die Politik der schweizerischen Frauenverbände 1914–1971. Zürich 2007.
· Schweizerischer Verband für Frauenrechte (Hg.): Der Kampf um gleiche Rechte. Basel 2009.
· Sutter, Gaby: Berufstätige Mütter. Subtiler Wandel der Geschlechterordnung in der Schweiz (1945–1970). Zürich 2005.

Italienische Einwanderung und die Überfremdungsbewegung

1964 brodelte die Schweizer Volksseele. Denn die Schweizer Behörden schlossen mit Italien ein Abkommen für verbesserte Einwanderungs- und Lebensumstände der italienischen Arbeiterinnen und Arbeiter. Die italienische Öffentlichkeit war Sturm gelaufen gegen die erbärmlichen Baracken, in denen viele italienische Saisonniers in der Schweiz hausten. Und sie empörte sich über die Regelung, wonach die Kinder der Saisonniers nicht nachreisen durften.

Während die Schweiz der Nachkriegszeit nach Arbeitskräften dürstete, mangelte es in Italien an Arbeit und an Lohn. Eine Identitätskarte reichte für die Emigration: «Ich bin aus Verzweiflung als Tourist in die Schweiz gekommen», gab ein aus Lecce stammender Hilfsarbeiter 1964 zu Protokoll.[1] Für Ferien in der Schweiz hatte er jedoch weder Zeit noch Geld. Stattdessen trat er dank Vermittlung seiner bereits hier lebenden Schwester eine Stelle in einer Sperrholzfabrik an. Die Schweizer Arbeitgeber stützten sich gerne auf solche Netzwerke: «Für die Anwerbung neuer Arbeitskräfte geht der Chef vom Lohnbüro jedes Jahr im Januar nach Italien, und zwar zu unseren eigenen Leuten, die ihm dann helfen, neue Arbeiter zu rekrutieren», hiess es bei einer Baufirma.[2] Auch eine Schuhfabrik machte ihre italienischen Angestellten zu Personalvermittlern: «Nach dem Urlaub bringen unsere Arbeiter dann die Neuangeworbenen gleich mit.»[3] So einfach war das bis in die frühen 1960er-Jahre. Die Schweizer Wirtschaft brauchte fleissige Hände und Italien lieferte sie. Mit dem Saisonnierstatut, das eine maximale Aufenthaltsdauer von elfeinhalb Monaten pro Jahr erlaubte, sollte sichergestellt werden, dass sich die «Fremdarbeiter» nicht dauerhaft in der Schweiz niederliessen, sondern «rotierten». Denn es galt, der Ausländergesetzgebung aus den 1930er-Jahren treu zu bleiben, deren Motto lautete: Kontrolle und Abwehr. Doch die Realität war eine andere. 1960 stellten die italienischen Staatsangehörigen bereits 59 Prozent aller in der Schweiz lebenden Ausländerinnen und Ausländer, deren Zahl sich damals auf eine halbe Million belief. Es waren die Immigrantinnen und Immigranten, welche die Fabrikhallen auslasteten. Annähernd 45 Prozent von ihnen arbeiteten in Industrie und Gewerbe. Und ausländische Bauarbeiter wurden benötigt, um Infrastrukturen wie Strassen, Spitäler, Wohnungen und Schulen zu errichten, während junge ausländische Frauen den Mangel an Dienstmädchen, Wäscherinnen und Putzfrauen linderten.

Das «Italienerabkommen»

Viele Einheimische reagierten jedoch verunsichert auf die Veränderungen, die sich durch die Einwanderung von weit über einer Million Personen italienischer Herkunft in nur 15 Jahren ergaben. Sie klagten, die Ausländerinnen und Ausländer würden die Löhne drücken und hätten nichts anderes im Kopf als die Schufterei. «Wir Italiener sind doch zum Arbeiten hier», erwiderte ein Strickereiarbeiter in Zofingen diesen Vorwurf.[4] Es nützte nichts. Das «Italienerabkommen» von 1964 wurde zum Startschuss für die fremdenfeindliche Bewegung der 1960er-Jahre. Denn mit seinen verkürzten Fristen für den Familiennachzug und mit seinem Rechtsanspruch auf eine jährlich zu erneuernde Aufenthaltsbewilligung für Saisonniers, die seit mehreren Jahren in der Schweiz arbeiteten, lieferte das Abkommen das Eingeständnis: Die italienische Einwanderung in die Schweiz war nicht nur vorübergehend. Die Demokratische Partei des Kantons Zürich lancierte eine Volksinitiative gegen diese angebliche «Überfremdung» – ein Begriff, der in der Deutschschweiz vor dem Ersten Weltkrieg entstanden war. Mit dem Appell an die Unternehmen, ihren Bestand an ausländischen Arbeitskräften freiwillig zu «begrenzen», erreichte der Bundesrat 1968 zwar den Rückzug der Initiative.

«Schwarzenbach-Initiative»

In der Zwischenzeit hatte jedoch James Schwarzenbach die politische Bühne betreten. Der Spross einer Zürcher Textilindustriellenfamilie war in den 1930er-Jahren Anhänger der nazifreundlichen «Nationalen Front» gewesen. Jetzt politisierte er für die «Nationale Aktion gegen die Überfremdung von Volk und Heimat (NA)» im Nationalrat und wurde zur Symbolfigur der «neuen Rechten». Die NA lancierte noch im gleichen Jahr 1968 ein zweites Volksbegehren, das als «Schwarzenbach-Initiative» in die Geschichte einging. Sie verlangte eine Reduktion der Ausländerzahl von mittlerweile über 15 Prozent auf 10 Prozent und heizte die Fremdenfeindlichkeit bis ins Unerträgliche an. Eine damals 18-jährige Italienerin beschrieb die aggressive Stimmung unter Schweizern in einem Zürcher Tram am 7. Juni 1970, als die Initiative zur Abstimmung gelangte: «Einer von ihnen hatte einen Ausbruch und rief: ‹Die Sautschinggen[5], alle weg, alle müssen hinaus.› Mir liefen die Tränen nur so runter und ich fragte mich: in welchem Land leben wir eigentlich?»[6] Die «Schwarzenbach-Initiative» wurde abgelehnt. Doch immerhin 46 Prozent der abstimmenden Männer sprachen sich für das extreme Anliegen aus.

Bella Italia

1968, als Schwarzenbach Unterschriften gegen die italienische Immigration sammelte, war Italien mit drei Millionen Übernachtungen die beliebteste ausländische Feriendestination der Schweizerinnen und Schweizer. Dank höherer Löhne und mehr Ferienwochen wurden Reisen an die italienische Adriaküste allmählich auch für Angestellten- und Arbeiterhaushalte möglich.

«Alla Stazione. La partenza», Fotografie von Gian Battista Colombo, genannt:
Giancolombo (1921–2005), Syrakus (Sizilien) 1962.

Wachsende Karawanen von Sonnenhungrigen zogen über die Alpenpässe Richtung Adria – ganz nach dem Motto von Adriano Celentano, der im Schlager «Azzurro»[7] singt: «cerco l'estate tutto l'anno» («Ich suche den Sommer während des ganzen Jahres»). Während es also die einen zwecks temporärer Erholung von der Arbeit in den Süden zog, zogen die anderen aus eben diesem Süden Richtung Norden – auf der Suche nach Arbeit. Davon konnten sie auch fremdenfeindliche Bewegungen nicht abhalten.

1974 wurde die dritte Überfremdungsinitiative, jetzt auch unter Beteiligung der Schweizer Frauen, mit einer Zweidrittelmehrheit abgelehnt. Möglicherweise trug die neue Politik der Behörden erste Früchte: Die bereits Ansässigen sollten integriert werden, den Neuzuzug wollte man hingegen begrenzen. Die Wirtschaftskrise tat ein Übriges, verloren doch viele ausländische «Gastarbeiter» ihre Saisonbewilligung oder ihre Stelle. Zum Stimmungswandel trug wohl auch die Tatsache bei, dass die Klassenkameradinnen und -kameraden der Schweizer Kinder immer öfter aus einem italienischen Haushalt stammten, dass Pizza und Pasta den Weg auf den einheimischen Speiseplan fanden. Und dass die italienische Gemeinschaft auch nördlich der Alpen einen Hauch jener «Italianità» vermittelte, den man in Rimini schätzen gelernt hatte. Aus den einstigen «Tschinggen» wurden nun Einheimische – und neue Immigrantinnen und Immigranten rückten in die Rolle der «Fremden».

GISELA HÜRLIMANN

1 Hilfsarbeiter in einer Sperrholzfabrik in Wald ZH 1964, zitiert nach: Braun, Rudolf: Soziokulturelle Probleme der Eingliederung italienischer Arbeitskräfte in der Schweiz. Erlenbach-Zürich 1970. S. 65.
2 Assistent des Personalchefs einer Baufirma in Schlieren ZH 1964, zitiert nach: Braun, a.a.O., S. 76.
3 Angestellter der Personalabteilung einer Schuhfabrik in Schönenwerd SO 1964, zitiert nach: Braun, a.a.O., S. 76.
4 Strickereiarbeiter in Zofingen AG 1964, zitiert nach: Braun, a.a.O., S. 99.
5 «Tschingg» oder «Tschinggalamorä» war ein von Schweizerinnen und Schweizern sehr häufig verwendetes Schimpfwort für Italienerinnen und Italiener. Der Begriff geht ursprünglich auf den Ausruf «cinque a la morra» beim italienischen Spiel «Morra» zurück und wurde Ende des 19. Jahrhunderts geprägt. Im Jahr 2008 existierte in Zürich auch ein italienisches Restaurant mit dem nun als ironische Selbstbezeichnung gemeinten Namen «Tschingg».
6 Loris Scola, zitiert nach: Buomberger, Thomas: Kampf gegen unerwünschte Fremde. Von James Schwarzenbach bis Christoph Blocher. Zürich 2004. S. 15.
7 «Azzurro», komponiert von Paolo Conte und u. a. interpretiert von Adriano Celentano 1968.

Empfohlene Literatur

· Braun, Rudolf: Soziokulturelle Probleme der Eingliederung italienischer Arbeitskräfte in der Schweiz. Erlenbach-Zürich 1970.
· Buomberger, Thomas: Kampf gegen unerwünschte Fremde. Von James Schwarzenbach bis Christoph Blocher. Zürich 2004.
· Piguet, Etienne: Einwanderungsland Schweiz. Fünf Jahrzehnte halb geöffnete Grenzen. Bern/Stuttgart/Wien 2006.
· Skenderovic, Damir; D'Amato, Gianni: Mit dem Fremden politisieren. Rechtspopulistische Parteien und Migrationspolitik in der Schweiz seit den 1960er Jahren. Zürich 2008.

Das «Schwarze Gold» wird knapp

Erdöl ist der wichtigste Rohstoff der modernen Industriegesellschaft. Als Treibstoff und Grundstoff zur Erzeugung von Elektrizität und chemischen Produkten bildet es die Grundlage von prosperierenden Wirtschaften und geopolitischen Strategien und Kriegen. Erdöl ist aber eine begrenzte Ressource. Die grössten Erdölreserven befinden sich im Nahen Osten. Die daraus folgende wirtschaftliche Abhängigkeit wurde der westlichen Welt mit dem «Ölschock» 1973 bewusst: Ein Umdenken setzte ein. In der Folge bemühten sich zum einen die Regierungen und Energiefirmen, die Abhängigkeit von nahöstlichem Öl durch die Erschliessung von Offshore-Ölvorkommen in anderen Teilen der Welt zu reduzieren. Zum andern setzten sie auf die Förderung alternativer Energiequellen, hauptsächlich der Kernenergie.

Am 17. Oktober 1973 gab die Organisation Erdöl exportierender Staaten (OPEC) den Beschluss eines gemeinsamen Ölboykotts bekannt, der so lange andauern sollte, bis sich die Israeli hinter die Grenzen, wie sie vor dem Sechstagekrieg von 1967 bestanden hatten, zurückgezogen hätten. Die OPEC-Staaten förderten zu diesem Zeitpunkt 55 Prozent des Weltbedarfs an Erdöl. «Die Industrienationen befiel Panik: In den USA bildeten sich lange Schlangen vor den Tankstellen, Präsident Nixon untersagte persönlich Weihnachtsbeleuchtung in den Strassen.»[1] In der Schweiz und in anderen europäischen Ländern wurden kurzfristig Sonntagsfahrverbote und Geschwindigkeitsbegrenzungen erlassen, mittelfristig wurde die Sommerzeit eingeführt. Diese Reaktionen zeitigten psychologische, nicht aber wirtschaftliche Effekte: Der Ölpreis blieb hoch und verstärkte die einsetzende Rezession in Europa und in den USA.

Garant von Wohlstand und Arbeit

Erdöl stellt seit der Mitte des 20. Jahrhunderts das Fundament unserer westlichen Industriegesellschaft dar: Nicht nur sichert es als Treibstoff die Mobilität und dient der Stromgewinnung, sechs bis neun Prozent der Gesamtfördermenge werden für chemische Produktstammbäume benutzt, die als Grundlage zur Herstellung von chemischen Produkten und Medikamenten, von Plastik und Kunststoffen, Farben und Lacken dienen. Zwar ist Erdöl schon seit vielen Jahrhunderten bekannt: Die Babylonier nutzten es in konzentrierter Form zur Abdichtung, die Osmanen zur Herstellung von Brandpfeilen und die Chinesen in Form von Erdgas zur Erwärmung von Wasser. An Bedeutung gewann das Erdöl ab der Mitte des 19. Jahrhunderts, als es gelang, aus Öl Petroleum oder Kerosin zu destillieren, das als Lampenbrennstoff den teuren Wal-Tran ersetzte. Als ab 1860 verschiedene Ingenieure, darunter der Deutsche Niklaus August Otto, mit Benzin betriebene Verbrennungsmotoren entwickelten und Henry Ford ab 1908 in den USA sein Modell T – das billige Auto vom Fliessband für jedermann – auf den Markt brachte, wuchs die Nachfrage nach Öl kontinuierlich. 1900 gab es in den USA 8000 Autos, 1930 waren es 26,7 Millionen. Mit Öl liess sich nun sehr viel Geld verdienen.

Dass die Erdölreserven begrenzt sind und ihre Förderung von wenigen Staaten kontrolliert und beeinflusst werden kann, realisierte die Weltöffentlichkeit mit dem «Ölschock» von 1973. Der Boykott und die Erhöhung des Erdölpreises durch die OPEC-Länder erfolgten unmittelbar als Reaktion auf die Unterstützung Israels durch die USA im Jom-Kippur-Krieg. Das Eingreifen der USA wiederum war eine Reaktion auf die einsetzende Waffenlieferung der Sowjetunion an Ägypten.

Wandel der Machtverhältnisse

Die Preiserhöhung von drei auf elf Dollar pro Barrel Ende 1973 war aber nicht nur durch den Jom-Kippur-Krieg und den anschliessenden Ölboykott bedingt. Sie war auch eine Folge der Veränderung der Machtverhältnisse zwischen den grossen Ölfirmen, den OPEC-Ländern und der US-Regierung auf dem Ölmarkt. Bis in die 1970er-Jahre wurde die industrielle Ölförderung, einer der mächtigsten Industriezweige, weltweit von einigen wenigen riesigen Firmen dominiert, den sogenannten *Seven Sisters*: von fünf US-amerikanischen, die ohne staatliche Beteiligung agierten, und zwei europäischen Firmen, der teilweise staatlichen *British Petroleum* und der niederländisch-britischen *Royal Dutch Shell*. Die USA, lange das weltgrösste Erdölförderland, erreichten Ende der 1960er-Jahre ihr Fördermaximum, das *Peak Oil*, und wurden immer mehr von importiertem Öl abhängig. Um den Preis des einheimischen Öls zu stützen, hatten die USA nichts gegen eine leichte Ölpreiserhöhung, welche die Saudis dann bereits vor dem Krieg 1973 einleiteten. Mit der US-amerikanischen Ölknappheit wuchs die Bedeutung des Nahen Ostens als Fördergebiet: Hier liegen die weltweit grössten Erdölreserven. Zu Saudi-Arabien, wo westliche Firmen in den 1930er-Jahren erstmals systematisch nach Öl suchten, pflegten die USA seit 1945 enge Beziehungen. Die Kontrolle über die nahöstlichen Ölquellen lag in den 1960er-Jahren weitgehend in westlichen Händen.

Mit der Ölkrise 1973 begann die Verstaatlichung der Ölförderung in den OPEC-Ländern; dieses Ziel hatte die OPEC bereits seit ihrer Gründung 1960 verfolgt. Die forcierte Erschliessung von Ölquellen in den 1950er-Jahren hatte ein Überangebot, sinkende Preise und Haushaltsdefizite in den Förderländern zur Folge gehabt. Auf Anregung von Saudi-Arabien wurde die OPEC als Förderkartell gegründet, das die Kontrolle über die Förderungen sowie eine Machtbegrenzung der grossen Erdölfirmen anstrebte. Diese hatten auf der Basis von Verträgen aus der Kolonialzeit ihre Gewinne weitgehend ohne Beteiligung derjenigen Staaten erzielen können, auf deren Gebiet die Ölquellen lagen. Die Verstaatlichungen ermöglichten der OPEC, den Ölpreis

Zelten auf autofreier Autobahn, Fotografie von Unbekannt, Schweiz, 25. November 1973. Ende 1973 verordnete die Schweizer Regierung dreimal ein ganztägiges Fahrverbot für Motorfahrzeuge. Mit den «autofreien Sonntagen» sollte der Benzinverbrauch reduziert werden. Der unmittelbare Spareffekt war nicht sehr gross; die leergefegten Strassen und Autobahnen eröffneten aber höchst ungewohnte Erfahrungs- und Erlebnisräume, denen sich die jungen Leute hier in einer spontanen Aktion und ganz im Geiste der 68er-Bewegung hingaben. Von wem die Aufnahme stammt, ist nicht bekannt. Ebenso wenig wissen wir über Ort, Anlass und Umstände des Happenings. Nur das Datum ist bekannt: Sonntag, der 25. November 1973.

durch die Festlegung und Drosselung von Ölförderquoten direkt zu beeinflussen. Darin wurde sie zwar immer wieder behindert durch die Undiszipliniertheit und individuelle Gewinnorientierung der Mitgliedsländer. Bis 1980 jedoch diktierte die OPEC die Preise: Durch die zweite Ölkrise als Folge der islamischen Revolution und den Wegfall des iranischen Öls erreichte der Ölpreis 1980 eine Spitze von durchschnittlich 36 Dollar pro Barrel. Paradoxerweise blieb die Macht der westlichen Ölfirmen trotz der Verstaatlichungen riesig. Zwar förderten sie das Öl nicht mehr selbst, ihr technisches und logistisches Know-how führte aber dazu, dass sie immer noch einen Grossteil des Öls aus den OPEC-Ländern transportierten, raffinierten und verkauften und damit hohe Gewinne erzielten.

Folgen der Krise

Monopolstellung und Preisdiktat der OPEC wurden Anfang der 1980er-Jahren gebrochen: Norwegen und Grossbritannien bauten die Ölförderung in der Nordsee stark aus, Mexiko und Nigeria brachten grosse Mengen an Öl auf den Weltmarkt. Die Preise sanken, verstärkt durch die rückläufige Nachfrage aufgrund der anhaltenden Rezession. Als Folge der Ölkrise gründeten im Jahr 1973 16 Staaten die Internationale Energieagentur, die als autonome Einheit der OECD und als westliches Gegengewicht zur OPEC eine Kooperationsplattform zur Erforschung, Entwicklung und Anwendung von Energietechnologien darzustellen bezweckte. Viele Staaten legten auch strategische Ölreserven an oder bauten vorhandene Reserven aus, um einem nochmaligen Versuch der politischen Erpressung durch einen Ölboykott vorzubeugen. Regierungsbehörden, Forschungseinrichtungen und Energieunternehmen suchten vermehrt nach alternativen Energiequellen, um die Abhängigkeit vom Erdöl zu reduzieren. Neben der Kernenergie wurden regenerative Energiequellen (Wind, Wasser, Erdwärme) ausgebaut, zudem wurde in Wärmedämmung von Gebäuden und in die Effizienzsteigerung von Motoren und Heizungen investiert. Die Ölkrise trug in der Bevölkerung zu einem sensibilisierten Energie- und Umweltbewusstsein bei, auch wenn der Gesamtenergieverbrauch in den folgenden Jahren weiterhin wuchs.

ALEXANDRA BLOCH PFISTER

1 Seifert, Thomas; Werner, Klaus: Schwarzbuch Öl. Eine Geschichte von Gier, Krieg, Macht und Geld. Wien 2005. S. 50.

Empfohlene Literatur
· Laxer, James: Öl. Hildesheim 2008.
· Seifert, Thomas; Werner, Klaus: Schwarzbuch Öl. Eine Geschichte von Gier, Krieg, Macht und Geld. Wien 2005.

Der Juni-Krieg von 1967 – Instant-Sieg mit Langzeitfolgen

Fast zwanzig Jahre lang hatte sich der Staat Israel in feindlichem arabischem Umfeld behauptet, doch 1967 befand sich die Stimmung in der Gesellschaft auf einem Tiefpunkt. Die Israeli litten unter einer lang anhaltenden wirtschaftlichen Rezession mit wachsender Arbeitslosigkeit. Eine Emigrationswelle machte dem Einwanderungsland zu schaffen. Dazu kamen wachsende Spannungen zwischen Jüdinnen und Juden europäischer und arabischer Herkunft. Das Vertrauen in den Staat schwand. Der israelische Traum, das zionistische Projekt eines jüdischen Nationalstaats, schien von innen bedroht.

Auch von aussen verstärkte sich der Druck auf Israel. Der ägyptische Präsident Gamal Abd al-Nasser, nach der Suez-Krise von 1956 zur revolutionären Führungsfigur in der arabischen Welt aufgestiegen, forcierte im Zeichen des Panarabismus eine aggressive antiisraelische Politik. 1964 gründete die Arabische Liga die Palästinensische Befreiungsorganisation (PLO). Ende des gleichen Jahres begann die Guerillaorganisation al-Fatah unter Führung Jassir Arafats mit bewaffneten Aktionen in Israel. Verschiedentlich eskalierte auch der Streit Israels mit Syrien und Jordanien über die Ressource Wasser.

Arabische Provokationen

Im Frühjahr 1967 kam es an der syrisch-israelischen Grenze zu massiven Zwischenfällen. In panarabischer Solidarität erzwang Nasser den Abzug der UN-Friedenssoldaten im Sinai, stationierte ein grosses Truppenkontingent an der Grenze zu Israel und sperrte den Golf von Aqaba für israelische Schiffe. Nassers Drohgebärden lösten in Israel akute Existenzängste aus und verstärkten die depressive Stimmungslage. In dieser Situation drängten vor allem die israelischen Militärs auf einen Präventivschlag gegen die arabischen Nachbarn. Die Zivilregierung unter Premier Levi Eschkol zögerte lange, weil sie nicht unmittelbar mit einem Angriff rechnete. Erst als die USA grünes Licht signalisierten, gab sie dem öffentlichen und militärischen Druck nach und entschloss sich loszuschlagen.

Ägypten und seine Verbündeten Syrien und Jordanien waren trotz Kriegsstimmung überrascht, als Israel am 5. Juni 1967 angriff und innerhalb weniger Tage den Gazastreifen und den Sinai, die syrischen Golanhöhen sowie das Westjordanland mit Ostjerusalem eroberte. Damit wurde Israel zur regionalen Besatzungsmacht. Vergeblich hofften die Israeli, das Faustpfand Land gegen Frieden eintauschen zu können. Stattdessen antworteten die gedemütigten arabischen Staatschefs am 1. September 1967 mit dem «dreifachen Nein von Khartum»: keine Verhandlungen, keine Anerkennung Israels und kein Frieden.

Einzug des ultrareligiösen Zionismus in die Politik

Der triumphale Sieg im Juni-Krieg befreite die israelische Gesellschaft vom kollektiven Sicherheitstrauma. Den Überschwang wussten die ultrareligiösen Zionisten politisch auszunützen. Für sie waren die Eroberungen Teil des «jüdischen Erlösungsprozesses» und sie setzten alles daran, das Westjordanland und Ostjerusalem als Herz des biblischen «Judäa» und «Samaria» zu bewahren. Bis 1976 entstanden zahlreiche Siedlungen in der «Westbank» – von der regierenden Arbeitspartei mit Sicherheitserwägungen begründet oder stillschweigend hingenommen aus Rücksicht auf die nationalreligiösen Kräfte in ihrer Koalition. Der Wahlsieg des konservativ-zionistischen Likud unter Menachem Begin brachte 1977 den Durchbruch für die radikal-religiöse Siedlerbewegung: Die systematische Besiedlung der besetzten Gebiete wurde zur offiziellen Regierungspolitik erklärt.

Erstarken des politischen Islam

Die Niederlage vom Juni 1967 rief in der gesamten arabischen Welt grosse Enttäuschung hervor. Die Perspektive einer wirksamen arabischen Kraft auf der Basis von Nationalismus, Säkularismus und Sozialismus war verstellt; der Nasserismus hatte abgedankt. Nun gewannen jene Kräfte an Einfluss, die in rückwärtsgewandter Utopie den Koran zur einzigen Richtschnur islamischer Gesellschaftsordnung erhoben: Gegen innen versprachen sie umfassende Gerechtigkeit und gegen aussen panislamistischen Zusammenhalt, nicht zuletzt gegen Israel. In den arabischen Ländern erhielt der Islamismus starken Auftrieb bei jenen Bevölkerungsschichten, die von der Politik ihrer autoritären Regierungen frustriert waren und den westlichen Einfluss eindämmen wollten.

Die iranische Revolution von 1979 beschleunigte den Aufstieg des politischen Islam zu einem bestimmenden Faktor in der Politik des Mittleren Ostens: In einer Volksbewegung wurde das prowestliche Schahregime gestürzt und ein von schiitischen Mullahs geleiteter «Gottesstaat» etabliert. Damit fiel auch der amerikanische Vorposten am ölreichen persischen Golf, und für Israel wuchs eine neue feindliche Macht heran.

Geburt des palästinensischen Nationalismus

Noch 1969 behauptete die israelische Premierministerin Golda Meir: «Es gibt so etwas wie die Palästinenser nicht».[1] In bitterer Ironie der Geschichte trugen die Israeli mit ihrer Besatzungspolitik zum Entstehen eben dieses Volks bei. Die Kriegsniederlage hatte das Vertrauen in die arabischen «Bruderstaaten» dauerhaft erschüttert, und die gemeinsame Erfahrung der israelischen Fremdherrschaft liess unter

Fallschirmjäger der israelischen Armee stehen kurz nach geschlagener Schlacht um Ostjerusalem ergriffen vor der Klagemauer, Fotografie von David Rubinger, Jerusalem, 7. Juni 1967. Besetzung oder Rückkehr zu den heiligen Stätten? Die zur Ikone gewordene und auch zu politischen Zwecken missbrauchte Fotografie des israelischen Kriegsreporters David Rubinger markiert einen historischen Wendepunkt. Das israelische Glücksgefühl über den unverhofften militärischen Sieg und die Eroberung heiliger jüdischer Stätten bedeutete Leid auf der anderen Seite. Für das palästinensische Volk begann an diesem Junitag die bis heute anhaltende israelische Okkupation.

der palästinensischen Bevölkerung ein kollektives National-bewusstsein heranwachsen. Schon 1969 übernahm Jassir Arafat die Macht über die PLO: Von einem willigen Werk-zeug arabischer Politik entwickelte sie sich zur eigenstän-digen Interessenvertretung einer palästinensischen Nation.

Neudefinition regionaler Strukturen

Internationale Vermittlungsbemühungen auf der Grundlage des Prinzips «Land für Frieden»[2] waren in der Zeit unmit-telbar nach 1967 gescheitert. Um die Sinaihalbinsel zurück-zugewinnen und Israel zu Verhandlungen zu zwingen, be-reitete Ägyptens Präsident Anwar as-Sadat gemeinsam mit Syrien einen begrenzten Krieg vor. Für den Nasser-Nachfol-ger ging es dabei um nationale und persönliche Profilierung. Trotz Freundschaftsvertrag mit der Sowjetunion verfolgte er einen eigenständigen Kurs und näherte sich den proameri-kanischen Ölmonarchien Saudi-Arabien und Kuwait an. Diese versprachen finanzielle Unterstützung und den Ein-satz der «Ölwaffe», sprich: eines Lieferboykotts der arabi-schen Ölförderländer (OAPEC) gegen jene Staaten, die Is-rael unterstützten. Damit wurde das Verhältnis zwischen revolutionär-republikanischen und konservativ-monar-chistischen Staaten im Nahen Osten wie auch ihre Bezie-hungen zu den Grossmächten neu definiert.

Die konzertierten Angriffe vom 6. Oktober 1973 brach-ten zunächst einen militärischen Durchbruch für Ägypten und Syrien, doch gelang es Israel dank amerikanischer Waffenhilfe, das Blatt bald zu wenden, die syrische Armee vom Golan zu vertreiben und tief nach Ägypten vorzu-stossen. Trotz der Niederlage entwickelte sich der Oktober-Krieg zu einem politischen Erfolg für die arabischen Staa-

ten, hatten sie doch den Nimbus israelischer Unbesiegbarkeit gebrochen und mit dem Ölembargo dem Westen Paroli ge-boten.

Der Krieg leitete einen ersten Friedensprozess ein. Die vom Ölpreisanstieg geschockten westlichen Staaten bemüh-ten sich, ihre Beziehungen zu den arabischen Ländern zu verbessern, und die USA erhöhten ihren politischen Druck auf Israel. Ägypten erhielt westliche Wirtschafts- und Fi-nanzhilfe. Nachdem Präsident Sadat in einer Rede vor dem israelischen Parlament das staatliche Existenzrecht Israels anerkannt hatte, war der Weg frei zum ägyptisch-israeli-schen Friedensvertrag von 1979.

Trotz verschiedener Verhandlungsansätze harrt der israelisch-palästinensische Konflikt bis heute einer Lösung. Neben der Forderung nach einem Rückkehrrecht für die palästinensischen Flüchtlinge bilden die 1967 mit der Beset-zung des Gazastreifens, Ostjerusalems und der Westbank geschaffenen Fakten – vor allem die jüdischen Siedlungen – das Haupthindernis für einen Frieden.   EVA SUTTER

1 Interview vom 15. Juni 1969 in der «Sunday Times».
2 Vereinte Nationen, Sicherheitsrat, Resolution 242 vom 22.11.1967. Verfügbar unter: www.un.org/Depts/german/sr/sr_67u73/sr242-67.pdf [Aufruf vom 13.3.2009]

Empfohlene Literatur
· Oren, Michael B.: Six Days of War: June 1967 and the Making of the Modern Middle East. Oxford 2002.
· Segev, Tom: 1967, Israels zweite Geburt. München 2007.
· Zertal, Idith; Eldar, Akiva: Die Herren des Landes, Israel und die Siedlerbewegung seit 1967. München 2007.

Ein Ende des Kalten Krieges – und zwei offene Fragen

Ob der Kalte Krieg wirklich zu Ende ist, wissen wir noch nicht. Aber man streitet sich darüber, welches die Ursachen dieses vermuteten Endes des Kalten Krieges sind – denn die Antwort ist für die heutige Politik wichtig.

Das Gleichgewicht des Schreckens, das mit der MAD-Doktrin erreicht wurde (Doktrin der gegenseitig zugesicherten Zerstörung, engl. *mutual assured destruction*), hatte die Supermächte gelähmt: Weil sie einander nicht mehr angreifen konnten, hatten sie zwischen 1963 und 1979 vor allem Druck auf das eigene Lager ausgeübt (S. 82/83). Doch dank der Elektronik war es möglich geworden, zielgenauere Waffen zu entwickeln. Beispielsweise können Marschflugkörper *(Cruise-Missiles)* wie ein Flugzeug computergesteuert auf ein Ziel zufliegen. Würde sich die Sowjetunion, durch ein solches Geschoss angegriffen, für den Weltuntergang entscheiden?

Die Spitzen der Supermächte gewannen die Überzeugung, dass mit schwächeren, präzisen Atomwaffen der Atomkrieg wieder «führbar» würde, gewissermassen unterhalb der Schwelle eines globalen Krieges: *Flexible Response* nannte sich die dritte Doktrin im Kalten Krieg, aber eigentlich ging es nicht um eine «Antwort», sondern um einen lokalen Angriff. Parallel dazu verschlechterten sich um 1980 die Beziehungen zwischen den beiden Supermächten: Die USA intensivierten den Kontakt zu China; aber sie erlitten schwere Niederlagen. 1979 wurde der Schah von Persien, dann die Somoza-Diktatur in Nicaragua gestürzt und die sowjetische Armee besetzte Afghanistan. Schon seit 1976 hatte sie begonnen, zielgenauere Mittelstreckenraketen auf Europa zu richten.

Die NATO reagierte mit der Drohung, hier ebenfalls zielgenauere Raketen und Marschflugkörper zu stationieren. Ein Krieg mit Atomwaffen auf europäischem Boden schien wieder möglich – würde er zu einem Krieg der Supermächte eskalieren? Da verkündete US-Präsident Ronald Reagan im März 1983 eine neue, vierte Doktrin: Die *Strategic Defense Initiative* sollte aus Waffensystemen bestehen, die aus dem Weltraum und vom Boden aus sämtliche anfliegenden Geschosse abfangen und zerstören; die USA könnten sich unter einem Schutzschirm gegen jeden Angriff sicher fühlen. Dieses Projekt wurde nach der damals aktuellen Filmserie (die Reagan inspiriert hatte) *Star War* genannt.

Wenn also jemand 1983 prophezeit hätte, in acht Jahren wäre der Kalte Krieg zu Ende, hätte man ihn für verrückt erklärt. So stellen sich heute zwei Fragen an das abrupte Ende des Kalten Krieges.

Wer beendete den Kalten Krieg?

Ob die USA ihre *Star-War*-Doktrin hätten umsetzen können, ist nicht geklärt; für den relativ jungen, sowjetischen Generalsekretär Michail Gorbatschow, der 1985 die alten Führer ablöste, war jedenfalls klar: Die Sowjetunion könnte nicht mithalten – und Gorbatschow wollte auch nicht: 1986 verkündete er seinen Alternativplan, die Atomwaffen schrittweise abzubauen: In den ersten fünf bis acht Jahren sollen die Supermächte ihre Arsenale halbieren, in einem zweiten Schritt sollen alle Staaten die Mittelstreckenraketen und in einem dritten Schritt ab 1995 überhaupt alle Atomwaffen verschrotten. Optimistisch rechnete Gorbatschow damit, das neue Jahrtausend ohne Atomwaffen beginnen zu können. In Westeuropa wurde «Gorbi» zu einer Kultfigur; insbesondere die wachsende Friedensbewegung bewunderte ihn und fühlte sich durch seine Haltung bestärkt.

1987 einigten sich die Supermächte auf die Abrüstung aller, zum Teil eben erst stationierter Mittelstreckenraketen in Europa (INF-Abkommen) und unterzeichneten 1991 ein Abkommen zur Reduktion der Interkontinentalraketen (START I). Aber Ende dieses Jahres brach die Sowjetunion auseinander – und die Welt hat das neue Jahrtausend nicht nur mit

---

Ein Dokument – zwei Fragen

Am 17. Januar 1983 gab Präsident Ronald Reagan die «National Security Decision Directive Number 75» (Weisung zur nationalen Sicherheit, kurz «NSDD-75») heraus:

«U.S. policy toward the Soviet Union will consist of three elements: external resistance to Soviet imperialism; internal pressure on the USSR to weaken the sources of Soviet imperialism; and negotiations to eliminate, on the basis of strict reciprocity, outstanding disagreements.

Specifically, U.S. tasks are:

1. To contain and over time reverse Soviet expansionism by competing effectively on a sustained basis with the Soviet Union in all international arenas – particularly in the overall military balance and in geographical regions of priority concern to the United States. This will remain the primary focus of U.S. policy toward the USSR.

2. To promote, within the narrow limits available to us, the process of change in the Soviet Union toward a more pluralistic political and economic system in which the power of the privileged ruling elite is gradually reduced. The U.S. recognizes that Soviet aggressiveness has deep roots in the internal system, and that relations with the USSR should therefore take into account whether or not they help to strengthen this system and its capacity to engage in aggression.

3. To engage the Soviet Union in negotiations to attempt to reach agreements which protect and enhance U.S. interests and which are consistent with the principle of strict reciprocity and mutual interest. This is important when the Soviet Union is in the midst of a process of political succession.»

Zitiert nach: Matlock, Jack F.: Reagan and Gorbachev. New York 2004, S. 53f.

Zwei Wissenschaftler interpretieren diese Weisung:

Peter Schweizer (geb. 1964): Forschungsprofessor und Autor des Bestsellers «Victory: The Reagan Administration's Secret Strategy That Hastened the Collapse of the Soviet Union», eines Buches, das auf Interviews mit Kabinettsmitgliedern basiert.

«Reagans Verhalten gegenüber der Sowjetunion stellte einen deutlichen Bruch mit der Vergangenheit dar. [...] Reagans Strategie war grundsätzlich anders darin, dass sie eine Mischung zwischen Verteidigung und Angriff darstellte. Sie wollte die sowjetische Aggression, aber ebenso die sowjetische Schwäche ausnutzen, in der Hoffnung, die kommunistische Macht zurückzudrängen. Dieses Verhalten war speziell formuliert in einer nun veröffentlichten «National Security Decision Directive», unterzeichnet von Präsident Reagan. NSDD-75 wollte die kommunistische Macht auf der ganzen Erde zurückdrängen und die sowjetische Wirtschaft untergraben.»

Zitiert nach Schweizer, Peter (Hg.): The Fall of the Berlin Wall. Stanford 2000. S. 13, übersetzt durch Hans Utz.

Jack Matlock (geb. 1929): Professor, Ausbildung in russischer Sprache, Befürworter von Verhandlungen, Übersetzer für Präsident Kennedy während der Kubakrise, 1983 bis 1986 im Stab des nationalen Sicherheitsberaters des Präsidenten, ab 1987 Botschafter der USA in der Sowjetunion.

«Es scheint, Politiker, Journalisten und Gelehrte hätten sich darauf gestürzt, zu erklären, was geschehen ist. Aber mit einigen bemerkenswerten Ausnahmen stimmen die meisten bis jetzt vorgebrachten Interpretationen nicht mit den Ereignissen überein, wie ich sie erlebte. Einige Beobachter, wie der Journalist Peter Schweizer, schreiben alle drei Erdbeben (Ende des Kalten Krieges, Entmachtung der kommunistischen Herrschaft und Zerfall der Sowjetunion) Reagans militärischer Aufrüstung und wirtschaftlichem Druck auf die Sowjetunion zu. Aber so einfach war das nicht. Die Sowjetunion hätte dem Druck zehn Jahre und mehr Widerstand leisten können – so lange, als die Kommunistische Partei die Kontrolle über das Land innehatte.»

Zitiert nach Matlocks, Jack F.: Reagan and Gorbachev. New York 2004. S. 13, übersetzt durch Hans Utz.

Atomwaffen begonnen, sondern Reagans *Star-War*-Projekt wird modifiziert als *Ballistic Missile Defense* (BMD) weitergeführt.

Die Sowjetunion brach auseinander, weil Gorbatschows Umbau (Perestroika) der Wirtschaft und des Staates der einen Seite zu wenig entschlossen und der andern zu radikal vor sich ging. Die Kommunistische Partei fühlte sich bedroht, und ihre Führer putschten im August 1991. Gorbatschow wurde durch die radikalen Reformer um Boris Jelzin zwar gerettet, aber entmachtet. Zu deren Reform gehörte nicht nur eine radikale Privatisierung, sondern auch das Zerlegen des einst mächtigen Sowjetreichs.

Die Frage, ob der Kalte Krieg wegen des Wandels in der Sowjetunion zu Ende ging oder ob der amerikanische Präsident Reagan diese mit seinen Rüstungsplänen besiegt hat, bleibt vorläufig ungelöst.

Wer löste das Ende des Kalten Krieges aus?

Gorbatschows Reformprogramm hatte Konsequenzen für die sowjetischen Satellitenstaaten. Hatte die Sowjetunion bisher jeden Reformkurs unterdrückt (DDR 1953, Polen und Ungarn 1956, Tschechoslowakei 1968 und Polen 1980/81), so stand sie nun eher auf der Seite von Reformen: 1989 wurde die Gewerkschaftsbewegung *Solidarność* in Polen wieder anerkannt, im gleichen Frühling protestierten Bürgerinnen und Bürger in der DDR gegen die gefälschten Kommunalwahlen der SED (Sozialistische Einheitspartei Deutschlands). Die Bewegung gewann rasch an Schwung, denn wirtschaftlich ging es der DDR im 40. Jahr ihres Bestehens schlecht. Als im September 1989 Ungarn seine Grenzzäune gegen Österreich hin öffnete, flüchteten Tausende durch dieses Schlupfloch in den Westen; und als die SED-Führung Reisen nach Ungarn untersagte, flüchteten die Menschen in die deutschen Botschaften der Nachbarstaaten Tschechoslowakei und Polen, von wo aus sie am 30. September ausreisen konnten. Aber vor allem protestierten die in der DDR verbleibenden Bürgerinnen und Bürger: Jeden Montag versammelten sie sich, zuerst in der Nikolaj-Kirche in Leipzig, dann auch in andern Städten und auf den Strassen, um unter dem Motto «Wir sind das Volk» Reformen zu verlangen. Es gelang der Führung noch, den 40. Jahrestag der Gründung der DDR zu inszenieren, dann musste sie schrittweise abdanken. Nach einer unklaren Verlautbarung erzwang sich die Menge in der Nacht vom 9. auf den 10. November 1989 den Durchgang durch die Berliner Mauer. Aus «Wir sind das Volk» wurde bald der Slogan: «Wir sind ein Volk». Innert eines Jahres wurde die DDR von der Bundesrepublik – unter Zustimmung der Siegermächte von 1945 – aufgesogen. Die andern kommunistischen Regimes in Osteuropa fielen ebenfalls.

Wer hat mehr zum Wandel in der DDR beigetragen: diejenigen, die flüchteten, oder diejenigen, die sich in der DDR für einen Wandel einsetzten? HANS UTZ

Empfohlene Literatur

- Herrmann, Richard K.; Lebow, Richard Ned (Hg.): Ending the Cold War. Interpretations, Causations, and the Study of International Relations. New York 2004.
- LaFeber, Walter: America, Russia and the Cold War, 1945–2005. Boston 2008.
- Matlock, Jack F.: Reagan and Gorbachev. New York 2004.
- Pons, Silvio; Romero, Federico (Hg.): Reinterpreting the End of the Cold War. Issues, interpretations, periodizations. London/New York 2005.
- Stöver, Bernd: Der Kalte Krieg 1947–1991. Geschichte eines radikalen Zeitalters. München 2007.

Katalysatoren umweltpolitischen Handelns

Weite Teile der Bevölkerung übten in den 1980er-Jahren erfolgreich öffentlichen Druck auf die politischen Institutionen der Schweiz aus. Sie schätzten das behördliche Handeln angesichts der bedrohten Umwelt als ungenügend ein. Bei der Information über die Gefahren und bei der politischen Mobilisierung kam den neuen sozialen Bewegungen (Umweltbewegung, Anti-Atomkraftbewegung) «eine wichtige Funktion im Erzeugen von Aufmerksamkeit für vernachlässigte Probleme»[1] zu. Sie waren stark von der 68er-Studentenbewegung beeinflusst und erweiterten medienwirksam das politische Aktionsrepertoire.

Die Forstfachleute hatten das Phänomen des «Sauren Regens» und der wachsenden Durchlässigkeit beim Blatt- und Nadelkleid der Bäume zwar schon in den 1970er-Jahren diskutiert. Doch sie schafften es noch nicht, diese Probleme auf die politische Agenda zu setzen. Wohl stimmten Volk und Stände 1971 mit 93 Prozent Ja-Stimmen einem Verfassungsartikel über den Umweltschutz zu. Danach regte sich aber wenig im politischen System. Entwürfe zu einem Umweltschutzgesetz scheiterten in der Legislative und stiessen bei Vernehmlassungen auf heftigen Widerstand der Wirtschaftsverbände.

Waldsterben

Die Blockade in der schweizerischen Umweltpolitik löste sich erst, als der damalige Umweltminister Alphons Egli (CVP) auf Anraten von leitenden Angestellten in der Bundesverwaltung im September 1983 die Medien in den Wald bei Zofingen einlud und dort eine eigentliche Kampagne zum «Waldsterben» lancierte. Dieses wurde auf den «Sauren Regen» zurückgeführt, einer Übersäuerung des Regenwassers durch hohe Luftverschmutzung. Das «Waldsterben» führte bei der Bevölkerung zu grosser Betroffenheit und Empörung über die lange Zeit untätigen Behörden. Der Ständerat konnte die zuvor bekämpften Bestandteile «Verbandsbeschwerderecht»[2] und «Umweltverträglichkeitsprüfung» des Umweltschutzgesetzes nicht mehr verhindern. Das Parlament verabschiedete das Gesetz noch 1983. Neben weiteren Massnahmen des Bundes wurden zunehmend auch die Bürgerinnen und Bürger in Sachen «Waldsterben» aktiv. Am 5. Mai 1984 verliehen an einer Demonstration in Bern, zu der diverse Umweltgruppierungen aufgerufen hatten, 30 000 Personen ihrer Besorgnis über den Zustand des Waldes Nachdruck.

Ein Waldsterben in dem befürchteten Ausmass blieb zwar aus. Doch die Umweltorganisationen konnten ihre Position stärken, indem sie den Zusammenhang von Luftqualität und Zustand des Waldes zu einem öffentlichen Thema machten. Sie erhielten dadurch mehr Gewicht im politischen System, beispielsweise als Verhandlungspartner der Behörden. Dies begünstigte eine Institutionalisierung und zugleich eine Annäherung an die konventionelle Politik. Im Mai 1983 wurde die Grüne Partei der Schweiz (GPS) gegründet, die bei den Nationalratswahlen im Herbst desselben Jahres 1,7 Prozent der Stimmen und drei Sitze gewann.[3]

Tschernobyl

Am 26. April 1986 kam es im Kernkraftwerk Tschernobyl zum «Super-GAU». Eine solche Katastrophe soll sich Expertenberechnungen zufolge nur einmal pro Million Reaktorjahre ereignen. Dabei treten stärkere Belastungen auf als beim «grössten anzunehmenden Unfall» (GAU), auf den die Betreiber die Sicherheitsvorkehrungen beim Bau und Betrieb auszulegen haben. Die Explosion im ukrainischen Kraftwerk setzte grosse Mengen Radioaktivität frei, die Mensch und Umwelt vor allem in Reaktornähe massiv schädigten.[4] Ostwind und Regen trugen radioaktive Substanzen bis nach Westeuropa, was die Kritikerinnen und Kritiker der Atomkraft mit dem Slogan «Tschernobyl ist überall» auf den Punkt brachten. Noch heute kann in der Schweiz Cäsium-137, das eine Halbwertszeit von rund 30 Jahren besitzt, in Maronenröhrlingen oder Heidelbeeren nachgewiesen werden.

1986 waren in der Schweiz die KKW Beznau I und II, Mühleberg, Gösgen und Leibstadt in Betrieb; sechs weitere waren geplant, eines davon in Kaiseraugst. Dieses Projekt war seit 1969 heftig umkämpft. Am 1. April 1975 hatte die «Gewaltfreie Aktion Kaiseraugst» (GAK) und später die daraus hervorgegangene, radikalere «Gewaltfreie Aktion gegen das A-Werk Kaiseraugst» (GAGAK) das Baugelände besetzt. Die Anti-Atomkraftbewegung fand in der regionalen Bevölkerung einen grossen Rückhalt, was den Baubeginn verzögerte. Das Entsetzen und die öffentliche Empörung nach dem Super-GAU von Tschernobyl führten zu einem Stimmungsumschwung in Sachen Kernenergie und bedeuteten für das Projekt «Kaiseraugst» das Aus. Die Anti-Atomkraftstimmung mobilisierte viele Menschen, beispielsweise zu den Tschernobyl-Demonstrationen am 21.6.1986 in Gösgen oder am 25.4.1987 in Bern. 1988 reichten Parlamentarier eine Motion ein, die den Verzicht auf das KKW Kaiseraugst forderte. 1990 nahmen die Stimmberechtigten eine Atomenergieinitiative an, die ein zehnjähriges Moratorium für den Bau von Kernkraftwerken vorsah und die politische Realisierung eines KKW in Kaiseraugst definitiv verunmöglichte. Begleitet von neuen Energie- und Umweltproblemen wie Ölpreis-Hausse und Klimaerwärmung hat die Kernenergie 20 Jahre nach der Reaktorkatastrophe in Tschernobyl «ein unheimliches Comeback»[5] erlebt.

Demonstration am 8. November, Fotografie von Claude Giger, Basel 1986. Mit der Transparentaufschrift macht die «Gewaltfreie Aktion gegen das A-Werk Kaiseraugst» (GAGAK) darauf aufmerksam, dass das Löschwasser vom Grossbrand in Schweizerhalle massenweise Fische und Aale verenden liess. Zudem wird auf die Reaktorkatastrophe in Tschernobyl angespielt. Die neuen sozialen Bewegungen wie beispielsweise die Anti-Atomkraftbewegungen hatten Anfang der 1980er-Jahre nach dem Motto «Global denken und lokal handeln» begonnen, die örtliche Bevölkerung in ihre Aktionen mit einzubeziehen. Damit übten sie erfolgreich politischen Druck aus.

Schweizerhalle

In Schweizerhalle bei Basel brach in der Nacht zum 1. November 1986 in einem Lager der Sandoz AG Feuer aus. 1350 Tonnen zum Teil illegal gelagerte Chemikalien standen sechs Stunden in Flammen. Das anfallende Löschwasser konnte nicht aufgefangen werden. Es schwemmte zwischen einem und drei Prozent der Chemikalien in den Rhein, darunter hochgiftige Pestizide sowie etwa 150 kg Quecksilber. Zehntausende von Fischen und praktisch alle Aale im Fluss verendeten. Die weit sichtbare Rauchgaswolke versetzte die Bevölkerung in der Region Basel in Panik, obwohl einer Stellungnahme des Regierungsrats des Kantons Basel-Land zufolge keine unmittelbare Gefahr für die Bevölkerung bestanden hatte. Am 8. November folgten gegen 10 000 Personen dem Ruf zahlreicher Organisationen, darunter Anti-AKW-Gruppierungen, zur Demonstration auf dem Basler Marktplatz. Passend zu ihrem Motto «Fische sind wehrlos – wir nicht» protestierten die Teilnehmenden in Reden, Plakaten sowie einem als «Fischzug» bezeichneten Marsch gegen gravierende Mängel bei Behörden und Industrie im Zusammenhang mit der Vorsorge und der Bewältigung solcher katastrophaler Unfälle. Die politische Aktivierung nach diesem Brand trug massgeblich zur Störfallverordnung von 1991 und zur rigorosen Verbesserung des Abwassermanagements bei der chemischen Industrie bei. Der Rhein konnte sich dank wirkungsvoller Schutzmassnahmen und natürlich zugeflossener Wasserorganismen relativ rasch erholen, so dass sich darin wieder Lachse tummeln könnten, wären nicht Wehre oder Turbinen im Wege. VERENA UNGRICHT

1 Luhmann, Niklas: Immer noch Bundesrepublik? Das Erbe und die Zukunft. In: Rammstedt, Otthein; Schmidt, Gert (Hg.): BRD ade! Vierzig Jahre in Rück-Ansichten von Sozial- und Kulturwissenschaftlern. Frankfurt am Main 1992. S. 98.
2 Am 30.11.2008 stimmte das Schweizer Volk über die Initiative der Zürcher FDP ab, die das Verbandsbeschwerderecht faktisch abschaffen wollte. Sie wurde mit einem Anteil von 66 Prozent Nein-Stimmen deutlich verworfen.
3 Später kam, nach dem Beitritt der Freien Liste Bern zur GPS, ein vierter Sitz hinzu. Vgl.: www.gruene.ch/d/portrait/entstehung.asp [Aufruf vom 2.4.2009]
4 Die Zahlen über die Tschernobylopfer unterscheiden sich stark. Während die Internationale Atomenergieorganisation (IAEO) von 4000 Krebstoten spricht, geht Greenpeace von rund 90 000 Menschen aus, die an Krebs sterben werden. Vgl.: www.greenpeace.at/3302.98.html [Aufruf vom 2.4.2009].
5 Atomkraft? Das unheimliche Comeback. Überschrift von: Der Spiegel 28 vom 7.7.2008.

Empfohlene Literatur

· Boos, Susan: Strahlende Schweiz. Handbuch zur Atomwirtschaft. Zürich 1999.
· Giugni, Marco; Passy, Florence: Zwischen Konflikt und Kooperation. Die Integration der sozialen Bewegungen in der Schweiz. Chur 1999.
· König, Mario; Kreis, Georg; Meister, Franziska; Romano, Gaetano (Hg.): Dynamisierung und Umbau. Die Schweiz in den 60er und 70er Jahren. Zürich 1998.

Neoliberalismus, Terrorismus, vielfältige Welt

Nach dem Ende des Kalten Krieges verstärkt sich der Prozess internationaler Verflechtung in den Bereichen Wirtschaft, Politik, Kultur, Umwelt und Kommunikation. Obwohl die Liberalisierung des Welthandels nach Einschätzung der neoliberalen Vordenker zu weltweitem Wohlstand beitragen soll, verschärft sich die Ungleichheit zwischen Entwicklungsländern und Industriestaaten. Kritikerinnen und Gegner machen auf die negativen Auswirkungen der Globalisierung auf Gesellschaft und Umwelt aufmerksam und setzen sich insbesondere für die Rechte von Minderheiten ein. Moderne Kommunikationsmittel wie beispielsweise das Internet und die Mobiltelefonie erleichtern die weltweite Verständigung.

1990 – 2000 Eine Welt

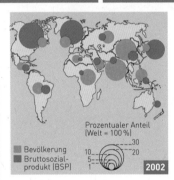

Prozentualer Anteil (Welt = 100 %)

Bevölkerung
Bruttosozialprodukt (BSP)

10 — 30
5 — 20
1

2002

Mit dem Zusammenbruch der Sowjetunion setzt sich weltweit die liberale Marktwirtschaft durch, was zu zunehmendem Abbau von Handelsschranken, wachsenden internationalen Kapitalverflechtungen und vermehrten Firmenkooperationen führt. Obwohl mit der wirtschaftlichen Globalisierung das Versprechen verknüpft ist, dank ungehindertem Freihandel grösseren Wohlstand für alle zu erreichen, spitzt sich das Nord-Süd-Gefälle immer mehr zu. Im Brennpunkt der Globalisierungskritik stehen insbesondere die Ungleichverteilung des Einkommens und des Zugangs zu lebenswichtigen Ressourcen sowie das mangelnde Umweltbewusstsein der global tätigen Unternehmen. Im Kampf gegen die Auswüchse der wirtschaftlichen Globalisierung gewinnen Nichtregierungsorganisationen immer mehr an Bedeutung.

1947 «General Agreement on Tariffs and Trade» (GATT): völkerrechtlicher Vertrag zwischen 23 Gründungsmitgliedern
1989 Fall der Berliner Mauer
1992 Erster Erdgipfel in Rio de Janeiro
1993 Die Europäische Union (EU) entsteht aus der Europäischen Gemeinschaft (EG)
1995 Gründung der Welthandelsorganisation (WTO) als Nachfolgeorganisation des GATT
1996 Fusion von Ciba-Geigy und Sandoz zu Novartis
1998 Gründung der Attac (Association pour une taxation des transactions financières pour l'aide aux citoyens)
1999 «Global Pact» des UN-Generalsekretärs Kofi Annan
1999 Ministerkonferenz der WTO in Seattle
2001 «Grounding» der Swissair
2001 Erstes «World Social Forum» (WSF) in Porto Alegre (Brasilien) als Konkurrenz zum «World Economic Forum» (WEF) in Davos

1990 – 2000 Viele Welten

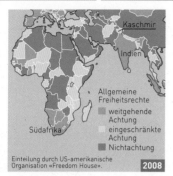

Kaschmir

Indien

Allgemeine
Freiheitsrechte
■ weitgehende
Achtung
□ eingeschränkte
Achtung
■ Nichtachtung

Südafrika

Einteilung durch US-amerikanische
Organisation «Freedom House». **2008**

Für die Vielfalt der Welt stehen zwei ausgewählte Länder, die in den 1990er-Jahren einen wichtigen Wandel erleben. In Südafrika endet das Apartheidregime mit der Freilassung des Widerstandskämpfers Nelson Mandela, der nach 27 Jahren aus dem Gefängnis entlassen und vier Jahre später zum ersten schwarzen Präsidenten Südafrikas gewählt wird. Zur Überwindung der Apartheid trägt eine neue Verfassung wie auch die gesellschaftliche Aufarbeitung der Vergangenheit bei. In Indien wiederum begünstigt die boomende Informatikbranche den wirtschaftlichen Aufschwung. Doch der Kultur- und Religionskonflikt zwischen dem durch den Hinduismus geprägten Indien und dem muslimischen Pakistan harrt nach wie vor einer Lösung.

1947 Unabhängigkeit Indiens und Pakistans
1948 Wahlsieg der Burenpartei «Nationale Partei»: Ausrufung der Apartheid in Südafrika
1971 3. Kaschmirkrieg: Gründung des Staates Bangladesch
1974 Erster Atomtest in Indien: Indien wird zur Atommacht
1976 Südafrika: Soweto-Aufstand und landesweite Unruhen
1984 Ermordung Indira Gandhis (Premierministerin Indiens von 1966 bis 1977 und von 1980 bis 1984)
1985 Erste wirksame internationale Boykottaktionen gegen Südafrika
1990 Freilassung Nelson Mandelas und Abschaffung aller Apartheidgesetze
1994 Erste demokratische Wahlen in Südafrika: Nelson Mandela wird Präsident
1995 Wahrheits- und Versöhnungskommission nimmt unter dem Vorsitz von Bischof Desmond Tutu ihre Arbeit auf
1999 4. Kaschmirkrieg
2008 Anschlag islamischer Terroristen auf Ziele in Mumbai
2010 Fussballweltmeisterschaft in Südafrika

2000 – 2010 Ins 21. Jahrhundert

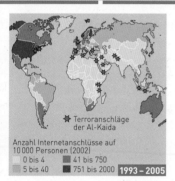

✳ Terroranschläge
der Al-Kaida

Anzahl Internetanschlüsse auf
10 000 Personen (2002)
□ 0 bis 4   ■ 41 bis 750
■ 5 bis 40   ■ 751 bis 2000 **1993 – 2005**

Mit dem Internet entsteht in der zweiten Hälfte des 20. Jahrhunderts ein weltumspannendes Kommunikationsnetz, das angesichts der zunehmenden Globalisierung von Märkten, Lebensstilen und Informationen heute nicht mehr wegzudenken ist. Moderne Kommunikationsmittel ermöglichen es aber auch islamistischen Terrororganisationen wie beispielsweise al-Kaida, sich international zu vernetzen und Informationen auszutauschen. Mit gezielten Attacken wie den Terroranschlägen vom 11. September 2001 versuchen diese, die USA zum Rückzug aus der islamischen Welt zu bewegen. Das nationale Trauma von «9/11» führt jedoch zum innenpolitischen Schulterschluss und gibt der amerikanischen Aussen- und Sicherheitspolitik die Leitlinie des «War on terror» vor.

1971 Cambridge, Massachusetts: Ray Tomlinson entwickelt E-Mail-Technologie
1989 Genf: Tim Berners-Lee entwickelt World Wide Web am CERN
1993 Erster Bombenanschlag auf das «World Trade Center» (WTC)
1998 Kalifornien: Larry Page und Sergei Brin gründen die Firma Google
September 2001 «9/11»: Terrornetzwerk al-Kaida verübt Anschlag auf das «World Trade Center»
November 2001 Von USA geführte Allianz erobert Afghanistan
2001 USA: Jimmy Wales startet das Projekt Wikipedia
2002 US-Marinestützpunkt Guantánamo: Taliban- und al-Kaida-Gefangene werden entgegen der Genfer Menschenrechtskonvention ohne Kriegsgefangenenstatus festgehalten
2003 USA, Grossbritannien und verbündete Staaten erobern Irak und stürzen Baath-Diktatur von Saddam Hussein
2004 Berichte und Fotos belegen systematische Folterung von irakischen Gefangenen im Abu-Ghraib-Gefängnis nahe Bagdad
2004 – 2005 Terroranschläge in Madrid, London und Scharm el-Scheich

Der Siegeszug des Neoliberalismus

Mit dem Zusammenbruch der Sowjetunion setzte sich die liberale Marktwirtschaft weltweit durch. Sie bewirkte den Abbau von Handelsschranken, wachsende internationale Kapitalverflechtungen und eine steigende Anzahl internationaler Firmenkooperationen. Die Globalisierung als immer umfassendere Integration aller Weltgegenden in die Weltwirtschaft findet zu unterschiedlichen und umstrittenen Konditionen statt. Erstmals steht aber mit dem Globalisierungsdiskurs ein Analyseraster zur Verfügung, in dem die drängenden politischen, wirtschaftlichen und sozialen Themen und Fragen – Nord-Süd-Gefälle, Ökonomie, Ökologie, politische Partizipation – zusammengeführt werden.

Die komplette Flotte der Swissair von über 70 Flugzeugen befand sich am Abend des 2. Oktobers 2001 am Boden. Aufgrund von Zahlungsausständen hatten gegen Mittag die Mineralölunternehmen die Kerosinlieferungen gestoppt. Um 15.45 Uhr informierte die Swissair die Medien, dass der Flugverkehr nicht nur in Zürich, sondern auch im Ausland per sofort eingestellt werden müsse. Tausende gestrandeter Reisender weltweit und eine fassungslose Schweizer Bevölkerung mussten die Tatsache hinnehmen, dass eines der wichtigsten nationalen Symbole der Schweiz zahlungsunfähig geworden war. Das *Grounding* der Swissair hatte mehrere Ursachen. Zum einen ist die aggressive Managementstrategie anzuführen, die die nationale Bedeutung der Fluglinie höher gewichtete als die wirtschaftliche Realität. Unter Druck geriet die Swissair aber vor allem durch die internationale neoliberale Wirtschaftspraxis, zu der die Liberalisierung des Flugverkehrs ab 1991 und der EWR-Vertrag zählen, der von der Schweizer Bevölkerung 1992 abgelehnt wurde.

Rückzug des Staates und Abbau von Zöllen

«Neoliberalismus» setzte sich als dominierendes wirtschaftliches Konzept in den führenden Industrieländern USA und Grossbritannien in den 1980er-Jahren durch. Das Konzept basiert sowohl auf wirtschaftlicher und politischer Freiheit, wie auch auf einer staatlichen Rechtsordnung, die den Wettbewerb fördert und die Entstehung von privaten Machtpositionen möglichst zu verhindern sucht (beispielsweise durch Kartellgesetze). Die Privatisierung von staatlichen Handlungsfeldern wie Post, Bahn oder Luftverkehr, so die Befürwortenden, fördere nicht nur menschliche Initiative und Kreativität, sondern bedeute auch weniger Staatsaufgaben und -ausgaben und somit sinkende Steuern. In den 1990-Jahren wurde der Begriff zu einem politischen, oft polemisch gebrauchten Schlagwort.

In den zwischenstaatlichen Beziehungen bedeutet Liberalisierung Freihandel und somit den Abbau von Zöllen und nichttarifären Handelsschranken (z.B. Kontingentierung). Eine erste Freihandelsperiode gab es bereits Mitte des 19. Jahrhunderts. Nach kurzer Zeit setzten sich die Interessen der Nationalstaaten aber wieder durch und die Zoll-schranken wurden erhöht. Nach dem Zweiten Weltkrieg strebten die westlichen Staaten den Freihandel gezielt an. Seit 1945 fanden regelmässige Verhandlungsrunden über Zollabkommen im Rahmen des GATT *(General Agreement on Tariffs and Trades)* statt. 1995 wurde das GATT, erweitert um Abkommen zu Dienstleistungen und Patentschutz, in die *World Trade Organization* (WTO) überführt. Der WTO standen als supranationaler Institution mit festen Mitgliedern nun auch Sanktionsmechanismen zur Verfügung. Bis zu diesem Zeitpunkt waren die Zölle auf Industriegüter, die in den GATT-Ländern gehandelt wurden, von durchschnittlich 40 auf 4 Prozent gesenkt worden.

Globalisierung durch fallende Schranken

Der in den 1990er-Jahren unter neoliberalen Vorzeichen einsetzende, fulminante Globalisierungsschub ist auf das Fallen dreier wichtiger Schranken im politischen, wirtschaftlichen und technischen Bereich zurückzuführen: Auf politisch-ideologischer Ebene verschwand das sozialistische Gegenmodell zum Kapitalismus. Zweitens wurde die Beseitigung der Rechtsunsicherheit auf weltwirtschaftlicher Ebene mit den Abkommen der WTO in Angriff genommen. Und technisch ermöglichten Internet und Funknetze als neue Technologien einen globalen und schnellen Informationsaustausch. Die Neuerungen bewirkten zahlreiche Veränderungen. In Osteuropa führten die jungen, selbstständigen Staaten marktliberale Reformen durch: Ihr wirtschaftlicher Transformationsprozess fand mit der Aufnahme von acht ehemals sozialistischen Ländern in die EU 2004 ihren vorläufigen Abschluss. Ebenso öffneten sich asiatische Wirtschaften, insbesondere China und Indien, liberalen Weltmarktpraktiken. Als Folge wurden vermehrt Niedriglohnarbeitsplätze aus den europäischen Industriestaaten in diese aufstrebenden Wirtschaften ausgelagert, was zu einer wachsenden Einkommensungleichheit in den Industriestaaten selbst führte. Eine weitere Folge des liberalisierten Weltmarkts ist aber längerfristig auch die Angleichung der Wirtschaftspolitik und -praxis aller am Handel beteiligter Staaten und damit die Hebung des Lebensstandards aller Gesellschaften, die am internationalen Handel teilnehmen.

Race to the Bottom?

Auf internationaler Ebene entstanden neue Organisations- und Kooperationsformen. Die Nationalstaaten begegneten den Anforderungen des globalen Wettbewerbs mit regionalen Zusammenschlüssen (NAFTA 1991 in Nordamerika, APEC 1989 in Ostasien/Pazifik, Mercosur 1991 in Südamerika, Comesa 1994 in Afrika) oder mit dem Ausbau bereits vorhandener Kooperationen (EU 1993 in Europa). Die Zusammenschlüsse zielten auf den Abbau von Handelshemmnissen und auf eine verstärkte Zusammenarbeit bei der Setzung wirtschaftlicher Rahmenbedingungen (Wirtschafts- und Arbeitsmarktpolitik, Umweltschutz, Forschung und Entwicklung, wie z.B. die Europäische Raumfahrt).

Chinesische Arbeiter auf dem Weg zur Arbeit, Fotografie von Claro Cortes, Beijing, November 2004. Die forcierte Einbindung Chinas in die Weltwirtschaft brachte enorme Strukturveränderungen und eine konstante Nachfrage nach Arbeitskräften mit sich. Hier werden chinesische Arbeiter mit einem offenen Lastwagen in Beijing im November 2004 zur Arbeit gefahren. Hunderttausende von ländlichen Wanderarbeitern fanden in den grossen Städten mit dem Wirtschaftsaufschwung der 1990er-Jahre eine Beschäftigung. Fern von ihren Familien arbeiten sie in Fabriken, auf Baustellen und im Dienstleistungssektor. Ihr Verdienst ist gering, aber immer noch höher als in der Landwirtschaft ihrer Heimatprovinzen. In Beijing gab es 2004 neben 13 Millionen Einwohnern drei Millionen Wanderarbeiter.

Auch in der Privatwirtschaft bildeten sich Kooperationen. So kam es in der Schweiz 1996 zur Fusion der Chemiefirmen Ciba-Geigy und Sandoz, der damals grössten Firmenfusion der Welt, 1998 schlossen sich die Schweizerische Bankgesellschaft und der Schweizerische Bankverein zur UBS zusammen. Weltweit ist die Anzahl der strategischen Firmenkooperationen seit 1985 unter anderem wegen des liberalisierten Weltfinanzmarktes bedeutend gewachsen. Weitere Gründe für die Zunahme von multinationalen Unternehmen (MNU) liegen in Organisationsvorteilen, der Aufteilung der Wertschöpfungskette (Auslagerung von arbeitsintensiven Produktionsschritten in Billiglohnländer), bei Koppelungseffekten in Forschung und Entwicklung und dem einfacheren Zugang zu Rohstoffquellen. Dabei steht die Ausrichtung am Shareholder-Value-Prinzip, der Steigerung des Unternehmenswertes (und damit des Aktienkurses), deutlich im Vordergrund. Die Interessen von Arbeitnehmern, Zulieferern oder der Umwelt gelten als zweitrangig. Diese Haltung hat zur scharfen Kritik von Globalisierungsgegnern wie der 1998 gegründeten Attac geführt, die ein *Race to the Bottom* (Abbau von Sozial-, Umwelt-, Arbeits-

standards) befürchtet und die wachsende soziale Ungleichheit sowie das mangelhafte Umweltbewusstsein angeprangert haben. Die Kritik hat dazu beigetragen, dass die internationale Diskussion über wirtschaftliche Entwicklung mit anderen Themen (Nord-Süd-Gefälle, Ökologie, Demokratisierung und Partizipation) verknüpft wird und dass die Nichtregierungsorganisationen (NGO) in den Weltorganisationen an Bedeutung gewonnen haben. Der vom damaligen UN-Generalsekretär Kofi Annan 1999 lancierte Globalpakt nahm diese Kritik auf. Annan rief die Führer der MNU dazu auf, Verantwortung für die Einhaltung von sozialrechtlichen, menschenrechtlichen und ökologischen Standards in ihren Firmen zu übernehmen. Den Auswirkungen eines entfesselten Neoliberalismus setzte er das Selbstregulierungspotenzial der *Global Players* entgegen.

ALEXANDRA BLOCH PFISTER

Empfohlene Literatur
· Fässler, Peter E.: Globalisierung: ein historisches Kompendium. Köln 2007.
· Walter, Rolf: Geschichte der Weltwirtschaft: eine Einführung. Köln 2006.

Politischer Wandel und politische Partizipation nach dem Kalten Krieg

Der Mauerfall in der Nacht auf den 10.11.1989 symbolisiert das Ende des Kalten Krieges, den Zusammenbruch der bipolaren Weltordnung sowie die wachsende «Denationalisierung»[1] und Globalisierung. Diese entfesselte einen massiven technologischen Fortschritt, vor allem in den Bereichen Kommunikation und Transport, den zentralen Infrastruktureinrichtungen für die weltumspannenden Finanz- und Wirtschaftsbeziehungen. In der Folge verschob sich das politische Machtgefüge, das bislang auf nationalstaatlichen Einheiten basierte, zu Gunsten neuer supranationaler Netzwerke der Politikkoordination. Ein Beispiel dafür ist die Europäische Union (EU), in der die zusammengeschlossenen Staaten eine Vielzahl von Politikfeldern gemeinsam regeln. Wie verhielten sich die Nichtregierungsorganisationen (NGO, «Non-Governmental Organizations») als Vertretung einer entstehenden internationalen Zivilgesellschaft gegenüber den Herausforderungen wirtschaftlicher Globalisierung seit 1989?

Aus nationalen sozialen Bewegungen der 1970er- und 1980er-Jahre wie beispielsweise der Umwelt-, Anti-Atomkraft-, Frauen- oder Solidaritätsbewegung entstanden Organisationen, die zunehmend international tätig wurden. Beispiele solcher NGO in den Tätigkeitsbereichen «Umweltschutz», «humanitäre Dienste» und «Entwicklung» sind WWF, Greenpeace, Amnesty International oder Human Rights Watch. NGO finanzieren sich weitgehend über Mitgliederbeiträge und andere private oder öffentliche Mittel. Ihre Zweckbestimmung richtet sich auf öffentliche Interessen, weniger auf Profit. In den 1990er-Jahren setzten immer mehr Menschen, die misstrauisch gegenüber den Absichten und Möglichkeiten herkömmlicher politischer Organisationen (Parteien, Verbände, Parlamente, Regierungen) geworden waren, auf solche informelle Gruppierungen. Sie sahen die NGO oftmals als Hoffnungsträger einer grenzüberschreitenden Zivilgesellschaft und als Korrektiv zur wirtschaftlichen Globalisierung an, da deren Einfluss nicht auf eine bestimmte Nation beschränkt ist. Denn einerseits sind NGO mit ihrer spezifischen Beratungs- und Hilfskompetenz aktiv bei der Regulierung der international tätigen Wirtschaft. Dies sichert ihnen bei IGO *(International Governmental Organizations)* wie beispielsweise der UNO Einfluss und Gehör. Dergestalt spielen diese nichtstaatlichen Akteure eine wichtige Rolle beim transnationalen Regieren *(Global Governance)*. Andererseits kämpfen NGO mit öffentlich wirksamen Kampagnen gegen die Auswüchse der wirtschaftlichen Globalisierung, beispielsweise gegen menschenunwürdige Produktionsbedingungen oder für fairen Handel mit der Dritten Welt. Nach dem Fall der Mauer sind die Zahl und der Einfluss der NGO enorm gewachsen. So soll es mittlerweile – je nachdem, wie Nichtregierungsorganisationen begrifflich bestimmt sind – zwischen 6000 und 30 000 NGO geben. Deshalb spricht man auch von der «NGOisierung der Weltpolitik» oder vom «Jahrzehnt der NGO».[2]

Rio 1992 – Einbezug der NGO

Die wachsende Einflussnahme der NGO auf die Ausgestaltung internationaler Programme und Deklarationen wurde an der *United Nations Conference on Ecology and Development* (UNCED) 1992 offenbar. So beteiligten sich neben 178 Ländern über 1400 NGO an der Verabschiedung der «Agenda 21» – ein Novum in der Geschichte der internationalen Politik. Die Rio-Konferenz war insbesondere durch den Brundtland-Bericht «Our Common Future» (1987)[3] angeregt worden. Der Bericht vertrat die These, dass Nord und Süd nur gemeinsam das Ökosystem Erde langfristig bewahren könnten. Allgegenwärtige massive Umweltschädigungen wie die Zerstörung der Ozonschicht oder der Regenwälder beträfen die gesamte heutige Menschheit ebenso wie kommende Generationen. Die Autorinnen und Autoren forderten ein sozial und ökologisch verträgliches Wirtschaftswachstum, das heisst eine nachhaltige Entwicklung *(sustainable development)*. Die UNCED verabschiedete zum einen die «Deklaration von Rio», die in 27 Prinzipien die ökologischen Rechte und Pflichten der Menschheit festschreibt. Zum andern beschrieb sie in der «Agenda 21» Massnahmen für das 21. Jahrhundert zur Umsetzung der Deklaration.

Seattle 1999 – Kritik der NGO

Mit der wirtschaftlichen Globalisierung ist das Versprechen von grösserem Wohlstand für alle dank ungehindertem Freihandel verknüpft. Gleichwohl spitzte sich das Nord-Süd-Gefälle weiter zu, das sich in der Ungleichverteilung des Einkommens und des Zugangs zu lebenswichtigen Ressourcen ausdrückte. Dies verschärfte namentlich die Probleme in der Migrations- und Umweltpolitik. Die Ereignisse rund um die Ministerkonferenz der *World Trade Organization* (WTO) 1999 in Seattle waren Ausdruck dafür, dass eine wachsende Zahl von Menschen die Auswüchse der wirtschaftlichen Globalisierung nicht mehr hinnehmen wollten und sich dazu verpflichtet fühlten, gemeinsam «wie Wachhunde … zu bellen und zu beissen».[4] Die Verträge, welche die WTO in Seattle abzuschliessen hoffte, sollten Eigentumsrechte an Waren, Dienstleistungen und geistigen Produkten gegenüber nationalstaatlichen Zielen schützen. Aber armen Ländern verunmöglichten sie, zu Gunsten eigener Entwicklungsstrategien und wirtschaftspolitischer Massnahmen von den Prinzipien des Freihandels abzuweichen. Die im Vorfeld als Durchbruch für den Freihandel gehandelte Konferenz scheiterte schliesslich am *Battle of Seattle*, dem Massenprotest von weit über 50 000 Demonstrantinnen und Demonstranten. Verschiedene soziale Bewegungen verein-

They call it 'free' trade, I'll tell you what that means
You can have your unions here, but the factory is overseas
Putting poisons in the water and paying pennies

We're being sold down the river to the WTO
Sold down the river, sold down the river
Sold down the river to the WTO!

Auszug aus: Jack Chernos, Sold Down the River, 1999
www.department-of-justice.org.

Plattencover der EP «Sold Down the River» des amerikanischen Songwriters Jack Chernos, 1999. Der gleichnamige Song wurde während der Proteste gegen die WTO-Ministerkonferenz 1999 in Seattle zum «Kampflied». Unablässig klang er aus den Lautsprechern auf dem LKW der Stahlarbeitergewerkschaft. Der Songtext bezog sich auf eine alte US-amerikanische Redewendung: «sold down the river» – verraten und verkauft wie Sklaven.

ten sich im Protest gegen exzessive Deregulierung und Freihandelspolitik. Menschenrechtlerinnen und Menschenrechtler kämpften um Mindestlöhne in den Fabriken von Nike & Co. in Südostasien Seite an Seite mit Gewerkschafterinnen und Gewerkschaftern, die einheimische Arbeitsplätze erhalten wollten. In Seattle erstarkten die transnationale Globalisierungskritik sowie die Kooperation verschiedener sozialer Bewegungen, die sich bislang gleichgültig oder ablehnend gegenübergestanden waren.[5] Diese Entwicklungen fanden mit dem *World Social Forum* (WSF) eine Fortsetzung, das 2001 zum ersten Mal in Porto Alegre (Brasilien) durchgeführt wurde. Das WSF versteht sich als alternative Plattform zum *World Economic Forum* (WEF), mit dem es jeweils zeitgleich stattfindet.

Attac – Ein neuer Player in der Zivilgesellschaft

Die Probleme, welche die wirtschaftliche Globalisierung in den 1990er-Jahren generierte, erforderten durch die NGO eine Neuorientierung hinsichtlich Inhalten, Organisation oder Aktionsformen. Dies kann am Beispiel der *Association pour une taxation des transactions financières pour l'aide aux citoyens* (Attac) gesehen werden. Sie wurde 1998 in Frankreich gegründet und hatte nach fünf Jahren 80 000 Mitglieder und Niederlassungen in 30 Ländern. Attac gilt als eine der erfolgreichsten global tätigen Organisationen von Globalisierungskritikerinnen sowie -kritikern und ist Mitbegründerin des WSF. Als «aktionsorientierte Bildungsbewegung»[6] gelingt ihr dank breiter Vernetzung die schnelle Mobilisierung Tausender Demonstrierender und zugleich die Vermittlung von kompetenten Beratungspersonen. Eine Neuheit stellte ihr öffentliches Auftreten anlässlich grosser internationaler Konferenzen wie beispielsweise der G-8-Gipfeltreffen dar, was der Steigerung politischer Aufmerksamkeit diente. Im Vergleich zu den sozialen Bewegungen der 70er-Jahre ist Attac zudem straffer organisiert und auf ein finanzpolitisches Spezialgebiet fokussiert. Da die ökonomische Deregulierung und Denationalisierung in vielen Ländern zu hohen Steuerausfällen und sogar zum Verlust

der Steuerhoheit führte, lancierte Attac die Idee einer Devisenumsatzsteuer. Diese *Tobin-Tax*, benannt nach dem Nobelpreisträger James Tobin, soll weltweit für Kollektivgüter und im Süden für Entwicklungshilfe eingesetzt werden, die wegen fehlender staatlicher Gelder gefährdet sind. Dies könnte einen Reformbaustein des globalen finanzwirtschaftlichen Ordnungsrahmens darstellen und ein Zeichen für einen fiskalpolitisch als notwendig erachteten Paradigmenwechsel setzen.

VERENA UNGRICHT

1 Vgl. Kriesi, Hanspeter: Nationaler politischer Wandel in einer sich denationalisierenden Welt. In: Klein, Ansgar; Koopmans, Ruud; Geiling, Heiko (Hg.): Globalisierung, Partizipation, Protest. Opladen 2001. S. 23–44.
2 Leggewie, Claus: Die Globalisierung und ihre Gegner. München 2003. S. 90–110.
3 Deutsche Fassung: Hauff, Volker (Hg.): Unsere gemeinsame Zukunft. Der Brundtland-Bericht der Weltkommission für Umwelt und Entwicklung. Greven 1987.
4 Die Formulierung nimmt Bezug auf die Funktion von Protestbewegungen, wie sie Niklas Luhmann beschreibt: «Wie Wachhunde haben sie das starke Bedürfnis, Ordnung wiederherzustellen oder zumindest eine Verschlimmerung zu verhindern. Und wie Wachhunde haben sie nur die Möglichkeit, zu bellen und zu beissen». In: Luhmann, Niklas: Soziologie des Risikos. Berlin 1991. S. 154.
5 Leggewie, a.a.O., S. 110–123.
6 Leggewie, a.a.O., S. 134.

Empfohlene Literatur
· Brock, Ditmar: Globalisierung. Wirtschaft, Politik, Kultur, Gesellschaft. Wiesbaden 2008.
· Klein, Ansgar; Koopmans, Ruud; Geiling, Heiko (Hg.): Globalisierung, Partizipation, Protest. Opladen 2001.
· Leggewie, Claus: Die Globalisierung und ihre Gegner. München 2003.
· Nohlen, Dieter (Hg.): Lexikon Dritte Welt. Länder, Organisationen, Theorien, Begriffe, Personen. Reinbek bei Hamburg 2000.
· Wissenschaftlicher Beirat von Attac (Hg.): ABC der Globalisierung. Von «Alterssicherung» bis «Zivilgesellschaft». Hamburg 2005.

«Apart» heisst «getrennt» – Südafrikas Weg in die Demokratie

Neo schlägt unsanft auf. Fast gleichzeitig zieht ihn von hinten bereits jemand an seinem Gilet wieder hoch. «Steh auf, Mann!» Neos Augen und sein Hals brennen. «Tränengas! lauf! lauf!» Neo kann sich nicht orientieren. Er merkt, wie ihn jetzt jemand am Arm packt. «Los, die Bullen sind hinter uns. Schnell – hinter die Mauer!» Neo keucht. «Was ist hier los?»

Unversehens ist Neo Moshoeus langweiliger Museumsbesuch im Johannesburger Apartheid-Museum zu einem Abenteuer auf Leben und Tod geworden. Eine Zeitmaschine hat den Jugendlichen ins Jahr 1976 mitten in den Schülerinnen- und Schüleraufstand in Soweto katapultiert. Obwohl er nur dreissig Jahre zurückgereist ist, ist Neo, die Hauptfigur eines südafrikanischen Comics, in einer ihm unvorstellbar fremden Welt gelandet.

Eine Reise in die Apartheid

Der Begriff und auch der Ort «Soweto» (South-Western Township) ist Neo zwar vertraut, doch für ihn ist Soweto einfach ein Stadtteil 10 Kilometer südwestlich vom Zentrum Johannesburgs. Was die Comicfigur Neo nicht sieht: 1976 lebten dort auf einer Fläche von etwa 87 km² 1,5 Millionen Menschen mit einer sehr schlechten Infrastruktur. Nur etwa ein Fünftel der Häuser hatte Strom, nur 5 Prozent heisses Wasser. Es gab ein einziges Krankenhaus und in den 280 Schulen sassen im Durchschnitt 60 Schülerinnen und Schüler in einer Klasse.[1] Diese Lebensverhältnisse waren kein Zufall, sondern ein Merkmal der Apartheid, einer rassistischen Ideologie, die von der Überlegenheit «weisser» Menschen ausging und seit 1948 offizielle Staatspolitik war. Die Menschen, die 1976 in Soweto wohnten, waren von den Regierungsbehörden als «Schwarz» klassifiziert und hierher zwangsumgesiedelt worden. Im Vielvölkerstaat Südafrika bestimmte die Hautfarbe über das Leben eines Menschen: Wer zur weissen Minderheit gehörte, konnte alle Vorteile einer westlichen Demokratie in Anspruch nehmen. Am anderen, unteren Ende der rechtlichen, ökonomischen, sozialen und kulturellen Werteskala standen schwarze Menschen, denen der Staat zentrale politische und soziale Rechte vorenthielt. Im Namen der Apartheid wurde die nicht weisse Bevölkerung Opfer von schweren Menschenrechtsverletzungen. Doch allein schon die strukturelle Gewalt des Staates, welcher der Mehrheit seiner Bevölkerung Bildung, Infrastruktur, Bewegungsfreiheit, freie Berufswahl und politische Rechte vorenthielt und dadurch neben vielem anderem auch grosse Armut verursachte, war schlimm genug. Immer wieder hatten sich schwarze Frauen und Männer mit zivilem Ungehorsam gegen dieses Unrecht gewehrt. Doch der Staat schlug jeglichen Widerstand brutal nieder, und so wurde seit den 1960er-Jahren aus zunächst friedlichem Pro-test zunehmend gewalttätige Opposition. Nach 1976 suchten Widerstandsgruppen mit gezielten Sabotageakten, das Land unregierbar zu machen.

Kein Wunder braucht der keuchende Neo mehr als nur örtliche Orientierungshilfe, und es ist sein Glück und ein geschickter Kniff der Comiczeichner, dass er Gita kennenlernt, die ihm nicht nur zeigt, wie er sich verhalten soll, sondern ihm auch erklärt, was in Soweto vor sich geht und wogegen die Schülerinnen und Schüler wütend protestieren. Denn was Apartheid konkret im Alltag bedeutete, versteht Neo erst nach und nach, als er versucht, dem Tränengas und den Schüssen zu entkommen: Wider Erwarten ist die Polizei für ihn weder Freund noch Helfer, und es gibt für Schwarze kaum Transportmöglichkeiten aus Soweto heraus. Als er nach etlichen Schwierigkeiten doch noch das Zentrum von Johannesburg im Jahr 1976 erreicht, stellt Neo irritiert fest, dass er fast nur Weisse in der Stadt sieht – ein Anblick, der seit dem Ende der 1990er-Jahre undenkbar geworden ist. Dann sieht er die Schilder an öffentlichen Gebäuden, die separate Eingänge für Weisse und Schwarze anzeigen. Toiletten, Gehwege, selbst Parkbänke sind beschriftet mit «whites only – net blankes».[2] Für Schwarze ist im öffentlichen Raum im wahrsten Sinn des Wortes kein Platz.

Kurz bevor Neo wieder in seine Zeit zurückkehrt, fragt ihn Gita, wann die Apartheid vorbei sei. Neo nennt die beiden Jahre 1990 und 1994: 1990 wurde der damalige Präsident des African National Congress ANC, der Widerstandskämpfer und politische Häftling Nelson Mandela, aus dem Gefängnis entlassen. 1994 fanden die ersten demokratischen Wahlen in Südafrika statt, die – wenig überraschend – vom ANC gewonnen wurden und Mandela zum ersten Präsidenten des neuen Südafrikas machten. Doch ganz so einfach ist die Antwort auf Gitas Frage nicht. Denn Apartheid war nicht nur ein gesetzlich definierter Zustand, Apartheid war längst zu einer Haltung geworden, einer Kultur, die sich auch heute noch auf vielerlei Art auf das Leben der Menschen in Südafrika auswirkt.

Die Comiczeichner haben ihr Thema klug gewählt, denn mit dem Sowetoaufstand stellen sie einen Wendepunkt in der südafrikanischen Geschichte und zugleich einen symbolischen Ort ins Zentrum ihrer Erzählung. Gleichzeitig betonen sie auch die zentrale Rolle der jungen Generation im Kampf gegen die Apartheid. Die Ereignisse vom Juni 1976 veränderten die südafrikanische Politik nachhaltig. Von da an wuchsen sowohl der Widerstand in Südafrika wie auch der internationale Protest. Erst der Zeitsprung, den Neo stellvertretend für seine Leserschaft wagt, vermag sichtbar zu machen, wie stark sich Südafrika vor allem in den 1990er-Jahren verändert hat: Der Widerstand war schliesslich erfolgreich, die Apartheidregierung musste Nelson Mandela freilassen. Nun begannen harte Verhandlungen über die Zu-

Ausschnitt aus dem Comic «Timeliners: Soweto in Flames», herausgegeben vom Apartheid-Museum in Johannesburg, dem Erziehungsdepartement der Republik von Südafrika und dem Verlag Oxford Southern Africa, 2006. Den Comic hat die südafrikanische Agentur Strika Communications gestaltet, die unter anderem auch die populäre Comics-Serie «Supa Strikas» herausgibt.

kunft des Landes. Es gab Augenblicke, in denen Beobachterinnen und Beobachter fürchteten, das Land werde unter dem Druck der widerstreitenden in- und ausländischen Interessen in Gewalt und Chaos versinken. Doch es gelang Nelson Mandela, allen Seiten Vertrauen zu vermitteln und insbesondere den ANC davon zu überzeugen, in Verhandlungen einzutreten. Alle Beteiligten waren zu Zugeständnissen bereit, und 1994 konnten die bereits erwähnten Wahlen stattfinden.

Der ANC-Regierung war nur zu klar, dass eine neue Verfassung allein noch keinen Neuanfang bewirken konnte. Die Vergangenheit war schmerzhafter Teil der Gegenwart. Nur wenn Täterinnen, Täter, Opfer, Mitläuferinnen, Mitläufer und Beobachtende gegenseitig zur Kenntnis nähmen, was geschehen war, wäre ein friedliches Zusammenleben möglich. Unter der Leitung des anglikanischen Erzbischofs Desmond Tutu begann die Wahrheits- und Versöhnungskommission (TRC) ihre zweijährige Arbeit, bei der sie zahlreiche politische Kompromisse eingehen musste. Auch heute noch kämpfen Opferorganisationen darum, dass ihre Mitglieder «ihre Geschichte» erfahren. Dennoch war die Wirkung der TRC gross, und es ist nicht zuletzt ihr zu verdanken, dass die Geschichte Südafrikas umgeschrieben werden konnte – und musste.

Für die Post-Apartheid-Generation sind all diese Geschehnisse weit entfernt. Der Comic versucht, ihnen diese Geschichte näherzubringen, und wirft dabei einige Fragen auf. Als Neo zum Beispiel nach seiner Zeitreise im Museum Fotografien aus der Zeit nach dem Sowetoaufstand anschaut, fragt er sich, ob er wohl auch so hart für die Freiheit zukünftiger Generationen kämpfen würde. Und als er erfährt, dass seine Freundin Gita 1986 ums Leben kommt, beschliesst Neo, erneut in der Zeit zurückzureisen. «Du bist in Gefahr!», ruft Neo ihr zu, als er sie findet, «ich will die Vergangenheit ändern.» «Es ist zu spät, Neo. Du kannst die Vergangenheit nicht ändern. Nur die Zukunft.» Und doch – wer würde es nicht manchmal gerne zumindest versuchen, die Vergangenheit zu ändern, damit die Gegenwart anders würde – wenigstens in Gedanken?

ALEXANDRA BINNENKADE

1 Angaben aus einem südafrikanischen Schulbuch: Apartheid Museum/Gauteng Department of Education: Understanding Apartheid. Johannesburg 2007. S. 71.
2 «Net blankes» ist Afrikaans, eine Sprache, die von Buren, Nachfahren niederländischer Einwanderinnen und Einwanderern gesprochen wurde.

Empfohlene Literatur
· Kreis, Georg: Die Schweiz und Südafrika 1948–1994. Schlussbericht des im Auftrag des Bundesrates durchgeführten NFP 42+. Bern 2005.
· Marx, Christoph: Geschichte Afrikas. Von 1800 bis zur Gegenwart. Paderborn [u.a.] 2004.
· Weiss, Ruth: Meine Schwester Sara. München 2002.

Atommacht, Armut, Algorithmen –
Indien in den 1990er-Jahren

Neu Delhi, 15. August 1947, Mitternacht: Indien ist von der Kolonialmacht England in die Unabhängigkeit entlassen worden. Premierminister Jawaharlal Nehru begrüsst das Parlament: «At the stroke of the midnight hour, when the world sleeps, India will awake to life and freedom.»[1] Rund sechzig Jahre nachdem der Staatsgründer Indien aufwachen sah, erwacht die Welt und erkennt, dass auf dem Subkontinent, der eine der ältesten Kulturen der Welt beheimatet, sowohl in wirtschaftlicher als auch in kultureller, gesellschaftlicher und politischer Hinsicht eine neue Macht entsteht.

«Are we brave enough and wise enough to grasp this opportunity and accept the challenge of the future?»[2] Obschon Nehru in seiner Rede nicht in erster Linie die ökonomischen Herausforderungen ansprach, lässt sich dennoch feststellen, dass in wirtschaftlicher Hinsicht Indien den *challenge of the future* angenommen hat. In den 1980er-Jahren noch eine Volkswirtschaft ohne nennenswertes Wachstum, hat Indien seit Beginn der 1990er-Jahre einen Wandel erlebt, welcher den amtierenden Premierminister Manmohan Singh dazu veranlasste, das 21. Jahrhundert als potenziell indisches Jahrhundert zu bezeichnen: «The 21st century should be the Indian century.»[3]

Wirtschaftliche Herausforderungen

Die indische Wirtschaft war bis in die 1980er-Jahre von staatlichen Interventionen geprägt: Der Staat versuchte die Industrie von ausländischer Konkurrenz abzuschirmen und mit Fünfjahresplänen die Wirtschaft zu lenken. Ausländische Investitionen wurden nur beschränkt zugelassen, der Konsumgüterimport war nahezu untersagt und die Zolltarife waren immens. Zwar leitete die Regierung unter Premierminister Rajiv Gandhi (1984 – 89) einen sanften Liberalisierungskurs ein, um diese Staatseingriffe zu mindern. Doch diese zaghafte Politik wurde durch die schwere Zahlungsbilanzkrise im Jahr 1991 jäh unterbrochen. Ausgelöst wurde die Zahlungsunfähigkeit unter anderem durch den Zusammenbruch des Aussenhandels mit ehemaligen Ostblockstaaten, Indiens wichtigsten Handelspartnern, und durch die Ölpreisexplosion im Zuge des Ersten Golfkrieges (1990/91). Diese Krise war der mehr oder weniger erzwungene Ausgangspunkt für eine breit angelegte und drastische Reform der Wirtschaft: Investitionskonditionen, Importe und das Finanzwesen wurden dereguliert, Zölle und Steuern gesenkt.

Der eingeleitete Wandel hat sich in erster Linie für die Mittel- und Oberschicht ausgezahlt, an grossen Bevölkerungsteilen ist der Umbruch und die damit eingeleitete Wirtschaftsblüte spurlos vorbeigezogen. Laut dem «Human Development Report» der Vereinten Nationen von 2005 starben rund 95 von 1000 Lebendgeborenen. Dies stellt nach wie vor eine der höchsten Kindersterblichkeitsraten der Welt dar. Überdurchschnittlich oft sterben bis heute Mädchen.[4] Sie werden entweder bereits als weibliche Föten abgetrieben, eine Praxis, die zwar verboten, aber gegen Bestechungsgelder weit verbreitet ist, oder werden nach der Geburt getötet oder ausgesetzt: Frauen stehen auf der untersten Stufe der ausgeprägten gesellschaftlichen Hierarchie Indiens.

Exportschlager Informatik

«A moment comes, which comes but rarely in history, when we step out from the old to the new, when an age ends, and when the soul of a nation, long suppressed, finds utterance.»[5] Indiens ökonomischer Aufschwung in den 1990er-Jahren wurde einerseits durch die demografische Entwicklung begünstigt: Rund die Hälfte der Bevölkerung ist jünger als 30 Jahre. Andererseits trug auch der eingeleitete Strukturwandel zum Aufschwung bei: Der Anteil des Primärsektors ist gesunken, der Dienstleistungssektor hat expandiert. Das Zeitalter des Spinnrads ging zu Ende und Indien ist vom alten ins neue Zeitalter geschritten, in die IT-Branche. Die im südlichen Bundesstaat Karnataka gelegene Stadt Bengaluru (bis 2006 Bangalore) wurde zum *Silicon Valley* Asiens. Dabei machen die Unterschiede zwischen Kalifornien und Karnataka die Merkmale der boomenden indischen Softwareindustrie deutlich: So lebt die Informatikbranche Bengalurus wie auch diejenige der Landeshauptstadt Mumbai (bis 1995 Bombay) von der Masse an Programmiererinnen und Programmierern, die kostengünstig Softwarelösungen umsetzen. Ausgebildet werden über achtzig Prozent der indischen Programmiererinnen und Programmierer in privaten *engineering colleges*, die sich ausschliesslich der Softwareprogrammierung verschrieben haben. Das *Silicon Valley* zeichnet sich weniger durch die Quantität an Arbeitskräften als vielmehr durch die Anzahl der Innovationen in verschiedensten Technologiebereichen aus.

Keine Erfolgsgeschichte: Kaschmir

«Our next thoughts must be of the unknown volunteers and soldiers of freedom who, without praise or reward, have served India unto death.»[6] Die Auseinandersetzungen zwischen Pakistan und Indien um das ehemalige Fürstentum Kaschmir erreichten 1998 eine neue Dimension, als Pakistan hinsichtlich der Atombewaffnung mit Indien gleichzog. Die Grundlage des Streits, nämlich der Kultur- und Religionskonflikt zwischen dem durch den Hinduismus geprägten Indien und dem muslimischen Pakistan, veränderte sich nicht. Seit 1925 hatte im Kaschmirgebiet ein hinduistischer Maharadscha über eine mehrheitlich muslimische Bevölkerung regiert, die sich gegen diese Herrschaft zur Wehr setzte. 1948 musste er um den Beistand Indiens ersuchen, um die Revolten niederzuschlagen. Indien nahm dieses Gesuch des Maharadschas als Beitrittserklärung Kaschmirs zum indi-

«Snow World», Fotografie von Stephan Elleringmann, Hyderabad 2007. Ein Paar lässt sich im einzigen Kunstschneepark Indiens in Daunenmänteln fotografieren. Der Park befindet sich im Gliedstaat Andhra Pradesh, wo das jährliche Durchschnittseinkommen bei etwa 700 Franken liegt (The Hindu, 20. 2. 2007: Average annual income of citizen goes up in State. Verfügbar unter: www.thehindu.com/2007/02/20/stories/2007022011440400.htm [Aufruf vom 2. 4. 2009]). Den Eintritt von rund sechs Franken können sich folglich nur die besser verdienenden Einwohnerinnen und Einwohner leisten, die beispielsweise im IT-Sektor in der Hauptstadt Hyderabad beschäftigt sind. Die verschneiten Berge im Hintergrund erinnern an die romantischen Szenen aus Bollywoodfilmen. Doch eine Reise in die richtigen Berge liegt auch für die Mittelklassefamilien, die «Snow World» besuchen, in der Regel ausserhalb ihrer Möglichkeiten.

schen Staatsverband an und reagierte mit einer Truppenentsendung. Pakistan akzeptierte den Beitritt Kaschmirs zu Indien nicht. Es folgten vier indisch-pakistanische Kriege (1947 bis 1949, 1965, 1971/72, 1999). Auch wenn nach 1999 kein offener Krieg mehr ausgebrochen ist: Wegen Attentaten, einzelner Gefechte und Menschenrechtsverletzungen ist für die Bevölkerung im Kaschmir Ruhe nicht eingekehrt. Und genau danach sehnt sie sich: Normalität, Frieden und Selbstbestimmung. NOËLLE BORER

1 Nehru, Jawaharlal: Independence and After: A Collection of Speeches, 1946–1949. New York 1971. S. 3.
2 Nehru, a. a. O., S. 3.
3 BBC News, 19. 5. 2004: India set for new prime minister. Verfügbar unter: http://news.bbc.co.uk/2/hi/south_asia/3727225.stm [Aufruf vom 2. 4. 2009]
4 United Nations Development Programme (UNDP): Human Development Report. New York 2005. S. 30–31. Verfügbar unter: http://hdr.undp.org/en/reports/global/hdr2005 [Aufruf vom 2. 4. 2009]
5 Nehru, a. a. O., S. 3.
6 Nehru, a. a. O., S. 10.

Empfohlene Literatur

· Ihlau, Olaf: Weltmacht Indien. Die neue Herausforderung des Westens. München 2006.
· Kulke, Hermann; Rothermund, Dietmar: Geschichte Indiens. Von der Induskultur bis heute. München 2006.
· Rothermund, Dietmar: Krisenherd Kaschmir. Der Konflikt der Atommächte Indien und Pakistan. München 2002.

«9/11» –
Globalisierung des Terrors

In einem Moment totaler Medienaktualität sah die Weltöffentlichkeit am 11. September 2001 entsetzt zu, wie ein Passagierflugzeug in den Südturm des World Trade Centers in New York einschlug. Wenige Minuten zuvor war bereits ein anderes Flugzeug in den Nordturm geflogen. Kurze Zeit später würde eine dritte Maschine das Pentagon attackieren. Ein viertes entführtes Flugzeug stürzte über Pennsylvania ab. Rund 3000 Menschen kamen bei den Anschlägen ums Leben. Die unablässig auf allen Kanälen wiederholten Katastrophenbilder führten den Menschen im Westen schlagartig vor Augen, wie verwundbar ihre offenen Gesellschaften waren.

Für die Präzision der Anschläge auf die Symbole der amerikanischen Supermacht zeichnete al-Kaida («die Basis») verantwortlich, ein global operierendes, rational planendes und ausgesprochen lernfähiges und flexibles Terrornetzwerk. Strategisch angeleitet wird al-Kaida vom saudiarabischen Industriellensohn Usama bin Ladin. Er engagierte sich bereits in den 1980er-Jahren aktiv im antikommunistischen islamischen Widerstand gegen die sowjetischen Invasionstruppen in Afghanistan. Seine Ausbildungslager für arabische Hilfstruppen wurden über den pakistanischen Geheimdienst von Saudi-Arabien und den USA unterstützt.

Als sich 1989 die Sowjets aus Afghanistan zurückzogen, kehrte nur ein Teil der geschätzten 14 000 arabischen Hilfslegionäre in ihre Heimat zurück. Viele der «islamistischen Gotteskrieger» dieser ersten Generation tauchten in anderen Regionalkonflikten wieder auf: etwa in Bosnien oder Tschetschenien. Sie bilden heute den personellen «Bodensatz» des internationalen islamistischen Terrorismus.[1]

Ab 1996 baute bin Ladin in Afghanistan das Hauptquartier der al-Kaida auf und begann Kämpfer für den «heiligen Krieg» (Dschihad) zu trainieren. Diese zweite Generation von «Dschihadisten» entstammte zumeist der arabischen Elite des Nahen und Mittleren Ostens. Mobil und oft im Westen ausgebildet, kulturell aber entwurzelt und politisch frustriert, suchten die Dschihadisten Halt im Islamismus und schlossen sich al-Kaida an.

Al-Kaida war im Jahr 2001 kein straff geführter Apparat, sondern eine flexibel operierende Dachorganisation mit verschiedenen, länderspezifisch organisierten Gruppen. Diese agierten relativ selbstständig und übernahmen die konkrete Planung, Organisation und Durchführung der Terroranschläge. Mit Hilfe der modernen Kommunikationsmittel vernetzten sie sich international, tauschten Informationen und empfingen Aktionsanweisungen der zumeist aus dem Versteck operierenden Führung. Das World Wide Web diente auch der globalen Verbreitung islamistischer Propaganda und der Anwerbung neuer Mitglieder.

Al-Kaida finanzierte sich nicht nur aus den Geldmitteln des Multimillionärs bin Ladin oder aus Spenden aus der Golfregion. Bin Ladin nutzte vielmehr seine Verbindungen zur internationalen Hochfinanz und baute ein gut getarntes, weltweites Firmenkonglomerat auf, mit dem sich Finanzströme verschleiern und aus legalen wie illegalen Geschäften Millionengelder für al-Kaida erschliessen liessen. Damit entstand eine eigene, global ausgerichtete «Ökonomie des Terrors».[2]

Die Ideologie des Islamismus

Islamisten betrachten Religion nicht als Privatsache. Vielmehr missbrauchen sie die Religion für ihre revolutionären Ziele und mobilisieren mit ihrer Hilfe politisch Unzufriedene und sozial Benachteiligte. Sie werfen den autoritären Regierungen in den islamischen Ländern vor, den wahren Islam verraten zu haben. Ihr Ziel ist die Errichtung islamischer Gottesstaaten. Entsprechend dieser Ideologie betrieb al-Kaida zuerst den Sturz repressiver Regierungen in arabischen Ländern, insbesondere in Saudi-Arabien und Ägypten. Darüber hinaus propagierte sie auch die «Befreiung» all jener Territorien, in denen Muslime von Nichtmuslimen beherrscht werden. Neben Israel nahm sie vor allem Tschetschenien, Osttimor, die südlichen Philippinen oder Nordnigeria ins Visier. Sie geisselte auch die Doppelmoral des Westens, der für seine (Öl-)Interessen auch undemokratische Regime finanziell und militärisch stützt – eine auch in den Augen gemässigter Muslime inakzeptable Politik. Die al-Kaida-Führung um bin Ladin und den Ägypter Ayman al-Zawahiri beschloss deshalb schon bald nach der Gründung der Organisation, auch den «fernen Feind» USA mit gezielten Attacken zum Rückzug aus der islamischen Welt zu bewegen. Die dem Terrornetzwerk zugeschriebene Anschlagsserie gegen amerikanische Einrichtungen begann 1993 mit einem Sprengstoffattentat gegen das *World Trade Center* in New York.

Nationales Trauma
in einer politischen Umbruchzeit

Die Terroranschläge vom 11. September 2001 ereigneten sich in einer historischen Umbruchzeit: Nach dem Zusammenbruch der Sowjetunion im Jahr 1991 standen die USA im Zenit ihrer militärischen, wirtschaftlichen und kulturellen Macht und massen sich die Rolle eines Weltpolizisten zu. Den unter UNO-Ägide – d. h. auch mit dem Einverständnis Moskaus – gegen den Aggressor Irak geführten Golfkrieg von 1990/91 feierte die erste Bush-Regierung als überwältigenden Erfolg und versprach eine «neue Weltordnung». Doch in den 1990er-Jahren haftete der US-Aussenpolitik eine gewisse Orientierungslosigkeit an. Die vielfältigen und politisch komplizierten Konflikte liessen sich mit sporadischen Luftangriffen auf «Schurkenstaaten», die Terroristen unterstützten, nicht erfolgreich bewältigen. Das nationale

New York, 11. September 2001 (amerikanische Datumsangabe 9/11/2001), 9.03 Uhr, Fotografie von Carmen Taylor: Flug 175 der United Airlines, aus Boston kommend, hält auf den Südturm des World Trade Centers (WTC) zu. 18 Minuten zuvor war Flug 11 der American Airlines in den Nordturm gerast, aus dem gut sichtbar schwarzer Rauch aufsteigt. Carmen Taylor befand sich als Touristin an Bord einer Fähre, als sie dieses von einer Bildagentur international verbreitete Foto schoss. Wie sie dokumentierten viele weitere Augenzeugen die Katastrophe. Sie überliessen ihre Fotos und Videoaufnahmen den Massenmedien oder stellten sie direkt ins Internet. Damit multiplizierten sie ein ungeheures Medienereignis und arbeiteten ungewollt den Terroristen in die Hände: Die Zerstörung des WTC als Symbol des amerikanischen Kapitalismus brannte sich als wirkungsmächtiges Bild in unser kollektives Gedächtnis ein.

Trauma von «9/11» führte zum innenpolitischen Schulterschluss und gab der amerikanischen Aussen- und Sicherheitspolitik wieder eine klare Leitlinie, eine «Mission» vor: *War on terror*.

Im Spätherbst 2001 griffen die USA das islamisch-fundamentalistische Taliban-Regime in Afghanistan an, das der Unterstützung der al-Kaida bezichtigt wurde. Dieser Krieg wurde durch eine Resolution des UN-Sicherheitsrats als Akt der Selbstverteidigung legitimiert. Das Taliban-Regime wurde gestürzt, Usama bin Ladin aber nicht gefasst. Mehr als 600 mutmassliche Taliban- und al-Kaida-Kämpfer wurden, menschen- und völkerrechtlich höchst umstritten, auf den US-Stützpunkt Guantánamo auf Kuba verschleppt, wo man ihnen den Status als Kriegsgefangene und damit den Schutz der Genfer Konventionen verweigerte. Daran schloss sich im März 2003 der dritte Golfkrieg an, den die USA mit einigen Verbündeten (darunter Grossbritannien und Spanien) gegen den Irak führten. Dies geschah gegen den Willen der Völkergemeinschaft mit fadenscheinigen Argumenten und wider besseres Wissen. Die USA behaupteten, der Irak besitze Massenvernichtungswaffen und arbeite mit der al-Kaida zusammen.

(Zwischen-)Bilanz

«9/11» brachte keine Epochenwende, so verheerend die unmittelbaren Folgen auch waren. Zwar wurde der «Krieg gegen den Terrorismus» zu einem gewichtigen Faktor der Weltpolitik. Aber die im *War on terror* klar hervortretenden Strategien der Supermacht USA hatten sich schon vorher abgezeichnet. Es ging ihr vor allem darum, die nach Ende

des Kalten Krieges entstandene unipolare Welt mit den USA in der Rolle der alleinigen Führungsmacht abzusichern.

Al-Kaida ist zweifellos eine Bedrohung für die internationale Sicherheit, nicht zuletzt, weil sich das Terrornetzwerk in der globalisierten Welt wie ein Fisch im Wasser bewegt. Gemessen an den eigenen Zielen, sind die Erfolge jedoch gering. Es will die USA und die westliche Welt vernichten, doch auf der ganzen Welt, insbesondere im Mittleren Osten, stehen amerikanische Truppen im Einsatz. Auch al-Kaidas Traum, die islamische Welt durch den Dschihad zu vereinen, stösst an seine Grenzen. EVA SUTTER

1 Vgl. zur Diskussion um den Begriff (internationaler) Terrorismus: Hirschmann, Kai: Internationaler Terrorismus. In: Bundeszentrale für politische Bildung (Hg.): Sicherheitspolitik im 21. Jahrhundert, Informationen zur politischen Bildung (Heft 291). Bonn 2006.
2 Vgl. Napoleoni, Loretta: Die Ökonomie des Terrors. Auf der Spur der Dollars hinter dem Terrorismus. München 2004.

Empfohlene Literatur
· Bundeszentrale für politische Bildung (Hg.): Dossier: Islamismus. Bonn 2007. Verfügbar unter: www.bpb.de/themen/EHOB0Y,0,0,Islamismus.html [Aufruf vom 2.2.2009].
· Hippler, Jochen: Internationaler Terrorismus. Seine Folgen für die Internationalen Beziehungen. In: von Debiel, Tobias; Messner, Dirk; Nuscheler, Franz für die Stiftung Entwicklung und Frieden (Hg.): Globale Trends 2007 – Fakten, Analysen, Prognosen. Frankfurt am Main 2006. S. 105–122.
· Roy, Olivier: Der islamische Weg nach Westen. Globalisierung, Entwurzelung und Radikalisierung. München 2006.
· Schneckener, Ulrich: Transnationaler Terrorismus, Charakter und Hintergründe des «neuen» Terrorismus. Frankfurt am Main 2006.

Das Internet – globale Kommunikation als Erbe des Kalten Krieges

Heute sind WWW und E-Mail als die wichtigsten Teile des Internets aus dem Alltag vieler Menschen nicht mehr wegzudenken. Was für die globalisierte Gesellschaft zu Beginn des 21. Jahrhunderts zu einer Selbstverständlichkeit geworden ist, hatte seinen Anfang mitten im Kalten Krieg genommen.

Als am 4. Oktober 1957 der erste sowjetische Satellit namens Sputnik 1 in die Erdumlaufbahn geschossen wurde, war das für die Länder Westeuropas und vor allem für die USA ein grosser Schock: Es war ausgerechnet die kommunistische Sowjetunion, die dem alten Traum der Menschheit, das Weltall zu erobern, einen Schritt näher gekommen war. Im Jahr zuvor hatten sowjetische Panzer den Aufstand in Ungarn blutig niedergeschlagen. Die Stimmung zwischen Ost und West war angespannt. Es war der erste Höhepunkt des Kalten Krieges.

Nach dem «Sputnik-Schock» intensivierte der Westen die Technikforschung. Es galt, den Vorsprung des Erzfeindes Sowjetunion aufzuholen – egal zu welchem Preis. Aus diesem Grund wurde damals die *Advanced Research Projects Agency* (ARPA) gegründet. Zu den Schwerpunkten der ARPA gehörte die Verbesserung des Austausches von Computerdaten. Computer waren damals Raum füllende Geräte, die umständlich zu bedienen und exorbitant teuer waren. Eines der grossen Probleme beim Einsatz von Computern war der Austausch von Daten: Um Daten von einem Computer auf einen anderen zu befördern, mussten physische Datenträger eingesetzt werden – konkret: Es mussten Lochkarten oder Magnetbänder ausgetauscht werden. Da es aber keine einheitlichen Formate gab, war ein solcher Austausch eine aufwendige und mühsame Angelegenheit.

Verbindungen zwischen Computern

Einer der Vordenker, der im Computer nicht nur einen «Rechenknecht», sondern ein Denkwerkzeug sah, war Joseph Licklider (1915–1990). 1960 beschrieb er in einem wegweisenden Aufsatz eine mögliche Neuorientierung der Computertechnik hin zu den Bedürfnissen der Benutzer. In der Entwicklung neuer Computer sah er ein Potenzial nicht nur für das Militär, sondern auch für Wissenschaft und Verwaltung.[1]

Licklider leitete bei der ARPA den neuen Bereich *Information Processing Techniques Office* (IPTO), wo es ganz zentral um die Vernetzung von Computern ging. Die Computerspezialisten bauten Rechner, die gleichzeitig von mehreren Anwendern genutzt werden konnten (*Time-Sharing*-Prinzip), was wiederum die Frage aufwarf, ob nicht eine Bedienung aus der Ferne möglich sei. Anders als bei der Telefonie (wo eine feste Verbindung zwischen den Gesprächspartnern besteht) entwickelten die Ingenieure für Computer ein Verfahren, bei dem die Informationen in kleine Pakete zerlegt und einzeln verschickt werden konnten. So liessen sich die Netzwerke optimal auslasten und die Verbindungen waren weniger störungsanfällig. Nachdem dieses Verfahren erstmals 1965 bei der Vernetzung von 175 Fluggesellschaften angewandt wurde und sich als sehr stabil erwies, wurde es auch von ARPA übernommen. Nach diesem Prinzip – in der Fachsprache *packet switching* genannt – funktioniert auch heute noch das Internet, das aus diesen ersten Versuchen des ARPA heraus entstanden ist.

Stand anfänglich der Austausch von Daten im Vordergrund, so kamen im Laufe der Jahre neue Anwendungen hinzu: beispielsweise der Fernzugriff auf andere Rechner und Anfang der 1970er-Jahre der Austausch von elektronischen Nachrichten oder kurz E-Mail. Dass diese Anwendung ein so grosser Erfolg werden würde, hat damals viele Experten überrascht. Noch 1967 lautete die Einschätzung von Lawrence Roberts, des späteren Leiters von IPTO, dass eine solche Anwendung «keine wichtige Motivation für ein Netzwerk von wissenschaftlichen Computern» sei.[2] Ursprünglich vorgesehen für die Verwaltung des Netzwerkes, wurde E-Mail schon bald zu dem, was man in der Computerwelt eine *killer application* nennt, eine Anwendung also, die einer neu entwickelten Technologie zum Durchbruch verhilft.[3]

Internet und WWW

Nachdem in der ersten Phase die Vernetzung verschiedener Hardwareplattformen im Vordergrund gestanden war, ging es in einem zweiten, in den 1970er-Jahren einsetzenden Schritt um die Zusammenführung unterschiedlicher Netze. Dabei wurde der Ausdruck Internetworking geprägt. Unter der Leitung von Robert Kahn und Vinton Cerf wurde in den USA ein Programm namens *Internet Program* ins Leben gerufen, das ein Netz der Netze schaffen sollte, in welchem neben dem ARPANET auch damals bereits bestehende kommerzielle Netze miteinander verbunden wurden. Dieses Netz erhielt schliesslich den Namen *Internet*.

Dieses Netz bestand damals aus einer Reihe von Diensten, die über die Tastatur gesteuert wurden; eine grafische Oberfläche gab es noch nicht. Dies änderte sich erst Anfang der 1990er-Jahre, als der Physiker Tim Berners-Lee am europäischen Kernforschungszentrum CERN in Genf ein System entwickelte, das unter dem Namen *World Wide Web* (WWW) bekannt wurde.[4] Das WWW – oder kurz: das Web – war ein einfach zu bedienendes Hypertextsystem, das über eine grafische Oberfläche bedient werden konnte. Das Ziel von Berners-Lee war, wissenschaftliche Dokumente von allgemeinem Interesse allen Mitgliedern der Forschungseinrichtung CERN zugänglich zu machen. Sehr schnell wurde das Potenzial dieser Entwicklung deutlich.

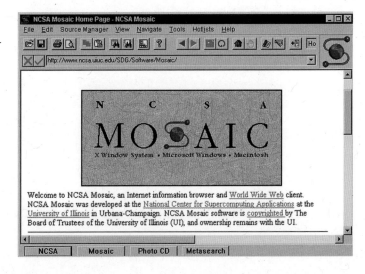

Screenshot des Web-Browsers Mosaic, NCSA (Illinois) 1997. Mosaic wurde 1993 veröffentlicht und war der erste Web-Browser, der Webseiten mit Bildern anzeigen konnte. Er wurde am «National Center for Supercomputing Applications (NCSA)» entwickelt, einer Forschungseinrichtung in Urbana, Illinois. Die Abbildung zeigt die erste Version von Mosaic aus dem Jahr 1993. Den Screenshot erstellten Mitarbeiter des NCSA im Jahr 1997, als das NCSA Entwicklung und Support seines Web-Browsers einstellte. Mit Netscape Navigator und Internet Explorer dominierten bereits Web-Browser kommerzieller Anbieter den Markt. Im Jahre 2008 konnte Mosaic zwar noch heruntergeladen, aber auf den meisten Betriebssystemen nicht mehr betrieben werden.

Das World Wide Web (WWW) war im Unterschied zu den bisherigen Diensten sehr einfach und intuitiv zu bedienen und war konsequent hypertextuell aufgebaut, das heisst, bei der Lektüre eines Dokumentes konnte man mit einem Mausklick Verknüpfungen folgen, die nicht nur innerhalb des CERN, sondern weltweit zu einem anderen Dokument führen konnten. Das WWW war aber nicht nur hypertextuell, sondern auch multimedial: Text, Bild, Ton, später auch Video, konnten einfach miteinander verknüpft und in einem Dokument gemeinsam dargestellt werden.

Um die WWW-Seiten aufrufen und ansehen zu können, wurde ein spezielles Computerprogramm benötigt, ein sogenannter Browser. Wie in den wissenschaftlich orientierten Internet-Kreisen üblich, wurden diese Programme, im Gegensatz zu den sonst üblichen PC-Programmen, umsonst verteilt. Wer ins Internet kommen wollte, benötigte lediglich einen PC, eine Telefonleitung und ein Modem, um sich beim nächsten Internet-Service-Provider einzuwählen.

Damit änderte sich der Charakter des Internets, es stiessen laufend neue Benutzerinnen und Benutzer hinzu. Die «eingesessenen Netzbewohner», die *netizens*, fast ausschliesslich männliche Wissenschaftler, Techniker und Tüftler, mussten sich mit neuen Gruppen von Benutzerinnen und Benutzern, den *newbies*, auseinandersetzen.[5]

Vernetzte globale Gesellschaft

Fast zeitgleich mit dieser technischen Innovation erfolgten grössere politisch-organisatorische Veränderungen. Die zuständigen Behörden in den USA liessen in den ursprünglich für wissenschaftliche Nutzung reservierten Netzen neu auch kommerziellen Datenverkehr zu und privatisierten schliesslich die transatlantischen Datenleitungen. Aus dem ursprünglich für die wissenschaftliche Nutzung vorgesehenen Computernetzwerk wurde ein weltumspannendes Netz-werk, das in weiten Teilen nach den Gesetzmässigkeiten eines zunehmend globalisierten Marktes zu funktionieren hatte.

Ende des 20. Jahrhunderts wurde das Internet zum Sinnbild eines entmaterialisierten Zeitalters und zugleich Motor und Projektionsfläche für eine neue Wissensgesellschaft. Medien und Wirtschaft – und schliesslich auch die

Politik – begannen sich für das Phänomen Internet zu interessieren. Die klassische volkswirtschaftliche Aufteilung in einen primären, einen sekundären und einen tertiären Sektor wurde abgelöst durch die neue Wertschöpfungskette Daten–Informationen–Wissen.

Das WWW bildete dabei lediglich ein Mosaiksteinchen in einer komplexen Entwicklung, die diesen Durchbruch ermöglicht hatte. Wichtige Elemente dieser Entwicklung waren die Digitalisierung von Speichertechnologien, die Liberalisierung der Telekommunikationsmärkte und die zunehmende Verbreitung von PC-Rechnern. Das Internet war zudem kompatibel mit der zeitgleichen Globalisierung von Märkten, Lebensstilen und diskursiven Zusammenhängen. So lässt sich die Internet-Revolution mit der Einführung des Buchdruckes vergleichen. Dieser erhielt im 15. Jahrhundert seine gesellschaftliche und kulturelle Sprengkraft durch das entsprechende gesellschaftliche Umfeld: eine zunehmende Verschriftlichung des öffentlichen Lebens und ein wachsender Anteil lesekundiger Menschen. PETER HABER

1 Licklider, Joseph C. R.: Man-Computer Symbiosis. In: IRE Transactions on Human Factors in Electronics, 1 (1960). S. 4–11.
2 Roberts, Lawrence G.: Multiple Computer Networks and Intercomputer Communication. In: ACM Symposium on Operation System Principles. Gatlinburg 1967. Verfügbar unter: www.packet.cc/files/multi-net-inter-comm.html [Aufruf vom 2.4.2009].
3 Siegert, Paul Ferdinand: Die Geschichte der E-Mail. Erfolg und Krise eines Massenmediums. Bielefeld 2008.
4 Berners-Lee, Tim: Der Web-Report. Der Schöpfer des World Wide Web über das grenzenlose Potenzial des Internets. München 1999; Gillies, James; Cailliau, Robert: Die Wiege des Web. Die spannende Geschichte des WWW. Heidelberg 2002.
5 Hauben, Ronda; Hauben, Michael: Netizens. On the History and Impact of Usenet and the Internet. Los Alamitos 1997.

Empfohlene Literatur
· Berners-Lee, Tim: Der Web-Report. Der Schöpfer des World Wide Web über das grenzenlose Potenzial des Internets. München 1999.
· Matis, Herbert: Die Wundermaschine. Die unendliche Geschichte der Datenverarbeitung – von der Rechenuhr zum Internet. Frankfurt am Main 2002.
· Siegert, Paul Ferdinand: Die Geschichte der E-Mail. Erfolg und Krise eines Massenmediums. Bielefeld 2008.
· Tobler, Beatrice; Sunier, Sandra (Hg.): Loading History. Computergeschichte(n) aus der Schweiz. Zürich 2002.

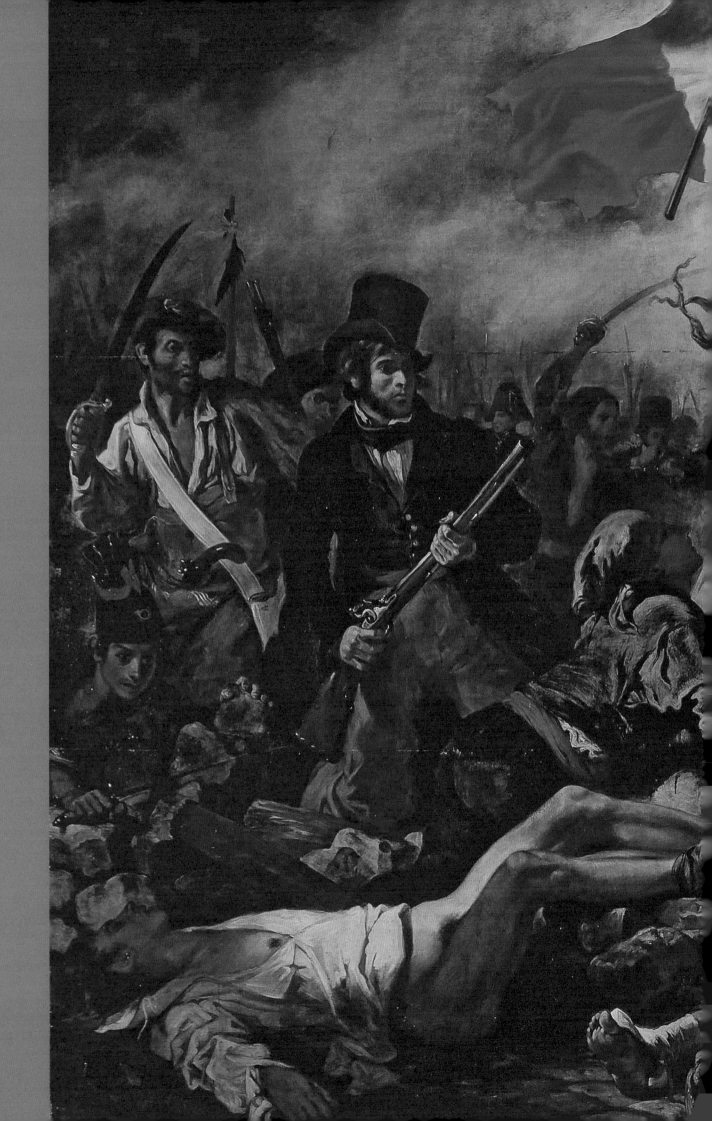

Fallbeispiele

Viele Geschichtsdarstellungen, seien es wissenschaftliche Studien oder Spielfilme, sind als Fallbeispiele abgefasst. Denn Geschichte wird oft an einem Fall dargestellt: Er liefert den Stoff, der historische Fragestellungen und abstrakte Geschichtskonzepte beispielhaft, anschaulich und lebendig werden lässt. In Fallbeispielen lassen sich somit die Mechanik geschichtlicher Vorgänge ausführlich darstellen und die Widersprüchlichkeit möglicher Interpretationen verständlich darlegen; zudem können Zusammenhänge deutlich und detailliert herausgearbeitet und die Bedeutung der Rahmenbedingungen eingehend erläutert werden. Anhand von Fallbeispielen können Autorinnen und Autoren die Eigenheiten historischer Abläufe verdeutlichen, indem sie die spezifischen Umstände und Zusammenhänge des Falls gebührend berücksichtigen. Ergebnisse aus den Fallbeispielen bilden dann die Grundlage für Übersichten oder Gesamtdarstellungen, die meist in sehr abgeschlossener und endgültiger Form abgefasst werden.

Da Fallbeispiele in ihrer Ausführlichkeit Platz benötigen und für die Lektüre Zeit brauchen, ist eine Beschränkung auf wenige Beispiele unerlässlich. Aus der Menge von interessanten und wichtigen Fällen in der Geschichte eine Auswahl zu treffen, ist zwar ein schwieriges Unterfangen. Es ist aber auch ein Wesensmerkmal jedes historischen Verstehens, beispielhafte Sachverhalte der Vergangenheit auszuwählen, um daraus grundsätzliche Erkenntnisse zu gewinnen. Sonst würden Geschichtsbücher, Geschichtsvorträge oder Geschichtsstunden nie enden. Die inhaltliche Eingrenzung der Fallbeispiele stellt die Leserinnen und Leser vor die Aufgabe, die Inhalte in einen räumlichen, zeitlichen und theoretischen Zusammenhang einzuordnen. Diese notwendige Kontextualisierung kann und soll bei den Leserinnen und Lesern Interesse wecken und Anlass geben für eigenständiges, selbstständiges Nachfragen an die Geschichte.

Die folgende kurze Vorstellung der Fallbeispiele zeigt, wie unterschiedlich die Möglichkeiten und Ausprägungen eines Fallbeispiels sein können. Bei der Auswahl wurde darauf geachtet, möglichst viele Epochen, Regionen, Zugänge und Perspektiven zu berücksichtigen. Zugleich folgte die Auswahl der Vorgabe, dass die Fallbeispiele typische Vorgänge und Strukturelemente ihrer Zeit behandeln und sich damit als Ausgangspunkt für weitere eigenständige Recherchen eignen.

1300 – 1500   Memento mori → S. 116 – 131

MARTIN ILLI nimmt das *Mittelalter* in den Blick, einen Zeitraum, der im Teil «Panorama» nicht mehr berücksichtigt wurde. Der *Tod* ist ein Aspekt des Alltaglebens, dem in jener stark religiös geprägten Gesellschaft eine gänzlich andere Bedeutung zukam als heute. Überdies werden Methoden der Quellenerschliessung vorgestellt, die sich von der üblichen Arbeit mit Texten und Bildern abheben: mittelalterliche Geschichte greift auch auf archäologische Techniken zurück, wozu Ausgrabungen und naturwissenschaftlich-medizinische Analysen gehören.

1736 – 1778   Absolutismus und Aufklärung im Dialog → S. 132– 147

Die Begegnung des französischen Philosophen *Voltaire* mit dem preussischen König *Friedrich II.*, genannt der Grosse, steht für eine Epoche, in der sich philosophische Überzeugungen der Aufklärung und die Praxis absolutistischer Staatsführung gegenüberstanden. Die Widersprüche in der Gesellschaft dieser Zeit, aber auch die Widersprüchlichkeit dieser historischen Persönlichkeiten macht ROBERT LABHARDT in der Nahsicht des Fallbeispiels deutlich. Eine zentrale Quellengattung dieser Zeit, mit der hier gearbeitet werden kann, sind Briefe, die sich vornehmlich die Angehörigen der Oberschicht geschrieben haben.

1872 – 1882   15 Kilometer durch die Alpen → S. 148 – 163

Das europäische 19. Jahrhundert ist gekennzeichnet durch die Industrialisierung und die Ausbildung des modernen Nationalstaates. In der Schweiz verband sich beides im monumentalen Unterfangen des *Gotthardtunnelbaus*. Neue Finanzierungsformen und neue Technologien wurden ebenso bedeutsam wie neue politische Entscheidungsstrukturen. In der Darstellung von HANS UTZ lassen sich zudem Bewegungen der Arbeitswanderung studieren und die sozialen Konflikte zwischen Armen und Reichen, Männern und Frauen, Fremden und Einheimischen, Erfolgreichen und Unglücklichen verdeutlichen. Bis heute gilt der Gotthardtunnel als Wahrzeichen der Schweiz: trotz ausländischen Kapitals, ausländischer Arbeitskräfte und ausländischer Technologie, die seinen Bau erst ermöglichten.

1894 – 1906   Angeklagt → S. 164–179

In Frankreich entstand mit der *Affäre Dreyfus* eine moderne Version der öffentlichen Meinung, die im 19. Jahrhundert vor allem in Zeitungen ihren Ausdruck fand. ALEXANDRA BINNENKADE legt zudem dar, wie die Affäre auch den Beginn einer neuen Form des Antisemitismus markierte: Begründet durch vermeintlich wissenschaftliche Erkenntnisse der Rassentheorie, hatte er im 20. Jahrhundert furchtbare politische Auswirkungen und kostete Millionen von Menschen das Leben. Ausserdem war die Affäre ein Prüfstein für die Fähigkeit der Republik, Rechtsirrtümer zu korrigieren – gegen viele und starke Widerstände.

1929 – 1933   «Wohin wir blicken Not und Elend ...» → S. 180–195

GISELA HÜRLIMANN widmet sich der *Weltwirtschaftskrise der 1930er-Jahre* als einem zentralen Vorgang in der ersten Hälfte des 20. Jahrhunderts. Sie zeigt, wie unterschiedliche politische Konzepte und Programme zu verschiedenen Formen der Krisenbewältigung führten. Der bürgerlich-liberalen Vorstellung einer rechtsstaatlichen Republik, die im 19. Jahrhundert entstanden war und zunehmend Elemente der Demokratie aufgenommen hatte, standen verschiedene politische Ideologien gegenüber, die die Schwächen der bürgerlichen Gesellschaftsordnung ausmerzen wollten. Allen politischen Systemen gemein war das Bemühen, durch staatliches Handeln die Auswirkungen einer Wirtschaftskrise auf die Bevölkerung zu mindern. Allerdings unterschieden sich die ideologisch begründeten Konsequenzen dieses Handelns erheblich.

1963 – 1973   68er-Bewegung in Zürich → S. 196–211

Die *68er-Bewegung* hat viele Spuren in der europäischen und auch in der schweizerischen Gesellschaft des beginnenden 21. Jahrhunderts hinterlassen. Dabei ist das Reden von einer einheitlichen «68er-Bewegung» irreführend. Diese «Bewegung» war vielmehr ein Konglomerat vielfältiger, sich teilweise überschneidender Gruppen, die unterschiedliche Anliegen und Anstrengungen verfolgten. Wie ERIKA HEBEISEN am Beispiel der Stadt Zürich veranschaulicht, war ein verbindendes Element der Bewegung einerseits die Ablehnung des vorherrschenden bürgerlichen Gesellschaftsmodells, andererseits eine kreative Lust an sozialen und künstlerischen Experimenten.

JAN HODEL

Memento mori

Altern und Sterben

Donnerstag, 17. April 2008: In der Basler und Berner Zeitung sowie in der Neuen Zürcher Zeitung und im Tages-Anzeiger erscheinen insgesamt achtzehn Todesanzeigen. Sie betreffen hauptsächlich Personen, die zwischen dem 75. und dem 89. Altersjahr gestorben sind. Dies entspricht etwa der durchschnittlichen Lebenserwartung in der Schweiz, die heute 84 Jahre für Frauen und 79 Jahre für Männer beträgt – notabene weltweit eine der höchsten. Drei Personen erreichten das Alter von 91 Jahren und verschieden laut Anzeige «nach einem reich erfüllten» Leben. «Viel zu früh» hingegen starben ein Mann Mitte vierzig und drei weitere Personen zwischen Mitte fünfzig und Mitte sechzig. Verhältnismässig selten hingegen sind Todesanzeigen für jüngere Personen, obwohl diese Schicksale selbst den unbedarften Zeitungsleser sehr berühren. Von 1000 Kindern, die in der Schweiz lebend geboren werden, sterben statistisch betrachtet nur fünf vor dem Erreichen des ersten Lebensjahrs.

Die Häufigkeit und Art der Todesfälle prägen die Einstellung einer Gesellschaft zum Tod. Ein ganz anderes statistisches Sterbeverhalten als heute treffen wir im Spätmittelalter an. Allerdings existierte zu jener Zeit noch keine amtliche Sterbestatistik, und auch die Kirchenbücher mit ihren Aufzeichnungen von Todesfällen setzten erst zu Beginn des 17. Jahrhunderts ein. Um Aussagen über die Lebensdauer im Mittelalter machen zu können, ist man auf die anthropologische Untersuchung von menschlichen Skeletten angewiesen.

Archäologische Altersbestimmung

Zwar altern die Menschen aufgrund von Lebens- und Umweltbedingungen verschieden schnell. Dies trifft für das Leben im Mittelalter erst recht zu. Doch einige Veränderungen am Skelett sind bei den meisten Menschen unabhängig von den Lebensbedingungen verlässliche Anzeichen für das Alter. Als solche Indikatoren gelten die Knochenbälkchenstruktur der Oberarm- und Oberschenkelknochen, die Struktur der Schambeinsymphysenfläche und der Verwachsungsgrad der Hauptnähte an der Innenseite des Schädels. Ist es möglich, alle diese Teile des Skeletts zu untersuchen, so kann das Sterbealter mit einer Wahrscheinlichkeit von 80 bis 85 Prozent und einer Toleranz von ± 2,5 Jahren bestimmt werden. Bei Kindern und Jugendlichen ist hingegen der Wachstumsstand des Gebisses für die Ermittlung des Sterbealters eher geeignet.

Bei der archäologisch-anthropologischen Untersuchung eines Begräbnisplatzes kann folglich auf das ungefähre Sterbealter der bestatteten Personen geschlossen werden, seien es Frauen, Männer, Jugendliche oder Kinder. Für Friedhöfe aus der Zeit des Spätmittelalters bestehen jedoch erhebliche Probleme wegen der damals vorherrschenden Bestattungssitten und der Art der Belegung. Vom 11. bis weit ins 19. Jahrhundert war es die Regel, die Verstorbenen auf dem Kirchhof zu begraben. Doch nach sehr kurzer Belegungszeit, manchmal sogar bereits nach fünf Jahren, wurden die Gräber wieder benützt und die Schädel und Langknochen der Vorverstorbenen im Beinhaus aufbewahrt. Intakte Grabfelder, die nicht durch spätere Bestattungen verändert wurden, sind nur selten zu finden. Dies ist der Fall, wenn beispielsweise Kirchen oder ganze Siedlungen

Pfarrkirche St. Martin in Schwyz, Tuschzeichnung von Adolf Honegger, 1869. Auf dem Bild ist die Kirchenterrasse mit dem ausgegrabenen Friedhofsbereich (Pfeil) zu erkennen.

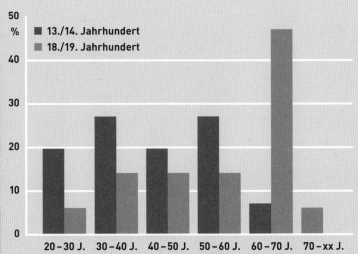

Altersverteilung der Frauen, Teilgrabung Kirchhof Schwyz.
Grafik nach: Descœudres, Georges et al.: Sterben in Schwyz. Basel 1995. S. 39.

Berner Totentanz von Niklaus Manuel, Aquarellkopie von Albrecht Kauw, Bern 1649. Der Tod wird als Schnitter dargestellt. Ihm fallen kaum Greise, sondern ein Kind, ein Herr im besten Mannesalter und jüngere Menschen zum Opfer. Der Berner Totentanz ist 1516–1520 als über 100 Meter langer Bildzyklus aus 48 Teilen an der Friedhofsmauer des Predigerklosters in Bern entstanden. In der Mitte des 17. Jahrhunderts wurde die Friedhofsmauer abgebrochen. Noch kurz zuvor hatte der Maler Albrecht Kauw Aquarellkopien von den Wandbildern erstellt.

aufgegeben wurden. Dann spricht man von Kirchen- oder Siedlungswüstungen. Gräber blieben auch unversehrt, wenn einzelne Bereiche des Friedhofs aufgegeben und anders genutzt oder wenn Friedhöfe aufgeschüttet und terrassiert wurden.

Letzteres war bei der Pfarrkirche St. Martin in Schwyz der Fall. Hier konnten, jeweils getrennt durch verschiedene Auffüllungsschichten, Bestattungen aus fünf verschiedenen Epochen zwischen dem 13. und dem 19. Jahrhundert geborgen und untersucht werden. 71 Skelette stammten aus dem 14. und 15. Jahrhundert. Die Zusammenstellung der untersuchten Individuen ist genauso wenig statistisch repräsentativ wie die zufällige Lektüre von aktuellen Todesanzeigen in der Tagespresse. Doch wie die Anzeigen können die Skelette Hinweise auf die Wahrnehmung des Todes geben. Personen, die älter als 70 wurden, sucht man vergeblich. Das höchste Sterbealter, das sich die Leute im 13. und 14. Jahrhundert in Schwyz vorstellen konnten, lag zwischen sechzig und siebzig Jahren. Unter den Begrabenen fanden sich etwa gleich viele jüngere wie ältere Personen, das heisst, der Tod hielt in allen Altersgruppen dieselbe Ernte. Eine signifikante Häufung der Sterbefälle am Ende der Lebensspanne gab es nicht. Berücksichtigt man noch die Sterblichkeit von Jugendlichen und Kindern, die nicht auf dem untersuchten

Friedhofsteil begraben wurden, so lassen sich für die spätmittelalterliche Gesellschaft in Schwyz Sterbekurven zeichnen, die den heutigen völlig entgegengesetzt sind. In der Regel starben etwa 30 Prozent der lebend geborenen Kinder, bevor sie das fünfte Altersjahr erreicht hatten. Nach einem Absinken der Sterbekurven bei Jugendlichen und Heranwachsenden steigen sie bei den Zwanzig- bis Dreissigjährigen wieder an. Eine Häufung der Sterblichkeit bei älteren Personen gab es – anders als heute – im Mittelalter nicht.

Lebensbedingungen – Todesursachen

Die auf dem Friedhof von Schwyz ermittelten Sterbealter gelten für die gewöhnlichen Leute wie Bauern und Handwerker. Sozial und wirtschaftlich hochgestellte Personen wurden in einem Grab im Kircheninnern bestattet. Wer wohlversorgt mit Kleidung, Nahrung und gutem Trinkwasser lebte, in geheizten Räumen wohnte und zudem keine schwere körperliche Arbeit verrichten musste, hatte Aussicht auf ein etwas längeres Leben, das etwa siebzig oder ganz selten auch achtzig Jahre dauern konnte. Ein solches für mittelalterliche Verhältnisse beschütztes und behütetes Leben war nur im Kloster, in sehr reichen Stadthäusern oder am Hof eines Fürsten denkbar. Dennoch war der Tod ständig präsent und Personen jeglichen Alters waren von ihm bedroht. Häufigste Sterbeursachen waren Infektionskrankheiten wie Grippe, Magen- und Darminfekte, die Pest und andere Seuchen. Gemeinsam war diesen Krankheiten ihr plötzlicher Ausbruch ohne Vorzeichen. Innert weniger Tage konnten scheinbar gesunde Personen aus dem aktiven Leben gerissen werden: *Media via in morte sumus (Mitten im Leben sind wir vom Tod umgeben).* Diesen Hymnus schrieb der St. Galler Mönch Notker bereits im 9. Jahrhundert; später diente er Martin Luther als Vorlage für ein protestantisches Kirchenlied. Der plötzliche, unerwartete Tod eines Mitmenschen war alltäglich. Davon zeugen auch die Fundumstände: Pest- und andere Seuchentote wurden auf den Kirchhöfen in offenen Massengräbern beigesetzt und mit Kalk überstreut, was darauf hindeutet, dass die Beerdigungen wegen der vielen Toten in kurzer Zeit rasch vorgenommen werden mussten.

Wie unsicher die gesundheitlichen Lebensumstände für die Menschen im Mittelalter waren, lässt sich mit modernen Diagnosemethoden an den ausgegrabenen Skeletten nachweisen. Allerdings hinterlassen die genannten seuchenartigen Infektionskrankheiten, die zum raschen Ableben führten, keine Spuren an den Knochen. Im Unterschied dazu verursachten schleichende Infektionen wie Zahnvereiterungen, Abszesse an den Gliedern oder tuberkulöse Erkrankungen der Wirbelsäule die Zerstörung von Knochensubstanz. Zusammen mit Mangel- und Fehlernährung schwächten diese Krankheiten die Leute und machten sie dadurch anfällig für Infektionen.

Auf dem Dorffriedhof in Nänikon-Bühl (Gemeinde Uster, Kanton Zürich), der von der Mitte des 15. Jahrhunderts bis zur Reformation belegt wurde, zeigen zahlreiche Kinderskelette die Spuren von Mangelernährung. Es wurden *Cribra orbitalia* – das sind schwammartige Auswachsungen des Knochens in den Augenhöhlen – sowie Harrislinien – feine nur im Röntgenbild sichtbare Strukturveränderungen in den Arm- und Beinknochen – diagnostiziert. *Cribra orbitalia* entsteht als Stressreaktion des Körpers, wenn wegen Eisenmangels, bedingt durch einseitige oder nicht vollwertige Ernährung, die Bildung von roten Blutkörperchen im Knochenmark gestört ist. Harrislinien sind ein Hinweis darauf, dass das Knochenwachstum der Kleinkinder wegen Hunger oder schwerer Krankheit gebremst worden war. Oft treten diese Linien regelmässig auf, zum Beispiel jährlich am Ende des Winters, als die Nahrungsvorräte aufgebraucht worden waren.

Die Menschen des Mittelalters nahmen den Tod, bedingt durch die Häufigkeit der Sterbefälle und deren Verteilung auf alle Altersklassen, anders wahr als die heutige Gesellschaft. Der Tod liess sich nicht aus dem Alltag verdrängen, seine Allgegenwärtigkeit prägte Sterbe- und Bestattungsbräuche und die Konkretisierung der Jenseitsvorstellungen.

Der Dorffriedhof von Nänikon

1992–1994 führte die Zürcher Kantonsarchäologie Rettungsgrabungen auf dem Näniker Bühl durch, der inzwischen mit Wohnhäusern überbaut worden ist. Die Befunde und Funde waren äusserst reichhaltig, befand sich doch auf dem kleinen Moränenhügel neben dem Dorf Nänikon im 12. Jahrhundert ein Burgturm mit einer Filterzisterne und einem Umfassungsgraben. Neben den Ruinen des abgebrannten Turms wurde in der ersten Hälfte des 13. Jahrhunderts eine Kapelle erbaut, bei der Mitte des 15. Jahrhunderts ein Dorffriedhof mit einer Friedhofsmauer angelegt wurde. Wahrscheinlich strebte die Dorfschaft von Nänikon eine kirchliche Verselbstständigung gegenüber ihrer Mutterpfarrei Uster an und stiftete fürs Kapellengut. Sie war auch dafür besorgt, dass ein Kaplan der Pfarrei Uster regelmässig in der Dorfkapelle die Messe las. Diesem beginnenden religiösen Erwachen der Dorfschaft bereitete die Reformation ein abruptes Ende, weil diese sie wieder ganz in die Kirchgemeinde Uster integrierte. Kapelle und Friedhofsmauer zerfielen, die Dorfbevölkerung musste wieder nach Uster zum Gottesdienst, wohin sie auch ihre Toten tragen musste.

Dank der verhältnismässig kurzen Belegungszeit des Dorffriedhofs konnten insgesamt 106 Individuen, darunter 41 Erwachsene, geborgen und anthropologisch sowie diagnostisch untersucht werden. So lässt die Auswertung der Grabung interessante Schlüsse auf das Leben und das Sterben einer spätmittelalterlichen Dorfbevölkerung zu.

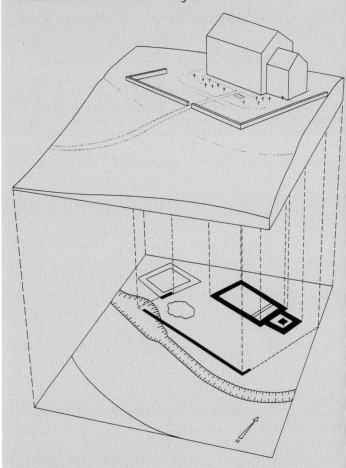

Ausgrabung in Nänikon-Bühl mit Dorfkapelle, Friedhofsmauer und Friedhof. Rekonstruktion auf archäologischem Ausgrabungsplan der Grabung, Nänikon 1992–1994. Unten: Lageskizze der bei der Ausgrabung gefundenen Überreste. Oben: Rekonstruktion des ursprünglichen Gebäudes.

Spuren von Krankheit und Unfall an Knochen von in Nänikon bestatteten Personen (15./16. Jahrhundert). Alle unten stehenden Aufnahmen wurden von der Kantonsarchäologie Zürich bei der Auswertung der Funde in Nänikon 1992–1994 erstellt.

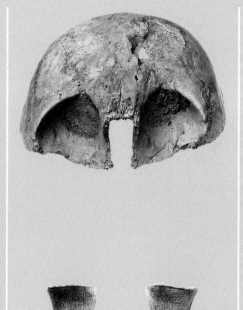

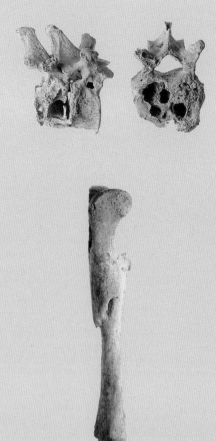

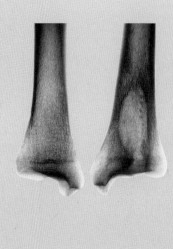

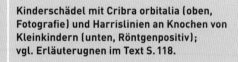

Kinderschädel mit Cribra orbitalia (oben, Fotografie) und Harrislinien an Knochen von Kleinkindern (unten, Röntgenpositiv); vgl. Erläuterugnen im Text S. 118.

Wirbel eines im Alter zwischen 30 und 40 Jahren verstorbenen Mannes (Fotografien). Zu erkennen sind der Rückenmarkkanal sowie die löchrigen Veränderungen im Wirbelkörper. Der Mann war wahrscheinlich an Knochentuberkulose erkrankt. Derselbe Mann erlitt auch einen Bruch des rechten Oberschenkels, der kaum gerichtet oder geschient wurde. Wegen der Verkürzung des Beins war er gehbehindert.

Unterschenkelknochen eines 25-jährigen Mannes (Röntgenpositiv). Die Höhle im rechten Knochen stammt von einem Abszess, sie war mit Eiter gefüllt.

Archäologische Ausgrabung Nänikon-Bühl, Fotografie von Bea Jäggi, Nänikon 1992/1994. Der anthropologischen Untersuchung geht eine sorgfältige Bergung der Bestattungsüberreste voraus.

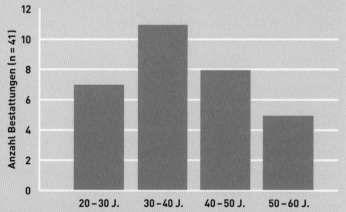

Lebenserwartung in Nänikon. Verteilung nach Altersklassen von 41 Erwachsenen. Am meisten Leute starben zwischen dem 30. und 40. Lebensjahr. Die Angaben basieren auf Ausgrabungen von 1992 bis 1994.

«Ars moriendi», Miniatur von unbekanntem Meister, 16. Jahrhundert. Versuchung eines sterbenden Menschen durch Teufel und Dämonen, die sich dessen Seele bemächtigen wollen. In den Händen tragen sie verführerische Geschenke, auf den Spruchbändern neben ihnen sind die Versuchungen genannt.

Sterberituale

Der Übergang vom Leben in den Tod wurde im Spätmittelalter eng mit religiösen Vorstellungen verknüpft. Dies hängt mit der Präsenz des Todes in der Gesellschaft und der Allgegenwart der Kirche zusammen. Mit den verfügbaren Medien wie Volkspredigt, Buchmalerei und Holzschnitt, Wandmalereien und Skulpturen, öffentlichen Begräbnissen, Prozessionen und anderem mehr wurde das Idealbild des christlichen Sterbens verbreitet. Kunstwerke und Veröffentlichungen dieser Art fallen unter den Gattungsbegriff «Ars moriendi» – Kunst des Sterbens.

Das ideale christliche Sterben sah eine ganze Reihe von Handlungen vor: Es begann mit der Vorbereitung auf den Tod durch die Beichte. Wer plötzlich starb, ohne die Sünden bereut und gebeichtet zu haben, riskierte die ewige Verdammung in der Hölle. Schutzpatron für die Menschen gegen den unvorbereiteten Tod war der Heilige Christophorus. Sein Bildnis prangte überlebensgross an vielen Aussenwänden von Kirchen. Wer es betrachtete, würde am selben Tag nicht eines plötzlichen, ungebeichteten Todes sterben – so besagte es der Volksglaube. Zur Vorbereitung auf den Tod gehörte auch die Aufsetzung eines Testaments, das oft mit einer Stiftung für das Seelenheil verbunden wurde. Von sehr hochgestellten Persönlichkeiten wie zum Beispiel einem

Bischof wurden Vorkehrungen für besondere Begräbnisrituale und für den Ort der Bestattung erwartet. So war die Leichenteilung, die vom Körper separate Bestattung des Herzens, durchaus möglich und üblich.

Tod: eine öffentliche Angelegenheit

Sterben war nicht Privatsache, die sich nur im engsten Familienkreis abspielte. Die Angehörigen riefen auch die Nachbarn in ein Sterbehaus und, nachdem die sterbende Person die letzte Mahlzeit erhalten hatte, auch den Priester zur Spendung der Sterbesakramente. Der prozessionsartige Gang des Priesters zu den Sterbenden wurde mit Glockengeläute angezeigt, und Schüler trugen die Sterbekerzen voran. Zum Sterben wurde der Körper auf den Boden oder auf Stroh gelegt, was die nackte Erde versinnbildlichte. Einerseits vertrauten die Menschen auf die heilende Kraft der Erde, anderseits drückte die Geste die Bescheidenheit im Hinblick auf die bevorstehende Erscheinung der Seele vor Gott aus. Zahlreiche Bilddokumente belegen die damalige Vorstellung, dass die Seele den Körper durch den Mund verlasse. Der Eintritt des Todes wurde mit der Glocke angezeigt. Verstorbene Priester und Mönche wurden in den Ornat oder ins Mönchsgewand eingekleidet. Gewöhnlich wurde der

Leichenzug beim Begräbnis einer reichen Person, Miniatur eines unbekannten Meisters, in einem Stundenbuch aus Rouen, Anfang 16. Jahrhundert. Vor dem Sarg schreiten Kleriker und Schüler mit dem Chorhemd und singen Psalmen. In diesem Fall sprach man von einer «Chorlich». Den mit dem blauen Bahrtuch bedeckte Sarg tragen Dominikaner und Franziskaner.

Leichnam in ein Tuch eingenäht. Während der Nacht hielten Verwandte, Freunde und Nachbarn beim Leichnam die Totenwache.

Die Bestattung erfolgte schon am nächstfolgenden Morgen. Der Leichnam wurde vom Priester gesegnet und in einer Prozession zur Kirche geleitet. Wer eine entsprechende Spende an die Kirche gemacht hatte, konnte mit der Begleitung von Chorknaben rechnen. Man sprach in einem solchen Fall von einer «Chorlich», wobei «Lich» für Leichenbegängnis stand. Der Sarg oder die Totenbahre wurde vor der Kirche abgestellt. Verstorbene Kleriker und bei «Chorlichen» auch die Laien wurden in die Kirche getragen und in der Mitte des Schiffs oder vor dem Chor aufgebahrt, während eine oder mehrere teils parallele Totenmessen gelesen wurden. Anschliessend sprach der Priester am Sarg die *Commendatio animae* und rief damit Gott um die Annahme der Seele an. Nach der Segnung des Grabes und der Beigabe eines Efeuzweiges, der das ewige Leben symbolisierte, wurde der Leichnam beigesetzt. Wenn die Toten nur in ein Tuch eingenäht worden waren, wurden sie entweder aus dem Sarg oder von der Bahre genommen und in die Erde gelegt. Eingekleidete Tote wurden in der Regel zusammen mit dem Sarg bestattet. Die Bestattung in nackter Erde nur im Leichentuch war

nicht eine Frage von reich oder arm, sondern eine Geste der Bescheidenheit. Sehr reiche Personen, wie etwa die Berner Schultheissenwitwe Jonatha von Erlach, wünschten ausdrücklich, ohne Sarg begraben zu werden. Dabei dachten sie wohl ans Bibelwort, wonach eher ein Kamel durchs Nadelöhr gehe, als ein Reicher ins Himmelreich komme.

Totengedenken

Die gewöhnlichen Verstorbenen bekamen kein individuelles Grab mit Grabstein oder Kreuz. Falls sie ein Erinnerungszeichen setzen wollten, mussten die Angehörigen den Grabplatz auf dem Friedhof oder gar ein Grab im Kirchenschiff von der Kirche erwerben. Am siebten und am dreissigsten Tage nach dem Begräbnis und dann jeweils am Jahrestag wurde die Totenmesse gelesen, und es fand eine Prozession zum Grab statt. Um die Präsenz des Toten zu symbolisieren, wurde eine Leichenbahre mit Kerzen aufs Grab gestellt oder ein Tuch ausgebreitet und Standkerzen hinzugestellt. Solche Gedächtnismessen mussten die Angehörigen jeweils bezahlen. Falls sie jährlich in Form einer Jahrzeit wiederholt werden sollten, setzte dies sogar eine Güterschenkung an die Kirche voraus. Oft vererbten die Gläubigen testamentarisch einen Teil ihres Besitzes der Kirche, um solche Jahrzeittoten-

Miniatur von Jean le Tavernier, im Stundenbuch Philippe des Guten von Burgund, um 1467. Beginen nähen neben der trauernden Witwe einen Leichnam ins Leichentuch ein.

messen zu ihrem Gedenken sicherzustellen. Auf diese Weise konnte die Kirche beständig ihren Besitz mehren. Zu diesem Zweck führte jedes Kloster, jedes Stift oder jede Pfarrkirche ein Jahrzeitbuch, das als Buch des ewigen Lebens offen im Chor der Kirche aufgeschlagen auf dem Lesepult lag. So konnten die Priester und lesekundigen Laien täglich feststellen, für welche Personen die Jahrzeitmesse gehalten werden musste. Die zweite, profanere Ausgabe des Jahrzeitbuchs befand sich in der Sakristei oder im Kirchenarchiv. Es verzeichnete die Schenkungen und Zinseinkünfte der Kirche, die mit einer Jahrzeitstiftung verbunden waren.

Jahrzeitbücher sind heute eine personen-, liturgie- und finanzgeschichtliche Quelle. Sie haben aber den Nachteil, dass in der Regel nur der Name und der Begräbnistag einer Person verzeichnet sind, nicht aber das Todesjahr und das Lebensalter. Man weiss von einer Person also nur, dass sie beispielsweise an einem 20. Juni gestorben ist, aber nicht in welchem Jahr. Weil aber die Schreiber eines Jahrzeitbuchs wechseln und sich ihre verschiedenen Handschriften zuweilen datieren lassen, kann man das mögliche Sterbejahr eingrenzen.

Die gewöhnlichen Leute besassen die finanziellen Mittel für eine Jahrzeitstiftung nicht. Stattdessen gedachte die Kirche jeweils an Allerheiligen und Allerseelen (1. und 2. November) allen Verstorbenen. Es kam auch vor, dass ganze Dorfschaften für alle ihre Vorfahren eine Jahrzeitmesse stifteten.

Beruflicher Umgang mit dem Tod

Die hier nur skizzenhaft dargestellten Begräbnisrituale vermögen den grossen Stellenwert des Umgangs mit den Verstorbenen zu zeigen. In grösseren Stiftskirchen wie dem Grossmünster in Zürich gab es einen Priester, der neben dem Leutpriester für das Totengedächtnis und die Jahrzeitmesse zuständig war. Auch die Totengräberdienste mussten

geregelt werden. Oft legte der Rat – wie zum Beispiel in Zürich – die Höhe der Bestattungsgebühren fest, wozu unter anderem der Grablohn, also die Entschädigung für den Totengräber, zählte. Dabei wandte der Rat einen Sozialtarif an, der von der Art des Glockengeläutes abhing. Dieser zeigt nämlich den Status des Verstorbenen an: War das Geläute umfangreich, handelte es sich um einen hoch gestellten Toten, bei Leuten aus einfachen Verhältnissen hingegen läuteten die Glocken nur kurz. Da Tote bestatten als eines der sieben Werke der Barmherzigkeit galt, wurden Totengräberpfründen gestiftet. So konnte der Totengräber jeweils aus dem Ertrag der Stiftung bezahlt werden, sodass die Kirche den Angehörigen der Verstorbenen den Grablohn ganz oder teilweise erlassen konnte.

Das Beispiel der Totengräber zeigt, dass das Bestattungswesen bereits im Spätmittelalter geregelt und professionalisiert war. In den Städten gab es Frauen und Männer, die von bezahlten Totendiensten leben konnten. Als solche «Spezialistinnen des Todes» galten die Beginen. Beginen waren unverheiratete Frauen, die in klosterähnlichen Gemeinschaften lebten, deren geistlicher Stand aber von der Kirche nicht anerkannt wurde. Im Unterschied zu den Nonnen trugen sie einen weissen statt eines schwarzen Schleiers. Weiss war im Mittelalter eine Trauerfarbe; ein weisser Schleier symbolisierte die Witwenschaft. Die Beginen identifizierten sich mit den Frauen, die nach biblischer Überlieferung bei der Kreuzabnahme um den Tod Christi trauerten. Während sich Nonnen als «Braut Christi» verstanden, sahen sich Beginen in der Rolle der Witwe Christi. Die Beginen engagierten sich in der Krankenpflege und Totenfürsorge und leisteten Totendienste wie Leichenwäsche, Einsargung oder Verhüllung des Leichnams. Sie hielten auch die rituelle Totenklage, folgten dem Leichenzug und beteten schliesslich am Sarg und an den Gräbern für das Seelenheil der Verstorbenen.

Warum? – Die Beerdigung nach Durandus von Mende

Grablegung, Miniatur eines unbekannten Meisters, nach dem Stundenbuch aus Rouen, um 1480. Der Priester segnet das Grab ein und besprengt es mit Weihwasser. Bereits ist die Seele aus dem Mund des Verstorbenen entwichen und schwebt gegen den Himmel. Es findet ein Kampf zwischen dem Engel und dem Teufel um die Seele statt.

In zahlreichen liturgischen Quellen wird der Beerdigungsritus beschrieben. Das Werk «Rationale divinorum officiorum» von Durantis Guillelmus, auch Durandus von Mende genannt, sticht besonders hervor. Durandus wurde um 1235 in Südfrankreich geboren und 1285 zum Bischof von Mende ernannt. Er starb 1296 in Rom, wo er sich auch die meiste Zeit seines Lebens aufhielt. Durandus beschreibt die im Gottesdienst gebräuchlichen Zeremonien und erklärt ihre Bedeutung. Für die Deutung von rituellen Handlungen sowie für die Interpretation von schriftlichen, bildlichen und figürlichen Quellen leistet der Text von Durandus grosse Dienste. Sein «Rationale» fand weite Verbreitung und war ein Longseller. Bis 1893 erlebte es 94 Druckauflagen. Es wurde bereits im Spätmittelalter ins Spätmittelhochdeutsche übersetzt, und zwar im Auftrag des an Theologie interessierten Herzog Albrecht III. von Österreich (1349/50–1395). Der Ausschnitt behandelt die Grablegung. Es ist die Zeit kurz nach dem Tod, bei der die Seele des Verstorbenen vor dem Partikulargericht gewogen wird. In dieser schwierigen Phase versucht der Teufel, sich der Seele zu bemächtigen. In diesem Zusammenhang ist die eigentliche Abwehr gegen das Böse, wie zum Beispiel das Besprengen mit Weihwasser oder der Weihrauch, von grosser Bedeutung, während weitere symbolische Handlungen die Aussicht auf das ewige Leben verheissen.

Auszug aus: Durandus von Mende, Rationale, nach einer mittelhochdeutschen Übersetzung, Abschnitt Grablegung:

«[...] Danach legt man den Toten ins Grab, und vielerorts besprengt man das Grab auch mit Weihwasser. Man legt auch ein kleines Stück glühendes Weihrauchharz ins Grab. Das Weihwasser verhindert, dass die Teufel sich dem Leichnam nähern, denn sie fürchten und meiden es. Manchmal nehmen sie Besitz vom Leichnam, besonders wenn sie die Seele des lebenden Menschen nicht verführen konnten, so versuchen sie es erst recht nach dem Tod. Die Beräucherung hilft gegen den Leichengeruch und sie zeigt auch, dass der Tote, als er noch im Leben stand, Gott geopfert hat, der angenehme Geruch steht für die guten Werke, es ist auch zu hoffen, dem Toten helfe andächtiges Gebet. Die Glut oder das Stück Kohle, das man ins Grab gibt, soll verhindern, dass die Erde nicht für profane Zwecke genutzt wird, denn kein anderer Stoff als Kohle bleibt länger im Erdreich erhalten. Auch legt man einen Efeu- oder Lorbeerzweig mit ins Grab oder andere immergrüne Pflanzen, denn die behalten ihre Lebenskraft. Dies ist ein Zeichen, dass die, die im Namen Christi sterben, ewig leben werden. Wenn der menschliche Leib auch stirbt, die Seele lebt in Gott weiter von dieser Stund an.»

Quelle: G.H. Buuijssen, Durandus' Rationale in Spätmittelhochdeutscher Übersetzung, Die Bücher VI – VIII nach der Hs. CVP 2765, Studia Theodisca Band 16, Assen 1983, S. 273–274.

Hinrichtung, Illustration von Diebold Schilling, aus der Schweizer Bilderchronik, Luzern 1513. Mehrere Gewalttaten überschatteten in der Eidgenossenschaft das Jahr 1508. Verbrechen wurden mit Hinrichtungen bestraft. Stellvertretend für das Geschehen zeigt der Chronist Diebold Schilling den Vollzug der Mörderstrafe am Beispiel eines Mannes und einer Frau. Die Todesstrafe war je nach Geschlecht unterschiedlich. Der Mann wird gerädert, die Frau lebendig begraben. Die blau gekleidete Frau ist vor der Grube sitzend dargestellt, der Sack, in dem sie begraben werden soll, ist ihr auf die Brust gebunden. Die Richtstätte säumen Galgen und Radsäulen mit den Leichnamen zuvor hingerichteter Personen.

Tod und Gewalt

Sterben und Tod durch Alter oder ebenso häufig durch Krankheit gehören zum Alltag. Darüber hinaus wird das Bild des Todes einer Gesellschaft von nicht-alltäglichen Geschehnissen wie Mord, Totschlag, Kriege, Unglücksfälle und Katastrophen geprägt. Die Gefährdung des Lebens durch Gewalteinflüsse war im Mittelalter anders als in unserer heutigen modernen Gesellschaft, wo der Staat das Gewaltmonopol besitzt. Heutzutage werden Tötungsdelikte von Amtes wegen verfolgt und die Täterschaft wird wenn immer wie möglich nach rechtsstaatlichen Kriterien zur Rechenschaft gezogen. Dies war im Mittelalter nur bei Mord der Fall, das heisst bei einer im Voraus geplanten, heimtückischen Tötung. Für Mörder war die Todesstrafe vorgesehen, und zwar durch die besonders grausame Räderstrafe. Der Scharfrichter brach den Verurteilten die Knochen, und der Körper wurde auf ein Wagenrad geflochten. Zur Abschreckung blieb der Leichnam während Wochen auf dem Rad, genauso wie die durch Strang

hingerichteten Personen am Galgen hängen gelassen wurden. Die Richtstätten an den Ausfallstrassen spätmittelalterlicher Städte waren also Orte, an denen in Verwesung begriffene menschliche Körper öffentlich ausgestellt und die Hinrichtungen selbst Schauspiele waren.

Ungleiche Strafen

Während der Vollzug der Todesstrafe durch zahlreiche Berichte und Bildquellen belegt ist, muss doch auf wesentliche Lücken im Strafrecht und damit auf die fehlende Rechtssicherheit hingewiesen werden. Dies zeigt ein Beispiel aus der Stadt Zürich: Nachdem der Metzger Welti Oechen 1377 seinen Berufskollegen Heini Graser in einem Streit in der Zürcher Stadtmetzgerei erstochen hatte, reichte der Bruder des Opfers eine Klage wegen Mordes beim Zürcher Rat ein, also bei der Stadtregierung. Im Mittelalter gab es noch keine Gewaltenteilung und die Regierung war auch für Gerichtsfälle zuständig. Doch der Zürcher Rat trat auf die Klage nicht ein. Er betrachtete nämlich das Tötungsdelikt als einen «ehrlichen Totschlag», weil das Opfer laut Zeugen den Täter zuerst beleidigt hatte. Nach der Zahlung einer Geldbusse konnte Oechen als freier Mann seiner gewohnten Tätigkeit als Metzger nachgehen. Tatsächlich war es im Spätmittelalter üblich, dass bei Tötungsdelikten, die aus alltäglichem Streit hervorgegangen waren, die Regelung des Konflikts den beteiligten Familien vorbehalten war. Dies führte zu langen, oft blutigen Fehden und zur Blutrache. Kirchliche und weltliche Autoritäten versuchten dem oft endlosen Töten ein Ende zu bereiten und die verfeindeten Familien an einen Tisch zu bringen. In der Regel wurde ein Sühnevertrag zwischen der Täter- und der Opferfamilie ausgehandelt. Sofern der Täter zur Zahlung eines Schmerzensgeldes an die Hinterbliebenen des Opfers bereit war und für die ehrliche Bestattung des Opfers sorgte, zu dessen Seelenheil eine Messe oder eine Jahrzeit stiftete und am Tatort als Zeichen der Sühne ein steinernes Kreuz errichten liess, so verpflichtete sich die Familie des Opfers, auf Rachehandlungen am Täter und an seinen Familienangehörigen zu verzichten.

Wer einen Totschlag beging, konnte also damit rechnen, wie im Fall des Metzgers Oechen nur mit einer Geldstrafe oder einer Entschädigung der Hinterbliebenen davonzukommen. Um neue Konfrontationen zu vermeiden, wurde der Täter für eine gewisse Zeit verbannt oder ihm wurde verboten, Wirtshäuser zu besuchen und an öffentlichen Gastmählern teilzunehmen. Die Gefahr, in einem Streit oder in einem Raufhandel getötet zu werden, war nicht nur wegen der fehlenden Abschreckung gross, sondern auch wegen der grösseren Emotionalität. Die Zürcher Rats- und Richtebücher, in denen neben anderem auch Streitigkeiten unter der Einwohnerschaft aufgezeichnet wurden, zeigen, dass auch Konflikte aus geringem Anlass in Raufhandel und Tätlichkeiten bis hin zum Totschlag ausarten konnten.

Abt Bilgeri gräbt Überreste aus, Illustration zum Jahr 1389 in der Chronik des Wettinger Abtes Christoph Silberysen, 1576. Zwanzig Monate nach der Schlacht von Näfels von 1388 gräbt Abt Bilgeri von Wagenberg die sterblichen Überreste der Gefallenen aus und bringt sie ins Kloster Rüti. Das Ereignis und die nachmalige Schändung der Grabstätten durch die Eidgenossen im Alten Zürichkrieg fanden auch in späteren Chroniken grosse Beachtung.

Tod in der Schlacht

Eine weitere Art des gewaltsamen Todes drohte den Männern auf dem Schlachtfeld. Dabei riskierten sie im Kampfgeschehen nicht nur das diesseitige Leben. Weil ihnen eine ehrliche Bestattung in geweihter Erde versagt war, schien auch ihr jenseitiges Leben in Gefahr. Aus diesem Grund bewarf der Feldpriester die eidgenössischen Krieger symbolisch mit Erde, wenn sie sich auf fremden Schlachtfeldern vor dem Kampf zum Gebet versammelten. Dies sollte ihnen im Todesfall symbolisch die Bestattung in geweihter, heimischer Kirchhofserde ersetzen. Die Obrigkeiten sorgten sich auch nach dem Krieg für das Seelenheil ihrer im Kampf gestorbenen Mitbürger und Landleute. So stifteten sie jeweils Schlachtenjahrzeiten. An diesen Gedenktagen wurden die Namen der Gefallenen vorgelesen und für ihre Seelen Jahrzeitmessen gehalten, Prozessionen zu den Schlachtfeldern oder Wallfahrten unternommen. Das bekannteste Beispiel dafür ist die Näfelserfahrt der Glarner. An diesem seit 1835 gesetzlichen Feiertag jeweils am ersten Donnerstag im April gedenken Glarner Regierung und Bevölkerung ihrer in der Schlacht von Näfels von 1388 gefallenen Krieger.

Anders sah es bei der Gegenseite aus: In der Schlacht von Näfels hatten sich 1388 ein österreichisches und ein eidgenössisches Heer gegenübergestanden. Letzteres setzte sich hauptsächlich aus Glarnern und Schwyzern zusammen. Nach ihrem Sieg beraubten die Eidgenossen die Leichname ihrer Feinde und verscharrten sie auf dem Schlachtfeld. Dies

rief den Abt des Klosters Rüti, Bilgeri von Wagenhausen, auf den Plan. Er begab sich auf das Schlachtfeld und liess die Toten wieder ausgraben und in sein Kloster überführen. Dort gewährte er ihnen das christliche Begräbnis. Offenbar hatte die Tat des Abts eine Ausstrahlung, denn viele adlige Familien aus dem Gebiet der heutigen Ostschweiz wählten Rüti als ihr Begräbniskloster. Es wurden Kapellen und Tischgräber aus Stein errichtet, und über den Grabstätten hingen die Totenschilde der entsprechenden Familien. Doch die nachträgliche ehrenhafte Bestattung ihrer Feinde von Näfels erregte den Zorn der Eidgenossen ein zweites Mal. 1444, als sich im «Alten Zürichkrieg» die Schwyzer und die Stadt Zürich um die Erbschaft der Grafen von Toggenburg stritten, fielen sie und ihre Verbündeten in das Kloster Rüti ein und zerstörten die Gräber der Adelsfamilien. Dabei zeigten sie einen Hass, der selbst die unabhängigen zeitgenössischen Chronisten erstaunen liess. Die Grabmäler mussten nach der Zerstörung und der Schändung durch die Eidgenossen wieder neu aufgebaut und neu geweiht werden. Die Adelsgräber blieben zum Teil über die Reformation in der Klosterkirche Rüti erhalten, ohne dass ihnen aber eine liturgische Bedeutung zukam.

Das Jenseits

In der mittelalterlichen Gesellschaft war der Tod nicht das Ende des Lebens. Für die Menschen war die Weiterexistenz der Toten eine gelebte Realität. Diese äusserte sich unter anderem in der Anlage der Kirchhöfe, die vom Jahr 1000 an in die Siedlungen hineinverlegt wurden. Die Lebenden pflegten eine enge Gemeinschaft mit den Toten. Verstorbene konnten zum Nutzen oder zum Schaden der Gesellschaft wieder auftauchen. Zu den guten Toten zählten beispielsweise jene, die im Krieg an der Seite der Lebenden kämpften. Tote konnten auch in Gerichtsfällen als Zeugen auftreten. So führte etwa der Glarner Landespatron Fridolin gemäss Legende den Stifter des Klosters Säckingen namens Urso in einem Prozess aus dem Grab in den Zeugenstand.

Umzeichnung eines Grabs, Kantonsarchäologie Schaffhausen 1983/1989. Die Skizze zeigt eine ungefähr 25 Jahre alte Frau und ihr neugeborenes Kind auf dem Friedhof St. Johann in Schaffhausen. Die Umzeichnung wurde im Verlauf der dortigen archäologischen Ausgrabung in den Jahren 1983–1989 erstellt. Am Fussende ist die Schere zu erkennen, eine für verstorbene Wöchnerinnen verbreitete Beigabe.

Wiedergänger

Hingegen fürchteten die Menschen die Schaden stiftenden Toten, die sogenannten Wiedergänger. Als solche galten Menschen, die eines unnatürlichen oder plötzlichen Todes gestorben waren und so die von Gott gegebene Lebensspanne nicht ausgelebt hatten. Angehörige, Priester und Totengräber vollzogen besondere Abwehrhandlungen bei der Bestattung solcher Menschen, um sich gegen deren Rückkehr zu wehren. Am mildesten ging man mit dem Leichnam einer im Wochenbett verstorbenen Frau um. Weil man glaubte, dass eine verstorbene Mutter ins Leben zurückkehren werde, um ihr Kind zu versorgen, bestattete man sie mit Schuhen und gab ihr eine Schere mit ins Grab, um das Neugeborene abnabeln zu können. Auch wurden die im Wochenbett verstorbenen Frauen am Rand des Friedhofs in einem separaten Gräberfeld beigesetzt. Der Grund dafür wird in einer süddeutschen Totengräberordnung genannt: Wenn die Knochen einer im Wochenbett verstorbenen Frau nach Jahren durch das Öffnen neuer Gräber an die Erdoberfläche gelangen, könnten sie für die schwangeren Frauen gefährlich sein und neue Fehlgeburten auslösen. Mit dieser Form der Separatbestattung am Rande des Friedhofs wurde der Kontakt mit Knochen verstorbener Wöchnerinnen vermieden.

Aus heutiger Sicht noch archaischer war der Umgang mit dem Körper von Menschen, die sich selbst getötet hatten. Ihre Leichname wurden nachts rückwärts aus dem Haus getragen, ins Wasser geworfen oder verbrannt, damit sie den Rückweg in die Gemeinschaft der Lebenden nicht mehr fänden. Den Selbstmördern wurde die Fähigkeit zugeschrieben, Menschen und Tieren zu schaden oder göttliche Strafen wie Unwetter herbeizuführen.

Die kirchliche Lehre vom Jenseits

Der Glauben an Wiedergänger zeugt davon, dass in der Vorstellungswelt der Menschen im Mittelalter Verstorbene ins tägliche Geschehen eingreifen konnten und dass sie auch der Fürsorge durch die Lebenden bedurften. Von der Sorge um und für die Toten gingen auch Jenseitsvorstellungen aus, wie sie die Kirche lehrte. Diese Lehren waren nicht rein geistig-abstrakter Art, vielmehr löste die Sorge für die Toten konkrete Handlungen aus, wie die Stiftungen fürs Seelenheil oder die Erschaffung zahlreicher Kunstwerke. Die Vorstellungen vom Jenseits spielten daher in der mittelalterlichen Kultur- und Alltagsgeschichte bis hin zur politischen Geschichte eine wichtige Rolle.

Der Sorge für die Toten lag die christliche Lehre von den jenseitigen Dingen (Eschatologie) zugrunde, die sich seit der Spätantike ausgebildet, aber erst im 13. Jahrhundert in ihrer abschliessenden Form Eingang in die kirchliche Glaubenslehre und ins Kirchenrecht gefunden hatte. Dazu gehörten die Vorstellung eines Weltgerichts am Ende der Zeit und der Glaube an die Existenz von Himmel und Hölle. Die

Diesseits und Jenseits, Miniatur eines Coëtivy-Meisters (evtl. Henri de Vulcop) für ein Stundenbuch, um 1460.
Das Bild ist in zwei Ebenen geteilt, die Diesseits und Jenseits darstellen. Auf der obere Ebene sehen wir eine
kirchliche Jahrzeitmesse: Um die Präsenz des Verstorbenen herzustellen, wurde ein leerer Sarg mit Bahrtuch aufgestellt. Vor dem Altar zelebriert ein Priester die Messe. Beim Sarg beten die Hinterbliebenen. In der Kirchenbank
knien schwarz verhüllte Personen, es können Beginen oder Mitglieder einer Bruderschaft sein. Vor der Kirchentüre
empfängt ein Bettler ein Almosen. Auf der unteren Ebene erkennen wir Menschen, die ins Fegefeuer stürzen
und geläutert werden. Engel befreien Seelen aus dem Feuer, symbolisiert durch nackte Menschen. Die Erlösung
aus dem Fegefeuer ist den guten Werken zuzuschreiben, nämlich den Almosen, der Messe und dem Gebet.

Bestattung eines Selbstmörders

Andreas Zamontic, ein Mönch des Predigerordens, der sich auch Kardinal von San Sisto nannte, kam 1482 nach Basel, um zu einem Konzil gegen den Papst aufzurufen. Die Stadt Basel wurde mit der Verhängung eines Interdikts (Kirchenstrafe) gezwungen, den Mönch zu verhaften. Während seiner zweijährigen Auslieferungshaft in Basel erhängte er sich in seiner Zelle. Es kursierten aber auch Gerüchte, dass er umgebracht worden sei. Nicht zuletzt, um den möglichen Suizid offensichtlich zu machen und gleichsam zu beweisen, wurde der Leichnam mit einem für die Bestattung von Selbstmördern bestimmten Ritual beseitigt, das die Rückkehr des Toten verunmöglichen sollte.

«Schon während der Burgerkriege kam ein Bischof des Predigerordens nach Basel, der wollte etwas gegen Papst Sixtus unternehmen, und schlug etliche Zettel an die Kirchentüren. 1482 kam die Botschaft, dass dieser wieder nach Basel kommen wolle. Als er eintraf, wurde er von denen, die zum Papst hielten, gefangen genommen. Die Basler hielten ihn mit grossen Kosten zwei Jahre lang gefangen. Zuletzt fand man ihn im Turm, und alles machte den Anschein, dass er sich selber erhängt hatte. Die Basler nahmen den Leichnam, schlugen ihn in ein Fass hinein, das sie in den Rhein warfen, in der Hoffnung, dass es weit von der Stadt geschwemmt werde. Doch es ging auch ein Gerede um, dass der Mönch im Turm ermordet worden sei, weil er eine Aussage machen wollte, und der Selbstmord nur vorgetäuscht worden sei. Doch ich, Diebold Schilling, lasse es dabei bewenden, will niemanden schelten noch rühmen.»

Die Schweizer Bilderchronik des Luzerners Diebold Schilling 1513, Hg. Alfred A. Schmid. Luzern 1981 (Faksimile), S. 148 f. (Neudeutsche Übersetzung)

Miniatur von Diebold Schilling aus der Schweizer Bilderchronik, Luzern 1513, fol. 94v.

Urso, ein wohlgesinnter Wiedergänger

Neben Wiedergängern, die Schaden stifteten, gab es auch solche, die Hilfe leisteten. Zu diesen gehört Urso, der vom Glarner Landespatron Fridolin aus dem Grab in den Zeugenstand gerufen wurde, wie die folgende Legende berichtet:

In grauer Vorzeit lebten zwei adlige und reiche Brüder, Urso und Landolf. Ihnen gehörte das Land Glarus. Mit dem Einverständnis seines Bruders Landolf schenkte Urso das Land Glarus dem Kloster Säckingen. Als Urso starb, nahm jedoch Landolf alles Land und damit alle Rechte zum Schaden des Klosters und der Landleute an sich. Der Heilige Fridolin, Glarner Landespatron, zog jedoch Landolf vor Gericht. Man einigte sich, dass Fridolin Urso als Zeuge vors Gericht in Rankweil bringen solle. Fridolin ging nach Glarus zum Grab von Urso und rief diesen beim Namen. Urso stieg aus dem Grab und liess sich von Friedolin vors Gericht führen. Urso sagte zu seinem Bruder, warum hast Du meine Seele beraubt, und das Gut, das mir gehört an Dich gezogen? Landolf erbleichte, gab dem Kloster das Land zurück und schenkte auch seinen Teil dem Kloster. Diese Legende ist im 13. Jahrhundert in die Vita des Heiligen Fridolin eingefügt worden. Sie zeugt vom Wiedergängerglauben, der im Spätmittelalter auch Teil des kirchlichen Kults war und sich nicht allein auf den Volksglauben beschränkte.

Vgl. Brühlmeier, Markus: Urso und Fridolin. Die Geschichte eines besonderen Wiedergängers, in: Jezler, Peter (Hg.): Himmel, Hölle, Fegefeuer.
Das Jenseits im Mittelalter. Ausstellungskatalog Schweizerisches Landesmuseum. Zürich 1994, S. 248.

Die beiden Glarner Landesheiligen Bischof Hilarius (links) und der Heilige Fridolin, Glasgemälde von 1547, gestiftet von den Chronisten Aegidius Tschudi und seinen Brüdern.

Vorstellung eines individuellen Gerichts über jeden Menschen nach seinem Tod, des sogenannten Partikulargerichts, erlangte erst im 13. Jahrhundert eine breitere Wirksamkeit in der Bevölkerung. Das Urteil dieses Partikulargerichts konnte für die Seele des Menschen dreierlei Dinge bedeuten: die Aufnahme im Himmel, die ewige Verdammung in die Hölle oder eine zeitlich begrenzte Läuterungsstrafe im Fegefeuer.

Himmel, Hölle und Fegefeuer

Direkt in den Himmel gelangten nur die Seelen der Unschuldigen und Heiligen. Dort erreichten sie die Gottesnähe und konnten die Rolle der Fürbitter für die Seelen der Nachverstorbenen übernehmen. Dadurch erklärte sich die Funktion der Heiligen und besonders ihrer Anrufung im mittelalterlichen Totenkult. Das Gegenstück zum Himmel war die Hölle, aus der es keinerlei Entrinnen mehr gab. Nach mittelalterlicher Vorstellung erwartete die Menschen die Höllenstrafe bei Selbstmord, Homosexualität, Sodomie und Ketzerei. Letzteres bestraften auch die diesseitigen Gerichte in der Regel mit dem Feuertod. Bei milderen Formen der Todesstrafe liessen die Gerichte den Leichnam der Verurteilten nachträglich verbrennen, zum Zeichen, dass für diese Menschen keine Auferstehung mehr möglich sei. Die ewige Verdammung war auch bei den sieben Todsünden vorgesehen, sofern diese nicht gebeichtet worden waren. Als Todsünden galten Hochmut, Geiz, Ausschweifung, Zorn, Völlerei, Neid und Trägheit des Herzens gegenüber Glaubenssachen.

Der dritte jenseitige Ort neben Himmel und Hölle, das Fegefeuer, war für die Seelen der Mehrzahl gewöhnlicher Menschen bestimmt. Ihre Sünden galten als nicht so schlimm, sie konnten im Fegefeuer verbüsst werden. Allerdings hingen die Schwere und die Dauer der Fegefeuerstrafe auch von den guten Werken und Stiftungen ab, die ein Mensch im Hinblick auf seinen Tod getätigt hatte, und auch von den guten Taten, die seine Hinterbliebenen und Nachkommen für die Linderung seiner Strafe tätigten.

Der Limbus

Neben den drei jenseitigen Orten Himmel, Hölle und Fegefeuer gab es noch als vierten jenseitigen Ort den Limbus. Hierher kamen die Seelen der Kinder, die ohne Taufe und damit nicht frei von der Erbsünde verstorben waren. Im Unterschied zur Hölle erleiden diese Seelen weder Strafe noch Schmerz, doch es gab wie im Fall der Hölle keinen Ausweg mehr aus diesem Seelengefäss. Als äusseres Zeichen der fehlenden Taufe durften diese Kinder seit dem Spätmittelalter nicht mehr in geweihter Friedhofserde bestattet werden, sondern an einem besonderen Ort auf der Aussenseite der Friedhofsmauer oder des Beinhauses. Es gab verschiedene Massnahmen, den Tod eines Kindes vor der Taufe zu verhindern, zum Beispiel die Nottaufe durch die Hebamme oder die Taufe des ungeborenen Kindes mit einer Spritze, wenn die Mutter noch in den Geburtswehen lag. Es gab auch Wallfahrtsorte wie zum Beispiel Oberbüren im Kanton Bern, die über Gnadenbilder verfügten. Die Kraft dieser Bilder sollte tote Kinder kurzzeitig zum Leben erwecken, damit sie die Taufe empfangen konnten. Das «Wunder» wurde mit einem Kunstgriff herbeigeführt, indem ein heisses Kohlebecken unter den Altartisch gelegt wurde. Dem Leichnam des Kindes wurde ein Federchen auf das Gesicht gelegt, das sich aufgrund des aufsteigenden Luftstroms bewegte und damit den Anschein erweckte, dass das Kind atme.

Noch über dem Partikulargericht stand das Jüngste Gericht. Am letzten Tag der Welt, so die Glaubenslehre, werde Christus den Menschen erscheinen und über alle richten, über die Lebenden und über die Toten. Auf vielen Altarbildern erscheint Christus aus dem Osten auf einem Regenbogen, während die auferstehenden Toten aus den Gräbern steigen. Vor den Augen des Weltrichters Christus wägt der Erzengel Michael die Seelen, und je nachdem, auf welche Seite sich die Wagschale neigt, steigen die Seelen in den Himmel auf oder werden in den Höllenschlund getrieben.

Memento mori –
Gedenke, dass du sterben wirst

Im Spätmittelalter bildete sich eine Kultur des Todes aus, die einerseits vom realen Sterbegeschehen, andererseits von der kirchlichen Lehrmeinung in Wechselwirkung mit der Volkskultur geprägt wurde. Die Vorsorge und Vorbereitung auf den eigenen Tod hatte Auswirkungen auf historisch bedeutsame gesellschaftliche Prozesse, wie zum Beispiel die Bildung von Institutionen weltlicher und kirchlicher Art. Nach dem Muster der frühmittelalterlichen Gebetsverbrüderung zwischen den Klöstern bildeten sich im Hoch- und Spätmittelalter Bruderschaften. Aufgabe dieser Bruderschaften war es, für das Begräbnis und das Seelenheil ihrer Mitglieder, die sowohl Männer wie Frauen sein konnten, zu sorgen. Oft schlossen sich in Bruderschaften Mitglieder der gleichen Berufsgattung zusammen, daraus entwickelten sich auch viele Zünfte. Zahlreiche Zünfte stifteten fürs Totengedenken Altäre und unterhielten Kerzen. Die Zünfte übernahmen auch für ihre Mitglieder, deren Familienmitglieder und Gesellen die Begräbniskosten, wenn diese in Armut verstorben waren. Alles andere hätte gegen die Zunftehre verstossen und den Handwerkerstolz gekränkt.

Totenkult als Finanzquelle

Im 15. Jahrhundert begannen sich neben den Zünften, in denen nur die Handwerksmeister Mitglieder waren, auch Handwerkergesellen in Form von Bruderschaften zu organisieren. Neben der Vertretung ihrer Interessen gegenüber den Meistern verpflichteten sich die Gesellenbruderschaften auch zur gegenseitigen Unterstützung im Falle von Krankheit sowie zur Durchführung eines würdigen Begräbnisses für ein verstorbenes Mitglied.

Der Totenkult war eine wichtige Einnahmenquelle für die Kirche. Reiche Familien stifteten für das Seelenheil ihrer Mitglieder Altäre und Grabkapellen, manchmal sogar ein Haus und ein Einkommen für einen Kaplan. Auf dem Land sammelte die Bevölkerung Geld für den Bau einer Kapelle und die Versorgung eines Priesters, der sie im Notfall mit den Sterbesakramenten versorgen konnte, wenn der Weg zur nächst gelegenen Pfarrkirche zu beschwerlich erschien. So kam es Ende des 15. Jahrhunderts zu einem regelrechten Kirchenbauboom und zur Errichtung zahlreicher neuer Landpfarreien.

Für die Finanzierung von Kirchen und Klöstern waren auch Schenkungen und Stiftungen fürs Seelenheil wie beispielsweise die sogenannten Seelgerätsstiftungen von grosser Bedeutung. Im Gegenzug erbrachten die beschenkten kirchlichen Institutionen liturgische Leistungen, unter anderem Begräbnisfeiern oder Totenmessen und Grabprozessionen am Jahrestag. Meistens verbanden die Stifterinnen und Stifter mit ihren Schenkungen auch Gaben an Arme und Kranke. Die mittelalterliche Barmherzigkeit oder Karitas war eng mit dem Totenkult verbunden.

Die Kirche institutionalisierte die Sorge für das eigene Seelenheil oder dasjenige der Angehörigen weiter in Form

des Ablasses. Der Ablass basierte auf dem «Gnadenschatz» der Kirche. Dieser konnte die Vergebung der Sünden beziehungsweise die Linderung der Fegefeuerstrafe bewirken, sofern die Sündigen die Beichte ablegten und Busse leisteten, etwa in Form einer Wallfahrt zu einer bestimmten Kirche. Im Laufe des 15. Jahrhunderts wurde das Ablasswesen richtiggehend kommerzialisiert. Kirchen und Klöster konnten sich beim Papst oder bei einer gewissen Zahl von Kardinälen ein Privileg erwerben, um von den Gläubigen die Ablassspende zu empfangen. Die kirchlichen Würdenträger liessen sich dieses Privileg mit einer Ablassurkunde bestätigen, die sehr aufwendig ausgefertigt, mit Miniaturen verziert und mit dem Papstsiegel oder mit Kardinalssiegeln versehen worden war, und legten diese den Gläubigen als Beleg vor. Mit dem Aufkommen des Buchdrucks erhielten die Gläubigen nach der Zahlung des Ablassgeldes einen Ablasszettel. Kommerzialisierung und offensichtlicher Missbrauch des Ablasswesens waren ein wesentlicher Grund für die Kritik Martin Luthers an der kirchlichen Obrigkeit, die schliesslich zur Reformation führte.

Reformation

Viele Gläubige und Theologen stellten die Existenz eines Fegefeuers schon im Spätmittelalter in Frage. Die katholische Kirche verfolgte die Albigenser in Südfrankreich und die Waldenser in Italien nicht zuletzt wegen ihrer Kritik am Fegefeuer als ketzerische Bewegungen. Im Hinblick auf das Ablasswesen lehnte auch die Reformation das Fegefeuer und die priesterliche Vergebung der Sünden ab. Damit wurde den meisten rituellen Handlungen um Tod und Begräbnis die theologische Grundlage entzogen. Nach der reformierten Glaubenslehre blieb allein die Entscheidung zwischen Himmel und Hölle am Jüngsten Tag durch das Weltgericht bestehen. Dabei sollte der göttliche Entscheid über ewiges Leben oder ewige Verdammung nicht von Menschen beeinflusst werden, vor allem nicht durch die Fürbitte der Lebenden für die Toten. Einzig die Reue eines Menschen für seine Taten könne sein künftiges Schicksal und Seelenheil beeinflussen. Reformierte Seelsorger versuchten deshalb, Sterbende selbst in letzter Minute zum Bekenntnis ihrer Reue zu bewegen.

Bei den Zwinglianern und Calvinisten, weniger bei den Lutheranern, wurde wegen der Ablehnung des Fegefeuers der Totenkult sehr stark verändert. In Zürich erfasste der protestantische Bildersturm auch die Kirchhöfe. Grabmäler und Kunstwerke wurden abgeräumt, auf dem Grossmünsterfriedhof in Zürich sogar zerstört. Bis auf die Verkündigung der Namen der unter der Woche verstorbenen Personen am Ende eines Sonntagsgottesdienstes verbannten die reformierten Würdenträger das Gedenken an die Toten ganz aus dem kirchlichen Leben. Statt dass eine Predigt in der Kirche stattfand, hielt eine weltliche Person am Grabrand

Verhöhnung des Ablasskrämers, Federzeichnung von Niklaus Manuel Dütsch, Schweiz 1525. Der Ablass geriet in die Kritik der Reformatoren. 1525 verfasste der Berner Niklaus Manuel Dütsch das Fasnachtsspiel «Der Ablasskrämer». Die Hauptfigur, der Mönch und Ablasskommissär Rychardus Hinterlist, wird von zweifelhaften Fasnachtsfiguren gestellt, gefoltert und verhöhnt.

Konfessionell getrennter Totenkult

Im Zeitalter der Konfessionalisierung, das heisst in der zweiten Hälfte des 16. Jahrhunderts, versuchten katholische wie reformierte Obrigkeiten in der Eidgenossenschaft, der Bevölkerung die Unterschiede zwischen katholischem und reformiertem Glauben deutlich zu machen. Mit theologischen Abhandlungen allein konnte man nur eine gebildete, lesekundige Bevölkerungsschicht erreichen. Daher versuchte man, über Bräuche und Riten zu definieren, was typisch katholisch oder typisch reformiert sei.

Ein Friedhof mit Beinhaus, Hochkreuz, Kreuzigungsgruppe und Grabkreuzen galt als typisch katholisch, während ein reformierter Friedhof einen einfachen Rasenplatz darstellte. Bei einem katholischen Leichenzug wurden Psalmen gesungen und Kerzen und Kreuze vorausgetragen. Ein reformierter Leichenzug erinnerte mit seiner stillen, nüchternen Art in keiner Weise an eine Prozession. Interessant sind solche äusserlichen Kennzeichen in konfessionell gemischten Gegenden, etwa im Bereich der gemeinen Herrschaften im Thurgau oder in Teilen des heutigen Aargaus. Hier gab es Simultankirchen, also Gotteshäuser, die von Gläubigen beider Konfessionen genutzt wurden. Auf solchen Friedhöfen bepflanzte man die Gräber der Katholiken mit roten, die der Protestanten mit weissen Rosen. Die Abgrenzung zwischen den beiden Konfessionen ging so weit, dass es zum Beispiel bis zum Jahr 1808 in Stadt und Landschaft Zürich verboten war, den Leichnam eines verstorbenen Katholiken zu beerdigen. Dieser musste ins nahe Kloster Fahr oder in die benachbarte Innerschweiz überführt werden.

MARTIN ILLI

Empfohlene Literatur

· Descœudres, Georges u.a.: Sterben in Schwyz. Schweizer Beiträge zur Kulturgeschichte und Archäologie des Mittelalters, Bände 20/21. Basel 1995.
· Henggeler, Rudolf: Das Schlachtenjahrzeit der Eidgenossen nach den Innerschweizer Jahrzeitbüchern, herausgegeben und eingeleitet von Rudolf Henggeler, Quellen zur Schweizergeschichte, Neue Folge, II. Abteilung: Akten Band 3. Basel 1940.
· Illi, Martin: Lebenserwartung und Lebensqualität aus der Sicht des Historikers, in: Vavra, Elisabeth (Hg.): Alterskulturen des Mittelalters und der frühen Neuzeit. Veröffentlichungen des Instituts für Realienkunde des Mittelalters und der frühen Neuzeit 21. Wien 2008. S. 59–74.
· Illi, Martin: Wohin die Toten gingen. Begräbnis und Kirchhof in der vorindustriellen Stadt. Zürich 1992.
· Jezler, Peter (Hg.): Himmel, Hölle, Fegefeuer. Das Jenseits im Mittelalter. Ausstellungskatalog Schweizerisches Landesmuseum. Zürich 1994.
· Pohl, Susanne: Ehrlicher Totschlag, Rache, Notwehr. Zwischen männlichem Ehrencode und dem Primat des Stadtfriedens. In: Jussen, Bernhard u.a. (Hg.): Kulturelle Reformation. Sinnformationen im Umbruch. Göttingen 1999. S. 239–283.
· Ulrich-Bochsler, Susi: Lebenserwartung und Lebensqualität aus anthropologischer Sicht, in: Vavra, Elisabeth (Hg.): Alterskulturen des Mittelalters und der frühen Neuzeit. Veröffentlichungen des Instituts für Realienkunde des Mittelalters und der frühen Neuzeit 21. Wien 2008. S. 75–90.

eine Rede, etwa ein Zunftmeister oder sonst eine geachtete Persönlichkeit. Doch bereits am Ende des 16. Jahrhunderts machten die reformierten Kirchgemeinden diese einschneidenden Veränderungen wieder rückgängig. Zu einer Abdankung hatte sich eine Trauergemeinde in der Kirche zu versammeln, und der Pfarrer hielt wieder im Rahmen eines Trauergottesdienstes eine Leichenpredigt. Die enge Bindung zwischen Totenkult und Religion liess sich vor Beginn der Aufklärung nicht lösen. So dienten die Grabzeichen weiterhin dazu, die Herrschaft der patrizischen Familien zu dokumentieren und zu legitimieren. Die reformierte Kirche liess in Zürich bereits in den 1580er-Jahren Epitaphe, das sind Grabplatten mit Inschriften und Reliefdarstellungen, für Bürgermeister und hochgestellte Persönlichkeiten wieder zu. Für die gewöhnliche Bevölkerung gab es im reformierten Zürich bis zur Mitte des 19. Jahrhunderts keine Grabsteine.

Absolutismus und Aufklärung im Dialog

«**Der Pariser Salon. Une Soirée chez Madame Geoffrin**», Ölgemälde (126 × 195 cm, Château de Malmaison) von A.G. Lemonnier, Frankreich 1812. Das Bild zeigt im historischen Rückblick auf die Mitte des 18. Jahrhunderts eine Voltaire-Lesung im Salon der Madame Geoffrin (1699 – 1777), einem der berühmtesten literarischen Salons im damaligen Paris. Der Maler hat hier unter der Büste Voltaires die berühmtesten Intellektuellen Frankreichs zusammengeführt, darunter Montesquieu, Maupertuis, Rousseau. Er demonstriert damit die überragende Bedeutung, die Voltaire in der französischen Geistesgeschichte erhalten hatte. Die von vornehmen Damen geführten Pariser Salons waren Zentren des intellektuellen und künstlerischen Austauschs. In solchen Salons wurde zweifellos auch der Kontakt Voltaires mit dem Preussenkönig ausführlich betratscht.

Was passiert, wenn ein berühmter Vertreter der Aufklärung mit einem ebenso berühmten absoluten Herrscher zusammentrifft? 1750 – 1753 war Voltaire Gast am Hof Friedrichs des Grossen in Potsdam. Der Aufenthalt bildete den Höhepunkt einer über vierzigjährigen Beziehungsgeschichte zweier Persönlichkeiten, die einzigartig, aber doch auch exemplarisch für die Auseinandersetzungen ihrer Epoche stehen.

Beginn einer Brieffreundschaft

Am 8. August 1736 schreibt Prinz Friedrich von Preussen seinen ersten Brief an Voltaire: «Monsieur, wenn gleich ich nicht die Genugtuung habe, Sie persönlich zu kennen, so sind Sie mir doch durch Ihre Werke sehr wohl bekannt. Es sind, wenn ich mich so ausdrücken darf, Schätze des Esprits und Werke, die mit soviel Geschmack, Delikatesse und Kunst gearbeitet sind, dass ihre Schönheiten bei jedem Wiederlesen ganz neu erscheinen.» Friedrich bittet Voltaire um Zusendung seines Gesamtwerks. «Falls sich unter den Manuskriptseiten eines befindet, das Sie aus gebotener Vorsicht vor den Augen der Öffentlichkeit verbergen wollen, so verspreche ich Ihnen, es im geheimen zu verwahren und mich damit zufriedenzugeben, ihm ganz für mich zu applaudieren. Unseligerweise weiss ich, dass Fürstenwort heutzutage wenig Vertrauen verdient; doch hoffe ich gleichwohl, dass Sie sich nicht von Vorurteilen bestimmen lassen und zu meinen Gunsten eine Ausnahme von der Regel machen.» Er bewundere Voltaire, weil er Poesie mit Philosophie verbinde. «Sie sind eine moralische Lektion, bei der man Denken und Handeln lernt. Ah! Möge der Ruhm sich meiner bedienen, um Ihre Erfolge zu krönen! Ich fürchte nichts weiter, als dass dieses Land, das dem Lorbeer nicht günstig ist, nicht soviel davon spriessen lässt, wie Ihre Werke verdienten, und man aus Mangel zur Petersilie greifen müsste.»[1]

Voltaires Reaktion im September des gleichen Jahres: «Monseigneur, man müsste fühllos sein, um von dem Brief, mit dem Ew. Kgl. Hoheit mich zu ehren geruhten, nicht inniglichst gerührt zu sein. Er schmeichelte meiner Eigenliebe nur zu sehr, aber die Liebe zum Menschengeschlecht, die seit je in meinem Herzen lebt und die, wie ich zu behaupten wage, meinen Charakter prägt, schenkte mir eine tausendfach reinere Freude, als ich erkannte, dass es auf der Welt einen Prinzen gibt, der als Mensch denkt, einen Fürsten-Philosophen, der die Menschen beglücken wird.»[2]

In gleichsam rokokohaft tändelnd-tänzelndem Schritt gehen die beiden aufeinander zu: werbend, schmeichlerisch, spielerisch-ironisch. Aber auch mit Eigeninteressen: Kronprinz Friedrich wünscht der preussischen Zukunft eine kultiviertere Ambiance, als sie der Grobianismus seines Vaters Friedrich Wilhelm vermittelte. Voltaire seinerseits erblickt die Chance, in Friedrich endlich sein Ideal eines absoluten Herrschers zu finden, der den Staat auf philosophisch-vernünftige, humane Grundlagen stellt. Voltaire war immer überzeugt, dass es eines machtvollen Herrschers bedurfte, um in Europa Aufklärung praktisch durchzusetzen. «Ich liebe die Pöbelherrschaft keineswegs», schrieb er noch im Alter an Friedrichs Adresse.[3]

Voltaire, Gemälde (Öl auf Leinwand 60 × 500 cm) von Nicolas de Largillère (1656 – 1746), Frankreich 1718. François-Marie Arouet nannte sich seit 1718 «de Voltaire». Selbstbewusst demonstrierte er damit seinen Anspruch, auch als Bürger aristokratische Geltung zu besitzen. Auch der Porträtauftrag an den berühmten Largillère verrät Reichtum und Stolz.

François-Marie Arouet de Voltaire lebte von 1694 bis 1778. Er entstammte bürgerlichem Milieu und legte sich das Pseudonym «de Voltaire» erst mit 24 Jahren zu. Voltaire gilt als der geistreichste, wendigste und vielseitigste, ja universellste Schriftsteller Frankreichs im 18. Jahrhundert. Er war Theaterautor und Erzähler, Geschichtsschreiber und Philosoph und ein ungeheuer produktiver, funkelnder Briefschreiber. Sein Leben pendelte ereignisreich zwischen Verehrung und Verfolgung. Lebenslänglich galt sein Engagement der Freiheit des Denkens und dem Kampf gegen kirchliche Intoleranz. Man hat das Zeitalter der Aufklärung auch «Le siècle de Voltaire» genannt.

Der junge Voltaire wurde schon als Schüler des Pariser Jesuitengymnasiums in libertären Pariser Zirkeln als aussergewöhnlich begabter, scharfzüngiger Causeur bekannt. Eine angeblich von ihm verfasste Satire gegen den jungen Ludwig XV. brachte ihn für ein Jahr in die Bastille. Ein weiterer Skandal zwang ihn ins Exil nach England. Dort erlebte er eine im absolutistischen Frankreich undenkbare öffentliche Diskussionskultur, begeisterte sich für Isaac Newton und John Locke und kehrte als Aufklärer nach Frankreich zurück. Er verbrachte fünfzehn produktive Jahre in einer Liebes- und Arbeitsbeziehung mit der hochgebildeten Marquise Emilie du Châtelet, meist in sicherer Distanz zu Paris, wo er am königlichen Hof bald Anerkennung, bald Ungnade fand. Nach dem plötzlichen Tod seiner Partnerin folgte er der Einladung des preussischen Königs nach Potsdam. Seinen Lebensabend verbrachte er als engagierter Autor und reformfreudiger Gutsbesitzer auf «Les Délices» bei Genf und in Ferney nahe der Schweizer Grenze.

Kronprinz Friedrich, Gemälde (Öl auf Leinwand 143 × 113 cm) von Antoine Pesne (1683 – 1757), Preussen um 1740. Es handelt sich um das letzte Porträt, zu dem Friedrich gesessen hat. Nach seiner Thronbesteigung weigerte er sich kategorisch, sich porträtieren zu lassen.

Friedrich II. lebte von 1712 bis 1786. Er war 46 Jahre lang König von Preussen und hat in dieser Zeit das Staatsgebiet der Hohenzollern in verlustreichen Kriegen vergrössert und gefestigt, die staatliche Verwaltung modernisiert und Preussen zu einem souveränen europäischen Machtfaktor geformt. Friedrich war als Kriegsheld und asketisch auftretender «erster Diener seines Staates» zugleich beliebt und gehasst, verehrt und gefürchtet.

Bis heute wird Friedrich widersprüchlich beurteilt. Er erscheint einerseits als politisch skrupellos, kriegerisch brutal und unberechenbar, anderseits als begabter, furchtloser Feldherr und ungewöhnlich gebildeter, aufklärerischen Prinzipien verpflichteter Monarch: Er hasste moralische Verlogenheit und religiöse Intoleranz. Er gewährte Hugenotten wie Jesuiten Asyl. Er erwies sich als liberal in sexuellen Fragen, seine eigene sexuelle Disposition – homosexuell oder nicht? – ist ungeklärt. Gleich bei seinem Amtsantritt schaffte Friedrich Folter und Todesstrafe für «gewöhnliche» Verbrechen ab. Berühmt war seine Tafelrunde internationaler Gesprächspartner auf Schloss Sanssouci in Potsdam. Er selber war Autor historischer, politischer und militärischer Schriften und französischer Versdichtungen, aber auch Komponist und hervorragender Flötenspieler. Die deutsche Literatur dagegen verachtete er. – Despot in der Politik, Aufklärer im Denken? Den Charakter des friderizianischen «aufgeklärten Absolutismus» hat Immanuel Kant in seiner Schrift «Was ist Aufklärung?» (1783) auf den Punkt gebracht: «Räsonniert, so viel ihr wollt, und worüber ihr wollt; aber gehorcht!»

Friedrich der Grosse und Voltaire – eine Chronologie

1736 Am 8. August nimmt Friedrich von Preussen – noch Kronprinz – überraschend Briefkontakt mit Voltaire auf: Es entsteht ein reger Briefwechsel. Die Brieffreundschaft wird in Europa rasch bekannt. Voltaire lebt in dieser Zeit bei der Marquise Emilie du Châtelet auf Schloss Cirey in Lothringen.

1740 Am 31. Mai stirbt der Soldatenkönig Friedrich Wilhelm I. Seine Herrschaft wird Friedrich II. übertragen. In der zweiten Jahreshälfte finden zwischen Voltaire und Friedrich im preussischen Rheinland zwei kurze Begegnungen statt. Im Dezember beginnt Friedrich den Ersten Schlesischen Krieg.

1742 Dritte Begegnung in Aachen im September (nach dem Friedensschluss mit Maria Theresia am 11. Juni 1742). Friedrich möchte Voltaire an seinem Hof haben.

1743 30. August bis 12. Oktober: Vierte Begegnung. Voltaire wird in Berlin glanzvoll empfangen und gewinnt die hochgeschätzte Schwester Friedrichs, Wilhelmine von Bayreuth, zur Briefpartnerin und spätere Fürsprecherin beim Bruder. Voltaires Geheimauftrag, für Paris Friedrich auszuspionieren und für ein Bündnis mit Frankreich zu gewinnen, trübt vorübergehend ihr Verhältnis. Emilie du Châtelet verbietet Voltaire weitere Reisen nach Berlin.

1750 Im September 1749 stirbt Emilie im Kindbett. Voltaire – ohne Chancen beim französischen König – entschliesst sich, Friedrichs Einladung nach Potsdam anzunehmen.

Er wird Kammerherr des Königs von Preussen, geehrt, aber der königlichen Autorität unterworfen.

1752 Voltaires Prozess mit einem jüdischen Händler, literarische Fehden und ein gehässiger Streit mit Maupertuis, dem Präsidenten der Berliner Akademie, verstimmen den König zunehmend. Am 24. Dezember(!) lässt Friedrich eine Schmähschrift Voltaires gegen Maupertuis öffentlich verbrennen.

1753 26. März: Voltaire verlässt Berlin. Er wird in Frankfurt/M. wegen einer Bagatelle arrestiert, samt seiner Nichte Denis, die ihm entgegengereist ist.

1756 Im Siebenjährigen Krieg durchlebt Friedrich Siege
– 63 und grausame Katastrophen, die ihn an Selbstmord denken lassen. Voltaire, nachdem der Kontakt mit Friedrich eine Zeitlang spärlich geworden war, spricht dem König wieder zu: «Ein Mensch, der nichts denn König ist, darf sich für sehr unglücklich halten, wenn er seine Staaten verliert; doch ein Philosoph kann auf Staaten verzichten.»[4]

1778 Zu Voltaires Tod verfasst Friedrich eine öffentlich verlesene, respektvolle Würdigung von Person und Werk. Der Briefverkehr der letzten Jahre zwischen dem «Philosophen von Sanssouci» und dem «Patriarchen von Ferney» hatte nochmals engagiert und altersweise zugleich die Themen ihrer Beziehung abgehandelt: Zeitgeschehen und Literatur, Krieg und Humanität, Krankheit und Arbeit.

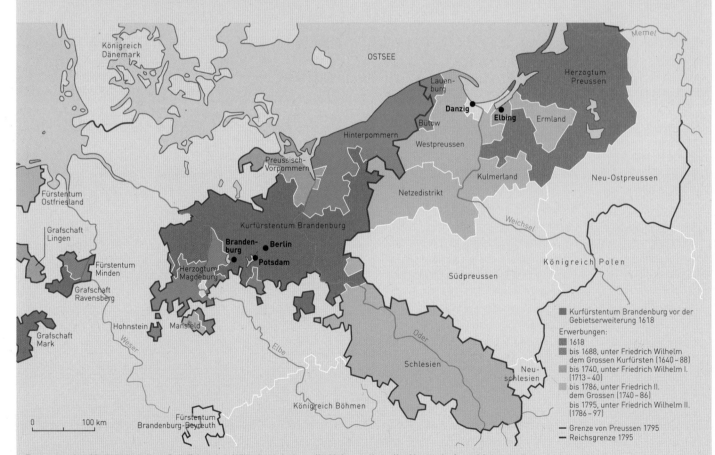

Preussen im 18. Jahrhundert Seit Friedrich Wilhelm I. haben die Hohenzollern ihr Herrschaftsgebiet vergrössert. Die besondere Leistung Friedrichs II. bestand darin, dass er in den schlesischen Kriegen die verstreuten Gebiete Brandenburgs und Preussens zu einem geschlossenen Staatsgebiet zusammengeführt hat.

Erfahrungen und Rollenspiele

Kronprinz Friedrich

Als der 24-jährige Friedrich mit Voltaire Kontakt aufnahm, erlebte er seine schönste Zeit. Er befand sich abseits der Hauptstadt und der väterlichen Gewalt in Rheinsberg: ein geschmackvoll eingerichtetes Schloss mit Wald und See, in dem er Tage voll Freiheit, Kultur und Bildung verbrachte, mit ersten literarischen Versuchen, mit Spielen, Festlichkeiten und Konzerten, angeregten Tischgesprächen und einer erlesenen französischen Bibliothek.

Dabei hatte der Kronprinz eine schreckliche Jugend hinter sich. Sein Vater, der «Soldatenkönig» Friedrich Wilhelm, hatte alles getan, damit sein Sohn kein Weichling würde. Dessen geistig-musische Interessen verabscheute er. Auf die Minute regulierte Tagesabläufe, tägliche Prügel, permanente Überwachung und strenge religiöse Vorschriften gehörten zu seinem erzieherischen Repertoire. Friedrichs Lieblingsinstrument, die Flöte, zerbrach er einmal, als er den Sohn beim Musizieren erwischte. Ein anderes Mal liess er den Thronfolger auf sein Arbeitszimmer kommen, stürzte sich im Jähzorn mit seiner ganzen massigen Körperfülle auf ihn, hieb ihn mit den Fäusten zu Boden und schleifte ihn zum Fenster, um ihn mit der Vorhangkordel zu strangulieren. Rechtzeitig habe ein Diener das Schlimmste verhindern können, berichtet Friedrichs Schwester Wilhelmine.

Mit achtzehn Jahren hielt es Friedrich nicht mehr aus. Er plante eine Flucht, weihte seinen engsten Freund, Leutnant Katte, ein – und wurde erwischt. Die beiden wurden verhaftet und auf Schloss Küstrin arrestiert. Voltaire erzählt die mehrfach dokumentierte Geschichte so: «Der Prinz war seit einigen Wochen in der Festung Küstrin, als eines Tages ein alter Offizier, gefolgt von vier Grenadieren, in sein Zimmer trat und in Tränen ausbrach. Der Prinz dachte nicht anders, als man werde ihm den Kopf abschneiden. Aber noch immer weinend liess der Offizier ihn von den vier Grenadieren ergreifen: sie stellten ihn ans Fenster und hielten ihm den Kopf fest, während man auf einem unmittelbar unter dem Fensterkreuz errichteten Schafott seinem Freund Katte den Kopf abschlug. Er streckte die Hand nach Katte aus und wurde ohnmächtig. Der Vater war bei diesem Schauspiel [...] zugegen.»[5] Wie sich der väterliche Erziehungsstil und insbesondere diese mit Todesängsten verbundene Grenzsituation auf Friedrichs persönliche Entwicklung ausgewirkt hat, ist seither oft diskutiert worden. Man hat auf Friedrichs Fähigkeit zur Verstellung und Selbstkontrolle hingewiesen, auch darauf, dass in seinen Schriften und seiner reichen Korrespondenz der Kern seiner Persönlichkeit letztlich verborgen bleibt. Innere Distanz scheint zugleich ein Merkmal seiner Person wie seiner königlichen Stellung gewesen zu sein. Moderne Psychologen haben von einem prägenden Trauma des künftigen Königs gesprochen.[6] Der junge Friedrich habe hier wie schon früher jenes Syndrom von Strafe und Unterwerfung provoziert, das ihn auch als König immer wieder veranlasst habe, risikofreudig aufs Ganze zu gehen. Genauer: Das Trauma habe einen Wiederholungszwang erzeugt. «Stets geht es darum, in Auslebung einer unbewussten Phantasie, extreme Situationen der Bedrohung und die nachfolgende Rettung wiederzuerleben»[7]. Dieser Zwang habe Friedrich – der zugleich das Idealbild des Philosophen auf dem Thron leben wollte! – als Feldherr immer wieder geleitet, wenn er sich und sein Heer in tollkühne, ja verbrecherische Situationen hineinmanövrierte, welche den Zeitgenossen Abscheu wie Bewunderung abnötigten.

Immer wieder, aber letztlich ergebnislos, ist in diesem Zusammenhang auch Friedrichs sexuelle Veranlagung thematisiert worden. Friedrich pflegte enge Männerfreundschaften, blieb kinderlos und hatte eine offensichtliche Abneigung gegen die Ehe und seine vom Vater verordnete Gattin Elisabeth Christine. Voltaire hat in seinen «Memoiren» offen auf Friedrichs Homosexualität bei gleichzeitiger Impotenz infolge seiner frühen Leiden hingewiesen. Schwer zu sagen, wie weit diese «Enthüllung» von 1759 auch ein Stück boshafte Abrechnung mit dem König war ...

Jedenfalls scheint Friedrich insgesamt mit seinem Trauma königlich umgegangen zu sein: Was heutige Psychologen als seelische Verletzung analysieren, wusste der spätere Herrscher hinter verschiedenen Masken selbstbeherrscht zu verstecken – als todesmutiger, fintenreicher Feldherr, als durchsetzungsfähiger Staatsmann, als stoischer Philosoph und produktiver Feingeist. In seinen Rollenspielen glich er Voltaire, dessen Porträt schon in Rheinsberg die Stirnwand der fürstlichen Bibliothek zierte.

Voltaire im Exil

Auch Voltaire erlebte zu Beginn des königlichen Briefwechsels eine gute, produktive Zeit: Er befand sich im Halbexil auf Schloss Cirey im damals noch unabhängigen Lothringen. Die obrigkeitliche Kritik an den «Lettres philosophiques», in denen er England als «freistes Land der Welt» einem geistig engen Frankreich gegenüberstellte, hatte ihn wieder einmal zur Flucht gezwungen. Schloss Cirey gehörte seiner neuen Geliebten, der Marquise du Châtelet, und ihrem Ehemann, der sich meistens in Kriegsdiensten aufhielt. Mit Emilie du Châtelet verband Voltaire bis zu ihrem Tod eine fünfzehnjährige innige, angeregte, oft auch belastete Beziehung. Die Marquise war eine aussergewöhnliche Frau, weltgewandt und modebewusst, ausnehmend gescheit und bildungshungrig. Sie nahm täglich Mathematikstunden bei Pierre-Louis Moreau de Maupertuis, dem Physiker und Astronomen, der später von Friedrich dem Grossen nach Berlin geholt wurde. Sie verfasste philosophische und naturwissenschaftliche Abhandlungen. Emilies Ehemann schien ihre Affären stillschweigend geduldet zu haben, so auch die mit Voltaire, der seinerseits Emilies Eskapaden erdulden muss-

Die Marquise du Châtelet mit Francesco Algarotti im Park von Schloss Cirey, Zeichnung von Unbekannt, Italien um 1737. Die Zeichnung schmückte als Titelbild Algarottis populärwissenschaftliches Werk über Newton für Damen (Algarotti, Francesco: Il Newtonismo per le dame, ovvero Dialoghi sopra la luce e i colori, Neapel 1737). Der philosophische Publizist Algarotti wurde auf Voltaires Empfehlung nach Rheinsberg und Potsdam an die Tafelrunde Friedrichs berufen.

te, am Ende auch die, dass sie von einem jüngeren Liebhaber schwanger wurde und im Kindbett verstarb.

In der Abgeschiedenheit von Schloss Cirey arbeitete das Liebespaar an poetischen und wissenschaftlichen Projekten. Beide widmeten sich Newtons Werken. Emilie übersetzte die «Prinzipien» (Philosophiae naturalis principia mathematica, 1687) erstmals ins Französische und verfasste einen Kommentar zu Newtons Grundlagenwerk. Sie auch war es, die Voltaire zu einer populären Darstellung von Newtons Lehre anregte.

Auf Cirey lebte Voltaire sein Ideal: Freiheit im Denken und Handeln in einer Art offenen Ehe, die auf Gleichheit und gegenseitiger Anregung beruhte. Mit seiner Beziehung zur Marquise hatte er nicht zum ersten Mal die Standesschranken überschritten. Voltaire fühlte sich sein Leben lang zur aristokratischen Welt hingezogen. Da spielte gewiss Eitelkeit eine Rolle, aber auch der bürgerliche Anspruch auf Anerkennung, materielle Unabhängigkeit und Würde aus eigenem Verdienst. Sein abenteuerliches Leben zwischen Ruhm und Verfolgung, Arroganz und Schmeichelei zeigt einen Bürger, der den Fesseln und Demütigungen des Dritten Standes entkommen und in seinen Lebens- und Literaturrollen Unabhängigkeit, Universalität und Vielseitigkeit als Grundsatz demonstrieren wollte. «Wir sind mit einem Herzen geboren, das man füllen muss.» schrieb er einmal.[8] In

dieser neugierigen Offenheit entstand jene geistige Toleranz und Universalität, die Friedrich an Voltaire und seinem Werk nachhaltig faszinierte.

Voltaires Demütigung (1726)

In der Garderobe einer verehrten Schauspielerin geschah es: Chevalier de Rohan, ein arroganter Rohling, beleidigte Voltaire wegen seines zugelegten Namens «de Voltaire». Voltaire konterte mit beissendem Spott. Die Rache folgte wenige Tage später. Rohan legte Voltaire einen Hinterhalt: Eben als der Schriftsteller die Villa seines Freundes Duc de Sully betreten wollte, wurde er von der Strasse her angesprochen, zu einer Kutsche gelockt und hinterrücks von sechs Dienern Rohans zusammengeprügelt. Als er aber in Sullys Haus Hilfe und Zuspruch suchte, stiess der zerschundene Dichter in der Tischrunde auf steinerne Mienen. Kein Adliger wollte für den Bürger Partei ergreifen, wenn auf der anderen Seite ein de Rohan stand! Nicht genug: Voltaires schlimmste Demütigung endete per Haftbefehl erneut in der Bastille. Innert zwei Wochen allerdings erwirkte er seine Freilassung. Er wurde polizeilich nach Calais geleitet und schiffte dort unverzüglich nach England ein.

Voltaire empfängt von Madame du Châtelet Newtons Lehren, Kupferstich von Unbekannt, Holland um 1738. Das Bild auf dem Titelblatt von Voltaires einzigem naturwissenschaftlichen Werk (Voltaire: Eléments de la philosophie de Neuton, mis à la portée de tout le monde. Amsterdam 1738) zeigt eine Art Heilsgeschehen. Newton thront wie Gottvater als Weltenschöpfer auf den Wolken. Sein Licht fällt auf einen Spiegel, den eine mariaähnliche, schwebende Frauenfigur mit den Gesichtszügen von Emilie du Châtelet nach unten auf den lorbeerbekränzten Voltaire richtet. Dieser notiert wie ein Evangelist Newtons Botschaft. Um ihn sind die Requisiten des neuen Zeitalters menschlicher Naturbeherrschung versammelt: Messgeräte, Bücher und Globus. Naturwissenschaftliche Aufklärung tritt an die Stelle christlicher Offenbarung!

Die Bartholomäusnacht (24. August 1572), Kupferstich von Pierre-Louis Surugue (1716–1772) nach einem Gemälde von Jean-François de Troy (1679–1752), Frankreich um 1728. Die Illustration zeigt die Pariser «Bluthochzeit» vom 24. August 1572, als Katholiken alle Hugenotten, die anlässlich der Heirat von Heinrich IV. mit der Königsschwester Margarete nach Paris gekommen waren, niedermetzelten. Der Stich erschien in der Erstausgabe von Voltaires «La Henriade» (London 1728). Das Werk begründete Voltaires Ruhm als Aufklärer und Kämpfer gegen religiöse Intoleranz. Es wurde von Friedrich II. sehr bewundert.

Über Gott und Religionskonflikte

Der Kontakt zwischen Fürst und Schriftsteller wurde unter Europas Eliten rasch bekannt. Die Herrschenden hatten ihre Spione überall, Postgeheimnis gab es keines. Friedrich schickte seine Briefe per «Sonderemissär» nach Cirey. Voltaire: «Seien Sie sich gewiss, dass die Neugier, die Sie als Prinz und denkendes Wesen in Europa wecken, immerfort ein Auge auf Sie hat. Man überwacht unsere Schritte und unsere Worte, man horcht auf alles, weiss alles.»[9] Von Anfang an inszenierten die beiden ihren Briefwechsel deshalb als Dialog über die Fragen, die ihre Epoche beschäftigten.

Beide trafen sich vor allem in einem Punkt: Sie verurteilten aus religiösen Gründen geführte Kriege, wie sie Europa seit der Reformation ständig heimgesucht hatten, am schrecklichsten zuletzt im Dreissigjährigen Krieg. Das französische Königtum hatte in der Bartholomäusnacht (1572) eines der schlimmsten konfessionellen Massaker in Europa zu verantworten und mit der Aufhebung des Edikts von Nantes (1685) die protestantischen Hugenotten abermals der Verfolgung preisgegeben. Voltaire schildert Friedrich, dass er selber wegen seines Werkes über den Reformkönig Heinrich IV., der 1598 die Toleranz zwischen den Konfessionen verordnet hatte, Verfolgung erleide. «Halten Sie es für möglich, dass man mir mehr als einmal vorgeworfen hat, ich hätte darin die Bartholomäusnacht in zu grässlichen Farben gemalt? Dass man mich gottlos schimpft, weil ich erkläre, dass die Menschen nicht auf die Welt gekommen sind, um sich gegenseitig zu vernichten?»[10] – Der Philosoph hofft auf den künftigen König: «Es wird eines Ihrer grössten Geschenke an die Menschheit sein, wenn Sie Aberglauben und Fanatismus unter Ihren Sohlen zertreten, nicht zulassen, dass ein Mensch in Robe [Priestergewand] andere Menschen verfolgt, die nicht so denken wie er.»

Friedrich: «In Deutschland fehlt es nicht an abergläubischen Leuten, auch nicht an von Vorurteilen beherrschten und bösartigen Fanatikern, die um so unverbesserlicher sind, als ihnen ihre tumbe Unwissenheit den Gebrauch der Vernunft verbietet. Es steht fest, dass man im Dunstkreis solcher Untertanen vorsichtig sein muss. Selbst der ehrenhafteste Mensch der Welt ist verschrien, wenn er als Mann ohne Religion gilt. Religion ist der Fetisch der Völker. Wer auch immer mit ungeheiligter Hand an sie rührt, er zieht Hass und Abscheu auf sich.»[11]

Wenn aber keine Konfession Anspruch auf einen alleinigen Besitz der Wahrheit erheben kann, wie ist dann Gott zu denken? Zu voller Höhe hinauf schwingt sich der philosophische Diskurs zwischen Cirey und Berlin im Streit um das Gottesbild. Für Friedrich ist alles auf der Welt von Gottes Willen vorherbestimmt, die Welt unterliegt einer eisernen, göttlich vorbestimmten Notwendigkeit. Fatalismus, also der Glaube an ein vorbestimmtes Schicksal, prägt den preussischen Calvinisten. – Kann man darin den künftigen Monarchen erkennen, der seine Herrschaft und seine Erfolge als Vollzug eines höheren Willens rechtfertigt? Jedenfalls hat ihn an der Aufklärung immer das mechanistische Weltbild fasziniert, wonach die Welt als göttliches Uhrwerk aufzufassen ist, das seinen vorbestimmten Gang nimmt. Voltaire aber tritt dem mit seinem Gott der Freiheit entgegen. Er tut das im vollen Bewusstsein seiner Kühnheit: «Es mag ein wenig impertinent erscheinen, dass ich, ein Atom zu Cirey, einem fast gekrönten Haupt sage, die Menschen seien gleich, und dass ich gereimte Verunglimpfungen der Anhänger des Fatalismus einem Philosophen schicke [Voltaire hat viele seiner brieflichen Ausführungen in Versform geschrieben], der das System von der absoluten Notwendigkeit so tüchtig unterstützt. Doch beweisen diese beiden Kühnheiten meinerseits, wie gütig Ew. Kgl. Hoheit sind. Sie üben auf Gewissen keinen Druck aus. [...]»[12]

Friedrich an Voltaire am 25. Dezember 1737:

«[...] Ich habe Ihr metaphysisches Kapitel Sur La Liberté bekommen und bin bestürzt, Ihnen sagen zu müssen, dass ich Ihre Auffassung nicht vollkommen teile. Mein System gründe ich darauf, dass man nicht freiwillig auf die Kenntnisse verzichten sollte, die man durch Nachsinnen erlangen kann. Dies vorausgeschickt, unternehme ich jede Anstrengung, um über Gott alles zu erfahren, was ich erfahren kann, wobei mir der Weg über Analogien sehr von Nutzen ist. Vorab erkenne ich, dass ein Schöpfer weise und mächtig sein muss. Da weise, hat er mit seiner zeitlosen Intelligenz den Plan der Welt entworfen; und weil allmächtig, hat er ihn ins Werk gesetzt. Daraus folgt notwendig, dass der Schöpfer dieses Universums sich beim Erschaffen ein Ziel gesetzt haben muss. Wenn er ein Ziel verfolgt hat, müssen alle Geschehnisse darauf zielen. Wenn alle Geschehnisse darauf zielen, müssen die Menschen gemäss der Absicht des Schöpfers handeln, und folglich entschliessen sie sich zu all ihrem Tun nur entsprechend den unwandelbaren Gesetzen ihres Schicksals, dem sie ahnungslos Folge leisten; sonst wäre Gott müssiger Betrachter der Natur. Die Welt regierte sich nach Menschenlaune, und der, dessen Macht das Universum erschaffen hat, wäre überflüssig, seit schwache Sterbliche es bevölkern. Da man sich entschliessen muss, ob man für ein passives höchstes Wesen oder für den tätigen Schöpfer und dessen Kreatur stimmen will, gestehe ich, dass ich mich vorderhand zugunsten Gottes entscheide. Es ist natürlicher, dass Gott alles vollbringt und der Mensch Werkzeug seines Willens ist, als sich einen Gott zu denken, der eine Welt schafft und sie mit Menschen bevölkert, um sodann mit verschränkten Armen dazustehen und seinen Willen und seine Macht den Kaprizen des Menschengeistes zu unterwerfen. Das kommt mir so vor, wie wenn ein Amerikaner oder irgendein anderer Wilder zum ersten Mal eine Uhr sieht; er wird glauben, dass der Stundenzeiger sich von selbst dreht, und nicht vermuten, dass es versteckte Federn gibt, die ihn bewegen, und noch weniger wird er vermuten, dass der Uhrmacher die Uhr so gemacht hat, dass sie exakt die Bewegungen tut, die sie tun muss. Dieser Uhrmacher ist Gott. [...] Wie kann der Mensch sich entschliessen, etwas zu wählen oder zu tun, wenn die Ereignisse ihm nicht die Gelegenheit dazu geben? Der Zufall kann es nicht sein, da Zufall ein sinnleeres Wort ist. Es kann also nur Gott sein. Wenn Gott die Ereignisse nach seinem Willen lenkt, lenkt und regiert er notwendigerweise auch die Menschen; dieser Grundsatz ist Basis wie Fundament der göttlichen Vorsehung, und er lässt mich die erhabenste und herrlichste Vorstellung fassen, die eine so beschränkte Kreatur, wie der Mensch es ist, sich von einem derart unermesslichen Wesen wie dem Schöpfer nur bilden kann.»

Zitiert nach Pleschinski, Hans (Hg.): Briefwechsel / Voltaire, Friedrich der Grosse. München 2004, S. 94 (25. Dezember 1737).

Voltaire an Friedrich am 23. Januar 1738:

[...]

5. «[...] Nun, die Idee von der Freiheit des Menschen hat nichts Widersprüchliches in sich; bleibt nur noch zu prüfen, ob das unendliche Schöpferwesen frei ist und ob es, eben als freies Wesen, einen kleinen Teil seiner Eigenschaft dem Menschen verleihen kann, so wie es ihm eine kleine Portion Intelligenz gegeben hat.

6. Wenn Gott nicht frei ist, ist er kein Handelnder; also ist er nicht Gott. Ist er aber frei und allmächtig, so folgt daraus, dass er dem Menschen Freiheit verleihen kann. Bleibt nur noch zu untersuchen, welchen Grund man hätte zu glauben, dass er uns dieses Geschenk nicht gemacht habe.

7. Es wird behauptet, Gott habe uns keine Freiheit gegeben, weil wir, wenn wir handelten, von ihm unabhängig wären; und was täte Gott dann, wird gefragt, wenn wir eigenständig handelten? Ich gebe darauf eine doppelte Antwort: 1. Gott tut das, was er immer tut, auch wenn die Menschen handeln, das, was er tat, bevor sie waren, und das, was er tun wird, wenn sie nicht mehr sind. 2. Seine Macht bleibt dennoch notwendig, um seine Werke zu erhalten, und dass er uns ein wenig Freiheit geschenkt hat, schadet in nichts seiner Allmacht, denn sie ist eine Auswirkung seiner unendlichen Macht. [...]

10. Es wird eingewandt, dass es im Falle unserer Freiheit Gott nicht gäbe; ich glaube im Gegenteil, dass wir frei sind, weil es einen Gott gibt. Denn wenn alles mit Notwendigkeit geschähe, wenn diese Welt aus absoluter Notwendigkeit durch sich selbst bestünde (was ein Gewimmel von Widersprüchen beinhaltet), wäre es offenkundig, dass in solchem Falle alles durch notwendig miteinander verknüpfte Abläufe geschähe; dann gäbe es also keinerlei Freiheit, also ohne Gott keine Freiheit. Ich bin sehr erstaunt, dass der illustre Monsieur Leibniz gewisse Gedankengänge zu dieser Materie nicht vollzogen hat. [...]

So geruhen Sie doch, im Namen der Menschlichkeit, zu meinen, dass wir ein bisschen frei sind; denn wenn Sie glauben, dass wir reine Maschinen sind, was wird dann aus der Freundschaft, die eines Ihrer Entzücken ist? was werden die grossen Taten, die Sie vollbringen werden, wert sein? welchen Dank würde man Ew. Kgl. Hoheit für die Sorge schulden, die Menschen glücklicher und besser zu machen? Was sollten Sie schliesslich von Zuneigung zu Ihnen halten, von Diensten, die man Ihnen erweist, vom Blute, das für Sie fliessen wird? Was denn! der grossherzigste, der zärtlichste, der umsichtigste der Menschen würde alles, was man ihm zu Gefallen täte, so betrachten, wie man ein Mühlrad sieht, das sich mit der Wasserströmung dreht und vor lauter Arbeit zerbricht! Nein, Monseigneur, zu edel ist Ihre Seele, um sich so Ihres schönsten Lohns zu berauben.»

Zitiert nach Pleschinski, Hans (Hg.): Briefwechsel / Voltaire, Friedrich der Grosse. München 2004, S. 102 ff. (23. Januar 1738).

Pro und contra Krieg

Der «erste Diener des Staates» beginnt Krieg

Dann wird Friedrich König. Wie wird er nun Politik machen? Am 27. Juni 1740 schreibt er Voltaire: «Seit dem Tod meines Vaters bin ich der Ansicht, dass ich vollständig meinem Vaterland gehöre.» Oder in Versen: «Ab jetzt ist das Volk, das ich liebe, / der einzige Gott, dem ich diene. / Adieu meine Verse und meine Konzerte, / Alle Freuden, sogar Voltaire; / Meine Pflicht ist mein oberster Gott.»[13] Friedrich II. ist ein anderer geworden: Die vom Vater ererbte Pflicht bestimmt nun sein Handeln und ordnet alles der Staatsräson unter.

Als Erstes wird die Armee verstärkt, Recht und Verwaltung werden reformiert. Friedrich schafft die Folter ab und auch die Todesstrafe – ausser bei Majestätsbeleidigung, Landesverrat und Massenmord. Kornvorräte für anderthalb Jahre sollen bereitgestellt werden. Dann gründet er die Berliner Akademie der Wissenschaften und es gelingt ihm, aus ganz Europa berühmte Wissenschaftler herzuholen, etwa den Philosophen und Universalgelehrten Christian Wolff oder die Mathematiker de Maupertuis und Leonhard Euler.

Für einen Besuch Voltaires scheint nun der Weg frei, aber Emilie hält ihren Geliebten zurück. Sie fürchtet um ihn und ihre Beziehung, wenn er sich auf Preussens Locktöne einlässt und es darob mit dem französischen Hof definitiv verdirbt. Es kommt deshalb bis 1749 lediglich zu vier kurzen Treffen zwischen König und Philosoph. In den Briefen aber entspinnt sich eine Kontroverse, die beide ihr Leben lang beschäftigen wird: Die Kontroverse um das königliche Recht auf Krieg.

Am 26. Oktober 1740 geht von Schloss Rheinsberg folgende Post ab: «Mein werter Voltaire, das unvorhergesehendste Ereignis der Welt hindert mich dieses Mal, meine Seele wie gewöhnlich der Ihrigen zu öffnen und so zu plaudern, wie ich es möchte. Der Kaiser ist tot. [...] Dieser Tod durchkreuzt alle meine Friedensgedanken, und ich glaube, ab Juni wird es eher um Schiesspulver, Soldaten und Schützengräben als um Actricen, Ballett und Theater gehen. [...] Adieu, teurer Freund; vergessen Sie mich nie [...].»[14]

Im Klartext: Friedrich bereitete einen Präventivkrieg vor. Er wollte den kaiserlosen Zustand des Deutschen Reichs nutzen, um der jungen Thronanwärterin in Wien, der Habsburgerin Maria Theresia, das benachbarte Schlesien abzujagen, bevor ihm andere zuvorkämen. Friedrich pokerte und gewann.

Am 16. Dezember 1740 überschritt Friedrich die Grenze zu Schlesien. Eine Woche später schrieb er Voltaire aus dem Feldlager:

Das bettelnde Soldatenweib, Radierung (7,1 × 7,4 cm) von Daniel Chodowiecki (1712 – 1801), Preussen 1764. Chodowiecki war ein königstreuer, sehr populärer Berliner Künstler, der aus einer frommen französischen Hugenottenfamilie stammte. Das bettelnde Soldatenweib kommt in der Form harmlos daher, birgt aber als eine der wenigen Unterschichtdarstellungen Chodowieckis einige Brisanz: Friedrichs Kriege verursachten eine wachsende Zahl von Invaliden, von Soldatenwitwen und -waisen. Erste sozialstaatliche Institutionen wie Militärwaisenhäuser und Unterstützungsfonds konnten das soziale Elend im Soldatenmilieu bei Weitem nicht bewältigen. In der Öffentlichkeit hatten Soldatenfamilien und -partnerschaften überdies einen schlechten Ruf. Viele Soldatenfrauen wurden nicht nur zu Bettelei und Prostitution getrieben, sondern auch in kriminelle Handlungen wie Kindsmord oder Beihilfe zur Desertion.

Friedrich der Grosse zur Besichtigung des ersten Bataillons reitend, Gouache (35 × 50 cm) von Daniel Chodowiecki, Preussen 1772. Das Gemälde war ein Auftragswerk für den Zürcher Politiker und Friedrich-Bewunderer Salomon Landolt. Es galt bei den Zeitgenossen als sehr realitätsgetreu und wurde Vorbild für zahlreiche Friedrich-Darstellungen, die nicht den idealisierten Herrscher, sondern den alters- und pflichtgebeugten Staatsdiener zeigten. Chodowiecki hat sein Bild als Radierung tausendfach kopiert und vermarktet. Das trug dazu bei, den Mythos vom «Alten Fritz», dem knorrig-schrulligen König, zu begründen.

«Wir marschieren von sieben bis vier Uhr nachmittags. Dann dinniere ich; danach arbeite ich, ich empfange lästige Besuche; danach gibt es allerlei fade Geschäfte zu erledigen. [...] Das sind meine Beschäftigungen, die ich gerne an jemanden abträte, wenn nur nicht dieses Phantom, genannt Ruhm, nicht so oft vor mir erschiene. In Wahrheit ist dies alles eine grosse Narretei, aber eine Narretei, von der man sehr schwer wieder loskommt, wenn man sich einmal in sie vernarrt hat.»[15]

Voltaires Reaktion: «Ihrer Glorie, grosser König, bin ich mir sicher, Ihres Lebens weniger: Ach, durch welche Gefahren und zu welchen Taten Sie es führen, dieses so schöne Leben. Koalitionen zuvorkommen oder sie zu entzweien, Alliierte zu finden oder bei der Stange zu halten, Belagerungen, Gemetzel, all diese Unternehmungen, grosse Taten und kleine Dinge, die einem Helden zu tun obliegen. Alles vermögen Sie, nur nicht, das Glück zu zwingen.»[16]

Dann wieder Friedrich im Mai 1741: «Ich werde Sie jetzt nicht mit Détails behelligen, denn da ist nichts Verfeinertes an der Methode, mit der wir uns abschlachten, das geschieht stets zu meinem grossen Kummer; und wenn ich die gehorsame Wut meiner Truppen dirigiere, so immer nur auf Kos-

ten meiner Humanität, die unter dem notwendig Schlechten, von dem ich mich nicht zu befreien weiss, leidet.»[17]

Und Voltaire: «Ew. Majestät haben in wenig Zeit sehr viel vollbracht. [...] Ich fürchte nur eines, dass Sie die Menschen ein wenig zu sehr verachten könnten. Millionen von Tieren ohne Gefieder, die auf zwei Beinen gehen und die Erde bevölkern, leben wegen ihrer Seelen und ihrem Stande sehr fern von Ihnen. Von Milton gibt es einen schönen Vers: *Amongst unequals no society.* [...]»[18]

Am Tag zuvor war Voltaire deutlich geworden: «Werden Sie denn niemals aufhören, Sie und Ihre Amtsbrüder, die Könige, diese Erde zu verwüsten, die Sie, sagen Sie, so gerne glücklich machen wollen?»[19]

Friedrich verkörperte als König die Staatsmacht und brauchte den Gehorsam der Untertanen. Er verstand sich nicht als individuelle Persönlichkeit oder als Privatmann wie Voltaire, sondern sah sich der Geschichte seines Landes und seiner Dynastie gegenüber in der Pflicht. Seine Aufgabe war der Kampf für Preussens Ruhm und Ehre, war die Fortsetzung des Werks seiner Vorfahren. «Nunmehr sehe ich meine Ahnung bestätigt, dass ein König tausendfach unglücklicher ist als ein Privatmann. Ich bin der Sklave der

Schlossanlage von Sanssouci in Potsdam, Fotografie von Guenter Rossenbach. Auf dem «Wüsten Berg» westlich von Potsdam, zunächst ein terrassierter Weinberg, liess Friedrich II. in den Friedensjahren nach den Schlesischen Kriegen seine Sommerresidenz bauen (1745–1747). Sanssouci war Friedrichs privates Freizeitschloss. Sein Rokokostil ist zeittypisch und repräsentiert das leichte, verspielte Schönheitsideal der höfischen Gesellschaft.

Launen so vieler anderer Mächte, und was meine Person angeht, kann ich nie, wie ich will.»[20]

Voltaire dagegen ist zwar in seinem Denken und Handeln frei, hat aber Friedrich gegenüber Höflichkeit zu bewahren. Respekt zügelt seine Bestürzung darüber, was aus seinem königlichen Hoffnungsträger geworden ist. Raffiniert verbindet er Kompliment mit Kritik. Die Kritik bezieht sich auf alle, die Hoffnung allein auf Friedrich. Nach dem Frieden von Breslau (11. Juni 1742) verleiht Voltaire dem König erstmals den Titel «der Grosse»: «[...] ich glaube, dass Sie alle Mächte zwingen werden, Frieden zu schliessen, und dass der Held des Jahrhunderts der Friedensbringer Deutschlands und Europas sein wird.»[21] Aber Friedrichs Kriege hörten nicht auf. Auch die Debatte zwischen Philosoph und König ging weiter. Sie führte zu Höhepunkten im Siebenjährigen Krieg (1756–63), als Friedrich sich mit Selbstmordgedanken trug und Voltaire mit seinem Roman «Candide» (1759) jene satirisch-rücksichtslose Abrechnung mit dem Weltenlauf vortrug, die Pessimismus mit der Freiheit des Geistes und der eigenen Arbeit verband. Friedrich soll das Werk siebenmal gelesen haben.

Ulrich Bräker im preussischen Armeedienst

Ulrich Bräker (1735–1798), der «arme Mann im Toggenburg», wurde durch seine Autobiografie berühmt. Er beschreibt darin auch seine Zeit als unfreiwilliger Soldat in der preussischen Armee. 1756 ist er während der Schlacht bei Lobositz desertiert. Seine Erlebnisse dokumentieren die erbarmungslose Disziplin, die Friedrich II. wie schon sein Vater den Soldaten verordnete: «Bald alle Wochen hörten wir nämlich neue ängstigende Geschichten von eingebrachten Deserteurs, die, wenn sie noch so viele List gebraucht, sich in Schiffer und andre Handwerksleuthe, oder gar in Weibsbilder verkleidet, in Tonen und Fässer versteckt, u.d.gl. dennoch ertappt wurden. Da mussten wir zusehen, wie man sie durch 200 Mann, achtmal die lange Gasse auf und ab Spissruthen laufen liess, bis sie athemlos hinsanken – und des folgenden Tags aufs neue dran mussten; die Kleider ihnen vom zerhackten Rücken heruntergerissen, und wieder frisch drauf losgehauen wurde, bis Fetzen geronnenen Bluts ihnen über die Hosen hinabhingen. Dann sahen Schärer und ich einander zitternd und todtblass an, und flüsterten einander in die Ohren: «Die verdammten Barbaren»! Was hiernächst auch auf dem Exerzierplatz vorgieng, gab uns zu ähnlichen Betrachtungen Anlass. Auch da war des Fluchens und Karbatschens von prügelsüchtigen Jünkerlins, und hinwieder des Lamentierens der Geprügelten kein Ende. Wir selber zwar waren immer von den ersten auf der Stelle, und tummelten uns wacker. Aber es that uns nicht minder in der Seele weh, andre um jeder Kleinigkeit willen so unbarmherzig behandelt, und uns selber so, Jahr ein Jahr aus, coujoniert [schikaniert] zu sehn; oft ganzer fünf Stunden lang in unsrer Montur eingeschnürt wie geschraubt stehn, in die Kreutz und Querre pfahlgerad marschieren, und ununterbrochen blitzschnelle Handgriffe machen zu müssen; und das alles auf Geheiss eines Offiziers, der mit einem furiosen Gesicht und aufgehobnem Stock vor uns stuhnd, und alle Augenblick wie unter Kabisköpfe drein zu hauen drohete. Bey einem solchen Traktament musste auch der starknervigste Kerl halb lahm, und der geduldigste rasend werden. Und kamen wir dann todmüde ins Quartier, so giengs schon wieder über Hals und Kopf, unsre Wäsche zurecht zu machen, und jedes Fleckgen auszumustern; denn bis auf den blauen Rock war unsre ganze Uniform weiss. Gewehr, Patrontasche, Kuppel, jeder Knopf an der Montur, alles musste spiegelblank geputzt seyn. Zeigte sich an einem dieser Stücke die geringste Unthat, oder stand ein Haar in der Frisur nicht recht, so war, wenn er auf den Platz kam, die erste Begrüssung eine derbe Tracht Prügel.»

Auszug aus Kapitel XLVIII (= 48) «Nebst anderm meine Beschreibung von Berlin» in: Bräker, Ulrich: Lebensgeschichte und Natürliche Ebentheuer des armen Mannes im Toggenburg. Zürich 1789. Der hier zitierte Abschnitt kann in verschiedenen Neudrucken oder kommentierten Ausgaben gefunden werden, beispielsweise in: Bräker, Ulrich: Lebensgeschichte und vermischte Schriften. Bearb. von Holliger-Wiesmann, Claudia u.a. München 2000. S. 446–450.

Berlin – Stadt des Königs und der Bürger. «Unter den Linden» mit Zeughaus, Palais des Prinzen Heinrich und Opernhaus, kolorierte Radierung (29 × 21 cm) von Johann Georg Rosenberg (1739 – 1808), Berlin 1780. Unter Friedrich II. ist Berlin zu einer europäischen Metropole geworden. Im Gegensatz zu Rom, Paris oder London zwar ohne Altertümer, aber in seiner Mitte mit einer langen und breiten «Avenue», die heute wieder das Stadtbild prägt und sich für königliche Paraden ebenso eignete wie für bürgerliches Flanieren. Friedrich II. liess bald nach seinem Amtsantritt die Oper «Unter den Linden» bauen (links vorragender Bau in der Mitte). Es sollte weit über Preussen hinaus deutlich machen, dass unter Friedrich nach dem rein militaristischen Regiment seines Vaters ein neues, kulturelles, «apollinisches» Zeitalter beginnen würde, an welchem auch das nichthöfische Publikum der Hauptstadt teilhaben sollte.

Friedrichs Hof und Herrschaft

In den drei Jahren, die Voltaire in Potsdam verbrachte, war Berlin ein Zentrum der europäischen Aufklärung, aber auch Sitz eines absolutistischen Regenten. Der Begriff «aufgeklärter Absolutismus» ist in sich widersprüchlich und bedeutet so viel wie die Entwicklung eines modernen Staats unter einer vormodernen Regierungsform. Demokratie und Gewaltenteilung waren weder bei Friedrich noch bei Voltaire ein Thema. Beide vertrauten bei aller Kritik an fürstlicher Willkür letztlich der Klugheit und traditionellen Verpflichtung eines verantwortlichen Herrschers mehr als einer «Volksherrschaft». Friedrichs Verhältnis zur Aufklärung war auch in anderer Hinsicht gespalten: Er orientierte sich fast ausschliesslich an der französischen Aufklärung. Exponenten der deutschen Aufklärer, die in Berlin mit einem Lessing und Moses Mendelssohn auch vertreten waren, ignorierte er schlicht, ja er verachtete sie. An seinem Hof duldete er nur die französische Sprache, seine Werke verfasste er – mit Ausnahme einiger militärischer Weisungen – auf Französisch. Esprit und Stil waren es, die er an Voltaires Sprache bewunderte. Die deutsche Sprache beherrschte er selber schlecht. Auch für Friedrich war das Frankreich Ludwigs XIV., vorab der Hof zu Versailles, letztlich das bewunderte kulturelle Vorbild.

Friedrichs Potsdam war allerdings kein Mini-Versailles, kein prachtvoll inszeniertes Herrschaftszentrum. Es war vielmehr ein grosses Militärlager, eine Garnison, deren Bewohnern das Verlassen des städtischen Rayons verboten war. Im berühmten Holländischen Viertel wohnten nicht Gewerbetreibende, sondern Soldaten und Offiziere, die dort ohne Familien lebten. 1750, als Voltaire eintraf, wurden an der Berliner Strasse eben sechs massive Kasernen errichtet.

Auch Schloss Sanssouci, 1746 zunächst als Friedrichs Sommerresidenz vollendet, präsentierte sich einerseits als spartanische Welt. «Weder Frauen noch Priester betraten je das Schloss», hielt Voltaire später fest.[22] Anderseits war es aber eine grandiose Repräsentation königlicher Pracht und kulturellen Geschmacks. Dabei diente seine Ausstattung aber kaum der Glorifizierung königlicher Herrschaft. «Sanssouci» bekundet eher Friedrichs Willen, hier «ohne Sorge» seine persönlichen Interessen pflegen zu können. Dazu gehörte die berühmte königliche Tafelrunde. Sie war eine reine Männerwelt, die personell praktisch identisch war mit der Berliner Akademie der Wissenschaften. Maupertuis, La Mettrie und Algarotti gehörten dazu, alles naturwissenschaftlich orientierte Aufklärer, die in Newton und in einer radikal materialistisch interpretierten Welt die zeitgemässe Gegenphilosophie zu religiösen Welterklärungen fanden. Darin entsprachen sie Friedrichs eigener Weltsicht, wie er sie Voltaire schon in seinen frühen Briefen dargelegt hatte. Voltaire meinte: Ein Besucher von aussen «hätte geglaubt, die sieben Weisen Griechenlands unterhielten sich im Bordell. Nirgends auf der Welt wurde je mit so viel Freiheit über den Aberglauben der Menschen gesprochen, und nie mit so viel Spott und Verachtung. Gott war ausgenommen; aber von denen, die in seinem Namen die Menschen getäuscht hatten, blieb keiner verschont.»[23]

Voltaire in Potsdam

Nach dem Tod seiner Lebenspartnerin konnte sich Voltaire für Berlin entscheiden. Krank, deprimiert und ohne flüssige Geldmittel – er hatte eben in Paris mit seiner Nichte einen neuen Hausstand gegründet –, meldete er sich bei Friedrich im Dezember 1749 für den kommenden Sommer an. Friedrich überwies ihm 16 000 Livres und erwirkte bei Ludwig XV. die Ausreiseerlaubnis. Voltaire wusste, dass die Anbindung an den preussischen Königshof den endgültigen Abschied von allen Hoffnungen und Ambitionen in Frankreich bedeutete. Mit Amt und Ehren am französischen Hof war es nun endgültig vorbei. Freiheit und Frankreich waren für Voltaire nicht mehr kompatibel. Aber auch seine Hoffnungen auf Potsdam erfuhren alsbald erste Enttäuschungen. Grosszügig erhielt er zwar aus der preussischen Jahreskasse ein Jahresgehalt von 5000 Talern, dazu freie Tafel und Wohnung, eine Equipage und den Titel eines Kammerherrn.

Voltaire im goldenen Käfig

Schon einen Monat nach seiner Ankunft aber fühlte sich Voltaire nicht mehr wohl. Friedrich erfuhr davon – durch seine Spitzel: «Ich habe den Brief zu Gesicht bekommen, den ihre Nichte Ihnen aus Paris geschrieben hat. [...] Was! Weil Sie sich in mein Haus zurückziehen, bedeutete das, dass dieses Haus für Sie zum Gefängnis würde! Was! Weil ich ihr Freund bin, wäre ich ihr Tyrann! Ich gestehe Ihnen, dass ich derlei Logik nicht verstehe; ich bin fest davon überzeugt, dass Sie hier sehr glücklich sein werden, solange ich am Leben bin [...].»[24]

Voltaire hatte nun zwar für zwei Jahre die Freiheit ungehinderter Arbeit – er vollendete und publizierte jetzt beispielsweise seine grosse Geschichte «Le siècle de Louis XIV» –, er fühlte sich aber auch isoliert und von Friedrich instrumentalisiert, indem er ihm täglich Werke in Vers und Prosa zu korrigieren hatte. Hinzu kamen immer wieder Krankheitsattacken: Darmkoliken, Schwindel, die Zähne fielen ihm aus – Voltaire bekam sein bekanntes, oft gemaltes und karikiertes, eingefallenes Greisenantlitz mit den lebhaften Augen.

Kein Jahr war vergangen, als sich Voltaire in ein streng verbotenes Spekulationsgeschäft mit einem jüdischen Händler einliess und, weil er sich betrogen fühlte, einen Prozess gegen diesen anstrengte, der in Berlin viel zu reden gab. Friedrich war wütend: «Ihre Affaire mit dem Juden ist die übelste Geschichte der Welt. [...] Was mich angeht, so herrschte bis zu Ihrem Eintreffen in meinem Hause Frieden; und ich lasse Sie wissen, dass Sie bei mir an die falsche Adresse geraten sind, so Sie eine Leidenschaft zum Intrigieren und Ränkeschmieden haben. Ich liebe sanfte und friedfertige Menschen, die in ihrem Verhalten nicht die heftigen Leidenschaften der Tragödie an den Tag legen. Falls Sie sich entschliessen könnten, als Philosoph zu leben, wird es mir sehr angenehm sein, Sie zu sehen; aber falls Sie sich allen Stür-

Sanssouci: Jaspissaal, Fotografie von Leo Seidel, Berlin 2007.
Der Jaspissaal ist der erste Saal, den der Besucher betritt. Antike Marmorbüsten und das Deckengemälde «Venus mit Gefolge» von Johann Christoph Frisch (1774) unterstreichen den «freizeitlichen» Charakter des Rokokoraums: Nicht Ruhmestaten und Herrscherapotheosen, sondern antike Heiterkeit und Erotik bestimmen das Ambiente. Auch der persönlich asketisch lebende Friedrich sah sich als König zur üppigreichen Repräsentation verpflichtet. Seit Ludwig XIV. konkurrieren die Fürsten nicht nur militärisch, sondern auch mit der demonstrativen Pracht ihrer Herrschaftssitze.

men Ihrer Leidenschaft hingeben, aller Welt am Zeug flicken, so werden Sie mir keine Freude bereiten, wenn Sie hierher kommen, und Sie können dann genauso gut in Berlin bleiben»[25]. Die Affäre wirft auf beide Protagonisten ein bezeichnendes Licht: Friedrich diktierte die Bedingungen von Voltaires Aufenthalt, er blieb auch Voltaire gegenüber der Herrscher. Und Voltaire, wahrscheinlich der reichste Literat des damaligen Europa[26], beanspruchte als selbstbewusster Bürger auch materielle Autonomie. Die innere Distanz, die sich zu Friedrich allmählich entwickelte, kam nach dieser Auseinandersetzung auch in einer äusseren zum Ausdruck: Voltaire bezog in Berlin eine neue, stattliche Wohnung.

Die Verstimmung führte zu weiteren Gehässigkeiten. Voltaire erzählt in seinen Mémoires, wie Friedrich, als La Mettrie, ein Mitglied der Tafelrunde, ihn auf Voltaires privilegierte Stellung ansprach, folgendermassen reagiert habe: «Lassen Sie nur, man presst die Orange aus, und wirft sie weg, wenn man den Saft getrunken hat.»[27] Aber auch Friedrich wurde hinterbracht, was Voltaire sagte, als er wieder königliche Gedichte zur Korrektur zugestellt bekam: «Wird er es nie müde, mir seine schmutzige Wäsche zum Waschen zu schicken?»[28] Und Ende 1752 schrieb Voltaire an seine Nichte: «Nun will ich mir ein kleines Wörterbuch für Könige anlegen. ‹Mein Freund› bedeutet ‹mein Sklave›. ‹Mein lieber Freund› heisst: ‹Sie sind mir mehr als gleichgültig›. Unter der Phrase ‹Ich werde Sie glücklich machen› ist zu verstehen: ‹Ich werde Sie bei mir dulden, so lange ich Sie

Voltaire gegen Maupertuis – zwei Historiker urteilen

Der deutsche Historiker Theodor Schieder (1983):

«Friedrich, der immer hochmütiger reagierte, erlebte nun, dass es unmöglich war, mit Voltaire als Charakter zusammenzuleben. Der endgültige Bruch kam dann, als sich Voltaire dazu hinreissen liess, eine niederträchtig zu nennende Kampagne gegen Pierre Louis Maupertuis, den Mathematiker und Philosophen, zu eröffnen, dem er seine Stellung als Präsident der Akademie neidete. Daran ist nur eine Frage für eine historische Deutung wichtig: Warum hat Voltaire gerade und allein in Berlin sich so zügellos seinen Leidenschaften überlassen, was er in dieser extremen Weise bei allen seinen Charakterfehlern nirgends sonst getan hat? Glaubte er in der Nähe, ja unter dem Einfluss Friedrichs von Preussen, eine Freiheit in Anspruch nehmen zu können, die er in seinem bisherigen Leben in Paris nicht besass? Oder fühlte er sich durch den König als «Möbelstück», als Spielzeug, das zur Unterhaltung diente, missbraucht, wie es Wilhelmine von Bayreuth einmal formulierte? Oder als die Apfelsine, die man ausdrückt und dann wegwirft, ein Wort, das Voltaire in seinen Memoiren dem König zuschreibt (on presse l'orange et on la jette quand on a avalé le jus). Dieses Problem ist noch nicht gelöst. Dass die heftigen Reaktionen des Königs, seine Unberechenbarkeiten und Launen, seine offen gezeigte Menschenverachtung Voltaires Selbstbewusstsein tief verletzt und ihn zu giftigen Ausfällen gereizt haben, deren unglückliches Opfer vor allem Maupertuis gewesen ist, ist unbezweifelbar. Voltaire, der gewohnt war, überall die erste Rolle zu spielen, fand sich in seiner Würde gekränkt und hat bis zu seinem Lebensende trotz aller fortdauernden Bewunderung für König Friedrich diesem die Kränkungen, die er erfahren hatte, nie vergessen.»

Schieder, Theodor: Friedrich der Grosse. Frankfurt am Main, Berlin, Wien 1983. S. 452f.

Der französische Voltaire-Forscher René Pomeau (1995):

«Maupertuis (frömmlerisch geworden und daher zu den Soupers in Potsdam nicht mehr zugelassen) hatte seine Macht als Präsident der Berliner Akademie missbraucht. [Samuel] König hatte bestritten, dass Maupertuis der Entdecker des ‹Naturgesetzes von der kleinsten Kraft in den Wirkungen der Körper› sei, auf das der Präsident so stolz ist. Maupertuis hatte daraufhin despotisch von seiner Autorität Gebrauch gemacht und König verurteilen und aus der Akademie ausschliessen lassen. Voltaire ergreift im Namen der Meinungsfreiheit des Wissenschaftlers Partei für das Opfer. Mit seinem Schwank ‹Le diatribe du Docteur Akakia› geht er gegen Maupertuis an. Friedrich amüsiert sich – hinter verschlossenen Türen – über das Stück, duldet jedoch nicht, dass ein hoher Beamter des preussischen Staates in dieser Weise lächerlich gemacht wird. Am 24. Dezember 1752 lässt er sämtliche Exemplare des Akakia auf öffentlichen Plätzen in Berlin verbrennen. Die Asche schickt er Maupertuis, um ihn zu trösten.»

Pomeau, René: Voltaire und Friedrich II. In: Le siècle de Voltaire. Friedrich der Grosse und Voltaire. Aufklärung – Lumières. Frankfurt am Main 1995, S. 33–42, hier S. 36.

Pierre Louis Moreau de Maupertuis (1698–1759), Stich (311×192 mm, mit breitem Rand) von J. J. Haid (1704–1776) nach einem Gemälde von Robert Tournière (1667–1752), unbekannter Ort, 1740. Berühmt wurde der Physiker und Newton-Kenner Maupertuis durch seine Lapplandexpedition, bei der er mit Vermessungen nachweisen konnte, dass die Erdkugel an den Polen abgeflacht ist. Deshalb ist er abgebildet, wie er seine flache Hand auf die Erdkugel legt. Maupertuis war Lehrer der Marquise du Châtelet und scheint auch eine Affäre mit ihr gehabt zu haben. Voltaire empfahl ihn Friedrich als Präsidenten der Berliner Akademie der Wissenschaften.

Der wütende Voltaire, Holzstich (90×71 mm) von Unbekannt nach einer Zeichnung von Adolph Menzel (1815–1905), Sachsen 1840.
Der Stich erschien in: Kugler, Franz: Geschichte Friedrichs des Grossen, Leipzig 1840. Die karikaturartige Illustration zeigt den fassungslosen Voltaire, als Friedrich am Weihnachtstag 1752 seine Schrift gegen Maupertuis verbrennen lässt.

Friedrich und Voltaire, Kupferstich (485 × 375 mm) von Charles Baquoi (1759 – 1829) nach einer Zeichnung des Franzosen Nicolas Monsiau, Frankreich um 1755. Das Bild hat folgende Unterschrift: «Voltaire retiré à Potsdam dans le Palais du Roi de Prusse et comblé d'honneurs et de bienfaits, sans autre assujettissement que celui de passer quelques heures avec le Roi pour corriger ses ouvrages et lui apprendre les secrets de l'art d'écrire.» Die Haltung der beiden Figuren verrät viel über ihre Beziehung. Draussen wartet Friedrichs ungestümes Ross, drinnen herrscht der Geist mit Bibliothek und Globus.

brauchen kann›. ‹Soupieren Sie heute abend mit mir› bedeutet nur: ‹Ich will Sie heute abend verhöhnen.›»[29]

Das Zerwürfnis

Schliesslich kam es zum grossen Krach – die Affäre Maupertuis. Pierre Louis Moreau de Maupertuis, mit Voltaire von früher bekannt, war Präsident der Königlichen Akademie der Wissenschaften. Und Maupertuis war eitel. Er veröffentlichte grosssprecherisch eine wichtige naturwissenschaftliche Entdeckung als die seine. Ein Professor in Den Haag, Samuel König, griff ihn deswegen an. Leibniz habe dasselbe schon entdeckt, aber ohne Maupertuis' unstatthafte Schlussfolgerungen. Es kam zur gegenseitigen Polemik, in die alsbald Voltaire, anfangs anonym, eingriff. Dabei machte er Maupertuis als «Doktor Akakia» (ironisch: «ohne Bosheit») öffentlich zur lächerlichen Figur und «verkörperten Bosheit».[30] Friedrich stellte sich vor seinen Akademiepräsidenten und liess Voltaires hinterrücks organisierte zweite Auflage des «Doktor Akakia» in Berlin schliesslich am Heiligabend 1752 durch den Henker öffentlich verbrennen.

Nun war der Bruch da: Friedrich war erbost und Voltaire gekränkt. Er wollte gehen. Er spiegelte einen Kuraufenthalt vor, was Friedrich sofort durchschaute, und wurde vom König mit den Worten entlassen: «... doch lassen Sie mir vor Ihrer Abreise Ihren Kontrakt überbringen, den Schlüssel, das Ordenskreuz, den Gedichtband, den ich Ihnen anvertraut habe.»[31] Dieser Gedichtband wurde Voltaire zum Verhängnis. Er war mit den Koffern irrtümlich bereits nach Hamburg geschickt worden und konnte deshalb nicht zurückerstattet werden. Ein übereifriger preussischer Staatsbeamter in Frankfurt, Baron von Freytag, stellte den Schriftsteller deshalb samt seiner Nichte Denis, die ihm von Paris

entgegengereist war, um ihn zu betreuen, unter Hausarrest. Als das irregeleitete Gepäck schliesslich in Frankfurt eintraf, weigerte sich Freytag, es zu durchsuchen, und wartete auf weitere Anweisungen aus Berlin. Voltaire machte einen Fluchtversuch, wurde gefasst und eingesperrt. Dasselbe geschah mit seiner Nichte. «Man steckte uns alle zusammen in eine Art Gasthaus; die zwölf Soldaten wurden vor der Tür als Wachen aufgestellt; vier weitere postierte man in meinem Zimmer, vier in einer Dachkammer, in die man meine Nichte gebracht hatte, und vier in einem allen Winden geöffneten Bodenverschlag, wo man meinen Sekretär auf Stroh schlafen liess. Meine Nichte hatte zwar ein kleines Bett; aber ihre vier Soldaten mit aufgepflanztem Bajonett ersetzten ihr Vorhänge und Kammerfrau. [...] Wir blieben zwölf Tage Kriegsgefangene und mussten für jeden Tag einhundertundvierzig Taler zahlen. [...] Teurer konnte man *l'œuvre de poésie du roi de Prusse* nicht bezahlen. Ich büsste ungefähr die Summe ein, die er ausgegeben hatte, um mich an seinen Hof kommen zu lassen. Jetzt waren wir quitt.»[32] Das war die dritte Demütigung Voltaires, die ihm nach zwei Bastille-Aufenthalten durch staatliche Macht widerfuhr.

Voltaire kehrte nach Frankreich zurück. Gesehen haben sich die beiden nie mehr. Ihre Korrespondenz gewann erst während dem Siebenjährigen Krieg wieder an Intensität und Direktheit. Voltaires Bilanz: «Ich konnte nicht ohne Sie leben, aber auch nicht mit Ihnen.»[33] Und Friedrich in seiner grandiosen, vorbehaltlos respektvollen Würdigung bei Voltaires Tod 1778: «Er war allein das Werkzeug seines Glücks und Renommés»[34]. Voltaires Unabhängigkeit war es, um die Friedrich, der «erster Diener des Staates», den Philosophen bewunderte und beneidete.   ROBERT LABHARDT

1 Zitiert nach Pleschinski, Hans (Hg.): Briefwechsel / Voltaire, Friedrich der Grosse. München 2004. S. 8 ff. (8. August 1736).
2 ebd., S. 13 (September 1736).
3 ebd., S. 558 (28. Oktober 1773).
4 ebd., S. 441 (Oktober 1757).
5 Voltaire: Über den König von Preussen. Memoiren. Frankfurt am Main 1967. S. 11.
6 Lürssen, Ernst: Reinszenierung eines massiven Traumas. Leitmotive im Leben Friedrich des Grossen. In: Gutwinski-Jeggle, Jutta; Rotmann, Johann Michael (Hg.): «Die klugen Sinne pflegend». Psychoanalytische und kulturkritische Beiträge – Hermann Beland zu Ehren. Tübingen 1993. S. 414–431, hier S. 419 ff.
7 ebd., S. 424.
8 Orieux, Jean: Das Leben des Voltaire. Frankfurt am Main 1994. S. 204.
9 Pleschinski, Briefwechsel, a.a.O., S. 42 (Februar 1737).
10 ebd., S. 46 (März 1737).
11 ebd., S. 74 (Remusberg, 6. Juli 1737).
12 ebd., S. 101 f. (23. Januar 1738).
13 ebd., S. 200 (12. Juni 1740).
14 ebd., S. 224 (26. Oktober 1740).
15 ebd., S. 239 (Im Lager zu Herrendorf, in Schlesien, 23. Dezember 1740).
16 ebd., S. 257 (5. Mai 1741).
17 ebd., S. 255 (im Lager von Mollnitz, 2. Mai 1741).
18 ebd., S. 262 (Cirey, 22. Dezember 1741).
19 ebd., S. 268 (März 1742).
20 ebd., S. 219 (2. August 1740).
21 ebd., S. 275 (Juli 1742).
22 Voltaire: Über den König von Preussen, a.a.O., S. 30.
23 ebd., S. 30.
24 Pleschinski, Briefwechsel, S. 390 f. (23. August 1750).
25 ebd., Briefwechsel, S. 397 f. (24. Februar 1751).
26 Holmsten, Georg: Friedrich II. Reinbek bei Hamburg 1969. S. 91.
27 Voltaire: Über den König von Preussen, a.a.O., S. 41 f.
28 Zitiert nach Pomeau, René: Voltaire und Friedrich II. In: Le siècle de Voltaire. Friedrich der Grosse und Voltaire. Aufklärung – Lumières (Katalog zur Ausstellung Schirn Kunsthalle Frankfurt, 26. April bis 14. Mai 1995). Frankfurt am Main 1995. S. 33–42, hier S. 36.
29 Zitiert nach Holmsten, Georg: Voltaire. Reinbek bei Hamburg 1971. S. 94.
30 Zitiert nach Koser, Reinhold: Geschichte Friedrichs des Grossen. 4 Bände, Darmstadt 1963 (= Neudruck von 1923). S. 275.
31 Pleschinski, Briefwechsel, a.a.O., S. 419 (Friedrich am 16. März 1753).
32 Voltaire: Über den König von Preussen, a.a.O., S. 47 f.
33 Pleschinski, Briefwechsel, S. 459 (Aux Délices, 27. März 1759).
34 ebd., Briefwechsel, S. 632. Friedrichs Würdigung wurde am 26. November 1778 an einer Sondersitzung der Berliner Akademie verlesen.

Empfohlene Literatur
- Bodanis, David: Emilie und Voltaire. Eine Liebe in Zeiten der Aufklärung. Reinbek bei Hamburg 2007.
- Bräker, Ulrich: Lebensgeschichte und vermischte Schriften. Bearb. von Holliger-Wiesmann, Claudia u.a. (= Bräker, Ulrich: Sämtliche Schriften, Band 4). München 2000.
- Clark, Christopher: Preussen. Aufstieg und Niedergang. 1600–1947. München 2007.
- Dill, Carl Alexander: Voltaire in Potsdam – mehr als nur eine Episode. Berlin 1999.
- Friedrich der Grosse: Das politische Testament von 1752. Stuttgart 1974.
- Giersberg, Hans-Joachim; Seidel, Leo: Preussens Glanz. Königsschlösser in Berlin und Brandenburg. München, Berlin, London, New York 2007.
- Holmsten, Georg: Friedrich II. Reinbek bei Hamburg 1969.
- Holmsten, Georg: Voltaire. Reinbek bei Hamburg 1971.
- Körber, Esther-Beate: Die Zeit der Aufklärung. Eine Geschichte des 18. Jahrhunderts. Darmstadt 2006.
- Koser, Reinhold: Geschichte Friedrichs des Grossen. 4 Bände, Darmstadt 1963 (= Neudruck von 1923).
- Kunisch, Johannes: Friedrich der Grosse. Der König und seine Zeit. München 2004.
- Le siècle de Voltaire. Friedrich der Grosse und Voltaire. Aufklärung – Lumières (Katalog zur Ausstellung Schirn Kunsthalle Frankfurt, 26. April bis 14. Mai 1995). Frankfurt am Main 1995.
- Lewy, Ernst: Die Verwandlung Friedrich des Grossen. Eine psychoanalytische Untersuchung. In Psyche 49 (1995). S. 727–804.
- Lürssen, Ernst: Reinszenierung eines massiven Traumas. Leitmotive im Leben Friedrich des Grossen. In: Gutwinski-Jeggle, Jutta; Rotmann, Johann Michael (Hg.): Die klugen Sinne pflegend. Psychoanalytische und kulturkritische Beiträge – Hermann Beland zu Ehren. Tübingen 1993. S. 414–431.
- Orieux, Jean: Das Leben des Voltaire. Frankfurt am Main 1994.
- Pleschinski, Hans (Hg.): Briefwechsel / Voltaire, Friedrich der Grosse. München 2004.
- Salewski, Michael: Friedrich der Grosse und Voltaire. Der philosophische Dialog. In: Geschichte in Wissenschaft und Unterricht (GWU), Heft 8, 1987. S. 453–465.
- Schieder, Theodor: Friedrich der Grosse. Frankfurt am Main, Berlin, Wien 1983.
- Voltaire: Über den König von Preussen. Memoiren. Frankfurt am Main 1967.
- Voltaire: Candide, oder Der Optimismus. München 2006 (auch in anderen Ausgaben).

15 Kilometer durch die Alpen

Artikel 7

Der Gotthardtunnel muss innerhalb acht Jahren, vom Tage der Genehmigung dieses Vertrages durch den Schweizerischen Bundesrath an gerechnet, in allen Theilen vollendet sein.

Die Gotthardbahngesellschaft zahlt Herrn Louis Favre eine Prämie von 5000 Franken für jeden Tag früherer Vollendung, wogegen Herrn Louis Favre ein Abzug von 5000 Franken für jeden Tag späterer Vollendung innerhalb der ersten sechs Monate und von 10 000 Franken für jeden Tag späterer Vollendung während der folgenden sechs Monate gemacht wird. Hat die Verspätung ein volles Jahr erreicht, so wird Herr Louis Favre ausser Akkord gesetzt und seine Kaution verfällt der Gotthardbahngesellschaft zu Eigenthum.

Artikel 7 des Vertrages zwischen der Gotthardgesellschaft und dem Tunnelbau-Unternehmer Louis Favre.
Archiv SBB II Luzern

Am 7. August 1872 setzte der Genfer Louis Favre (1826 – 1879) seine Unterschrift unter einen handgeschriebenen Vertrag, der einer Wette gleichkam. Im Artikel 7 verpflichtete er sich nämlich, den längsten Tunnel der Welt in genau acht Jahren durch den Gotthard zu 2830 Franken Entschädigung pro Laufmeter zu bohren; für jeden Tag früherer Fertigstellung erhalte er 5000 Franken zusätzlich, für jeden verspäteten Tag müsse er 5000 Franken zahlen – nach sechs Monaten sogar 10 000 Franken pro Tag und nach einem Jahr Verspätung verlöre er den Auftrag und eine Kaution von 8 Millionen Franken. Alle Risiken – unvorhergesehene geologische Probleme, Naturkatastrophen, Krankheiten und Streiks – hatte Favre zu tragen. Damit begann ein tödlicher Wettlauf gegen die Zeit, der mindestens 199 Arbeiter das Le-

ben kostete, unzählbar viele weitere gesundheitlich ruinierte, den auch Favre nicht überlebte und der erst mit der Fertigstellung des Gotthardtunnels endete.

Der Tunnel machte die Schweiz zum zentral gelegenen, führenden Industrieland Europas. In der Krisenzeit des 20. Jahrhunderts (1914 – 1945) war der Gotthard wieder eher das unüberwindliche, uneinnehmbare Bollwerk. Anschliessend wurde er zum Symbol für einen Durchgang, diesmal im Dienst der Globalisierung: 1970 bis 1980 wurde parallel zum hundert Jahre älteren Eisenbahntunnel der Strassentunnel gebaut. 1993 fuhren die Baumaschinen erneut auf und nahmen den Bau des Basistunnels Erstfeld – Biasca für die Eisenbahn in Angriff.

Wo überhaupt durch die Alpen? –
der Variantenstreit

1867 führte im Osten die Brennerbahn an der Schweiz vorbei, 1871 im Westen die noch leistungsfähigere Bahnlinie durch den 13 Kilometer langen Mont-Cenis-Tunnel. Die Schweiz lag zwar im Zentrum, drohte aber umfahren zu werden. Darüber waren sich Politiker, Kaufleute und Wissenschaftler einig.

Uneinig waren sie sich hingegen darüber, wo die Schweizer Alpen überquert werden sollten. Und diese Uneinigkeit blockierte. Denn im Eisenbahngesetz von 1852 war festgelegt, dass die Kantone die Konzessionen für den Bau von Eisenbahnstrecken erteilen und private Unternehmen sie bauen – der junge Bundesstaat hatte bei diesen Entscheidungen nichts zu sagen. Die Direktoren privater Eisenbahngesellschaften, allen voran der zukünftige Zürcher Nordostbahn-Direktor Alfred Escher (1819–1882), hatten den staatlichen Bahnbetrieb als unrentabel abgelehnt.

So sahen die Westschweizer Kantone in erster Linie eine Bahn durch den Simplon und später durch den Lötschberg vor, die Zentralschweiz wollte eine Gotthardbahn. Die Ostschweiz sprach sich für eine Bahn über den Lukmanier aus: Diese Linie konnte gar auf lange Tunnels verzichten (der Lukmanierpass auf 1914 Metern über Meer ist die einzige Möglichkeit, die Schweizer Alpen unter 2000 Metern zu überqueren). Allerdings war die Strecke deutlich länger als die Gotthardlinie und die Steigungen hätten die Reisezeit zusätzlich verlängert.

Seit 1845 stritten sich die Kantone, die privaten Eisenbahngesellschaften und Experten über die beste Route. Dazu äusserte sich im Jahr 1870 der einflussreiche konservative Politiker Anton Philipp von Segesser (1817–1888) kritisch:

«Nicht nur in materieller, sondern auch in politischer Beziehung trägt diese Alpenbahnfrage den Keim des Verderbens in sich. Sie hat in der Schweiz Parteien geschaffen, die einander mit nicht minderer Bitterkeit gegenüberstehen als früher die politischen Parteien; sie hat dazu geführt, dass beide Parteien im Ausland ihre Verbündeten suchen, dass die grossen Geldmächte unter unserer Theilnahme sich auf unserem Gebiet ihre Schlachten liefern, dass politische Erwägungen fremder Staaten über die Richtung unserer Verkehrswege den Ausschlag geben.»

Der Variantenstreit bedeutete für Segesser eine weitere Schwächung der Schweiz. Und tatsächlich wurde der Entscheid im Ausland gefällt. Italien und das Deutsche Reich bevorzugten die schnellste Verbindung, die Gotthardlinie. Zudem schien vor allem dem Reichskanzler Otto von Bismarck die Lukmanierlinie zu stark einem österreichischen Zugriff ausgesetzt. In der Schweiz schwenkte die private Nordostbahn mit Sitz in Zürich unter ihrem Präsidenten Alfred Escher auf die Gotthardvariante um und trat der bisher losen Gotthardvereinigung bei. Dieser Entscheid verhalf der Gotthardlinie zum Durchbruch.

Gutachten zur Gotthardbahn

«Es ist seit dem Beginn des Eisenbahnwesens nie von einer Bahn über den Gotthard gesprochen worden, ohne dass ein Blick auf den Lukmanier geworfen worden wäre, weil von den Anhängern des letztern behauptet wurde, derselbe sei in Folge seiner tieferen Einsattelung nicht nur viel günstiger für die Anlage einer Eisenbahn als der Gotthard, sondern überhaupt der einzige Schweizerpass, über welchen die Anlegung einer Eisenbahn in Rücksicht auf die grossen Kosten möglich sei. Von dem Zeitpunkte an, als der Bau des Mont-Cenis-Tunnels gesichert war, trat die Frage in ein neues Stadium, denn nun durfte der bisherige Gedanke, sich dem Rücken der Pässe, um schachtbare Tunnel zu erhalten, möglichst zu nähern, aufgegeben und eine mehr direkte und tiefer gelegene unterirdische Richtung gewählt werden.

Der angebliche Hauptvortheil des Lukmanier fiel damit bei Seite. Sodann ist wahr, das Rheinthal von Chur bis Dissentis hat durchschnittlich geringere Bauschwierigkeiten als das Reussthal von Flüelen bis Göschenen; sobald man aber höher hinaufsteigt als Dissentis und Olivone, sind dieselben nicht geringer als über die Höhe von Göschenen und Faido, und wenn auf der Nordseite der Lukmanier im Vortheil ist, so ist am Gotthard die Südseite günstiger. Die Schwierigkeiten sind geringer von Airolo bis Giornico als diejenigen auf der 14 Kilometer langen Entwickelung der Linie von Buttino, an den Felsabhängen der Toira und des Scopi und durch die Schlucht von Camperio herab bis nach Olivone. [...]

Wenn sodann dieselben Grundsätze angewandt werden wie bei unserem Gotthard-Projekte, übrigens aber bei der Strecke Truns–Chur, da auf derselben keine Steigungen mehr von 25 ‰, sondern höchstens noch von 12 ‰ vorkommen, einspurige Anlage vorausgesetzt wird, so ergeben sich auf der Bahn von Chur bis Biasca, mit einer Länge von 118,7 Kilometern, Baukosten von Fr. 103 000 000. Es erhellt hieraus zu Gunsten des Lukmanier ein um 2,15 Kilometer kürzerer und um Fr. 6 Millionen wohlfeilerer Alpentunnel und, wenn die Vergleichung zulässig ist, eine um Fr. 6 Millionen geringere Summe für die gesammten Baukosten der Alpenbahn; zu Gunsten des Gotthard eine um 120 Meter geringere Höhe, die erstiegen werden muss, und eine um 21,5 Kilometer geringere Bahnlänge. Es kann nicht zweifelhaft sein, dass die Übersteigung einer 120 Meter geringeren Höhe, zumal in jenen Regionen, den etwas grösseren Aufwand für den Gotthard reichlich lohnen wird, und dass der bleibende Vortheil auf Seiten des letztern ist.»

Boeckh, August: Die Gotthardbahn in technischer Beziehung und Rentabilitäts-Berechnung auf Grundlage des kommerziellen und technischen Gutachtens. Zürich 1865. S. 77–79; leicht bereinigt.

Wer kann die Linie bauen? –
187 Millionen und ein Hasardeur gesucht

Nun musste sich der Bundesrat einschalten: In der von ihm geleiteten Gotthardkonferenz wurde 1869 der Bau der auf 187 Millionen Franken veranschlagten Gotthardlinie von Luzern bis zur Landesgrenze gegen Italien beschlossen und geregelt.

Italien investierte 45, das Deutsche Reich und die Schweiz je 20 Millionen Franken. Aber eisenbahntechnisch gab es gar keine Schweiz. Der Bund konnte mangels gesetzlicher Grundlagen nicht in das Privatunternehmen «Gotthardbahn» investieren. Die interessierten Kantone, private Eisenbahngesellschaften und drei Städte übernahmen den Schweizer Beitrag.

Die restlichen 102 Millionen sollten als Aktien (ein Drittel) und Obligationen (zwei Drittel) bei privaten Investoren zu gleichen Teilen im Deutschen Reich, in Italien und in der Schweiz zusammengebracht werden.

Geleitet wurde der Bahnbau durch die Gotthardgesellschaft, die aus einem 24-köpfigen Verwaltungsrat und einer dreiköpfigen Direktion bestand. Diese beschränkte sich auf die Vermessung und Kontrolle und vergab die einzelnen Abschnitte der Gotthardstrecke von Immensee nach Chiasso verschiedenen Unternehmen.

Der Bau des Tunnels von Göschenen nach Airolo, der hier im Mittelpunkt steht, war der unberechenbarste Abschnitt: Hier sollte der längste Tunnel der Welt entstehen. Zwar hatte die Bautechnik am Mont-Cenis-Tunnel rapide Fortschritte gemacht und das 1867 erfundene Dynamit versprach noch weitere. Aber wie stark würden sich diese Fortschritte auswirken? Wie war die Beschaffenheit des Gotthardmassivs? Welche Naturgewalten waren zu befürchten? Die Gotthardgesellschaft wollte diese Risiken nicht tragen und vergab deshalb den Tunnelbau zwischen Göschenen

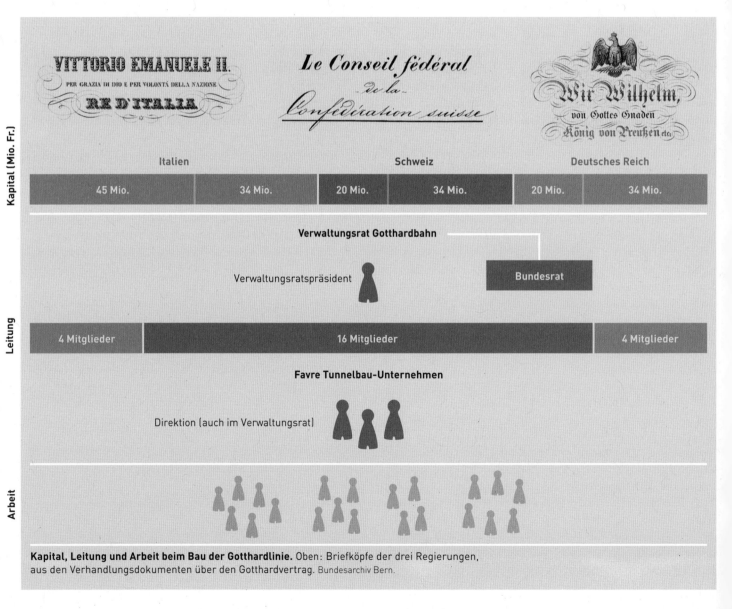

Kapital, Leitung und Arbeit beim Bau der Gotthardlinie. Oben: Briefköpfe der drei Regierungen, aus den Verhandlungsdokumenten über den Gotthardvertrag. Bundesarchiv Bern.

Berliner Tagblatt:

Das Loch der Zukunft

«Das Loch der Zukunft», Karikatur von Unbekannt, Jahr und Ort der Veröffentlichung nicht bekannt. Die Karikatur zitiert oben das Berliner Tagblatt: «Die Schweiz selbst, das Land der Pässe, der Brückenkopf Europas, würde nur unendlich gewinnen, wenn sie in den alleinigen Besitz Deutschlands überginge.»
Unter der Karikatur stehen die leicht veränderten Schlussverse aus Friedrich Schillers Ballade «Die Bürgschaft» (1799): «Und lange blickt verwundert sie die Beiden an; Drauf spricht sie: ‹Es ist euch gelungen, Ihr habt das Herz mir bezwungen; Und die Treue, sie ist doch kein leerer Wahn; So nehmt auch mich zum Genossen an: Ich sei, gewährt mir die Bitte, In eurem Bunde die Dritte!›»

und Airolo zu einem Pauschalbetrag. Sie rechnete mit Kosten von 3371 Franken pro Tunnellaufmeter Doppelspurgeleise. Nur gerade sechs Wochen hatten Bauunternehmen Zeit, um ihre Angebote einzureichen. Von acht Offerten standen sich Ende Juni 1872 noch zwei gegenüber:

Entreprise du Grand Tunnel du Gothard, L. Favre & Cie, Genf
Baukosten: 42 Mio. Fr., per Laufmeter: 2800 Fr.
Bauzeit: 8 Jahre, Übernahme sämtlicher Risiken
Kaution: 8 Mio. Fr., Verfall nach 9 Jahren Bauzeit, dazu ein Bonus-Malus-Vorschlag von 5000 bzw. 10 000 Fr. pro Tag
Erfahrung: Diverse Tunnelbauten bis 1 km Länge; Chefingenieur Daniel Colladon (1802–1893) hatte am Mont-Cenis-Tunnel mitgewirkt.

Società Italiana di Lavori Pubblici, Severino Grattoni
Baukosten: 50,3 Mio. Fr.,
2. Angebot: per Laufmeter: 3350 Fr.
Bauzeit: 9 Jahre, Risiken infolge höherer Gewalt wegbedungen
Kaution: 5 Mio. Fr., Verfall nach 11 Jahren Bauzeit
Erfahrungen: Bau des Mont-Cenis-Tunnels, 13 km Länge.

Die Gotthardgesellschaft entschied sich für das Schweizer Unternehmen unter der Leitung von Louis Favre. Die Vertragsbedingungen waren für ihn äusserst riskant. Favre konnte eigentlich nur dann gewinnen, wenn er den Tunnel in einem atemberaubenden Tempo erstellte: die 15 Kilometer in weniger als 8 Jahren – während für den 13 Kilometer langen Mont-Cenis-Tunnel 14 Jahre gebraucht worden waren. Schaffte er dies nicht, gewann die Gotthardbahngesellschaft: Sie musste gegenüber ihrer eigenen Kalkulation rund 500 Franken pro Laufmeter Tunnel weniger bezahlen. Wurde Favre nicht rechtzeitig fertig, erhielt sie pro Tag 5000, nach 6 Monaten sogar 10 000 Franken Entschädigung und nach einem Jahr Verspätung die gesamte Kaution über 8 Millionen Franken (Abbildung S. 148).

Die Forschung hat oft gerätselt, warum sich Favre so intensiv um den Auftrag bemüht hat. War dieser gelernte Zimmermann mit einem ausgesprochenen Flair für die Technik ein Idealist, der eine grosse Tat vollbringen wollte? Vertraute er auf einflussreiche Freunde und Geldgeber und vor allem den ihn unterstützenden Chefingenieur Daniel Colladon, dessen Druckluftmaschinen tatsächlich Hervorragendes leisteten? Oder war er naiv? Oder war er vielleicht sogar so durchtrieben, dass er voraussah, was eintreten würde?

Bohrmaschine beim Gotthardtunnelbau, Fotografie von Adolphe Braun (1812–1877), zu Beginn der Bauarbeiten um 1872.

Wie baut man einen Tunnel? – Meissel, Druckluft und Dynamit

Die ersten Meter des Gotthardtunnels schlugen die Mineure (Tunnelarbeiter) 1872 noch mit Meissel, Hammer und Pickel aus dem Fels. Dann waren die Bohrmaschinen vom fertiggestellten Mont-Cenis-Tunnel herbeigeschafft, erwiesen sich aber gegenüber dem harten Granit und Gneis als machtlos. Der Ingenieur Daniel Colladon entwickelte neue, mit Druckluft betriebene Maschinen. Die Mineure bohrten damit zuvorderst im Tunnelstollen Löcher in die Wand. Diese füllten sie mit Dynamit, das sie zur Explosion brachten. Anschliessend zerschlugen sie das gesprengte Gestein, luden es auf eine Rollbahn und transportierten es aus dem Tunnel.

Ganz so einfach war es allerdings nicht. Vor allem drei Probleme machten den Gotthardtunnelbauern zu schaffen:

1. Die Druckluft trieb die Bohrmaschinen und die Lokomotiven für den Transport im Tunnel an und diente auch der Belüftung. Sie wurde durch Turbinen erzeugt, die von der Reuss im Norden und dem Ticino im Süden in Schwung gehalten wurden. Diese Flüsse führten aber weniger Wasser, als die Gotthardbahngesellschaft ausgerechnet hatte. So kämpften im Tunnel oft Bohrmaschinen, Lokomotiven und Arbeiter um die Druckluft – und den Arbeitern wurde die Belüftung zuerst abgestellt. Dass sie bei Hitze und Nässe, und zudem noch im giftigen Dynamitrauch, arbeiten mussten, veranlasste die Mineure 1875 zum berühmten Streik (siehe S. 154 ff).

2. Der 1867 von Alfred Nobel patentierte Sprengstoff Dynamit war zwar ein Wundermittel und weckte die Hoffnung, dass der Gotthardtunnel schneller gebaut werden könnte als der mit dem zehnmal schwächeren Schwarzpulver ausgesprengte Mont-Cenis-Tunnel. Allerdings war Dynamit unter 8° Celsius sehr stossempfindlich und musste deshalb in speziellen Hütten vorgewärmt werden. Dabei explodierte zwei Mal die ganze Anlage im engen Tal von Göschenen – kein Haus im Dorf blieb ohne Schaden. 1875 entwickelte Nobel eine Sprenggelatine, mit der dieses Problem behoben wurde.

3. Die imposanten Bohrmaschinen basierten auf dem Meisselprinzip, das heisst, sie schlugen gleichzeitig sechs Löcher in den Felsen. Anders als beim heutigen Bohren mit einem sich drehenden Bohrschild war es damals nicht möglich, das Tunnelprofil auf einmal auszubohren. Vielmehr begannen die Mineure mit einem Richtstollen von 6 bis 7 m² Querschnitt oben im Tunnelprofil für eine Doppelspurbahn (**1** in der Abbildung S. 153), erweiterten diesen später nach beiden Seiten (**2**), legten dann den Tunnelquerschnitt nach unten links frei (**3a**) und weiteten diesen zum Querprofil von 45 m² aus (**3b**). Erst zuletzt konnten die Tunnelwände mit Mauern gesichert werden.

Für die Mineure bedeutete dies, dass sie sich sehr lange im engen, heissen und nassen Richtstollen um die grosse Bohrmaschine herumdrücken und die schlechte Luft einatmen mussten. Die meisten Unfälle gingen denn auch nicht auf die gefährlichen Sprengungen zurück, sondern darauf, dass Arbeiter erdrückt oder erschlagen wurden. Erst weiter hinten wurde der Tunnel breiter und tiefer; das bedeutete aber auch, dass aller Bauschutt, alle Maschinen und Balken beim Übergang zum ausgebauten Tunnelprofil über eine Höhe von zwei Metern hinauf oder hinunter gehoben werden mussten. Um möglichst rasch zu Geld zu kommen – er wurde ja pro Laufmeter bezahlt –, trieb Louis Favre die Richtstollen weit voran. Trotzdem: Sein Rückstand auf den ehrgeizigen Zeitplan von acht Jahren vergrösserte sich ständig. Zwar stellte er immer mehr Arbeiter ein, die gleichzeitig an den verschiedenen Abschnitten der beiden Tunnelstollen arbeiteten: 1877 waren es 3300. Ausserdem arbeiteten die Mineure immer rationeller. Aber als sich am 28. Februar 1880 die Richtstollen von Norden und Süden trafen, der Tunnel also durchstossen war, wurde klar, dass das verbleibende halbe Jahr zum Vollausbau nicht reichen würde.

Louis Favres Lebenszeit hatte nicht einmal für den Durchbruch ausgereicht. Am 19. Juli 1879 war er 53-jährig bei einem Kontrollgang im Tunnel zusammengebrochen und gestorben. Auch dieser Fall war im Unternehmensvertrag vorgesehen. Seine Tochter Marie-Augustine Hava führte den Auftrag weiter. Dafür, dass sie das Erbe in einem Zeitpunkt antrat, als sich das Verlustgeschäft abzeichnete, und dass sie dann auch tatsächlich einen vollen Verlust erlitt, richtete ihr die Gotthardgesellschaft später eine grosszügige Rente aus. Hätte Marie-Augustine Hava den Vertrag gekündigt, so wäre das Gotthardprojekt einmal mehr vor einer unsicheren Zukunft gestanden.

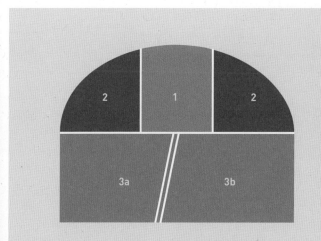

Querschnitt durch den Tunnelbau am Gotthard. Der Tunnel wurde auf Doppelspur hin angelegt.

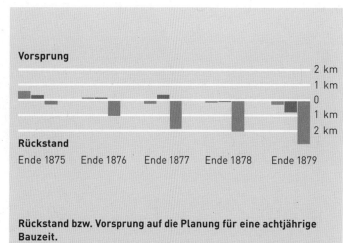

Vorsprung

Rückstand

Ende 1875   Ende 1876   Ende 1877   Ende 1878   Ende 1879

Rückstand bzw. Vorsprung auf die Planung für eine achtjährige Bauzeit.
Nach Kuoni, Konrad: «Allein man darf die Humanitätsfrage nicht aus dem Auge verlieren». Der Bau des Gotthard-Eisenbahntunnels in wirtschaftlicher, politischer und sozialer Hinsicht. Unveröffentlichte Lizentiatsarbeit 1996. S. 268.

Durchstich des Gotthardtunnels, Zeichnung von H. van Muyden aus dem Jahr 1880.

Mineur Celestin Negaraviglia führte an jenem historischen Samstagabend, dem 28. Februar 1880, die Sonde. Als er mit dem Bohrer das letzte Gestein, das die beiden Portale voneinander getrennt hatte, durchstiess, zog er die Bohrsonde zurück, rief durch das Loch «Bonjour» und rannte im Stollen ohne Lampe 4 km zurück zum nächstgelegenen Telegrafen, um als erster der Welt das Ereignis zu verkünden. Pietro Chirio wiederum war derjenige, der die letzten Sprengungen vor dem Durchbruch zündete. Beide – Negaraviglia und Chirio – gehörten zusammen mit je rund einem Dutzend Arbeiter auf der Göschener und der Airolo-Seite zu denjenigen, die von Anfang an beim Bau dabei gewesen waren (vgl. «Vaterland», 4. März 1880).

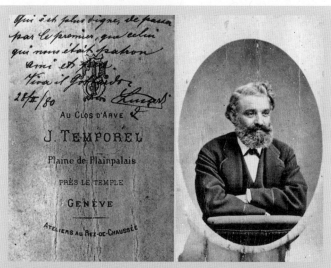

Dieses Erinnerungsbild von Louis Favre (Vor- und Rückseite) soll durch den am 28. Februar 1880 durchbrochenen Richtstollen hindurchgereicht worden sein.

Ingenieur Lurati schrieb auf die Rückseite, auf der der Friedhof Plainpalais in Genf als Grabstätte vermerkt ist:

«Qui est plus digne, de passer par le premier,
que celui qui nous était patron, ami et père.
Viva il Gottardo.

28.2.80 Lurati»

Archiv SBB II Luzern

Der Zusammenstoss zwischen den Streikenden und der Polizeimannschaft, am 28. Juli abends.
Skizze des Ingenieurs Georg Specht, zuerst publiziert in der «Leipziger Illustrierten Zeitung» vom 21. August 1875.

Es bleibt die Luft weg –
der Streik der Tunnelarbeiter, 1875

Das bekannteste Bild der Gotthardtunnelarbeiter, die Zeichnung eines am Gotthardbau beteiligten Ingenieurs namens Specht, zeigt die Niederschlagung des Tunnelarbeiterstreiks in Göschenen vom 28. Juli 1875. Dieser war am Vortag spontan ausgebrochen, als ein Vorarbeiter seine Mineure nach einer Sprengung sofort wieder zum Arbeiten an der seitlichen Verbreiterung des Richtstollens antrieb, obwohl der Dynamitrauch das Atmen fast unmöglich machte. Die Arbeiter weigerten sich, diskutierten mit dem Vorarbeiter, als plötzlich einer rief: «Gare la mina – via tutti!» («Achtung, die Sprengstoffkiste ‹brennt› – alle weg!»). Von Panik ergriffen rannten alle aus dem Tunnel. Erst draussen erklärten die unzufriedenen Arbeiter den Kameraden, dass gar keine Explosion drohte, aber dass sie unter diesen Bedingungen nicht mehr weiterarbeiten wollten. Der Oberingenieur erklärte ungerührt, alle seien sie freiwillig hier; wer wolle, könne seinen Lohn beziehen und gehen. Doch die Arbeiter wollten mehr: einen Franken Lohnerhöhung pro Tag (der Lohn lag zwischen Fr. 3.50 und Fr. 3.90). Immer mehr Mineure schlossen sich der anfangs kleinen Gruppe an. Sie besetzten den Tunneleingang und liessen niemanden mehr zur Arbeit: 3000 Arbeiter streikten. Louis Favre bat die Urner Regierung um Hilfe. Diese konnte nur sieben Landjäger von Altdorf losmarschieren lassen. Unterwegs sammelten diese noch 15 Freiwillige und bewaffneten sie mit Gewehren. Aber es wurde 17 Uhr am 28. Juli, bis diese kleine Truppe in Göschenen eintraf. Auf der Hauptstrasse herrschte ein Volksfest der Tunnelarbeiter. Die Landjägertruppe und die örtliche Bürgerwehr (elf Mann, davon acht eben erst ernannt) konnten sich nicht einmal zusammenschliessen. Was hätten sie auch gegen die Menschenmasse ausrichten können? Die Lage eskalierte, als sie von einigen Arbeitern von einem Hügel herunter mit Steinen beworfen wurden. Da verlor ein Mann der Bürgerwehr die Nerven, schoss, andere schossen ebenfalls. Fünf italienische Gastarbeiter wurden getötet. Der Streik war abrupt zu Ende. Zwei Stunden hatte diese Intervention gedauert.

Verschiedenes in Spechts Zeichnung stimmt nicht: Die Schiesserei fand nicht vor dem Tunnelportal statt (gezeichnet ist überdies das falsche, aber repräsentativere Südportal von Airolo), sondern fernab im Dorf Göschenen. Die Polizeitruppe war nicht wie auf dem Bild einheitlich uniformiert und straff geführt und zum Schiessen kommandiert. Ausserdem gab es keine klare räumliche Trennung zwischen Polizei und streikenden Arbeitern. Diese warfen zwar Steine, rannten aber nicht auf die Truppe zu. Vor allem schossen sie nicht auf die Polizisten, wie es der Revolver vorne rechts im Bild und der zusammensinkende Landjäger links vermuten lassen.

Spechts Zeichnung wurde zuerst in einer ausländischen Zeitung veröffentlicht. Im Deutschen Reich und vor allem in Italien empörte sich die öffentliche Meinung darüber, dass in der Schweiz auf Arbeiter geschossen wurde. Man solle die Investitionen einstellen, forderte sie von ihren Regierungen.

Der Bundesrat musste eingreifen. Es lag ihm daran, die Schuld auf der Seite der Arbeiter zu finden. Er lenkte die Verhöre der festgenommenen Arbeiter in eine ganz bestimmte Richtung. Der Urner Landammann Franz Lusser berichtete einem Kollegen brieflich über ein Gespräch mit dem Bundesrat:

«Ich will nicht unterlassen, Ihnen zu melden, dass nach den Mittheilungen des Hr Bdsprsdt Scherrer es Italien ist, welches den Bundesrath zum Eingreifen in dieser Angelegenheit veranlasst, – ich möchte sagen – eigentlich drängt & dass nach privatimer Äusserung des Hr Scherrer es ungemein erwünscht wäre, wenn konstatirt werden könnte, dass Seitens der Arbeiter Revolverschüsse gefallen, ehe & bevor von Seite der Polizeimannschaft gefeuert worden sei, denn der Schwerpunkt der Untersuchung liege unbedingt darin zu beweisen, dass nicht unnöthig oder gar leichtfertig von der Feuerwaffe gegen die Arbeiter Gebrauch gemacht worden sei.

Hr Arnold [Gemeindepräsident von Göschenen] & ich finden, dass eine baldige Freilassung [der verhafteten Italiener] sehr angezeigt sei, aber nur entweder gegen eine Kaution oder aber gegen das Handgelübde, den Kanton nicht zu verlassen & auf die Vorladung vor Strafgericht zu erscheinen, denn von einer Freisprechung kann wohl keine Rede sein. Wenn die auf freien Fuss gesezten Arbeiter dennoch Reissaus nehmen, nun, so kann diess gerade ein Unglük nicht genannt werden.»[1]

Und tatsächlich: Die verhafteten und auf Ehrenwort freigelassenen Arbeiter verschwanden über den Gotthard. Eine Gerichtsverhandlung und damit eine Klärung der Erschiessung der fünf Arbeiter fand nie statt.

Politisch brisant war ferner die Frage, ob die Urner Regierung sich den Einsatz gegen die streikenden Arbeiter durch den Tunnelunternehmer Louis Favre hatte bezahlen lassen. Denn wenn dem so war, so hatte sie sich gewissermassen einseitig in seinen Dienst gestellt. Um eine unparteiische Sicht der Dinge zu erhalten, setzte der Bundesrat den Bündner Anwalt, Ständerat und Oberst Hans Hold ein. Dieser erstellte am 16. Oktober das dem Auftraggeber gewiss willkommene Gutachten. Die fragliche Behauptung sei unhaltbar und eine «Verleumdung, welche selbst in öffentlichen Blättern bereitwillig Aufnahme gefunden hat». Am 27. Oktober reichte Hold dem Bundesrat noch einen zweiten Bericht ein, den ein Student erst 1996 im Bundesarchiv entdeckt hat:

«Ich erlaube mir, [...] einige Punkte in confidenzieller Weise zu berühren, welche sich zu officieller Darstellung kaum eignen dürften.

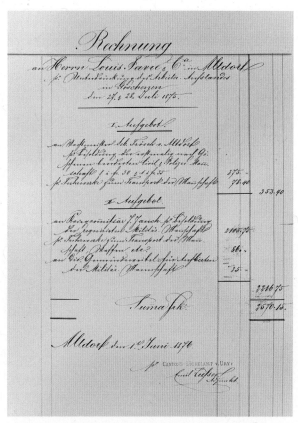

Rechnung an Herrn Louis Favre & Cie in Altdorf fr [für] Unterdrückung des Arbeiteraufstandes in Göschenen den 27. & 28. Juli 1875.
Staatsarchiv Uri

Es ist namentlich in den Arbeiterorganen hervorgehoben worden, dass die bewaffnete Hülfe der Urner Regierung zu Niederwerfung des Arbeiteraufruhrs nicht allein auf Begehren, sondern auch auf Kosten des Unternehmers Favre gereicht worden sei. [...] Ob nun für die gehabten Kosten dieser Expedition eine Ausrichtung Seitens der Unternehmung Favre an die Urnerische Regierung Wirklich stattgefunden, konnte ich nicht ermitteln u. schien nur eine directe Befragung der Lezten über die mir zustehende Competenz hinaus zu gehen. [...] Wenn die Art u. Weise, wie die Polizeimannschaft angeworben u. in Action gesezt wurde, die schwächste Seite dieser ganzen Göschener Angelegenheit ist u. es in die Augen springen muss, dass keine Regierung das Recht hat, durch einfache Bewaffnung u. Bekleidung von ‹Dienstmännern› die höchste Staatsgewalt, die Verfügung über Menschenleben, auszuüben, so müsste es geradezu verwerflich erscheinen, wenn dies noch überdiess auf Kosten interessirter Privater geschehen wäre.

Ich habe, im Gefühl, dass diese Frage im Aus- und Inland zu peinlichen Erörterungen führen könnte, dieselbe im officiellen Berichte in möglichst schonender Form, unter Darlegung der zwingenden, daher grossentheils die Urner Regierung entschuldigenden Verhältnisse u. der Grenzen des dabei zu erreichenden Staatszweckes berichtet, die Kostenfrage unberührt lassend; halte es aber für Gewissenssache, Ihnen [...] meine Gedanken hierüber unumwunden auszusprechen.»[2]

Aus den weiteren gefundenen Akten ergibt sich, dass die Urner Regierung tatsächlich Favre eine Rechnung für den Polizeieinsatz stellte und nach einer Gerichtsverhandlung einen kleinen Teil des Rechnungsbetrages zugesprochen erhielt.

Wer baute den Gotthardtunnel? –
die Lage der Tunnelbauarbeiter

Der gleiche Hans Hold, der die Schuld am Streik so einseitig den Arbeitern zuschob, schilderte unumwunden die Hintergründe des Streiks: die miserable Arbeits- und Wohnsituation der Arbeiter:

«Die Logirung der Arbeitermassen liegt ganz in Händen der Speculation. Das Elend in den für die Arbeiter hergerichteten Quartieren übersteigt [...] alle Begriffe. In kleinen dumpfen Zimmern reiht sich Bett an Bett, halbfaule Strohsäke. Meist werden diese Zimmer an besondere Unternehmer auf Monatsfrist vermiethet, welche dann eine möglichst grosse Zahl von Logisgängern aufnehmen, oft drei für jedes Bett, die dasselbe abwechselnd benuzen. Das Lagergeld beträgt für acht Stunden 50 Cts., während für ein ganzes Zimmer 20 bis 50 Fr. per Monat bezahlt werden. Mangel an Ventilation dieser überfüllten Räume, wo noch zudem gekocht wird und die ganze Nacht hindurch übelriechende Öllampen brennen, Mangel an der geringsten Reinlichkeit, äusserst unpassende Einrichtung der Aborte etc. etc. lassen diese Quartiere in jeder Beziehung als höchst gesundheitsgefährlich erscheinen, und es müssten die Folgen bei ausbrechenden Epidemien furchtbar sein! Auch in den Seitengassen, sowohl in Göschenen als in Airolo, häuft sich der Schmuz in ekelerregender Weise, ohne dass für dessen Beseitigung das Mindeste geschieht.

Einen wohlthuenden Gegensaz zu den oben in nur allzu milden Farben geschilderten Arbeiterquartieren bilden die Lokale der Unternehmung Favre, die im Ganzen genommen allen billigen Anforderungen entsprechen, aber eben nur eine verhältnissmässig minime Zahl von Arbeitern aufnehmen können. Auf 1642 Arbeiter in Göschenen werden 208 (meistens familienweise) und auf 1021 Mann in Airolo (Steinhauer nicht eingerechnet) 150 Mann (ebenfalls meist familienweise) in den Etablissements Favre logirt. Ich bin weit entfernt, die [...] Gemeindebehörden für diese [...] Ver-

hältnisse verantwortlich zu machen. Ihre verfügbaren Mittel reichen eben nicht aus, den diesfälligen Anforderungen der Humanität und der Gesundheitspflege bei so bedeutenden Dimensionen eines internationalen Unternehmens gerecht zu werden. Hier kann nur dieses Unternehmen selbst die erforderlichen Vorkehren treffen, und ich erachte dies für dessen unausweichliche Aufgabe und Pflicht.»[3]

Der Tunnelbau hatte die Bevölkerungszahl der kleinen Gemeinde Göschenen explodieren lassen. Bis 1875 war sie nicht einmal eine eigene Gemeinde gewesen, sondern hatte zu Wassen gehört, auf dessen Friedhof auch alle Verstorbenen aus Göschenen beerdigt wurden. Innert drei Jahren verzehnfachte sich im kleinen Dorf die Zahl der Menschen und die zahlreichen Toten des Gotthardtunnels konnten nicht mehr nach Wassen verbracht werden. Es war der eigene Friedhof, der 1875 zur Eigenständigkeit der Gemeinde führte.

In Favres Vertrag war zwar festgehalten worden, dass er für die Unterkunft der Arbeiter besorgt zu sein hätte. Aber was und wie viel er dafür tat, war ihm überlassen. Einheimische Hausbesitzer vermieteten ihre Häuser zimmerweise an Italiener, welche dann ihrerseits darin möglichst viele Landsleute als Untermieter aufnahmen. So lebten im Haus des Herr Perrin in Göschenen auf 600 m² Fläche mindestens 240 Arbeiter. In drei Schichten belegten sie die Betten. Aus anderem bestand die Unterkunft nicht, insbesondere fehlten die Toiletten. Auch die Verpflegungssituation wurde durch Spekulation verschlimmert: Pro Tag bezahlten die Arbeiter in den Wirtschaften 2.50 Franken für ihr Essen, also etwa 60 Prozent des Tagesverdienstes.

Die Gemeinde konnte wenig gegen die Missstände unternehmen. Favre arbeitete nicht mit ihr zusammen, meldete beispielsweise die neuen Arbeiter nicht an, so dass der Gemeinde weder ihre Zahl noch ihre Namen bekannt waren.

Maschinist Antonio Nobile **Bauarbeiter Giuseppe Strigiotto** Virginia Passarini, Wassen **Maschinist Francesco Ghesenenz**

Arbeiter am Gotthardtunnel, Zeichnungen von Joseph Nieriker (1828–1903), 1881. Sammlung W. Nefflen; dort stehen die Porträts in einem kompositorischen Zusammenhang.

Gipsentwurf des Denkmals «Le vittime del lavoro» von Vincenzo Vela (1820–1891), 1882.

Vela wollte das Denkmal auf dem Friedhof von Göschenen aufstellen, wo bereits eines für den dort beerdigten Louis Favre stand. Favres Freunde wehrten sich dagegen: Das Denkmal am gleichen Ort sähe aus, als sei Favre für den Tod der Arbeiter verantwortlich. An der Landesausstellung 1914 fand es grosse Beachtung, aber erst zum 50-Jahr-Jubiläum der Gotthardbahn 1932 konnte das gegossene Denkmal am Bahnhof von Airolo – durch den Gotthard von Favres Grab getrennt – aufgestellt werden.

Nach Häsler, Alfred Adolf: Gotthard. Als die Technik Weltgeschichte schrieb. Frauenfeld, Stuttgart 1982. S. 258 und 260.

Die offizielle Zahl von 177 Unfalltoten ist sicher zu tief angesetzt, weil die Geschäftsberichte nachweislich einige Todesfälle unterschlugen. Der Forscher Konrad Kuoni hat 199 Todesfälle nachgewiesen, aber beansprucht nicht, alle entdeckt zu haben. Er schreibt abschliessend:

«Die Gründe für die aussergewöhnlich hohe Zahl von tödlichen Unglücksfällen im Gotthardtunnel liegen meiner Meinung nach an einem anderen Ort. Ich habe zur Genüge gezeigt, wie sehr der Bau unter dem Vertrag litt, den die Gotthardbahngesellschaft mit Favre abgeschlossen hatte. Das Ziel der Gotthardbahngesellschaft war es, mit Hilfe dieses Vertrages einen möglichst hohen Gewinn herauszuschlagen. Favre fehlten sowohl Zeit als auch Geld, um beispielsweise in einem genügenden Masse für Sicherheitsvorkehrungen zu sorgen. Dass unter diesem Aspekt die Zahl der Unfälle eine sehr hohe sein musste, liegt auf der Hand, zumal der Bundesrat ja nur eingriff, wenn der Weiterbau der Bahn gefährdet war, nicht aber, wenn Leben und Gesundheit der Arbeiter auf dem Spiel standen. Selbst im Mont-Cenis-Tunnel, der volle 15 Jahre vorher in Angriff genommen wurde, starben umgerechnet auf den Kilometer nicht einmal halb so viele Männer wie im Gotthard.»

Kuoni, Konrad: «Allein man darf die Humanitätsfrage nicht aus dem Auge verlieren». Der Bau des Gotthard-Eisenbahntunnels in wirtschaftlicher, politischer und sozialer Hinsicht. Unveröffentlichte Lizentiatsarbeit 1996. S. 268.

Arbeiterquartier in Göschenen, Zeichnung von Joseph Nieriker (1828–1903), zwischen 1872 und 1882.

Unglücksfälle und sogar Morde wurden nicht aufgeklärt, weil die zwei Landjäger im Dorf (im Jahr 1875 war es gar nur einer) komplett überfordert waren, mehrmals sogar verprügelt wurden! Wiederholt wurde die Gemeinde gezwungen, verhaftete Arbeiter wieder freizulassen. Die Urner Regierung war unfähig, im abgelegenen Göschenen durchzugreifen, wollte aber auch keine Intervention durch den Bund zulassen.

Der Bundesrat befand sich in der Klemme: Die schlimmen Verhältnisse waren spätestens mit dem Streik von 1875 allgemein bekannt geworden und widersprachen krass dem Eidgenössischen Fabrikgesetz, das 1876 beschlossen und 1877 in Kraft gesetzt wurde. Die Regierungen des Deutschen Reichs und vor allem Italiens intervenierten immer wieder und forderten eine Verbesserung der Situation.

Auch ein italienischer Tunnelarbeiter, Enrico Pozzo, beklagte sich 1877 mit 88 Kameraden bei der italienischen Botschaft in Bern über die Lebens- und Arbeitsbedingungen in Göschenen:

«Die Unterzeichneten, alles Italiener, wohnhaft in Göschenen, [...] haben die Ehre, [...] folgendes vorzuführen: Der seit etwa 4 Jahren im Gange befindliche Bau des Gotthard-Tunnels hat eine ausländische Bevölkerung nach Göschenen gezogen, welche [...] auf 2500 Personen berechnet werden kann. Diese Bevölkerung besteht zu 4/5 aus italienischen Arbeitern. Seitdem die Unterzeichneten in Göschenen wohnen, d.h. seit mehr als drei Jahren, verging kein Monat ohne mörderische Attentate, sei es mittelst Revolver, sei es (meistens) mittelst Messern. Bis heute beläuft sich die Zahl der Morde auf 12 und die der Verwundungen auf circa 40. Verhaftet die Polizei einen Schuldigen (was selten geschieht), so konstatirt man, dass die Bestrafung des Delinquenten eine wahre Ironie ist. Oft wird ein solcher einfach an die Kantonsgrenze begleitet und freigelassen; nach einigen Monaten sieht man ihn dann wieder in Göschenen ungestört arbeiten und unter einem andern Namen. Es ist uns schmerzlich zu sagen, dass die meisten oder alle diese aus Händeln entstehenden Akte unter den italienischen Arbeitern selbst stattfinden, was denn auch vielen andern hiesigen

Italienern, welche ehrbar und zurükgezogen leben, nicht zur Ehre und auch nicht zu ihrer Sicherheit gereicht. [...]

Schon lange fragen sich alle mit Besorgniss, wann solche eines civilisirten Landes unwürdige Akte aufhören sollen? Mit Bedauern nimmt man aber wahr, dass sie statt dessen immer mehr zunehmen. Vielleicht wegen der bisherigen Straflosigkeit der Schuldigen? Vielleicht wegen des Ungenügenden der Lokalpolizei oder gänzlichen Mangels an energischen und wirksamen Massregeln? Oder wegen der äussersten Leichtigkeit für die Schuldigen zu entfliehen?»[4]

Als Reaktion liess der Bundesrat weitere Inspektionen durchführen und Berichte durch Experten erstellen. Sie bestätigten immer das Gleiche: untragbare Wohnverhältnisse, fehlende Rechtssicherheit, schwache Gesundheit der Arbeiter. Jeder Expertenbericht musste feststellen, dass seit dem letzten nichts geschehen war.

Denn auch viele Arbeiter hatten kein Interesse an einer dauerhaften Verbesserung der Situation. Sie kamen für ein paar Monate auf die Baustelle und wollten möglichst viel Geld verdienen:

«Die Arbeiter [...] trachten nach Ersparnissen und leben so billig wie nur immer möglich, sehr oft schlecht aus Missverständniss und aus Unkenntniss, ebenso oft auch, weil sie um gutes Geld nur schlechte, aller Controle entbehrende Nahrungsmittel bekommen. Es wurde mir namentlich ein Fall angeführt, in welchem ein Arbeiter monatlich Fr. 100 nach Hause schickte, mit den ferneren Fr. 25 lebte und schliesslich an Erschöpfung starb.»[5]

Nur in einer Beziehung griff die Behörde durch: Peinlich genau wurden die Kellnerinnen und Wirtsleute überwacht. Die Bevölkerung und die Urner Verhörbeamten verdächtigten sie der Prostitution oder der Zuhälterei. Mit pingelig genauen Verhören der verdächtigen Frauen, die präzise protokolliert wurden, versuchten sie den «Bordellen» (ein damals ganz neues Wort, das erst mit der Zeit in den Akten auftaucht) auf die Spur zu kommen.

Protokoll des Verhörs der Wirtin Büchel von Wattingen bei Wassen, 1880 (Ausschnitt).
Staatsarchiv Uri.

Verhörwort
Pro informatione, mit Fr. Büchel, Wirthin in Wattingen

1. Wann haben sie die Maria Zeder in Dienst genommen?
Etwa vor drei Monaten

2. Was für Lohn haben sie ihr versprochen? Frk. 15 per Monat.

3. Wo schlief diese Magd? Im Zimmer neben der Küche d.h.
rechts vom Eingange, dort schlief sie immer.

4. Was für Mägde hatten sie noch in Wattingen? Einige Tage
hatte eine Maria (den Geschlechtsnamen weiss ich nicht mehr)
im Dienst.

**5. Was für ein Dienstverhältnis bestund zwischen ihnen &
dieser Maria? [dazugefügt: Maria Roth]** Ich gab ihr zum Monat
ebenfalls 15 Frk.; ich musste auf sie, wenn sie etwas betrunken war besonders Obhut geben damit sie keine Dummheiten
mache. Der grösste Fehler den sie hatte bestand darin, dass
sie wenn sie betrunken war des Nachts immer fort wollte.

**6. Was für ein Verhältniss bestund zwischen Ihnen &
der Maria Wyder?** Diese war nur einige Tage bei mir zur
Aushilfe, bis sie anderswo einen Platz gefunden. Dieser gab
ich keinen Lohn.

**7. Könnten diese Mägde oder Angestellte nicht Beischläfer
bei sich haben mitunter?** Es müsste ein Mädchen schon recht
schlecht sein wenn es so etwas treiben sollte, meines Wissens
befand sich des Nachts nie ein Mannsbild bei meinen Mäg-
den. Ich schliesse jeden Abend selbsten die thüren & da es in
den Barakenbauten nachts hörbar ist, hätte ich jede Tür
oder Fensteröffnung sofort hören müssen. Es ist nie ein frem-
des Mannsbild zurükgeblieben in meiner Wohnung als oder
nachdem ich die thüre geschlossen hatte.

**8. Ihre Angaben stimmen nicht mahl mit den Angaben ihrer
Dienstmädchen, diese sagen sie haben öfter des Nachts ihre
Bekannten bei sich gehabt, was sagen sie dazu?**
Neid und Hass macht auch viel & Wahrheit bleibt Wahrheit
zu meinen Aussagen dürfte den höchsten Eid schwören.

**9. Ihre Dienstmädchen sagen ganz bestimmt dass sie Ihnen
vom Nebenverdienste die Hälfte abgeben mussten?**
Ich kann doch nichts anderes sagen als was wahr ist,
es ist eine solche Behauptung … falsch; ich schämte mich
mein Lebtag wenn ich je dergleichen geduldet oder getrieben hätte.

**10. Was für einen besonderen guten Bekannten hatte die Maria
Zeder?** Das könnte ich nicht sagen, ich wüsste niemand
mit dem sie sich besonders abgab. Nur einer, ein Schmied,
Namens F., schien mir einigen Vorzug zu haben es befindet
sich dieser jetzt noch bei mir im Quartier.

**11. Schlief Maria Zeder nicht einige Male in dem Zimmer
links vom Eingange?** Als mein Kind krank war befand sie sich
einige Abende dort, ich schlief jedoch gerade nebenzu im
anstossenden Zimmer.

**12. Würden sie bezeugen dass ihre Mägde mit ihrem Wissen
keine Unsittlichkeit getrieben & dass sie von solchen
Nebenverdienste nie die Hälfte an sich gezogen?**
Ja, das darf ich behaupten & darf es beschwören & wenn
ich heute noch sterben sollte.

13. Wissen sie etwas Weiteres? Nein, ich weiss nichts
Weiteres & kann nichts Anderes sagen.

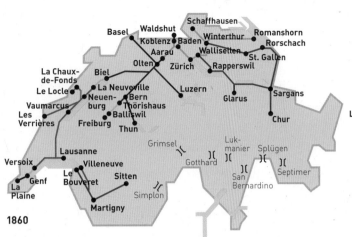

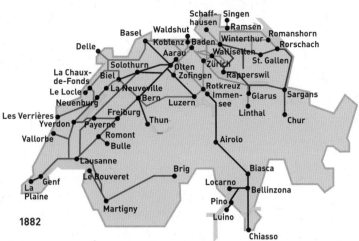

Eisenbahnbau in der Schweiz während des Baus der Gotthardbahn: 1860 und 1882. Die Farben symbolisieren die verschiedenen (privaten) Schweizer Bahngesellschaften jener Zeit. Die meisten wurden 1902 verstaatlicht und in die neu gegründeten Schweizerischen Bundesbahnen (SBB) eingeführt.

Nach Jung, Joseph: Alfred Escher, 1819–1882. Aufstieg, Macht, Tragik. Zürich 2007.

Streit um Zeit und Geld –
die Krisen des Gotthardbahnbaus

Beim Bau des Gotthardtunnels waren vier Parteien durch Verträge miteinander verbunden: Die Investoren, vor allem Italien und das Deutsche Reich, hatten den Bundesrat dazu verpflichtet, das Werk zum Erfolg zu bringen. Der Bundesrat hatte die Gotthardbahngesellschaft mit dem Bau betraut und dafür eine Kaution von 10 Millionen Franken gefordert. Diese wiederum hatte unter anderem Louis Favre zum Bau des Tunnels innerhalb von acht Jahren verpflichtet und sich den Erfolg gesichert, indem dieser eine Kaution von 8 Millionen Franken hinterlegen musste, welche verfiel, wenn er nach neun Jahren nicht fertig war.

Diese Absicherungen waren allerdings wenig wert, weil sich bald einmal zeigte, dass die Vertragspartner zwingend aufeinander angewiesen waren. Louis Favre begann schon 1872 den eben unterschriebenen Vertrag (siehe S. 148) in Frage zu stellen. Er verlangte eine Neuansetzung der achtjährigen Bauzeit, weil die technischen Voraussetzungen für den Tunnelbau zu Baubeginn nicht gegeben waren. So wurden die Maschinen vom Mont-Cenis-Tunnel, die er übernehmen musste, erst später geliefert, und die Reuss und der Ticino führten weniger Wasser, als die Gotthardbahngesellschaft angegeben hatte. In einigen Beschwerdepunkten hatte er sachlich Recht. Anderseits hatte er alle Risiken auf sich genommen. Sein Hauptproblem bestand darin, dass er neben der Kaution viel Kapital in die Bauanlagen investieren musste, bevor er die ersten Tunnelmeter graben lassen und damit Anspruch auf Geld der Gotthardbahngesellschaft erheben konnte. Aus diesem Grund war ihm so viel daran gelegen, den Richtstollen mit höchster Geschwindigkeit voranzutreiben zu lassen (siehe S. 152). Konnte ihn die Gotthardbahngesellschaft aber fallen lassen? Favre hätte in diesem Falle Konkurs angemeldet und jedes Nachfolgeunternehmen hätte sehr wahrscheinlich für die Gesellschaft ungünstigere Vertragsbestimmungen ausgehandelt. Gerade dass Favre einen für die Gotthardbahngesellschaft so günstigen Vertrag unterschrieben hatte, machte ihn für die Gesellschaft zum unentbehrlichen, wenngleich ungeliebten Partner. – Hatte er auch darauf vertraut?

Als nach Ablauf der acht Jahre, am 1. Oktober 1880, der Tunnel zwar durchschlagen, aber noch längst nicht fertiggestellt war, stand die Gotthardbahngesellschaft wieder vor einem Dilemma. Ab jetzt hätte sie täglich 5000 Franken, ab 1. April 1881 sogar 10 000 Franken Konventionalstrafe verlangen können. Am 1. Oktober 1881 hätte sie den Vertrag gar auflösen und 8 Millionen Franken Kaution einstreichen dürfen. Hätte sie es getan, so wäre das Unternehmen in Konkurs gegangen, die Arbeiten wären eingestellt und der Tunnel vermutlich auf lange Zeit nicht fertiggestellt worden. Die Gesellschaft verzichtete auf das Geld, und das Unternehmen stellte den Tunnel im Dezember 1881 fertig.

Favre und seine Erbin hatten mit dem Gotthardabenteuer ihr Geld verloren. Die Aktionäre der Gotthardbahngesellschaft strichen einen Gewinn von 23 Franken pro Aktie (Nominalwert 500 Franken) ein, weil Favre ja zu einem tieferen Preis, als der Voranschlag es vorgesehen hatte, gearbeitet hatte (siehe S. 151).

Im Widerspruch dazu steht, dass die Gotthardbahngesellschaft selbst in eine Finanzkrise geriet. 1875 musste sie nämlich feststellen, dass die Kosten für den Bau der Bahnlinien nördlich und südlich des Tunnels viel zu tief veranschlagt worden waren. Statt auf rund 120 Millionen kamen sie nach einer neuen Berechnung auf 220 Millionen Franken zu stehen. Die Gotthardbahngesellschaft verzichtete daraufhin auf die Doppelspur (mit Ausnahme des Tunnels, dort war sie ja im Vertrag festgeschrieben worden). Dennoch blieb ein Defizit von 40 Millionen. Diese kritische Situation fiel zusammen mit der Eisenbahnkrise der schweizerischen Privatbahnen Mitte der 1870er-Jahre, die Teil der sogenannten Gründerkrise war. Neben der «Centralbahn» mit ihrem Netz von Basel und der «Nordostbahn» mit ihrem Netz von Zürich aus hatte eine neu gegründete «Nationalbahn» eine Linie vom Boden- an den Genfersee zu legen versucht – durchs Mittelland, aber an den grossen Städten vorbei. Um sie in den Ruin zu treiben und damit aus dem Markt zu drängen, bauten die beiden grossen Bahngesellschaften unrentable Nebenlinien und gerieten dabei selbst in die Krise. Die Gotthardbahngesellschaft brauchte zusätzliches Geld, aber in Eisenbahnaktien wollte niemand mehr investieren.

Nun war der Bundesrat gefordert. Er konnte die Gotthardbahngesellschaft nicht fallen lassen, denn ohne sie wäre der Tunnel nicht gebaut worden. Wenn die Schweiz aber nicht selbst investierte, so waren auch Italien und das

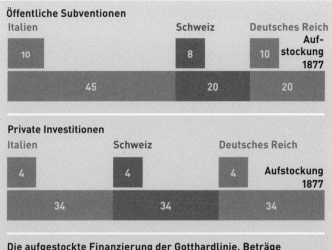

Öffentliche Subventionen

Italien	Schweiz	Deutsches Reich	
10	8	10	**Aufstockung 1877**
45	20	20	

Private Investitionen

Italien	Schweiz	Deutsches Reich	
4	4	4	**Aufstockung 1877**
34	34	34	

Die aufgestockte Finanzierung der Gotthardlinie, Beträge in Millionen Franken (vgl. Abbildung S. 150). Der Gotthardtunnel war zum Fixpreis vergeben worden, er trug nicht zu den Mehrkosten der Gotthardlinie bei.

«Gotthardpost», Gemälde (Öl auf Leinwand 139 × 117 cm) von Rudolf Koller (1828–1905), 2. Fassung, Schweiz 1874.

Der Verwaltungsrat der Nordostbahn hatte Rudolf Koller mit diesem Gemälde beauftragt, um ihren Direktionspräsidenten Alfred Escher zu beschenken. Das Gemälde sagt auch viel über Alfred Escher aus. Friedrich Welti eignete sich das Bild nach seiner Scheidung von Eschers Tochter Lydia Welti-Escher und deren Tod widerrechtlich an und vermachte es später dem Kunsthaus Zürich.

Nach Jung, Joseph: Alfred Escher, 1819–1882. Aufstieg, Macht, Tragik. Zürich 2007. S. 380.

«Im Hotel auf der Passhöhe hatte Koller im Sommer 1873 jenen Bundesrat Emil Welti getroffen, der nicht nur ein politischer Kampfgefährte und Freund Eschers war, sondern von Amtes wegen auch gleich den Poststellen Avis geben konnte, dem Maler für sein Vorhaben alle Erleichterungen zu verschaffen. Nachdem Koller erst die Wiedergabe der Bergfahrt und dann den Halt vor der Herberge verworfen hatte, wies ihn seine Frau auf die Dramatik der Tremola-Kurven, Baujahr 1830, hin. Nach einer natürlich wirkenden ‹zweispännigen› Fassung steigerte Koller die Dramatik der Szene mit einer engeren Kurve, mit einer versprengten Kuhherde, die den Hirten weit hinter sich lässt, zum wilden Geschwindigkeitsrausch, der eher an John Fords ‹Stagecoach› gemahnt als daran, dass die jährlich rund 60 000 Reisenden die Reise von Andermatt nach Airolo in der Regel doch allesamt sicher überlebten.»

Magnaguagno, Guido: Kollers Verspätung. NZZ Folio Nr. 7/1995

Deutsche Reich nicht zu einer Zusatzinvestition bereit. Die fehlenden 40 Millionen sollten nach einer zweiten Konferenz von 1877 wie folgt aufgebracht werden: durch private Aktionäre 12 Millionen, durch Italien und Deutschland je 10 Millionen und durch die Schweiz 8 Millionen. Deren Beschaffung bereitete am meisten Mühe. Die Kantone wollten ihre Anteile nur übernehmen, wenn der Bund sich ebenfalls beteiligte. Diesem war das aber durch das Eisenbahngesetz (siehe S. 149) versagt. Darauf achteten die Kantone, deren Bahnprojekte am Lukmanier und am Simplon übergangen worden waren, genau. Als Bundesrat Welti 1878 eine Bundessubvention von gut 6,5 Millionen Franken im Parlament durchsetzte, brachte allein der Kanton Waadt genügend Unterschriften zu einem Referendum zusammen. Um die Referendumsabstimmung zu gewinnen, nötigte Bundesrat Welti den Direktor der Gotthardbahngesellschaft, Alfred Escher, im Juli 1878 zum Rücktritt. Denn dass ausgerechnet derjenige Unternehmer, der dafür gekämpft hatte, dass der Eisenbahnbau Privatsache sei, und der behauptet hatte, Privatunternehmen seien immer günstiger als staatliche, nun auf Bundesgelder angewiesen war, hätte die Vorlage vor dem Volk scheitern lassen. Ferner hatte Escher arrogant jede Schuld an der fehlerhaften Kostenschätzung von sich gewiesen. Zudem stand er im Konflikt mit seinem Oberingenieur, dem Deutschen Konrad Wilhelm Hellwag, für den sich sogar Bismarck einsetzte.

Welti war zwar mit Escher befreundet. Escher hatte Weltis Sohn eine Stelle verschafft und dieser heiratete kurz nach Eschers Tod dessen einzige Tochter. Aber in dieser Situation opferte Welti seinen Freund und drängte ihn zum Rücktritt aus der Direktion. Escher, der wegen seines Gotthardbahnengagements seine mächtigen Positionen sowohl in der Nordostbahn als auch in der Schweizerischen Kreditanstalt aufgegeben hatte, war entmachtet und gescheitert.

Den Rücktritt aus der Direktion akzeptierte er, aber verbittert war er vor allem darüber, dass er weder 1879 in den Verwaltungsrat der Gotthardbahngesellschaft gewählt noch 1880 zur Feier des Durchstichs eingeladen wurde. Das Mammutunternehmen war sogar für einen Unternehmensgiganten zu gross geworden.

Das glückliche Ende – die Gotthardbahn als Meilenstein

Mit 15 Monaten Verspätung rollten am 1. Januar 1882 die ersten Züge durch den Gotthardtunnel. Mit dem Tod von mindestens 199 Arbeitern, dem Ruin des Tunnelunternehmers und seiner Erbin und einem verbitterten ehemaligen Präsidenten der Gotthardbahngesellschaft hatte der Tunnel seine Opfer gefordert. War die Rekordbauzeit das wert?

Für über hundert Jahre blieb die Gotthardbahn das Mass aller Dinge. Der Tunnel hatte eine zentrale Lücke im Eisenbahnnetz geschlossen. Das Eisenbahnnetz repräsentierte die wichtigsten Anliegen der Zweiten Technischen Revolution: Kommunikation und Mobilität. Bald folgten ihm nicht nur die Bewegung von Menschen und Waren, sondern auch die Erleichterung der Kommunikation durch Telegraf (Schreibtelegraf 1844; er spielte schon beim Tunnelbau eine Rolle), Telefon (1876), Funk (1896) und Radio (1897). Fonograf (1877), Grammofon (1887) und Tonband (Drahtton, 1890) erlaubten die dauerhafte Aufzeichnung von Tönen. Und mit den Röntgenstrahlen (ab 1895) konnten die Menschen zum ersten Mal auch in die Materie hineinsehen – ihr Wahrnehmungsfeld erweiterte sich.

Grundlage dieser Erfindungen war die Entwicklung der chemischen und elektrotechnischen Industrie. Die Zweite Technische Revolution stellte aber auch für die Wirtschaft einen Meilenstein dar. Während der Ersten Technischen Revolution mit Dampf- und Wasserantrieb, mit Spinn- und Webmaschinen konnten sich die Unternehmen (vereinfacht gesagt) Maschine für Maschine vergrössern. In der Zweiten Technischen Revolution musste viel Kapital gesammelt und

investiert werden, bevor Ertrag floss. Rund 220 Millionen Franken steckten die Geldgeber in die Gotthardbahn, bevor der erste Zug durch den Tunnel rollte. Auch ein Chemieunternehmen braucht zuerst Forschung, bevor überhaupt Produkte hergestellt werden können. Ein elektrisches Kraftwerk mit nur einer halben Turbine und ein paar hundert Metern elektrischer Leitung funktioniert ebenfalls nicht. Weil die Unternehmen der Zweiten Technischen Revolution riesige Investitionen benötigten, war die Zeit der Einzelunternehmer vorbei: Aktiengesellschaften sammelten das Kapital. Eine Direktion, die sich auf die Leitung des Unternehmens konzentrierte, löste den Eigentümerdirektor der Ersten Technischen Revolution ab (das musste auch Alfred Escher erfahren). Die Funktionen Arbeit, Unternehmensleitung und Kapital begannen sich zu trennen (siehe S. 150).

Solche Grossunternehmen veränderten auch die Politik. Hatte die Schweiz das Eisenbahnzeitalter 1852 noch mit dem Bau privater Netze und kantonaler Konzessionen betreten wollen, so zeigten sich 25 Jahre später, bei der Krise der Gotthardbahngesellschaft, die Grenzen dieser Laisser-faire-Haltung. Ob Eisenbahn, Chemiefirma oder Kraftwerk: Grossunternehmen hatten eine politische Dimension. Italien und das Deutsche Reich hätten die Gotthardbahn politisch und vor allem finanziell nicht unterstützt, hätte nicht der Bundesrat als Vertreter der Schweiz Garantie für das Unternehmen geboten. 1872 ging denn auch das Recht, Eisenbahnlinien zu bewilligen, an den Bund über. Und 1898 erhielt er durch eine Volksabstimmung den Auftrag zum

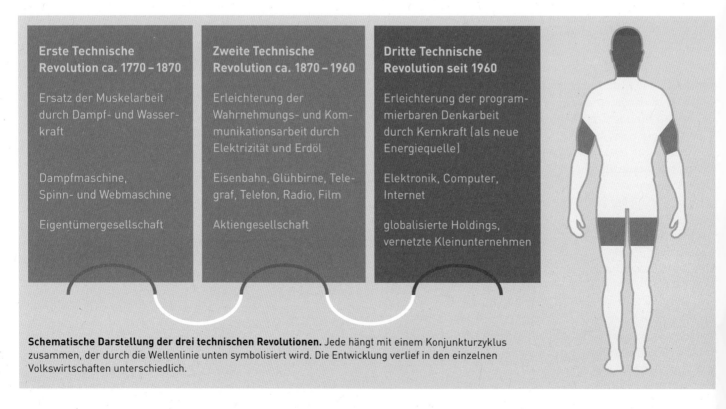

Erste Technische Revolution ca. 1770 – 1870

Ersatz der Muskelarbeit durch Dampf- und Wasserkraft

Dampfmaschine, Spinn- und Webmaschine

Eigentümergesellschaft

Zweite Technische Revolution ca. 1870 – 1960

Erleichterung der Wahrnehmungs- und Kommunikationsarbeit durch Elektrizität und Erdöl

Eisenbahn, Glühbirne, Telegraf, Telefon, Radio, Film

Aktiengesellschaft

Dritte Technische Revolution seit 1960

Erleichterung der programmierbaren Denkarbeit durch Kernkraft (als neue Energiequelle)

Elektronik, Computer, Internet

globalisierte Holdings, vernetzte Kleinunternehmen

Schematische Darstellung der drei technischen Revolutionen. Jede hängt mit einem Konjunkturzyklus zusammen, der durch die Wellenlinie unten symbolisiert wird. Die Entwicklung verlief in den einzelnen Volkswirtschaften unterschiedlich.

Rückkauf der grossen privaten Eisenbahngesellschaften, aus denen dann die SBB hervorgingen.

Die Situation der Arbeiter am Gotthard verbesserte der Bundesrat zwar nicht. Aber das Fabrikgesetz von 1877 wurde auch unter dem Eindruck des Gotthardtunnelarbeiterstreiks bezüglich der Gastarbeiter erweitert. Später folgten mühsame Verhandlungen mit Italien und dem Deutschen Reich über die Tarife der Gotthardbahn. Ferner wurde der Schutz ganzer Wirtschaftszweige durch Schutzzölle eine politische Frage des gesamten Bundesstaates. Die Zweite Technische Revolution führte zu einer Kompetenzzunahme der Nationalstaaten. Es ist kennzeichnend, dass die Schweizer Armee nur vier Jahre nach der Eröffnung der Gotthardlinie begann, den Übergang mit der Gotthardfestung zu sichern.

Die Zweite Technische Revolution verband nicht nur die Menschen, sondern führte zu einer verstärkten Migration. Zur gleichen Zeit, als aus Italien Hunderte von Arbeitern am Gotthard arbeiteten, wanderten aus dem Tessin 7000 Menschen aus. Hatte die Erste Technische Revolution schon zu einer Konzentration der Bevölkerung um die Fabrikzentren geführt, so begannen die Menschen nun, in die Städte zu strömen. Obwohl die Nationalstaaten sich stärker voneinander abgrenzten, überquerten die Menschen diese Grenzen immer leichter. 1910 lebten in der Schweiz 15 Prozent ausländische Staatsangehörige (1941: 5 Prozent, 2008: 21 Prozent). Nicht nur Menschen, sondern auch Waren liessen sich in dieser zweiten Globalisierungswelle nach dem Zeitalter der Entdeckungen leichter transportieren. Der erste Güterzug durch den Gotthard transportierte übrigens Waffen vom Deutschen Reich nach Italien.

Die Zweite Technische Revolution steht auch in enger Verbindung mit dem Imperialismus: Die Verkehrs- und Kommunikationsmittel schufen erst eigentlich die Voraussetzungen für den Aufbau eines Kolonialreichs – und umgekehrt kam der wichtige Treibstoff der Zweiten Technischen Revolution, das Erdöl, weitgehend aus kolonialen Gebieten. In diesen weltweiten Zusammenhang stellte der neue Präsident der Gotthardbahngesellschaft Josef Zingg (1828–1891) den Gotthardtunnel bei der Eröffnungsfeier 1882:

«In immer grösseren Gebieten verbreitet sich in Afrika, in Ostindien, Australien und im Gebiete der tausend Inseln – die europäische Kultur. Unermesslich ist die Entwicklung, welche Handel und Verkehr nach und von jenen Ländern im Laufe der Zeit erreichen kann. Und gleich wie der Verkehr nach jenen fernen Gebieten den Suezkanal, diese grossartige Schöpfung Lesseps, in täglich steigendem Masse befruchtet, so wird derselbe mit der Zeit auch für die Gotthardbahn, als der direktesten Fortsetzung jenes wichtigen Wasserweges nach den Rheinlanden, nach Belgien, Holland und England, sowie für die im Süden und Norden anschliessenden Bahnen ein belebendes Element bilden.»

Und bei der 125-Jahr-Feier 2007 sagte der Verwaltungsratspräsident der Credit Suisse Group, Walter B. Kielholz:

«Der Gotthardtunnel, der von seiner Bedeutung her im 19. Jahrhundert oft mit dem Suezkanal verglichen wurde, war nicht nur das Tor zu Italien, sondern zu einer Welt, ein eigentlicher Globalisierungsschritt für die damalige Gesellschaft, auch wenn man das sicher noch nicht so genannt hat.» [6]   HANS UTZ

1 Schreiben von Franz Lusser an Carl Müller, Urner Staatsarchiv R-720-12/28a (3), publiziert in Kuoni, Konrad: «Allein man darf die Humanitätsfrage nicht aus dem Auge verlieren». Der Bau des Gotthard-Eisenbahntunnels in wirtschaftlicher, politischer und sozialer Hinsicht. Unveröffentlichte Lizentiatsarbeit 1996. S. 217, gekürzt.

2 Bundesarchiv Bern, Bestand E 53/166. Abgedruckt in Kuoni, a.a.O., S. 223.

3 Hold, Hans: Bericht des eidg. Kommissärs. Bern 1875, S. 10 f.

4 Bundesarchiv, Bestand E 54/164 [deutsche Übersetzung; Original in Italien]; abgedruckt in Kuoni, a.a.O., S. 250.

5 Bericht von Sonderegger, Laurenz an das eidg. Dep. d. Innern: Die kranken Gotthardtunnel-Arbeiter. [Ort unbekannt] 1880. S. 3.

6 Dokumentarfilm «Alfred Escher» von Michèle Sauvain, Schweizer Fernsehen, 3. 12. 2007.

Empfohlene Literatur

· Joris, Elisabeth; Rieder, Katrin; Ziegler, Béatrice (Hg.): Tiefenbohrungen. Frauen und Männer auf den grossen Tunnelbaustellen der Schweiz 1870–2005. Baden 2006.

· Jung, Joseph: Alfred Escher, 1819–1882. Aufstieg, Macht, Tragik. Zürich 2007.

· Kuoni, Konrad: «Allein man darf die Humanitätsfrage nicht aus dem Auge verlieren». Der Bau des Gotthard-Eisenbahntunnels in wirtschaftlicher, politischer und sozialer Hinsicht. Unveröffentlichte Lizentiatsarbeit 1996.

· Verkehrshaus der Schweiz (Hg.); Bärtschi, Hans-Peter (Redaktion): Kohle, Strom und Schienen. Die Eisenbahn erobert die Schweiz. Zürich 1997.

Angeklagt

Alfred Dreyfus und die Teufelsinsel, Postkarte mit zwei Kupferstichen von Unbekannt, Deutschland, zwischen 1894 und 1899. Die Dreyfusaffäre war nicht nur ein Medienereignis in den Zeitungen. Zahlreiche Menschen in ganz Europa schickten einander Postkarten, die Dreyfus auf der Teufelsinsel zeigten. Mehr noch als viele Zeitungsartikel machen diese in mehreren Varianten und in grosser Zahl verschickten Postkarten deutlich, wie sehr die Menschen ganz persönlich am Schicksal von Alfred Dreyfus Anteil nahmen und wie stark das Politische und das Private miteinander verbunden waren.

«Niemals!» Hippolyte Prague, der Chefredaktor einer Pariser Zeitung, war empört und fassungslos. Erst wenige Jahre zuvor hatte sich der Sturm auf die Bastille zum hundertsten Mal gejährt und Frankreich die wichtigsten Werte der noch jungen französischen Republik gefeiert: Freiheit, Gleichheit und Brüderlichkeit. Und nun, Mitte der 1890er-Jahre, musste er miterleben, dass – nicht nur in Paris, auch in anderen französischen Städten – judenfeindliche Parolen gedruckt und gerufen, gesungen und gezeichnet wurden? Das durfte, nein, das *konnte* nicht sein! Antisemitismus, schrieb er, ist ein deutsches Importprodukt und wird hier nicht Fuss fassen! Frankreich werde die Emanzipation, die es sich mit der Revolution erkämpft hatte, nicht verleugnen. Die Nation, die zu Recht der Soldat von Recht und Gerechtigkeit genannt werde, werde in ihrem Versprechen, in ihrer Mission nicht scheitern, niemals![1]

Doch Hippolyte Prague irrte sich und mit ihm viele andere Französinnen und Franzosen auch. Ganz offenbar schützte die Tatsache, dass die Losung «Freiheit, Gleichheit, Brüderlichkeit» in Frankreich geprägt worden war, die damalige Gesellschaft nicht davor, ihre Ideale zu vergessen: Am 3. November 1894 wurde der französische Hauptmann Alfred Dreyfus (1859–1935) angeklagt, Deutschland wichtige militärische Geheimnisse verraten zu haben. Die Tatsache, dass Dreyfus ein Jude war, spielte in diesem Prozess eine zentrale Rolle, auch wenn sie in den Verhandlungen nicht zur Sprache kam. Die Richter des Pariser Militärgerichts hegten, wie viele Landsleute der damaligen Zeit, judenfeindliche Vorurteile und glaubten daher bereitwillig den gefälschten Beweisen, die ihnen vorlagen. Nach einem schnellen Prozess verurteilten sie am 22. Dezember den in Wahrheit unschuldigen Hauptmann zu lebenslanger Einzelhaft in einer Gefangenenkolonie im Norden Südamerikas.

Heute noch ist der Name Dreyfus oder der Ausdruck Dreyfusaffäre vielen ein Begriff. Die Geschichte von Alfred Dreyfus gleicht einem Krimi: Man liest von einer Spionin und einem Verräter, von Heldinnen und Helden, Parolen skandierenden Menschen, wahren und erfundenen Verschwörungen, politischem Kalkül und Skandalmeldungen in allen Zeitungen. Wer sich mit dem Leben von Alfred Dreyfus beschäftigt, steht mit einem Mal mitten in der spannungsreichen Geschichte Frankreichs im 19. und 20. Jahrhundert; verfolgt hautnah mit, welche Rolle Medien und Öffentlichkeit in unserer modernen Gesellschaft spielen; lernt Frauen und Männer kennen, die sich mit ihrem Ruf, ihrem Vermögen und ihrem Leben für jemanden einsetzten, den sie als Opfer eines hässlichen Justizskandals sahen, ohne es vorerst beweisen zu können; kann ganz unmittelbar Mechanismen ideologisch begründeter Intoleranz beobachten und dabei viel vom Wesen der Demokratie verstehen.

Eine Spionin, ein Verräter,
ein Prozess

Alles nahm seinen Anfang, als im Herbst 1894 eine als Putzfrau getarnte französische Spionin in der deutschen Botschaft in Paris ein brisantes Papier aus dem Abfalleimer zog. Ganz offenbar bot darin jemand der deutschen Militärspitze gegen Geld geheime Informationen über die französische Armee an. Doch wer? Da es sich vor allem um Informationen über die Artillerie handelte, verdächtigten die französischen Kommandeure den Artilleriehauptmann Alfred Dreyfus. Zwei weitere Argumente bestärkten die Militärs in ihrem Verdacht: Erstens stammte Dreyfus ursprünglich aus dem Elsass. Seit Frankreich 1871 den Deutsch-Französischen Krieg verloren hatte, war das Elsass Teil des Deutschen Reichs. Die geografischen und politischen Verhältnisse liessen die Generäle darauf schliessen, dass die Familie Dreyfus möglicherweise Beziehungen zur deutschen Regierung unterhielt. Zweitens war Dreyfus Jude. Viele Französinnen und Franzosen stellten sich damals vor, dass «richtige» Franzosen katholisch, vielleicht protestantisch, aber gewiss nicht jüdischen Glaubens sein könnten. Sie unterstellten ihren jüdischen Mitbürgerinnen und Mitbürgern, eigentlich Fremde zu sein, auch wenn sie schon seit Generationen Französinnen und Franzosen waren. Diese Einschätzung teilten offenbar auch die ermittelnden Generäle. Gleich zwei gängige judenfeindliche Klischees liessen die Militärs daran glauben, dass Dreyfus der Schuldige sei. Sie erlagen dem Vorurteil, ein jüdischer Hauptmann würde zum einen aufgrund seiner Religionszugehörigkeit und zum anderen wegen seiner Geldgier seine Heimat ohne Skrupel verraten.

Kurz nachdem Alfred Dreyfus verhaftet worden war, verurteilte ihn das Militärgericht auf der Grundlage widersprüchlicher und lückenhafter Beweise einstimmig als Landesverräter. Einige Beweise waren sogar von den ermittelnden Behörden gefälscht worden, damit Frankreich nicht öffentlich zugeben musste, gegen Deutschland zu spionieren. Der eben noch gut angesehene, junge Hauptmann war in den Zeitungen schon vor dem Prozess verurteilt worden. Ranghohe Militärs behaupteten dort öffentlich, Dreyfus sei ohne jeden Zweifel schuldig. Die massive Vorverurteilung und die antijüdischen Ressentiments blieben nicht ohne Wirkung: Die Richter liessen ihn nach einer Aufsehen erregenden Degradierung umgehend auf eine Gefangeneninsel in den französischen Kolonien verfrachten, die den unheilvollen Namen «Teufelsinsel» trug – Dreyfus' Rückkehr war nicht vorgesehen.

Eine zwielichtige Angelegenheit kommt ans Tageslicht

Zweifellos hätte Dreyfus den Rest seiner Tage auf dieser Insel verbringen müssen, hätten seine Frau und sein Bruder nicht mit allen Mitteln für ihn gekämpft. Alfred Dreyfus war rechtskräftig verurteilt worden, an diesem juristischen Fakt liess sich zumindest zu diesem Zeitpunkt nicht

rütteln. Wie könnten sie also dennoch erreichen, dass der Prozess wieder aufgenommen würde? Obwohl sie für ihr Handeln kaum Vorbilder hatten, wurde ihnen klar, dass ihnen nur eine Strategie blieb: Sie mussten die Öffentlichkeit mobilisieren und Druck auf die staatlichen Institutionen machen! Mathieu und Lucie Dreyfus organisierten ein Unterstützungskomitee, in das bekannte und einflussreiche Personen des öffentlichen Lebens Einsitz nahmen, veranlassten die Veröffentlichung von Zeitungsartikeln und forderten dort, dass der Prozess noch einmal aufgerollt werde. Und tatsächlich: Ihre Strategie ging auf. Im Laufe der Jahre äusserten immer mehr Menschen Zweifel am Urteil des Militärgerichts.

Gleichzeitig schien sich auch innerhalb des Geheimdienstes das Blatt zugunsten von Dreyfus zu wenden. Der

William Cohen über die Dreyfusaffäre

Anlässlich einer Ausstellung über Alfred Dreyfus an der US-amerikanischen Militärakademie in West Point hielt der Sekretär des Verteidigungsministeriums unter dem demokratischen Präsidenten Bill Clinton, William S. Cohen, 1999 die Eröffnungsrede. Darin kam folgender Abschnitt vor:

«More than a century after it began, the Dreyfus case remains compelling and instructive, in part, because it is a story of one man's resilient character: his courage in the face of tragedy, his enduring dignity amid a cloud of disgrace, and his perseverance in pursuit of vindication. It is one of the most inspiring stories of personal trial and triumph in Western political history. But the story of Captain Alfred Dreyfus is far more than a memorable biography. It foreshadowed many of the defining events (positive and negative) of this century: the separation of civilian and military power in nation states; the rise of anti-Semitism that culminated in the Holocaust; the codification of universal human rights; and the growth of a powerful and independent press, among others. Although the setting of the Dreyfus case is turn-of-the-century France, the issues are timeless and global. And these issues offer enduring lessons in ethics, law, political psychology, ethnic tolerance, and international relations. How can nations protect the rights of the individual against oppression of the majority? What is the proper relationship between military and civilian standards of justice? How should individuals resolve conflicts when their personal sense of justice conflicts with the law of institutions? What can institutions and nations do to guard against ethic discrimination and persecution? All of these questions are as relevant today as they were a century ago.»

The Dreyfus Affair. Voices of honor, United States Military Academy, edited by Lorraine Beitler, September 17 – October 30, 1999, New Jersey, The Beitler Family Foundation, 1999, S. XI.

Porträt von Caroline Rémy (1855–1929), Fotografie von Paul Nadar, aufgenommen im Atelier Nadar, Paris zwischen 1885 und 1890.
Journalisten spielten in der Dreyfusaffäre eine zentrale Rolle. Eine der wenigen Frauen in diesem Métier war Caroline Rémy, bekannt unter ihrem Pseudonym Séverine. Sie hatte einen hervorragenden Ruf als unabhängige Stimme und berichtete in verschiedenen Tageszeitungen über Alfred Dreyfus. Unter anderem schrieb sie auch für «La Fronde» (1897–1905), die erste französische Tageszeitung, die nur von Frauen herausgegeben wurde. Gerechtigkeit und Gleichberechtigung waren ihr so wichtig, dass sie 1898 die Liga der Menschen- und Bürgerrechte mitbegründete, eine Organisation, die ursprünglich einzig zum Ziel hatte, dass der Dreyfusprozess wieder aufgenommen werden sollte. Die «Ligue des droits de l'homme» gibt es heute noch.

neue Geheimdienstchef, Marie-Georges Picquart, identifizierte schon ein Jahr nach dem Dreyfusprozess den wahren Verräter: Major Ferdinand Walsin-Esterházy. Sofort zeigte Picquart seinen Vorgesetzten diese Entdeckung an. Wider sein Erwarten forderten ihn diese auf, die Angelegenheit zu vergessen und versetzten ihn selbst nach Algerien. Trotz strenger Geheimhaltung begannen jedoch Gerüchte über den eigentlichen Verräter zu zirkulieren und Mathieu Dreyfus gelang es, Esterházy in einer Annonce zu demaskieren. So trug er dazu bei, dass es zu einem Verfahren gegen den eigentlichen Schuldigen kam. Doch Esterházy wurde freigesprochen. Und aus dem Fall Dreyfus wurde die Affäre Dreyfus.

Eine Frage der Ehre
Längst hatten sich in den Zeitungen und auf den Strassen, in den Wirtshäusern und an den Familientischen gegnerische Parteien gebildet. Hitzig diskutierten «Dreyfusards» mit «Anti-Dreyfusards». Gegen Dreyfus äusserten sich Autoren wie Edouard Drumont (1844–1917), die behaupteten, dass es eine jüdische Verschwörung gegen Frankreich gäbe, und damit suggerierten, dass Juden keine Franzosen wären.

Dieses Programm erwies sich als so erfolgreich, dass sich eine politische Bewegung bildete, welche die Judenfeindschaft zur Ideologie erhob und sich deshalb Antisemitenliga nannte. Öffentlichkeitswirksam organisierte sie Märsche in Paris und anderen Städten Frankreichs. Nicht alle Anti-Dreyfusards waren flammende Antisemiten. Doch judenfeindliche Vorurteile waren ihnen allen geläufig. Mehrheitlich Konservative aus Militär, Kirche und dem Bürgertum glaubten, mit ihrer Parteinahme gegen Dreyfus für Werte wie Ordnung, Tradition und Stärke einzustehen. Sie bezeichneten den Mann auf der Teufelsinsel als Verräter. Würde das Verfahren gegen ihn wieder aufgenommen, dann würde dadurch die Glaubwürdigkeit des Militärs geschwächt und somit auch die Ehre der Nation geschmälert. Und gerade diese Ehre sahen in jenen Jahren viele Französinnen und Franzosen angegriffen: Frankreich hatte in Europa und im Wettlauf um die Kolonien militärische Niederlagen erlitten. 1871 hatte der letzte französische Kaiser, Napoleon III., nach einer vernichtenden Niederlage gegen Preussen abdanken müssen. Seither war Frankreich wieder eine Republik. Für die Konservativen im Land, insbesondere für die noch immer aktiven Anhängerinnen und Anhänger der Monarchie, war diese Republik schuld an allen innen- und aussenpolitischen Krisen Frankreichs. Viele behaupteten sogar, das Problem liege darin, dass in der Republik Menschen begünstigt würden, die nicht katholisch und somit dem «wahren» Frankreich fremd seien. Gäbe es die Gleichberechtigung, die Meinungsfreiheit und das parlamentarische System nicht und würde stattdessen eine starke Macht konservative Werte durchsetzen, könnte Frankreich an eine ruhmreiche Vergangenheit anknüpfen. Diese Französinnen und Franzosen setzten ihre Hoffnung auf das Militär, das die Ehre Frankreichs durch erfolgreiches Agieren in den innenpolitischen Krisen und an den aussenpolitischen Fronten wieder herstellen könne.

Ihnen traten Frauen und Männer aus Arbeiter- und Gewerkschaftskreisen, Kulturschaffende und andere Angehörige des französischen Bildungsbürgertums entgegen, die sich selbst «Dreyfusards» nannten, um ihre Parteinahme auch nach aussen hin sichtbar zu machen. Sie sahen in Dreyfus einen Mann, dem der Staat bewusst Unrecht getan hatte, obwohl ihrer Ansicht nach gerade der Staat als Rechtsstaat allen Menschen die Gleichheit vor dem Recht garantieren musste. Wie den konservativen Gegnerinnen und Gegnern ging es auch ihnen nicht nur um den Privatmann Alfred Dreyfus. Auch sie machten ihn zum Symbol für ihre gesellschaftlichen und politischen Anliegen. Die Dreyfusards verstanden sich als Hüterinnen und Hüter der Menschenrechte. Sie sahen es als Ehrensache an, das Erbe der französischen Revolution zu pflegen, für Demokratie und Rechtsstaatlichkeit einzustehen und damit Gerechtigkeit im übergeordneten Sinn anzustreben.

Sieben Buchstaben machen Geschichte

Die Situation in Frankreich am Ende der 1890er-Jahre war bewegt, die Gesellschaft gespalten: Man muss sich lärmige Demonstrationen, tägliche Zeitungsartikel pro und kontra Dreyfus und hitzige private Diskussionen vorstellen. Jedermann hatte eine Meinung zu Dreyfus und Esterházy und viele Französinnen und Franzosen machten die politische Frage zur persönlichen Angelegenheit. Aus diesem Grund fanden sich neben den aktuellen Meldungen über die Dreyfusaffäre immer häufiger auch Hinweise auf Duelle, bei denen Männer der Gesellschaft ihre bürgerliche Ehre mit Pistolen und Degen verteidigten – die Parteinahme für oder gegen Dreyfus wurde zum Anlass für tödliche Schüsse und lebensgefährliche Hiebe. Mehrere prominente Dreyfusards und Anti-Dreyfusards gingen auf der Strasse oder bei öffentlichen Anlässen aufeinander los, sogar der französische Staatspräsident wurde von einem adligen Anti-Dreyfusard angegriffen. Kurzum: In jenen Jahren war die Dreyfusaffäre in fast jedem Aspekt des Alltags präsent.

In diese aufgeregte Stimmung schlug wie ein Blitz die nur sieben Buchstaben lange Schlagzeile ein, die Zeitungsburschen in der Nacht zum 13. Januar 1898 an Häusern und Wänden plakatierten und die dann am Morgen auf der Frontseite der kleinen, liberalen Pariser Zeitung «L'Aurore» zu lesen war: «J'accuse …!»

Unter dieser Überschrift wandte sich Emile Zola (1840–1902) in einem offenen Brief direkt an den Präsidenten der Republik. Drei Jahre nach der Verurteilung von Alfred Dreyfus holte der bekannte Schriftsteller mit seinen Zeilen zum grossen Schlag gegen den Generalstab aus. Der Autor schrieb provokativ. Bewusst brachte er sich mit Gesetzen in Konflikt. Zola erwartete als Reaktion auf seinen Artikel eine Anklage, die er zum Anlass nehmen wollte, stattdessen erneut den Fall Dreyfus verhandeln zu lassen. Kein Ereignis der gesamten Dreyfusaffäre warf derartige Wellen wie dieser Zeitungsartikel; es sind Wellen, die bis heute nicht verebbt sind. Noch heute berufen sich Menschen auf Emile Zolas couragierten Eingriff in die öffentliche Meinung und schreiben Artikel, die mit diesen Worten beginnen.

Zolas Worte, die Form, in der er seine Anklage und sein Anliegen vorbrachte, waren unerhört. Aus heutiger Sicht hat der Schriftsteller entscheidend zur Freilassung und späteren Rehabilitierung von Dreyfus und Picquart beigetragen. Einige Historikerinnen und Historiker sind sogar überzeugt, dass dieser Brief die französische Gesellschaft und den französischen Staat nachhaltig veränderte. Dabei nennen sie vor allem drei Dinge:

Erstens unterstützten in den Tagen und Wochen nach der Veröffentlichung von Zolas offenem Brief zahlreiche Kulturschaffende (wie Marcel Proust und Sarah Bernard), Journalistinnen und Journalisten (wie Theodor Herzl und Séverine) sowie Wissenschaftler und Studenten Emile Zola und damit auch Alfred Dreyfus. Ein bekannter Anti-Dreyfu-sard, Maurice Barrès, verspottete sie als «Intellektuelle» und meinte damit, dass sie abgehoben, kopflastig, politisch inkompetent und kosmopolitisch, mit andern Worten jüdisch und somit letztlich unpatriotisch seien.[2] Die Gemeinten eigneten sich im Gegenzug das Schimpfwort als eine ehrenvolle Selbstbezeichnung an. «J'accuse» gilt heute als die Geburtsurkunde eines gesellschaftlichen Modells, in dem sich Frauen und Männer aus Wissenschaft und Kultur mit kritischer Stimme in gesellschaftliche Ereignisse einmischen. Sie verstehen ihr Engagement als Aufklärung, mit der sie Verantwortung wahrnehmen.

Zweitens denken Fachleute heute, dass die intensive Auseinandersetzung in den Zeitungen wegweisend für das Verständnis von Öffentlichkeit in unserer heutigen Gesellschaft war. Denn spätestens seit jenen Tagen gelten die Medien als die sogenannte vierte Macht der Demokratie.

Und drittens wird das Gesetz, das wenig später erlassen wurde und das in Frankreich Kirche und Staat endgültig trennte, auf die Debatte um Alfred Dreyfus' Verurteilung zurückgeführt.

Es besteht kein Zweifel: Emile Zolas offener Brief ist ein historisches Dokument von grosser Bedeutung. Nicht ohne Grund hat der französische Staat (und nicht zufällig unter dem sozialistischen Präsidenten François Mitterand) die handschriftliche Vorlage für diesen Text 1986 gekauft und bewahrt ihn in der *Bibliothèque Nationale* auf. Der Text ist für einen Zeitungsartikel ungewöhnlich lang. Auf den ersten Blick zeigt er alle Elemente eines Briefes: Datum, persönliche Anrede, eine übliche Schlussformel. Doch allein schon die Tatsache, dass er in einer Zeitung erschien, macht deutlich, dass der Angeschriebene nicht der eigentliche, zumindest nicht der einzige Adressat war. Für heutige Leserinnen und Leser ist Zolas Brief in einer veralteten, pathetischen Sprache geschrieben: Er wandte sich zum Beispiel gleich am Anfang mit den Worten an den Präsidenten der Republik, dass sein «Stern, so glücklich er bisher auch war […] durch den beschämendsten, den unauslöschlichsten Fleck bedroht» sei, den es gebe, und die Geschichtsschreibung werde es dereinst ihm persönlich und seiner Präsidentschaft zuschreiben, dass ein gesellschaftliches Verbrechen wie die Affäre Dreyfus habe begangen werden können. So blumig und so dramatisch zu schreiben war schon damals eher altmodisch, wenn man beispielsweise an die wenig später veröffentlichten Texte russischer Schriftstellerinnen und Schriftsteller denkt, doch Zola traf mit seinem Stil den Geschmack der breiten Mehrheit. Und bereits im dritten Abschnitt machte Zola sein Anliegen zu einer Frage der persönlichen wie der nationalen Ehre: Es sei seine Pflicht zu sprechen, rief er dem Präsidenten zu, denn er wolle kein Komplize sein! Sein Schreiben sei «ma révolte d'honnête homme», die Revolte eines ehrlichen und zugleich ehrenhaften Mannes.

Deuxième Année. — Numéro 87 | Cinq Centimes | JEUDI 13 JANVIER 1898

Directeur ERNEST VAUGHAN

L'AURORE

Littéraire, Artistique, Sociale

Directeur ERNEST VAUGHAN

LES ANNONCES SONT REÇUES : 142 — Rue Montmartre — 142

Les manuscrits non insérés ne sont pas rendus

ADRESSER LETTRES ET MANDATS : à M. A. BOUIT, Administrateur

Téléphone : 102-88

POUR LA RÉDACTION : S'adresser à M. A. BERTHIER, Secrétaire de la Rédaction

Adresse télégraphique : AURORE-PARIS

J'Accuse...!

LETTRE AU PRÉSIDENT DE LA RÉPUBLIQUE

Par ÉMILE ZOLA

LETTRE A M. FÉLIX FAURE

Président de la République

Monsieur le Président,

Me permettez-vous, dans ma gratitude pour le bienveillant accueil que vous m'avez fait un jour, d'avoir le souci de votre juste gloire et de vous dire que votre étoile, si heureuse jusqu'ici, est menacée de la plus honteuse, de la plus ineffaçable des taches?

Vous êtes sorti sain et sauf des basses calomnies, vous avez conquis les cœurs. Vous apparaissez rayonnant dans l'apothéose de cette fête patriotique que l'alliance russe a été pour la France, et vous vous préparez à présider au solennel triomphe de notre Exposition universelle, qui couronnera notre grand siècle de travail, de vérité et de liberté. Mais quelle tache de boue sur votre nom — j'allais dire sur votre règne — que cette abominable affaire Dreyfus! Un conseil de guerre vient, par ordre, d'oser acquitter un Esterhazy, soufflet suprême à toute vérité, à toute justice. Et c'est fini, la France a sur la joue cette souillure, l'histoire écrira que c'est sous votre présidence qu'un tel crime social a pu être commis.

Puisqu'ils ont osé, j'oserai aussi, moi. La vérité, je la dirai, car j'ai promis de la dire, si la justice, régulièrement saisie, ne la faisait pas, pleine et entière. Mon devoir est de parler, je ne veux pas être complice. Mes nuits seraient hantées par le spectre de l'innocent qui expie là-bas, dans la plus affreuse des tortures, un crime qu'il n'a pas commis.

Et c'est à vous, monsieur le Président, que je la crierai, cette vérité, de toute la force de ma révolte d'honnête homme. Pour votre honneur, je suis convaincu que vous l'ignorez. Et à qui donc dénoncerai-je la tourbe malfaisante des vrais coupables, si ce n'est à vous, le premier magistrat du pays?

***

La vérité d'abord sur le procès et sur la condamnation de Dreyfus.

Un homme néfaste a tout mené, a tout fait, c'est le colonel du Paty de Clam, alors simple commandant. Il est l'affaire Dreyfus tout entière, on ne la connaîtra que lorsqu'une enquête loyale aura établi nettement ses actes et ses responsabilités. Il apparaît comme l'esprit le plus fumeux, le plus compliqué, hanté d'intrigues romanesques, se complaisant aux moyens des romans-feuilletons, les papiers volés, les lettres anonymes, les rendez-vous dans les endroits déserts, les femmes mystérieuses qui colportent, de nuit, des preuves accablantes. C'est lui qui imagina de dicter le bordereau à Dreyfus; c'est lui qui rêva de l'étudier dans une pièce entièrement revêtue de glaces; c'est lui que le commandant Forzinetti nous représente armé d'une lanterne sourde, voulant se faire introduire près de l'accusé endormi, pour projeter sur son visage un brusque flot de lumière et surprendre ainsi son crime, dans l'émoi du réveil. Et je n'ai pas à tout dire, qu'on cherche, on trouvera. Je déclare simplement que le commandant du Paty de Clam, chargé d'instruire l'affaire Dreyfus, comme officier judiciaire, est, dans l'ordre des dates et des responsabilités, le premier coupable de l'effroyable erreur judiciaire qui a été commise.

Le bordereau était depuis quelque temps déjà entre les mains du colonel Sandherr, directeur du bureau des renseignements, mort depuis de paralysie générale. Des « fuites » avaient lieu, des papiers disparaissaient, comme il en disparaît aujourd'hui encore; et l'auteur du bordereau était recherché, lorsqu'un *a priori* se fit peu à peu que cet auteur ne pouvait être qu'un officier de l'état-major, et un officier d'artillerie : double erreur manifeste, qui montre avec quel esprit superficiel on avait étudié ce bordereau, car un examen raisonné démontre qu'il ne pouvait s'agir que d'un officier de troupe. On cherchait donc dans la maison, on examinait les écritures, c'était comme une affaire de famille, un traître à surprendre dans les bureaux mêmes, pour l'en expulser. Et, sans que je veuille refaire ici une histoire connue en partie, le commandant du Paty de Clam entre en scène, dès qu'un premier soupçon tombe sur Dreyfus. A partir de ce moment, c'est lui qui a inventé Dreyfus, l'affaire devient son affaire, il se fait fort de confondre le traître, de l'amener à des aveux complets. Il y a bien le ministre de la guerre, le général Mercier, dont l'intelligence semble médiocre; il y a bien le chef de l'état-major, le général de Boisdeffre, qui paraît avoir cédé à sa passion cléricale, et le sous-chef de l'état-major, le général Gonse, dont la conscience a pu s'accommoder de beaucoup de choses. Mais, au fond, il n'y a d'abord que le commandant du Paty de Clam, qui les mène tous, qui les hypnotise, car il s'occupe aussi de spiritisme, d'occultisme, il converse avec les esprits. On ne croira jamais les expériences auxquelles il a soumis le malheureux Dreyfus, les pièges dans lesquels il a voulu le faire tomber, les enquêtes folles, les imaginations monstrueuses, toute une démence torturante.

Ah! cette première affaire, elle est un cauchemar, pour qui la connaît dans ses détails vrais! Le commandant du Paty de Clam arrête Dreyfus, le met au secret. Il court chez madame Dreyfus, la terrorise, lui dit que, si elle parle, son mari est perdu. Pendant ce temps, le malheureux s'arrachait la chair, hurlait son innocence. Et l'instruction a été faite ainsi, comme dans une chronique du quinzième siècle, au milieu du mystère, avec une complication d'expédients farouches, tout cela basé sur une seule charge enfantine, ce bordereau imbécile, qui n'était pas seulement une trahison vulgaire, qui était aussi la plus impudente des escroqueries, car les fameux secrets livrés se trouvaient presque tous sans valeur. Si j'insiste, c'est que l'œuf est ici, d'où va sortir plus tard le vrai crime, l'épouvantable déni de justice dont la France est malade. Je voudrais faire toucher du doigt comment l'erreur judiciaire a pu être possible, comment elle est née des machinations du commandant du Paty de Clam, comment le général Mercier, les généraux de Boisdeffre et Gonse ont pu s'y laisser prendre, engager peu à peu leur responsabilité dans cette erreur, qu'ils ont cru devoir, plus tard, imposer comme la vérité sainte, une vérité qui ne se discute même pas. Au début, il n'y a donc de leur part que de l'incurie et de l'inintelligence. Tout au plus, les sent-on céder aux passions religieuses du milieu et aux préjugés de l'esprit de corps. Ils ont laissé faire la sottise.

Mais voici Dreyfus devant le conseil de guerre. Le huis clos le plus absolu est exigé. Un traître aurait ouvert la frontière à l'ennemi, pour conduire l'empereur allemand jusqu'à Notre-Dame, qu'on ne prendrait pas des mesures de silence et de mystère plus étroites. La nation est frappée de stupeur, on chuchote des faits terribles, de ces trahisons monstrueuses qui indignent l'Histoire, et naturellement la nation s'incline. Il n'y a pas de châtiment assez sévère, elle applaudira à la dégradation publique, elle voudra que le coupable reste sur son rocher d'infamie, dévoré par le remords. Est-ce donc vrai, les choses indicibles, les choses dangereuses, capables de mettre l'Europe en flammes, qu'on a dû enterrer soigneusement derrière ce huis clos? Non! il n'y a eu, derrière, que les imaginations romanesques et démentes du commandant du Paty de Clam. Tout cela n'a été fait que pour cacher le plus saugrenu des romans-feuilletons. Et il suffit, pour s'en assurer, d'étudier attentivement l'acte d'accusation lu devant le conseil de guerre.

Ah! le néant de cet acte d'accusation! Qu'un homme ait pu être condamné sur cet acte, c'est un prodige d'iniquité. Je défie les honnêtes gens de le lire, sans que leur cœur bondisse d'indignation et crie leur révolte, en pensant à l'expiation démesurée, là-bas, à l'île du Diable. Dreyfus sait plusieurs langues, crime; on n'a trouvé chez lui aucun papier compromettant, crime; il va parfois dans son pays d'origine, crime; il est laborieux, il a le souci de tout savoir, crime; il ne se trouble pas, crime; il se trouble, crime. Et les naïvetés de rédaction, les formelles assertions dans le vide! On nous avait parlé de quatorze chefs d'accusation : nous n'en trouvons qu'une seule en fin de compte, celle du bordereau; et nous apprenons même que les experts n'étaient pas d'accord, qu'un d'eux, M. Gobert, a été bousculé militairement, parce qu'il se permettait de ne pas conclure dans le sens désiré. On parlait aussi de vingt-trois officiers qui étaient venus accabler Dreyfus de leurs témoignages. Nous ignorons encore leurs interrogatoires, mais il est certain que tous ne l'avaient pas chargé; et il est à remarquer, en outre, que tous appartenaient aux bureaux de la guerre. C'est un procès de famille, on est là entre soi, et il faut s'en souvenir : l'état-major a voulu le procès, l'a jugé, et il vient de le juger une seconde fois.

Donc, il ne restait que le bordereau, sur lequel les experts ne s'étaient pas entendus. On raconte que, dans la chambre du conseil, les juges allaient naturellement acquitter. Et, dès lors, comme l'on comprend l'obstination désespérée avec laquelle, pour justifier la condamnation, on affirme aujourd'hui l'existence d'une pièce secrète, accablante, la pièce qu'on ne peut montrer, qui légitime tout, devant laquelle nous devons nous incliner, le bon dieu invisible et inconnaissable. Je la nie, cette pièce, je la nie de toute ma puissance! Une pièce ridicule, oui, peut-être la pièce où il est question de petites femmes, et où il est parlé d'un certain D... qui devient trop exigeant, quelque mari sans doute trouvant qu'on ne lui payait pas sa femme assez cher. Mais une pièce intéressant la défense nationale, qu'on ne saurait produire sans que la guerre fût déclarée demain, non, non! C'est un mensonge; et cela est d'autant plus odieux et cynique qu'ils mentent impunément sans qu'on puisse les en convaincre. Ils ameutent la France, ils se cachent derrière sa légitime émotion, ils ferment les bouches en troublant les cœurs, en pervertissant les esprits. Je ne connais pas de plus grand crime civique.

Voilà donc, monsieur le Président, les faits qui expliquent comment une erreur judiciaire a pu être commise; et les preuves morales, la situation de fortune de Dreyfus, l'absence de motifs, son continuel cri d'innocence, achèvent de le montrer comme une victime des extraordinaires imaginations du commandant du Paty de Clam, du milieu clérical où il se trouvait, de la chasse aux « sales juifs », qui déshonore notre époque.

***

Et nous arrivons à l'affaire Esterhazy. Trois ans se sont passés, beaucoup de consciences restent troublées profondément, s'inquiètent, cherchent, finissent par se convaincre de l'innocence de Dreyfus.

Je ne ferai pas l'historique des doutes, puis de la conviction de M. Scheurer-Kestner. Mais, pendant qu'il fouillait de son côté, il se passait des faits graves à l'état-major même. Le colonel Sandherr était mort, et le lieutenant-colonel Picquart lui avait succédé comme chef du bureau des renseignements. Et c'est à ce titre, dans l'exercice de ses fonctions, que ce dernier eut un jour entre les mains une lettre-télégramme, adressée au commandant Esterhazy, par un agent d'une puissance étrangère. Son devoir strict était d'ouvrir une enquête. La certitude est qu'il n'a jamais agi en dehors de la volonté de ses supérieurs. Il soumit donc ses soupçons à ses supérieurs hiérarchiques, le général Gonse, puis le général de Boisdeffre, puis le général Billot, qui avait succédé au général Mercier comme ministre de la guerre. Le fameux dossier Picquart, dont il a été tant parlé, n'a jamais été que le dossier Billot, j'entends le dossier fait par un subordonné pour son ministre, le dossier qui doit exister encore au ministère de la guerre. Les recherches durèrent de mai à septembre 1896, et ce qu'il faut affirmer bien haut, c'est que le général Gonse était convaincu de la culpabilité d'Esterhazy, c'est que le général de Boisdeffre et le général Billot ne mettaient pas en doute que le fameux bordereau fût de l'écriture d'Esterhazy. L'enquête du lieutenant-colonel Picquart avait abouti à cette constatation certaine. Mais l'émoi était grand, car la condamnation d'Esterhazy entraînait inévitablement la revision du procès Dreyfus; et c'était ce que l'état-major ne voulait à aucun prix.

Il dut y avoir là une minute psychologique pleine d'angoisse. Remarquez que le général Billot n'était compromis dans rien, il arrivait tout frais, il pouvait faire la vérité. Il n'osa pas, dans la terreur sans doute de l'opinion publique, certainement aussi dans la crainte de livrer tout l'état-major, le général de Boisdeffre, le général Gonse, sans compter les sous-ordres. Puis, ce ne fut là qu'une minute de combat entre sa conscience et ce qu'il croyait être l'intérêt militaire. Quand cette minute fut passée, il était déjà trop tard. Il s'était engagé, il était compromis. Et, depuis lors, sa responsabilité n'a fait que grandir, il a pris à sa charge le crime des autres, il est aussi coupable que les autres, il est plus coupable qu'eux, car il a été le maître de faire justice, et il n'a rien fait. Comprenez-vous cela! voici un an que le général Billot, que les généraux de Boisdeffre et Gonse savent que Dreyfus est innocent, et ils ont gardé pour eux cette effroyable chose. Et ces gens-là dorment, et ils ont des femmes et des enfants qu'ils aiment!

Le colonel Picquart avait rempli son devoir d'honnête homme. Il insistait auprès de ses supérieurs, au nom de la justice. Il les suppliait même, il leur disait combien leurs délais étaient impolitiques devant le terrible orage qui s'amoncelait, qui devait éclater, lorsque la vérité serait connue. Ce fut, plus tard, le langage que M. Scheurer-Kestner tint également au général Billot, l'adjurant par patriotisme de prendre en main l'affaire, de ne pas la laisser s'aggraver, au point de devenir un désastre public. Non! le crime était commis, l'état-major ne pouvait plus avouer son crime. Et le lieutenant-colonel Picquart fut envoyé en mission, on l'éloigna de plus loin en plus loin, jusqu'en Tunisie, où l'on voulut même un jour honorer sa bravoure, en le chargeant d'une mission qui l'aurait fait sûrement massacrer, dans les parages où le marquis de Morès a trouvé la mort. Il n'était pas en disgrâce, le général Gonse entretenait avec lui une correspondance amicale. Seulement, il est des secrets qu'il ne fait pas bon d'avoir surpris.

A Paris, la vérité marchait, irrésistible, et l'on sait de quelle façon l'orage attendu éclata. M. Mathieu Dreyfus dénonça le commandant Esterhazy comme le véritable auteur du bordereau, au moment où M. Scheurer-Kestner allait déposer, entre les mains du garde des sceaux, une demande en revision du procès. Et c'est ici que le commandant Esterhazy paraît. Des témoignages le montrent d'abord affolé, prêt au suicide ou à la fuite. Puis, tout d'un coup, il paye d'audace, il étonne Paris par la violence de son attitude. C'est que du secours lui était venu, il avait reçu une lettre anonyme l'avertissant des menées de ses ennemis, une dame mystérieuse s'était même dérangée de nuit pour lui remettre une pièce volée à l'état-major, qui devait le sauver. Et je ne puis m'empêcher de retrouver là le lieutenant-colonel du Paty de Clam, en reconnaissant les expédients de son imagination fertile. Son œuvre, la culpabilité de Dreyfus, était en péril, et il a voulu sûrement défendre son œuvre. La revision du procès, mais c'était l'écroulement du roman-feuilleton si extravagant, si tragique, dont le dénouement abominable a lieu à l'île du Diable! C'est ce qu'il ne pouvait permettre. Dès lors, le duel va avoir lieu entre le lieutenant-colonel Picquart et le lieutenant-colonel du Paty de Clam, l'un le visage découvert, l'autre masqué. On les retrouvera prochainement tous deux devant la justice civile. Au fond, c'est toujours l'état-major qui se défend, qui ne veut pas avouer son crime, dont l'abomination grandit d'heure en heure.

On s'est demandé avec stupeur quels étaient les protecteurs du commandant Esterhazy. C'est d'abord, dans l'ombre, le lieutenant-colonel du Paty de Clam qui a tout machiné, qui a tout conduit. Sa main se trahit aux moyens saugrenus. Puis, c'est le général de Boisdeffre, c'est le général Gonse, c'est le général Billot lui-même, qui sont bien obligés de faire acquitter le commandant, puisqu'ils ne peuvent laisser reconnaître l'innocence de Dreyfus, sans que les bureaux de la guerre croulent sous le mépris public. Et le beau résultat de cette situation prodigieuse, c'est que l'honnête homme là-dedans, le lieutenant-colonel Picquart, qui seul a fait son devoir, va être la victime, celui qu'on bafouera et qu'on punira. O justice, quelle affreuse désespérance serre le cœur! On va jusqu'à dire que c'est lui le faussaire, qu'il a fabriqué la carte-télégramme pour perdre Esterhazy. Mais, grand Dieu! pourquoi? dans quel but? Donnez un motif. Est-ce que celui-là aussi est payé par les juifs? Le joli de l'histoire est qu'il était justement antisémite. Oui! nous assistons à ce spectacle infâme, des hommes perdus de dettes et de crimes dont on proclame l'innocence, tandis qu'on frappe l'honneur même, un homme à la vie sans tache! Quand une société en est là, elle tombe en décomposition.

Voilà donc, monsieur le Président, l'affaire Esterhazy : un coupable qu'il s'agissait d'innocenter. Depuis bientôt deux mois, nous pouvons suivre heure par heure la belle besogne. J'abrège, car ce n'est ici, en gros, que le résumé de l'histoire dont les brûlantes pages seront un jour écrites tout au long. Et nous avons donc vu le général de Pellieux, puis le commandant Ravary, conduire une enquête scélérate d'où les coquins sortent transfigurés et les honnêtes gens salis. Puis, on a convoqué le conseil de guerre.

***

Comment a-t-on pu espérer qu'un conseil de guerre déferait ce qu'un conseil de guerre avait fait?

Je ne parle même pas du choix toujours possible des juges. L'idée supérieure de discipline, qui est dans le sang de ces soldats, ne suffit-elle à infirmer leur pouvoir même d'équité? Qui dit discipline dit obéissance. Lorsque le ministre de la guerre, le grand chef, a établi publiquement, aux acclamations de la représentation nationale, l'autorité absolue de la chose jugée, vous voulez qu'un conseil de guerre lui donne un formel démenti? Hiérarchiquement, cela est impossible. Le général Billot a suggestionné les juges par sa déclaration, et ils ont jugé comme ils doivent aller au feu, sans raisonner. L'opinion préconçue qu'ils ont apportée sur leur siège est évidemment celle-ci : « Dreyfus a été condamné pour crime de trahison par un conseil de guerre; il est donc coupable, et nous, conseil de guerre, nous ne pouvons le déclarer innocent; or nous savons que reconnaître la culpabilité d'Esterhazy, ce serait proclamer l'innocence de Dreyfus. » Rien ne pouvait les faire sortir de là.

Ils ont rendu une sentence inique qui à jamais pèsera sur nos conseils de guerre, qui entachera désormais de suspicion tous leurs arrêts. Le premier conseil de guerre a pu être inintelligent, le second est forcément criminel. Son excuse, je le répète, est que le chef suprême avait parlé, déclarant la chose jugée inattaquable, sainte et supérieure aux hommes, de sorte que des inférieurs ne pouvaient dire le contraire. On nous parle de l'honneur de l'armée, on veut que nous l'aimions, que nous la respections. Ah! certes, oui, l'armée qui se lèverait à la première menace, qui défendrait la terre française, elle est tout le peuple et nous n'avons pour elle que tendresse et respect. Mais il ne s'agit pas d'elle, dont nous voulons justement la dignité, dans notre besoin de justice. Il s'agit du sabre, le maître qu'on nous donnera demain peut-être. Et baiser dévotement la poignée du sabre, le dieu, non!

Je l'ai démontré d'autre part : l'affaire Dreyfus était l'affaire des bureaux de la guerre, un officier de l'état-major, dénoncé par ses camarades de l'état-major, condamné sous la pression des chefs de l'état-major. Encore une fois, il ne peut revenir innocent, sans que tout l'état-major soit coupable. Aussi les bureaux, par tous les moyens imaginables, par des campagnes de presse, par des communications, par des influences, n'ont-ils couvert Esterhazy que pour perdre une seconde fois Dreyfus. Ah! quel coup de balai le gouvernement républicain devrait donner dans cette jésuitière, ainsi que les appelle le général Billot lui-même! Où est-il, le ministère vraiment fort et d'un patriotisme sage, qui osera tout y refondre et tout y renouveler? Que de gens je connais qui, devant une guerre possible, tremblent d'angoisse, en sachant dans quelles mains est la défense nationale! et quel nid de basses intrigues, de commérages et de dilapidations, est devenu cet asile sacré, où se décide le sort de la patrie! On s'épouvante devant le jour terrible que vient d'y jeter l'affaire Dreyfus, ce sacrifice humain d'un malheureux, d'un « sale juif »! Ah! tout ce qui s'est agité là de démence et de sottise, des imaginations folles, des pratiques de basse police, des mœurs d'inquisition et de tyrannie, le bon plaisir de quelques galonnés mettant leurs bottes sur la nation, lui rentrant dans la gorge son cri de vérité et de justice, sous le prétexte menteur et sacrilège de la raison d'État!

Et c'est un crime encore que de s'être appuyé sur la presse immonde, que de s'être laissé défendre par toute la fripouille de Paris, de sorte que voilà la fripouille qui triomphe insolemment,

Titelseite der Zeitung «L'Aurore», Ausgabe vom 13. Januar 1898. Die Schlagzeile über Emile Zolas Brief an den Präsidenten Félix Fauré sticht auf Anhieb ins Auge. Der Herausgeber und Eigentümer der Pariser Zeitung «L'Aurore», der radikalsozialistische Georges Clemenceau (1841 – 1929), hatte sie dem Artikel auf der Frontseite vorangestellt. Clemenceau war nicht nur ein namhafter linker Politiker, der Journalist kannte auch die Gesetze der Öffentlichkeitsarbeit. Was wäre Zolas Brief ohne diese Schlagzeile? Clemenceau war 1898 der einzige, der den Mut hatte, Zolas Text abzudrucken. Die renommierte Zeitung «Le Figaro» hatte Zola eine Absage erteilt, weil frühere Artikel von ihm zahlreiche Abonnementskündigungen ausgelöst hatten. Die Skandalnummer 87 von «L'Aurore» verkaufte sich an jenem 13. Januar ausserordentlich gut. Innerhalb weniger Stunden setzten die Zeitungsverkäuferinnen und -verkäufer 200 000 Exemplare ab – das Zehnfache der Normalauflage.

Le Petit Journal

SUPPLÉMENT ILLUSTRÉ
Huit pages : CINQ centimes

DIMANCHE 20 MARS 1898

LE DUEL HENRY-PICQUART

«Le Duel Henry-Picquart», Zeichnung von Unbekannt, Deckblatt von «Le Petit Journal, supplément illustré», Paris, 20. März 1898.
Das «Petit Journal» berichtete regelmässig über die Dreyfusaffäre und den Prozess gegen Emile Zola. Es verfolgte dabei einen klaren Anti-Dreyfusard-Kurs. Auf dem Titelblatt der Ausgabe vom März 1898 platzierten die Herausgeber eine Zeichnung vom Duell zwischen Hubert Henry und George Picquart. Henry hatte im Prozess gegen Zola Picquart einen Lügner genannt und war von diesem zum Duell gefordert worden, das am 5. März stattfand. Dabei wurde Henry leicht am Arm verletzt.

Die Waffen eines Schriftstellers

Wie ging Zola vor, um seiner Leserschaft glaubhaft zu machen, dass es eine Affäre Dreyfus, also ein willentliches Fehlurteil des Militärgerichts und eine Verschwörung der führenden Militärs des Landes gab? Schliesslich zirkulierten damals in gänzlich unübersichtlicher Weise die unterschiedlichsten Informationen zum Fall. Zola musste sie zunächst in eine Ordnung bringen, die für die Leserinnen und Leser nachvollziehbar war. Gekonnt erzählte er die Fallgeschichte detailreich nach und verlieh ihr mit seiner spannenden Schilderung die Qualität eines Dramas. Dessen vorläufiger Höhepunkt war der ungerechte Freispruch Esterházys, den er als politisch motiviert anprangerte.

Stärkstes sprachliches Mittel Zolas war zweifellos die Gegenüberstellung. Immer wieder verwendete er die Worte «Gerechtigkeit», «Ehre», «Menschlichkeit» und «Licht». Diese Begriffe kontrastierte er mit «Verbrechen», «Schmutz», dem «Teuflischen» und der «Dunkelheit» und ordnete sie seinen Protagonisten zu. Auf diese Weise schuf der Autor zwei Parteien, eine gute und eine böse. Er rief dadurch Empörung und menschliches Interesse wach und erzeugte Handlungsbereitschaft. Da die genannten Begriffe abstrakt waren, personalisierte Zola die Verschwörung und den Justizskandal. Den Oberstleutnant du Paty de Clam zeichnete er als diabolischen und antisemitischen Drahtzieher und stellte ihn als Gegenspieler des ehrlichen und ehrenvollen Alfred Dreyfus und letztlich der Gerechtigkeit selbst dar.

Emile Zolas Sprache rief auch bewusst Gefühle wach. Viele Sätze beginnen mit Ausrufen wie «Ah!», «Nein!» oder «Aber, grosser Gott! Warum?» und zahlreiche Frage- und vor allem Ausrufezeichen machen die Dringlichkeit deutlich, mit welcher der Autor sein Anliegen vorbrachte. Eine ähnliche Wirkung erzielen auch Wiederholungen, so beispielsweise «j'accuse», das Zola am Ende des Briefes gleich siebenmal vorbringt und das wegen der starken symbolischen Wirkung dem Artikel seinen Titel gegeben hat. Gefühle sprach Zola auch mit starken Redewendungen, Vergleichen oder Wortbildern an, beispielsweise wenn er ausrief, die ganze Affäre entspringe den «Praktiken der Inquisition und der Tyrannei, dem Vergnügen einiger Hochdekorierter, welche die Nation mit Stiefeln treten und ihr damit den Schrei nach Wahrheit und Gerechtigkeit in der Kehle ersticken, all dies unter dem lügnerischen und frevelhaften Vorwand der Staatsräson».

Heute wissen wir, dass Zolas Darstellung zwar in einigen Details Fehler aufwies, insgesamt den Sachverhalt jedoch richtig präsentierte. Alfred Dreyfus war tatsächlich zu unrecht verurteilt worden und dies wussten seine Ankläger. Mit seinem offenen Brief erwies sich der Schriftsteller als mutiger, engagierter und kritischer Zeitgenosse. Emile Zola wurde aufgrund dieses Briefes wie erwartet wegen Verleumdung angeklagt und zur Höchststrafe verurteilt, der er sich nur durch seine Flucht nach England entziehen konnte. Es gelang ihm nicht, in seinem eigenen Prozess «die Affäre Dreyfus» zu thematisieren. Die Richter waren klug genug, andere Punkte in Zolas offenem Brief zu finden, an denen sie ihr Urteil festmachen konnten.

Zolas Einstehen für die Rechte eines Einzelnen, gegen den Antisemitismus, für die Demokratie, war ehrlich gemeint. Doch heiligt der Zweck alle Mittel? Zola hat mit seiner polemischen, manipulativen Sprache auch allerhand Behauptungen als reine Wahrheit präsentiert. Zugleich hatte sein Vorgehen auch folgenreiche Schattenseiten. Denn gerade die Emotionalität seiner Worte und die Unverfrorenheit seiner öffentlichen Anklagen provozierten die nationalistischen Anti-Dreyfusards. Sie nahmen diesen Brief gern zum Anlass, ihre Präsenz auf den Strassen und in der Öffentlichkeit noch zu verstärken. Die Anhängerinnen und Anhänger der Antisemitenliga überboten sich nun mit antisemitischen Parolen, Märschen, rassistischen Liedern, judenfeindlichen Karikaturen. Drumonts Buch «La France juive» von 1886 wurde mehrmals aufgelegt, war seit 1892 mit Illustrationen versehen und erreichte höchste Verkaufszahlen. Als Verkaufsschlager wurde es auch auf Deutsch übersetzt, wo sich der Titel der sich herausbildenden antisemitischen Sprache anpasste, indem es «Das verjudete Frankreich» genannt wurde.

Probleme, Parolen, Pamphlete

Die Dreyfusaffäre ist nicht nur ein spannender Kriminalfall. Wie im Brennpunkt einer Linse konzentrieren sich in den Ereignissen rund um die Verurteilung und spätere Freilassung von Alfred Dreyfus zentrale politische und gesellschaftliche Entwicklungen des ausgehenden 19. und beginnenden 20. Jahrhunderts. Denn der Fall wirft wichtige Fragen auf, die sich auf historische Zusammenhänge beziehen: Wie kamen Ende des 19. Jahrhunderts Frauen und Männer dazu, auf den Strassen judenfeindliche Parolen zu skandieren und sich Antisemiten zu nennen? Wie lässt sich die angespannte politische Konkurrenzsituation zwischen Deutschland und Frankreich erklären? Weshalb wurde Dreyfus auf eine Insel vor der Küste Südamerikas gebracht? Oder welche Bedingungen mussten erfüllt sein, damit jemand einem Staatspräsidenten in einer Zeitung einen offenen Brief schreiben und ihm vorwerfen konnte, in seinem Land sei die Demokratie bzw. der Rechtsstaat am Ende? Nichts von all dem war selbstverständlich.

Die Zeit der Dritten Republik – Unsicherheit und Krisen

Emile Zola, Alfred Dreyfus, Marie-Georges Picquart, Major Ferdinand Walsin-Esterházy, Major Paty du Clam, Edouard Drumont und alle andern Dreyfusards und Anti-Dreyfusards lebten in der sogenannten Dritten Republik. Die Erste und die Zweite Republik Frankreichs waren durch Diktaturen abgelöst worden: Die Erste Republik ist die wohl bekannteste, nämlich diejenige, die mit der Französischen Revolution 1789 begann. Sie wurde beendet durch Napoleon Bonaparte (1769–1821) und sein Kaiserreich, das Empire. Napoleon hat damals nicht nur Frankreich, er hat bis 1815 auch gleich fast ganz Europa nach seinen Vorstellungen gestaltet und beherrscht, so auch die Schweiz. Sein Neffe, Charles Louis Napoleon Bonaparte (1802–1873) nannte sich Napoleon III. Er gewann 1848 die Wahl zum Präsidenten der Zweiten Republik, die er jedoch bereits nach drei Jahren, legitimiert durch einen Volksentscheid, in eine Diktatur umwandelte. Napoleon III. regierte von 1851 an zwanzig Jahre lang allein. Seine Herrschaft endete, als er 1871 den Deutsch-Französischen Krieg verlor und in deutsche Gefangenschaft geriet. Napoleon III. hatte bei Weitem nicht das militärische Talent seines Onkels gehabt. Die Niederlage gegen Preussen kostete Frankreich das Elsass und Napoleon III. die Herrschaft und reihte sich in eine Kette von aussenpolitischen Misserfolgen, die gerade in jenen Jahren der wirtschaftlichen und nationalistischen Konkurrenzpolitik die französische Gesellschaft tief trafen.

Als nun 1871 die Dritte Republik ausgerufen wurde, hatten die Erbinnen und Erben der Französischen Revolution erst insgesamt zehn Jahre in einer Republik gelebt: von 1792 bis 1799 in der Ersten Republik, von 1848 bis 1851 in der Zweiten Republik. Das neue Staatswesen der Dritten Republik war daher noch mit den zahlreichen Mängeln eines Prototyps behaftet. In den Tagen, als Alfred Dreyfus an Bord des Schiffes ging, das ihn auf die Teufelsinsel brachte, war diese Dritte Republik zwar immerhin schon seit 23 Jahren etabliert. Dennoch war sie umstritten und die Glaubwürdigkeit der Politiker wurde durch zahlreiche Krisen erschüttert.

Viele Menschen waren zutiefst verunsichert. Wer war Schuld an verhängnisvollen militärischen Niederlagen bei der Eroberung neuer Kolonialgebiete, wer an der finanziell kritischen Lage so vieler Arbeiter- und Bauernhaushalte in Frankreich? Wie liess sich erklären, dass einige immer reicher wurden, während andern die grundlegendsten Dinge fehlten? Fast jeder Aspekt des Alltags veränderte sich – und dies, wie es manchen vorkam, in irrwitziger Geschwindigkeit. Wie sollten sich die Menschen in diesem ständigen Wandel zurechtfinden?

Und nicht nur Arbeiterinnen, Handwerker, Bauernfamilien und bürgerliche Städter, auch gutbetuchte Industrielle fühlten sich vor den Veränderungen in Wirtschaft und Gesellschaft nicht sicher. In den Jahren vor der Jahrhundertwende gründeten viele Unternehmer neue Fabriken und Geschäfte, Aktien kamen auf, und das Spekulieren mit Geld wurde zu einer modernen Verdienstmöglichkeit. Investiert wurde dabei nicht nur im Inland: Dank der aggressiven Kolonialpolitik der europäischen Mächte liess sich auch mit waghalsigen Ingenieurprojekten in fernen Gegenden der Welt viel Geld verdienen. Doch waren solche Anlagen sicher? Zahlreiche Pleiten machen deutlich, dass dieser internationale Hochkapitalismus auch für Investorinnen und Investoren seine Schattenseiten hatte. Und hatte ein Investor einmal Geld verdient, eine Fabrik gebaut, ein Geschäft in Gang gebracht – wer garantierte ihm, dass es nicht durch Streiks und andere Kampfmassnahmen der Arbeiterschaft gefährdet wurde?

Die Industrialisierung, die das ganze 19. Jahrhundert prägte, ging mit stürmischen gesellschaftlichen Konflikten einher. Die französische Arbeiterschaft war stark, denn sie war gut organisiert und bereit, für ihre Anliegen zu kämpfen. Ihre Auseinandersetzungen mit den konservativen Vertretern der adligen, industriellen und kirchlichen Gesellschaftsschichten waren heftig. Aus Frankreich stammten berühmte politische Vordenker und Revolutionäre, die Menschen weit über die Grenzen des Landes hinaus begeisterten, die mit ihren radikalen Ansichten und ihrer Gewaltbereitschaft aber auch viele erschreckten. Das politische Ziel der Revolutionäre und ihrer Anhängerschaft war während des ganzen 19. Jahrhunderts die Republik. Weil sie wollten, dass es vor allem den Arbeiterinnen und Arbeitern besser gehe, waren sie nämlich überzeugt, dass der Staat von allen kontrolliert werden muss, die in ihm leben. Denn der Staat müsse die Ungerechtigkeiten verhindern, die durch die Industrialisierung entstanden – oder sie zumindest mindern.

«Une barricade 19 mars 1871», Aquarell von Jean-Baptiste-François Arnaud-Durbec (1827–1910), Paris 1871.
Im März 1871, also noch ganz zu Beginn der Dritten Republik, kam es zu einem Aufstand in Paris. Politisch gesehen rechneten sich die Aufständischen dem gesamten linken Lager zu, also den Republikanern, den Sozialisten und den Anarchisten, und verstanden ihr Handeln als legitimen Widerstand gegen eine mehrheitlich von Monarchisten und Bonapartisten bestimmte Politik. Karl Marx sah darin den ersten Aufstand des Proletariats gegen die Bourgeoisie. Die «Commune», die einige Quartiere von Paris während zweier Monate unabhängig von der Regierung verwaltete, wurde im Mai blutig niedergeschlagen. Dennoch hatte diese kurze revolutionäre Episode grosse Auswirkungen. Sie gilt als Vorbild für die basisdemokratische Räterepublik und inspirierte viele kommunistische Vordenker, wie Karl Marx, Friedrich Engels oder Lenin. Das Bild von Arnaud-Durbec ist idyllisch: Alt und Jung, Männer und Frauen, ja sogar Kinder wirken am Bau einer Barrikade mit. So wenig aufregend es aussieht, Arnaud-Durbec nahm damit dezidiert politisch Stellung. Denn die Frage, wer gewalttätiger war, die Regierung oder die Commune, war ein intensiv diskutiertes Thema, das propagandistisch ausgebreitet wurde. Gewalt wurde damals wie heute dadurch legitimiert, dass «die andern» «angefangen haben» oder «viel schlimmer waren». Insofern erzählt der Maler hier mehr als nur die dennoch bemerkenswerte Tatsache, dass Frauen, Männer und sogar Kinder die Commune getragen haben.

Also verlangten die Vertreter der Arbeiterschaft Schutzgesetze gegen die Ausbeutung von Kindern und Erwachsenen, Beschäftigungsprogramme für Arbeitslose, Versicherungen, wirtschaftliche und soziale Umverteilung, um nur einige ihrer Forderungen zu nennen.

Solche Ansprüche waren bereits während der Französischen Revolution erhoben und diskutiert worden. Doch war es seit 1789 weder den Anführern der Französischen Revolution, noch Napoleon Bonaparte, den drei Bourbonenkönigen oder Napoleon III. gelungen, die Klassengegensätze auszugleichen. Die gesellschaftlichen Spannungen, die daraus entstanden waren, hatten 1848 und 1871 zu weiteren Aufständen geführt. Fast in jeder Generation waren die Menschen mit revolutionärer wie auch staatlicher Gewalt konfrontiert worden und hatten die schlechte Erfahrung gemacht, dass unterschiedliche Interessen zu unüberbrückbaren Gräben führten – eine Erfahrung, die viele Menschen radikalisierte und in ihrer Einschätzung aktueller Ereignisse prägte. Insbesondere die Royalisten, darunter auch viele Anti-Dreyfusards, hofften, ein wirklich fähiger, starker König könnte die aus ihrer Sicht «wild gewordene» Arbeiterschaft in ihre Schranken weisen und die alten Privilegien von Adel und Klerus erneuern.

Ideen sind mehr als nur Worte

Um die gesellschaftlichen, politischen und wirtschaftlichen Veränderungen ihrer bewegten Zeit zu verstehen, suchten nicht nur Politiker, sondern auch Wissenschaftler nach Erklärungen. Doch einige der Ideen und Konzepte, die deutsche, englische und französische Wissenschaftler zur Erklärung des gesellschaftlichen Wandels in der zweiten Hälfte des 19. Jahrhunderts publizierten, erwiesen sich als verhängnisvoll.

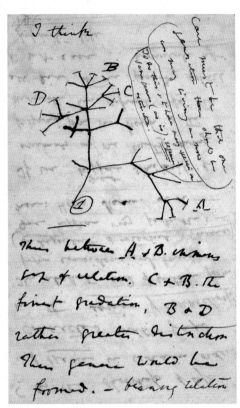

«I think», Eintrag von Charles Darwin in Notizbuch B, Seite 36, England 1837. Darwin skizzierte hier erstmals, wie verschiedene Arten entstehen, wie sie miteinander verwandt sind und wie bei diesem Prozess einzelne Arten auch aussterben. Zu lesen ist: «I think [oben rechts:] Case must be that one generation then should be as many living as now. To do this & to have many species in same genus (as is) requires extinction. [unten Mitte:] Thus between A & B immense gap of relation. C & B the finest gradation, B & D rather greater distinction. Thus genera would be formed. — bearing relation.»

Ausgehend von Charles Darwins (1809–1882) Evolutionslehre, wonach sich der Mensch über einen Zeitraum von Millionen von Jahren aus einem einfachen Lebewesen entwickelt habe, waren um die Wende zum 20. Jahrhundert immer mehr Menschen der Ansicht, dass sich dieses Konzept der Fortentwicklung auch auf Gesellschaften übertragen liesse. Der Ausdruck *survival of the fittest* brachte den zentralen Gedanken auf den Punkt. Er stammte vom englischen Philosophen Herbert Spencer, der Darwins Werk gelesen hatte und Parallelen zur Entwicklung ganzer Gesellschaften zog. Der Oxford English Dictionary zeigt, welche Dimensionen im Wort «fit» enthalten sind: Es beschreibt körperliche Eigenschaften, physische und emotionale Aktivität und insbesondere die Fähigkeit, genau an äussere Umstände angepasst zu sein. Mit *survival of the fittest* war gemeint, dass nur der am besten an die Natur bzw. an die naturhaft vorgestell-

ten gesellschaftlichen Umstände angepasste Mensch langfristig überlebt. Indem nur die in diesem Sinn besten Frauen und Männer sich weiter fortpflanzten, würden sie die Strukturen der ganzen Gesellschaft verändern und diese insgesamt überlebensfähiger werden. Diese Anpassungsleistung wurde als Stärke, als positive körperliche und soziale Eigenschaft verstanden. Dieses Konzept überzeugte zahlreiche Wissenschaftler und Angehörige des Bildungsbürgertums. Sie gingen nämlich davon aus, dass Menschen von Natur aus in dauernder Konkurrenz leben müssten. Wer also stark war, setzte sich durch und hatte Erfolg; wer Erfolg hatte, musste demnach stark und damit auch der Beste sein. Das war ein folgenreicher Zirkelschluss!

Eine weitere Theorie, die vor allem in der zweiten Hälfte des 19. Jahrhunderts an Zustimmung gewann, war diejenige von der Existenz menschlicher Rassen. Nach dieser heute widerlegten Idee sollte es möglich sein, Menschen aufgrund biologischer Merkmale in einheitliche Gruppen zusammenzufassen. Indem sie den aus der Biologie entlehnten Begriff «Rasse» verwendeten, um eine solche Gruppe zu bezeichnen, wollten die Rassentheoretiker zum Ausdruck bringen, dass ihre Einteilungen wissenschaftlich waren, dass sie also Naturbeobachtungen systematisch objektivierten. Dieser Anschein von Wissenschaftlichkeit trug viel zur Anerkennung und Verbreitung dieser Theorie bei. Allerdings beschränkten sich diese Unterschiede zwischen den «Rassen» nicht auf körperliche Eigenschaften. Die Rassentheoretiker stellten sich vor, dass Gesichtszüge oder die Ausprägungen von Gliedmassen, zum Beispiel die Höhe der Stirn, die Form der Augen oder die Länge der Nase, auf ganz bestimmte Charaktereigenschaften hinwiesen. Weil dieser Zusammenhang ihrer Ansicht nach auf Naturgesetzen beruhte, bedeutete ein körperliches Merkmal bei allen Menschen einer solchen «Rasse» genau dasselbe. So könne ein Fachmann auf einen Blick erkennen, ob jemand geschäftstüchtig, ehrlich, intelligent, faul, heldenmütig oder kriminell sei. Das Äussere eines Menschen liess auf sein Inneres schliessen. Mehr noch: Das Äussere verriet darüber hinaus, welche Möglichkeiten eine Frau oder ein Mann in der Zukunft haben würde oder eben nicht. Da diese Merkmale als «natürlich» aufgefasst wurden, konnte man sich gegen die Zuschreibungen nicht wehren. Vielmehr lebte ein einzelner Mensch das einheitliche biologische Programm einer ganzen Gruppe.

Und schliesslich kam noch ein weiterer Gedanke hinzu: Wer nicht gleich ist, ist auch nicht gleich viel wert. Wer sich in der Gesellschaft nicht durchsetzen konnte, war offenbar schwach und folglich weniger wert als die andern. Ein solcher Mensch war aber nicht einfach nur evolutionär zum Verschwinden verurteilt. Allein schon durch seine Präsenz stellte er das Vorankommen der ganzen Gruppe in Frage und seine Nachkommen gefährdeten die Stärke der andern, weil sie unerwünschte Eigenschaften weitervererbten.

«A venerable orang-outang. A contribution to unnatural history», Zeichnung von Unbekannt, erschienen im englischen Satiremagazin «The hornet», **22. März 1872.** 1871 war Darwins neustes Buch erschienen, das die Abstammung des Menschen im Rahmen seiner Evolutionstheorie erklärte («The Descent of Man, and Selection in Relation to Sex»). Zahlreiche Karikaturisten brachten die Empörung ihrer Zeitgenossinnen und Zeitgenossen auf den Punkt, indem sie Darwin selbst als Affen darstellten, um ihn und seine Theorie lächerlich zu machen. Der Kampf um Gedanken war ein Kampf der Bilder, der bis heute sehr erfolgreich war. Viele Menschen wissen heute von Darwin einzig, dass er gesagt habe, der Mensch stamme vom Affen ab.

In einer Zeit, in der wirtschaftliche Konkurrenz in nationalen Wettkampf übersetzt wurde, legitimierte eine solche Schlussfolgerung politische Forderungen. In fast allen industrialisierten Ländern begannen gegen Ende des 19. Jahrhunderts eugenische Diskussionen über «lebensunwertes Leben».

Die Übertragung von Theorien aus der Biologie auf die Gesellschaft hatte noch andere Konsequenzen: In zunehmendem Mass wurden Bilder und Begriffe aus der Tier- und Pflanzenwelt für das Reden über menschliche Gesellschaften benutzt: Reinheit, Kreuzungen, Unkraut, Erbgut, Rassen. Es war ein Vokabular, das durch nationalistische Töne noch verstärkt wurde: «wir» und die «andern». Dieser «Andere» konnte ein kulturell Anderer sein wie «die Fremden» oder gar «die Wilden», oder es war ein national Anderer wie «die Deutschen», «der Franzose» oder etwa «die Slaven»; es war die Rede von «Volksgemeinschaft» und ihrem naturnotwendigen «Überlebenskampf», vom Boden, der den Menschen prägt, und vom Blut, das «rein» bleiben musste.

Man darf sich nicht vorstellen, dass diese Theorien zielgerichtet, in logischer Weise immer weiter fortentwickelt und absichtlich aufeinander bezogen worden sind. Sie existierten parallel zueinander. Manchem Autor kam der eine Gedanke gelegen, ein anderer fügte eine weitere Idee hinzu. Doch das Zusammenwirken all dieser Konzepte und Theorien hatte aus heutiger Sicht verheerende Folgen. Ideen, so abstrakt sie zu Beginn auch sein mögen, schlagen sich nieder im Sprechen und Handeln einzelner Menschen. Sie werden ihnen zunehmend vertraut und selbstverständlich und erhalten dadurch die Macht, nach und nach den Alltag aller zu verändern.

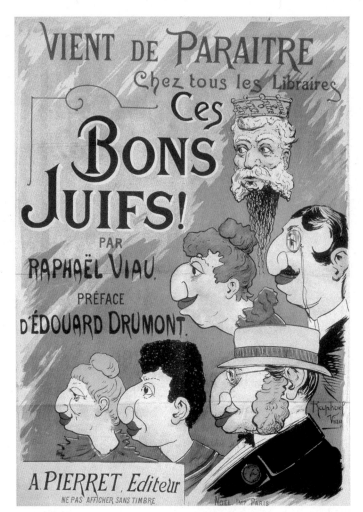

«Ces Bons Juifs!» Werbeplakat von Raphaël Viau, Paris, vermutlich 1898. Viau war Mitarbeiter der antisemitischen Zeitung «La Libre Parole».

Geschichte einer Gesellschaft – Schicksal eines Einzelnen

Mit der Vorstellung, dass Menschen in aussereuropäischen Ländern einer niedrigeren Kulturstufe angehörten und somit «zivilisiert» werden *mussten*, rechtfertigten die Kolonialmächte kulturellen Zwang, militärische Besetzung und letztlich kollektive Ausbeutung. Das Bild «edler» und «minderwertiger» Rassen prägte nicht nur das Leben in den Kolonien, es wirkte auch in den Ländern, in denen es erfunden und zunehmend verinnerlicht wurde. Es legte den Grundstein für eine Politik, die armen, verwahrlosten oder behinderten Menschen das Existenzrecht zunehmend absprach, ebenso auch Homosexuellen oder Nicht-Christinnen und Nicht-Christen. Während erstere ökonomisch und moralisch als Menschen am Rand der Gesellschaft definiert wurden, kamen im Fall von Homosexuellen und Nicht-Christinnen bzw. Nicht-Christen religiöse Argumente ins Spiel. Hier wird der Mechanismus sozialdarwinistischer und rassistischer Argumente sehr deutlich. Die Merkmale, die zur Ausgrenzung unliebsamer Gruppen dienten, wurden nun als eine Folge biologischer Bedingungen dargestellt, die unveränderbar waren und nur dadurch bekämpft werden konnten, dass kollektiv gegen diese Menschen vorgegangen wurde. Insbesondere Jüdinnen und Juden wurden gegen Ende des 19. Jahrhunderts angegriffen. Was das für einen einzelnen Menschen bedeuten konnte, zeigt die Biografie von Alfred Dreyfus.

Die Angriffe richteten sich einzig gegen ihn, weil er Jude war, und waren von Beginn weg heftig. Am Tag seiner Degradierung hatten sich Tausende von Schaulustigen in der Nähe der *Ecole militaire* eingefunden. Anwesend war auch eine grosse Zahl von Offizieren, von denen manche sogar ihre Frauen mitgebracht hatten, die dem zu erwartenden Spektakel ebenfalls erwartungsvoll entgegenblickten. Der in den Zeitungen angekündigte Urteilsvollzug war ein regelrechtes gesellschaftliches Ereignis.[3] Dreyfus wurde vorgeführt und die bereits zuvor gelockerten Knöpfe und Schnüre, die seinen Rang anzeigten, wurden ihm nach einem Trommelwirbel von der Uniform gerissen. Danach musste er an der versammelten Truppe vorbeigehen. Als er an einer Gruppe von Offizieren vorbeikam, schrien ihm einige zu: «Judas! Verräter!». Dreyfus rief zurück: «Ich verbiete, mich zu insultieren!» Von draussen, aus der Menschenmenge vor den Toren der *Ecole militaire*, hörte man Rufe wie «A mort! A mort les juifs!» – Tod den Juden![4]

Diese kurze Szene ganz zu Beginn der Affäre Dreyfus zeigt bereits zwei wichtige Dinge: Erstens wurde Dreyfus tatsächlich von Anfang an auch in der Öffentlichkeit vor allem als Jude wahrgenommen und als solcher mit bestimmten Eigenschaften abgestempelt. Zweitens war die Verknüpfung Verräter-Judas-Jude kein spontaner Zufall, sondern Ausdruck einer langen Tradition christlich-kirchlicher Judenfeindlichkeit. Um erklären zu können, weshalb so viele Frauen und Männer aus allen Schichten der Bevölkerung und mit unterschiedlichstem Bildungshintergrund so einmütig darüber sein konnten, dass Juden schlechte Menschen seien, ist es wichtig, diese Tradition zu kennen.

Dass Juden Jesus umgebracht hätten, war seit Generationen in den Gottesdiensten zu hören, an den Osterspielen zu sehen und es wurde bereits den Kindern im Katechismus beigebracht. Diese kirchlich überlieferte Judenfeindlichkeit war bei Katholiken wie bei Protestanten gleich. Den Juden war auch immer wieder unterstellt worden, dass sie Brunnen vergifteten, Kinder ässen, zaubern könnten oder mit dem Teufel paktierten. Doch damit nicht genug, galten diese Menschen kollektiv als mächtig, hochintelligent und unermesslich reich, während gleichzeitig über sie erzählt wurde, sie seien allesamt arme und deshalb schmutzige, schmierige und geschmacklose Geschäftemacher, im Grunde unzivilisiert und unzivilisierbar.

All diese absurden Unterstellungen waren schon sehr lange hartnäckig im Umlauf und hatten bereits in früheren Jahrhunderten zu Ausgrenzung und zu grausamen Verfolgungen von Juden geführt. Doch von der Mitte des 19. Jahrhunderts an begann sich etwas Grundlegendes zu verändern, und dies geschah zum grossen Nachteil der jüdischen Bevölkerung. Denn mit den Theorien von den menschlichen Rassen, vom Existenzkampf der Nationen und von der Ungleichwertigkeit der Menschen liess sich leicht, zu leicht an

PSST...! Images par FORAIN CARAN D'ACHE

PARAISSANT LE SAMEDI

N° 25
23 Juillet 1898.

Le NUMÉRO : 10 centimes.
Abonnements : France, 6 fr.; Étranger, 8 fr.

BUREAUX
10, rue Garancière, Paris.

Allégorie

L'Affaire Dreyfus.

«L'Affaire Dreyfus», Zeichnung von Forain Caran d'Ache (1858–1909), erschienen in «Le P'sst», Paris, 23. Februar 1898. Forain Caran d'Ache, mit bürgerlichem Namen Emmanuel Poiré, war der wohl renommierteste Karikaturist während der Dreyfusaffäre. Er arbeitete mit Edouard Drumont zusammen und war daran beteiligt, dass sich die Charakterisierung von Juden als Menschen mit grossen Nasen und orientalischem Gesicht durchsetzen konnte. Caran d'Ache war Mitbegründer der antisemitischen Zeitschrift «Le P'sst», die gegen Dreyfus Stimmung machte.

die vertrauten Stereotype anknüpfen. Dies traf besonders die Juden. Während früher die Taufe eine Jüdin oder einen Juden gesellschaftlich in einen anderen Menschen verwandeln konnte, war jüdisch zu sein nun eine unveränderbare Eigenschaft, die sich in Fleisch und Blut niederschlug. Leute wie Edouard Drumont, von dem bereits die Rede war, vertraten die Ansicht, «Juden» seien eine «Rasse», die sie Semiten nannten, und diese würden über körperliche Eigenschaften verfügen, die zwangsläufig mit ganz bestimmten Verhaltensformen einhergingen. Überdies behaupteten sie, gewisse Körpermerkmale – allen voran die Nase – würden Jüdinnen und Juden als solche verraten.

Verraten? Diese Wortwahl lässt aufhorchen. Sie unterstellt nämlich, Jüdinnen und Juden hätten sich bewusst versteckt. Tatsächlich beharrten Drumont und andere Antisemiten darauf, dass sich alle Juden wegen und mit Hilfe ihrer Religionsgemeinschaft gegen die Christinnen und Christen verschworen hätten. Ihr Ziel sei es, die ganze Welt zu beherrschen und alle Nicht-Jüdinnen und -Juden auszubeuten und zu quälen. Das war nun eine existenzielle Bedrohung, die genau in die rassistischen Konkurrenzfantasien passte. Da es im Alltag tatsächlich schlicht unmöglich war, Jüdinnen und Juden zu erkennen, insbesondere wenn sie, wie so viele Menschen

in dieser Zeit, nicht religiös lebten, behaupteten die Antisemiten, dies sei Absicht und formulierten erneut einen Zirkelschluss: Dass man sie nicht erkennt, ist der Beweis dafür, dass sie sich verschworen haben, denn weil sie sich verschworen haben, achten sie darauf, dass man sie nicht erkennt.

In Wort und Bild suggerierten die Antisemiten ihrer Leserschaft eindringlich, dass alle Jüdinnen und Juden ausnahmslos unter einer Decke stecken würden. Die unterstellten üblen Folgen der fantasierten Verschwörung liessen sich jedoch verhindern, wenn Juden entdeckt und entlarvt würden. Denn eine Verschwörung kann schliesslich nur gelingen, wenn ausser den Verschwörern niemand weiss, wer dazu gehört. Die Antisemiten glaubten mit rassistischen Theorien endlich über eine sichere Methode zu verfügen, um die Verschwörung zu zerschlagen. Dank ihr war die Entdeckung von Juden anhand von körperlichen Merkmalen möglich. Es galt nun einzig, diese Merkmale einem breiten Publikum bekannt und ihre Anwendung zur Entlarvung von Juden selbstverständlich zu machen. Um dieses Ziel zu erreichen, bewähren sich vor allem Bilder, da sie über grosse emotionale Kraft verfügen und einfach, gleichsam auf Anhieb zu verstehen sind. Dies galt im 19. Jahrhundert ganz besonders für Karikaturen.

Bilder auf Papier – Bilder im Kopf: Klischees

Der Ausdruck Klischee stammt aus dem Französischen und bezeichnet ursprünglich einen Stempel oder einen Druckstock, also ein Bild, das in Holz geschnitten und mit dem anschliessend gedruckt wurde. Wenn wir im Deutschen von «holzschnittartig» sprechen, dann meinen wir, dass etwas grob, vereinfachend, plakativ ist. Ein Klischee ist heutzutage ein Vorurteil, ein Stempel, den wir jemandem aufdrücken, etwas, das nicht mit der Realität übereinstimmt, aber dennoch die Art und Weise prägt, wie wir unsere Welt wahrnehmen. Karikaturen arbeiten mit Klischees. Eine gelungene Karikatur ist ein *All-in-one*-Comic, ein Bild, das eine ganze Geschichte erzählt.

Sie erzählt aber nicht einfach nur, eine Karikatur kommentiert auf polarisierende Weise. Die Zeichnerin oder der Zeichner bezieht Stellung, lässt reale, erfundene oder verfremdete Figuren Dinge sagen oder tun, die zum Beispiel eine bestimmte politische Position vertreten. Eine Karikatur spitzt einen bestimmten Aspekt zu. Sie ist bissig, streitbar, unsachlich, manchmal sogar gehässig und beleidigend.

Jedes Detail einer Karikatur trägt Bedeutung, nichts ist dem Zufall überlassen: der Farbton des ganzen Bildes oder eines bestimmten Details; die Kleider der Figuren (oder ihre Nacktheit); deren Haltung, Gesichtsausdruck, Grösse; was sie in den Händen halten und das, was ihnen als Text in den Mund gelegt wird; wo und worauf sie stehen, gehen, rennen; was sich im Hinter- und was im Vordergrund befindet, ja, selbst ob die Sonne scheint oder ob es regnet, ob es Tag ist oder Nacht.

Die Dreyfusaffäre war das grösste Medienereignis des 19. Jahrhunderts. Nicht nur in Frankreich, auch in Deutschland, England, Italien, Spanien, den Niederlanden oder in der Schweiz waren die Zeitungen voll von Berichten, Kommentaren und Karikaturen. Im Pariser «Journal illustré» konnte die Leserschaft beispielsweise auf einem ganzseitigen Bild sehen, wie der Zeichner Lyonel Royer über die Degradierung von Alfred Dreyfus dachte (Abbildung S. 177). Unter einem bedrohlich bewölkten Himmel, unter dunklen Vogelsilhouetten hatte er in die Mitte des Bildes eine überlebensgrosse, hell leuchtende, allegorische Frauenfigur gezeichnet. Ihre Kleider und ihr weisser Schleier flattern im Wind. Die Szene ist stürmisch, die Naturgewalten sind präsent, die Stimmung ist dramatisch. Die Waage, die sie zusammen mit dem dazugehörigen Richtschwert in der linken Hand hoch erhoben hat, als würde sie zu einem Schlag ausholen, kennzeichnet sie als *Justitia*, die Göttin der Gerechtigkeit. In ihrer rechten Hand hält sie den Saum einer Uniformjacke, die sie einem Mann vom Körper zieht, der als Alfred Dreyfus zu erkennen ist. Er hat sich die rechte Hand vor die Stirn geschlagen und stürzt davon, zweifellos getrieben von der ihn zugleich mit Verachtung und Genugtuung betrachtenden Justitia. Dreyfus verlässt den Boden Frankreichs und zugleich auch den Erdboden überhaupt, denn er

ist ganz offensichtlich im Begriff, durch eine Spalte in die Hölle zu stürzen, aus der bereits einige verdammte Seelen hervorschauen. Zwei Gegenstände ordnet Royer Dreyfus zu: einen aufgerissenen Geldsack, aus dem einige Münzen fallen, und ein Schild, das entfernt an das Schild auf dem Jesuskreuz erinnert und auf dem in Grossbuchstaben «Judas», also Verräter, steht.

Geschickt hat der Zeichner Hell und Dunkel verteilt. Ungefähr in der Bildmitte bilden die Uniformen von Tausenden von Soldaten einen dunklen, horizontalen Streifen. Sie marschieren auf die Betrachterin/den Betrachter zu, die Augen auf Justitia gerichtet, die in senkrechter Ausrichtung die hellsten Bildwerte hat. Helligkeit steht für Licht, für eine positive Kraft, für den Verstand und die Aufklärung. Während in anderen Bildern das Dunkel negative Werte anzeigt, verkörpert hier der dunkle Streifen aus zahllosen Männerkörpern Ruhe, Sicherheit, Rückhalt. Die helle senkrechte und die dunkle waagrechte Achse ergänzen sich optisch, und damit auch inhaltlich, perfekt.

Der stark strukturierte, im Farbton insgesamt graue Himmel spiegelt sich in der zu Schollen werdenden Erdoberfläche im Vordergrund. Diese beiden Teile des Bildes gehören optisch ebenfalls zusammen und vermitteln starke Gefühle. Royer verstand sein Handwerk hervorragend. Er dachte aber nicht nur an die Dramatik durch die Lichtführung. Mehrere Elemente im Bild suggerieren auch Geräusche: Fast hört man das unheilvolle Krächzen der Vögel, die schauerlichen Schreie der Verdammten, den festen Schritt der Truppen, die im Gleichschritt zur Gerechtigkeit hinmarschieren.

Die Aussage, die der Zeichner mit diesen visuellen Elementen machen will, ist deutlich. Dreyfus ist ein Verräter, ein Judas, der Nachfahre derjenigen, die Jesus ans Kreuz gebracht haben, einer, der für Geld ein Unrecht begangen hat. Die Eigenschaften, die der Zeichner Dreyfus als Juden zusprach, sind Unehrlichkeit, Geldgier, Unehrenhaftigkeit. Jetzt, wo die Wahrheit ans Licht gekommen ist, wird er zu Recht verdammt. Die Anspielung des Zeichners auf die Teufelsinsel, die im sogenannten «Archipel der Verdammten» lag, ist eindeutig, die armen Seelen, die im Bildvordergrund aus den Erdspalten hervorkommen, erinnern an einschlägige kirchliche Darstellungen. Zugleich lässt die Darstellung aber auch offen, ob Dreyfus sich vielleicht auch «zur Hölle scheren» soll, dorthin, wo die Verdammten herkommen. Dieser Schluss lässt sich auch in Anlehnung an ein mögliches Wortspiel ziehen: Dreyfus wurde auf die «Teufelsinsel» verbannt – warum sollte er sich also nicht auch gleich «zum Teufel scheren»?

An der Rechtmässigkeit von Dreyfus' Verurteilung ist in der Lesart dieses Zeichners nicht zu zweifeln. Hier hat eine starke Justiz für Gerechtigkeit gesorgt und die Wahrheit ans Licht gebracht. Sie schützt das Heer, die Soldaten folgen ihr: Militär und Gerechtigkeit sind eins. Dreyfus gehört nicht in

«La Dégradation», Zeichnung von Lionel Royer (1852–1926), erschienen im «Journal Illustré», Paris 1895.

dieses Land – ob dies auch für andere Juden gilt, bleibt offen. In diesem Bild wird Dreyfus zwar eindeutig, aber nur indirekt als Jude diffamiert. Andere zeitgenössische Darstellungen sind uns heute in ihren bildlichen Zeichen vertrauter. In diesen anderen Zeichnungen waren Juden immer häufiger an einer grotesk grossen Nase erkennbar und wurden durch ihre Körperhaltung lächerlich gemacht. In einigen Bildern wurden sie durch ihre Kleidung als Kapitalisten gekennzeichnet. Diese Bildsprache verstanden nicht nur französische Leserinnen und Leser. Die Illustrationen glichen sich in allen europäischen Zeitschriften stark, wenn es darum ging, Juden darzustellen. Die grosse Nase wurde zu einer Art

internationalem Code, einem Nationen und Sprachen übergreifenden Wiedererkennungsmerkmal. Royers Mittel von 1894, um judenfeindliche Stereotype auszudrücken, unterscheiden sich klar von diesem auf körperliche Merkmale reduzierten Stil. Das bedeutet, dass sich in den Jahren der Dreyfusaffäre dank der grossen Zeitschriftenauflagen ein Modell zur bildhaften Darstellung und Diffamierung von Jüdinnen und Juden durchzusetzen begann, das während der Zeit des nationalsozialistischen Antisemitismus einen radikalisierten Höhepunkt erlebte und das unsere Sehgewohnheiten bis heute prägt.

Tua res agitur?

Thomas Mann, der bekannte Deutsche Schriftsteller, soll 1933 ein damals soeben erschienenes Buch über die Dreyfusaffäre gelesen und daraufhin notiert haben: «Tua res agitur. Mit tua res meine ich: Hier geht es auch um Deine Nation, Dein Land, Dein Gewissen.»[5] In diesem Jahr, als in Deutschland Adolf Hitler an die Macht kam, als in Italien Benito Mussolini mit seinem faschistischen Regime fest im Sattel sass, war die Dreyfusaffäre bereits Geschichte. Die französische Regierung hatte Alfred Dreyfus nicht nur 1899 freigelassen, sondern ihn (ebenso wie Marie-Georges Picquart) 1906 auch wieder in alle bürgerlichen und militärischen Ehren eingesetzt. Emile Zola war wenige Jahre nach seinem Tod im Jahr 1902 ehrenvoll im *Panthéon* beigesetzt worden. Im Ersten Weltkrieg hatte Dreyfus weitgehend unerkannt als Offizier der französischen Armee gekämpft und sich dann in den Ruhestand zurückgezogen. Zu dem Zeitpunkt, als Thomas Mann sich Gedanken um die Bedeutung dieser «Geschichte» machte, lebte Alfred Dreyfus noch und wohnte in Paris. Er starb zwei Jahre später, 1935, als in Deutschland die Nürnberger Gesetze verabschiedet wurden, welche die weitgehende Diskriminierung jüdischer Menschen juristisch legitimierten.

Die Geschichte sowohl Frankreichs wie auch Deutschlands spiegelte sich weiterhin in der Familiengeschichte der Dreyfus: Lucie Dreyfus, die Frau von Alfred Dreyfus, überlebte die Zeit Vichy-Frankreichs und die Judenverfolgung, weil sie sich unter falschem Namen verstecken konnte. Sie starb 1945 kurz nach Kriegsende in Paris. Die Enkeltochter von Lucie und Alfred Dreyfus, Madeleine, wurde 1943 in Drancy deportiert und wenig später in Auschwitz ermordet.

Nicht nur Thomas Mann war überzeugt davon, dass die Dreyfusaffäre ein warnendes Signalfeuer war, das die *Shoah* in gewisser Weise vorwegnahm. Auch andere Intellektuelle wie etwa die Philosophin Hannah Arendt haben sich mit den Geschehnissen rund um die Verurteilung von Alfred Dreyfus auseinandergesetzt und waren überzeugt davon, dass man aus der Geschichte nicht nur lernen kann, sondern auch lernen muss.[6]

Obwohl Thomas Mann 1933 ganz zu Recht zahlreiche Verbindungen zwischen seiner Zeit und den Ereignissen im Zusammenhang mit der Dreyfusaffäre sah, gab es auch einige wichtige Unterschiede. Schliesslich endete für Alfred Dreyfus die Geschichte anders als für Thomas Mann, der den Nationalsozialisten nur entkam, indem er 1933 zunächst in die Schweiz und von dort aus 1938 dann in die USA emigrierte. Heute leben die Französinnen und Franzosen in der Fünften Republik und sowohl die nationalsozialistische Diktatur als auch Vichy-Frankreich gehören der Vergangenheit an. Der Staat, der nach dem Ende Vichys auch nach aussen sichtbar eine neue Zeit beginnen wollte und dies durch den Namenswechsel deutlich machte, ist seinem politischen Erbe auf beiden Seiten des Parteienspektrums nach wie vor

Vincent Duclert über die Dreyfusaffäre

Vincent Duclert, französischer Biograf und renommierter Historiker, veröffentlichte 2006, zum hundertjährigen Jubiläum der Rehabilitation von Alfred Dreyfus, die bislang ausführlichste Biografie über den Hauptmann, die er mit dem Untertitel «Die Ehre eines Patrioten» versah. Duclert forderte, dass die sterblichen Überreste Dreyfus' ins Panthéon überführt werden. Auf diese Forderung ging der damalige Präsident Jacques Chirac jedoch nicht ein. Im letzten Kapitel zieht Duclert folgendes Fazit:

«La mémoire de Dreyfus comme être humain et comme acteur de l'Affaire a été perpétuellement dégradée, y compris par certaines institutions publiques. L'histoire est en permanence bafouée par des reconstructions aussi bien fausses scientifiquement qu'indignes moralement. Comme si un Juif français de la fin du XIXe siècle devait rester éternellement en dehors de la justice. Il est donc temps de remettre un peu de vérité dans la Cité. L'œuvre de biographie se veut une étape dans la restitution du savoir historique et sa transmission publique. La mise au Panthéon d'Alfred Dreyfus ne serait-elle pas aussi le moyen d'une réparation mémorielle en même temps que le ressort de la diffusion des idéaux civiques dans la société? Cette proposition forte est légitime du point de vue historique. Elle repose sur les conclusions de cette entreprise biographique inédite. Elle souligne aussi la nécessité de repenser, en ce début du XXIe siècle, la notion de «grand homme national». [...]

Alfred Dreyfus incarne enfin un héros ordinaire – et en cela exemplaire –, la figure de tous ces hommes, ces femmes et ces enfants qui, dans les camps, dans les bagnes et dans les sociétés, refusèrent le statut de victimes que des pouvoirs tyranniques leur imposaient pour trouver, dans la résistance la plus infime et la plus décisive, leur dignité et leurs raisons de croire en la justice, en la France et l'humanité. Alfred Dreyfus emmène avec toutes ces personnes qui se retrouvèrent dans son combat puis dans sa mémoire, toutes celles qui comme lui engagèrent un combat désespéré contre les ténèbres et dont on a perdu la trace. Elles méritent qu'on se souvienne d'elles. En faisant entrer Dreyfus au Panthéon, elles y seront représentées dans la conscience publique qui traverse les âges et les pays. En faisant entrer Dreyfus au Panthéon, la France dira aux Français et au monde qu'elle veut encore demeurer la patrie du droit et de la vérité contre le racisme et l'antisémitisme, rappelant qu'un immense combat pour sauver un Juif a été mené là, dans un XIXe siècle qui n'avait pas encore connu le XXe siècle, et que ce combat avait été victorieux puisqu'un acte de la plus haute cour de justice, fondé sur le droit et l'histoire, s'était dressé contre les procès arbitraires, le lynchage des foules et la raison d'Etat. Dreyfus est tout cela. Il est la France.»

Duclert, Vincent: Alfred Dreyfus. L'honneur d'un patriote. Paris 2006, S. 1053/1054.

verpflichtet. Die Entwicklungen, die in der Dritten Republik ihren Anfang nahmen, prägten die Vierte und die aktuelle Fünfte Republik auf vielfältige Weise, und das Leben von Alfred Dreyfus und seiner Familie ist Teil der nationalen Geschichte geworden. Deshalb ist es spannend zu sehen, wie die aktuelle Regierung mit ihrer Vergangenheit umgeht und welche politischen Akzente sie setzt, indem sie Erinnerungen an die Vergangenheit dieses Staates pflegt. Zu dieser Vergangenheit gehört auch die Dreyfusaffäre. Es gibt verschiedene Aspekte und das bedeutet auch mehrere Jahreszahlen, die in diesem Zusammenhang auf nationaler Ebene erinnert werden könnten. Welche haben die Politiker gewählt? Das offizielle Frankreich beging nicht den hundertsten Jahrestag von Dreyfus' Verurteilung, wie dies Kulturschaffende in Deutschland taten. Der konservative Präsident Jacques Chirac erinnerte erstmals 1998 in einer offiziellen Feier an die Dreyfusaffäre, womit er das Erscheinen von Emile Zolas offenem Brief hervorhob. Die eigentlichen Gedenkfeierlichkeiten fanden jedoch erst 2006 statt, zum hundertjährigen Jubiläum der Rehabilitation von Dreyfus. Damit rückte der Präsident den republikanischen Geist und die rechtstaatliche Tradition Frankreichs ins Rampenlicht, ein Entscheid, der zweifellos auch politischen Tagesaktualitäten geschuldet war.

Die Erinnerung an den eigentlichen Protagonisten Alfred Dreyfus hingegen war auch zu Beginn des 21. Jahrhunderts noch immer mit zwiespältigen Gefühlen belastet. Eine Dreyfus-Statue, die Chiracs sozialistischer Amtsvorgänger François Mitterrand 1985 in Auftrag gegeben hatte und die in der *Ecole militaire* hätte aufgestellt werden sollen, musste jahrelang zwischengelagert werden, weil sich der Verteidigungsminister weigerte, Dreyfus an diesem Ort ein Denkmal zu setzen. Erst 1994 fand die Statue Asyl auf einem kleinen Platz in Paris (Place Pierre-Lafue), wo sie jedoch 2002 mit gelber Farbe und antisemitischen Inschriften verschmiert wurde. Alfred Dreyfus ist ein Symbol geblieben und viele Zuschreibungen aus dem 19. Jahrhundert halten sich bis heute. ALEXANDRA BINNENKADE

1 Hippolyte Prague (1856–1935) schrieb den zitierten Text als Chefredaktor der Zeitschrift «Archives Israélites». Sein Ausruf ist ohne weiteren Nachweis zitiert von Whyte, George R.: The accused. The Dreyfus Trilogy, Inter Nationes. Bonn 1996. S. 117.

2 Essig, Rolf-Bernard: Emile Zolas offener Brief «J'accuse» – die Wende in der Dreyfus-Affäre? Ein Essay zur Urszene und Gründungsurkunde des Intellektuellen, publiziert in: literaturkritik.de Nr. 5, Mai 2003, Schwerpunkt: Intellektuelle. Heroen aus Frankreich: Zola, Sartre, Bourdieu. www.literaturkritik.de/public/druckfassung_rez.php?rez_id=6018 [Aufruf vom 1.3.2009].

3 NFP, Nr. 10908, 5. Januar 1895, zitiert nach Schoeps, Julius H.: Theodor Herzl und die Affäre Dreyfus. In: Ders.; Simon, Hermann (Hg.): Dreyfus und die Folgen, Studien zur Geistesgeschichte Band 17. Edition Hentrich Berlin 1995. S. 48 (Anhang: Der erste Dreyfus-Prozess 1894/95 im Spiegel Theodor Herzls Pariser Korrespondentenberichte).

4 Kotowski, Elke-Verena: Der Fall Dreyfus und die Folgen. In: Das Parlament mit der Beilage «Aus Politik und Zeitgeschichte», herausgegeben vom Deutschen Bundestag und publiziert von der Bundeszentrale für politische Bildung, 10.12.2007, Nr. 50, online-Angebot: www.bundestag.de/dasparlament/2007/50/Beilage/004.html [Aufruf vom 1.3.2009].

5 Brief von Thomas Mann an Paul Zsolnay, 1933, zitiert nach: Witte, Barthold C.: Tua res agitur, in: Whyte, George R.: The accused. The Dreyfus Trilogy. Inter Nationes Bonn 1996. S. 8

6 Arendt, Hannah: Elemente und Ursprünge totalitärer Herrschaft: Antisemitismus, Imperialismus, Totalitarismus. München 2006 (11. Auflage), zuerst veröffentlicht 1951.

Empfohlene Literatur

· Duclert, Vincent: Alfred Dreyfus. L'honneur d'un patriote. Paris 2006.
· Duclert, Vincent: Die Dreyfus-Affäre: Militärwahn, Republikfeindschaft, Judenhass. Berlin 1994.
· Essig, Rolf-Bernard: Emile Zolas offener Brief «J'accuse» – die Wende in der Dreyfus-Affäre? Ein Essay zur Urszene und Gründungsurkunde des Intellektuellen. In: literaturkritik.de Nr. 5, Mai 2003, Schwerpunkt: Intellektuelle. Heroen aus Frankreich: Zola, Sartre, Bourdieu. Verfügbar unter: www.literaturkritik.de/public/druckfassung_rez.php?rez_id=6018 [Aufruf vom 1.3.2009].
· Kotowski, Elke-Verena: Der Fall Dreyfus und die Folgen. In: Das Parlament mit der Beilage «Aus Politik und Zeitgeschichte», herausgegeben vom Deutschen Bundestag und publiziert von der Bundeszentrale für politische Bildung, 10.12.2007, Nr. 50. Verfügbar unter: www.bundestag.de/dasparlament/2007/50/Beilage/004.html [Aufruf vom 1.3.2009].
· Schmale, Wolfgang: Geschichte Frankreichs. Stuttgart 2000.
· Tacke, Charlotte: Von der Zweiten Republik bis zum Ersten Weltkrieg (1848–1914). In: Haupt, Heinz-Gerhard: Kleine Geschichte Frankreichs. Stuttgart 2006, S. 311–360.

«Wohin wir blicken Not und Elend ...»

**Deutsche Arbeitslose stehen vor dem Arbeitsamt Schlange, Fotografie von Walter Ballhause (1911 – 1991),
Hannover, 1930 oder 1932.** An der Hauswand im Hintergrund ruft ein Graffiti zur Wahl Hitlers auf.
Die Aufnahme ist ein Beispiel für die deutsche sozialdokumentarische Fotografie. Walter Ballhause war
ein politisch engagierter Linkssozialist. Später lebte er in der DDR.

Auch heutzutage, bei jeder Börsenkrise, die mit weiteren Problemen der Gesamtwirtschaft verbunden ist, taucht es wieder auf: das Gespenst der Weltwirtschaftskrise. Dabei durchlaufen moderne Gesellschaften regelmässige wirtschaftliche Auf- und Abschwünge. Was war und ist denn das Besondere an der *Great Depression*, wie die Weltwirtschaftskrise der 1930er-Jahre in den USA hiess? Es sind drei Merkmale zu erkennen: Da ist erstens ihr vielfältiger und globaler Charakter: Die Krise hielt Länder rund um den Erdball im Griff. Zweitens hatte die industrialisierte Welt noch keine solche Massenarbeitslosigkeit erlebt. Und drittens hatte diese Krise einschneidende politische Konsequenzen. In vielen Ländern kamen Regierungen an die Macht, die eine neue Politik betrieben – eine Politik, die dem Staat mehr Einfluss auf den unberechenbaren Markt verlieh. Doch das dramatische Ausmass der Krise nur wenige Jahre nach dem

Ersten Weltkrieg nützte auch politischen Extremisten. Dieses Fallbeispiel beschäftigt sich damit, wie die Weltwirtschaftskrise mit der Nazidiktatur und dem durch sie ausgelösten Zweiten Weltkrieg verbunden ist. Im ersten Teil werden wirtschafts- und sozialpolitische Phänomene der Weltwirtschaftskrise dargestellt. Von den politischen Bewältigungsversuchen handelt der zweite Teil. Dabei liegt der Schwerpunkt auf der Schweiz und den USA sowie auf den Umständen, die den Nationalsozialisten in Deutschland die Machtergreifung ermöglichten.

Die vielen Facetten der Weltwirtschaftskrise

Die Weltwirtschaftskrise ist ein Sammelsurium von krisenhaften Entwicklungen in einem Zeitraum von insgesamt etwa zehn Jahren. Forschende nennen die Jahre 1926–1936 oder 1929–1939 mit der Zeit von 1929–1933 als Höhepunkt. Je nach Land wog das eine Krisenmerkmal stärker als das andere. Die Theorien und Analysen der US-amerikanischen Forschung beeinflussen auch die europäischen Ansichten zur Weltwirtschaftskrise. So machen viele Forschende das falsche Verhalten der Zentralbanken, das Festhalten am Goldstandard und die Verschuldungsspirale für den Teufelskreislauf verantwortlich. Welche Rolle Industrie und Landwirtschaft als Auslöser der Krise spielten, ist hingegen umstritten. Unbestrittene Symbole der *Great Depression* sind der New Yorker Börsencrash vom Oktober 1929 und die langen Schlangen von Arbeitslosen vor Arbeitsämtern und Suppenküchen. Beginnen wir beim «berühmteste(n) Finanzkollaps der Geschichte» (Harold James). [1]

Der Börsencrash von 1929 unter der Lupe

Seit 1928 regierte an den US-Börsen der «Bull Market» – ein Börsentrend, bei dem die Investoren optimistisch bis riskant Wertpapiere kauften, weil sie von den fabelhaften Gewinnmöglichkeiten überzeugt waren. Die *Roaring Twenties* verhalfen vielen Amerikanerinnen und Amerikanern zu einer

Einkommens- und Vermögenssteigerung. Davon kauften sie sich Konsumgüter wie Autos, Waschmaschinen, Radios oder auch Häuser – wenn nicht bar, dann eben auf Kredit. Einige investierten auch an der Börse, zuweilen mit geliehenem Geld. Davon profitierten die Makler der Geschäftsbanken, die das nötige Geld bei der US-Zentralbank aufnahmen und es zu einem mehr als doppelten Zinssatz an die Investoren weiterverliehen. Ein einträgliches Geschäft für jedermann – zumindest vorerst. Bei einigen Zeitgenossen läuteten jedoch die Alarmglocken. So prophezeite Paul M. Warburg, ein ehemaliger Verwaltungsrat der *Federal Reserve*, der US-Zentralbank, bereits Anfang März 1929 den Kollaps für den Fall, dass die Spekulationsorgien anhalten würden. Er befürchtete «a general depression involving the entire country». [2] Warburg dachte dabei vermutlich an die Erfahrung mit der Nachkriegskrise von 1920/21. Damals sprach man insbesondere auch im Zusammenhang mit den sinkenden Preisen und Löhnen von einer «Depression». Seither hatten sich in den Jahren 1923/24 und 1926/27 rezessive Schübe ereignet, auf die jeweils eine schnelle Erholung einsetzte. Unter Zentralbankvertretern und Politikern war die Ansicht verbreitet, wonach es hie und da ein reinigendes Gewitter brauche, damit das Wirtschaftswachstum sich nicht überhitze. Stiegen die Börsekurse zu stark und blieb dieses Gewitter aus, dann

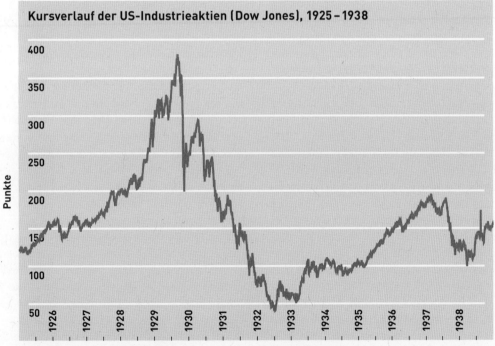

Kursverlauf der US-Industrieaktien (Dow Jones), 1925–1938

Kursverlauf der US-Industrieaktien (Dow-Jones-Index), 1925–1938. Anhand des Dow-Jones-Index der wichtigsten US-Industrieaktien lässt sich der Verlauf des Kursgeschehens an der New Yorker Börse zwischen 1935 und 1938 eindrücklich illustrieren. Die Darstellung von Gisela Hürlimann basiert auf einer Zusammenstellung des Dow-Jones-Index, welche die auf Börsenanalyse spezialisierte US-Firma Analyze Indices zusammengestellt hat. Diese hat Daten wissenschaftlicher Arbeiten zusammengetragen, welche unter anderem bei der statistischen Datensammlung StatLib des Department of Statistics an der Carnegie Mellon University zu finden sind.

«Black Thursday», Fotografie von Unbekannt, New York, 24. Oktober 1929. Menschenauflauf vor der «Federal Hall» an der Wall Street, gegenüber der New Yorker Börse.

befürchteten sie einen umso grösseren Absturz mit generellen Folgen für die Gesamtwirtschaft.

Im September 1929 kletterten die Börsenkurse auf nie erreichte Höhen. Zu diesem Zeitpunkt gerieten die US-Exporte bereits in Absatzschwierigkeiten. Und so begannen die Industrieaktien am 19. Oktober 1929, einem Samstag, zu fallen. Am folgenden Montag drehte sich die Abwärtsspirale weiter. Es gelangten so viele Aktien zum Verkauf, dass der Börsentelegraf – der Ticker – mit den Transaktionsmeldungen nicht mehr Schritt hielt. Die eigentliche Talfahrt begann jedoch am Donnerstag, dem 24. Oktober 1929. Dieser Tag ging in den USA als *Black Thursday* in die Wirtschaftsgeschichte ein – und der folgende als *Black Friday*.[3] Über 12,8 Millionen Aktien wurden am Donnerstag gehandelt. Zum Vergleich: Am 4. September waren es knapp 4,4 Millionen Aktien gewesen.[4] Panikartig wollten sich alle von ihren Wertpapieren trennen. Doch wer sollte dieses Überangebot kaufen? Die Aktien – und die damit finanzierten Unternehmen oder Investitionen – wurden nun regelrecht verramscht. Wie ein Lauffeuer verbreitete sich die Nachricht von den fallenden Kursen, und viele Menschen fanden sich spontan vor der New Yorker Börse an der Wall Street ein.

Als die wichtigsten Bankiers des Landes demonstrativ Aktien kaufen liessen, zogen andere Händler nach. Es schien sich wieder so etwas wie Normalität einzustellen. Doch in der darauffolgenden Woche platzte die Hoffnungsblase. Am Dienstag, dem 29. Oktober 1929, wechselten schliesslich 16,4 Millionen Aktien ihre Besitzer. Die Preise zerbröckelten buchstäblich und leiteten mittelfristig den Bankrott von Tausenden von Firmen und Hunderttausenden von Personen ein. Der Zusammenbruch bewirkte an diesem *Black Tuesday* die Vernichtung von Vermögenswerten in der Höhe von mehr als 10 Milliarden US-Dollar an einem einzigen Tag.[5] Der Börsencrash wirkte sich sowohl innerhalb der USA als auch weltweit aus. International führte er zur Kündigung von Krediten und zum Rückzug von Investitionen. Der dadurch ausgelöste Produktionsrückgang drosselte sowohl die Nachfrage nach Arbeitskräften wie nach Gütern. Dies verschärfte auch die internationale Agrarkrise.

Weizen zum Spottpreis und hungernde Bauern

Die am meisten gehandelten Agrarprodukte der Zwischenkriegszeit waren Baumwolle und Weizen. Dann folgten Zucker, Wolle, Kaffee, Seide, Kautschuk, Butter, Reis, Tabak und Mais. Die Weizenpreise gerieten bereits seit 1925 ins Trudeln. Der Grund dafür lag in der erhöhten weltweiten Produktion. Während und nach dem Ersten Weltkrieg mussten die europäischen Länder grosse Einbussen in der Weizenproduktion hinnehmen. Aussereuropäische Produzenten wie Argentinien, Australien, Kanada und die USA sprangen in die Bresche und konnten zwischen 1913 und 1926 ihren Weizenabsatz in Europa annähernd verdoppeln. Als sich Europa vom Krieg erholt hatte und seine Getreideproduktion wieder steigerte, führte dies zusammen mit dem durch Dünger und modernen Produktionsweisen erreichten Produktionszuwachs zu einem globalen Überangebot. Wie sich dieser fatale Kreislauf auf die einzelnen Volkswirtschaften auswirkte, lässt sich an den Beispielen von Deutschland und der damaligen Sowjetunion zeigen. Die deutsche Landwirtschaft bekam die sinkenden Weizenpreise ab 1927 deutlich zu spüren. Um die Einkommenseinbussen wettzumachen, erweiterten die Bauern ihre Weizenanbaufläche von 1928

Bäuerin auf dem Traktor, Standbild aus dem Film «Das Alte und das Neue» von Sergei Eisenstein (1898–1948), Sowjetunion 1929. Während die «westliche» Landwirtschaft bereits in die Krise geriet, befand sich die sowjetische Agrarproduktion 1929 in der Phase des Aufstiegs. Anfang der 1930er-Jahre erfolgte ein Mechanisierungsschub, der sich hier auf dem Bild als Versprechen ankündigt. Das Bild stammt aus einem Propagandafilm des Regisseurs Sergei Eisenstein, mit dem die sowjetische Regierung die Kollektivierung der Landwirtschaft, die ab 1929 mit Zwang durchgesetzt wurde, als sinnvolle und notwendige Entwicklung darstellen liess. Zwangskollektivierung und rücksichtslose Exportorientierung des sowjetischen Getreideanbaus führten 1932/33 zu einer dramatischen Hungersnot der Landbevölkerung. Wie Eisenstein hielten viele russische Fotografinnen und Fotografen die Industrialisierung in den Städten und die Landwirtschaftsproduktion zu dokumentarischen und propagandistischen Zwecken fest.

bis 1929 um fast 30 Prozent und heizten damit die Überproduktion weiter an. [6] In die gleiche Abwärtsspirale geriet auch die Sowjetunion. Wie in Deutschland versuchte die Regierung, den sinkenden Erlös für den exportierten Weizen durch Produktionssteigerungen zu kompensieren. Zu diesem Zweck wurden die russischen Bauern zur Abgabe fast sämtlicher Weizenvorräte gezwungen, und die Weizenversorgung der sowjetischen Bevölkerung wurde rationiert. Die Folgen waren schrecklich: Mindestens drei Millionen Angehörige der ländlichen Bevölkerung verhungerten in Russland und der Ukraine. [7]

Hohe Zölle verschärfen die Absatzprobleme

Allgemein verschärfte die Zollpolitik die Krise. Um ihre eigenen Produzenten vor der internationalen Konkurrenz zu schützen, führten viele Länder immer höhere Importzölle ein. Diese Politik des Protektionismus war nicht neu, wurde aber im Verlauf der Krise ausgebaut und kurbelte diese weiter an. Dabei hatte man sich auf der Weltwirtschaftskonferenz von 1927 in Genf noch auf Zollsenkungen geeinigt, in der Hoffnung, wieder an die blühende Weltwirtschaft vor dem Ersten Weltkrieg anknüpfen zu können. Doch als kurz nach Abschluss dieser Vereinbarung die Agrarkrise einsetzte, begann der Konsens von 1927 bereits wieder zu bröckeln. So wurde am Folgetreffen im Februar 1930, an der «Vor-

bereitenden Konferenz über konzertierte wirtschaftliche Massnahmen», gar nicht mehr über Zollsenkungen, sondern lediglich über einen befristeten Stopp für geplante Zollerhöhungen verhandelt. Von den 27 teilnehmenden Ländern – die USA, Kanada, Australien und andere waren schon gar nicht erst dabei – unterschrieben gerade elf das sogenannte Stillhalteabkommen. Neun Monate später bekannten sich nur noch sieben Staaten zu diesem Moratorium, darunter auch die Schweiz. Am Scheitern dieser internationalen Bemühungen gegen die Schutzzollpolitik hatten die USA einen wichtigen Anteil, als Präsident Hoover im Juni 1930 ein neues Zollgesetz unterschrieb, das die Einfuhr von 20 000 Importgütern verteuerte. Das neue Gesetz löste bereits während der parlamentarischen Beratungen Vergeltungsmassnahmen von anderen Ländern aus, die ihrerseits ihre Zölle anhoben. Der Schutz, den sich die Länder durch ihre protektionistische Zollpolitik erhofften, währte nur kurz. Stattdessen überwogen die negativen Folgen: Die hohen Zölle liessen den internationalen Handel weiter schrumpfen. Die Auswirkungen dieser Handelskrise bekamen zuerst jene zu spüren, die an der Produktion der betroffenen Exportgüter direkt beteiligt waren, also die Arbeiterschaft in Industrie und Landwirtschaft.

Arbeitslose Bauarbeiter, Fotografie von Hans Staub (1894–1990), Zürich um 1930. Arbeitslose Männer verfielen oft ins «Nichtstun», wie das Forscherteam im österreichischen Marienthal beobachten konnte und wie diese von Fotoreporter Staub festgehaltene Szene zeigt. Dieses Bild ist ein pressegeschichtlich interessantes Beispiel für den aufkommenden gesellschaftlich engagierten Fotojournalismus in der Schweiz. Hans Staub war ab 1930 der erste Fotoreporter der «Zürcher Illustrierten». Zusammen mit Paul Senn (1901–1953) und Gotthard Schuh (1897–1969) prägte Staub die moderne Sozialreportage der Zwischenkriegs- und Kriegszeit in der Schweiz. Die drei Fotografen sind in ihrer Motivwahl und Wirkung in der Schweiz durchaus vergleichbar etwa zu US-amerikanischen Fotoreportern und Fotoreporterinnen wie Dorothea Lange, deren berühmtes fotografisches Zeugnis der Weltwirtschaftskrise auf Seite 194 zu sehen ist.

Millionen im Elend:
die Massenarbeitslosigkeit

Der amerikanische Börsencrash dämpfte die mit US-Krediten verknüpfte deutsche Volkswirtschaft empfindlich: Von 1928 bis Ende 1929 ging die Auslastung der Arbeitskapazitäten in der deutschen Industrie um 30 Prozent zurück.[8] Immer mehr Arbeitskräfte wurden «überflüssig». Und so waren Ende 1929 über 2,9 Millionen Personen in Deutschland als arbeitslos registriert. Ein Jahr später betrug die Zahl bereits 3,5 Millionen. Für Anfang 1933, als Adolf Hitler deutscher Bundeskanzler wurde, schätzt der deutsche Sozial- und Wirtschaftshistoriker Hans-Ulrich Wehler die Gesamtzahl der Arbeitslosen – neben den offiziell registrierten 6 Millionen auch die nicht gemeldeten und damit statistisch «unsichtbaren» – auf gegen 8 Millionen Männer und Frauen bei einer Zahl von rund 26,4 Millionen Erwerbstätigen.[9] Zwar existierte seit 1927 eine Arbeitslosenversicherung. Sie unterstützte aber nur jene, die zuvor mindestens zwei Jahre gearbeitet hatten. Die anderen lebten von der zeitlich

befristeten Krisenunterstützung oder von der kommunalen Fürsorge – oder mussten, wie viele Jugendliche, auf familiäre Hilfe hoffen. Schlimm war auch die Wohnungssituation. Viele Familien konnten ihre Miete und ihre auf Kredit gekauften Möbel oder Geräte nicht mehr bezahlen. In Gewerbe- und Handwerkerkreisen und im unteren Mittelstand wurden Tausende von Zwangspfändungen vorgenommen.

«Seit dem Stillstand der Fabrik ist das Leben viel schwerer»
Auch die Sozialforschung begann sich für die Auswirkungen der Arbeitslosigkeit zu interessieren. Auf diese Weise ist uns eine eindrückliche Schilderung der Situation der «Arbeitslosen von Marienthal» überliefert worden. Das niederösterreichische Dorf Marienthal war geprägt von Betrieben der Textilindustrie. Wegen der Wirtschaftskrise mussten zwischen 1929 und 1930 nacheinander die Spinnerei, die

Druckerei, die Bleiche und die Weberei den Betrieb einstellen. Mehr als Dreiviertel aller Marienthaler Familien waren plötzlich von Arbeitslosigkeit betroffen. So mancher Familienvater versank im Alkoholismus, Schulkinder mussten sich zum Frühstück mit trockenem Brot begnügen, aufs Spielen verzichten, weil sie ihre halb zerschlissenen Schuhe nicht ersetzen konnten, oder überhaupt zuhause bleiben. Der Diebstahl von Kohle zum Heizen und von Katzen und Hunden, die nun den Speiseplan ergänzten, wurde fast alltäglich. Besonders beeindruckt waren die Forschenden von den Spuren, welche diese Krise im unmittelbaren Verhalten der Menschen hinterliess. «Die Menschen haben verlernt, sich zu beeilen», stellten sie fest. Bei den arbeitslosen Männern dominierten Herumsitzen, Schlafen und Gespräche auf der Strasse. Die Frauen hingegen dehnten ihre Hausarbeit, die sie zuvor neben der Fabrikarbeit erledigt hatten, auf den ganzen Tag aus. Selbst wenn die frühere Doppelbelastung anstrengend gewesen war, sehnten sich einige der interviewten arbeitslosen Fabrikarbeiterinnen nach der Zeit vor der Krise zurück. Die 37-jährige Frau S. drückte dies so aus: «Seit dem Stillstand der Fabrik ist das Leben viel schwerer. Man muss sich immer den Kopf zerbrechen, was man kochen soll, das Geld reicht nicht. Man kommt auch nirgends hin, den ganzen Tag ist man eingesperrt.»[10]

So, wie den Menschen von Marienthal, erging es vielen Österreicherinnen und Österreichern: Im Jahr 1933 betrug die österreichische Arbeitslosenrate 29 Prozent. Auch in Skandinavien kletterten die Arbeitslosenzahlen bis 1933 auf Werte zwischen 23,7 Prozent (Schweden) und 33,4 Prozent (Norwegen). Eine nur wenig geringere Arbeitslosigkeit als etwa Schweden oder Belgien (1934: 23,7 Prozent) verzeichneten Grossbritannien und Nordirland mit 22,1 Prozent im Jahr 1932. Dagegen kämpfte Frankreich mit bedeutend weniger Arbeitslosigkeit: Im Rekordjahr 1936 betrug die Arbeitslosenquote in der am stärksten betroffenen und am besten dokumentierten Region Paris 10,4 Prozent. Dies hing mit der vergleichsweise schwachen Industrialisierung des Landes zusammen. Allerdings mussten etliche Französinnen und Franzosen erzwungene Kurzarbeit ohne Erwerbsersatz hinnehmen, was ihre Einkommenssituation ebenfalls verschärfte. In der Schweiz schliesslich betrug das Arbeitslosenmaximum, ebenfalls im Jahr 1936, gemäss offiziellen Statistiken nur 4,5 Prozent. Verglichen mit den durchschnittlichen 0,5 Prozent in den Jahren 1928 bis 1930 entsprach allerdings auch diese Quote einer Verneunfachung. Und rechnet man all jene Erwerbstätigen hinzu, die keiner Arbeitslosenversicherung angeschlossen und deshalb nicht registriert waren, dann kommt man auch hierzulande auf mindestens doppelt so viele Betroffene. Insgesamt wird die Zahl allein der gemeldeten Arbeitslosen in Europa während der Weltwirtschaftskrise auf 15 Millionen Menschen geschätzt.[11] Die Dunkelziffer dürfte vermutlich noch deutlich höher liegen.

Hütten von arbeitslosen Männern, Fotografie von Unbekannt, New York, Februar 1932.

Den Zusammenhang von Börsencrash, Krise und Arbeitslosigkeit zeigt auch eine Schätzung, wonach die Arbeitslosigkeit zwischen September 1929 und September 1932 weltweit um 180 Prozent zunahm.[12] Die USA waren, nebst Deutschland, die am stärksten betroffene Industrienation: Von 1930 bis 1932 stieg die Zahl der Arbeitslosen von 4,3 Millionen auf 12 Millionen. 1933 waren schliesslich über 13 Millionen oder rund 25 Prozent der amerikanischen Erwerbstätigen ohne Arbeit. Zu diesem Zeitpunkt existierte noch keine landesweite Arbeitslosenversicherung. Nur etwa ein Viertel der Betroffenen kam in den Genuss von Unterstützungsleistungen, die in den einzelnen Bundesstaaten zum Teil mit Hilfe von Krediten des Zentralstaates sowie durch private Initiative aufgebracht wurden.[13]

Der in einer Minenarbeiterfamilie aufgewachsene William Wight (geboren 1917) erinnerte sich 1997 an die Zeit der frühen 1930er-Jahre: «My father and mother fought a lot, and finally when I was eleven they split up, and we moved to Phoenix and that was the year the Depression hit, 1928, and Dad kind of disappeared. I don't know where he was for a couple of years; we really had to struggle putting food on the table for the next two or three years. I tell people this, but they don't believe me. [...] At thirteen I was the oldest boy in the family. I quit school to work and I've worked ever since. I finished the eighth grade, which doesn't seem very educated. [...] We wore ragged clothing, clean but ragged, no shoes. At times we went really hungry. We lived in a shack by the railroad tracks in Phoenix. It was so bad that they couldn't rent it to someone else, so they didn't even charge us rent. We scrounged for food, I'll tell you we scrounged for food.»[14]

Rolle der Währungspolitik

Milton Friedman und Anna Schwartz machen in ihrer klassischen Darstellung der Weltwirtschaftskrise von 1963 hauptsächlich die US-Zentralbank und die Regierung verantwortlich für die Misere der *Great Depression*. Die für die Währungspolitik verantwortlichen Akteure hätten eine Verknappung der Währungsreserven betrieben und damit die Deflation – den Rückgang von Preisen und Löhnen – gefördert. Hierbei spielte auch der Goldstandard eine zentrale Rolle, wie vor allem Barry Eichengreen gezeigt hat.[15] Der war eine Übereinkunft der Landesregierungen, wonach jede Landeswährung mindestens zu 40 Prozent mit Goldwerten gedeckt sein musste. Von 1870 bis 1914, als dieses System in seiner Blüte stand, passten die Staaten die Höhe ihrer nationalen Währungen jeweils der Grösse ihres Goldbestands an. Die Währungen befanden sich damit in einem Gleichgewicht. Das funktionierte so lange, als die Staaten ihre Finanzen im Griff hatten und international miteinander kooperierten. Beide Voraussetzungen waren durch den Ausbruch und die Folgen des Ersten Weltkrieges nicht mehr gegeben. Als die wichtigsten Industrieländer in den 1920er-Jahren zur freien Umtauschbarkeit der Währungen und schliesslich zum Goldstandard zurückkehrten, fehlte das frühere Gleichgewicht: Länder, denen Gold zufloss, hätten ihre Geldmenge eigentlich ausweiten müssen. Das taten sie aber ungenügend, weil sie die Inflation nicht ankurbeln wollten. Länder, aus denen Goldreserven abflossen, waren hingegen gezwungen, ihr Geldangebot zu reduzieren, mit allen Auswirkungen auf die Wirtschaft: hohe Zinsen für Kredite, Preis- und Lohnsenkungen. Und hier trifft sich die Goldstandard-Hypothese wieder mit der Analyse von Friedman und Schwartz. Die Verknappung des Geldes und der Kredite durch die USA seit 1928 führte nämlich dazu, dass andere Länder ihrerseits eine Deflationspolitik betreiben, also die Geldmenge verknappen und die Kredite verteuern mussten. Der Goldstandard wurde damit zum Transmissionsriemen der internationalen Währungsprobleme. Und als die US-Wirtschaft ab August 1929 ebenfalls in eine Schwäche geriet, da verschärfte die Rezession, die in anderen Ländern schon eingesetzt hatte, die Absatzprobleme der amerikanischen Industrie und Landwirtschaft. Dazu kamen wenig später der Börsencrash und ab Ende 1930 eine Welle von Bankenkrisen.

Bankenzusammenbrüche als weiterer Krisenfaktor

In der Zeit nach dem Crash, zwischen 1929 und 1932, halbierte sich die Industrieproduktion in Deutschland und in den USA beinahe; der weltweite Handel ging um mehr als 40 Prozent zurück.[16] Etwa 300 000 Firmen gingen allein in den USA zwischen 1929 und 1933 bankrott.[17] Einige davon waren auch Finanzinstitute, darunter die *Bank of the United States*. Als die Kundinnen und Kunden aufgrund von Gerüchten über finanzielle Probleme ihre Guthaben in Scharen kündigten, schloss die Bank im Dezember 1930 sämtliche Filialen. Auch in Europa waren die Bankenzusammenbrüche ein wichtiges Krisenelement. Deutschland, Österreich und andere mittel- und osteuropäische Länder waren nach der Niederlage und den Verheerungen des Ersten Weltkrieges stark von ausländischen Krediten abhängig: einerseits wegen der Wiedergutmachungszahlungen, zu denen sie im Frieden von Versailles verpflichtet worden waren, andererseits wegen der wirtschaftlichen Belastung für den Wiederaufbau des eigenen Landes. Doch die ausländischen Kreditgeber verloren ihr Wohlwollen und kündigten die Kredite, wenn ihnen die innenpolitischen Vorgänge in diesen Ländern zu instabil und die wirtschaftliche Leistungsfähigkeit zu mager erschienen. Als Konsequenz mussten Staat und Wirtschaft in starkem Ausmass auf die Kreditmöglichkeiten der einheimischen Banken bauen. Doch viele unter der Krise leidende Firmen konnten ihre Banksicherheiten nicht erhöhen, ihre Schulden nicht zurückzahlen und gingen Konkurs. Die betroffenen Banken mussten die ausstehenden Kredite in der Folge abschreiben. Dies zerstörte wiederum das Vertrauen der Investoren und anderer Gläubiger. In einer solchen Lage befand sich im Mai 1931 die «Österreichische Credit-Anstalt» in Wien. Als die Verschuldung der «Credit-Anstalt» publik wurde, zogen die Kontoinhaber ihre Gelder in Windeseile ab. Im Juli 1931 erreichte die Bankenkrise Deutschland, wo die Kapitalflucht bereits nach den Wahlen vom September 1930, als die Nationalsozialisten ihren ersten Wahltriumph feierten, eingesetzt hatte. Als es im Dezember 1932 zur dritten Welle von Bankenzusammenbrüchen kam, trafen die Finanzkrise und die mittlerweile voll entfaltete Krise der realen Wirtschaft – von Industrie, Gewerbe und Landwirtschaft – voll aufeinander. Das führte nochmals zu einem Rückgang der Industrieproduktion und zu einem weiteren Anstieg der Arbeitslosigkeit.

Teilnehmer der sogenannten Harzburger Front, Fotografie von Unbekannt, Bad Harzburg, Oktober 1931. Am 11. Oktober 1931 versammelten sich in Bad Harzburg Mitglieder der nationalsozialistischen Bewegung, der Frontsoldatenorganisation «Stahlhelm», des Alldeutschen Verbands und anderer rechtsnationalistischer und rechtsextremer Gruppen zu einem Treffen der «nationalen Opposition» gegen Weimarer Republik und Reparationsvereinbarungen. Initiatorin des Treffens war die Deutschnationale Volkspartei (DNVP).

Die Weltwirtschaftskrise und die Politik: Deutschland

Welche Handlungsmöglichkeiten ergaben sich für die Politik? Viele Forschende meinen, dass es gar nicht so weit gekommen wäre, hätte man den Goldstandard schon früher aufgegeben. Andere haben die Wichtigkeit einer staatlichen Wirtschaftspolitik betont, welche die Auf- und Abschwünge der Marktzyklen mit konkreten Massnahmen dämpft und so antizyklisch wirkt. Zu solchen Erkenntnissen gelangten die damaligen Verantwortlichen jedoch erst, als schon Milliarden Gelder vernichtet und Abermillionen von Menschen arbeitslos und ohne Perspektive waren. Noch 1930 hatte der amerikanische Finanzminister Andrew Mellon gegenüber Präsident Hoover die positiven Aspekte der Krise betont: «It will purge the rottenness out of the system», meinte Mellon und fügte zuversichtlich an: «People will work harder, live a moral life. Values will be adjusted, and enterprising people will pick up the wrecks from less competent people.»[18] Mellon hätte nicht falscher liegen können. Das wird deutlich, wenn wir uns nun für die Betrachtung der politischen Krisenbewältigung dem Fall Deutschland zuwenden.

Deutschlands (vermeidbarer) Weg in den Abgrund

Nach den «goldenen» Jahren der Weimarer Republik (1924–1929) hatte die Weltwirtschaftskrise in Deutschland verheerende Auswirkungen. Der Rückgang der allgemeinen Investitionen zeigte sich besonders deutlich beim Wohnungsbau und bei den öffentlichen Infrastrukturen. Das war ein deutliches Zeichen dafür, wie knapp der deutsche Staat bei Kasse war, nachdem der Börsencrash zur Kündigung zahlreicher US-Kredite geführt hatte. Darüber hinaus setzten die

Reichsregierungen auch auf eine Politik der knappen Kasse, mit welcher sie um jeden Preis eine Neuauflage der Hyperinflation, wie Deutschland sie 1921–1923 erlebt hatte, vermeiden wollte. Gleichzeitig galt es zu demonstrieren, wie schwer den Deutschen die Bezahlung der Reparationszahlungen aus dem Ersten Weltkrieg fiel. Doch diese harte Sparpolitik verschärfte die sozialen Folgen der Krise. So fehlten der verschuldeten Arbeitslosenversicherung in der Folge des dramatischen Anstiegs der Arbeitslosenzahlen schlicht die Mittel, um im bisherigen Stil Arbeitslosengelder auszubezahlen. Die letzte parlamentarische Mehrheitsregierung der Weimarer Zeit scheiterte 1930 an der Sanierung der Versicherung und damit an den Folgen der Weltwirtschaftskrise für die Gesellschaft und für die staatlichen Finanzen.

Die Regierungskoalition unter dem sozialdemokratischen Reichskanzler Hermann Müller zerbrach im März 1930 an der Frage, ob die Unterstützungsleistungen in der bisherigen Höhe beizubehalten seien. Dies verlangte die Sozialdemokratische Partei (SPD), die damals die stärkste Fraktion des Reichtags stellte. Dagegen schlug der bürgerliche Koalitionspartner, die Deutsche Volkspartei, die sich gegen jede Erhöhung der Versicherungsbeiträge wehrte, Leistungskürzungen vor. Als keine Einigung zustande kam, blieb Müller nichts anderes übrig, als den Rücktritt seiner Regierung anzubieten. Dieser Schritt kam dem konservativen Reichspräsidenten Paul Hindenburg, Weltkriegsgeneral und adliger Grossgrundbesitzer, gelegen. Er ernannte den Abgeordneten der katholisch-konservativen Zentrumspartei Heinrich Brüning zum neuen Kanzler. Damit begann die Zeit von Präsidialregierungen, die sich auf keine parlamentarischen Mehrheiten mehr stützen konnten. Stattdessen erlaubte Hindenburg Brüning, anders als seinem Vorgänger Müller, mit Notverordnungen und damit auch gegen den Reichstag zu regieren. Das tat Brüning ausgiebig und mit fatalen Folgen. Als das Parlament Brüning im Sommer 1930 sein Misstrauen aussprach, weil dieser seinen Haushaltplan mit einer Notverordnung durchboxte, löste Reichspräsident Hindenburg den Reichstag auf und schrieb Neuwahlen aus.

Die Nazis als Krisengewinnler

Einen ungünstigeren Moment hätte man sich kaum denken können. Innert eines Jahres hatte sich die Arbeitslosigkeit mehr als verdoppelt, ein Ende der Zunahme war nicht absehbar. «Wohin wir blicken Not und Elend, denn 1930 stand im Zeichen eines ungeheuren wirtschaftlichen Niedergangs», stellte auch Bürgermeister Kuhn der süddeutschen Kleinstadt Tettnang in seinem Verwaltungsbericht für das Jahr 1930 fest.[19] Mit besonderer Sorge registrierte Kuhn die «Zunahme der Arbeitslosigkeit und die immer unerträglicher werdende Knebelung des deutschen Volkes durch Friedens- und Reparationsverträge.» Damit sprach dieser konservative Gemeindepolitiker die aus der Sicht vieler Deutscher zentralen Probleme jener Zeit an. Der Groll darüber, dass Deutschland die alleinige Schuld am Ersten Weltkrieg tragen und dafür Wiedergutmachung bezahlen sollte, war weit verbreitet. Doch keine Organisation instrumentalisierte diesen Groll so gekonnt wie die Nationalsozialistische Deutsche Arbeiterpartei (NSDAP), die der gebürtige Österreicher Adolf Hitler 1920 im Münchner Hofbräuhaus mitgegründet hatte. Mit den Bezeichnungen «sozialistisch» und «Arbeiter» versuchte die NSDAP, der linken Arbeiterbewegung die kleinen Leute abspenstig zu machen. In den 1920er-Jahren gelang dies mehr schlecht als recht. Ein Putschversuch durch Hitler und seine Getreuen im November 1923 scheiterte und die NSDAP blieb in den «Goldenen Zwanzigern» eine Kleinpartei.

Das änderte sich jedoch mit der Weltwirtschaftskrise. 1930 wurde zum Schlüsseljahr für den Aufstieg der Nationalsozialisten. Mit Flugblättern, an Massenveranstaltungen und in Uniformaufmärschen heizten sie die Stimmung im allgemeinen Klima des Schocks an und instrumentalisierten die Diskussion um eine neue internationale Vereinbarung zur Reparationszahlung. In der Folge gingen die Nazis als Sieger aus den Reichstagswahlen vom 14. September 1930 hervor: Von zwölf Abgeordneten steigerten sie ihre Parlamentsvertretung auf 107 Sitze. Damit wurde die NSDAP hinter der SPD die zweitstärkste Parlamentsfraktion. Dieser Erdrutschsieg änderte die politische Konstellation völlig. Der Erfolg machte die Nazis attraktiv und scheinbar unentbehrlich. Die konservativen und rechtsnationalen Parteien begannen, Hitler als das kleinere Übel zu betrachten. Das grössere Übel sahen sie in der Radikalisierung der Massen durch die Kommunistische Partei, die durch die Krise ebenfalls Zulauf erhielt.

«Freiheit und Abenteuer»?

In den Grossstädten blieben die Arbeiterinnen und Arbeiter links, und die Mehrheit der Arbeitslosen wählte kommunistisch. Dagegen wandte sich die Mehrheit der kleinstädtischen und ländlichen Arbeiterschaft zwischen 1930 und 1932 der NSDAP zu. Den Nazis kamen vor allem auch die Stimmen aus Handwerker-, Gewerbe- und Bauernkreisen zugute. Und da waren noch die Beamten, die Angehörigen des Mittelstandes und die Grossgrundbesitzer, die alle ihre Gründe hatten, die NSDAP zu wählen. Vor allem in protestantischen Milieus kamen die Nazis gut an – und unter Jugendlichen. In der Einschätzung des deutschen Historikers Götz Aly bedeutete der Nationalsozialismus damals für die Mehrheit der jungen Deutschen «nicht Diktatur, Redeverbot und Unterdrückung, sondern Freiheit und Abenteuer».[20] Zehntausende junger Menschen schlossen sich damals Jugendbünden, Sportvereinen oder paramilitärischen Organisationen an. Die Suche vieler Jugendlicher nach Orientierung und Gemeinschaft in einer krisengeschüttelten Gesellschaft haben den Aufstieg der Nazis als einer Bewegung, die statt einer Klassengesellschaft eine «Volksgemeinschaft» versprach, eindeutig begünstigt. Mit ihrem «Braunhemd» nahmen die Schlägertrupps der Nazi-«Sturmabteilung» (SA) zudem einen direkten Bezug auf die Uniformen der ehemaligen deutschen Kolonialtruppen in Ostafrika und damit auf das Ziel, wieder an die «gute» alte, aber allzu kurze deutsche Kolonialzeit anknüpfen zu wollen.

Die Reichstagswahlen im Juli 1932 machten die NSDAP zur stärksten Partei; sie erlangte aber keine absolute Mehrheit. Die anderen Parteien stellten zusammen immer noch über 62 Prozent der Abgeordneten. Doch die bürgerlich-konservativen Kräfte waren zu keinen Kompromissen mit den Linken bereit. Stattdessen setzten Franz von Papen und Kurt von Schleicher, die zwischen 1932 und Januar 1933 die letzten beiden bürgerlichen Regierungen anführten, auf die Nazis, um ihre Macht zu sichern. Als Reichspräsident Hindenburg am 30. Januar 1933 Adolf Hitler zum Reichskanzler ernannte, gingen er und viele andere Politiker aus dem rechtskonservativen Milieu davon aus, dass sie den braunen Anführer kontrollieren könnten. Und dass die Nazis durch den politischen Alltag ihre Anziehungskraft verlieren würden. Stattdessen wurde Hindenburg zu Hitlers Marionette und die Nazis nutzten den bis heute nicht ganz geklärten Brand des Reichstags, der am 27. Februar 1933 mitten in einem neuen Wahlkampf ausbrach, um Schritt für Schritt die Demokratie zu beseitigen. Die «Reichstagsbrandverordnung» schränkte bereits einen Tag später die Meinungsfreiheit ein und gab den Polizeikräften freie Hand für die

Unsere letzte Hoffnung: Hitler, Wahlplakat der NSDAP nach einem Entwurf von Hans Herbert Schweitzer (1901–1980, Pseudonym «Mjölnir»), Deutschland 1932. Das Plakat imitierte den sozialkritischen Stil, wie er vor allem von linken Künstlerinnen und Künstlern der Weimarer Zeit, etwa von der Kommunistin Käthe Kollwitz, gepflegt wurde. Schweitzer alias «Mjölnir» stellte sich früh und entschieden in den Dienst der NS-Propaganda und wurde einer der wichtigsten Zeichner und Grafiker des Regimes.

Verfolgung und Verhaftung von Verdächtigen. Die Nazis entfesselten einen beispiellosen Propagandafeldzug und Strassenterror gegen Linke und Kommunisten, die sie für den Brand verantwortlich machten. Die Reichstagswahlen vom 5. März 1933, bei denen die NSDAP knapp 44 Prozent der Stimmen erhielt, können deshalb weder als frei noch als fair bezeichnet werden.

Als das neu gewählte Parlament zusammentrat, hatte die deutsche Volkswirtschaft den Höhepunkt der Krise zwar bereits überschritten. Doch Hitler kam der wirtschaftlichen Erholung zuvor. Am 23. März 1933 brachte er ein Gesetz «zur Behebung der Not von Volk und Reich» vor den Reichstag. In seiner Rede griff der Kanzler die Errungenschaften der Weimarer Republik seit 1918 an und machte die Linke für

den gesamten politischen, sozialen und wirtschaftlichen Notstand verantwortlich. Um diesen Notstand zu beheben, sollte die Regierung über ein «Ermächtigungsgesetz» aussergewöhnliche Kompetenzen in allen Bereichen erhalten. Die NSDAP-Abgeordneten bejubelten Hitlers Ausführungen. Die kommunistischen Abgeordneten konnten sich nicht mehr äussern, weil sie entweder schon in Konzentrationslagern festgehalten oder von SA-Männern am Eintritt zur Parlamentssitzung gehindert wurden. Einzig die sozialdemokratische Fraktion wehrte sich gegen diese Selbstentmachtung des Parlaments. Doch die verbliebenen bürgerlichen Fraktionen stellten sich mit den Nazis hinter das «Ermächtigungsgesetz» und verbauten damit den Weg zu einer demokratischen Bewältigung der Krisenfolgen.

Die Weltwirtschaftskrise und die Politik in anderen Ländern

Demokratische Koalitionen in Frankreich und Grossbritannien

Auch in Frankreich bewirkten die von faschistischen Gruppen im Februar 1934 angezettelten Strassenunruhen den
Sturz der sozialdemokratischen Regierung. In der Folge
brachte allerdings eine bürgerlich dominierte Koalition die
Situation wieder unter Kontrolle. Auf der linken Seite löste
die faschistische Bedrohung eine breite Widerstandsbewegung aus. Diese ermöglichte 1936, als die Weltwirtschaftskrise in Frankreich ihren Höhepunkt erreichte, den Wahlsieg
einer linken Volksfront *(Front Populaire)*, die unter Führung
des Sozialisten Léon Blum eine Regierung mit Beteiligung
der bürgerlichen Radikalen stellte und bis 1938 zahlreiche
Reformprogramme lancierte. In Grossbritannien rauften
sich die verschiedenen Parteien nach der Wahlniederlage
der «Labour Partei» ebenfalls in einem *National Government*
(1931–1935) zusammen, um die wirtschaftliche und soziale
Krise gemeinsam zu bewältigen. Das 1936 erlassene Uni-
formverbot während politischer Demonstrationen richtete
sich direkt und wirksam gegen die britischen Faschisten.
Ihnen gelang es nicht, über einige regionale Erfolge hinaus-
zukommen, und ihre Anführer wurden mit dem Eintritt
Grossbritanniens in den Krieg inhaftiert.

Lösungssuche in Skandinavien und der Schweiz

In Schweden, Dänemark und Norwegen setzte sich als Antwort auf die Wirtschaftskrise nicht das Modell der parteien-
übergreifenden Koalition durch. Stattdessen kam es zu einem
gemässigten, links-korporativistischen Bündnis zwischen
Sozialdemokratie, Gewerkschaften und weiteren gesellschaftlichen Gruppen. Der «Korporativismus» (auch: Korpo-
ratismus) zeichnet sich dadurch aus, dass die Wirtschaftsverbände und die berufsständischen Interessengruppen zu
direkten Ansprechpartnern des Staates werden. Die wirtschaftliche Zusammenarbeit zwischen Arbeiterschaft und
Unternehmerschaft tritt an die Stelle der Aushandlungspro-
zesse um Löhne, Arbeitszeiten und Arbeitsbedingungen. Im
italienischen Faschismus fand sich dieses System des *corpo-
rativismo* in seiner am stärksten ausgeprägten Form, eingebettet in ein autoritäres politisches System, in dem politisch
Andersdenkende verfolgt wurden. Etwas Ähnliches galt für
die repressive Gleichschaltung der Gewerkschaften und Verbände im Nationalsozialismus.

Auch in der Schweiz hatten faschistische Gruppen
und «Fröntler», benannt nach der rechtsextremen Partei
«Nationale Front», in den frühen 1930er-Jahren Morgenluft
gewittert. Während des «Frontenfrühlings» von 1933 gingen mancherorts bürgerliche Kräfte sogar Wahlbündnisse
mit rechtsextremen Parteien ein. Mit einer Volksinitiative

«Roter Fünfjahrplan: Nein!» Plakat von Charles L'Eplattenier, Schweiz 1934/1935. Das rechte politische Lager versuchte, die «Kriseninitiative» als kommunistisches Vorhaben darzustellen. Das Kontraplakat suggeriert, dass «echte» Eidgenossen gegen ein solches «unschweizerisches» Anliegen Widerstand leisten müssten. Hinter der «nationalen Kampfgemeinschaft» verbarg sich ein Bündnis von rechtskonservativen Gruppierungen zusammen mit der Nationalen Front.

zur «Totalrevision der Bundesverfassung» wollten faschismus-freundliche Kreise 1934 gar die bürgerlich-parlamentarische Demokratie zugunsten eines korporativistischen Staatsmodells nach italienischem Vorbild aufweichen. Doch damit schossen die Initianten des Revisionsbegehrens weit über den demokratischen Konsens in der Schweiz hinaus.

Eine demokratietaugliche Alternative legte im gleichen Jahr 1934 eine Koalition aus Gewerkschaften, Angestelltenvereinigung und Bauernheimatbewegung mit der Volksinitiative «zur Bekämpfung der Wirtschaftskrise» («Kriseninitiative») vor. Die «Kriseninitiative» wollte dem Staat mehr Einfluss verschaffen, aber unter Beibehaltung aller demokratischen Institutionen und beschränkt auf die Wirtschafts- und Sozialpolitik. Die darin genannten Forderungen wie Arbeitsbeschaffungsmassnahmen, Lohn- und Preisschutz, eine Arbeitslosenversicherung, die Entschuldung von Bauernbetrieben, die Förderung von Exportindustrie und Tourismus sowie die Kontrolle des Kapitalmarkts sollten die Kaufkraft der breiten Bevölkerung stärken und den volkswirtschaftlichen Abwärtstrend stoppen. Beide Volksbegehren wurden 1935 an der Urne abgelehnt: Die Totalrevisionsinitiative erlitt mit 72 Prozent Nein-Stimmen eine deutliche Abfuhr. Dagegen konnte die «Kriseninitiative» 43 Prozent Ja-Stimmen auf sich vereinen.

In der sogenannten «Richtlinienbewegung» setzte sich ab 1937 ein Mitte-links-Bündnis aus sozial orientierten Bürgerlichen, Sozialdemokraten und Kommunisten weiterhin für solche wirtschaftliche Antikrisenprogramme ein. In dieser Logik der «Kooperation statt Konfrontation» wurde 1937 auch das Friedensabkommen in der Metall- und Maschinenindustrie möglich, mit dem sich Gewerkschaften und Arbeitgeber gegenseitig verpflichteten, in Lohn- und Arbeitszeitstreitigkeiten auf Kampfmassnahmen wie Streiks und Aussperrungen zu verzichten und stattdessen zu verhandeln. Das Abkommen wurde exemplarisch für den sogenannten «Arbeitsfrieden» zwischen den Sozialpartnern. Auch für die mehrheitlich bürgerliche Schweiz lässt sich damit von einem gemässigten, wenn auch liberalen «Korporativismus» sprechen. Eine wichtige Voraussetzung dafür war allerdings die Abwertung des Schweizer Frankens im Herbst 1936, wie der folgende Abschnitt zeigt.

Abschied vom Goldstandard

Es gibt viele Hinweise darauf, dass jene Länder sich schneller von der Krise erholten, die früher vom Goldstandard abrückten. Solange dies jedoch unkoordiniert geschah, ging ein solcher Schritt auf Kosten von anderen Ländern. Das geschah etwa, als Grossbritannien im September 1931 als erster Staat ohne Vorwarnung die Golddeckung aufgab und das

britische Pfund abwertete. Die Schweiz war eines der letzten Länder, das diesen Schritt vollzog. Kurz nachdem die französische Regierung im September 1936 eine Abwertung des Francs ankündigte, zog die Schweizerische Nationalbank nach und reduzierte den Wert des Schweizer Frankens um 30 Prozent. Mit rascher Wirkung: Die Banken konnten ihre Zinsen für Kredite senken und die Unternehmer einfacher wieder Kredite aufnehmen. Die Exporte wurden billiger und fanden dadurch mehr Käufer. Das alles kurbelte die Produktion an und aus Arbeitslosen wurden wieder gefragte Arbeitskräfte. Die Frankenabwertung war zudem das Signal für einen Kurswechsel weg von der bisherigen Sparpolitik. Nun wurden auch die längst geforderten Beschäftigungsprogramme lanciert. Arbeitslose wurden für Notstandsarbeiten im Bereich von Strassen, Dämmen, Brücken und der Entsumpfung von zukünftigem Landwirtschaftsgebiet («Melioration») eingesetzt. Daneben wirkten sich auch die Kriegsvorsorge und die Aufrüstung als wirksame Arbeitsbeschaffungsmassnahmen für die Bevölkerung aus.

Staatliche Ausgaben für die Arbeitsbeschaffung und die Konjunkturbelebung gehörten gemäss der Theorie des britischen Ökonomen John Maynard Keynes (1883–1946) zu einer antizyklischen Wirtschaftspolitik des Staates. Im Zentrum stand die Stärkung der Inlandnachfrage durch sichere Löhne und mässige Preise. Für eine solche Antikrisenpolitik sollten die Regierungen auch eine gewisse Verschuldung in Kauf nehmen, die sie in wirtschaftlich guten Zeiten wieder abtragen könnten. Keynes beriet 1933 auch die neue US-Regierung, die die Wahlen mit dem Versprechen gewonnen hatte, die Wirtschaftskrise zu überwinden.

Der «New Deal» in den USA

«So long sad times!,
Go 'long bad times!,
We are rid of you at last
Howdy, gay times!
Cloudy gray times,
You are now a thing
Of the past, cause:
Happy days are here again (…)»

Mit diesem Vers beginnt der Song «Happy Days Are Here Again», den die beiden Musiker Milton Ager und Jack Yellen ausgerechnet am *Black Thursday*, dem 24. Oktober 1929, im New Yorker Hotel Pennsylvania uraufgeführt hatten. Trotzig nahm die amerikanische Demokratische Partei das Lied 1932 in ihren Präsidentschaftswahlkampf auf. Und so wurde

«Construction of a Dam», Ölstudie für ein sogenanntes «Mural» (Wandbild) von William Gropper (1897–1977), USA 1938. Das Mural entstand im Rahmen der staatlichen Förderung von Künstlerinnen und Künstlern und hält die Arbeiten an einem New-Deal-Staudammprojekt im Rahmen des «Tennessee Valley Authority» fest. Das Wandbild befand sich früher im US-Innenministerium in Washington D.C. und hängt heute im National Museum of American Art, Smithsonian Institution, Washington D.C. Auch in der Schweiz wurden öffentliche Bauten auf Wandbildern verewigt, beispielsweise im Bild «Hochdruckkraftwerk» (1936) des Luzerner Künstlers Hans Erni.

«Happy Days Are Here Again» zur Hymne von Franklin Delano Roosevelt, der den Kampf um die US-Präsidentschaft mit dem Versprechen gewann, dem amerikanischen Volk einen *New Deal* – also neue und bessere Karten – im Kampf gegen die Krise anzubieten. Gleich nach seinem Amtsantritt im März 1933 begann Roosevelt mit der Umsetzung seines Versprechens. Die neue Regierung löste den Dollar vom Goldstandard und leitete damit eine Währungsabwertung ein. Mit Hilfe einer Gruppe von Fachexperten konzipierte Roosevelt in den ersten hundert Tagen ein umfassendes Antikrisenprogramm. Ein wichtiger Pfeiler dieses Programms war ein neues Bankengesetz, das unter anderem die Staatsaufsicht über private Banken einführte und ihre Versorgung mit Zentralbankgeldern sicherstellte.

Besonders umfangreich war die *National Recovery Administration* (NRA). Dieses industrielle Programm führte erstmals Mindestlöhne, Mindestpreise und Höchstarbeitszeiten ein. Dies geschah allerdings nicht durch Gesetzesvorschriften, sondern (auch hier) auf korporativistischem Weg. Die grossen Wirtschaftsverbände – Arbeitgeber und Gewerkschaften – sowie Branchen und Firmen gingen dafür mehr oder weniger freiwillige Abmachungen, sogenannte «Codes», ein. Allerdings hiess das Oberste Gericht 1935 eine Klage gut, wonach die NRA gegen die amerikanische

Verfassung verstosse. Daraufhin wurde mit dem *National Labor Relations Act* die zweite Phase des *New Deal* eingeläutet. Nun begann die grosse Zeit der Arbeitslosenunterstützung und der staatlichen Beschäftigungsprogramme. Ein solches Beschäftigungsprogramm stellte etwa das Staudammprojekt im Tennessee Valley dar.

Für die von der Agrarkrise betroffene Landbevölkerung stellte die US-Regierung ebenfalls Sozialprogramme bereit. Zudem entschädigte sie jene Farmer mit Subventionen, die bereit waren, ihre Produktion zu drosseln. Ähnlich wie die Schweiz oder die Europäische Union behielten die USA die staatliche Lenkung und Subventionierung ihrer Agrarpolitik bis heute bei. Ebenfalls bis heute in Kraft ist das im Kontext des *New Deals* eingeführte Sozialversicherungsgesetz von 1935. Präsident Roosevelt schaffte drei Mal die Wiederwahl und war damit bis zu seinem Tod im Jahr 1945 während über zwölf Jahren im Amt, so lange wie kein US-Präsident vor oder nach ihm. Trotz der demokratischen Verfassung und Regierungsweise war die Zeit der Weltwirtschaftskrise und des Zweiten Weltkrieges auch in den USA eine Periode, die durch eine dominante politische Führungspersönlichkeit und einen starken Einfluss des Staates auf Wirtschaft und Gesellschaft geprägt war.

Florence Thompson als «Migrant Mother», Fotografie von Dorothea Lange (1895–1965), Nipomo, Kalifornien, März 1936. Die Aufnahme ist eines der berühmtesten Bilder der «Great Depression». Sie entstand im Rahmen einer Fotodokumentation des ländlichen New-Deal-Programms der «Farm Security Administration» und wurde erstmals am 10. März 1936 veröffentlicht. Die Erbsenernte war erfroren und Florence Thompson wartete mit einigen ihrer sechs Kinder auf die Rückkehr ihres Mannes und ihres ältesten Sohns, als Dorothea sie antraf. Florence gehörte seit 1931 zu den «Migrant Workers» – seit ihr erster Mann seine Arbeit in einer Sägemühle infolge der Krise verloren hatte. Dorothea Lange wurde durch dieses Bild weltberühmt. Und die Menschen auf dem Erbsenfeld erhielten daraufhin Lebensmittel, Decken, medizinische Versorgung und sogar Arbeit angeboten. Vergleichbare Foto- und Filmreportagen zu dokumentarischen und vor allem auch propagandistischen Zwecken finden sich z. B. auch in Deutschland, der Schweiz und der Sowjetunion der 1930er-Jahre (vgl. Abbildungen S. 180, 183 und 184).

Fazit und Ausblick

Die Gründe, weshalb der deutsche Faschismus 1933 an die Macht gelangte, lassen sich nicht einfach auf die Weltwirtschaftskrise reduzieren. Die nationalsozialistische Bewegung war vielmehr als Reaktion auf die Niederlage im Ersten Weltkrieg und auf die linksrevolutionäre Stimmung in der frühen Weimarer Republik entstanden. Doch erst die «Höllenfahrt» Deutschlands in eine schwere Depression hat den Nazis zum Sieg verholfen, davon sind die meisten Historikerinnen und Historiker überzeugt. [21] Dabei spielte auch die Bereitschaft der Rechtskonservativen, die Nazis den Linken als kleineres Übel vorzuziehen, eine wichtige Rolle. Die Krisenbekämpfungs- und Wirtschaftspolitik der NS-Diktatur ähnelte in ihren Auswirkungen – allerdings nur für

jenen grossen Teil der Bevölkerung, die *nicht* Opfer der nazistischen Verfolgung wurden – durchaus der Politik von demokratischen Ländern. Auch diese versuchten mittels staatlichen Investitionen und öffentlichen Beschäftigungsprogrammen den Menschen Arbeit und der Wirtschaft Aufträge zu verschaffen. Nebst der grundlegend rassistischen Gesellschaftskonzeption der Nazis bestand der grosse Unterschied jedoch in der Wahl der Mittel und in ihren Konsequenzen. Die NS-Wirtschafts- und Sozialpolitik hätte kaum funktioniert ohne die Ausplünderung, Enteignung und Ermordung der jüdischen Bevölkerung, ohne die grausame Ausbeutung der Zwangsarbeiterinnen und Zwangsarbeiter und ohne die gnadenlose Ausraubung der im Krieg besetzten Länder. Der britische Historiker J. Adam Tooze gelangt zudem zum Schluss, dass die Arbeitsbeschaffungsmassnahmen NS-Deutschlands bis heute überschätzt würden. Die Nazis legten mehr Wert auf den Abbau der deutschen Auslandschulden, auf die Aufwertung der Währung und vor allem auf die militärische Rüstung. Der Aufrüstungspolitik und dem Ziel, die deutsche Niederlage im Ersten Weltkrieg zu rächen, ordneten sie alle anderen Bemühungen unter.[22] Auf diesem Weg führten die Nazis als «Krisengewinnler» Deutschland und die Welt schliesslich in die Katastrophe des Zweiten Weltkrieges.

Wäre die Weltwirtschaftskrise vermeidbar gewesen? Durch eine andere Handelspolitik, weniger Börsenspekulation, ohne die starre, ans Gold gekoppelte Währungspolitik und mit einem koordinierten, internationalen Vorgehen hätte sich möglicherweise das verheerende Ausmass der Krise verhindern lassen. Welchen Verlauf die wirtschaftliche und die politische Entwicklung in den 1930er-Jahren jedoch in den einzelnen Ländern nahm, hing von der jeweiligen Vorgeschichte ab und von den spezifischen, dort herrschenden Umständen. In diesem Fallbeispiel wurden die komplexen Zusammenhänge zwischen Wirtschaftskrise und Politik hauptsächlich anhand von Deutschland, den USA und der Schweiz beleuchtet. Die *Great Depression* betraf jedoch die gesamte Welt. So begünstigte die Krise in Lateinamerika Revolutionen, Militärputschs und populistische Regimes, welche die Geschichte des südamerikanischen Kontinents zum Teil bis heute beeinflussen. GISELA HÜRLIMANN

1 James, Harold: Das amerikanische Trauma. In: Die Zeit, 3.4.2008 (Nr. 15). S. 24.
2 Warburg, Paul M. in: Chernow, Ron: Father of the Fed, Audacity, (Fall 1993). Zitiert in: Watkins, Tom. H.: The Hungry Years. A Narrative History of the Great Depression in America. New York 1999. S. 29.
3 Der Kurszerfall am *Black Thursday* war weit bedeutender als am *Black Friday*, an dem sogar eine leichte Erholung eintrat. Wenn trotzdem vom *Black Friday* 1929 die Rede ist, dann hat das vielmehr mit einer Tradition von «schwarzen Freitagen» als Unglückstagen zu tun, durchaus auch in der Finanzgeschichte. Beispiele dafür sind der Zusammenbruch einer wichtigen Londoner Bank am 11. Mai 1866 oder der Kurssturz an der Berliner Börse vom 13. Mai 1927.
4 Angaben aus: Galbraith, John Kenneth: Der grosse Krach 1929. Stuttgart 1963.
5 Daten aus: Kindleberger, Charles P.: Die Weltwirtschaftskrise 1929–1939. München 1973. S. 122; Watkins, a.a.O., S. 32; Galbraith, a.a.O., S. 161–166.
6 Wehler, Hans-Ulrich: Deutsche Gesellschaftsgeschichte, 4: Vom Beginn des Ersten Weltkriegs bis zur Gründung der beiden deutschen Staaten 1914–1949. München 2003. S. 281.
7 Vgl. Kindleberger, a.a.O., S. 95; Flor, Patricia: Die Sowjetunion im Zeichen der Weltwirtschaftskrise. Aussenhandel, Wirtschaftsbeziehungen und Industrialisierung 1928–1933. Berlin 1995.
8 Wehler, a.a.O., S. 258.
9 Wehler, a.a.O., S. 318; Block, Jan: Die Wirtschaftspolitik in der Weltwirtschaftskrise 1929 bis 1932 im Urteil der Nationalsozialisten. Frankfurt am Main 1997. S. 19; Abraham, Martin; Büschges, Günter: Einführung in die Organisationssoziologie. Wiesbaden 2004. S. 34.
10 Jahoda, Marie; Lazarsfeld, Paul F.; Zeisel, Hans: Die Arbeitslosen von Marienthal. Ein soziographischer Versuch. Frankfurt am Main 1975 (1. Ausgabe von 1933). Zitate S. 83 und S. 91.
11 Zahlen aus: Clavin, Patricia: The Great Depression in Europe, 1929–1939. Houndmills/London 2000. S. 112; Möller, Horst: Europa zwischen den Weltkriegen. München 1998. S. 81 f.; für Deutschland auch: Wehler, a.a.O., S. 260 und S. 318.
12 Flor, a.a.O., S. 134.
13 Kindleberger beruft sich auf die Schätzung der US-Gewerkschaft *American Federation of Labor*, die von durchschnittlich 13,7 Millionen Arbeitslosen im Jahr 1933 ausging; siehe Kindleberger, a.a.O., S. 242. Das sind gemäss dem *Bureau of Labor Statistics* 24,9 Prozent; siehe: Chao, Elaine L.: Report on the American Workforce. U.S. Department of Labor, 2001. S. 69. Laut Singleton profitierten 26 Prozent der Arbeitslosen im Jahr 1933 von Unterstützungsleistungen. 1930 waren es erst 10 Prozent gewesen, 1935 sollten es 44 Prozent sein; siehe: Singleton, Jeff: The American Dole. Unemployment Relief and the Welfare State in the Great Depression. Westport 2000. S. 11.
14 William Wight aus Richfield, Utah, am 11.12.1997 im Interview mit Christian Shiverdecker im Rahmen des *Sevier County Oral History Project*. Verfügbar unter http://newdeal.feri.org/sevier/interviews/412i.htm [Aufruf vom 31.3.2009]
15 Vgl. Parker, Randall E.: The Economics of the Great Depression. A Twenty-First Century Look Back at the Economics of the Interwar Era. Cheltenham UK/Northampton USA 2007; und: Eichengreen, Barry: Golden Fetters. The Gold Standard and the Great Depression, 1919–1939. New York/Oxford 1992.
16 Flor, a.a.O., S. 133.
17 Watkins, a.a.O., S. 43.
18 Andrew Mellon, in: Smith, Richard N. et al.: Gallery Six: The Great Depression. Herbert Hoover Presidential Library-Museum, 1991/1992. Verfügbar unter: http://hoover.archives.gov/exhibits/Hooverstory/gallery06/gallery06.html [Aufruf vom 31.3.2009]
19 Der Tettnanger Bürgermeister Kuhn in seinem Jahresrückblick über die Gemeindearbeit 1930, zitiert nach: Bentele, Ingrid: Krise und Nazis: Tettnang 1928–33. Friedrichshafen 1983. S. 80.
20 Aly, Götz: Hitlers Volksstaat. Raub, Rassenkrieg und nationaler Sozialismus. Frankfurt am Main 2005. S. 12.
21 Wehler, a.a.O., S. 259.
22 Tooze, J. Adam: Ökonomie der Zerstörung. Die Geschichte der Wirtschaft im Nationalsozialismus. München 2006.

Empfohlene Literatur

· Friedman, Milton; Jacobson Schwartz, Anna: A Monetary History of the United States, 1867–1960. National Bureau of Economic Research. New York 1963.
· Galbraith, John Kenneth: Der grosse Krach 1929. Stuttgart 1963.
· Jahoda, Marie; Lazarsfeld, Paul F.; Zeisel, Hans: Die Arbeitslosen von Marienthal. Ein soziographischer Versuch. Frankfurt am Main 1975 (1. Ausgabe von 1933).
· Kindleberger, Charles P: Die Weltwirtschaftskrise 1929–1939. München 1973.
· Morandi, Pietro: Krise und Verständigung. Die Richtlinienbewegung und die Entstehung der Konkordanzdemokratie 1933–1939. Zürich 1995.
· Parker, Randall E.: The Economics of the Great Depression. A Twenty-First Century Look Back at the Economics of the Interwar Era. Cheltenham UK/Northampton USA 2007.
· Wehler, Hans-Ulrich: Deutsche Gesellschaftsgeschichte, 4: Vom Beginn des Ersten Weltkriegs bis zur Gründung der beiden deutschen Staaten 1914–1949. München 2003.

68er-Bewegung in Zürich

Vom *Free Speech Movement* an der kalifornischen Universität Berkeley 1964 über den Pariser Mai bis zum Prager Frühling 1968: Die «68er-Bewegung» berührte im Laufe der 1960er-Jahre den ganzen industrialisierten Westen, Teile Osteuropas und einige Städte Südamerikas. Dabei teilten die Achtundsechziger und Achtundsechzigerinnen auf internationaler Ebene vor allem eine Grundhaltung: Sie waren prinzipiell gegen alles Etablierte und wünschten sich eine antiautoritäre Gesellschaftsordnung.

Zwar bezeichnet das Kürzel «68» durchaus einen Prozess des gesellschaftlichen Aufbruchs, der fast auf der ganzen Welt zu beobachten war. Dennoch verkürzt die Bezeichnung «68er-Bewegung» die historischen Verhältnisse doppelt. Erstens handelt es sich nicht um eine einzige Bewegung, sondern um viele lokale und nationale Bewegungen, die immer auch gegen die spezifischen Verhältnisse im eigenen Land antraten. So unterscheiden sich die Motive und Ziele der Bürgerrechtsbewegung in den USA deutlich von denjenigen der Studentenbewegungen in Westeuropa, und nochmals anders gelagert waren die Protestbewegungen in Osteuropa, die sich für einen «Sozialismus mit menschlichem Angesicht» einsetzten. Zweitens waren diese Bewegungen in sich wiederum vielgestaltig und heterogen. Die einzelnen Strömungen von Hippies über Frauenpower bis zu den marxistischen Theoriegruppen unterschieden sich markant voneinander.

Darüber hinaus bezeichnet «68» keinen exakten Zeitausschnitt: Das Phänomen lässt sich kulturgeschichtlich nicht auf das Jahr 1968 begrenzen. Vielmehr steht «68» als Chiffre für Protest und Aufbruch von den frühen 1960er- bis weit in die 1970er-Jahre. Je nachdem, worauf sich das Interesse richtet, öffnen sich unterschiedliche Zeitfenster. Mit Blick auf die Revolte in Frankreich interessiert hauptsächlich der Mai 1968. Wendet man sich aber der deutschen Studentenbewegung zu, erscheint ein ganzes «rotes Jahrzehnt»[1], und zwar von der Erschiessung des Studenten Beno Ohnesorg (1967) bis zum Amok der Roten-Armee-Fraktion (1977).

Für die Schweiz lassen sich unter der Chiffre «68» gut zehn Jahre fassen. Am Anfang stehen die Ostermärsche der Atomwaffengegner (ab 1963), die Gründung der «Fortschrittlichen Studentenschaft Zürich» (1963) und die Konstituierung der «Jungen Sektion» der Partei der Arbeit (1964). Das Ende lässt sich markieren mit der Auflösung von kommunistischen Kaderorganisationen wie der «Revolutionären Aufbauorganisation Zürich» (1976). Bei all ihren Differenzen zeichneten sich die 68er-Bewegungen durch zwei Gemeinsamkeiten aus: Sie entstanden in grösseren Städten und wurden hauptsächlich getragen von jungen Frauen und Männern.

Zürich als Protestzentrum

Vor allem während den frühen Protestjahren war Zürich mit über 400 000 Einwohnerinnen und Einwohnern in der Deutschschweiz der stärkste Resonanzraum für «68». Hier erschien «Hotcha», die erste Undergroundzeitschrift der Schweiz. Hier fanden die ersten Grossanlässe der Popkultur mit Jimi Hendrix und den Rolling Stones sowie die ersten Kundgebungen der neuen Linken statt. So kamen zahlreiche Jugendliche aus der übrigen Schweiz sporadisch nach Zürich, andere zogen dorthin, um der ländlichen und kleinstädtischen Sozialkontrolle zu entfliehen. Sie fanden eine Lehrstelle oder studierten an einer der Hochschulen **(Karte S. 207: Punkte 3 und 4)**. Zudem zog Zürich als Medienhauptstadt kritische, sendungsbewusste Geister an, von denen einige nach ihrer Protestkarriere bei Presse, Radio und Fernsehen einstiegen. Die Stadt bot in den 60er-Jahren eine gewisse Anonymität. Gleichzeitig blieb sie überschaubar. Das war ideal für die Vernetzung von Personen, Gruppen und Projekten. Zwar bildeten sich eine Reihe spezifischer Protestgruppen, die sich in ihren Zielsetzungen und Aktivitäten voneinander abgrenzten, die Aktivistinnen und Aktivisten pflegten aber immer Beziehungen untereinander. Sie begegneten sich in den gleichen Versammlungslokalen und einschlägigen Beizen, die sich zumeist im Stadtzentrum befanden.

Im Gegensatz zu Paris oder Berlin war «68» in Zürich nicht in erster Linie eine studentische Bewegung, sondern setzte sich aus progressiven Lehrlingen, Mittelschülern und Studierenden zusammen. Der kritische Nachwuchs linker Parteien engagierte sich genauso wie derjenige aus den Berufssparten Grafik, Kunst, Medien und Film. Sie alle traten mit ihrem Protest auf die eine oder andere Art in die Fussstapfen der Arbeiter- und der Frauenbewegung. Gleichzeitig grenzten sie sich aber auch von diesen älteren Bewegungen ab, was zu den Bezeichnungen «alte Linke» und «neue Linke» führte.

Die alte Linke konzentrierte sich in der Schweiz während des Kalten Krieges immer stärker auf ihre politische Integration, was 1959 zum zweiten sozialdemokratischen Sitz im Bundesrat führte. Die neue Linke startete hingegen als «ausserparlamentarische Opposition» – als APO. Zwar fühlten sich alte wie neue Linke theoretisch dem Klassenkampf verpflichtet, politisch orientierten sie sich aber an unterschiedlichen kommunistischen Ländern. Die alte Linke solidarisierte sich trotz Stalinismus weiterhin mit der Sowjetunion. Die neue Linke setzte entweder auf die vorstalinistischen Chefideologen Marx und Lenin oder neu auf Maos sozialistische «Kulturrevolution» in China. Die folgenden vier Kapitel befassen sich mit der Zürcher Variante eines globalen Aufbruchs, und zwar am Beispiel von vier zentralen Themenfeldern der 68er-Bewegung. Es geht erstens um den Protest gegen den Vietnamkrieg, zweitens um Rock und Beat als Triebfedern des Aufbruchs, drittens um einen eigenen Ort für Jugendkultur und viertens um den Kampf der neuen Frauenbewegung für das Recht auf Abtreibung.

**«Moloch Kapitalismus. Altar zum Tragen oder Hinstellen»,
Gemälde von Vollrad Kutscher, Frankfurt Anfang 1970er-Jahre.**
Folgendes «Gebet» hat der Künstler zum Sprechen am anti-
kapitalistischen Altar verfasst:

O grosser Moloch wir bitten dich
unser täglich Brot lass uns teuer bezahlen
Alle: bete und arbeite.
Lass uns im Schweisse unseres Angesichts
Die erhöhten Mieten ruhig weiter zahlen
Alle: Ruhe ist die erste Bürgerpflicht [...]
Quäle uns noch mehr mit der Wahl zwischen Omo und Dasch
und beschere uns noch mehr Plastiktüten,
Kleider und Zigaretten, Schuhe und Kosmetika,
denn unsere Müllhalden sind noch nicht prächtig gefüllt,
und ihr Duft dringt noch nicht überallhin
Alle: Arbeite und konsumiere [...]
Lass die Lebensmittel noch fader schmecken
und noch mehr Gifte enthalten,
damit uns die Tabletten besser schmecken,
denn unser Leben als Roboter und Maschine
Lässt Gefühl, Liebe, Phantasie und Freiheit nicht zu.
Alle: Profitmaximierung ist die erste Bürgerpflicht [...]
Mach, dass andere für uns entscheiden und handeln
wie bisher
denn Politik ist ein schmutziges Geschäft
und es ist besser als sauberes Schaf deinem Hirten zu folgen

die uns vor der Freiheit bewahren
wie da sind die regierenden Parteien und die fromme Opposition
die allmächtigen Bürokratien, das Militär und die Kirche,
die Grossindustrie und die Banken
Denn dein ist das Reich und die Kraft und die Herrlichkeit in
Ewigkeit.
Alle: Und Ordnung muss sein. Amen
Wir bitten dich für die Hausbesitzer, Bauunternehmer und
Spekulanten,
und für eine hundertfache Steigerung der Profite
Alle: Dafür bitten wir. [...]
Für die Brüder im Magistrat und in den Verwaltungen
dass unsere Stadt noch unmenschlicher werde
Alle: Dafür bitten wir.
Für die Senkung der Löhne und Erhöhung aller Preise
Alle: Dafür bitten wir.
O grosser Moloch schliess uns in deine mächtigen Arme und
erdrücke uns.
Alle: O grosser Moloch, dafür bitten wir.

AMEN

«Internationale Solidarität am 1. Mai», Fotografie von Roland Gretler, Zürich 1970. Neben einem
Porträt von Ho Chi Minh in der Mitte erscheint auf der einen Seite Wilhelm Tell, auf der anderen Seite Marianne,
die französische Revolutionsikone. Alle drei Figuren verkörpern den Kampf um traditionelle Gerechtigkeiten
und spezifische Freiheiten. Tell steht für die Befreiung der Eidgenossenschaft von tyrannischen Vögten, Marianne
für die Befreiung Frankreichs von selbstherrlichen Aristokraten und Ho Chi Minh für die erhoffte Befreiung
Vietnams vom amerikanischen Imperialismus. Sie bürgen alle für nationale Selbstbestimmung und soziale
Gerechtigkeit und der Reihe nach für eine positiv verstandene Entwicklung von der Demokratie über die Revolution zum Sozialismus. Das Transparent appellierte nicht nur an die Solidarität mit dem vietnamesischen
Befreiungskrieg, sondern auch an die linke Kampfbereitschaft an der «Heimatfront».

Protest gegen den Vietnamkrieg

«Ho-Ho-Ho-Chi-Minh» hallte der Protest seit Beginn des Vietnamkrieges regelmässig durch die Strassen Zürichs. Demonstrantinnen und Demonstranten skandierten diesen Slogan im Chor, während sie immer schneller liefen. Gleichzeitig hielten sie das Porträt des nordvietnamesischen Revolutionsführers Ho Chi Minh hoch und schwenkten Fahnen des südvietnamesischen *Front National de Libération* (FNL) – besser bekannt als «Vietcong». Auf diese Weise protestierten in der Zeit von 1964 bis 1973 Hunderttausende in zahlreichen Städten. Der Protest gegen den Krieg der USA in Vietnam politisierte die Jugend vielerorts in der westlichen Welt. Eine wichtige Rolle spielte dabei der Siegeszug des Fernsehens. Dank TV sahen sich immer mehr Leute im eigenen Wohnzimmer mit einem weit entfernten Krieg konfrontiert. Bilder von Bombenangriffen, Plünderungen, Vergewaltigungen und verbrannten Kriegsopfern schürten Emotionen. Zudem kämpfte damals in einem ökonomisch schwachen, asiatischen Land ein amerikanischer Goliath gegen den einheimischen David. Trotzdem stellten sich die Erwachsenen im Westen zu Zeiten des Kalten Krieges beinahe geschlossen hinter die Grossmacht USA. Mit Blick zurück auf den Zweiten Weltkrieg erinnerten sie sich an diese als Befreier und sahen sie entsprechend auch in Vietnam als Verteidiger von Demokratie und Marktwirtschaft. Von dieser Logik des Kalten Krieges grenzte sich die neue Linke ab. Sie solidarisierte sich mit der vietnamesischen Seite und verstand deren Verteidigung als Befreiungskampf – verkörpert vom Staatspräsidenten Ho Chi Minh. Er hatte erfolgreich für die Unabhängigkeit Vietnams von der französischen Kolonialmacht gekämpft und 1960 im zweigeteilten Land in Nordvietnam eine kommunistische Verfassung durchgesetzt.

Aktionen und Mobilisierung

In Zürich eröffnete eine Kundgebung vor dem amerikanischen Konsulat im Anschluss an die 1.-Mai-Demonstration 1965 den Protestreigen gegen den Vietnamkrieg. Zwei Monate später veranstaltete die Fortschrittliche Studentenschaft Zürich (FSZ) an der ETH **(Karte: Punkt 4)** ein Teach-In zur Information über die *Escalation in Vietnam*. Die über 1000 Besucherinnen und Besucher verschafften der studentischen Linken, die sich gerne als «kleine radikale Minderheit» bezeichnete, über die Universität hinaus Aufmerksamkeit. Während den folgenden Jahren beteiligte sich die FSZ massgeblich an der Ausbildung einer kritischen Öffentlichkeit, indem sie Protestnoten verfasste, Artikel publizierte, Unterschriften sammelte und Kundgebungen organisierte. Während die etablierten Medien den Vietnamkrieg in der Logik des Kalten Krieges verteidigten, interpretierte ihn die studentische Linke als Ausdruck eines US-amerikanischen Imperialismus. Die entsprechenden Argumente bezog sie weniger aus dem universitären Lehrangebot, als vielmehr aus kritischer Lektüre und gemeinsamer Diskussion. Wichtig war beispielsweise Frantz Fanons Buch über die Unterdrückung und Ausbeutung der Dritten Welt:

Demonstration vor Dow Chemical, Fotografie von Eric Bachmann, Zürich, 27. April 1968. Im April 1968 protestierten Demonstrierende in Zürich gegen den Vietnamkrieg und deponierten eine mit Napalm verbrannte Puppe vor dem europäischen Sitz von Dow Chemical am Talacker 82.

«Die Verdammten dieser Erde».[2] Zudem vernetzte sich die FSZ über ihren Vietnamprotest mit den Studentenbewegungen hauptsächlich der umliegenden Länder. So reisten im Mai 1966 einige ihrer Vertreter an den internationalen Vietnamkongress des «Sozialistischen Deutschen Studentenbunds» (SDS) in Frankfurt.

Kitt und Katalysator

Während der Widerstand gegen den Vietnamkrieg in den USA und in Europa vor allem von den Studentenbewegungen getragen war, mobilisierte die Empörung über diesen Krieg in Zürich eine breite Unterstützung und wirkte als Kitt und Katalysator für die sich formierenden 68er-Bewegungen. Die soziale Bandbreite des Protests spiegelt sich seit 1967 im strategischen Zusammenschluss «Fortschrittliche Arbeiter, Schüler und Studenten» (FASS). Dieser gehörten rund 20 organisierte Gruppen an. Neben der studentischen FSZ bildete die «Junge Sektion» der PdA eine treibende Kraft. Beide beteiligten sich im Frühjahr 1966 an einer Informationskampagne zum Vietnamkrieg, deren Präsentation auf öffentlichem Grund der Zürcher Stadtrat verweigerte. Daraufhin waren die Plakate lediglich halböffentlich in Restaurants mit linker Tradition zu sehen. Im April 1968 stand dann die FASS hinter einer spektakulären Kundgebung gegen den Vietnamkrieg, die auf dem Bürkliplatz stattfand. Auf Transparenten mit der Aufschrift «Dow verbrennt Kinder» oder «Vietnam brennt mit Dow-Napalm» prangerte sie die amerikanische Firma Dow Chemical an. Diese stellt den Brandstoff Napalm her, den die amerikanischen Truppen in Vietnam gegen Menschen einsetzten. Dessen verheerende Wirkung inszenierten nun die Zürcher De-

monstrantinnen und Demonstranten an einem Happening. Sie übergossen eine Puppe mit Napalm und warfen diese anschliessend in verätztem Zustand vor die europäische Niederlassung von Dow Chemical in Zürich (vgl. Abbildung oben und **Karte: Punkt 16**). Wenige Wochen später manifestiert sich der Protest gegen den Vietnamkrieg auf nationaler Ebene. Ein «Aktionskomitee» rief für den 22. Juni 1968 zum «Schweizerischen Vietnam-Tag» auf. Die Demonstrationen in fünf Städten appellierten einerseits an die internationale Öffentlichkeit, sich «für einen baldigen und gerechten Frieden in Vietnam» einzusetzen. Anderseits verlangten sie von der Schweizer Politik mehr als «humanitäre, medizinische und technische Hilfe für Vietnam».[3] Sie forderten den Verzicht auf Waffengeschäfte mit den USA sowie die diplomatische Anerkennung Nordvietnams.

Solidarität und Befreiung

Von Anfang an verurteilte die neue Linke die amerikanische Strategie, das kommunistische Vietnam mit militärischer Gewalt politisch auf Kurs zu zwingen. Im Lauf der Zeit interpretierte sie diese dann immer klarer als Imperialismus. Umso eindringlicher solidarisierte sie sich mit dem Kampf Vietnams für nationale Selbstbestimmung. Diese Solidarität bekam zunehmend eine innenpolitische Stossrichtung. So richtete sich die neue Linke vermehrt auch gegen die offizielle Schweiz, die mit dem Hinweis auf die schweizerische Neutralität nicht bereit war, den Vietnamkrieg zu verurteilen, gleichzeitig aber Waffenlieferungen an die USA zuliess. In diesem Sinn wähnte sich die neue Linke in einem Zwei-Fronten-Krieg, was sie beispielsweise mit einem aufwendig gestalteten Transparent am 1. Mai 1970 zum Ausdruck brachte.

Beat und Rock als Motor

Mit «I can't get no satisfaction» schaffte die englische Band *The Rolling Stones* 1965 ihren weltweiten Durchbruch. Ihre Musik und ihr provokatives Styling bedienten das Lebensgefühl der nach dem Zweiten Weltkrieg geborenen Jugend. Diese verlangte mehr vom Leben als materiellen Wohlstand. Beat und Rock verhiessen ihr eine Existenz jenseits bürgerlicher Wohlanständigkeit. So stilisierten viele Jugendliche die aufkommende Beatmusik mit Hingabe und Leidenschaft zum höchsten aller Lebensgefühle. Bereits Mitte der Fünfzigerjahre erhoben die «Halbstarken» Elvis Presley zum König des Rock'n'Roll, während sie mit Haartollen und neuartiger Montur – Bluejeans und Lederjacken in amerikanischem Stil – vor allem James Dean aus «Rebel Without a Cause» nacheiferten. Damit verstiessen sie im protestantischen Zürich bereits gegen die guten Sitten. Sie gaben sich opulent statt bescheiden, laut statt leise, fordernd statt diskret, wenn sie beispielsweise am traditionellen Schützenfest im «Albisgüetli» in ihrer Montur aufkreuzten oder demonstrativ vor ihrem Stammlokal, dem «Schwarzen Ring» (Karte: Punkt 8), herumlungerten. Das liess man sich in Zürich nicht lange bieten. 1963 verbot der Stadtrat diesen Jugendlichen den öffentlichen Auftritt in «Montur».

Nach den «Halbstarken», die in Zürich eine überschaubare Gruppe blieben, verbreitete sich die Leidenschaft für Beat und Rock unter Jugendlichen wie ein Virus. Ab 1963 bildeten sich mit der britischen Band *The Beatles* eine internationale Fangemeinde, die zum kulturellen Humus des antiautoritären Protests wurde. Die Fans hörten nicht nur die Musik der Beatles, der Rolling Stones oder von Bob Dylan und Joan Baez. Sie trafen sich in Zürich zudem in der Plattenabteilung im Kaufhaus Jelmoli, sie tauschten einschlägige englischsprachige Popmagazine aus und pilgerten gemeinsam an Konzerte. Schliesslich richteten sie sich sogar ihre eigenen Beatkeller ein. Hier hatte man die Hoheit über den Plattenspieler und die Lautstärke. Hier machten lokale Bands ihre ersten Gehversuche und hier wurde auf der Tanzfläche experimentiert. Junge Frauen und Männer tanzten nicht mehr geschlossen als Paar nach vorgeschriebenen Regeln, sondern improvisierten in offenen Zweier-Konstellationen. Während andere Jugendliche noch in traditionellen Tanzschulen die galante Annäherung an das andere Geschlecht einübten, erprobte die Beatjugend in ihren Kellern eine egalitäre Tanz- und Geschlechterordnung.

Treffpunkte und Festivals

In den Sechzigerjahren mauserte sich Zürich zum Beatmekka der Schweiz. Lokale wie das «Pony» an der Rämistrasse (Karte: Punkt 6) oder das «Africana» am Zähringerplatz (Karte: Punkt 11) bildeten wichtige Treffpunkte. Während im «Pony» vor allem englische Beatmusik gespielt wurde, improvisierte im «Africana» die einheimische Jazzszene im Austausch mit afrikanischen Musikern. Beatkeller und Beatlokale dienten damals als kulturelle Labors. Aber auch im «Café Odeon» (Karte: Punkt 7) oder im «Malatesta» (Karte: Punkt 12) im Niederdorf versammelte sich eine heterogene Szene, die – getragen von ihrer gemeinsamen Begeisterung für Beat und Rock – politisch mobilisierbar war. In der zweiten Hälfte der Sechzigerjahre wandelte sich der Beat zum Pop und erhielt eine politischere Note. Mit Hippies und Flower Power – einer Mischung aus poetischer Weltflucht und Drogenkonsum – wurden Jim Morrison, Janis Joplin oder Jimi Hendrix zu Ikonen einer Gegenkultur, die 1966 im kalifornischen *Summer of Love* ihren Anfang nahm. In Zürich manifestierte sich diese Gegenkultur im September 1967 an einem «Love-In» erstmals in grösserem Stil. Das Hippie-Festival auf der Allmend Brunau (Karte: Punkt 19) stand unter dem von den Beatles geprägten Motto «All you Need is Love», angeschoben hatte es der Fernsehmoderator und Musiker Hardy Hepp. Am Festival spielten unter freiem Himmel lokale Bands, während die Besucherinnen und Besucher als Blumenkinder aufgemacht tanzten, Hasch rauchten und mit Sex liebäugelten: ein vergleichbares Szenario mit einem kleinen, nicht kommerziellen Open Air heute auf dem Land. Damals – in der Zeit vor dem legendären Woodstock-Festival im August 1969 – empörten sich die bürgerlichen Medien massiv über das Zürcher «Love-In» (Abbildung S. 203).

Konzerte und Krawall

Während seit Mitte der Sechzigerjahre kleinere Konzerte in allen Städten der Schweiz stattfanden, gingen die ersten Pop-Grossanlässe wiederum in Zürich über die Bühne. Am 14. April 1967 pilgerten rund 12 000 Fans zum Konzert der Rolling Stones ins ausverkaufte Hallenstadion (Karte: Punkt 2). Als die Band kurz vor 22 Uhr endlich erschien, so erinnert sich ein Journalist, der dabei gewesen war, «folgte der lauteste kollektive Aufschrei in der 40-jährigen Geschichte des Zürcher Hallenstadions. Schreiende, weinende, verrückt gewordene Jugendliche. Tausendfache Erlösung von Hemmung, Verklemmung und Pubertätsstau».[4] Im Taumel einer begeisterten Fangemeinde kochten greifbar nahe Idole mit stampfendem Beat und rebellischer Lyrik die Emotionen hoch. Einige Fans versuchten die Bühne zu stürmen, andere machten sich gleich an deren Demontage. Das Konzert war kurz und heftig. Nach einer knappen Stunde verabschiedeten sich die Rolling Stones mit «I can't get no satisfaction». Gleichzeitig fing die Polizei an, das Hallenstadion zu räumen, worauf sich die aufgeheizte Stimmung der Fans in einer Saalschlacht entlud. Sie schlugen die Klappstühle zu Kleinholz und bewarfen vor dem Hallenstadion vereinzelt Polizisten mit leeren Flaschen. Am Tag darauf rieb man sich in der bürgerlichen Presse empört die Augen. Sofort wurde der Ruf nach einem Verbot solcher Konzerte laut. Das

«1. Flugblatt der Antiautoritären Menschen» von Roland Gretler und Peter König, Zürich 1968. Das Zitat
«Rebellion ist berechtigt», wie es auf dem zentralen Amulett steht, geht zurück auf den kommunistischen
Präsidenten Mao Tse-tung, der in den 1970er-Jahren China mit eiserner Hand seine «Kulturrevolution» verpasste.
In der europäischen neuen Linken erlangte er deswegen Kultstatus. Der weitere Text appelliert als Zitaten-
collage an das Gedächtnis der Zürcher Protestbewegungen. Von Hendrix aus gesehen rechts des Amuletts –
in Anspielung auf das entsprechende politische Lager – steht: «Wer spricht denn da von Ruhe und Ordnung.»
Das persifliert den Appell der NZZ nach dem Stones-Konzert und nimmt die Legitimation von staatlicher
Repression nach dem «Globus-Krawall» Ende Juni 1968 wörtlich vorweg. Links des Amuletts, direkt über Hendrix'
Herzen, steht dann in Anspielung auf die Rolling Stones: «Was wir wollen heisst Satisfaction.» Das Flugblatt
stellte sich gegen bürgerlichen Biedersinn und forderte mehr kulturellen Spielraum.

«Love-In», Fotografie von Werner Pfändler, Zürich 1967. Junge Hippies am ersten Zürcher Festival Anfang September 1967 auf der Allmend Brunau.

beflügelte auf der anderen Seite den rebellischen Geist im politischen Teil der Fangemeinde.

Als ein Jahr später der Veranstalter Hans-Ruedi Jaggi für den 30. und 31. Mai 1968 ein «Monsterkonzert» ebenfalls im Hallenstadion ankündigte, ergriffen die «Fortschrittlichen Arbeiter, Schüler und Studenten» (FASS) diese Gelegenheit, gegen den Polizeieinsatz beim Stones-Konzert vom Vorjahr zu protestieren und in eigener Sache zu mobilisieren. Sie brachten 20 000 Exemplare vom «1. Flugblatt der Antiautoritären Menschen» in Umlauf (Abbildung S. 202). Text und Gestaltung stammten von zwei Aktivisten der «Jungen Sektion» der PdA. Sie setzten ein Porträt von Jimi Hendrix mit laszivem Blick ins Zentrum und hoben Afro-Mähne, opulenten Schmuck und Blumenhemd hervor. Kurzum: Sie stilisierten Hendrix, dessen Musik die etablierten Medien damals verächtlich als «Negermusik» abtaten, in einem positiven Sinn zum Bürgerschreck und magischen Priester des Rocks.

Mit diesem inhaltlich und formal avantgardistischen Flugblatt präsentierte sich die neue Linke in Zürich als Teil einer internationalen Gegenkultur. Mehrere tausend Exemplare wurden am «Monsterkonzert» verteilt. Damit wollten die Macher den emotionalen Überhang dieses Rockereignisses für ihre politischen Ziele in Dienst nehmen. Nach diesem Konzert griff die Polizei so unverhältnismässig hart ein, dass sogar die bürgerliche Presse von «Sadisten in Uniform»[5] sprach. Postwendend rief die FASS zu einer Demonstration gegen Polizeigewalt auf, diesmal mit einem comicartigen Flugblatt unter dem Titel «Hunde wollt ihr ewig beissen?». Schliesslich machten einige Aktivistinnen und Aktivisten Mitte Juni 1968 «dem unbekannten Polizisten» vor der Zürcher Hauptwache in einem inszenierten «Volkstribunal» den Prozess. Anschliessend zog sich die Demonstration ins Globus-Provisorium zurück, wo mit einer Marathonvollversammlung der Kampf um ein «autonomes» Zürcher Jugendhaus in seine heisse Phase ging.

Kampf für ein «autonomes» Jugendzentrum

Der Slogan «Traue keinem über 30» brachte seit Mitte der Sechzigerjahre das verstärkte Bedürfnis von Jugendlichen nach Abgrenzung auf den Punkt. In Deutschland stand er für die kritische Distanz zu derjenigen Generation, die sich während dem Zweiten Weltkrieg dem Nationalsozialismus verschrieben hatte. International betrachtet zeugte er von der Ausbildung einer eigenständigen Jugendkultur. Jugendliche traten immer weniger sang- und klanglos in die elterlichen Fussstapfen. Vielmehr erprobten sie zwischen Ausbildung und Familiengründung zunehmend einen unkonventionellen Lebensstil, was einen Bedarf an eigenen Räumen schaffte. Noch in den 1960er-Jahren gab es in der grössten Stadt der Schweiz kaum Treffpunkte für Jugendliche. Wer in Zürich mit der künstlerischen und literarischen Avantgarde liebäugelte, ging am Bellevue ins «Café Odeon» **(Karte: Punkt 7)**. Der progressive Nachwuchs aus Medien, Gestaltung und Fotografie traf sich eher im Restaurant «Malatesta» am Hirschenplatz und unweit davon versammelten sich im «Africana» am Zähringerplatz die jungen Wilden des Jazz. Zunehmend besuchten auch Vertreterinnen und Vertreter der neuen Linken diese Lokale, während sie gleichzeitig in solchen der Arbeiterbewegung verkehrten; im «Café Boy» in Aussersihl **(Karte: Punkt 20)**, im «Weissen Wind» im Oberdorf **(Karte: Punkt 9)** oder in der «Eintracht» am Neumarkt **(Karte: Punkt 10)**.

Initiativen und Forderungen

Ein erstes Zürcher Jugendhaus ergab sich aus privater Initiative an der Plattenstrasse im Zürcher Hochschulquartier. Hier startete im Frühjahr 1966 der Club «Platte 27» **(Karte: Punkt 1)**. Damit die Jugendlichen die Öffnungszeiten selber bestimmen und Alkohol ausschenken konnten, war der Club als Verein organisiert. Einschlägig bekannt wurde er als Jazz- und Beatkeller. Darüber hinaus konnten engagierte Jugendliche ein Forum für Experimentalfilme und eine Galerie für unkonventionelle Kunst einrichten. Die Betreiberinnen und Betreiber organisierten zudem Lesungen und stellten Räume zur Verfügung, in denen unter anderen die «Fortschrittliche Studentenschaft Zürich» ihre Sitzungen abhielt. In dieser Form bot die «Platte 27» Raum für eine progressive Jugendkultur, und sie ermöglichte den Austausch zwischen künstlerischer Avantgarde und politischem Protest. Im Herbst 1968 war aber wieder Schluss mit diesem kulturellen Experiment. Die Stadt kaufte das Haus, liess es abbrechen und einen Parkplatz planieren.

Das Bedürfnis nach einem offiziellen Jugendhaus hatte sich in Zürich bereits seit dem Ende des Zweiten Weltkrieges artikuliert. Frauenverbände, kirchliche und linke Kreise sowie die Dachorganisation verschiedener Jugendgruppen – der «Verein Ferien und Freizeit» (VFF) – forderten von der Stadt geeignete Räume oder Land für einen Neubau. 1949 brachte das «Initiativkomitee für ein Zürcher Jugendhaus» das Areal eines Schulhauses, auf dem heute das Kaufhaus Globus steht, für einen Neubau ins Gespräch. Der Stadtrat lehnte den Vorschlag ab. Zwei Jahre später, 1951, ging aus dem Initiativkomitee der «Verein Zürcher Jugendhaus» (VZJ) hervor. Dieser verhandelte weiter und sammelte Geld für ein Jugendhaus: Bis 1960 kamen 800 000 Franken zusammen. In eben diesem Jahr schlug die Stadt die Abbruchliegenschaften auf dem Drahtschmidli-Areal **(Karte: Punkt 15)** beim Platzspitz als provisorisches Jugendhaus vor. An diesem konkreten Vorschlag bildeten sich jedoch neue soziale Fronten: Während der VZJ auf Kontrolle und Leitung bestand, forderten Jugendliche aus dem Umfeld der später gegründeten FASS ein völlig selbst verwaltetes Jugendhaus. Lange Jahre geschah nichts. Im Sommer 1967 trat der politisch breit abgestützte VFF wieder auf den Plan. Er initiierte die «Aktion Bahnhofbrugg» und machte damit Druck für ein Jugendzentrum im Globus-Provisorium in unmittelbarer Bahnhofsnähe. Ein Jahr später – vor dem Hintergrund internationaler Studentenproteste – forderte Otto Baumann am 29. Mai 1968 gemeinsam mit 30 weiteren Zürcher Gemeinderäten in einer Motion das Globus-Provisorium **(Karte: Punkt 13)** als Jugendzentrum. Kurz darauf erlaubte die Stadt der FASS dessen einmalige Nutzung für eine «Vollversammlung». So verbrachten schliesslich rund 2000 junge Frauen und Männer die Nacht vom 15. auf den 16. Juni 1968 im Globus-Provisorium. In «basisdemokratischen» Diskussionen wählten sie das 16-köpfige «Aktionskomitee Autonomes Jugendzentrum» und einigten sich auf folgende zentrale Forderung: «Steht der Jugend am 1. Juli 1968 der Globus oder ein ihm gleichwertiges Gebäude im Zentrum der Stadt nicht zur Verfügung, werden wir das Globusareal besetzen und zu unserem autonomen Kultur-, Gesellschafts- und Freizeitzentrum ausbauen.»[6]

Verhärtungen und Konfrontation

Der Anspruch auf ein absolut unabhängiges Jugendhaus blieb für den Stadtrat ein Tabu. Zusätzlich fühlte er sich nun provoziert durch die ultimative Forderung der Jugendlichen, ein solches zur Verfügung zu stellen. Umgekehrt erfuhren diese erst nach der Vollversammlung im Globus-Provisorium, dass der Stadtrat bereits zuvor das Gebäude weiter vermietet hatte. Damit war nicht nur eine greifbare Variante für ein Jugendhaus im Stadtzentrum erneut vom Tisch, die involvierten Jugendlichen fühlten sich nun auch explizit getäuscht und übergangen. So verhärteten sich die Fronten weiter, und die Situation spitzte sich laufend zu bis zum Showdown, dem «Globus-Krawall» Ende Juni 1968. Während der knapp zwei Wochen davor versammelten sich jeden Abend Jugendliche vor dem Globus-Provisorium und hielten weitere Kundgebungen und Debatten auf dem Lindenhof ab. Das «Aktionskomitee Autonomes Jugendzentrum» traf sich noch zweimal mit dem Stadtrat, der am 22. Juni eine

«Autonomes Jugendzentrum», Plakat von Roland Gretler und Peter König, Zürich 1968. Mit dem Plakat warb die FASS zwei Monate nach dem «Globus-Krawall» für die Wiederaufnahme der Verhandlungen um ein «autonomes Jugendzentrum». Gestalterisch setzte sie auf das Thema Triebregulierung. «Häfälä» war noch in den Sechzigerjahren eine gebräuchliche Massnahme zur Sauberkeitserziehung von Kleinkindern. Diese wurden in regelmässigen Abständen auf den Topf – Schweizerdeutsch Häfeli – gesetzt, damit sie möglichst früh lernten, ihre Ausscheidungen zu kontrollieren. Damit bringt das Plakat indirekt das zentrale Motiv für den zähen Kampf um ein autonomes Jugendzentrum auf den Punkt: Es geht um die grundsätzliche Befreiung von autoritären Prinzipien, die den Kindern von klein auf eingetrichtert worden seien. Der Text am unteren Bildrand markiert den «Globus-Krawall» im Leben eines autoritätsgläubigen Angepassten als Wendepunkt hin zum autonomen Rebellen. Das Plakat entstand hinsichtlich einer gross angelegten Diskussionsveranstaltung des «Zürcher Manifests» zur Vermittlung zwischen Stadt und Jugendbewegung.

Alternative in die Verhandlungen einbrachte: eine Baracke am Stadtrand. Eine peripher gelegene baufällige Baracke als Alternative zum zentral gelegenen Globus-Provisorium zu akzeptieren, war das Aktionskommitee jedoch keineswegs bereit.

So kamen Flugblätter in Umlauf, die zur zweiten «Vollversammlung der Zürcher Jugend» aufriefen, und zwar am Samstag, 29. Juni, 19 Uhr, vor dem Globus-Provisorium. In Anspielung auf das stadträtliche Barackenangebot forderten die Flugblätter auf, «Baumaterial, Holz, Latten, Stangen, Bretter, Nägel, Hammer usw.» mitzunehmen. Das wiederum interpretierte die Stadtpolizei als Aufruf zu einer bewaffneten Demonstration. So kam es im rhetorisch überhitzten Konflikt zwischen städtischen Behörden und Jugendlichen zum Eklat: dem «Globus-Krawall». An diesem Samstagabend trafen rund 6000 Demonstrantinnen und Demonstranten zwischen Hauptbahnhof und Central auf 330 Polizisten. Die Demonstration begann bereits in einer gehässigen Atmosphäre. Bald wechselten sich die Steinwürfe der Demonstrierenden mit den Fontänen der polizeilichen Wasserwerfer ab. Während der gewaltsamen Konfrontation wurden 169 Personen verhaftet und 34 verletzt. Als Reaktion verhängte der Stadtrat am 1. Juli ein Demonstrationsverbot über Zürich, während die Medien mehr oder weniger einstimmig die Demonstrantinnen und Demonstranten als Schuldige verurteilten.

Zürcher Manifest und Bunker-Experiment

Nach dem «Globus-Krawall» war das Tauziehen um ein Zürcher Jugendhaus überlagert von der Kritik an der staatlichen Repression. Es hatten nicht nur die unmittelbar betroffenen Jugendlichen ihre Erfahrungen mit Polizeigewalt zu verdauen; der «Globus-Krawall» wirkte für die «68er-Bewegungen» in Zürich insgesamt als Zäsur. Die einen erinnern diesen seither als das Ende ihres «68», während für andere mit diesem ihr «68» erst anfing. Auf jeden Fall aber gingen die Protestaktivitäten weiter. Mitte Juli 1968 rief das «Komitee für ein autonomes Jugendzentrum» auf zur «Vollversammlung» ins Volkshaus (Karte: Punkt 18). Das Flugblatt versprach mit «Wir wählen ein neues Komitee. Wir bilden neue Ausschüsse» so etwas wie einen Neuanfang. Zudem hatten linke Intellektuelle und Kulturschaffende auf das stadträtliche Demonstrationsverbot reagiert und das «Zürcher Manifest» (ZM) ins Leben gerufen. Mit dieser Aktion wollten sie das Recht auf freie Meinungsäusserung und den Dialog zwischen Jugendbewegung und Stadt wiederherstellen. Dafür sammelte das ZM einerseits Unterschriften und liess andererseits in seinem Namen Gespräche mit Augenzeugen des «Globus-Krawalls» aufzeichnen. Zudem veranstaltet es im «Centre Le Corbusier» im Zürcher Seefeld (Karte: Punkt 5) vom 4. bis zum 9. September 1968 unter dem Titel «Sechs Tage Zürcher Manifest» ein Diskussionshappening. Dort kam un-

«Autonome Republik Bunker», Fotografie von Unbekannt, Zürich 1970. Am Silvesterabend 1970 hielt die «Bunkerjugend» eine Mahnwache vor dem Luftschutzbunker unter dem Lindenhof und rief aus Protest gegen die Auflagen der Stadt die «Autonome Republik Bunker» aus.

ter vielen anderen Punkten die Forderung nach einem Jugendzentrum wieder auf den Tisch.

Konkret tat sich erst im Sommer 1970 wieder etwas in der Jugendhausfrage. Die Stadt offerierte einer politisch breit abgestützten Vertretung von Jugendlichen einen Luftschutzbunker unter dem Lindenhof (Karte: Punkt 14). Dieses Angebot nahm eine «Jugendvollversammlung» im Volkshaus an, wobei sich die FASS aus dem Projekt verabschiedete, da ihr die Auflagen der Stadt zu einschränkend erschienen. Am 30. Oktober 1970 wurde «der Bunker», wie die Jugendlichen ihr neues Zentrum selber bezeichneten, mit einem dreitägigen Fest eröffnet und sofort von einem enormen Andrang überwältigt. Im Bunker herrschte Aufbruchstimmung, es formierten sich neue Gruppierungen wie die «Revolutionären Lehrlinge Zürichs», die «Heimkampagne» und die «Rote Hilfe». Unweigerlich stellten sich mit den täglich bis zu 1000 Besucherinnen und Besuchern aber auch Drogenprobleme und Konflikte zwischen den Nutzerinnen und Nutzern und schliesslich auch mit der Polizei ein. Sechs Wochen nach der Eröffnung, am 14. Dezember, drohte der Stadtrat bereits mit der Schliessung. Die «Bunkerjugend» hatte sich gegen schärfere Auflagen der Stadt gewehrt. So stellte sie beispielsweise die unter 16-Jährigen nicht bereits um sechs Uhr abends vor die Türe, und sie schloss ihr Jugendhaus nicht immer um Mitternacht. Nach mehreren «Vollversammlungen» antworteten die Jugendlichen dem Stadtrat: «Wir gehen nicht auf das Ultimatum ein und behalten unseren Bunker mitsamt unserer Autonomie. Wenn der Stadtrat dies nicht akzeptiert, werden wir dafür kämpfen.»[7] In der Silvesternacht riefen sie die «Autonome Republik Bunker» (ARB) als «wandernden Staat» aus und stellten innert wenigen Tagen über 2000 Pässe aus. Am Tag vor Ablauf des städtischen Ultimatums verschanzten sich einige von ihnen im Bunker, während andere vor dem verbarrikadierten Eingang eine Mahnwache hielten. Schliesslich zogen sie aber alle, von der Polizei umstellt, ab. Damit war das erste selbst verwaltete Jugendzentrum nach nur 68 Tagen wieder geschlossen. Doch das Thema war damit noch lange nicht vom Tisch. Knapp zehn Jahre später, 1980, schrieb sich die nächste Jugendbewegung in Zürich die Forderung nach einem «autonomen» Jugendzentrum – einem AJZ – auf ihre Fahnen.

Karte von Zürich mit Örtlichkeiten der 1968er-Bewegung, Einträge von Erika Hebeisen, 2008.
Die Karte stammt aus dem Jahr 2008. Die Örtlichkeiten existieren heute zum Teil nicht mehr, haben einen anderen
Namen oder dienen einem anderen Zweck.

1   Platte 27
2   Hallenstadion
3   Universität
4   ETH
5   Centre Le Corbusier
6   Beatlokal Café Pony
7   Café Odeon
8   Restaurant Schwarzer Ring
9   Restaurant Weisser Wind
10 Restaurant Eintracht
11 Jazzlokal Africana
12 Malatesta
13 Globus-Provisorium
14 Lindenhofbunker
15 Drahtschmidli
16 Dow Chemical
17 Frauenzentrum/INFRA
18 Volkshaus
19 Allmend Brunau
20 Café Boy

Recht auf weibliche Selbstbestimmung

«Das Private ist politisch» war für die neue Frauenbewegung Parole und Programm. Sie machte damit private Themen wie Hausarbeit, Geschlechterbeziehungen, Kinderbetreuung und Sexualität zum Gegenstand politischer Auseinandersetzungen. In der Sowjetunion und in den kommunistischen Ländern Osteuropas war die ausserfamiliäre Kinderbetreuung alltäglich und Abtreibungen legal. In Westeuropa – und damit auch in Zürich – entstand die neue Frauenbewegung Ende der Sechzigerjahre im Zuge der neuen Linken, indem sie entsprechende Forderungen stellte. Damit grenzte sie sich einerseits von der «alten» Frauenbewegung ab, suchte aber – mit einer kritischen Haltung – auch ihre Nähe. Zwar anerkannten die Feministinnen der neuen Linken deren langjährigen Kampf für Frauenbildung und das Frauenstimmrecht. Sie glaubte aber nicht mehr an eine geduldige Politik der kleinen Schritte. Vielmehr setzte sie auf direkte Aktionen und engagierte sich für Themen, die Frauen ganz direkt etwas angingen.

In Zürich brachte die unmittelbare Konfrontation von Frauen aus der neuen Linken mit solchen aus der Stimmrechtsbewegung die «Frauenbefreiungsbewegung» hervor. Am 10. November 1968 sprengten einige «Achtundsechzigerinnen» die 75-Jahre-Feier des Zürcher Frauenstimmrechtsvereins im Schauspielhaus. Sie platzten mitten in eine Festrede. Andrée Valentin, die damalige Präsidentin der «Fortschrittlichen Studentenschaft Zürich», übernahm das Mikrofon und verlas ihre eigene Rede: «Wir sollten nicht jubilieren, sondern protestieren und diskutieren.»[8] Eine Demokratie, «in der eine Minderheit – vergessen wir nicht, dass wir Frauen die Mehrheit sind – bestimmen soll, ob uns das Stimmrecht zusteht oder nicht», sei keine richtige Demokratie. Sowieso könne politische Gleichstellung nicht das alleinige Ziel sein. Gekämpft werden müsse darüber hinaus für Lohngleichheit und Karrierechancen sowie gegen die zivilrechtliche Bevormundung und diskriminierende Frauenbilder.

Mit ihrer Störaktion katapultierten sich diese Frauen ins mediale Rampenlicht, wo sie sofort als Gruppe wahrgenommen wurden. In der Erinnerung der Aktivistin Helen Pinkus-Rymann entstand die Bezeichnung «Frauenbefreiungsbewegung» (FBB) erst als Reaktion auf journalistische Nachfragen.[9] Der Name war aber keineswegs frei erfunden, denn sowohl in den USA als auch in Frankreich existierten bereits Bewegungen wie das *Women's Liberation Movement* oder das *Mouvement de libération de la femme*. Zu Beginn bestand die FBB aus zehn bis fünfzehn Frauen, die in kreativen Berufen tätig waren oder an einer Hochschule studierten. Als sich ihr Kreis innert kurzer Zeit massiv vergrösserte, wurden Arbeitsgruppen gebildet. Schliesslich entstand eine elfköpfige Koordinationsgruppe. Die Vollversammlung blieb jedoch immer das oberste Entscheidungsorgan. Inhaltlich strebte die FBB nach einer gerechten Aufteilung von

Hausarbeit und Kindererziehung zwischen Frauen und Männern. Sie entwickelte Modelle für bezahlte Hausarbeit und organisierte ausserfamiliäre Kinderbetreuung. Zudem kämpfte sie für das Recht auf eine selbstbestimmte Sexualität. Dabei regte sie die Suche nach einer eigenen weiblichen Lust an, forderte den freien Zugang zur Antibabypille und setzte sich mit aller Kraft für die Entkriminalisierung der Abtreibung ein.

Antibabypille und Abtreibung
Die Antibabypille war wichtig für den Kampf um mehr weibliche Selbstbestimmung, und zwar weit über den sexuellen Bereich hinaus. 1961 brachte die Deutsche Schering AG in Westeuropa das erste orale Verhütungsmittel unter dem

«Demonstration für das Recht auf Abtreibung», Fotografie von Christina Zilioli, Zürich 1975. Die Demonstration in Zürich für das Recht auf Abtreibung fand nicht nur im «Jahr der Frau» statt, die Frauenbefreiungsbewegung (FBB) terminierte diese zudem auf den 8. März – den «internationalen Frauenkampftag». Mit Transparenten forderte sie über das Recht auf Abtreibung hinaus deren Bezahlung durch die Krankenkassen sowie «Kinderfreundliche Krippen gratis für alle». (Bucher, Judith; Schmucki, Barbara: FBB. Fotogeschichte der Frauenbefreiungsbewegung Zürich. Zürich 1995. S. 57.) Umgekehrt appellierte sie: «Gynäkologen jetzt ist Schluss mit dem extra Profit aus dem Uterus!» Im Zentrum der Kritik stand jedoch CVP-Bundesrat Kurt Furgler, ein radikaler Abtreibungsgegner. Ihn trugen FBB-Frauen als Pappkameraden in Sträflingshose mit den umstrittenen Artikeln 118–121 auf dem Bauch vor sich her und gaben ihn zum Schluss auf dem Münsterplatz als brennende Wunderkerze vollends der Lächerlichkeit preis.

Aktion der Frauenbefreiungsbewegung gegen die Kriminalisierung des Schwangerschaftsabbruchs vor dem Bezirksgericht in Luzern, Fotografie von Unbekannt, Mitte der 1970er-Jahre.

Namen «Anovlar» auf den Markt. Dieses machte unter anderem in der Schweiz die «sexuelle Revolution» erst möglich, schuf aber für Frauen auch neue Probleme: Die «Pille», wie das umstrittene Verhütungsmittel bald hiess, gefährdete ihre Gesundheit und war vorerst nur schwer zu haben. Zudem war sie gesellschaftlich umstritten. Papst Paul VI. verbot 1968 in seiner Enzyklika «Über die rechte Ordnung der Weitergabe des menschlichen Lebens» katholischen Paaren auch diese Verhütungsmethode. Gleichzeitig führten sich viele Gynäkologen wie Moralapostel auf. Nicht verheirateten Frauen verschrieben sie die rezeptpflichtige Pille in der Regel nicht, verheirateten Frauen mit mehreren Kindern allenfalls schon. Vor diesem Hintergrund kämpften Frauen der neuen Linken für den unbeschränkten Zugang zur Pille. Als Erstes erstellten sie eine Liste mit Gynäkologen, die bei der Abgabe der Pille eine liberale Praxis pflegten, und publizierten diese in der Zeitschrift «Der Zürcher Student». Im September 1972 eröffnete die FBB an der Gartenhofstrasse im Haus des Friedensdienstes die «Informationsstelle für Frauen» (INFRA) (Karte: Punkt 17). Hier berieten ihre Vertreterinnen unentgeltlich Frauen, die hauptsächlich mit sexuellen Fragen kamen. Sie vermittelten Gynäkologen, die die Pille verschrieben oder Abtreibungen durchführten. Gemäss dem damals noch immer gültigen Strafgesetzbuch von 1942 war in der Schweiz eine Abtreibung in jedem Fall verboten. Eine Ausnahme sah das Gesetz nur vor, wenn die Gesundheit der Schwangeren massiv gefährdet war, was zwei unabhängige Ärzte zu diagnostizieren hatten. Diese im europäischen Vergleich restriktive Gesetzgebung führte in der Schweiz zu einer grossen Zahl illegaler Abtreibungen. Dabei bargen diese ein hohes gesundheitliches Risiko und Frauen mussten dafür oft noch übertrieben viel bezahlen.[10] Zwar hatten sich schon früher Angehörige der Arbeiterbewegung wie das Ärzteehepaar Prupbacher für die Legalisierung der Abtreibung eingesetzt. Sie führten aber in der Zwischenkriegszeit hauptsächlich sozialpolitische Gründe

an, wonach ärmere Frauen sich teure illegale Abtreibungen nicht leisten könnten und ihre Gesundheit dadurch gefährdet sei, was nicht im Interesse der Gesellschaft sein könne.[11] Die neue Frauenbewegung dagegen argumentierte nun selbstbewusst individualistisch: Jedem Menschen – also auch jeder Frau – stehe das alleinige Verfügungsrecht über seinen Körper zu. Auf die Kurzformel der neuen Frauenbewegung gebracht hiess das: «Mein Bauch gehört mir.»

Demokratie und Fristenlösung

Für das Recht auf Abtreibung kämpfte die FBB mit einer doppelten Strategie. Einerseits setzte sie weiterhin auf Protest und Störaktionen, andererseits nutzte sie vermehrt auch direktdemokratische Mittel. Am 19. Juli 1971 lancierte ein überparteiliches Komitee – dem die FBB angehörte – eine Initiative für die Legalisierung der Abtreibung. Nach einem halben Jahr hatte das Komitee die 100 000 benötigten Unterschriften zusammen. Das rief unverzüglich die gegnerische Seite auf den Plan, die eine Petition gegen die Legalisierung der Abtreibung einreichte. In diesem Zusammenhang formierte sich die katholisch geprägte Organisation «Ja zum Leben». Zwei Jahre später folgte die protestantisch-freikirchliche Vereinigung «Helfen statt töten». Bundesrat und Parlament liessen sich Zeit mit dem Behandeln der Initiative. So konnte sich die FBB das 1975 von der UNO ausgerufene «Jahr der Frau» für eine intensive Abstimmungskampagne zu Nutze machen. Sie kämpfte in der ganzen Schweiz und in unterschiedlichsten Formen für das Anliegen der Initiative. Ihre wirksamste Aktion in diesem Jahr war fraglos die nationale Demonstration in Zürich, an der über 1000 Leute für die ersatzlose Streichung der Abtreibungsartikel im Strafgesetzbuch auf die Strasse gingen (Abbildung S. 208/9).

Die FBB betonte mehrfach, dass sich ihr Kampf gegen die Kriminalisierung der Abtreibung nicht gegen Kinder richtete. Vielmehr plädierte sie – oft in Anwesenheit zahlreicher Kinder – für das Recht auf Abtreibung, «damit Wunschkinder gezeugt werden». Ihre Vertreterinnen nahmen ihre Kinder zu Prozessen mit, an denen sie sich mit Frauen solidarisierten, die wegen einer Abtreibung vor Gericht standen. Dort demonstrierten sie auf Transparenten mit der Aufschrift «Solche Prozesse schützen Frauen nicht» für eine selbst bestimmte Geburtenkontrolle.

Vier Jahre nach Beginn der Unterschriftensammlung nahm sich der Nationalrat am 2. Oktober 1975 der Initiative für das Recht auf Abtreibung an. Auf der Parlamentstribüne hielten sich FBB-Frauen mit gutbürgerlicher Kleidung getarnt für einen Einsatz bereit. Als sich die nationalrätliche Ablehnung abzuzeichnen begann, entrollten sie ihr Transparent mit der Forderung «straffreie Abtreibung» und schmissen nasse Windeln in den Ratsaal. Damit führte die FBB den Politikern die sozialen Hintergründe ihrer politischen Debatte materiell vor Augen. Der Nationalrat sagte nicht nur Nein zur ursprünglichen Initiative, sondern lehnte auch den zwischenzeitlich vom Bundesrat ausgearbeiteten Gegenvorschlag ab. Dieser sah die Fristenlösung vor, also den straffreien Schwangerschaftsabbruch bis zur zwölften Woche.

Nach dem Scheitern im Parlament zog das Komitee seine ursprüngliche Initiative von 1971 zurück und reichte Anfang 1976 eine eigene Fristenlösungsinitiative ein. Die entsprechende Abstimmungskampagne wurde auf beiden Seiten mit viel Engagement geführt. Die FBB lancierte den Film «Lieber Herr Doktor», bei dem Hans Stürm Regie führte. Der 15-minütige Film basierte auf einer Zusammenarbeit der INFRA mit dem Gynäkologen Peter Frei von der Kollektivpraxis «Plaffenwatz». Er zeigte einerseits eine gemischtgeschlechtliche Diskussion des Filmprojekts, andererseits einen tatsächlichen Schwangerschaftsabbruch. Der Film wurde in zahlreichen Städten, aber auch in abgelegenen Gemeinden vorgeführt und erreichte so rund 80 000 Personen.

Am 25. September 1977 lehnte die Schweizer Stimmbevölkerung die Fristenlösungsinitiative mit 51,7 Prozent Nein-Stimmen ab, wobei acht Kantone mit teilweise grosser Mehrheit zustimmten. Trotz dieser erneuten Niederlage war das Thema Abtreibung keineswegs vom Tisch. In der Folge setzten sich jedoch vermehrt diejenigen Frauen für das Thema ein, die im Zuge der neuen Frauenbewegung den Marsch durch die Institutionen angetreten hatten – sei es in den Verwaltungen oder in den Parlamenten. So forderte die Zürcher SP-Nationalrätin Barbara Häring Binder im April 1993 mit einer parlamentarischen Initiative erneut die Einführung einer Fristenlösung. Es dauerte dann noch einmal knapp zehn Jahre, bis die Stimmbürgerinnen und Stimmbürger – diesmal deutlich mit 72,2 Prozent – der Fristenlösung zustimmten. Den späten Erfolg verdankte die neue Frauenbewegung unter anderem der Unterstützung durch die CVP-Frauen.   ERIKA HEBEISEN

1 Koenen, Gerd: Das Rote Jahrzehnt – Unsere kleine deutsche Kulturrevolution 1967–1977. Köln 2001.
2 Fanon, Frantz: Die Verdammten dieser Erde. Frankfurt am Main 1966 (Original französisch 1961).
3 Flugblatt des Schweizerischen Aktionskomitees für den Vietnamtag: «Für einen baldigen und gerechten Frieden». Schweizerisches Sozialarchiv, Sign. 335/244.
4 Bretscher, Walter: «Denn sie wissen nicht, was sie tun». Die Tat, 30. Juni 1978, Serie «Der Protest».
5 St. Galler Tagblatt, zitiert nach: Zürich 68. Kollektive Aufbrüche ins Ungewisse. Hg. v. Hebeisen, Erika; Joris, Elisabeth; Zimmermann, Angela. Baden 2008. S. 121.
6 Flugblatt «Resolutionsentwurf», Privatarchiv Hebeisen. Vgl. auch Paraphrase bei Howald, Regula et al.: Die Angst der Mächtigen vor der Autonomie. Aufgezeigt am Beispiel Zürich. Horgen 1981. S. 23.
7 Zitiert nach Müller, Hans-Peter; Lotmar, Gerold (Hg.): Der Bunker von Zürich. Jugend zwischen Rückzug und Revolte. Ein Modellfall. Freiburg im Breisgau 1972. S. 18.
8 Zeitdienst Nr. 45, 15. November 1968, zitiert nach: Joris, Elisabeth; Witzig, Heidi (Hg.): Frauengeschichte(n). Dokumente aus zwei Jahrhunderten zur Situation der Frauen in der Schweiz. Zürich 1986. S. 536.
9 Suter, Anja; Bernasconi, Sara: Aus der Sponti-Aktion wird ein Virus – Die Frauenbefreiungsbewegung FBB. In: Hebeisen, Erika; Joris, Elisabeth; Zimmermann, Angela (Hg.): Zürich 68. Kollektive Aufbrüche ins Ungewisse. Baden 2008. S. 183.
10 Eidgenössisches Büro für die Gleichstellung von Mann und Frau (Hg.): Frauen Macht Geschichte 1948–2000, Kap. 3.8. Ausserdem: Schwangerschaftsabbruch auf: www.frauenkommission.ch/geschichte_chronik_d.htm [Aufruf vom 14. 4. 2009]
11 Joris, Elisabeth; Witzig, Heidi (Hg.): Frauengeschichte(n). Dokumente aus zwei Jahrhunderten zur Situation der Frauen in der Schweiz. Zürich 1986. S. 321.

Empfohlene Literatur

- Billeter, Fritz; Killer, Peter (Hg.): 68 – Zürich steht Kopf. Rebellion, Verweigerung, Utopie. Zürich 2008.
- Bucher, Judith; Schmucki, Barbara: FBB. Fotogeschichte der Frauenbefreiungsbewegung Zürich. Zürich 1995.
- Gwerder, Urban: Im Zeichen des magischen Affen. Zürich 1998.
- Hebeisen, Erika; Joris, Elisabeth; Zimmermann, Angela (Hg.): Zürich 68. Kollektive Aufbrüche ins Ungewisse. Baden 2008.
- Howald, Regula et al.: Die Angst der Mächtigen vor der Autonomie. Aufgezeigt am Beispiel Zürich. Horgen 1981.
- Joris, Elisabeth; Witzig, Heidi (Hg.): Frauengeschichte(n). Dokumente aus zwei Jahrhunderten zur Situation der Frauen in der Schweiz. Zürich 1986.
- Linke, Angelika; Scharloth, Joachim (Hg.): Der Zürcher Sommer 1968. Zwischen Krawall, Utopie und Bürgersinn. Zürich 2008.
- Müller, Hans-Peter; Lotmar, Gerold (Hg.): Der Bunker von Zürich. Jugend zwischen Rückzug und Revolte. Ein Modellfall. Freiburg im Breisgau 1972.
- Schär, Bernhard et al. (Hg.): Bern 68. Lokalgeschichte eines globalen Aufbruchs – Ereignisse und Erinnerungen. Baden 2008.
- Schwab, Andreas; Gogos, Manuel (Hg.): Die 68er. Kurzer Sommer – lange Wirkung. Essen 2008.
- Stapferhaus Lenzburg (Hg.): A Walk on The Wild Side. Jugendszenen in der Schweiz von den 30er-Jahren bis heute. Zürich 1997.

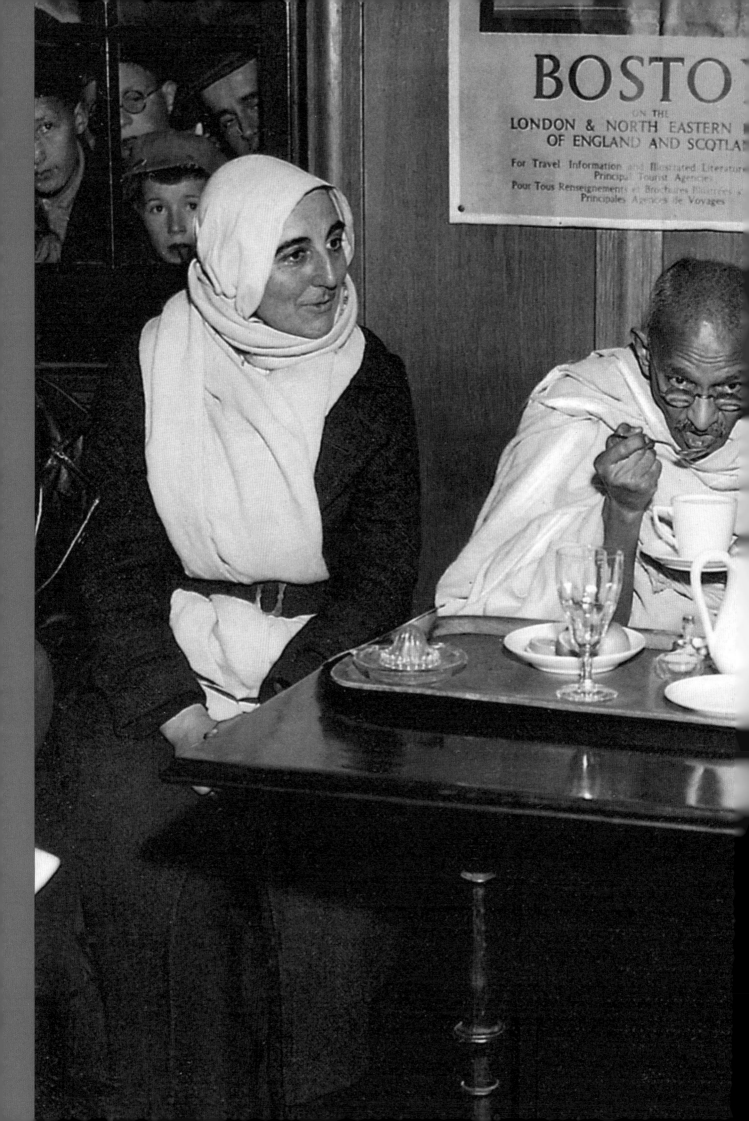

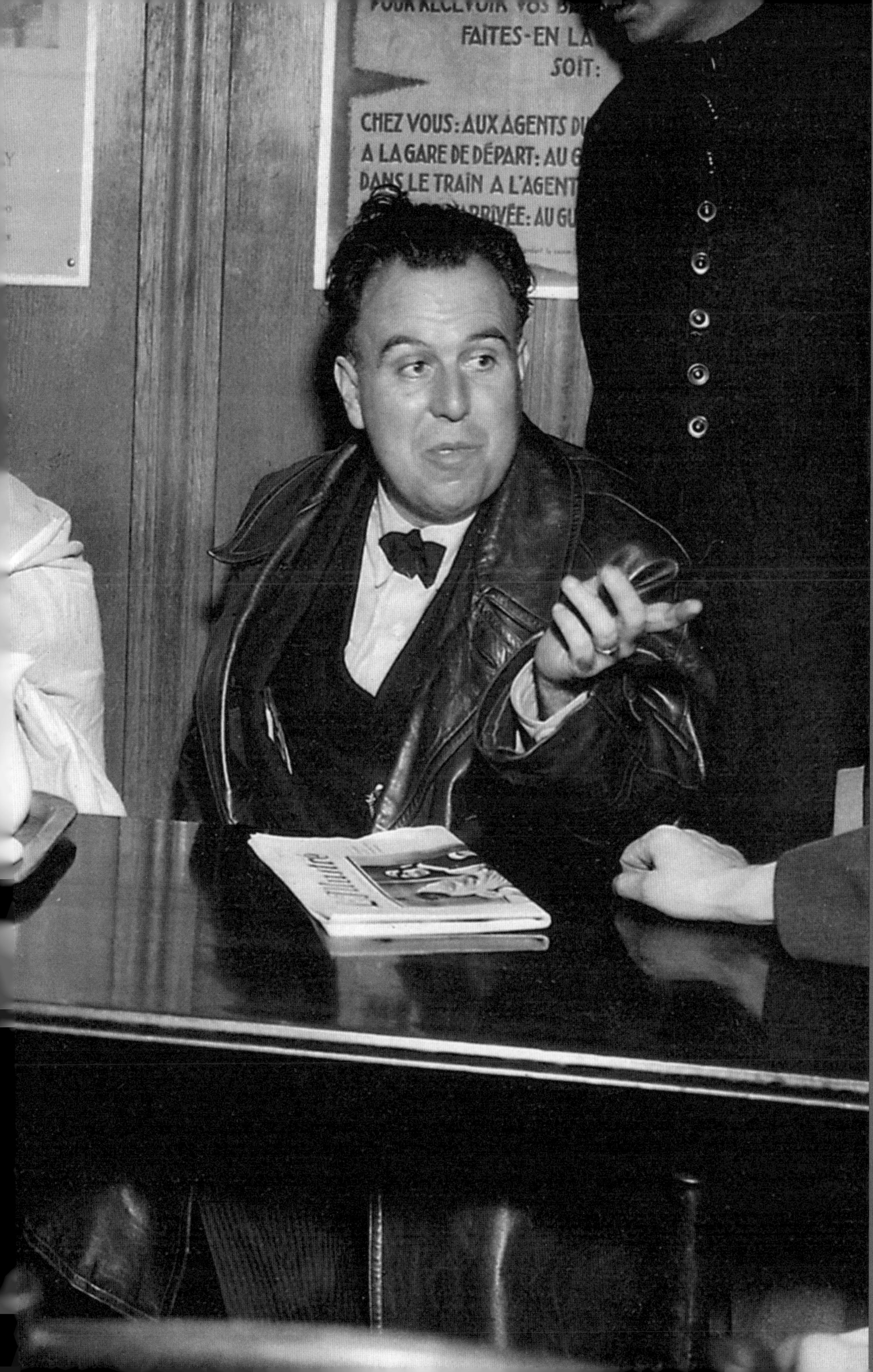

Legende vgl. S. 235

Längsschnitte

Längsschnitte betonen den Wandel in der Geschichte, indem sie anhand eines ausgewählten Themas Veränderungen und Entwicklungen über einen grossen Zeitraum veranschaulichen. Sie betonen daher die Unterschiede zwischen den Zeiten stärker als die Ähnlichkeiten und konzentrieren sich vor allem auf die Darstellung von Vorgängen oder Sachverhalten, an denen sich eine Veränderung gut dokumentieren lässt. Längsschnitte kann man auch als schriftliche Version einer Zeitreise bezeichnen.

Der Zeitreisende im Roman «Die Zeitmaschine» von H. G. Wells[1] sieht nur an Gestirnen, Bauten und Vegetation, wie die Zeit verstreicht. Was in der Gesellschaft passiert, wie sie sich verändert, sieht er während der Reise nicht, dafür muss er die Maschine anhalten und die Gesellschaft und ihre Lebenswelt untersuchen. Wie der Zeitreisende müssen auch die Autorinnen und Autoren von Längsschnitten Entscheidungen treffen: einerseits, wann sie im Durchgang der Zeit einen Halt machen, und anderseits, woran sie den Wandel und die Veränderung festmachen wollen. Wie viele Halte sollen es sein und wie ausführlich wollen sie die so entstehenden Momentaufnahmen beschreiben? Anhand welcher Kriterien entscheiden sie, wo ein Halt den Wandel deutlich zu machen erlaubt? Über welchen Zeitraum soll sich der Längsschnitt erstrecken? Die Entscheidungen sind immer so zu treffen, dass sie den Leserinnen und Lesern die wichtigen Aspekte des Wandels im Verlauf der Zeit deutlich machen können.

Die folgenden Längsschnitte finden jeweils eigene Antworten auf diese Fragen. Die einzige Gemeinsamkeit ist die Textlänge: Auf einer Doppelseite muss die Reise durch die Zeit Platz finden. Die Inhalte wurden abseits der gängigen, grossen Themen gesucht, sie sollen ungewöhnliche Aspekte in den Blick bringen und entsprechende Fragen an die Geschichte ermöglichen. Die Längsschnitte bieten sich an für Quervergleiche zu den Texten in den Teilen «Panorama» und «Fallbeispiele» und lassen sich anhand der Zeiträume, die sie etwa umfassen, in drei Gruppen einteilen.

Über 2000 Jahre

Die Beiträge von CHRISTOPH DEJUNG und JANINE KOPP durchmessen den Zeitraum von der Vorgeschichte und der Antike bis in die Gegenwart. Dejung konzentriert sich auf die unterschiedliche Wahrnehmung von Naturkatastrophen, die immer wieder über die Menschheit hereinbrechen. Kopp zeigt den Wandel anhand von Wissen und Praktiken, die (vor allem) Frauen anwendeten, die unerwünschte Schwangerschaften zu vermeiden suchten.

Gut 500 Jahre

Einige Jahrhunderte durchqueren die Längsschnitte von MARTIN ILLI, SERAINA GARTMANN/HARRY NUSSBAUMER und ALEXANDRA BLOCH. Bloch zeigt den Weg des Kaffees vom Luxusgut der Oberschichten zum Alltagsgetränk. Illi befasst sich mit dem Abfall, der einst seinen eigenen Wert besass, heute aber mit Vorteil gleich ganz vermieden wird. Gartmann und Nussbaumer zeigen, wie der Himmel durch die Jahrhunderte Anlass gegeben hat, über die Entstehung und Ordnung der Welt nachzudenken.

Rund 100 Jahre

Kürzere Abschnitte von etwas mehr als hundert Jahren umfassen die Längsschnitte von CHRISTIAN KOLLER, SIMONE STEPPACHER und SÁRA MÉSZÁROS. Koller schildert die Entwicklung der Olympiade im Spiegel des 20. Jahrhunderts vom Liebhaberanlass einer westeuropäisch-männlichen Bildungselite zu einem globalen Event von enormer politischer und ökonomischer Bedeutung. Steppacher stellt den widersprüchlichen Weg Chinas, einer Hochkultur mit einer reichen Geschichte, in die westliche Moderne dar. Mészáros erläutert, wie sich in der technischen Entwicklung vom ersten Kinematografen zum Internet-Video-Portal der Wandel von gesellschaftlichen Unterhaltungsbedürfnissen und Sehgewohnheiten widerspiegelt.

JAN HODEL

1 Die Geschichte «The Time Machine» des englischen Science-Fiction-Autors H.G. Wells wurde erstmals 1895 in Grossbritannien veröffentlicht und erschien in zahlreichen Neuauflagen, darunter: Wells, Herbert George: The Time Machine. New York 2008. Deutsch: Wells, Herbert George: Die Zeitmaschine. München 2006.

Naturkatastrophen als erzählte Geschichte

Zu Beginn des 21. Jahrhunderts sehen wir uns mit einem beunruhigenden Erbe konfrontiert, das uns das 20. Jahrhundert hinterlassen hat: die Angst, dass eine vom Menschen verschuldete Katastrophe alles menschliche Leben, wenn nicht das Leben überhaupt, auf der Erde vernichten könnte. Es wäre das Ende der Geschichte, die mit den Menschen und ihrer Erinnerung verbunden ist, und die Rückkehr der Naturgeschichte, die lange vor den ersten Menschen ihren Anfang nahm.

Die Vorstellung von einem möglichen Ende des menschlichen Lebens auf der Erde unterscheidet unser Zeitalter nicht von früheren Zeitaltern. Vermutlich haben Menschen unter dem Eindruck von Naturkatastrophen immer schon in der Angst vor dem nahenden Untergang gelebt. Und solche Untergänge sind in der Erdgeschichte nichts Aussergewöhnliches. Die Geologen berichten vom Aussterben fast aller Arten am Übergang vom Erdaltertum zum Erdmittelalter vor etwa 250 Millionen Jahren und danach wieder am Ende der Kreidezeit vor 65 Millionen Jahren, als die Dinosaurier ausstarben.

In allen Zeiten zeigte sich in der Art, wie die Menschen Katastrophen erlebten, beschrieben und fürchteten, ihr Selbstverständnis als Teil der Geschichte. Erst fühlten sie sich ausgeliefert an unberechenbare spirituelle Mächte, dann beherrscht vom strafenden Gott einer monotheistischen Religion. Sie sahen sich aber auch als Forschende mit Blick auf den Kreislauf der Natur. In der Aufklärung waren sie enttäuscht von der entgötterten Natur. Heute sind sie – erneut – bestimmt durch eine vom Menschen verantwortete Schuld.

Urzeit

Als der bekannte britische Archäologe Charles Leonard Woolley 1927 die im heutigen Südirak gelegene sumerische Königsstadt Ur ausgrub, stiess er unter den Schichten der historischen Zeitalter auf eine Lehmschicht. Weil es leicht ging, erlaubte er den Arbeitern, tiefer zu graben, und kam, nach einem ganzen Meter Lehm, plötzlich wieder in Kulturschichten mit vorgeschichtlichen Überresten. Seine Frau, die gerade dazukam, erklärte kurzerhand: «Leonard, du hast die Sintflut entdeckt.»[1]

In den ältesten Geschichtsbüchern der Menschheit – dem Gilgamesch-Epos aus Mesopotamien und der Genesis, dem ersten Buch der Bibel – wird der Gang der Geschichte jäh unterbrochen durch eine grosse Überschwemmung. Die Sintflut zeigt, was Geschichte ist: Bericht vom Handeln der Menschen, aber auch davon, dass dieses Handeln in ein grösseres Geschehen, die Naturgeschichte, eingebunden ist und bleibt. Für uns moderne Menschen ist das nicht anders, nur ist für uns diese Urkatastrophe eine Erinnerung an viel weiter zurückliegende Geschehnisse, nämlich eben jene vermuteten Meteoriteneinschläge, die fast der gesamten Flora und Fauna einer erdgeschichtlichen Epoche ein Ende setzten.

«Geheime Dinge, will ich, Gilgamesch, dir offenbaren, und dir ein Geheimnis der Götter erzählen: Schuruppak, die Stadt, die du kennst, am Ufer des Euphrat gelegen, war schon uralt, als die Götter in ihr weilten. Die Sintflut zu schicken, danach verlangte den grossen Göttern ihr Herz.»[2]

«Der HERR aber sah, dass die Bosheit des Menschen gross war auf Erden und dass alles Sinnen und Trachten seines Herzens allezeit nur böse war. Da reute es den HERRN, dass er den Menschen gemacht hatte auf Erden, und es bekümmerte ihn in seinem Herzen. Und der HERR sprach: Ich will den Menschen, den ich geschaffen habe, vom Erdboden vertilgen […]»[3]

Zwischen den beiden Berichten besteht ein bedeutender Unterschied. In der polytheistischen Religion der Sumerer bringen die Götter durch einen willkürlichen Beschluss Tod über unschuldige Untertanen. Die Bibel berichtet dagegen von einer Katastrophe, welche die Menschen verdient haben. Ihre Ausrottung ist begründet durch ihre grosse Schuld gegenüber Gott. Während Gilgamesch von Utnapischtim, seinem Freund, zufällig gerettet wird, erhält Noah, der Stammvater der Menschheit, vom strafenden «Herrn der Geschichte» eine letzte Chance.

Antike und Mittelalter

Ganz anders reagierte der römische Naturforscher Plinius der Ältere auf eine Naturkatastrophe. Im Jahr 79 n. Chr. leistete er auf der sicheren Seite des Golfes von Neapel Dienst, als er den Ausbruch des Vesuvs sah. Er tat, was in seinem Verständnis als interessierter Forscher zu tun war.

«Er lässt Vierruderer ausfahren, steigt selbst an Bord, nicht allein um Rectina, sondern auch vielen anderen […] Hilfe zu bringen. Er eilt dorthin, woher die andern fliehen, und steuert in geradem Kurs auf die Gefahr zu, so ganz frei von Furcht, dass er alle Veränderungen, alle Phasen dieses Unheils, wie er sie wahrnahm, diktierte und aufzeichnen liess.»[4]

Plinius überlebte seine Hilfs- und Forschungsfahrt nicht.

Wenn die Menschen in den folgenden Jahrhunderten von Naturkatastrophen heimgesucht wurden, herrschte in Europa jedoch nicht die griechisch-römische Denkweise, sondern diejenige der Bibel vor. Auf Pestepidemien und Hungersnöte reagierten die meisten Menschen wie die «Geissler», die auf ekstatischen Wallfahrten durch Selbstbestrafung und Busse den gestrengen Gott zu besänftigen suchten. Auch die Reformatoren hielten grosses Unglück selbstverständlich für eine Strafe Gottes, den sündigen Menschen als Mahnung zur Besserung gesandt.

Aufklärung

Das änderte sich zum 18. Jahrhundert, der Zeit der Aufklärung und Vernunft. In Voltaires Roman «Candide» wird der

Pestbild, Süddeutscher Einblattholzschnitt, um 1460/1470.
Noch im Mittelalter und in der Neuzeit herrschte die Auffassung
von «göttlicher Strafe» vor, wobei der christliche Gott durchaus
auch an sinnlos wütende Götter der alten Religion erinnert,
wenn er die Menschen mit dem Unheil beschiesst. Sein liebender
Blick gilt seinem Sohn, nicht den Getroffenen.

**Entwurf zu «Untergang von Messina», Tuschzeichnung von
Max Beckmann, Deutschland 1909.** Noch heute kann das Bild der
Folgen des Erdbebens in der sizilianischen Stadt Messina im Jahre
1908 erschüttern. Beckmann hat es gestützt auf Zeitungsberichte
gemalt: In der Katastrophe ereignete sich ein eigentlicher Ausbruch
des Bösen unter den Opfern, die Messina in eine Hölle von sexueller,
mörderischer und räuberischer Kriminalität verwandelten.

Held von Pangloss begleitet, einem Anhänger der Leib-
niz'schen Philosophie. Diese ging nicht mehr vom Eingrei-
fen Gottes in die Geschichte aus, sondern behauptete, die
Welt, in der wir leben, sei die bestmögliche, weil andernfalls
Gott eine bessere geschaffen hätte. Candide erlebt 1754 das
Erdbeben von Lissabon, was ihn eines anderen belehrt.

*«Etliche Bürger der Stadt, denen sie Beistand geleistet hatten,
setzten ihnen ein Essen vor, so gut es in einer so trostlosen Lage
überhaupt möglich war. Freilich verlief das Mahl trübselig, und
die Gäste netzten ihr Brot mit Tränen. Aber Pangloss tröstete sie
und versicherte ihnen, das alles könne gar nicht anders sein.
‹Denn›, so sagte er, ‹all dies ist zum besten bestellt. Wenn in Lissabon ein Vulkan ausbricht, so konnte er unmöglich anderswo
ausbrechen, sintemal es ausgeschlossen ist, dass die Dinge nicht
da sind, wo sie sind, und weil alles gut ist, so wie es steht›.»[5]*

Gegenwart

In der folgenden Zeit wird für die nachdenklichen Europäerinnen und Europäer bei eintretenden Naturkatastrophen der Gedanke einer gütigen wie auch einer strafenden
göttlichen Vorherbestimmung genauso abwegig wie eine
übernatürliche Rechtfertigung für die Ungerechtigkeit des
Schicksals.

    Die Gesellschaft der Gegenwart, die wegen der schnel-
len und weltweiten Information mittlerweile die ganze Welt
umfasst und für die daher Naturkatastrophen fast alltäglich

werden, traut dem, was man früher «Schöpfung» nannte,
weder eine göttliche noch eine natürliche Harmonie zu.
Zwar sind die Zuschauenden bei den gegenwärtigen Naturkatastrophen hilfsbereit weit über das Mass hinaus, das
Kriegs- und Revolutionsopfer erwarten dürfen. Doch sie
empfinden dabei keine Schuld, keine Verantwortung, sondern sehen sich «jenseits von Gut und Böse», wie Nietzsche
schreibt:

*«Der Instinkt. – Wenn das Haus brennt, vergisst man sogar das
Mittagessen. – Ja: Aber man holt es auf der Asche nach.»[6]*

CHRISTOPH DEJUNG

1 Woolley, Charles Leonard: Ur in Chaldäa. Wiesbaden 1956.
2 Das Gilgamesch-Epos, neu übersetzt und kommentiert
    von Stefan M. Maul. München 2005. S. 140.
3 1. Mose 6,5 – 7. Zitiert nach: Zürcher Bibel. Zürich 2008.
4 C. Plinius Caecilius Secundus: Sämtliche Briefe. Übersetzt von
    André Lambert. Zürich 1969. S. 229.
5 Voltaire: Werke Band 1. Übersetzt von Liselotte Ronte und
    Walter Widmer. München 1969. S. 191.
6 Schlechta, Karl (Hg.): Friedrich Nietzsche: Werke in drei Bänden.
    Band 2. München 1966. S. 628.

Empfohlene Literatur
· Beck, Ulrich: Weltrisikogesellschaft. Frankfurt am Main 2007.
· Löwith, Karl: Weltgeschichte und Heilsgeschehen. Weimar 2004.
· Pfister, Christian: Das 1950er Syndrom. Bern 1995.
· Radkau, Joachim: Eine Weltgeschichte der Umwelt. München
  2002.
· Teusch, Ulrich: Die Katastrophengesellschaft. Zürich 2008.

Verhütung im Wandel der Zeit

Ein Mineral in der Grösse einer Saubohne als Pille oder ein Tierdarm als Kondom – frühere Verhütungsmittel erscheinen uns heute meist kurios oder sogar lächerlich. Dennoch sind Verhütungsmethoden keine Erfindung unserer Zeit, und die Menschen in der Vergangenheit verfügten teilweise über durchaus effiziente Mittel, um eine ungewollte Schwangerschaft zu vermeiden.

«Das Geheimnis des Arztes», so beginnt das *Papyrus Ebers*, ein altägyptischer Text mit medizinischem Inhalt. Er entstand um das Jahr 1550 v. Chr. und enthält die ältesten uns bekannten Verhütungstipps. Unter ihnen befindet sich die Beschreibung eines Scheidenpessars, dem Vorläufer der heutigen Spirale. Auch Hippokrates (ca. 460–370 v. Chr.), der wohl bekannteste Arzt der Antike, wusste über Verhütungsmittel Bescheid. Eines seiner Rezepte hiess «Mittel zur Verhütung der Schwängerung» und riet: Wenn eine Frau nicht schwanger werden soll, so lasse man Misy (ein unbekanntes Mineral) von der Grösse einer Saubohne in Wasser zergehen und gebe es zum Einnehmen. Die Frau werde so ein Jahr lang nicht schwanger. Soranos, der im zweiten Jahrhundert n. Chr. als Arzt tätig war, kannte eine andere Methode. Er empfahl den Frauen beim Geschlechtsverkehr den Atem anzuhalten, anschliessend gleich aufzustehen, sich niederzuhocken, heftig zu niesen und die Geschlechtsteile zu waschen. Auch wenn dieser Tipp nach heutigem Wissensstand nicht allzu viel nützte, so fanden in der Antike andere Substanzen Verwendung, deren Wirkung die moderne Medizin bestätigen kann. Dies gilt etwa für die in jener Zeit erwähnte Akazie, aus der man heute noch Stoffe für empfängnisverhütende Cremes gewinnt. Mit solchen Substanzen wurde beispielsweise das Pessar getränkt. Dieses bestand aus Watte, Wolle oder pflanzlichen Bestandteilen und war das meistverbreitete Verhütungsmittel der Antike. Weiter gab es Scheidenspülungen und Kräutertränke, die nach dem Geschlechtsakt eingenommen wurden. Der gewünschte Effekt dieser Tränke ist mit der heutigen «Pille danach» zu vergleichen. Zudem wurden auch Salben aus Granatapfel und Salzlösung hergestellt. Auf das männliche Geschlechtsteil aufgetragen, sollten diese die Spermien abtöten.

Frauengeheimnisse im Mittelalter

Im christlichen Mittelalter waren Verhütungsmethoden untersagt und es galt das göttliche Gebot «seid fruchtbar und mehret euch». Auch wenn der Wert der Ehe einzig und allein in der Fortpflanzung lag, gab es Wege, dieses Prinzip zu umgehen. Schriftliches Gelehrtenwissen, wie es z.B. der medizinische Text *Secreta mulierum* (Frauengeheimnisse) vermittelte, blieb zwar meist den Männern vorbehalten, dennoch verfügten auch Hebammen und Prostituierte über einschlägiges Spezialwissen. Denn es waren vor allem Frauen, die sich durch ihre Erfahrungen mit Empfängnis, Schwangerschaft und Geburt auskannten. Mit der Erfindung des Buchdruckes ab der Mitte des 15. Jahrhunderts wurde dieses Wissen noch stärker verbreitet. Kräuter- und Hebammenbücher gehörten zu einer volkssprachlichen Fachliteratur, die selbst gelesen oder mündlich überliefert wurde.

Leinentuch und Tierdärme: Erfindung des Kondoms

Ein «Leinentuch für den Mann», mit Arzneien getränkt und mit einem Band festgemacht: So sah vermutlich das erste Kondom aus. Der italienische Anatom Gabriele Fallopia (ca. 1523–1562) erwähnte das Präservativ zum ersten Mal im Zusammenhang mit der Prävention von Geschlechtskrankheiten. In England gab es bereits Mitte des 18. Jahrhunderts Kondomläden. Dass es Präservative in verschiedenen Grössen und Geschmäckern gab, bestätigt uns der berühmte Frauenheld Giacomo Casanova (1725–1798). Er berichtet davon, wie er mit seiner französischen Geliebten ein Dutzend Präservative, auch «englische Regenmäntel» genannt, ausprobierte. Als Casanova der jungen Frau den Gebrauch der Kondome erklärte, reagierte sie jedoch mit einem Lachen und fand diese hässlich und unsicher. Und die Geliebte hatte Recht. Jedoch verbesserte sich die Sicherheit laufend. 1839 gelang Charles Nelson Goodyear der technische Durchbruch. Er verwendete Materialien aus Kautschuk und war sozusagen der Erfinder des Latexkondoms. Allerdings wurden die «Gummis» damals mehrmals verwendet. Deshalb wurde empfohlen, zur erhöhten Sicherheit mehrere Kondome übereinander anzuziehen und zuvor mit Luft und Wasser auf ihre Unversehrtheit zu prüfen. Dennoch bestanden viele Kondome weiterhin aus Tierdärmen oder Fischblasen. Es gab sogar Anleitungen, wie man Präservative selbst herstellen konnte. Und zwar sollte man sich beim Metzger frische Blinddärme von Kälbern, Schafen oder Ziegen besorgen, diese dann anschliessend reinigen, desinfizieren und 24 Stunden lang in einer Sublimatlösung einlegen. Weiterhin wurde aber meist auf die herkömmliche Weise verhütet. Denn die neueren Verhütungsmittel waren teuer und deshalb nur einer kleinen Minderheit vorbehalten. Die Mehrheit griff also nach wie vor zu Kräutertränken und praktizierte vor allem den *coitus interruptus*. Mit der Zeit wurden die Kondome aber immer dünner, sicherer und vor allem auch günstiger, so dass sich immer grössere Teile der Bevölkerung dieser Methode bedienten.

Befreite Sexualität durch die Pille

Am 1. Juni 1961 kam die erste Pille in Europa auf den Markt. Die empfängnisverhütende Wirkung wurde aber lediglich als «Nebenwirkung» im Beipackzettel erwähnt, denn die Pille war ursprünglich gegen Menstruationsbeschwerden entwickelt worden. Dennoch löste sie eine Revolution aus: Die Frauen wurden von der Angst einer ungewollten Schwangerschaft und die Männer vom «Kondomstress» befreit. Befreiung und Revolution waren ohnehin wichtige Merkmale dieser Zeit. Das Ausleben der sexuellen Lust stand in den sogenannten «wilden» 60er-Jahren im Zentrum, und da kam die Pille gerade recht. Doch bevor die Pille befreiend wirken konnte, musste sie sich zunächst durchsetzen. Denn Gegner prophezeiten einen ungeheuren «Missbrauch» und das Ende der ehelichen Treue. Viele Frauen mussten sich zuerst überwinden, sich das neuartige und befremdliche Medikament verschreiben zu lassen. Man wusste kaum, was die Pille im Körper bewirkte, und die Neben-

«Casanova and the condom», Kupferdruck von Unbekannt, erschienen in Giacomo Casanovas Autobiografie «Mémoires de Jacques Casanova de Seingalt, écrits par lui-même», Leipzig 1872. In seiner Autobiografie berichtet Casanova über sein Leben von der Geburt bis zum Jahr 1774. Casanovas Memoiren gehören zum Genre der erotischen Abenteuer- und Reiseliteratur des 19. Jahrhunderts. Die detaillierten sexuellen Beschreibungen und intimen Einblicke sorgten für Aufsehen. Die Memoiren waren gleichzeitig als unanständig verpönt, aber auch sehr erfolgreich. Erst 1960 wurde das vollständige Manuskript veröffentlicht.

wirkungen waren teilweise heftig, da die Hormonkonzentration noch viel stärker war als heute. Dennoch sahen viele Frauen in der Pille die Möglichkeit zur Selbstbestimmung und Emanzipation und setzten sich deshalb für ihre Rechte und ihr eigenes Liebesleben ein. Und dies mit Erfolg: Die Pille gilt heute als Verhütungsmittel «Nummer eins».

Sexueller Wandel

Durch die unglaubliche Entstehungsgeschichte der Verhütungsmittel über Jahrhunderte, ja sogar Jahrtausende hinweg und die rasante Entwicklung moderner Verhütungsmethoden seit der Erfindung der Pille, wie Dreimonatsspritze, Hormonpflaster, Implantat oder Vaginalring, haben sich Wahrnehmung und Praxis der Sexualität zunehmend verändert. Sex kann heute unabhängig von Ehepflichten und Fortpflanzungsrisiken gelebt werden – ein Bedürfnis, das die Menschen offenbar seit der Antike zu verwirklichen versuchten. Heute gilt Sex als Vergnügen und ist vom Tabu zum Gegenstand eines selbst definierten Lebensstils geworden. Staaten und Religionen haben insbesondere in den westlichen Industrienationen an Einfluss eingebüsst, und die meisten Menschen können ihr Sexualleben nach eigenem Geschmack gestalten. Der Wunsch nach Kindern ist verhandelbar und der Zeitpunkt einer Schwangerschaft wählbar geworden. Dennoch hat auch die revolutionäre Erfindung der 60er-Jahre ihre Schattenseiten. Frauen klagen darüber, nach jahrelanger Medikamenteneinnahme «pillenmüde» geworden zu sein, und wollen nicht mehr länger täglich Hormone schlucken. Offenbar erkannte bereits Hippokrates in der Antike dieses Bedürfnis der Frauen. Auch wenn die erwünschte Wirkung vermutlich ausblieb, hatte er die Idee für ein Mittel, das nach einmaliger Einnahme ein Jahr lang vor Schwangerschaft schützen sollte. Inzwischen sind über 2000 Jahre vergangen und ein so wirkendes Mineral von der Grösse einer Saubohne ist immer noch reine Fiktion.

JANINE KOPP

Empfohlene Literatur
- Asbell, Bernard: Die Pille und wie sie die Welt veränderte. Aus dem Englischen von Thomas Lindquist. München 1996.
- Jütte, Robert: Lust ohne Last. Geschichte der Empfängnisverhütung. München 2003.

Abfallentsorgung – vom Ehgraben bis Recycling

In Enzyklopädien des 18. Jahrhunderts meint der Begriff «Abfall» die Abwendung vom Glauben. Im heutigen Sinne existierte das Wort damals noch nicht. Die Menge des Abfalls war im Spätmittelalter und in der Frühen Neuzeit viel kleiner als in den nachfolgenden Epochen. Es gab auf die Wiederverwertung von Gegenständen spezialisierte Handwerker wie Altwalker, Flickschuster, Geschirrflicker sowie auch Flohmärkte für gebrauchten Hausrat.

Von einem geschlachteten Tier beispielsweise gelangt heute in der Regel nur das Muskelfleisch zum Verzehr, im Mittelalter auch «Köpf und Krös», das heisst die ganzen Innereien. Aus Rindersehnen wurden zudem Armbrustsaiten, aus Rinderknochen Rosenkranzperlen oder Messergriffe hergestellt. Organische Abfälle, Kehricht und Fäkalien wurden in Gruben und in den Ehgräben gesammelt und in der Landwirtschaft als Dünger verwendet.

Die hygienische Revolution

Bereits im aufgeklärten Absolutismus des ausgehenden 18. Jahrhunderts begann sich der obrigkeitliche Staat allmählich um die öffentliche Gesundheit und Wohlfahrt zu kümmern. Massnahmen, die zur Sauberkeit des öffentlichen Raums und zu mehr Hygiene führen sollten, wurden unter dem Begriff «Gute Polizei» eingeleitet. Weitere Impulse erhielt die öffentliche Hygiene durch den Sekretär der englischen Armenbehörde, Edwin Chadwick (1800–1890). In seinem viel beachteten Bericht «The Sanitary Condition of the Labouring Population» von 1842 postulierte er, dass sich die moralische Verwahrlosung der britischen Arbeiterklasse nur durch eine Verbesserung der hygienischen Verhältnisse stoppen liesse.

Nach der Mitte des 19. Jahrhunderts fanden die Pioniere der öffentlichen Gesundheitspflege grosse Resonanz, so dass man heute zu Recht von einer hygienischen Revolution spricht. Zwar hatten sich in England verhältnismässig früh die Schwemmkanalisation und das Wassercloset (WC) durchgesetzt, doch auf dem Kontinent begann erst nach der Ausbreitung der Cholera in den 1850er-Jahren eine Debatte um die Wahl eines modernen Entsorgungssystems. Statt der Einrichtung einer Schwemmkanalisation wurde anfänglich die rationelle Fäkalienabfuhr mit Kübeln oder Fässern vorgeschlagen, wie etwa beim Pariser Kübelsystem, das ab 1867 auch in der Stadt Zürich zur Anwendung kam. Die Inhalte der in der Regel wasserlosen Latrinen fielen in einen Kübel und wurden dort mit einem Siebeinsatz getrennt: Der Urin floss über die Kanalisation weg, der Kot blieb im Latrinenkübel zurück. Die vollen Kübel wurden vierzehntäglich von den Arbeitern des städtischen Abfuhrwesens abtransportiert und die Inhalte den Landwirten als Dünger verkauft. Erst 1926 hatte die Stadt das Kübelsystem durch die heute noch bestehende Schwemmkanalisation ersetzt.

Für die Durchsetzung der Schwemmkanalisation war ein Sinneswandel wichtiger Meinungsführer entscheidend, allen voran des deutschen Chemikers Justus Liebig (1803–1878). Liebig war ursprünglich ein vehementer Gegner der Schwemmkanalisation und vertrat die verbreitete Ansicht, dass die Fäkalien für die Düngung in der Landwirtschaft dringend gebraucht würden. Schliesslich wurde er aber zu einem der wichtigsten Protagonisten für den Einsatz von chemisch hergestelltem Kunst- und eingeführtem Handelsdünger und wandelte sich in Sachen Schwemmkanalisation vom Saulus zum Paulus.

Kehrichtabfuhr und Kehrichtbeseitigung

Etwas später als die Städtekanalisation stand das Problem der Kehrichtbeseitigung zur Debatte. Der Kehricht enthielt im 19. Jahrhundert noch keine Kunststoffe, Verpackungsmaterialen oder Glasflaschen. Die anfänglich von privaten Unternehmern durchgeführte Kehrichtabfuhr wurde kommunalisiert und gleichzeitig standardisiert. So liess 1902 der Wagenbauer Jakob Ochsner einen Kehrichtwagen und Kehrichtkübel mit Schiebedeckel patentieren. In den 1920er-Jahren bekam der Ochsnerkübel seine heute noch bekannte runde Form mit Klappdeckel. Das «Patent Ochsner» kam bis in die 1980er-Jahre zum Einsatz, bis es vom Kehrichtsack abgelöst wurde.

Die erste Kehrichtverbrennungsanlage der Schweiz wurde 1904 in Zürich gebaut, die zweite 1914 in Davos, weil man hier die Verbreitung von Keimen über den Abfallweg aus den zahlreichen Lungensanatorien verhindern wollte. Erst 1943 gingen Basel, 1954 Bern und 1958 Lausanne zur Kehrichtverbrennung über. Dennoch wurde selbst in Städten mit Kehrichtverbrennungsanlagen weiterhin Unrat auf Halden gekippt und in die Gewässer geschüttet.

Kehrichtverwertung

Neben Deponie und Verbrennung diente Kehricht bis in die erste Hälfte des 20. Jahrhunderts zur Verbesserung und Vermehrung des landwirtschaftlichen Bodens. Die Stadt Bern beispielsweise transportierte ihren Abfall ab 1914 mit der Eisenbahn nach Gampelen, wo ihn Häftlinge aus der Strafanstalt Witzwil nach dem Vorbild europäischer Grossstädte wie zum Beispiel München und Budapest sortieren mussten. Auf denselben Abfallhalden mästete die Anstalt auch Schweine. Mit dem unvollständig kompostierten Abfall wurden die nährstoffarmen Böden des Seelands entsumpft und am Neuenburgersee Torfstichgruben aufgefüllt.

Das Aussortieren von verwertbaren Stoffen aus dem Abfall kam in Krisenzeiten auf. So zeigte der Fotoreporter Theo Frey 1937 in einer Reportage, wie von der Weltwirtschaftskrise betroffene Arbeitslose auf den Abfallhalden in Zürich-Herdern die Müllberge auf noch Brauchbares durchsuchen. Im Zeichen der Rohstoffknappheit in den beiden Weltkriegen organisierten die Behörden Altstoffsammlungen, zum Beispiel wurden Kupfer und andere Buntmetalle aussortiert. In der Stadt Zürich wurden Speisereste separat eingesammelt und in der Schweinemast verwendet. Für eine

Arbeitsloser bei der Suche nach Brauchbarem auf der Kehrichthalde Zürich-Herdern, Fotografie von Theo Frey, 1936.

solche Rückgewinnung von Ressourcen wurden in der Kriegswirtschaft oft Frauen eingesetzt.

Abfall im Zeitalter des modernen Umweltschutzes

Der Umgang mit dem Abfall änderte sich in der Konsumgesellschaft der 1960er-Jahre, als verschmutzte, mit Badeverbot belegte Gewässer und rauchende Abfalldeponien zum Schweizer Alltag gehörten. Beginnend mit dem Umweltschutzgesetz von 1971 und den darauf basierenden Verordnungen richtete sich die neue Abfallpolitik auf die Abfallvermeidung und die Anwendung des Verursacherprinzips aus. Problematischer Sondermüll aus Industrie und Gewerbe sollte nicht mehr auf Abfallhalden abgeladen, sondern in Spezialöfen verbrannt werden. Die dabei anfallenden Reststoffe und der Filterstaub sollten in einen gesteinsähnlichen Zustand überführt und deponiert werden, so dass die Schadstoffe – wenn überhaupt – in grossen Zeitabständen und geringen Dosen wieder in die Umwelt gelangen.

Auch der Klärschlamm aus den Abwasserreinigungsanlagen, die seit den 1960er-Jahren in der ganzen Schweiz gebaut wurden, wird mittlerweile anders verwertet. Wurden bis ins Jahr 2000 noch über 40 Prozent des Klärschlamms in der Landwirtschaft verwertet, so wird er heute entwässert und schliesslich in Kehrichtverbrennungsanlagen und in der Zementindustrie verbrannt. Dabei werden Reststoffe in mineralisierter Form wieder dem Zement beigefügt. Ausschlaggebend für das Düngeverbot waren drei Gründe: die Verseuchung des Klärschlamms mit Schwermetallen, die mögliche Rückschwemmung des Schlamms von den Feldern in die Gewässer sowie die noch unerforschten Verbreitungswege der Rinderkrankheit BSE und ihre mögliche Übertragung auf den Menschen.

MARTIN ILLI

Empfohlene Literatur

· Hösel, Gottfried: Unser Abfall aller Zeiten. Eine Kulturgeschichte der Städtereinigung. München 1990.
· Illi, Martin: Von der Schissgruob zur modernen Stadtentwässerung. Zürich 1987.
· Windmüller, Sonja: Die Kehrseite der Dinge: Müll, Abfall, Wegwerfen als kulturwissenschaftliches Problem. Münster 2004.

Kaffee – die Macht der Nüchternheit

Genuss und Nüchternheit, satte Gewinne und nationale Interessen, brutale Ausbeutung von Sklavenarbeit und konspirative Treffen in Kaffeehäusern: Die Geschichte des Kaffees zeichnet einen spannungsvollen Bogen zwischen Europa und der aussereuropäischen Welt, demokratischer Entwicklung und Sklavenhaltung, Konsumverhalten und Abhängigkeitsstrukturen. Der wachsende Konsum von Kaffee und weiterer «Kolonialwaren» wie Zucker, Tee, Kakao und Tabak durch die europäische Bevölkerung stellt seit dem 17. Jahrhundert einen die Weltwirtschaft und Globalisierung kräftig antreibenden Motor dar.

Kaffee ist heute nach dem Erdöl die zweitwichtigste Rohhandelsware der Welt und in Westeuropa noch vor Bier und Wein das am meisten konsumierte Getränk. Erst in den 1950er-Jahren aber wurde Bohnenkaffee zu einem für jedermann erschwinglichen Alltagsgetränk.

Erwähnt wird Kaffee erstmals in Schriften aus dem islamischen Kulturkreis im 15. Jahrhundert. Mönche in Jemen bauten den aus dem äthiopischen Hochland stammenden Kaffeestrauch an, rösteten und mahlten die Samen der roten, kirschengrossen Früchte und gossen das so hergestellte Pulver mit heissem Wasser auf. Sie bedienten sich der anregenden Wirkung des bitteren und dunklen Heissgetränks für ihre nächtlichen Meditationen. Im ganzen Osmanischen Reich entstanden Kaffeehäuser, die von muslimischen Männern gern und mit obrigkeitlicher Billigung besucht wurden. Denn hier herrschte nicht nur ein ungezwungener sozialer Umgangston, der Genuss einer Schale Kaffee bot auch eine Alternative zum verbotenen Alkoholkonsum.

Nüchternheit und Gesundheit

1644 eröffnete in Venedig das erste Kaffeehaus, bis 1700 wurden in ganz Europa weitere Kaffeehäuser begründet. Im Gegensatz zum Orient und bedingt durch die zunächst hohen Kaffeepreise entwickelte in Europa jeder Stand zunächst eigene Konsumformen. Der Adel zelebrierte Kaffee in seinen Residenzen und an den königlichen Höfen als Luxusgut und gesellschaftliches Distinktionsmittel. Das Bürgertum eiferte dem Vorbild in seinem privaten Umfeld nach, bürgerliche Männer besuchten aber auch Kaffeehäuser. Diese stellten nicht nur eine neue Form ständeübergreifender und zwangsloser Vergesellschaftung der städtischen Ober- und Mittelschicht dar. In den Kaffeehäusern entstanden aufgrund der ernüchternden Wirkung und der Steigerung der Konzentrationsfähigkeit durch Kaffeekonsum neue Räume für geselliges Zusammensein ohne die gewöhnlich den Alkoholkonsum begleitenden Exzesse. Im 18. Jahrhundert entwickelten sie sich zu kommunikativen Zentren, zu Umschlagplätzen von Neuigkeiten und zu Keimzellen wirtschaftlicher Unternehmen und politischer Aktion. Kaffee wurde zum Getränk der Aufklärung.

Konsumiert wurde Kaffee auch zur Förderung der Gesundheit. Die zeitgenössische Lehre der Humoralpathologie begriff Gesundheit als eine ausgewogene Mischung der vier Körpersäfte (Blut, Schleim, gelbe und schwarze Galle). Diese liess sich durch die Aufnahme von Nahrung und Getränken entscheidend beeinflussen. Kaffee galt bereits im 17. Jahrhundert einerseits als gesundheitsschädigend (Austrocknung, Impotenz), andererseits aber auch als gesundheitsfördernd (Hilfe bei Gicht, Rheuma, Kopfschmerzen, Husten, Verstopfung). Neben Kaffee wurden auch Zucker und Tabak, Tee und Kakao sowie Gewürze als Heilmittel betrachtet.

Sinkende Preise führten im 18. Jahrhundert dazu, dass sich der Kaffeekonsum in der Mittelschicht ausbreitete. Aber erst der Anbau von Kaffee-Ersatzstoffen, der durch die Kontinentalsperre zur Zeit Napoleons massgeblich gefördert wurde, ermöglichte der gewöhnlichen und ländlichen Bevölkerung die Befriedigung der nun auch in diesen Schichten geweckten Konsumbedürfnisse. Das Kaffeesurrogat aus Zichorienwurzel schmeckte ähnlich bitter, hatte aber keine anregende Wirkung. Dass Zichorienkaffee bis ins 20. Jahrhundert weit verbreitet war, ist dem Drang zur Nachahmung und den hohen Preisen für Bohnenkaffee zuzuschreiben. Auch war er schnell zubereitet, dämpfte, wenn echter Bohnenkaffee beigemischt wurde, das Hungergefühl und förderte die Konzentration. Kaffee und Kaffee-Ersatzstoffe wurden, zusammen mit Kartoffeln, zur idealen, schnell zubereiteten Nahrung des Fabrikarbeiters im anbrechenden industriellen Zeitalter.

Kaffeeproduktion und Merkantilismus

Im Laufe der Jahrhunderte wurden die Kaffebohnen erschwinglicher. Die europäischen, Überseehandel treibenden Nationen brachen das Produktions- und Handelsmonopol der jemenitischen Produzenten auf und bauten seit dem Beginn des 18. Jahrhunderts selber in ihren Kolonien Kaffee an: die Niederlanden auf Ceylon und Batavia, Frankreich auf Martinique, England auf Jamaika, Portugal in Brasilien. Das wachsende Angebot vergrösserte die Nachfrage, die wiederum zur Produktionsausweitung führte: Kapitalismus, Kolonialismus und Konsumbedürfnisse entwickelten sich im Gleichschritt. Der Anbau wurde durch Handelsgesellschaften organisiert, die unter staatlichem Schutz agierten; bekannt und mächtig waren die Niederländische Ostindien-Kompanie (VOC) sowie die Britische Ostindien-Kompanie (EIC). Die Staaten verfolgten mit ihrer Handelspolitik das merkantilistische Ziel einer aktiven Aussenhandelsbilanz. Diese liess sich durch den Export der in den Kolonien billig mit Sklavenarbeit produzierten Waren wie Kaffee und Zucker deutlich verbessern: Im 18. Jahrhundert waren auf den karibischen Plantagen die Ausgaben für einen Sklaven oder eine Sklavin aus Afrika in drei bis fünf Jahren amortisiert. In Ostasien bedienten sich die Niederlanden der Kontraktarbeit, die die Arbeitenden nur minim besser stellte als versklavte Arbeitskräfte.

Waren die französischen Antillen in der zweiten Hälfte des 18. Jahrhunderts unangefochten das wichtigste Kaffeeanbaugebiet, so führte der Sklavenaufstand auf der französischen Kolonie Haiti im Zuge der Französischen Revolution sowie die napoleonischen Kriege zum Aufstieg neuer Anbaugebiete: Ceylon, das England in den Kriegswirren den Niederlanden entrissen hatte, Java unter den Niederlanden

Kaffee, Tee und Kakao, Holzschnitt von Unbekannt, als Frontispiz in Philippe Dufours «Traitez nouveaux & curieux du café du thé et du chocolate» erschienen, 1685/1688. Ein Mann mit Turban trinkt Kaffee, ein Chinese Tee und ein südamerikanischer Indio Kakao. Sie stehen für die Herkunft dieser drei Getränke, die im 17. Jahrhundert in Europa zusehends an Popularität gewannen. Die um einen Tisch vereinten, gemeinsam trinkenden Nationen zeugen nicht nur von einer bereitwilligen Adaption fremder Getränke und Trinksitten durch die Bevölkerung Europas im Zuge der europäischen Expansion. Sie stehen auch für die geschäftlichen und politischen Beziehungen zwischen Kolonialmächten und ihren Kolonien und der Dominanz Europas in der Weltwirtschaft. Die europäische Lust am Konsum und deren Befriedigung brachte die Kulturen in einem weltwirtschaftlichen System unter europäischer Vorherrschaft zusammen.

sowie Brasilien, das 1822 unabhängig wurde und sich im Laufe des 19. Jahrhunderts zum weltgrössten Kaffeeproduzenten entwickelte. Der Sklavenhandel wurde in der ersten Hälfte, die Sklavenarbeit erst in der zweiten Hälfte des 19. Jahrhunderts abgeschafft. In Ostasien war Zwangsarbeit bis zum Beginn des 20. Jahrhunderts gebräuchlich.

Heute wird immer noch in Südamerika am meisten Kaffee angebaut, gefolgt von Asien und Ozeanien, Afrika und Zentralamerika. Trotz Organisationen wie Max Havelaar und Transfair, die sich für gerechtere Handels- und Produktionsbedingungen einsetzen, teilt sich der Kaffeeweltmarkt aber immer noch in arme Produktions- und reiche Konsumländer. Zwei Drittel des Verbraucherpreises verbleiben in den Industrieländern. Seit dem Kolonialzeitalter erfolgt die Weiterverarbeitung des Rohkaffees in den Konsumländern und wurde hier aufgrund des technologisch-wissenschaftlichen Vorsprungs auch laufend weiterentwickelt. So entstand das industrielle Rösten und Mahlen seit Ende des 19. Jahrhunderts, das lösliche Kaffeepulver zu Beginn des 20. Jahrhunderts. Auch das qualitätsbewusste und anspruchsvolle Konsumverhalten der Starbucks-Gäste des 21. Jahrhunderts durchbricht diese Wertschöpfungskette nicht. Und immer

noch fördert eine Tasse Kaffee das gesellige Zusammensein, dient eine Kaffeepause der Sammlung von Kräften und der Stärkung der Konzentration: Kurbelt die Produktion von Kaffee die Weltwirtschaft an, so sorgt der Konsum von Kaffee für deren zügige Abwicklung.

ALEXANDRA BLOCH PFISTER

Empfohlene Literatur
· Clarence-Smith, William G.; Topik, Steven C. (Hg.):
  The Global Coffee Economy in Africa, Asia and Latin America,
  1500–1989. Cambridge 2003.
· Menninger, Annerose: Genuss im kulturellen Wandel: Tabak,
  Kaffee, Tee und Schokolade in Europa (16.–19. Jahrhundert). In:
  Beiträge zur Wirtschafts- und Sozialgeschichte 102. Stuttgart 2004.
· Rossfeld, Roman (Hg.): Genuss und Nüchternheit.
  Die Geschichte des Kaffees in der Schweiz vom 18. Jahrhundert
  bis zur Gegenwart. Baden 2002.

Astronomie – von Kopernikus zum expandierenden Universum

Als Teil der menschlichen Kultur beschäftigt sich die Astronomie mit dem Aufbau und der Geschichte des Universums. In den letzten 400 Jahren hat sich unsere Kenntnis des Himmels verändert, erweitert und vertieft. Hauptgründe für diese Entwicklung sind einerseits die Vertiefung unserer Kenntnisse der Physik im 19. und 20. Jahrhundert und anderseits die Entwicklung der Beobachtungsgeräte vom einfachen Teleskop Galileos zu den technischen Meisterleistungen der modernen Grossteleskope und der Raumfahrt.

Zwei tiefgreifende Umwälzungen prägten die erste Hälfte des 16. Jahrhunderts: die 1517 mit Luther begonnene religiöse Neuorientierung und die grundlegende Neuausrichtung des astronomischen Weltbildes durch Nikolaus Kopernikus (1473–1543) im Jahr 1543. Bis dahin galt ein geozentrisches Weltbild. Kopernikus zeigte, dass die beobachteten Planetenbahnen viel natürlicher durch die Annahme erklärbar sind, dass die Sonne das ruhende Zentrum bildet, um das die damals bekannten Planeten Merkur, Venus, Erde, Mars, Jupiter und Saturn kreisen. Damit begründete er das heliozentrische Weltbild.

Fernrohr als zentrales Beobachtungsinstrument

Es dauerte fast hundert Jahre, bis alle Gelehrten das heliozentrische Weltbild akzeptierten. Der Durchbruch gelang Galileo Galilei (1564–1642), als er 1609 mit einem Fernrohr entdeckte, dass vier Monde um Jupiter kreisen. Dies bewies, dass die Erde nicht der einzige Himmelskörper mit einem Mond ist.

Die Kreisbahnen der Planeten galten seit der griechischen Antike als Symbol der Vollkommenheit aller himmlischer Vorgänge. Johannes Kepler (1571–1630) zeigte aber, dass Planeten nicht auf Kreisen, sondern auf Ellipsen ihre Bahnen ziehen. Das war ein starkes Argument für die Fehlerhaftigkeit des traditionellen Weltbildes, das auf philosophischen Ideen von Platon (428–347 v. Chr.) und Aristoteles (384–322 v. Chr.) ruhte.

Bereits 1644 wies René Descartes (1596–1650) das kopernikanische System als zu eng zurück. Er war der Meinung, die Sterne hätten dieselben Eigenschaften wie die Sonne. Das heisst, die Sonne sei ein Stern unter andern Sternen. Auch um die anderen Sterne habe es höchst wahrscheinlich Planeten, und auch dort könnten Menschen leben. Descartes zweifelte auch an der biblischen Schöpfungsgeschichte: Die Welt wurde nicht in sechs Tagen erschaffen, sondern die heutige Struktur des Universums, die Sterne, die Planeten, auch die Erde und wir Menschen sind durch eine lange, Tausende von Jahren andauernde Entwicklung entstanden.

Ende des 17. Jahrhunderts publizierte Isaac Newton (1643–1727) das Gravitationsgesetz, nach welchem sich alle Körper gegenseitig anziehen. Damit war die wichtigste Kraft für die grossräumige Bewegung der Himmelskörper gefunden: die Gravitationskraft.

Die ersten grossen Fernrohre baute William Herschel (1738–1822) Ende des 18. Jahrhunderts. Er hatte 1781 den von blossem Auge unsichtbaren Planeten Uranus entdeckt, was eine riesige Sensation war. 1846 wurde Neptun als achter Planet unseres Sonnensystems entdeckt. Heute wissen wir, dass nicht nur acht Planeten um die Sonne kreisen, sondern auch eine unzählige Schar kleinerer Himmelskörper: von Staubteilchen, die nur einen Bruchteil eines Millimeters messen, bis zu Körpern von der Grösse des Mondes.

Entdeckung neuer Welten

Herschel fand mit seinen Fernrohren Tausende schwach leuchtender Nebelchen. Er vermutete, es handle sich um weit entfernte, riesige Ansammlungen von Millionen von Einzelsternen. Eine solche Hypothese war bereits 1755 vom Philosophen Immanuel Kant (1724–1804) publiziert worden. Heute nennen wir diese Nebelchen Galaxien; sie wurden durch das ganze 19. Jahrhundert beobachtet, doch über ihre Natur blieben die Astronomen im Ungewissen.

Galaxien und expandierendes Universum

Die Spektroskopie, also die Untersuchung des Lichtes, brachte fundamentale Fortschritte in der Erforschung des Universums. Sie erlaubt, aus dem Licht die physikalischen Eigenschaften der Himmelskörper zu finden.

Mit einer neuen Teleskopgeneration konnten die Astronomen zu Beginn des 20. Jahrhunderts bedeutend weiter ins Universum schauen als früher. Die Frage nach der Natur der Nebel wurde erneut heftig debattiert. 1925 gelang es Edwin Hubble (1889–1953) zu zeigen, dass es sich bei den meisten um riesige Sternhaufen weit ausserhalb unserer Milchstrasse handelt: die Galaxien. Sie sind die Bausteine des Universums. Eine grosse Galaxie enthält etwa 100 Milliarden Sterne (10^{11}). Ein Beispiel ist Andromeda. Sie enthält mehrere hundert Milliarden Sterne und ist die uns nächste grosse Galaxie. Die Distanz beträgt etwa zwei Millionen Lichtjahre. Sie ist von Auge in einer klaren Nacht als kleines, sehr schwaches Nebelchen sichtbar. Der wahre Durchmesser der Galaxie beträgt etwa 150 000 Lichtjahre. Die Milchstrasse, die Galaxie, in der sich unser Sonnensystem befindet, dürfte ein der Andromeda ähnliches Aussehen haben.

Gelten in den Weiten des Weltalls dieselben Naturgesetze wie bei uns? Albert Einstein (1879–1955) schrieb 1917 eine Arbeit, in der er mit der Allgemeinen Relativitätstheorie den Aufbau des Universums erklären wollte. Zehn Jahre später entdeckte der Belgier Georges Lemaître (1894–1966), dass sich unser Universum mit grosser Geschwindigkeit ausdehnt, die Galaxien, die das Weltall bilden, sich also voneinander wegbewegen. Die Entdeckung des expandierenden Universums hat unser Weltbild neu geformt. Aus den Bewegungen der Galaxien kann man berechnen, dass die Ausdehnung des Universums vor etwa 13 bis 14 Milliarden Jahren begann. Der Anfang der Expansion aus einer

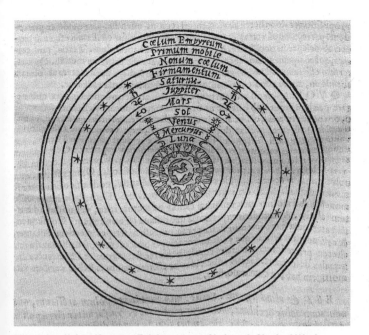

Mittelalterlicher Kosmos, Zeichnung aus Christoph Clavius' Werk «Commentarius in Sphaeram Ioannis de Sacro Bosco», Rom 1581. Die Erde im Zentrum, umgeben von der Sphäre des Wassers, der Luft und des Feuers. Im himmlischen Raum liegen die Schalen, in denen sich der Mond, die Sonne, die Planeten und die Sterne um die Erde drehen. Zuäusserst liegt der Himmel, wo die Seelen wohnen, die Gott schauen. Das Bild stammt aus einem 1581 veröffentlichten Buch von Christoph Clavius. Es beruht auf einem Werk von Sacrobosco (ca. 1195–1256), das in stark vereinfachter Form das im antiken Griechenland erarbeitete astronomische Wissen vermittelte. Diese Zusammenfassung alten Wissens war das wichtigste Lehrbuch der Astronomie vom 13. bis ins 17. Jahrhundert.

Das heutige Bild vom Universum: «Hubble Ultra Deep Field», aufgenommen mit dem Hubble-Weltraumteleskop über den Zeitraum vom 3. September 2003 bis 16. Januar 2004. Ein Blick in die entferntesten Gebiete des für uns sichtbaren Universums. Jeder Punkt ist eine Galaxie. Das Bild zeigt einen Himmelsausschnitt von einem Zehntel des Monddurchmessers. Das Licht der nächsten Galaxie in diesem Bild war während ungefähr eines Gigajahres (= 10^9 Jahre) unterwegs, bevor es uns erreichte. Die entferntesten Galaxien des Bildes sandten ihr Licht vor ungefähr 12 bis 13 Gigajahren. Das Universum war damals etwa 800 Millionen Jahre alt.

ungeheuer heissen und dichten Materie wird als «Urknall» bezeichnet.

Das Leben eines Sterns

Das Universum, seine Sterne und unser Sonnensystem haben eine Geschichte, alle verändern sich. Die Sonne und die übrigen Sterne sind riesige, heisse Gaskugeln. Sie entstehen in grossen Staub- und Gaswolken. Zusammen mit dem Stern entsteht sehr oft auch ein Planetensystem. Wenn der Energievorrat im Sterninnern zu Ende geht, beginnt das Sterben. Sonnenähnliche Sterne sterben einen «sanften» Tod; es entsteht ein planetarischer Nebel. Sterne mit grösserer Masse sterben durch eine gewaltige Explosion: eine Supernova. Die in den Sternen entstandenen neuen Elemente werden zum Rohmaterial für neue Sterne und Planeten. Auch wir Menschen bestehen aus ihnen.

Wettlauf ins All

Im Rüstungswettrennen zwischen der Sowjetunion und den USA flossen riesige Gelder für die Raumfahrt. Die beiden Supermächte entwickelten Raketen, welche Atomwaffen in das entfernte feindliche Gebiet tragen sollten. Mit der gleichen Technologie werden Beobachtungsstationen in Erdumlaufbahnen befördert. Dort kreisen sie um die Erde, wie der Mond, nur viel näher. Der erste Erfolg gelang der Sowjetunion am 4. Oktober 1957 mit Sputnik 1, dem ersten künstlichen Erdsatelliten, und mit Juri Gagarin umrundete am 12. April 1961 zum ersten Mal ein Mensch in einer Raum-

kapsel schwerelos die Erde. Am 21. Juli 1969 betrat der US-Astronaut Neil Armstrong als erster Mensch den Mond.

Das Wettrennen im Weltraum hat politische und wirtschaftliche Hintergründe. Es geht um die Beherrschung der weltweiten Kommunikation, um wirtschaftliche und militärische Spionage, um Klima- und Wetterforschung, das Aufsuchen von Bodenschätzen, Landvermessung oder das Erproben neuer Werkstoffe in einer Umgebung der Schwerelosigkeit (in der Raumkapsel wird die Anziehung der Erde durch die von der Erde weg gerichtete Zentrifugalkraft kompensiert). Heute dient die astronomische Raumfahrt vor allem der Beobachtung jener Strahlung aus dem Weltall, die nicht durch die Erdatmosphäre dringen kann.

Leben in anderen Planetensystemen

1995 wurden die ersten Planeten ausserhalb des Sonnensystems entdeckt, im Jahr 2009 waren schon über 300 bekannt. Unser Sonnensystem ist keine Ausnahmeerscheinung. Junge Forschergenerationen haben gute Aussichten, Antworten auf die Frage zu finden, ob auch in andern Planetensystemen Leben entstanden ist.

SERAINA GARTMANN UND HARRY NUSSBAUMER

Empfohlene Literatur
· Couper, Heather; Henbest, Nigel: Die Geschichte der Astronomie. Übersetzt aus dem Englischen. München 2008.
· Nussbaumer, Harry: Das Weltbild der Astronomie. 2. Auflage. Zürich 2007.

China – vom Kaiserreich zur Volksrepublik

Modernisierungsversuche prägen die Geschichte Chinas im 19. und 20. Jahrhundert. Die Berater des Kaiserhauses der letzten Dynastie hatten dasselbe Ziel wie die Anführer der Kommunistischen Partei: China sollte politisch stark werden und sich gesellschaftlich erneuern. Und so ist der Weg vom Kaiserreich zur Volksrepublik gesäumt von Reformen und Revolutionen, welche China bis in die Gegenwart ständig verändern.

Im 19. Jahrhundert erzwangen westliche Imperialisten den Zugang zu China. Im Opiumkrieg (1840–42) und den darauf folgenden «ungleichen Verträgen» diktierten die westlichen Mächte ihre Bedingungen: China musste Häfen für den Handel öffnen und Missionaren erlauben, im Landesinneren das Christentum zu verbreiten. Bewegt von der Furcht, dass China das Schicksal anderer westlicher Kolonien erleiden könnte, formierte sich unter den Intellektuellen des chinesischen Kaiserreichs die «Selbststärkungsbewegung».

Das Ende des Kaiserreichs

Das Ziel dieser Bewegung war es, mit westlicher Technik militärisch aufzurüsten. Junge Männer wurden zum Studium der Militärtechnik ins Ausland geschickt. 1898 liess sich der damals 24-jährige Kaiser von einigen Beratern, die der «Selbststärkungsbewegung» anhingen, überzeugen, China umfassender zu modernisieren. Er erliess Edikte zur «Abschaffung des Alten und Verbreitung des Neuen», wobei unter anderem der Lehrplan an Schulen um westliche Fächer erweitert werden sollte. Konservative Kreise lehnten jedoch westliches Gedankengut mit Ausnahme der technischen Neuerungen ab. Sie waren der Meinung, dass China für eine wahre Selbststärkung auf die eigenen Traditionen, insbesondere den Konfuzianismus, zurückgreifen sollte. In einem Staatscoup entmachteten diese Kreise den Kaiser und richteten viele seiner Berater hin.

Doch um 1900 war die Zeit reif für Veränderung: Nationalistische und republikanische Strömungen hatten auch in China Fuss gefasst. Die meisten Han-Chinesen lehnten die herrschende Qing-Dynastie ab, da diese eine Fremdherrschaft war. 1644 hatte eine mandschurische Armee China erobert und die chinesische Ming-Dynastie abgelöst. Nicht einmal mehr die nach 1905 eingeleiteten Reformen, die China in eine konstitutionelle Monarchie verwandeln sollten, vermochten die Qing zu retten.

Geheimgesellschaften wie der «Chinesische Revolutionsbund» von Sun Yatsen (1866–1925) organisierten zahlreiche Aufstände gegen die Qing, die 1911 zum Sturz der Dynastie führten. Damit ging ein 2000-jähriges Kaiserreich zu Ende, in dem sich chinesische und fremde Dynastien abgewechselt hatten. Die Revolution von 1911 machte China zu einer Republik.

Die Republik (1912–1949)

Der Zopf, den die Chinesen als Zeichen der Unterwerfung unter die mandschurische Herrschaft getragen hatten, fiel. Sun Yatsen, der erste provisorische Präsident der Republik und Führer der nationalistischen Partei, hoffte jedoch vergeblich auf eine starke und geeinte chinesische Republik. Lokale «Warlords» beherrschten mit ihren Armeen einzelne Teile des Landes. In den Städten wurden westliche Ideen und Lebensweisen das Vorbild vieler jungen Menschen, die eine Modernisierung der Gesellschaft anstrebten. Sie wollten sich aus einem patriarchalischen Familiensystem befreien, in dem die Jüngeren den Älteren und Frauen den Männern Gehorsam schuldeten. Alte Sitten wie das Füssebinden und die Verheiratung durch die Familie sollten aufgegeben werden. Diese «Bewegung des 4. Mai» nach 1919 begünstigte auch neue Formen in Literatur und Kunst. So schrieben Autorinnen und Autoren neu in der chinesischen Umgangssprache und nicht mehr in klassischem Chinesisch. Sie nahmen sich den europäischen «Realismus» zum Vorbild und beschrieben die Alltagssorgen einfacher Familien. Westliche politische Ideen wurden diskutiert und 1921 wurde die Kommunistische Partei Chinas (KPCh) gegründet. Im Gegensatz zur Nationalistischen Partei strebte die KPCh nach radikaleren Lösungen für die Probleme des Landes. Chiang Kaishek (1887–1975), der Nachfolger Sun Yatsens, verdrängte die an Mitgliederzahlen wachsende KPCh aufs Land, wo diese eigene Machtbasen errichtete. Als die Japaner im Zweiten Weltkrieg grosse Teile Chinas eroberten und die Bevölkerung terrorisierten, schlossen die beiden Parteien kurzfristig ein Zweckbündnis. Nach 1945 jedoch kämpften sie in offenem Bürgerkrieg gegeneinander, den die Kommunisten schliesslich für sich entschieden. Die Nationalisten flüchteten auf die Insel Taiwan, wo die Republik China bis heute weiterexistiert.

Die Volksrepublik (ab 1949)

Die chinesischen Kommunisten wollten ein neues, starkes China errichten. Frei von westlichem Einfluss sollte eine moderne Gesellschaft entstehen. Westliche Firmen mussten sich unfreiwillig aus China zurückziehen, und die meisten Missionare verliessen das Land spätestens im Koreakrieg (1950–1953). Die Partei zerschlug mit einer grossangelegten Bodenreform die jahrhundertealte Machtelite der grundbesitzenden Schicht. Kommunistische Kader organisierten Versammlungen, auf denen Bauern die Grundbesitzer der Unterdrückung anklagten. Bei diesen Konfrontationen starben Schätzungen zufolge mindestens eine Million Menschen. Diese Landumverteilung verpflichtete gleichzeitig Millionen von Bäuerinnen und Bauern der neuen Regierung. Auch die Frauen erhielten Land und wurden in den Aufbau des Landes einbezogen. Sie wurden rechtlich gleichgestellt, und das neue Ehegesetz von 1950 verbot Polygamie und Kaufehen endgültig.

Zopf ab, Fotografie von Unbekannt, China 1911. Nach der Revolution 1911 schneidet ein Soldat der Republik einem Chinesen den Zopf ab, der als Zeichen der Unterwerfung unter die Fremdherrschaft der Mandschuren Pflicht gewesen war.

Mao Zedong (1893–1976) war durch seine praktischen und theoretischen Beiträge zum Führer der KPCh aufgestiegen. Er favorisierte eine Politik der Massenmobilisierung und der permanenten Revolution, weshalb in den 1950er-Jahren Massenkampagnen den Alltag der Menschen dominierten. Die Kampagne gegen «Konterrevolutionäre» führte 1951 zu einer Verfolgung all derer, die während der Republik in irgendeiner Form Kontakt zur Nationalistischen Partei gehabt hatten. Die «Kampagne der Drei Anti» wiederum hatte zum Ziel, die drei Laster der Korruption, Verschwendung und Bürokratismus auszumerzen, welche angeblich in der Verwaltung von Staat und Wirtschaft dominierten. Die denunzierten Personen mussten sich an Kritiksitzungen selbst beschuldigen und Geständnisse ablegen. Die Strafen reichten von Geldbussen bis hin zur Verbannung in Arbeitslager oder Hinrichtungen.

Die Frage, wie China am besten wirtschaftlich aufgebaut werden sollte, führte innerhalb der Partei zu Machtkämpfen. Mao Zedong fürchtete eine um sich greifende «bürgerliche reaktionäre Linie», die einen kapitalistischen Weg einzuschlagen schien. Als Gegenbewegung rief er 1966 die «Grosse Proletarische Kulturrevolution» ins Leben. Er forderte die Jugend dazu auf, gegen die «Vier Alten» (Alte Ideen, Kultur, Sitten und Gewohnheiten) zu kämpfen. Die «Roten Garden», wie die Jugendlichen sich nannten, zerstörten in der Folge mit grosser Gewalt im ganzen Land Kulturgüter und religiöse Institutionen und rechneten mit den angeblich antirevolutionären Autoritäten ab. Lehrer und Intellektuelle, bei denen man eine «reaktionäre» oder «feudale» Gesinnung zu erkennen glaubte, wurden öffentlich gedemütigt. Sie wurden mit aufgesetzten Spotthüten und umgehängten Plakaten mit Selbstbeschuldigungen durch die Strassen geführt. Parteikader wurden inhaftiert, gefoltert und zur Umerziehung durch Arbeit aufs Land zwangs-

versetzt. Einzelne Teile des Landes versanken Jahre im Bürgerkrieg, da Rotgardisten und Armee sich gegenseitig bekämpften. Dabei starben allein im Autonomen Gebiet Guangxi innerhalb zweier Jahre Schätzungen zufolge zwischen 90 000 und 300 000 Personen.

Nach Maos Tod 1976 gewann die in der Kulturrevolution verfolgte Gruppierung Oberhand, der wirtschaftliche Entwicklung und Stabilität wichtiger waren als politische Erziehung. In ihrem Programm der «Vier Modernisierungen» bemühten sich die Nachfolger um aussenpolitische Öffnung und testeten in Sonderwirtschaftszonen die teilweise Abkehr vom sozialistischen Wirtschaftsmodell. Die Maxime der «Diktatur des Proletariats» unter der Führung der Partei blieb aber unangetastet. Alle Versuche seit den 1970er-Jahren, Demokratie als «Fünfte Modernisierung» einzufordern, scheiterten. 1989 zerschlug die Armee mit Panzern eine Demonstration von Studierenden auf dem Tian'anmen-Platz in Beijing, wobei mindestens 700 Personen ums Leben kamen.

Seit den 1990er-Jahren pluralisieren sich die Lebensformen innerhalb der chinesischen Gesellschaft. Der wirtschaftliche Aufschwung lässt die Städte boomen und schafft gleichzeitig mit ungleich verteiltem Reichtum neue soziale Spannungen. China steht auch im 21. Jahrhundert vor Herausforderungen.

SIMONE STEPPACHER

Empfohlene Literatur
- Osterhammel, Jürgen: China und die Weltgesellschaft: Vom 18. Jahrhundert bis in unsere Zeit. München 1989.
- Spence, Jonathan Dermot: Chinas Weg in die Moderne. 2. Auflage. München 2001.
- Staiger, Brunhild; Friedrich, Stefan; Schütte, Hans-Wilm (Hg.): Das grosse China-Lexikon. Darmstadt 2003.

Die Olympischen Spiele – Körper, Politik und Globalkultur

Der moderne Sport ist ein globales Phänomen. Seine Verbreitung und Popularisierung war eng mit gesellschaftlichen, politischen, wirtschaftlichen und kulturellen Prozessen sowie mit dem Fortschritt der Technik verbunden. Die Geschichte der Olympischen Spiele als Höhepunkt sportlicher Aktivitäten widerspiegelt diese Vorgänge.

Die Olympischen Spiele der Neuzeit verdanken ihre Entstehung der Ausgrabung des antiken Olympia. Hier waren während rund eines Jahrtausends – gemäss antiken Quellen von 776 v. Chr. bis 393 n. Chr. – alle vier Jahre sportliche und kulturelle Wettkämpfe zu Ehren des Göttervaters Zeus ausgetragen worden. Archäologische Ausgrabungen ab 1875 inspirierten den französischen Pädagogen und Historiker Baron Pierre de Coubertin zur «Wiedererweckung» der Olympischen Spiele. Die ersten Spiele der Neuzeit fanden 1896 in Athen statt. 311 ausschliesslich männliche Athleten aus 13 Staaten massen sich in 43 Wettbewerben.

Die Leibesertüchtigung hatte im 19. Jahrhundert einen gewaltigen Aufschwung erlebt. In verschiedenen Ländern waren Bewegungen entstanden, die im Dienst der nationalen Stärke die Körper der Nationsgenossen stählen wollten. Dazu zählte das Turnen in Deutschland und der Schweiz. Zugleich breitete sich der britische Sport international aus. Disziplinen wie Fussball galten der akademischen Jugend als Inbegriff des bewunderten *English Way of Life* und erfreuten sich vor allem in den gehobenen Gesellschaftsschichten zunehmender Beliebtheit. Bis zum Ersten Weltkrieg wuchs die Olympische Bewegung kontinuierlich. 1900 waren in den Disziplinen Tennis und Golf erstmals auch Frauen zugelassen. An den letzten Spielen vor dem Weltkrieg beteiligten sich 1912 bereits 2491 Athleten und 55 Athletinnen aus 28 Ländern.

Massenkultur und Politisierung

In der Zwischenkriegszeit erlebte der Sport einen weiteren Aufschwung als Teil einer neuen Massenkultur, zu der etwa auch das Kino und der Rundfunk zählten. Zuschauersport wurde zu einem beliebten Freizeitvergnügen, zu Tausenden drängten sich Männer wie, wenn auch in geringerer Zahl, Frauen in neu erbaute Stadien. Die Arbeiterschaft, die nach dem Krieg von Arbeitszeitverkürzungen profitierte, wandte sich sowohl als aktive Teilnehmer wie auch als Zuschauer dem Sport zu. Von dieser Entwicklung profitierten auch die Olympischen Spiele. Nahmen 1920 2692 Athletinnen und Athleten teil, waren es 1936 bereits 4066, wobei der Frauenanteil aber nur von 2,4 auf 8,1 Prozent stieg. Der Frauensport blieb weiterhin umstritten. 1924 wurden in Chamonix erstmals Olympische Winterspiele ausgetragen.

Mit der Popularisierung ging die Politisierung einher. Die ideologischen Auseinandersetzungen der Zwischenkriegszeit erreichten rasch auch die Welt des Sports. An den Spielen von 1920 und 1924 durften die Staatsangehörigen der Weltkriegsverlierer nicht teilnehmen. 1925 fand als Gegenveranstaltung zu den «bürgerlichen» Olympiaden die erste Arbeiterolympiade statt. Diese sozialdemokratischen Spiele waren von Massendemonstrationen für Frieden und sozialen Fortschritt begleitet. Ihren Höhepunkt erlebte die Arbeiterolympiade 1931 im «Roten Wien», als sie mit 25 000 teilnehmenden Sportlerinnen und Sportlern die Olympischen Spiele zahlenmässig weit in den Schatten stellte.

Die Olympischen Sommerspiele von 1936 in Berlin boten Hitler-Deutschland die Gelegenheit, sich der Welt als führende Nation zu präsentieren. Zu den vielen propagandistischen Elementen, die für diese Spiele charakteristisch waren, zählte der neu eingeführte Fackellauf vom antiken Olympia in die Austragungsstadt. Leni Riefenstahls Olympiafilm sorgte für einen weiteren propagandistischen Erfolg. Aus Protest gegen die nationalsozialistische Vereinnahmung der Spiele wurde in Barcelona eine *Olimpiada Popular* (Volksolympiade) organisiert, die aber wegen des Ausbruchs des Spanischen Bürgerkrieges nicht stattfinden konnte.

Der Systemwettkampf auf den Aschenbahnen

Nach dem Zweiten Weltkrieg ging die Politisierung der Spiele weiter. Im Zeichen des Kalten Krieges sollten nun Athletinnen und Athleten des kommunistischen Ost- und des kapitalistischen Westblocks durch sportliche Erfolge die Überlegenheit ihres Systems demonstrieren. An der Spitze der Medaillenspiegel standen stets die Sowjetunion und die USA. Zweimal indessen konnte der Systemwettkampf auf den Aschenbahnen nicht stattfinden. 1980 boykottierten 65 westliche Staaten die Spiele in Moskau aus Protest gegen den sowjetischen Einmarsch in Afghanistan. Im Gegenzug blieben die meisten Ostblockstaaten 1984 den Spielen in Los Angeles fern.

Auch andere politische Konflikte berührten die Spiele. In den 60er- und 70er-Jahren führten Boykottdrohungen afrikanischer Staaten zum Ausschluss Südafrikas und Rhodesiens, die von rassistischen weissen Minderheitsregierungen beherrscht wurden. 1968 demonstrierten zwei afroamerikanische Athleten während der Siegerehrung mit dem *Black-Power*-Gruss für die Rechte der Schwarzen in den USA. Und 1972 in München nahmen palästinensische Terroristen neun israelische Athleten als Geiseln. Bei einem Befreiungsversuch wurden alle Geiseln sowie ein deutscher Polizist und fünf Geiselnehmer getötet.

Kulturelle und wirtschaftliche Globalisierung

Im späten 20. Jahrhundert wurden die Olympischen Spiele mehr und mehr zu einem Element der globalen Medienkultur. Sie profitierten dabei vom Siegeszug des Fernsehens, trugen dazu aber auch selbst wesentlich bei. 1964 wurde erstmals die Zeitlupe eingesetzt und die Spiele von 1968 waren zentral für den Durchbruch des Farbfernsehens. In olympischen Jahren war die Zahl der Neuanmeldungen von Fernsehapparaten auch in der Schweiz jeweils bedeutend höher als im Durchschnitt.

Siegerehrung «200 Meter, Männer» an der Olympiade 1968, Fotografie von Unbekannt, Mexico City, 16. Oktober 1968. Tommie Smith hatte das Rennen über 200 Meter gewonnen, John Carlos war Dritter geworden. Bei der Siegerehrung trugen die beiden dunkelhäutigen US-Amerikaner keine Schuhe, um die Armut ihrer schwarzen Landsleute darzustellen. Beim Abspielen der Nationalhymnen senkten sie den Blick und streckten die Fäuste, die in schwarzen Handschuhen steckten, aus Protest in die Luft. Wegen dieses «Black-Power»-Grusses gegen die rassistische Diskriminierung in den USA wurden die beiden Athleten von den Olympischen Spielen ausgeschlossen und in den USA über lange Zeit in der Öffentlichkeit angefeindet.

Angesichts dieser Medialisierung wurden die Spiele zunehmend zu einem grossen Geschäft. Das seit langem umstrittene Teilnahmeverbot für Berufssportler wurde in den 8oer-Jahren gelockert und in den 9oer-Jahren schliesslich weitgehend beseitigt. Die Sommerspiele von 1984 waren zum ersten Mal rein privat finanziert. Mehr als 30 Sponsoren brachten 500 Millionen Dollar auf und erhofften sich davon Werbeeffekte. Der Verkauf der Übertragungsrechte brachte weitere 225 Millionen Dollar ein. Diese Tendenz hat sich im Zeitalter der wirtschaftlichen Globalisierung noch verstärkt; die Sommerspiele von 2004 erbrachten Einnahmen von 4,1 Mrd. Dollar. 2008 erwies sich das Sponsoring des Fackellaufs nach Peking, für den die multinationalen Konzerne Coca-Cola, Lenovo und Samsung eine zweistellige Millionensumme ausgelegt hatten, allerdings als Flop: Weltweit wurde die Stafette von Protesten gegen die chinesische Politik im Tibet überschattet. CHRISTIAN KOLLER

Empfohlene Literatur
· Güldenpfennig, Sven: Olympische Spiele als Weltkulturerbe. Zur Neubegründung der Olympischen Idee. Sankt Augustin 2004.
· Koller, Christian (Hg.): Sport als städtisches Ereignis. Ostfildern 2008.
· Miller, David: The official history of the Olympic Games and the IOC: Athens to Beijing, 1894–2008. Edinburgh 2008.
· Swaddling, Judith: Die Olympischen Spiele der Antike. Stuttgart 2004.

Audiovisuelle Medien – vom Kinematografen bis YouTube

Eine Lokomotive rast vom Hintergrund der Leinwand her auf die Zuschauenden zu. Aus Angst, überfahren zu werden, verlassen diese überhastet ihre Plätze und bringen sich in Sicherheit. Diese Szene trug sich vor mehr als 100 Jahren in Paris zu, als die Gebrüder Lumière ihren knapp einminütigen Filmstreifen «L'arrivée d'un train» (1895), einen der ersten Filme überhaupt, öffentlich vortrugen. Das Filmpublikum war den Umgang mit «lebenden Bildern» noch nicht gewohnt. Im Zuge der technischen Entwicklung vom ersten Kinematografen zum Internet-Videoportal haben sich die gesellschaftlichen Sehgewohnheiten und Unterhaltungsbedürfnisse laufend verändert.

Das Grundprinzip des Films ist die Zerlegung von Bewegung in Einzelbilder und deren Wiederzusammensetzung durch rhythmische Projektion zur Erzeugung einer Bewegungsillusion. Für die Entwicklung der Filmtechnik in der zweiten Hälfte des 19. Jahrhunderts waren daher vor allem vier technische Voraussetzungen ausschlaggebend: die Erfindung der Fotografie, die es mittels Reihenbildern ermöglichte, Bewegungsabläufe mechanisch festzuhalten, die Entdeckung des stroboskopischen Effekts, die Verbesserung der Projektionstechnik sowie die Erfindung des Zelluloidstreifens.

Kinematografie und frühes Kino

Mit ihrem Kinematografen, einem Aufnahmegerät und einer Vorführmaschine in einem, führten die Brüder Auguste und Louis Lumière am 28. Dezember 1895 in Paris erstmals öffentlich und gegen einen Eintrittspreis Filme vor. Das Sensationelle am Film war damals die naturgetreue Wiedergabe von alltäglichen Ereignissen, die an die Grossstadterfahrung der Zuschauenden anknüpften: Arbeiterinnen und Arbeiter beim Verlassen einer Fabrik, Menschen beim Fahrradfahren oder Autos auf belebten Strassenkreuzungen. Erst allmählich verlagerte sich der Schwerpunkt des Interesses von der dokumentarischen Reproduktion von Wirklichkeit zu Spielfilmen, wie beispielsweise den Märchen- und Zaubergeschichten (1896–1900) von George Méliès.

Filmisches wurde anfangs als Attraktion an bereits bewährten Orten der Unterhaltungskultur präsentiert: auf Jahrmärkten, in Varietés und im Zirkus. Mit unterhaltenden Kurzfilmprogrammen stellte das frühe Kino wenig Anforderungen an die Bildung der Zuschauenden. Besonders für die unteren Schichten in der Grossstadt war das Kino ein kultureller Fluchtpunkt, der sie zumindest für kurze Zeit ihre Alltagssorgen vergessen liess. Für das gehobene bürgerliche Publikum hingegen wurde diese Art von Filmunterhaltung langweilig, sobald sich die Faszination der technischen Neuheit erschöpft hatte. Mit der Ausbreitung von Ladenkinos in Arbeitervierteln wuchs auch immer mehr die Kritik der Gebildeten an der «Unkultur der Gosse».[1] Dank der technischen Weiterentwicklung des Filmmediums zu Beginn des 20. Jahrhunderts wurden die Produktion längerer Spielfilme und damit die Verfilmung grosser literarischer Werke mög-

lich. So konnte das Medium Film auch in die Schichten der Besserverdienenden vordringen. Aufgrund der steigenden Nachfrage und der Ausweitung der Filmproduktion etablierten sich ab 1909 Lichtspielhäuser, deren prächtige Kinosäle dem Ambiente des Theaters nachempfunden waren.

Fernsehtechnik und Propaganda

Parallel zur Entwicklung der Filmtechnik wurde auf dem Gebiet des Fernsehens experimentiert. Mit der Erfindung des elektrischen Teleskops (1883) und der Braun'schen Röhre (1897) wären die technologischen Konzepte für eine Fernsehbildübertragung bereits Ende des 19. Jahrhunderts vorhanden gewesen. Dennoch gelang der technische Durchbruch des Fernsehens erst in den 1930er-Jahren. Aufgrund der hohen Gerätekosten war es dem interessierten Publikum nur in den Grossstädten möglich, in öffentlichen Fernsehstuben und Fernsehsälen die ersten regelmässigen Programmübertragungen mitzuverfolgen: in Berlin ab 1935, in Grossbritannien ab 1936 und in den USA ab 1939. Diese bestanden vornehmlich aus Wochenschauen, Unterhaltungssendungen, Filmen und Berichten. Die kollektive Film- und Fernsehrezeption war ganz im Sinne der nationalsozialistischen Kommunikationspolitik, die auf Massenmobilisierung ausgerichtet war. Mittels schärfster Zensur stellten die Nationalsozialisten praktisch die gesamte Film- und Fernsehkultur in den Dienst von Manipulation und Propaganda.

Fern-Sehen in den eigenen vier Wänden

Nach dem Zweiten Weltkrieg wurde der Fernsehapparat wie das Auto zu einem begehrten Konsumgut. Grossereignisse wie die Krönung von Queen Elisabeth II. (1953) oder die Fussball-Weltmeisterschaft (1954) trugen dabei zu erhöhtem Geräteverkauf bei. Als «Fenster zur Welt» (ein Werbeslogan der 1950er-Jahre) versprach das Fernsehen, den Hunger nach Welterfahrung ausserhalb der eigenen vier Wände zu stillen, und verschränkte so den öffentlichen mit dem privaten Raum. Das Fernsehen entwickelte sich zum zentralen Alltagsmedium: Eine breite Palette an TV-Genres (wie Nachrichten und politische Berichte, Sportsendungen, Livereportagen oder Reiseberichte) versorgte die Zuschauenden mit Gesprächsstoff und machte das Fernsehen zur «Konversationsmaschine des Alltags».[2] Während sich zu Beginn tendenziell die ganze Familie allabendlich vor dem Bildschirm vereinte, machten die Ausweitung des Programmangebotes sowie die Verbreitung von Zweitgeräten das Fernsehen zusehends zum individuellen Vergnügen.

Neben der Einführung des Farbfernsehens (1967) galt die Erschliessung von neuen globalen Verbreitungskanälen wie dem Satelliten als grosser Innovationsschritt. Hinzu kam die Verfügbarkeit von Videorecordern und -kameras für die private Nutzung seit Mitte der 1960er-Jahre: Durch die Aufzeichnung von Fernsehsendungen und Filmen ermöglichten diese eine individuelle Programmgestaltung sowie das Drehen von Amateurfilmen.

Leni Riefenstahl bei den Dreharbeiten zum nationalsozialistischen Propagandafilm «Triumph des Willens», Fotografie von Unbekannt, Nürnberg, 14. September 1934. Der Film «Triumph des Willens» (1935) über den Parteitag der NSDAP 1934 in Nürnberg ist eines der einflussreichsten und zugleich umstrittensten Werke der deutschen Regisseurin Leni Riefenstahl (1902–2003). Indem die Regisseurin bereits bei der Planung des Parteitags mitwirkte, habe sie – so die amerikanische Schriftstellerin und Filmemacherin Susan Sontag (1933–2004) – die Art und Weise beeinflusst, in der das historische Ereignis in Szene gesetzt wurde. Dadurch habe sie die Kulisse für einen Film geschaffen, den sie später als authentischen Dokumentarfilm ausgab. Als Inbegriff nationalsozialistischer Selbstinszenierung diente der eigentliche Propagandafilm der Massenverführung. Riefenstahls Verwendung neuer Kameraperspektiven und Regietechniken machen den Film dennoch filmgeschichtlich und ästhetisch bedeutsam.

Digitalisierung und künstliche Welten

Infolge der Digitalisierung der Medien seit den 1990er-Jahren hat das analoge Video seine Bedeutung als Speichermedium verloren. Der Einsatz von Computertechnologie in der Filmbearbeitung ebnet den Weg von der Reproduktion zur Simulation von Wirklichkeit. Auch im Hinblick auf die Medienrezeption vollzieht sich ein struktureller Wandel: Interaktive Angebote lösen teilweise die etablierten Rollen des klassischen Kommunikationsprozesses auf. So sind die Nutzerinnen und Nutzer des Online-Videoportals YouTube zugleich Produzentinnen und Produzenten, die die Auswahl von Film- und Fernsehausschnitten aktiv mitbestimmen oder selbst gedrehte Filme hochladen können.

SÁRA MÉSZÁROS

1 Zielinski, Siegfried. Audiovisionen. Kino und Fernsehen als Zwischenspiele in der Geschichte. Reinbek bei Hamburg 1989. S. 89.
2 Winter, Rainer; Eckert, Roland: Mediengeschichte und kulturelle Differenzierung. Opladen 1990. S. 93.

Empfohlene Literatur
· Faulstich, Werner. Mediengeschichte. Göttingen 2006.
· Sontag, Susan: Faszinierender Faschismus. In dies.: Im Zeichen des Saturn. Wien 1981. S. 95–124.
· Steinmaurer, Thomas. Fern-Sehen. Historische Entwicklungslinien und zukünftige Transformationsstufen des Zuschauens. In: Hess-Lüttich, Ernest W. B. (Hg.): Autoren, Automaten, Audiovisionen. Wiesbaden 2001.
· Winter, Rainer; Eckert, Roland: Mediengeschichte und kulturelle Differenzierung. Opladen 1990.
· Zielinski, Siegfried. Audiovisionen. Kino und Fernsehen als Zwischenspiele in der Geschichte. Reinbek bei Hamburg 1989.

Ikonen, Ideen, Inszenierungen
Bilder zu Ideen der Macht und zur Macht der Ideen

Die vier grossformatigen Bilder, die in diesem Buch die einzelnen Teile voneinander trennen, unterscheiden sich in beinahe jeder Hinsicht. Und doch verbindet sie eine Gemeinsamkeit. Sie thematisieren – auf ganz unterschiedliche Weise – die Begriffe «Ikone» und «Inszenierung» zwei zentrale Konzepte für die Auseinandersetzung mit Bildquellen. Zudem sind auf den Bildern, auch dies in je eigener Weise, Ideen der Macht und die Macht der Ideen zu sehen.

«Ikonen»

Als Ikonen werden ursprünglich Heiligenbilder der russisch-orthodoxen Kirche bezeichnet. Hier sind mit Ikonen Bilder gemeint, die einen hohen Bekanntheitsgrad und Wiedererkennungswert besitzen.[1] In ihnen verdichten sich historische Ereignisse, übergreifende Prozesse und emotionale Stimmungen mit den konkreten Geschichten der Abgebildeten, der Urheberinnen und Urheber der Bilder, aber auch der Bilder selbst. Solche Ikonen können auch Gegenstände und Personen oder eben auch wieder Bilder von ihnen sein. Ob iPod, Che Guevara mit Béret oder da Vincis Mona Lisa, ob Coca-Cola-Flasche, das Torhaus des KZ Auschwitz-Birkenau[2] oder der Atompilz von Hiroshima[3]: Ikonen sind Teil unserer Kultur, man könnte auch sagen: ein Teil des Gedächtnisses unserer Gesellschaft. Sie sind gemeinsame Bezugspunkte beim Nachdenken darüber, was oder wer wir waren oder sind – oder was wir sein wollen.

«Inszenierungen»

Ob wir Schnappschüsse vom Handy auf das Internet laden oder in Tageszeitungen und Illustrierten blättern: Unser alltäglicher Umgang mit Bildern lässt uns annehmen, dass Bilder die Wirklichkeit abbilden oder sogar «die Wirklichkeit» sind. Was wir mit eigenen Augen sehen, ist wahr. Folglich halten wir auch das, was wir auf einem Bild, auf einem Zeitungsfoto oder in einem Fernsehbeitrag sehen, für wahr. Doch Bilder sind Inszenierungen der Wirklichkeit – wenn auch in unterschiedlichem Ausmass. Dennoch können sie dazu dienen, die Wirklichkeit zu erkennen. Ja zuweilen dienen die Inszenierungen sogar dazu, die Wirklichkeit deutlicher zu machen.

Bei Gemälden ist die Inszenierung augenfällig: Die Bilder sind oft Ausdruck der Fantasie und der Vorstellungskraft der Künstlerin oder des Künstlers, und zwar auch dann, wenn die Bilder die Realität abzubilden versuchen.

Aber auch bei Fotografien spielen Inszenierungen eine Rolle. Entweder posieren die Leute, die fotografiert werden, oder die Fotografinnen und Fotografen setzen eine Bildaussage – durch Auswahl von Ausschnitt, Arrangement der Objekte, Zeitpunkt des Auslösens – in Szene. Und selbst Fotografien, die einen unvorbereiteten «Augenblick» einfangen (z. B. bei «9/11» und den Twin Towers) und die als Ikone einen grösseren geschichtlichen Zusammenhang in einer Momentaufnahme zu verdichten vermögen, können Teil einer Inszenierung werden. Denn zur Inszenierung gehört nicht nur das Bild selbst, sondern auch der Kontext, insbesondere die Legende, der Ort und der Zusammenhang der Publikation.

«Ideen»

Bilder werden oft benutzt, um politische Meinungen zu beeinflussen, um Konsumbedürfnisse zu wecken, aber auch einfach, um künstlerische Effekte zu erzeugen oder um faszinierende Geschichten zu erzählen. Bildquellen vermitteln daher nicht nur Einblick in vergangenes Geschehen, sie dokumentieren auch Ideen und Absichten früherer Gesellschaften. Zu berücksichtigen sind ferner die Wirkungen dieser Bilder in der Gesellschaft, die von der Künstlerin oder dem Künstler vielleicht gar nicht beabsichtigt waren.

1 Man kann auch, wie Christoph Hamann, statt von «Ikonen» von «Schlüsselbildern» sprechen (vgl. Hinweis in Fussnote 2). Der Begriff «Ikone» lässt sich leichter auf Objekte und Personen anwenden, denn es geht nicht um Bilder als materielle Objekte, sondern um Bilder als Vorstellungen.
2 Hamann, Christoph: Fluchtpunkt Birkenau. Stanislaw Muchas Foto vom Torhaus Auschwitz-Birkenau (1945), in: Paul, Gerhard (Hg.): Visual History: ein Studienbuch. Göttingen 2006. S. 283–302.
3 Paul, Gerhard: «Mushroom Clouds». Entstehung, Struktur und Funktion einer Medienikone des 20. Jahrhunderts im interkulturellen Vergleich. In: ders. (Hg.): Visual History: ein Studienbuch. Göttingen 2006. S. 243–264.

Empfohlene Literatur
· Paul, Gerhard (Hg.): Das Jahrhundert der Bilder. Göttingen 2008.

«Allegoria del Buon Governo», Fresko im Palazzo Pubblico (ca. 770 × 326 cm) von Ambrogio Lorenzetti (1295 – 1348), Siena 1338 – 1340. → Seite 10/11

Das Bild ist Bestandteil einer Bildserie zur «Guten Regierung» und zur «Schlechten Regierung» und ihren Auswirkungen in Stadt und Land, die sich in der «Sala dei Nove» (Saal des Neunerrats) von Siena befinden. In der Regel wird vor allem die «Allegorie der guten Regierung» gezeigt und besprochen, weil darin die damaligen Idealvorstellungen einer guten Regierung (oder eine Einschätzung der Regierung Sienas) ins Bild gesetzt wurden. In der Mitte sitzt der Regent, ein Mann, der umgeben ist von Tugenden, die notwendig für gutes Regieren sind. Über ihm, als Engel dargestellt, befinden sich die geistlichen Tugenden Glaube, Liebe und Hoffnung (Fides, Caritas, Spes). Neben ihm sind die weltlichen Tugenden angeordnet, alle als Frauen dargestellt: die leicht bekleidete, gemütlich liegende Pax (Friede), die Gerechtigkeit (Justitia), mit einem Schwert und einem abgetrennten Kopf, und die Klugheit (Prudentia), mit blauem Kleid, weissem Schleier und goldener Krone. Weiter links ist noch einmal die Gerechtigkeit zu sehen, geleitet von der Weisheit (Sapientia) und aufgeteilt in die ausgleichende und die austeilende Gerechtigkeit (Justitia commutativa und distributiva). Im unteren Bildteil sind die Regierten zu sehen: Gelehrte, Soldaten, Sträflinge – alles Männer.

Ambrogio Lorenzetti starb 1348 an der Pest, die damals in Siena, wie in ganz Europa, wütete.

Mahatma Gandhi, Mirabehn und Edmond Privat, Fotografie von Unbekannt, Vallorbe (Schweiz), 6. Dezember 1931. → Seite 212/213

Im November 1931 war Mahatma Gandhi (eigentlich Mohandas Karamchand Gandhi, 1869–1948) nach England gereist, um mit der englischen Regierung über die Forderungen der indischen Unabhängigkeitsbewegung zu verhandeln. Auf dem Rückweg von den ergebnislosen Gesprächen reiste er über Frankreich in die Schweiz und besuchte dort seinen Freund, den französischen Pazifisten und Schriftsteller Romain Rolland. Dieser hatte 1924 mit einem Buch über Gandhi dessen Philosophie des gewaltlosen Widerstands in Europa bekannt gemacht.

Das Bild wurde in einem nicht bekannten Gebäude im schweizerischen Grenzort Vallorbe aufgenommen. Links sitzt die englische Admiralstochter Madeleine Slade, die seit 1924 Gandhis Assistentin war und von ihm Mirabehn genannt wurde. Rechts sitzt der Schweizer Sozialist Edmond Privat, ein Freund Rollands, in dessen Auftrag er Gandhi an der Grenze abholte. In der Mitte trinkt oder isst Gandhi, bekleidet mit einem einfachen Kleid aus Khadi, einem traditionellen indischen Baumwollgewebe. Gandhi trug Khadi als Symbol des indischen Unabhängigkeitskampfes und Ausdruck der Weigerung, Kleidung der englischen Kolonialmacht zu kaufen und zu tragen. Die Szenerie erinnert an Medienauftritte von Berühmtheiten aus Politik, Wirtschaft oder Showbusiness. Gandhi war bereits berühmt, eine «Ikone». Er gehört vermutlich zu den am meisten fotografierten Personen des 20. Jahrhunderts. Seine Ankunft zog jeweils Massen Schaulustiger an, wie sie auch auf dem Bild im Fenster links zu erkennen sind.

«La Liberté guidant le peuple», Gemälde (Öl auf Leinwand, 325 × 250 cm) von Eugène Delacroix (1798 – 1863), Paris 1830. → Seite 112/113

Das Gemälde «La Liberté guidant le peuple» des französischen Malers Eugène Delacroix ist vielleicht das berühmteste Revolutionsbild der Welt und eines der berühmtesten Bilder überhaupt. Es hat den Status einer Ikone, die immer wieder zitiert wird: sei es auf Transparenten (vgl. Fallbeispiel «68er-Bewegung in Zürich», S. 198/9) oder auf Cover von Pop-Platten (vgl. «Viva la vida» der englischen Band Coldplay). Delacroix malte das Bild 1830 unter dem Eindruck der französischen Juli-Revolution, die das Ende der Herrschaft von König Karl X. bedeutete. Es fasziniert durch das Arrangement der Figuren und die Dynamik der Darstellung, durch den Kontrast, gebildet von den nackten Beinen eines toten Soldaten am Boden und der nackten Brust der jungen Frau, die als «Freiheit» die Fahne der Republik hochhält und die zusammengewürfelte Gruppe der Revolutionäre anführt.

Die Juli-Revolution war ein Erfolg jenes Grossbürgertums, das zwar nicht selber auf der Strasse kämpfte, sich aber gerne im Bild eines bekannten Künstlers wiedererkannte. Der frisch gekürte Bürgerkönig Louis-Philippe schaffte das Bild für den französischen Staat an. 1874, zwei Revolutionen später, kam es in den Louvre, wo es heute neben «Dantes Barke» hängt, jenem Bild, das 1822 Delacroix' Ruhm begründete.

«USA – President-elect Obama – Newspaper Headlines from around the World», Fotografie von Molly Reilly, Washington D. C., 6. November 2008. → Seite 232/233

Barack Obama (1961), der Sohn eines Kenyaners und einer US-Amerikanerin aus dem ländlichen Kansas, den als Kind vor allem seine Grossmutter in Hawaii betreut hatte, wurde am 4. November 2008 zum 44. Präsidenten der USA gewählt. Zwei Tage später traf die Fotografin Molly Reilly Leute vor dem «Newseum» in Washington D.C., wie sie in den Vitrinen Zeitungen aus aller Welt betrachteten, die über den Wahlsieg Obamas berichteten. Schon in den Wochen zuvor wurde das Adjektiv «historisch» für die Wahl bei jeder Gelegenheit bemüht. Kaum gewählt, wurde Obama bereits mit den berühmten Vorgängern Abraham Lincoln, Franklin D. Roosevelt und John F. Kennedy verglichen. Nicht nur in den USA, auf der ganzen Welt wurden sehr hohe Erwartungen in den jungen Senator aus Chicago gesetzt, der als erster Mann nicht weisser Hautfarbe die Wahl zum Präsidenten der USA geschafft hatte.

Die Ausstellung der Zeitungen im «Newseum» spiegelt die mediale Situation zu Beginn des 21. Jahrhunderts. Zeitungen galten im Vergleich zum Internet als veraltet, auch Obama hatte in seinem Wahlkampf wie kein anderer auf das Internet gesetzt. Dennoch waren am 5. November alle Zeitungen in kürzester Zeit ausverkauft. Die Amerikanerinnen und Amerikaner wollten ein handfestes Objekt als Erinnerung an dieses Ereignis. Unter den interessierten Betrachtern beim «Newseum» fand Reilly auch Paul Sherman und Nora, seine 18 Monate alte Tochter. So sind auf diesem Bild mehr Frauen als Männer zu sehen. Zur Familie Obama zählen die Töchter Malia Ann (1998) und Natacha (2001) sowie Ehefrau Michelle (1964), die ihre erfolgreiche Karriere als Anwältin unterbrach, als Barack Obama seine Präsidentschaftskandidatur bekannt gab.

Über Geschichtswissenschaft, Geschichtskultur und das Internet

Am 29. April 1799, im Schutze der Nacht, verliessen vier französische Diplomaten die badische Kleinstadt Rastatt. Dort hatten sie an einem Friedenskongress zwischen dem revolutionären Frankreich und den Monarchien Österreich und Preussen teilgenommen. Ihr Aufbruch war in grosser Eile vorbereitet worden. Der Kongress war schon einige Tage davor erfolglos zu Ende gegangen und die Vertreter Österreichs hatten den französischen Gesandten wiederholt vorgeworfen, ihre diplomatische Immunität zur Aufwiegelung der Einheimischen und zur Spionage zu missbrauchen. Zunächst hatte der österreichische Befehlshaber die französischen Diplomaten an der Abreise gehindert, dann ordnete er ihre sofortige Abreise innerhalb von 24 Stunden an. Hastig und in Sorge reisten die vier Franzosen ab. Gerüchte kursierten, der Diplomatenstatus gelte gar nicht mehr. Kaum hatten sie die Stadt verlassen, wurden sie von einer Gruppe bewaffneter Männer überfallen. Zwei von ihnen wurden getötet, zwei konnten fliehen.

Die Aufregung und die Empörung über diese Tat waren in Frankreich und in den deutschen Staaten gross. Gesandte genossen in kriegerischen Auseinandersetzungen einen besonderen Schutz, sie durften nicht angegriffen werden. Die Täterschaft blieb im Dunkeln. Franzosen und Einheimische vermuteten, dass österreichische Soldaten den Überfall ausgeführt hatten. Doch taten sie es eigenmächtig oder auf Befehl? Die österreichischen Verantwortlichen wiesen alle Vorwürfe zurück, sie machten Strauchdiebe für den Überfall verantwortlich und deuteten an, dass vielleicht Franzosen, die vor der Revolution geflohen waren, ihre Landsleute aus Rache überfallen hatten. Bald schon wurde die Tat in den folgenden Kriegswirren vergessen.

Erst rund 70 Jahre später gab es wieder Interesse an diesem Fall. Dieses Mal waren es die Historiker, die sich um den Hergang der Ereignisse stritten. Der Streit unter den Historikern war beeinflusst von der Debatte Ende der 1860er-Jahre darüber, ob eine Vereinigung der deutschen Staaten mit oder ohne Österreich zu bevorzugen sei. Die Befürworter der «kleindeutschen» Lösung unter Führung Preussens hielten die Österreicher für schuldig am Rastatter Gesandtenmord. Die österreichischen Historiker versuchten, diese Darstellung zu widerlegen. Da keine neuen Belege aufgetaucht waren, konnte die Frage nicht abschliessend beantwortet werden. Sie blieb eine Frage der Interpretation.

Eine sehr eigenwillige Interpretation vertrat der Historiker Arthur Böhtlingk. Er vermutete hinter dem Geschehen Napoleon Bonaparte. Dieser, so Böhtlingk, habe mit dem Mord an den eigenen Landsleuten die öffentliche Meinung in Frankreich zu seinen Gunsten manipulieren wollen. Napoleon befand sich zur fraglichen Zeit weit entfernt in Ägypten. Daher wurde Böhtlingks These von den anderen Historikern nicht ernst genommen. Dieser liess sich aber nicht beirren. Er habe seine Hypothesen über Jahre entwickelt und auch mit dem Historiker Hermann Hüffer, der als Experte für den Rastatter Gesandtenmord galt, diskutiert, «leider ohne ihn überzeugen zu können oder durch seine Einwendungen in meiner Überzeugung erschüttert zu werden. Die grosse Differenz in unserer Auffassung der ganzen Lage der Dinge, der maassgebenden Persönlichkeiten und vor Allem des Zusammenhangs der Begebenheiten hat vielmehr dahin geführt, dass Jeder von uns seine Ansicht nur um so schroffer und schärfer ausgeprägt hat.»[1]

Böhtlingk stritt sich jahrelang mit verschiedenen Historikern und zerrte diese aus Ärger über seine Nichtbeachtung sogar vor Gericht – jedoch ohne Erfolg. Hüffer zog 1896, stellvertretend für seine Kollegen, trocken und etwas entnervt über Böhtlingks Deutung Bilanz: «Ich habe [...] schon vor dreizehn Jahren die Meinung ausgesprochen, eine Ansicht, für welche niemals – das gilt auch heute noch – nur der Schatten von Wahrscheinlichkeit erbracht worden sei, [...] könne man billig auf sich beruhen lassen.»[2]

Geschichtskultur

Geschichte entsteht aus der Bedeutung, die wir in der Gegenwart vergangenen Geschehnissen zumessen. Das Beispiel des Rastatter Gesandtenmordes illustriert dies: Im 19. Jahrhundert war der Vorfall ein Thema, das engagiert diskutiert wurde, zumindest in der Historikergilde. Heute interessiert das Ereignis weder die Geschichtswissenschaft noch die Gesellschaft, es ist völlig in Vergessenheit geraten. Denn wie die Gegenwart verändert sich das Interesse an der Vergangenheit. Die Historikerinnen und Historiker wollen heute nicht nur herausfinden, wie die Vergangenheit sich ereignete, sondern versuchen, mit entsprechenden Theorien und Modellen in der Geschichte – es seien hier stellvertretend die Theorien von Karl Marx, Max Weber, Fernand Braudel oder Natalie Zemon Davis genannt – auch abstraktere und kompliziertere Vorgänge zu erkennen und zu erklären. Sie interessieren sich zudem für andere Themen: für die Frage etwa, wie die Menschen im Jahr 1799 gelebt haben, welche Hoffnungen sie beispielsweise in der Schweiz in die Umwälzungen der Revolution gesetzt haben, wie sie diesen Hoffnungen Ausdruck gaben oder warum sie sich vor diesen Veränderungen fürchteten (vgl. S. 38 und S. 40).

Geschichte ist verbunden mit gesellschaftlichen Diskursen. Was die Gesellschaft in der Gegenwart bewegt, äussert sich auch im Umgang mit der Geschichte. So wirkte sich die Diskussion um die Rolle Österreichs bei der deutschen Einigung auf die Deutung des Rastatter Gesandtenmords aus. Geschichte, so haben wir im Text zu Beginn des Buches gesehen, ist das Ergebnis eines Denkprozesses, in dem wir uns als Individuen mit der Vergangenheit befassen. Dieser Denkprozess findet statt im Austausch mit der Gesellschaft, in der wir leben. Die Herstellung von Geschichte ist ein kommunikativer und damit ein sozialer Vorgang. Geschichte als Produkt individuellen Denkens über Vergangenheit ist verbunden mit dem kollektiven Gedächtnis, an dessen Entstehung alle Mitglieder der Gesellschaft beteiligt sind: Politikerinnen, Journalisten, Managerinnen, Hausmänner, Senioren, Verkäuferinnen, Lehrpersonen, Schülerinnen und Schüler ebenso wie Historikerinnen und Historiker.

Kollektives Gedächtnis

Der französische Soziologe Maurice Halbwachs hat bereits 1925 darauf hingewiesen, dass das individuelle Gedächtnis in einen sozialen Kontext eingebettet ist. Später entwickelte er den Begriff des kollektiven Gedächtnisses und beschrieb damit den Vorgang, bei der eine Gruppe von Menschen oder eine ganze Gesellschaft sich gemeinsam an bedeutsame vergangene Geschehnisse erinnern. Mit anderen Worten: Geschichte ist nicht nur eine persönliche Angelegenheit (Biografie) oder ausschliesslich das Ergebnis einer wissenschaftlichen Analyse, vorgenommen durch Historikerinnen und Historiker, die das Ergebnis an die Gesellschaft weitergeben. Vielmehr ist Geschichte eine kulturelle Praxis, ein Vorgang, an dem die ganze Gesellschaft unentwegt beteiligt ist, wenn auch in unterschiedlicher Intensität. Das Nachdenken mündet beim Individuum in das Geschichtsbewusstsein, die Kommunikation über Vergangenheit bei der Gesellschaft in die Geschichtskultur. Geschichtsbewusstsein und Geschichtskultur bedingen sich gegenseitig.

Jan und Aleida Assmann haben eine Unterscheidung zwischen individuellem, kommunikativem und kulturellem Gedächtnis vorgeschlagen. Das individuelle Gedächtnis ist an eine einzelne Person gebunden und endet mit deren Tod. Das kommunikative Gedächtnis umfasst die Verständigung über Vergangenheitsdeutung, die jeweils zwei bis drei Generationen beschäftigt. Es entsteht in unmittelbarer sozialer Interaktion und mündlicher Überlieferung, es ist in der Regel das Gedächtnis einer Gruppe oder einer Familie.

Das kulturelle Gedächtnis überdauert eine längere Zeitspanne, dafür werden seine Inhalte zum Gegenstand der Geschichtskultur. Es ist festgehalten in Speichermedien wie Büchern, Bildern, Monumenten, und wird gepflegt von spezialisierten Institutionen wie Bibliotheken, Museen, Schulen oder Kirchen und den entsprechenden Berufsangehörigen wie Bibliothekaren, Archivaren, Pfarrern, Lehrern. Die Inhalte des kulturellen Gedächtnisses sind folglich öffentlich zugänglich im Gegensatz zu jenen im kommunikativen Gedächtnis.

Das kulturelle Gedächtnis ermöglicht uns überhaupt erst die Auseinandersetzung mit Geschichte, mit vergangenen Ausprägungen von Kultur. Es teilt sich dabei laut Assmann in ein Funktions- und in ein Archivgedächtnis auf: Was die Gesellschaft an Informationen über die Vergangenheit aktiv verhandelt oder «erinnert» (wie bei Gedenkfeiern oder aber auch bei historischen Streitfragen), befindet sich im Funktionsgedächtnis, der grosse Rest im Archivgedächtnis.

Das Archivgedächtnis können wir uns wie einen Speicher vorstellen, aus dem Informationen ins Funktionsgedächtnis übertragen werden. Was in den Fokus des Funktionsgedächtnisses gelangt, ist eine Frage der Auswahl, die gesellschaftlich ausgehandelt wird. Auch die Auswahl an Informationen, die im Archivgedächtnis, also in Archiven, Bibliotheken oder Museen, überhaupt gespeichert werden sollen, wird zumindest in ihren Grundzügen von der Gesellschaft definiert.

Assmann, Jan: Das kulturelle Gedächtnis: Schrift, Erinnerung und politische Identität in frühen Hochkulturen. München 2005 (5. Auflage). **Erll, Astrid:** Kollektives Gedächtnis und Erinnerungskulturen. Eine Einführung. Stuttgart 2005. **Halbwachs, Maurice:** Das Gedächtnis und seine sozialen Bedingungen. Frankfurt am Main 2006. **Halbwachs, Maurice:** Les cadres sociaux de la mémoire. Paris 1925. **Halbwachs, Maurice:** Das kollektive Gedächtnis. Frankfurt am Main 1991.

Das Komplott. Titelblatt zu einem Comic von Will Eisner (1917–2005), 2005. Der Comic erzählt die Geschichte der «Protokolle der Weisen von Zion», eine der ältesten und hartnäckigsten modernen Verschwörungstheorien. Die «Protokolle» sollen eine jüdische Weltverschwörung belegen, sind aber nachweislich eine Fälschung, die Anfang des 20. Jahrhunderts in Russland im Bemühen bestand, den Liberalismus und Sozialismus als unchristlich-jüdische Verschwörung zu verunglimpfen.

Darstellungen von Geschichte finden wir in Sachbüchern, Ausstellungen, Fernsehdokumentationen, in Romanen, Spielfilmen, Comics, PC-Games, politischen Debatten, Nachrichten und in privaten Gesprächen. Diese Darstellungen und Deutungen der Vergangenheit halten sich nicht unbedingt an geschichtswissenschaftliche Erkenntnisse, sondern orientieren sich oft an Überzeugungen, Werten, Traditionen, Mythen oder auch Vorurteilen, die in der Gesellschaft bedeutsam und wirksam sind. Solche Geschichtsvorstellungen in ihren verschiedenen Facetten gehören zu den kulturellen Ausprägungen einer Gesellschaft, daher werden sie auch als Geschichtskultur bezeichnet.

Geschichtswissenschaft

Hin und wieder wird Geschichte zum Gegenstand gesellschaftlicher Kontroversen: Gab es Wilhelm Tell wirklich? Wer steckte hinter der Ermordung von John F. Kennedy? Wie ist das Verhalten der Schweiz im Zweiten Weltkrieg zu beurteilen? Manchmal bietet die Geschichtswissenschaft eine Antwort auf diese kontrovers diskutierten Fragen, doch die Antwort wird in der Gesellschaft nicht gehört. Dies gilt etwa für die Legende von Wilhelm Tell. Oft gibt es aber auch innerhalb der Geschichtswissenschaft unterschiedliche Ansichten über die «richtige» Deutung der Vergangenheit. Was als Unfähigkeit der Geschichtswissenschaft erscheinen mag, die «wahre» Geschichte zweifelsfrei zu ermitteln, liegt in der Natur des Erkenntnisobjekts. Die Vergangenheit ist vergangen, sie lässt sich nur indirekt, durch Quellen, erschliessen. Diese können niemals die Vergangenheit in ihrer Gesamtheit abbilden und sind überdies nur Zeugnisse der Vergangenheit, nicht die Vergangenheit selbst. Die Geschichtswissenschaft kann nicht beweisen, wie sich ein Vorgang in der Vergangenheit abgespielt hat. Sie kann feststellen, welche Fakten durch Quellen nachweisbar belegt sind; wenn Quellen fehlen oder wenn es darum geht, Vorgänge zu erklären oder zu erläutern, bieten die Historikerinnen und Historiker möglichst plausible Vorschläge der Deutung an. Dass unterschiedliche Deutungen möglich sind, macht das Wesen der Geschichte aus.

Da Historikerinnen und Historiker Teil der Gesellschaft sind, in der sie leben, sind sie mit deren Werten verbunden, auch wenn sie diese ablehnen oder kritisieren. Diese Werte beeinflussen folglich die Historikerinnen und Historiker, wenn sie Geschichte betreiben. Deshalb sind ihre Deutungen der Vergangenheit aber nicht beliebig und sie gründen durchaus auf feststellbaren Fakten. Dass rund 6 Millionen Menschen jüdischen Glaubens durch die Nazis getötet worden sind, ist nicht eine Deutung der Vergangenheit, sondern ein belegtes Faktum. Die Erklärung, warum es zu diesem Verbrechen kommen konnte, ist hingegen Beispiel für eine Deutung, die zu unterschiedlichen Ergebnissen führen kann.

Um zu gültigen Aussagen zu gelangen, unterwerfen Historiker und Historikerinnen ihre Arbeit den Regeln der Wissenschaftlichkeit, die sich in zwei Aussagen zusammenfassen lassen: Sie legen offen, mit welchem Interesse sie vorgegangen sind, welche Quellen und Darstellungen sie ausgewählt und mit welchen Methoden sie diese untersucht und gedeutet haben. Und sie lassen keine Aussagen gelten, die im Widerspruch zu den Quellen stehen. Die Glaubwürdigkeit geschichtswissenschaftlicher Erkenntnisse gründet auf der Echtheit und Aussagekraft der ausgewählten Informationen, seien dies Quellen (Zeugnisse *aus* der untersuchten Zeit) oder Darstellungen (später erstellte, deutende Berichte *über* die untersuchte Zeit). Sie gründet zudem auf der Überzeugungskraft des wissenschaftlich-methodischen Bezugssystems, mit dem die Informationen ausgewertet, interpretiert und gedeutet werden.

Historikerstreit

1986 kam es in Deutschland zum «Historikerstreit», als die Frage nach der Einzigartigkeit der Shoah (bzw. des Holocaust) aufgeworfen wurde und insbesondere der konservative Historiker Ernst Nolte nicht nur die Ähnlichkeit von Faschismus und Stalinismus betonte, sondern sogar die These aufstellte, Hitlers Vernichtungswahn gegenüber den jüdischen Mitmenschen sei nur eine Reaktion auf die menschenverachtenden Praktiken der Kommunisten in der Sowjetunion gewesen. Beim Streit ging es nicht nur um den konkreten historischen Sachverhalt (bzw. seine Deutung), sondern um die Deutungshoheit über die Vergangenheit. Die Kritiker sahen Noltes These im Zusammenhang mit einer konservativen Geschichtsauffassung der damaligen CDU-Regierung unter Helmut Kohl. Sie sahen in den Vorstössen einen Versuch der konservativen Politik, die Zeit der nationalsozialistischen Diktatur und der Shoah zu einem Teil der Vergangenheit zu machen. Die jetzt lebende Generation habe mit dieser Vergangenheit nichts zu tun, deshalb müsse Deutschland keine Verantwortung mehr dafür übernehmen.

Bei dieser Auseinandersetzung ging es um Macht, denn wer die Deutungshoheit über die Vergangenheit hat, kann das politische Klima der jeweiligen Gegenwart beeinflussen. Sehr drastisch beschrieb dies George Orwell in seinem Roman «1984», wo die Machthaber eine totale Kontrolle über die Geschichte ausüben (vgl. Textauszug S. 240). Gerade deshalb sind wesentliche Merkmale der Geschichtswissenschaften ihre kritische Haltung gegenüber der Gesellschaft und ihre Weigerung, sich in ihren Aussagen politischem Druck zu beugen.

Selbst in wissenschaftsinternen Auseinandersetzungen über Deutungen von strittigen historischen Sachverhalten sind gesellschaftspolitische Interessen und Überzeugungen wirksam, beispielsweise bei der Frage, wer den Reichstagsbrand von 1933 gelegt hat.

Augstein, Rudolf: «Historikerstreit». Die Dokumentation der Kontroverse um die Einzigartigkeit der nationalsozialistischen Judenvernichtung. 2. Auflage. München 1987. Diner, Dan (Hg.): Ist der Nationalsozialismus Geschichte? Zu Historisierung und Historikerstreit. Frankfurt am Main 1987. Kailitz, Steffen (Hg.): Die Gegenwart der Vergangenheit. Der «Historikerstreit» und die deutsche Geschichtspolitik. Wiesbaden 2008. Nolte, Ernst: Vergangenheit, die nicht vergehen will. Eine Rede, die geschrieben, aber nicht gehalten werden konnte. In: Frankfurter Allgemeine Zeitung, 6. Juni 1986. (verfügbar unter: www.dhm.de/lemo/html/dokumente/NeueHerausforderungen_redeNolte1986/index.html; Aufruf vom 27.1.2009)

Internet: Zugang zu Geschichtskultur und Geschichtswissenschaft

Das vorliegende Buch will zu einem selbstständigen Umgang mit Geschichte anregen. Dazu gehören eine aufmerksame Auseinandersetzung mit der Geschichtskultur sowie Grundkenntnisse über die Funktionsweise der Geschichtswissenschaften. Ein selbstständiger Umgang mit Geschichte heisst zudem, sich Informationen über Geschichte beschaffen und beurteilen zu können.

Zwar begegnet uns die Geschichtskultur an vielen Orten: in Büchern, im Museum, in der Schule, im Fernsehen. Doch das Internet spielt mittlerweile eine zentrale Rolle für die selbstständige Erforschung des kulturellen Gedächtnisses und damit unserer Geschichtskultur. Ebenso erleichtert es uns den Zugang zu Ergebnissen der Geschichtswissenschaft.

Der Erfolg einer Internetrecherche ist nicht nur abhängig vom inhaltlichen Vorwissen («was suche ich?»), sondern auch vom Wissen zweiter Ordnung («wie und wo suche ich?») und vom Zweck der Suche («wofür suche ich?»). Denn es gibt wertvolle Informationen jenseits von Google und Wikipedia, wenn man nach wissenschaftlich verlässlichen Informationen oder nach Dokumenten der Geschichtskultur sucht. Allerdings können die beiden wichtigsten Suchhilfsmittel des Internets auch dazu eingesetzt werden, Verzeichnisse von Websites zur Geschichte (z. B. clio-online), Fachinformationen zur Schweizer Geschichte (Historisches Lexikon der Schweiz) oder auch Sammlungen von Fotografien (z. B. Fotostiftung Winterthur) und Filmen (Schweizer Filmarchiv) zu finden.

Dabei stellt sich schnell die Frage der Zugänglichkeit. Gewisse Informationen (gerade im Bereich Geschichte) sind nur in Büchern zu finden – und diese sind oft nur in Bibliotheken kostenlos verfügbar. Der Medienbruch, der Wechsel zwischen digitalen und analogen, aber auch zwischen visuellen und textbasierten Medien begleitet jede Recherche, die sich nicht auf ein schnelles Nachschlagen einer Information in einem Wikipedia-Artikel beschränkt.

Zur Beurteilung der gefundenen Informationen können einige Leitfragen, die bereits angesprochen wurden, nützliche Dienste leisten: Von wem stammt die Information? Ist die Urheberschaft ersichtlich? Und ist die Information wirklich eine Leistung der Person oder der Institution, die sie auf dem Internet anbietet? Was sind die Grundlagen der Information? Werden Angaben zur verwendeten Fachliteratur gemacht, werden Quellen zitiert oder

Quellenbestände als Grundlage angegeben? Wird deutlich, in welchem Bezugssystem der Autor oder die Autorin ihre Darstellung von Vergangenem verortet, mit welchem Interesse, mit welcher Perspektive, mit welcher Methode sie vorgegangen ist?

Hat man eine Information gefunden, gilt es, sie zu verarbeiten. Die digitale Form der Informationen aus dem Internet macht das Kopieren verlockend einfach: Das Bild oder den Text schnell in ein Textverarbeitungs- oder Präsentationsprogramm rüberziehen und noch ein wenig daran feilen – fertig ist der Vortrag oder die Hausarbeit. Abgesehen davon, dass ein solches Vorgehen rechtlich (Urheberrecht) und ethisch (nicht selbst erbrachte Leistung) bedenklich sein kann: «Geschichte» kann das Produkt einer Recherche eigentlich erst dann genannt werden, wenn es das Ergebnis eines historischen Denkprozesses ist, also einer eigenständigen Auseinandersetzung mit der Vergangenheit. Nur so wird aus Bruchstücken des kollektiven Gedächtnisses eigenes persönliches Wissen über Geschichte und ein nachhaltiger Bestandteil des Geschichtsbewusstseins.

JAN HODEL

George Orwell: «1984» (1949), Auszug aus Kapitel 4

«Was in dem unsichtbaren Labyrinth geschah, in dem die Rohrposträhren zusammenliefen, wusste er nicht im einzelnen, sondern nur in grossen Umrissen. Wenn alle Korrekturen, die in einer Nummer der Times nötig geworden waren, gesammelt und kritisch miteinander verglichen worden waren, wurde diese Nummer neu gedruckt, die ursprüngliche vernichtet und an ihre Stelle die richtiggestellte Ausgabe ins Archiv eingereiht. Dieser dauernde Umwandlungsprozess vollzog sich nicht nur an den Zeitungen, sondern auch an Büchern, Zeitschriften, Broschüren, Plakaten, Flugblättern, Filmen, Liedertexten, Karikaturen – an jeder Art von Literatur, die irgendwie von politischer oder ideologischer Bedeutung sein konnte. Einen Tag um den anderen und fast von Minute zu Minute wurde die Vergangenheit mit der Gegenwart in Einklang gebracht. Auf diese Weise konnte für jede von der Partei gemachte Vorhersage der dokumentarische Beweis erbracht werden, dass sie richtig gewesen war [...] Die ganze Historie stand so gleichsam auf einem auswechselbaren Blatt, das genauso oft, wie es nötig wurde, radiert und neu beschrieben werden konnte.»

Orwell, George: 1984. Frankfurt am Main/Berlin 1995. S. 39.

---

1 Böhtlingk, Arthur: Napoleon Bonaparte und der Rastatter Gesandtenmord.
   Ein Wort an meine Herren Kritiker. Leipzig 1883. S. 27.
2 Hüffer, Hermann: Der Rastatter Gesandtenmord mit bisher ungedruckten Archivalien und
   einem Nachwort. Bonn 1896. S. 100f.

Empfohlende Literatur
- Goertz, Hans-Jürgen: Geschichte – Erfahrung und Wissenschaft. Zugänge zum historischen Erkenntnisprozess. In: ders. (Hg.): Geschichte. Ein Grundkurs. Reinbek bei Hamburg 1998. S. 15–41.
- Hey, Bernd; Mayer, Ulrich; Rohlfes, Joachim: Umgang mit Geschichte: Geschichte erforschen und darstellen, Geschichte erarbeiten und begreifen. Stuttgart 1992.
- Hobsbawm, Eric John: Wieviel Geschichte braucht die Zukunft. München 2001.
- Hodel, Jan: Recherche. In: Haber, Peter; Gasteiner, Martin (Hg.): Digitale Arbeitstechniken für die Geistes- und Kulturwissenschaften. Wien/Köln 2009. S. 14–25.
- Schörken, Rolf: Begegnungen mit Geschichte: vom ausserwissenschaftlichen Umgang mit der Historie in Literatur und Medien. Stuttgart 1995.

Quellennachweis

S.6 Tagebuch Text © Birgit Schmid/DAS MAGAZIN; Foto © Schlegel/Vonarburg

S.8 Foto © Time & Life Pictures/GettyImages

S.10/11 Gemälde © Lorenzetti, Ambrogio, Allegory of good Government. Siena, Palazzo Pubblico © 1990. Photo Scala, Florence

S.14/15 CAT Design © Lehrmittelverlag des Kantons Zürich (Lmv)

S.17 Briefmarke © Service Clientèle-Centre d'Appels, Agdal-Rabat/Foto: Museum für Kommunikation, Bern; CAT Design © Lmv

S.19 Weltkarte © Dr. Richard L. & Penelope W. Betz-Hemispheres Antique Maps & Prints

S.21 Gemälde © akg-images (2)

S.23 Holzschnitt © British Library Board. All rights reserved I.B.41735, G.1

S.25 Foto Grossmünster © RDB; Foto Jesuitenkirche © Keystone/Gaetan Bally

S.27 Abb. Diebold-Schilling-Chronik 1513 © Eigentum der Korporation Luzern

S.29 Karikatur © Mary Evans Picture Library 2008

S.31 Gemälde © akg-images/Erich Lessing

S.33 Stich © Freimaurer Loge Modestica cum Libertate, Zürich

S.34 Kupferstich © Zentralbibliothek Zürich/Graphische Sammlung, TAB VII, Genesis Cap.I. v.g.10

S.35 Foto © Zunft zur Meisen/Dominik von Schulthess-Rechberg

S.36/37 CAT Design © Lmv

S.39 Lithografie © ZHB Luzern/13618 Geb.1700–1800 (Blatt 1) Geschichte «Schweiz»

S.41 Abb. © Burgerbibliothek Bern, Mss.h.h.XXlb.365, p.72

S.43 Radierung © The British Library/Heritage Images

S.45 Aquarell © 2009 Kunsthaus Zürich

S.47 Gemälde © Kunstmuseum Olten, Inv. Nr.1940.4935

S.49 Abb. © Schweizerisches Bundesarchiv/Digitale Amtsdruckschriften – 10 008 181

S.51 Foto © Sammlung Gujer, Kläui-Bibliothek Uster; Anzeigen © Anzeiger von Uster, aus: Baumwollgarn, von Reto Jäger e.a., Chronos Verlag, Zürich 1986. Scan: ZB Zürich

S.53 Foto © Staatsarchiv Basel-Stadt, Bild 13, 938

S.55 CAT Design © Lmv

S.57 Plakat © Archiv des Zoologischen Gartens, Basel

S.58/59 CAT Design © Lmv

S.61 Foto Schützengraben © Privatbesitz B.Hamann; Foto Zivilisten, aus: Dollinger, Hans. Der Erste Weltkrieg in Bildern und Dokumenten, Desch, München 1969, Band 2, S.92.Scan: ZB Zürich

S.63 Radierung © akg-images/© 2008 ProLitteris, Zürich

S.65 Foto © Sammlung Herzog, Basel

S.67 Gemälde Georg Grosz © akg-images/© 2009 ProLitteris, Zürich; Gemälde Tamara de Lempicka © Topfoto/Dukas/© 2009 ProLitteris, Zürich

S.69 Foto «Rassenschande» © Kreisarchiv Sigmaringen/KAS XI/17.1 Nr.38; Foto «Menschenmenge» © Archiv der Südwestpresse Ulm/HRB 722 620

S.71 «Verletzter» Foto: Paul Senn, Bernische Stiftung für Fotografie, Film und Video, Kunstmuseum Bern, Depositum Gottfried Keller-Stiftung. © Gottfried Keller-Stiftung, Winterthur; Foto «The Falling Soldier» © Robert Capa © 2001 by Cornell Capa/Magnum Photos

S.73 Foto © U.S. Holocaust Memorial Museum/The views or opinions expressed in this book, and the context in which the images are used, do not necessarily reflect the views or policy of, nor imply approval or endorsement by, the United States Holocaust Memorial Museum

S.75 Foto © Yad Vashem Artifacts collection, donated by Georges, Henri, Michel Korngold, Paris

S.76/77 CAT Design © Lmv

S.78 Text «Konjunktur Cha-Cha-Cha» (Le Cha-Cha-Cha des Excargots) Musik: Paul Durand, Francis Lemarque. Deutscher Text: Kurt Feltz © 1960 by Editions Paris-Étoile, Paris & Mondia Music, Genf. Für Deutschland, Österreich und die Schweiz: Edition Rialto Hans Gerig KG, Bergisch Gladbach

S.79 Werbebild Citroën 1958 oder 1959, Dalain, Yvan + 2007 © Fotostiftung Schweiz/© 2009 ProLitteris, Zürich

S.81 Werbeplakat «ERP Marshall-Plan» zvg Haus der Geschichte, Bonn; Dirksen, Reyn – All Colours to the Mast © 2009 ProLitteris, Zürich/Haus der Geschichte, Bonn

S.82 Abb. © Used by permission of the Bulletin of the Atomic Scientists

S.83 Karikatur © Ron Cobb. All rights reserved. Used by permission of Wild & Woolley, Sydney

S.85 Foto © Bettmann/CORBIS

S.87 Foto Mädchenprimarschulklasse © Privatbesitz Steffen-Mangold/Universitätsbibliothek Basel; Foto Knabenprimarschulklasse © Privatbesitz

S.89 Foto © Giancolombo/Contrasto

S.91 Foto © RDB

S.93 Foto © Keystone/AP-David Rubinger

S.95 Foto P.Schweizer © Hoover Institution-Stanford University; Foto J.Matlock © AFP/Abramoschkin Yuryi

S.97 Foto © Picturebâle/Claude Giger

S.98/99 CAT Design © Lmv

S.101 Foto © Reuters/Claro Cortes

S.103 Plattencover © Used by permission of Jack Chernos, www.department-of-justice.org, Artist: Linus Lancaster

S.105 Comic © Apartheid-Museum, Johannesburg

S.107 Foto © Elleringmann/Laif

S.109 Foto © Keystone/AP Photo/Carmen Taylor

S.111 Screenshot © NCSA University of Illinois

S.112/113 Gemälde © Roger-Viollet/Dukas

S.116 Tuschzeichnung © Zentralbibliothek Zürich/000 009 547 2

S.117 Aquarellkopie © Berner Totentanz von Niklaus Manuel, sig. Kauw, Blatt «Die Totenpredigt», Bernisches Historisches Museum, Bern, Inv.822.24

S.118 Ausgrabungsplan © aus: Burg – Kapelle – Friedhof, Monographien der Kantonsarchäologie Zürich 26, Zürich 1995. S.57, Abb.71

S.119 Fotos Schädel und Knochen © Kantonsarchäologie Zürich, M.Gygax; Foto Ausgrabung © Bea Jäggi

S.120 Miniatur, Quelle: Aries, Philippe. Bilder zur Geschichte des Todes, S.158, Bild 224.Carl Hanser Verlag 1984

S.121 Miniatur © The Walters Art Museum, Baltimore

S.122 Miniatur © Den Haag, Koninklijke Bibliotheek/76 F 2

S.123 Miniatur © Kloster Einsiedeln

S.124 Abb. Diebold-Schilling-Chronik 1513 © Eigentum der Korporation Luzern

S.125 Illustration © Aargauer Kantonsbibliothek, AKB MsWettF 16:1

S.126 Umzeichnung © Schaffhausen St. Johann, Gräber © Kantonsarchäologie Schaffhausen

S.127 Miniatur, Photo © The Walters Art Museum, Baltimore

S.128 Abb. Diebold-Schilling-Chronik 1513 © Eigentum der Korporation Luzern; Glasgemälde © Foto Schweizerisches Nationalmuseum, DIG-4688

S.131 Federzeichnung © Burgerbibliothek Bern, Mss.h.h. XVI.159, f.2r

S.132 Gemälde © bpk/RMN/Daniel Arnaudet

S.133 Gemälde Voltaire © bpk/Giraudon; Gemälde Friedrich © bpk/Gemäldegalerie, SMB/Jörg P. Anders

S.134 Landkarte © Geo Epoche Nr.23 – Preussen 1701–1871

S.136 Zeichnung © Bernhard Becker Medical Library, Washington University School of Medicine, St.Louis

S.137 Kupferstich © Roger-Viollet/Dukas

S.138 Kupferstich © Roger-Viollet/Dukas

S. 140 Radierung © bpk
S. 141 Gemälde © Museum Huis Doorn
S. 142 Foto © zefa/Corbis/Specter/Guenter Rossenbach
S. 143 Radierung © bpk/Kupferstichkabinett, SMB/ Jörg P. Anders
S. 144 Foto © Stiftung Preussische Schlösser und Gärten Berlin-Brandenburg/Leo Seidel
S. 145 Stich Voltaire © Zentralbibliothek Zürich/AX_2063_s281; Stich Maupertuis © bpk
S. 146 Kupferstich © akg-images
S. 148 Abb. © Archiv SBB Historic
S. 150 Abb. Quelle: Joseph Jung. Alfred Escher 1819–1882. Aufstieg, Macht, Tragik. 4., erweiterte Auflage 2009. NZZ Verlag/Joseph Jung. Alfred Escher. 1819–1882. Der Aufbruch zur modernen Schweiz. Zürich 2006
S. 151 Karikatur © Schwabe AG, Basel
S. 152 Foto © Fotografie von Adolphe Braun/ Alfred Escher Archiv
S. 153 Zeichnung © Archiv Verkehrshaus der Schweiz, Luzern; Erinnerungsbild © Archiv SBB Historic
S. 154 Skizze © Leipziger Illustrierte Zeitung/Zentralbibliothek Zürich
S. 155 Abb. © Staatsarchiv Uri R-720–12/28a (9)
S. 156 Zeichnungen © Sammlung Historisches Museum Baden/ Fotograf: Werner Nefflen
S. 157 Foto © Vincenzo Vela (1820–1891) Le vittime del lavoro-1882/gesso, modello originale/Museo Vela, Ligornetto/ proprietà della Confederazione/Fotografo: Mauro Zeni, Lugano
S. 158 Zeichnung © Historisches Museum Baden/Fotograf: Werner Nefflen
S. 159 Abb. © Staatsarchiv Uri R-540-13/4»
S. 160 CAT Design © Lmv
S. 161 Gemälde © 2008 Kunsthaus Zürich. Alle Rechte vorbehalten
S. 164 Postkarte © Rue des Archives/Keystone
S. 166 Foto © Ministère de la Culture-Médiathèque de l'Architecture Patrimoine, Dist. RMN/Atelier de Nadar
S. 168 Abb. © akg-images
S. 169 Abb. © Roger-Viollet/Dukas
S. 171 Aquarell © Musée Carnavalet/Roger-Viollet/Dukas
S. 172 Abb. © Reproduced by permission of the Syndics of Cambridge University Library (p. 36 from DAR. 121)
S. 173 Karikatur © The Bridgeman Art Library
S. 174 © Les Arts Décoratifs, Paris. Foto Lauren Sully Jaulmes. Touts droits réservés
S. 175 Abb. © Rue des Archives/Keystone
S. 177 Abb. © Roger-Viollet/Dukas
S. 180 Foto © Deutsches Historisches Museum, Berlin
S. 182 Foto © Bettmann/CORBIS
S. 183 Foto © ullstein bild-ullstein bild
S. 184 Foto Arbeitslose Bauarbeiter in Zürich, 1930 – Hans Staub + 1990 © Fotostiftung Schweiz/© 2009 ProLitteris, Zürich
S. 185 Foto © The Franklin D. Roosevelt Presidential Library and Museum
S. 187 Foto © Deutsches Historisches Museum, Berlin
S. 189 Plakat © Deutsches Historisches Museum, Berlin
S. 190 Plakat © Schweizerische Nationalbibliothek/ Graphische Sammlung snl_pol_135
S. 191 Plakat © Schweizerische Nationalbibliothek/ Graphische Sammlung snl_pol_128
S. 192/193 Gemälde William Gropper, Construction of the Dam © 2004. Foto Smithsonian American Art/Museum/ Art Resource/Scala, Florence
S. 194 Foto © Dorothea Lange/The Library of Congress/fsa 8b29516
S. 197 Gemälde © Horst Ziegenfusz, «Moloch Kapitalismus» von Vollrad Kutscher
S. 198/199 Foto © Gretlers Panoptikum zur Sozialgeschichte
S. 200 Foto © RDB/Reto Hügin
S. 202 Flugblatt © Gretlers Panoptikum zur Sozialgeschichte
S. 203 Foto © RDB/Pfändler
S. 205 Plakat © Gretlers Panoptikum zur Sozialgeschichte
S. 206 Foto © Keystone/Photopress-Archiv/Ria/Str

S. 207 © Stadt Zürich, Geomatik + Vermessung
S. 208/209 Foto © Cristina Zilioli: Demonstration für das Recht der Abtreibung © 2009 ProLitteris, Zürich
S. 210 Foto © Lilo König
S. 212/213 Foto © Vithalbhai Jhaveri/GandhiServe
S. 217 Holzschnitt © aus: Pestblätter des XV. Jahrhunderts – Hrsg. von Paul Heitz, Strassburg 1901; Tuschzeichnung © Privatsammlung/© 2009 ProLitteris, Zürich
S. 219 Kupferdruck © Zentralbibliothek Zürich/GE_1236_Fig_109
S. 221 Foto © Theo Frey/Fotostiftung Schweiz
S. 223 Holzschnitt © Zentralbibliothek Zürich/I_S_78
S. 225 Zeichnung © ETH-Bibliothek Zürich, Alte Drucke; Foto © NASA/STScI
S. 227 Foto © Endeavour Group UK
S. 229 Foto © Keystone/AP/Str
S. 231 Foto © Bettmann/CORBIS
S. 232/233 Foto © REUTERS/Molly Riley
S. 235 Gemälde «Allegoria» © Lorenzetti, Ambrogio, Allegory of good Government. Siena, Palazzo Pubblico © 1990. Foto Scala, Florence; Foto Gandhi © Vithalbhai Jhaveri/ GandhiServe; Gemälde Eugène Delacroix © Roger-Viollet/Dukas; Foto USA © REUTERS/Molly Riley
S. 238 Buchcover © From THE PLOT: THE SECRET STORY OF THE PROTOCOLS OF THE ELDERS OF ZION by Will Eisner. Copyright © 2005 by Will Eisner Studios, Inc. Used by permission of W. W. Norton & Company, Inc.; Deutsche Ausgabe © Coverartwork nach Will Eisner, Das Komplott. Die wahre Geschichte der Protokolle der Weisen von Zion, erschienen in der Deutschen Verlags-Anstalt, München, in der Verlagsgruppe Random House GmbH

Buchumschlag:
1480 Miniatur © Kloster Einsiedeln
1524 Gemälde © akg-images (2)
1755 Kupferstich © akg-images
1812 Radierung © The British Library/Heritage Images
1841 Gemälde © Kunstmuseum Olten, Inv. Nr. 1940.4935
1875 Skizze © Leipziger Illustrierte Zeitung/Zentralbibliothek Zürich
1898 Abb. © akg-images
1914 Radierung © akg-images/© 2008 ProLitteris, Zürich
1925 Gemälde Tamara de Lempicka © Topfoto/Dukas/© 2009 ProLitteris, Zürich
1936 Foto © Dorothea Lange/The Library of Congress/fsa 8b29516
1950 Werbeplakat «ERP Marshall-Plan» zvg Haus der Geschichte, Bonn
1957 Foto Mädchenprimarschulklasse © Privatbesitz Steffen-Mangold/Universitätsbibliothek Basel
1968 Foto © Keystone/AP/Str
2001 Foto © Keystone/AP Photo/Carmen Taylor

Wir danken allen Rechteinhabern für die Genehmigung zum Abdruck. Sollte ein Rechteinhaber übersehen worden sein, bitten wir diesen, sich beim Lehrmittelverlag Zürich zu melden.

Inhaltliche Projektleitung

Jan Hodel

Sára Mészáros

Béatrice Ziegler

Autorenteam

Alexandra Binnenkade

Alexandra Bloch Pfister

Noëlle Borer

Markus Brühlmeier

Bernard Degen

Christoph Dejung

Michaela Friemel

Seraina Gartmann

Rolf Graber

Peter Haber

Peter Haenger

Erika Hebeisen

Jan Hodel

Gisela Hürlimann

Martin Illi

Christian Koller

Mario König

Janine Kopp

Robert Labhardt

Sára Mészáros

Harry Nussbaumer

Jeannette Rauschert

Bernhard C. Schär

Antonia Schmidlin

Simone Steppacher

Eva Sutter

Verena Ungricht

Hans Utz

Expertenteam

Alexandra Binnenkade

Peter Gautschi

Robert Labhardt

Dominik Sauerländer

Hans Utz

Béatrice Ziegler

Gestaltung

Bernet & Schönenberger, Zürich

Illustrationen

Claudia A. Trochsler

© 2009 Lehrmittelverlag Zürich
3. Auflage 2021
In der Schweiz klimaneutral gedruckt auf FSC-Recyclingpapier
ISBN 978-3-03713-332-3

www.lmvz.ch
www.geschichtederneuzeit.ch

Dieses Lehrmittel wurde in Zusammenarbeit mit dem
Zentrum Politische Bildung und Geschichtsdidaktik der
Pädagogischen Hochschule FHNW entwickelt.